海原年鉴

2021

海原年鉴编辑部　编

方志出版社
Publishing House of Local Records

图书在版编目（CIP）数据

海原年鉴. 2021 / 海原年鉴编辑部编.—北京：方志出版社，2022.12
ISBN 978-7-5144-5445-1

Ⅰ. ①海… Ⅱ. ①海… Ⅲ. ①海原县—2021—年鉴
Ⅳ. ①Z524.34

中国版本图书馆CIP数据核字(2022)第256550号

责任编辑：王海荣
责任校对：刘玉霞
责任印制：梅中英
出 版 者：方志出版社
地　　址：北京市朝阳区潘家园东里9号（国家方志馆4层）
邮　　编：100021
网　　址：http://www.zgfzcb.cn
发　　行：方志出版社图书营销中心（010-67110500）
印　　刷：银川市昊博彩色印刷有限公司
开　　本：889毫米×1194毫米　1/16
印　　张：30.25
字　　数：796千字
版　　次：2022年12月第1版
印　　次：2022年12月第1次印刷
定　　价：298.00元

编辑说明

一、《海原年鉴(2021)》是由中共海原县委、海原县人民政府主管,海原县委党史和地方志研究室组织编纂,公开发行的地方综合性资料文献。

二、《海原年鉴(2021)》以马克思列宁主义、毛泽东思想、邓小平理论、“三个代表”重要思想、科学发展观、习近平新时代中国特色社会主义思想为指导,坚持辩证唯物主义和历史唯物主义的立场、观点和方法,坚持改革创新和新发展理念,客观记述海原县2020年的发展与现状,力求达到思想性、科学性、资料性的统一。

三、《海原年鉴(2021)》主体内容时限为2020年1月1日至12月31日。按照国内外年鉴编纂的惯例,对在出版年度发生的大事用“特载”形式提前载入。此外,乡镇概况类目中的个别条目为介绍相关背景资料,适当作了回溯性记载。

四、《海原年鉴(2021)》采用分类编辑法,按事业进行分类,相关或相近的事业则合为一类,不受行政隶属关系制约。本年鉴分为类目、分目、条目三个层次(个别内容比较复杂的分目则增设二级分目),并以条目为基本单元。

五、《海原年鉴(2021)》数字用法、标点符号用法分别采用国家标准《出版物上数字用法》(GB/T 15835—2011)、《标点符号用法》(GB/T 15834—2011),计量单位采用国家技术监督局1993年12月发布的《量和单位》系列国家标准。

六、《海原年鉴(2021)》的所有资料,均由各乡(镇)、县直各部门(单位)、区市直属部门(单位)提供,全县性的统计资料由县统计局提供,由于统计口径不同,个别数字可能略有差异,引用时以《海原县国民经济和社会发展统计公报》为准。

《海原年鉴(2021)》编辑委员会

《海原年鉴(2021)》编辑人员

7月18日，中卫市委常委、海原县委书记徐海宁（左）、海原县县长许正清（右）为海原县肉牛产业发展集团有限公司揭牌

7月20日，海原县举行农产品品鉴及客商签约活动

8月13日，海原县文化旅游产业发展集团有限公司举行揭牌仪式

8月16—17日，中国共产党海原县第十四届委员会第八次全体会议召开

10月19日，海原县委政协工作会议召开

9月2日，福建省漳州市委书记邵玉龙（前排左三）带领考察团到海原县考察观摩，开展扶贫协作活动，中卫市副市长李晓波（前排左二）陪同

9月16日，华润·海原县领导干部能力素质提升专题培训班开班仪式举行

5月19日，2020年度漳浦—海原对口扶贫协作联席会议在福建漳州市漳浦县举行

8月26日，海原县2020年“奋进新时代 共圆小康梦”广场文化演出活动启动

8月28日，海原县举办旱作区小杂粮产业高效优质栽培技术集成示范项目现场观摩培训会

6月29日，海原县人民政府召开南门广场建设项目协商座谈会，听取各界对南门广场建设设计方案的意见建议

12月5日，高崖乡草场村先进模范表彰暨村集体经济分红大会在纸箱厂召开

6月30日,海原县举办建筑工人职业技能大赛

12月16日,S50海原至平川高速公路暨国省道项目集中开工仪式举行

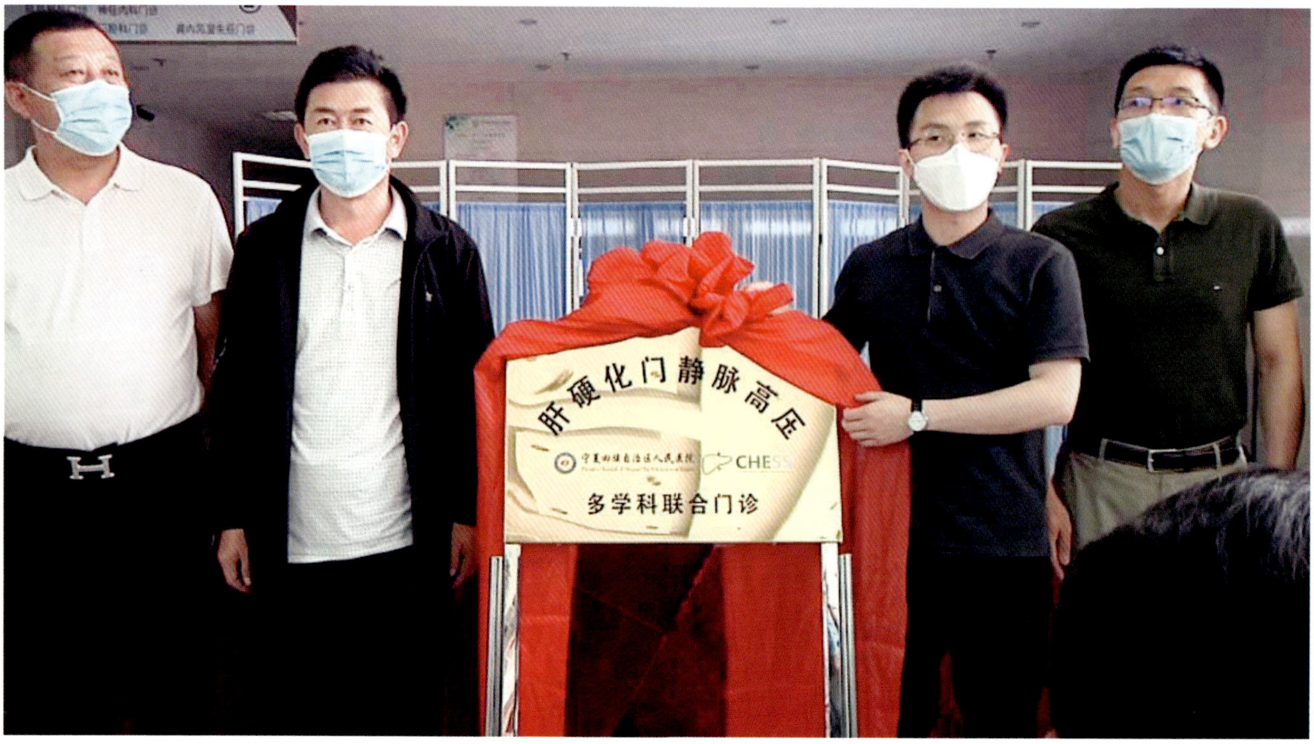

6月19日，中国门静脉高压出血风险筛查和管理项目（宁南站）在宁南医院启动

新建的海原县图书馆树台乡分馆

9月28日，海原县第一届中小学生足球、篮球联赛开赛

美丽的贾塘乡田拐新村

牌路山生态公园

西湖公园鸟瞰

绿色海原

高端肉牛大赛评选出的牛王

代店村肉牛养殖专业合作社成立

肉牛产业车间

黄河银行系统
金融支持肉牛产业示范基地
【海原农商行】
监督电话：4011091
服务热线：96555

金融扶贫

海原县永鑫特色农产品供销有限公司
宁夏·海原扶贫名优产品展销开馆
暨消费扶贫活动启动仪式

消费扶贫

华电宁夏新能源公司月亮山风电场

华电宁夏新能源南华山风电场

振发新能源光伏电站

南苑公园雪景　（紫燕摄）

新建成投入使用的海原县中医医院 （马德摄）

海原现代农业产业园区西安镇油菜种植基地 （马德摄）

海原县行政区划图

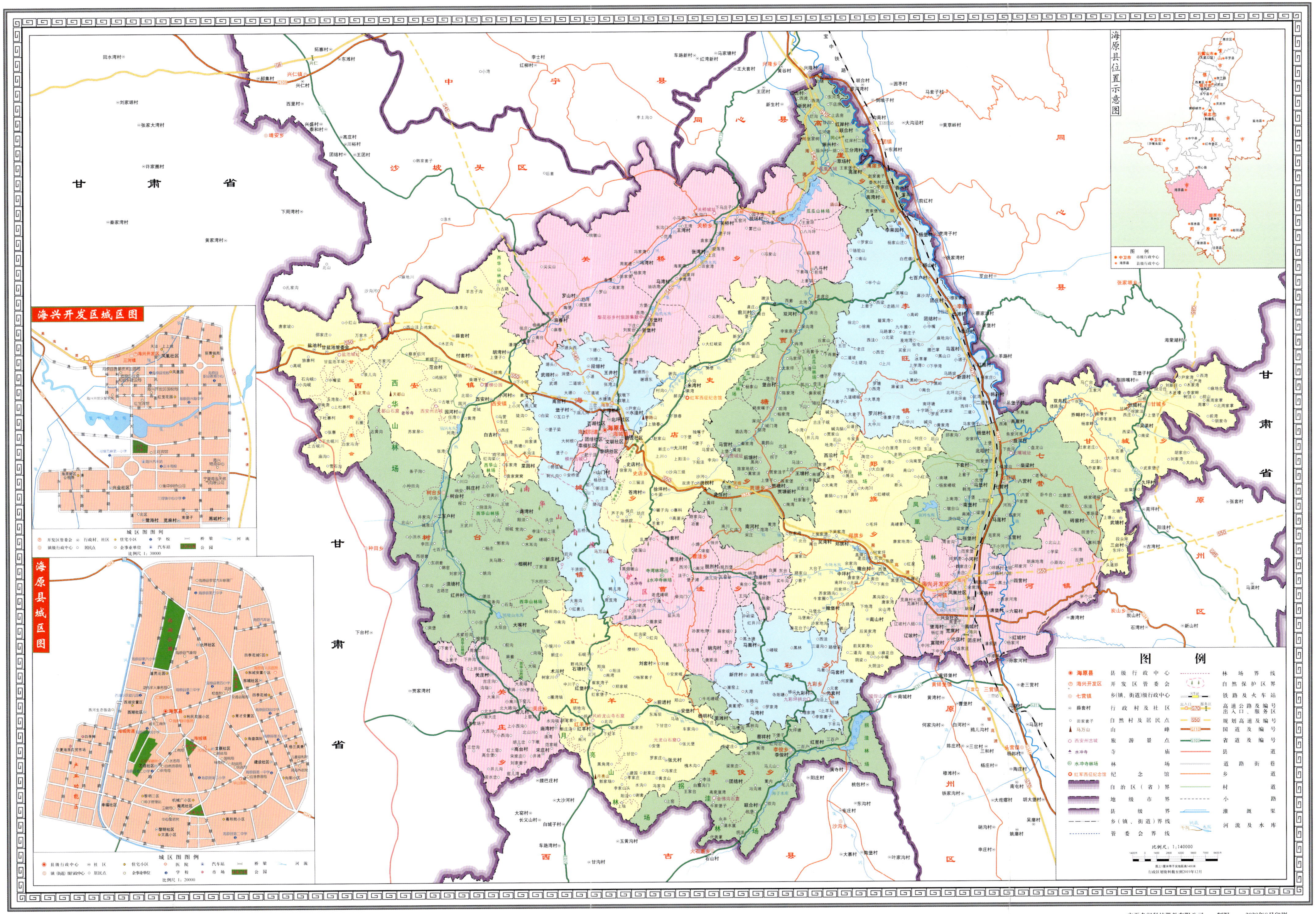

海原县人民政府 编制 审图号：宁S［2020］第003号
宁夏多闻科技股份有限公司 制图 2020年8月印刷

海原县影像图

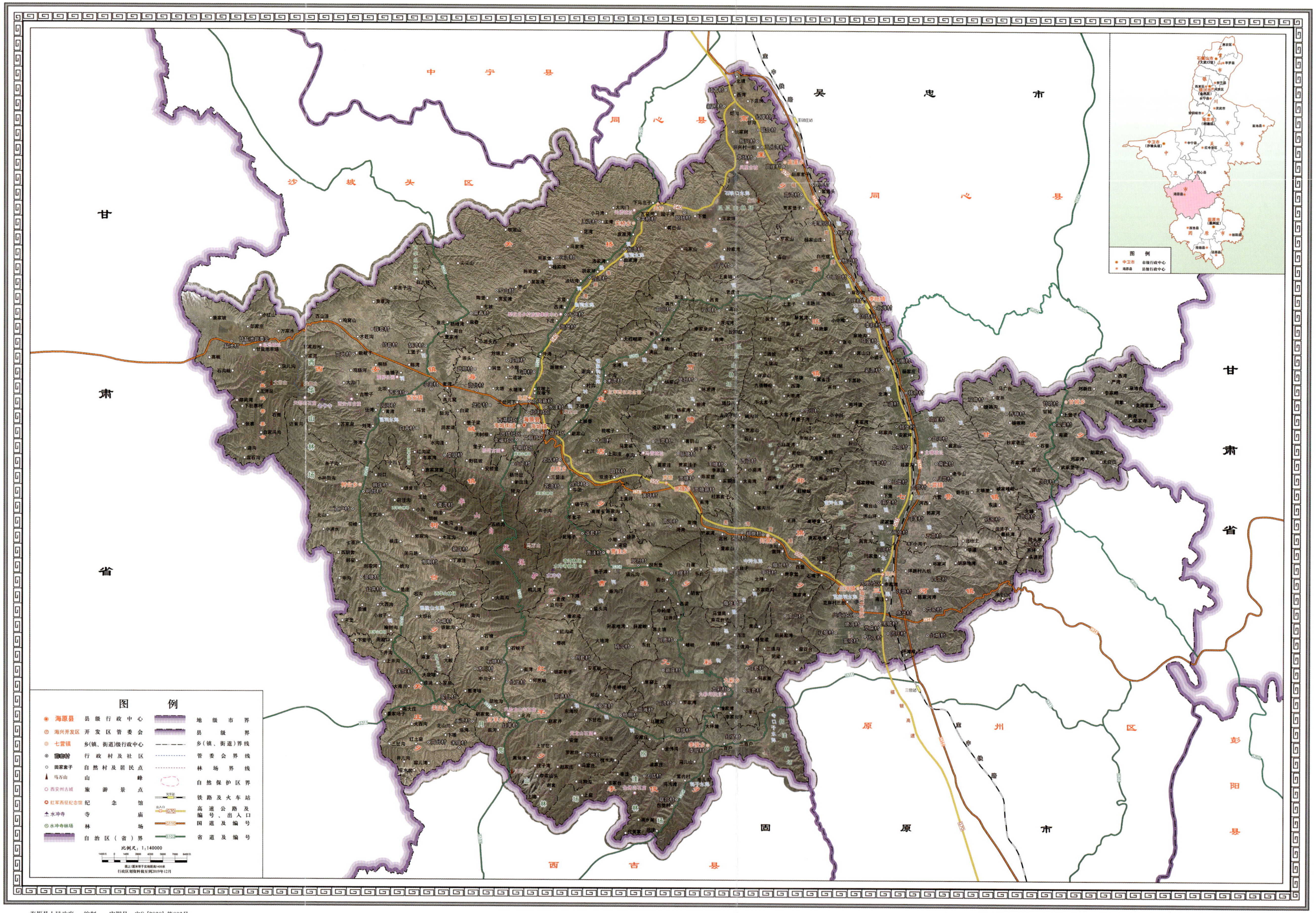

海原县人民政府　编制　审图号：宁S〔2020〕第003号

宁夏多闻科技股份有限公司　制图　2020年8月印刷

目 录

CONTENTS

特载

媒体印象

大事记

组织机构与负责人

海原综览

中国共产党海原县委员会

海原县人民政府

农业农村

自然资源和生态环境

城乡建设

交通运输

邮电通信

脱贫攻坚

社会管理与民生服务

人物

附录

在中共海原县委十四届九次全体（扩大）会议上的报告

海原县委书记　徐海宁

（2021 年 1 月 13 日）

刚刚过去的 2020 年，是海原发展史上极不平凡、极不寻常的一年，也是具有里程碑意义的一年。一年来，面对突如其来的新冠肺炎疫情、艰巨繁重的脱贫攻坚和改革发展稳定任务，县委常委会以习近平新时代中国特色社会主义思想为指导，全面落实党中央和区市党委决策部署，团结带领全县干部群众攻坚克难、砥砺奋进，举全县之力打赢疫情防控阻击战、脱贫攻坚决胜战，经济运行稳中有进，社会事业稳步向好，全面从严治党纵深推进，“十三五”规划目标基本完成，全面建成小康社会胜利在望。

一、旗帜鲜明讲政治，坚持不懈用习近平新时代中国特色社会主义思想武装头脑、指导实践、推动工作

常委会坚持把党的政治建设摆在首位，持续深入学习贯彻习近平新时代中国特色社会主义思想特别是习近平总书记视察宁夏重要讲话精神，真学真懂、真信真用，始终朝着习近平总书记指引的正确方向奋勇前行。

（一）坚决做到“两个维护”。坚持把“两个维护”作为党的最高政治原则和根本政治规矩，对习近平总书记发表的重要讲话、党中央召开的重要会议、出台的重要文件、部署的重要工作，第一时间学习领悟、认真研究、抓好落实，始终在思想上政治上行动上同以习近平同志为核心的党中央保持高度一致。充分发挥总揽全局、协调各方作用，全面加强党的领导，召开县委常委会会议 30 次、专题会议 21 次、党委议事协调会议 64 次，适时召开重点工作调度会、推进会，及时掌握进度，研究解决问题，持续跟踪问效，对标对表抓好落实，以实际行动践行“两个维护”。

（二）持续深化理论武装。坚持把学习宣传贯彻习近平总书记视察宁夏重要讲话精神作为首要政治任务和重大政治责任，县委理论学习中心组以上率下，分专题分阶段学习领会，交流研讨，集体参加市委专题学习研讨班，举办全县领导干部专题学习班，为全县党员干部作出示范、立起标杆。党的十九届五中全会闭幕后，县委先后举行2次专题学习暨务虚会，深刻领会中央精神，深入分析发展形势，系统梳理“十四五”发展任务。准确把握理论宣传的政治性和时效性，常委会成员带头宣讲，县委宣讲团面对面解读，分级分类宣讲205场次，推动习近平总书记重要讲话和中央精神进机关、进企业、进社区、进乡村、进校园、进网络，全面激发决战脱贫攻坚、决胜全面小康的高昂士气。

（三）坚定不移贯彻落实。坚持知行合一、以知促行，在吃透中央和区市精神基础上，先后召开2次县委全会，研究制定《深入学习贯彻习近平总书记视察宁夏重要讲话精神继续建设经济繁荣民族团结环境优美人民富裕的美丽新宁夏的实施意见》《建设黄河流域生态保护和高质量发展先行区(先行市)的实施方案》《完善县域社会治理体系提高治理能力的实施意见》，切实用习近平总书记重要讲话精神统一思想、引领发展。严格对标对表全面建成小康社会目标，制定《加快补齐全面建成小康社会短板实施方案》，抓重点、补短板、强弱项，加快全面建成小康社会进程。常委会成员牵头挂帅、分工负责、包抓重点，冲在前、干在先，确保中央和区市决策部署在海原落地生根。

二、众志成城克时艰，奋力夺取疫情防控和经济社会发展双胜利

常委会秉持人民至上、生命至上理念，坚持疫情就是命令、防控就是责任，举全县之力打好疫情防控人民战争、总体战、阻击战，取得了零疑似、零确诊、零输入的重大战果。

（一）迅速建立高效有序、行动有力的组织体系。坚决服从党中央和区市党委统一指挥、第一时间做出安排部署、组建专门机构、启动应急响应，立即建立县乡村三级责任体系，按照“坚定信心、同舟共济、科学防治、精准施策”的总要求和“三个全面”“四个实行”“五个凡是”“十条具体措施”的要求，迅速打响疫情防控阻击战，先后召开12次县委常委会会议、16次领导小组会议、16次指挥部会议，分析形势、研究对策、强化防控，各级各部门认真履行属地责任，做到了守土有责、守土负责、守土尽责。全县431个基层党组织和3830名党员干部奋勇当先、冲锋在前，干部群众日夜坚守、共筑防线，社会各界积极响应、主动出力，援鄂医疗队白衣执甲、千里驰援，全县上下风雨同舟、众志成城，形成了统一指挥、全面部署、立体防控的工作格局。

（二）全力构筑联防联控、群防群控坚固防线。紧盯返程、返工、返校“三返人员”，社区(农村)、校区、园区、厂区“四区”，农贸市场、大型商场、文化广场、宗教活动场所“四场”，把每个小区、村庄、家庭作为疫情防控的阵地，落实“五包一”网格化责任，实行封闭式管理，保持全链条处置，开展地毯式“大起底”、扫描式“回头看”、闭环式“双向查”，对重点人员实行集中隔离、居家隔离，全面落实“四项服务”，设立“司机之家”，实行境外人员行程跟踪报告制度，切断了传播途径，消除了传染风险。根据疫情防控形势变化，优化调整防控策略，推动防控工作由应急性防控向常态化防控转变，建成核酸检测实验室，储备应急物资设备，坚持抓好外防输入、内防反弹工作。

（三）统筹推进疫情防控和经济社会发展。建立同常态化疫情防控相适应的经济社会发展秩序，扎实做好“六稳”工作，全面落实“六保”任务，用足用活中央抗疫特别国债、增加地方政府专项债券等政策，足额落实自治区“六保36条”“财政措施21条”“工业稳增长24条”，减税降费4416万元，支持发展地摊经济、夜间经济，交通运输、商业物流、工程建设等“六项秩序”加快恢复，餐饮住宿、商贸商零售、旅游文化等“六大领域”全面复市。完善县级领导包抓重点产业、重点项目制度，续建新建项目117个，完成投资46.39亿元。抢抓东部产业转移有利时机，加大县区一体招商、以商招商、精准招商力度，全年落地项目36个、到位资金37.4亿元，坚持每季度召开经济形势分析会、举行重大项目集中开工仪式，把握了经济发展主动权，稳住了经济增长基本面，交出了疫情大考下经济社会发展合格答卷。

三、精准靶向补短板，坚决打赢脱贫攻坚收官战

常委会坚持把脱贫攻坚作为最大的政治任务和压倒一切的中心工作，持续发力防松劲、严把标准防闯关、巩固成果防返贫，28630户112086人建档立卡贫困对象全部脱贫退出，125个贫困村全部稳定脱贫出列，贫困县顺利摘帽，如期完成脱贫攻坚任务，历史性地消除了绝对贫困。

*（一）严格落实“四个不摘”要求。*坚持脱贫摘帽不摘责任、不摘政策、不摘帮扶、不摘监管，持续实行书记县长“双组长”负责制，压紧压实乡村两级工作责任，持续实行“一项攻坚任务、一套攻坚专班、一个作战方案、一套责任体系”工作机制，强力推动攻坚任务落实。整合投入涉农扶贫资金6.34亿元，编制实施扶贫项目2271个，因地制宜、因情施策，一户一策、精准施策。深化华润定点帮扶、闽宁对口扶贫协作、部门结对帮扶和“百企百村”，全面落实金融扶贫、生态扶贫、电商扶贫政策，扶贫成效持续提升，紧盯因病、重大灾害、突发事故等不确定因素，建立动态监测帮扶机制，加强边缘易致贫人口、脱贫不稳定人口管理，逐户落实帮扶举措，致贫返贫风险有效消除。

*（二）全面补齐“三保障”短板。*紧盯义务教育有保障，层层压实控辍保学责任制，全面落实教育扶贫政策，义务教育阶段学生入学率、巩固率达100%。紧盯基本医疗有保障，聚焦大病、慢病、重病等特殊群体，全面实施“三个一批”，严格执行“先诊疗后付费”“一站式”“家庭医生签约”服务，乡村医疗卫生机构、医疗技术人员和医疗服务能力全部稳定达标。紧盯安全住房有保障，聚焦返乡无房户、因灾受损房等，坚持“及时摸排、及时监测、即增即改、动态清零”，采取“四种建设”方式，完成危房改造1127户、抗震房改造1320户，实现安全住房全覆盖，农村危房改造工作入选第二批全国农村公共服务典型案例。紧盯水量、水质、用水方便程度和供水保证率“四项指标”，实施“互联网+农村供水”工程和宁夏农村苦咸水改水项目海原水源连通工程，农村常住户自来水普及率、供水保证率、集中供水率、水质达标率分别达到99%、93.2%、99.6%、100%，解决了困扰老百姓千百年的饮水困局。

*（三）扎实开展“四查四补”工作。*坚持把脱贫攻坚“四查四补”作为应对疫情冲击、决战决胜脱贫攻坚的重要抓手，排查整改问题2512个，以问题整改提升脱贫攻坚的质量和成色。围绕查损补失，开展职业技能培训、“点对点”精准输送、季节性分批转移，完成培训7097人，发放创业担保贷款1.54亿元，劳务奖补3947万元，转移农村劳动力8.9万人，劳务创收15亿元，新增公益性岗位1656人，全年城镇登记失业率控制在4.1%以内，确保疫情面前群众收入不少。围绕查漏补缺，新排查边缘易致贫人口41户177人、脱贫不稳定人口53户22人，建立即增即改、动态清零机制，解决漏统、漏项、漏扶、漏管的“四漏”问题，确保“两不愁三保障”全面达标。围绕查短补齐，安排扶助资金9159.3万元，改造提升非贫困村村

组道路、灌溉渠系等基础设施。强化易地搬迁后续扶持，整合扶贫资金7411.4万元，采取“一点一策”办法，着力解决移民遗留问题，实现“七个清零”。围绕查弱补强，投入1.4亿元，实施“一村一年一事”行动，为150个行政村每村办好一件实事。落实特殊困难群体兜底帮扶措施，确保稳定脱贫。

四、真抓实干勇担当，全力推动经济高质量发展

常委会自觉践行新发展理念，以供给侧结构性改革为主线，在优化产业结构、统筹城乡发展、全面深化改革、持续优化环境上下功夫、求突破，推动高质量发展迈出新步伐。

（一）特色产业提质增效。聚焦调优一产、育强二产、做好三产，组建10个重点产业推进小组，深入调研，完善规划，整合资金，精准施策，加快推进产业布局区域化、产业基础高级化、产业发展现代化。全面落实特色农业“四化四调”总要求，突出高端肉牛主导产业，深化拓展“基础母牛银行”模式，加快完善“6+1”产业体系，举办宁夏（海原）第五届高端肉牛大赛，挂牌成立肉牛产业集团，成立17个乡镇工作站、57个专业合作社，设立肉牛产业发展基，建成肉牛全产业链精深加工项目、饲草加工配送项目，累计发放养牛货款20亿元，培育养殖大户489户，新建规模牛场110个，牛只补栏2.2万头，全县肉牛饲养量突破30万头，活牛供港851头，产业规模化、标准化、产业化程度大幅提升，创建国家级肉牛产业技术体系“一县一业”示范县和自治区级良种牛繁育基地取得实质性进展。围绕区域特色产业发展，出台支持政策，强化龙头引领，推行“四新”模式，马铃薯脱毒种薯覆盖率达到80%、机械化率达到66%，小杂粮新品种新技术应用全覆盖，枸杞、瓜菜产业标准化程度显著提升，“西海固”公用品牌影响力不断扩大。开工建设华润电力运维基地，引进建设中车风机装备制造项目，首台风机正式下线达产。全县规模以上工业企业达到5家，入库上限额以上企业8家。挂牌成立文旅集团，组建运行交通运输协会，成功创建电子商务进农村综合示范县，服务业对经济增长贡献率达到62%。

（二）城乡面貌持续改善。全面落实市委“一带两廊”规划布局，持续加大项目建设力度，着力促进城乡融合发展。坚持规划引领、整体推进，完成县城棚户区改造1960套，规划建设安置小区、商住小区57万平方米，改造建设南门广场、育才公园、地震遗址公园，新修市政道路10条7.8公里，深入推动卫生县城、园林县城、文明县城创建，持续加强规划管控、乱象治理，县城综合服务功能不断提升。不断完善海兴开发区基础设施和公共服务，提升改造一般固废填埋场、污水处理厂，建成李旺物流中心二期，打造特色餐饮一条街，推进生态园区、绿色工厂建设，海兴开发区发展活力不断增强。启动李旺、七营、西安、贾塘4个特色小镇建设，深入推进农村人居环境整治和“厕所革命”，完成户厕改造2500户，建立常态长效保洁机制，乡村环境面貌脱胎换骨、大幅改善。升级改造干线公路89.7公里，新建农村公路121公里，硬化村组道路224.5公里，全县人民期盼已久的海原至平川高速公路开工建设，群众出行更加便捷高效。加快推进小流域综合治理、高标准农田建设、网络信息化建设、“互联网＋人饮”、电网改造升级等基础设施项目，高质量发展后劲持续增强。

（三）改革创新成效显著。坚持把改革作为激发活力的关键，强化系统集成、协同高效，全年51项重点改革事项全面完成，34项取得阶段成效。持续深化“放管服”改革，全面推行“一窗受理、集成服务”模式和政务服务“好差评”机制，行政审批网上可办率达到83%，办理时限压缩63%。深化农村产权制度改革，农村土地承包经营权确权实现全覆盖，建成运行农村产权交易中心，“两权抵押”贷款试点全面展开，完成生态环境保护、市场监管、农业农村、文化市场、交通运输5个领域综合执法改革。启动基层整合审批服务执法力量改革工作。持续加大政府债务化解工作，顺利退出债务风险提示地区名单。

（四）生态环境质量明显改善。坚持生态保护、生态治理、生态建设三管齐下，全面打响“三大会战”。围绕生态保护，统筹实施河道整治、拦洪坝加固、坡改梯建设、采矿坑恢复等系统治理工程，新增水土流失治理面积138.9平方公里，治理程度提高到62%。以最严格的制度落实禁牧封育条例，加强南华山自然保护区、移民迁出区、退耕还林区封育管护。围绕污染防治，坚决打好蓝天、碧水、净土保卫战，严格落实建筑工地“六个100%”防尘要求，坚决整治“散乱污”企业，深入开展河湖“清四乱”行动、污水处理“提质增效”行动，持续加大废田农膜回收利用，全县空气质量优良天数比例达到95%以上。清水河海原段水质稳定达标，农药减量控害技术覆盖率、畜禽粪污综合利用率均达到90%以上。围绕生态建设，持续实施大规模国土绿化行动，大力推广“四个一”林草产业发展工程，广泛发动群众植绿增绿，全年新增造林15.62万亩，森林覆盖率达到9.5%。

五、以人为本惠民生，群众获得感幸福感明显增强

常委会牢固树立以人民为中心的发展思想，坚持问计于民、问需于民，尽力而为、量力而行，全力解决好群众操心事、烦心事、揪心事。

（一）教育教学质量稳步提升。以办好人民满意的教育为目标，落实立德树人根本任务，投资2.2亿元，实施基础设施和基本装备“补短板”三年行动，新建、改扩建中小学和幼儿园23所，县城“大班额”、农村“入园难”问题得到有效缓解。扎实推进“互联网+教育”示范县建设，加快数字校园、网络提速改造，打造一批示范校、标杆校。持续深化教育改革，深入开展创新素养教育，加快教育内涵式发展。深入推进思政课程建设，推动实现全员全程全方位育人。完善优秀校长选拔、骨干教师培养制度，建立农村学校教师补充机制，推进高效课堂建设，促进教育教学质量全面提升。

（二）健康海原建设扎实推进。持续深化医药卫生体制改革，推进“互联网+医疗健康”建设，建立医共体信息化平台、县级医院远程医疗服务系统，县城医疗健康数据实现互联共享。扎实开展改善医疗服务行动，完成县中医医院搬迁，建成县妇计中心、妇儿综合楼，提升改造一批乡卫生院、社区卫生服务站，配齐配优医疗设备、基本药物和非基本药物，落实“三个一批”分类救治机制，“小病不出村、常见病不出乡、大病不出县”的基础不断夯实。全面落实基本公共卫生服务项目，推进优生优育全程服务，强化健康科普宣传教育，推动爱国卫生进社区、进农村、进校园、进企业、进家庭，群众健康水平显著提升。

（三）文化体育事业繁荣发展。大力实施文化惠民工程，建成县融媒体中心、新时代文明实践中心、文化馆、“非遗”传承基地、地震博物馆，群众精神文化生活日益丰富。挂牌成立文旅集团，成功创建天都山AAA景区，举办乡村文化旅游系列活动，推动全域旅游示范县创建工作迈上新台阶。全面落实全民健身计划，建立以学校为基础、社会力量为补充的体育发展格局，新建体育健身场地18处，举办体育赛事9场次，全民健身氛围日益浓厚。

（四）社会保障体系日益完善。规范落实养老、低保、孤残等各类救助保障政策，提高津贴标准，扎实开展社会救助工作，不断规范临时生活救助，切实做到应纳尽纳、应保尽保、应兜尽兜。新建一批社区日间照料中心和农村老年饭桌，建成县残疾人康复中心和一批乡镇残疾人康复站，精准落实康复服务，养老、残疾人服务体系不断完善。建立退役军人县乡村级服务机构，全面落实优待抚恤政策，成功创建全区双拥模范县。

六、固本强基保稳定，加快推进基层治理体系和治理能力现代化

常委会认真贯彻党的十九届四中全会精神，坚决贯彻区市党委决策部署。着力完善基层治理体系，提高基层治理能力，持续巩固社会和谐稳定的坚实基础，确保人民安居乐业、社会安定有序。

（一）*民主政治建设持续加强*。坚持党的领导、人民当家作主、依法治国有机统一，召开县委人大工作会议、县委政协工作会议，制定出台加强和改进人大、政协工作的意见，支持人大常委会依法履职，支持人民政协充分发挥专门协商机构作用，代表建议、政协提案办复率均达到100%。巩固和发展最广泛的爱国主义统一战线，深入推进群团改革，工会、共青团、妇联、残联、科协等群团组织作用进一步发挥。切实加强党管武装工作，国防动员和后备力量建设基础不断夯实。

（二）*扫黑除恶专项斗争纵深推进*。紧扣三年为期目标，持续加大深挖彻查力度，中央督导组转办及群众反映的线索全部核结，涉恶犯罪团伙案件全部审结，涉恶案件认定“保护伞”全部办结，涉案财物全部清底。坚持边打边扫、边整边建，围绕13个重点行业领域开展突出问题专项治理行动，整治了一批行业领域乱点乱象，完善了行业领域监管制度，净化了营商环境，“六清”行动目标全面完成，社会风气明显好转。持续推动扫黑除恶建章立制，提炼成熟经验做法，固化形成常态化制度。

（三）*民族宗教工作全面加强*。坚决贯彻落实党的民族政策，深入开展马克思主义民族观宗教观宣传教育，不断铸牢中华民族共同体意识，坚决守好促进民族团结生命线。大力实施民族团结进步创建“八大工程”和“585”行动计划，成功创建全区民族团结进步示范县。严格按照“四个全面”要求，扎实开展宗教领域“三化”问题专项整治，摸清底数、压实责任、挂图作战、逐一销号，“五进”宗教场所实现全覆盖。突出场所、活动、人员三个重点，建立县乡村点四级网格责任制，依法加强宗教事务管理，严格宗教场所审批监管，逐步实现由“管得住”向“管得好”转变。坚决抵御境外宗教渗透，依法解决佛教、道教领域突出问题，保持了民族团结、宗教和顺、社会和谐的大好局面。

（四）*基层治理能力不断提升*。围绕乡村、社区、宗教、校园、企业、社团6个重点领域和网络空间治理，研究制定“1+6+1”意见和方案，建立任务清单，成立工作专班，全面推行网格化管理，扎实推进“法律八进”活动，依法治理能力、群众工作能力普遍提高。实行领导干部首问首办责任制，做实做细县级领导接访，集中整治信访领域突出问题，信访矛盾化解率达98.8%，被国家信访局授予信访工作“三无县”称号。严格落实安全生产责任制，年内未发生重特大安全生产事故。加强食品安全监管，用“四个最严”守护群众“舌尖上的安全”。举办纪念海原大地震100周年军地联合应急救援演练活动，灾害事故应急救援能力和全民防灾减灾意识明显提升。

七、从严从实转作风，不断推动新时代全面从严治党纵深发展

常委会认真贯彻新时代党的建设总要求，扛起主责、抓好主业、当好主角，以永远在路上的执着和韧劲，推动全面从严治党向纵深发展、向基层延伸。

（一）*宣传思想工作深入人心*。坚持党管宣传、党管意识形态，围绕学习宣传贯彻习近平总书记视察宁夏重要讲话精神、“决胜全面小康、决战脱贫攻坚”等主题，开展了一系列有温度、有深度的宣传报道。坚决贯彻党委（党组）意识形态工作责任制实施办法，将意识形态工作纳入领导班子和领导干部考核、县委巡察主要任务，定期听取基层党组织书记专项述职，层层压实工作责任。扎实开展“清朗”“净网”行动，有效规范网络秩序，网络意识形态领域总体平稳。深入开展“移风易俗巡讲”活动，开展“七进”活动240场次，天价彩礼、高额人情等陈规陋习得到有效治理。持续加大精神文明创建工作，史店乡徐坪村、县审计局被评为全国文明村镇和文明单位。

（二）基层党组织建设不断夯实。牢固树立大抓基层鲜明导向，深入实施农村党建“三大三强”和“两个带头人”工程，扎实开展“一抓两整”示范创建活动，培养选拔村级后备干部435人，培育致富头人827人，集中整顿软弱涣散农村党组织和薄弱村35个，所有具备条件的村级组织活动场所达到200平方米以上，125个贫困村集体经济年收益均达到26万元以上，农村党组织凝聚力战斗力明显加强。深入实机关党建“三强九严”工程，构建城市社区“四联四化”机制，深化街道“大工委”和社区“联合党委”机制，全面推进企业和社会党组织“五强五促”行动，清理撤销“空壳”党组织，各领域基层党建质量稳步提升。严格按照中央和区市党委部署要求，全面启动村（社区）“两委”换届工作，顺利完成村（社区）党组织换届工作。

（三）干部队伍建设持续加强。坚持把政治标准摆在首位，树立“注重基层、崇尚实干”的选人用人导向，把脱贫攻坚和疫情防控一线作为选拔干部的“主课道”，畅通干部能上能下通道，持续激发干部队伍活力。全年共提拔干部43名，公务员职级晋升107名，其中脱贫一线提拔干部18名、职级晋升70名，对表现秀的17名正科级领导干部推荐市委晋升四级调研员。加大优秀年轻干部选拔力度，提拔85后、90后年轻干部占到新提拔总数的35%和27%。储备后备干部525名，实行动态管理、跟踪培养。

（四）党风廉政建设工作成效明显。坚持把“严”的主基调贯穿始终，持续开展“两年”活动、廉政警示教育周活动，组织全县领导干部到自治区廉政警示教育中心参观学习，筑牢拒腐防变的思想防线。持续发力治“四风”，严格落实中央八项规定及其实施细则精神，深入开展享乐主义、奢靡之风、餐饮浪费、民生领域突出问题等专项整治行动，坚持关口前移，强化日常监管，始终保持案件查办高压态势，一体推进不敢腐、不能腐、不想腐，全年纪检监察机关立案126人，处分104人，组织处理196人。不断强化政治巡察功能，巡察覆盖面达到91%，发现问题整改率达到98%。

一年来，常委会不断加强自身建设，带头学习贯彻习近平新时代中国特色社会主义思想，带头贯彻落实党中央和区市党委决策部署，严格执行民主集中制，坚持集体领导和个人分工相结合，严格按议事规则和决策程序办事，力求做到科学决策、民主决策、依法决策。严格落实重大事项请示报告制度，确保党中央和区市党委政令畅通、令行禁止。认真落实廉洁自律准则和领导干部廉洁从政各项规定，自觉接受党员干部和群众监督，始终保持担当尽责、清正廉洁的政治本色，带动全县上下营造风清气正的政治生态。常委会班子成员团结协作、密切配合、互相支持，埋头苦干、锐意进取、勤政为民，为全县党员干部树立了标杆，作出了表率。

以上这些成绩的取得，是以习近平同志为核心的党中央坚强领导、英明决策的结果，是区市党委和政府正确领导、大力支持的结果，是广大干部群众勠力同心、务实苦干的结果，更离不开社会各界无私帮助和默默支持。在此，我代表县委常委会，向大家表示衷心的感谢和崇高的敬意！

总结一年来工作，对照党中央和区市党委要求，顺应全县人民期盼，县委常委会也清醒地认识到工作中还存在一些差距和不足，主要是产业转型升级步伐还不快，支撑高质量发展的大项目好项目还不多；民生事业发展短板弱项依然突出，巩固拓展脱贫攻坚成果同乡村振兴有效衔接任务繁重；生态环境仍然十分脆弱，新型城镇化建设相对滞后；基层治理能力还需提升，全面从严管党治党还需持续加强，等等，对这些困难和问题，常委会高度重视，在今后工作中不断改进和加强。

在县委十四届九次全会上部署经济工作时的讲话

海原县委书记　徐海宁

（2021 年 1 月 13 日）

这次全会召开县委经济工作会议，主要任务是：全面贯彻中央和自治区党委经济工作会议精神，总结 2020 年经济工作，分析当前经济形势，安排部署 2021 年工作，确保“十四五”开好局、起好步。

前不久，党中央召开经济工作会议，习近平总书记发表了重要讲话，系统总结了 2020 年经济工作，深刻分析了当前国内外经济形势，明确提出今年经济工作的总体要求、主要目标、政策取向和重点任务，高瞻远瞩、总揽全局，举旗定向、引领发展，为我们做好今年经济工作提供了根本遵循和行动指南。

12 月 31 日，自治区党委召开经济工作会议，明确了 2021 年经济工作的目标要求和重点任务。中央和自治区党委经济工作会议，是定调子、定盘子、定方向、定思路的重要会议，内容非常丰富、意义非常重大，我们一定要认真学习领会，切实把思想和行动统一到党中央和区市党委的科学判断、决策部署上来，坚决抓好贯彻落实，以实际行动体现“两个维护”。今年经济工作的主要措施，待会正清还要具体安排，这里，我就今年经济工作的总体考虑，先讲几点意见：

一、准确把握新形势新目标，确保“十四五”开好局起好步

一要正确认识当前经济发展形势。当前，我们正面临中华民族伟大复兴战略全局和世界百年未有之大变局，这是站位新阶段、谋划新发展的最大时代背景。要看到，疫情变化和外部环境存在诸多不确定性，各类衍生风险不断增多，产业供应链区域化、本地化特征更趋明显，构建以国内大循环为主体、国内国际双循环相互促进的新发展格局对县城经济发展、产业分工协作提出新的更高要求。要看到，党中央推进西部大开发形成新格局、加快构建新发展格局、实施乡村振兴战略、支持黄河流域生态保护和高质量发展等一系列重大战略部署，是我们推动发展和抵御风险挑战的根本依托。特别是党中央决定脱贫攻坚目标任务完成后，对摆脱贫困的县，从脱贫之日起设立 5 年过渡期，过渡期内要保持主要政策总体稳定。党中央专门出台《关于实现巩固脱贫攻坚成果同乡村振兴有效衔接的意见》，提出了 6 个方案 24 条政策措施；最近下发的中央 1 号文件《关于全面推进乡村振兴加快农业农村现代化的意见》，明确了 5 个方面 26 条推进举措，为我们巩固拓展脱贫攻坚成果同乡村振兴有效衔接明确了推进路径、提供了政策支持。自治区党委围绕“努力建设先行区、继续建设美丽新宁夏”，大力发展 9 大重点产业，实施 10 大工程，开展 4 项升行动，最近又下发重点产业和基础设施建设高质量发展的实施方案，拿出了一系列真金白银政策；中卫市委围绕“转型追赶、高质量发展”主题，系统谋划“一带两廊”规划布局，提出“1234567”总体要求，这些都为我县产业转型升级、重大项目建设、乡村振兴、民生改善创造了有利条件、带来了难得机遇。要看到，过去的一年，面对突如其来的新冠肺炎疫情、艰巨繁重的改革发展稳定任务，全县上下迎难而上、砥砺前行，稳住了经济增长的基本盘，打赢了脱贫攻坚收官战，但发展不平衡不充分问题依然突出，全面建成小康社会还存在许多短板弱项。主要表现在经济基础差、总量小，人均 GDP、人均财政收入与达标要求存在较大差距；新型城镇化建设起步迟，常住人口城镇化率低于全区全市平均水平；城乡居民人均收入虽然快速增长，但总体收入水平依然较低；道路、水利、信息化等基础设施短板较多，生态环境依然脆弱，教育、医疗、文化等优质公共服务还不能满足群众日益增长的美好生活需求，这些都是我们必须面对的现实问题，困难与希望同在，挑战与机遇并存。只要我们坚决贯彻党中央和区市党委的决策部署，增强忧患意识，坚定必胜信心，准确识变、科学应变、主动求变，迎难而上、创新突破、锐意进取，就一定能够战胜各种风险挑战，缩小差距、追赶先进，确保经济行稳致远，社会安定和谐。

二要明确今年经济工作目标要求。润儿书记在自治区党委经济工作会议上明确要求，今年工作要围绕构建新发展格局全面展开，围绕推进先行区建设全面展开，围绕经济高质量发展全面展开，这“3 个全面展开”就是今年工作的总遵循、总指针。刚刚闭幕的市委四届十次全会，明确提出“1234567”的总体要求，我们一定要在思想上再对标、行动上再对表、工作上再聚焦。今年和“十四五”时期，全县工作的主线和重心都要围绕“3 个全面展开”和“1234567”总体要求来谋划和推进，抓产业、上项目、优环境都要以服务新发格局为出发点，做决策、定政策、想对策都要以建设先行区先行市为落脚点，经济、社会、生态等各领域发展都要体现高质量发展根本要求。

综合各方面考虑，县委提出今年经济工作总的要求是：坚持以习近平新时代中国特色社会主义思想为指导，全面贯彻落实党中央和区市党委、政府部署要求，坚持稳中求进工作总基调，立足新发展阶段，贯彻新发展理念，融入新发展格局，以推动高质量发展为主题，以深化供给侧结构性改革为主线，以改革创新为根本动力，以满足人民日益增长的美好生活需要为根本目的，巩固拓展脱贫攻坚成果同乡村振兴有效衔接，统筹推进疫情防控和经济社会发展，坚持发展和安全兼顾，扎实做好“六稳”工作，全面落实“六保”任务，准确把握“1234567”总体要求，坚决守好三条生命线，走出一条转型追赶、高质量发展的新路子，奋力谱写建设黄河流域生态保护和高质量发展先行区先行市的海原新篇章，为建设经济繁荣民族团结环境优美人民富裕的美丽新宁夏作出海原新贡献，确保“十四五”实现良好开局，以优异成绩庆祝建党 100 周年。

围绕稳中求进、转型追赶和高质量发展的主基调，县委考虑今年经济社会发展主要预期目标是：地区生产总值增长 8%左右，全社会固定资产投资增长 13%以上，地方一般公共预算收入增长 4.5%左右，社会消费品零售总额增长 9%，城乡居民人均可支配收入分别增长 8%、10%，调查失业率控制在 4.5%以内。节能降碳和主要污染物排放完成区市下达任务，空气质量优良天数比例保持在 95%以上。

经济增速是综合性、基础性指标，也是确定其他指标的参照基点。提出今年经济增长 8%左右的预期目标：一是从发展的需要考虑。我县经济发展与全区全市距较大，实现转型追赶高质量发展，必须保持一定的经济增速，实现稳中求进、稳中有为、稳中有进。确定经济增长 8%左右，比全区预期目标高 1 个百分点，有利于全县上下积极作为、拼搏进取，缩小与全区全市的差距。二是从发展的可能考虑。由于疫情影响，2020年经济基础较低，随着经济运行逐步恢复，今年经济增速将会呈现前高后低态势，全年增速将会保持在一个较高水平，确定8%左右的增长目标是较为稳妥的，既保证了能够顺利完成，也考虑了今年经济大环境的不确定性。三是从发展的预期考虑。确定8%左右的增长目标，既考虑了今年的经济发展，也考虑了整个“十四五”时期的经济发展，留有弹性和余地，避免因基数太高造成后几年压力太大，避免增长忽高忽低对市场预期、发展预期造成影响，符合经济规律和实际情况，是经过努力可以实现的。

二、突出重点、攻克难点，加快推动高质量发展

新发展阶段蕴含新机遇，也面临着新挑战，特别是对底子薄、基础差的海原来讲，经济社会发展的任务更重、挑战更多、要求更高。我们要按照中央及区市党委的部署要求，抓重点关键、补短板弱项、破发展困局，重点抓好8项任务：

*一要巩固拓展脱贫成果，全面推动乡村振兴。*习近平总书记强调“脱贫摘帽不是重点，而是新生活、新奋斗的起点”，“脱贫攻坚取得胜利后，要全面推进乡村振兴，这是‘三农’工作重心的历史性转移”。对海原来讲，巩固脱贫攻坚成果、全面推动乡村振兴，是今年和“十四五”时期第一位任务，必须摆在头等重要位置抓紧抓好，须臾不可松劲懈怠。

要在巩固拓展脱贫攻坚成果上下真功夫。这些年，我们在脱贫攻坚上付出了艰辛努力，取得的胜利成果来之不易，但巩固拓展成果也绝非易事，目前全县排查出边缘易致贫户中没有消除风险的有73户339人，占7.2%，脱贫不稳定户中没有消除风险的有24户144人，占5.4%，稍有不慎就有可能返贫；相当一部分脱贫户基本生活有了保障，但收入水平仍然不高，稳定脱贫基础还比较脆弱；脱贫产业虽然实现了到村到户，但技术、资金、市场等支撑还不强，扶持政策一松劲，帮扶干部一撤离，就有可能散掉。脱贫不返贫才是真脱贫。我们要把巩固拓展脱贫攻坚成果作为战略任务、政治任务，紧紧扭住不放，时刻抓在手上，坚决守住不出现规模性返贫的底线。要严格落实“四个不摘”要求，现有帮扶政策、资金支持、帮扶力量不能变、更不能减，保持总体稳定，坚决防止思想松懈、责任掉链、政策断档、帮扶撤离等情况发生。要加快完善监测预警和帮扶机制，对易返贫致贫人口实施精准监测，持续跟踪收入水平变化和“两不愁三保障”巩固情况，常态化开展“回头看”，做到早发现、早干预、早帮扶，继续精准施策，及时动态清零。对有劳动能力的，要通过开发式帮扶机制，帮助勤劳致富、自力更生；对没有劳动能力的，做好兜底保障，确保衣食无忧。要紧盯全县17个移民安置点的产业、就业、社会融入3件大事，继续采取“一点一策”“一户一策”方法，一件一件抓落实，一户一户过筛子，确保移民群众稳得住、有就业、逐步能致富。村（社区）“两委”换届结束后，要在全县范围内迅速启动“大起底大排查”，精准摸排脱贫不稳定户、边缘易致贫户、生活困难户，建立精准到户台账，一户一策、精准施策。

要在有效衔接乡村振兴上出实招。我们要清醒地认识到，全面实施乡村振兴战略是一项巨大的系统工程，深度、广度、难度都不亚于脱贫攻坚，必须以更有力的举措、汇聚更强大的力量来推进。当前最紧要的是，要围绕产业、人才、文化、生态、组织“5个振兴”，系统分析基本现状，梳理优势所在，查找短板弱项，调整优化相关政策，在确保重点户的基础上，加快推动政策措施由“到村到户为主”向“到乡到村带户为主”转变，做好政策衔接；要按照中央和区市相关精神，精心编制巩固拓展脱贫攻坚成果同乡村振兴有效衔接规划，成立工作专班，细化实化推进举措，做好规划衔接；要持续办好“一村一年一事”，发展壮大村级集体经济，做好项目衔接；要在保持驻村帮扶队伍总体稳定的基础上，选优配强驻村干部，完善管理考核制度，做好队伍衔接、工作衔接，确保“工作不留空格，政策不留空白”。这里需要强调的是，一定要在巩固脱贫攻坚成果的基础上，全面推进乡村振兴，以乡村振兴提升脱贫质量，不能另起炉灶，顾此失彼，对脱贫攻坚中形成的组织领导、责任落实、社会帮扶等，继续沿用到乡村振兴中，确保工作、政策、机构队伍等有序衔接、平稳过渡。

二要加快发展特色产业，持续推进转型升级。加快发展现代产业体系，是推动高质量发展的重要基础。润儿书记在自治区党委经济工作会上，围绕构建现代产业体系，提出“加快推进产业布局区域化、加快推进产业基础高级化、加快推进产业发展现代化”3个方面的要求。我们的目标是明确的、方向是清晰的、路径也是具体的，现在关键是要保持定力、坚定方向，以产业结构优化升级为动力，深耕厚植、精耕细作，持之以恒补短板、强弱项、增后劲，加快构建现代化产业体系，以产业高质量推动经济高质量发展。

要加快发展高效种养业。聚焦“一主四特”优势产业，以市场需求为导向，以龙头企业为依托，以“四化四调”为抓手，加快种养业向优质高效转型升级。坚持把高端肉牛产业作为全县主导产业、一号工程，举全县之力加快发展。紧紧围绕“6+1”体系建设，深化拓展“基础母牛银行”模式，紧盯“人均1头牛、产值百亿元”目标，各乡镇要按照万头以上养殖目标，主动对标、找准差距、形成共识、加快发展，按照“集中集约、高效用地、集成配套”原则，规划建设一批规模化养殖园区、养殖小区，配套建设一批饲草基地、加工配送中心，扶持发展一批龙头企业专业合作社，打造一批养牛示范乡、示范村。要把基础母牛作为产业扩规增效的关键，以引进发展安格斯、西门塔尔高端肉牛品种为主，全部佩戴电子耳标，实行建档立卡信息化管理，建立健全可追溯体系，提升肉牛质量和品质。农业农村局要制定基础母牛发展扶持政策和考评机制，大力推广家庭经营“50”模式、“户繁企育”模式，引导鼓励群众养好基础母牛，稳定发展规模，鼓励企业科学育肥，让农户分散养殖与集中集约养殖联动起来，确保今年基础母牛存栏达到10万头以上、饲养量突破32万头以上，持续扩大规模，提升产业占比。要抓紧完善育种中心、交易市场建设运营方案，确保今年3月初开工建设；要协调、督促华润屠宰场全面投产运营，做好前端、打通终端，争取开工建设二期项目，增强精深加工能力。要加快推进肉牛研究院专业化、标准化、市场化运作，围绕产业发展需求，梳理重点研究课题，组织精干力量开展技术研发与推广，完善科技培训与服务机制，发挥好技术支持作用。县肉牛产业集团要主动思考、主动站位、主动融入、主动担当，考虑2021年“干什么怎么干”的问题，推动实体化、市场化、标准化运作，努力在全县肉牛产业体系建设中贡献力量。农业农村、财政部门抓紧梳理政策和项目，支持部分产业项目通过肉牛集团来实施，全力支持肉牛产业集团发展。总体上，要通过今年努力在肉牛产业技术体系示范县、“一县一业”示范县创建上迈上新台阶，在六盘山高端肉牛产业集群中占据重要位置。滩羊产业，要落实“减羊增牛”调整方略，突出养殖核心区，选育基础母羊群，规划建设标准化规模养殖基地，引导社会投资建设滩羊现代产业园，大力推广家庭牧场“300”模式，依托“盐池滩羊”品牌，签订战略合作协议，借势发力、借船出海，推动规模化、园区化、标准化发展。马铃薯产业，要依托希森集团等全产业链企业，围绕南华山周边阴温地区，加快完善种薯扩繁、标准化种植、社会化服务、科技服务、贮藏分选营销、精深加工“六大体系”，加快推动传统种植向育种繁育转变，分散式、小规模种植向标准化、集约化种植转变，粗加工向精深加工转变，打造西北地区马铃薯育种中心。当前要紧盯“六大体系”“三个转变”的目标要求，落实地块、种薯、机械、企业“四个关键环节”，积极推广“四新”模式和机收机种一体化，统一品种，算好效益账，确保今年完成标准化示范基地10万亩以上，在优化升级、提质增效上迈出坚实步伐。小杂粮产业，坚持“因地制宜、科学布局、适度规模”原则，瞄准绿色、有机、富硒“三大定位”，重点抓好适宜品种选育、旱作节水技术集成应用、全产业链科技服务、物联网管理、质量追溯体系建设“五项质量保障措施”，全面推广“四新”模式，建设标准化示范基地5万亩以上，实施品牌提升行动，打造“小杂粮之乡”。枸杞产业，以清水河流域为重点，实施补植更新行动，推动集中连片规模发展，推广测土配方施肥、有机肥替代化肥、水肥一体化、病虫害统防统治及绿色防控技术，配套清洁能源烘干设施，构建产业标准、绿色防控、检验检测、产品溯源“四大体系”，打造“宁夏枸杞清水河流域产业带”。瓜菜产业，以西安、三河为主，“三塘一坪”产业园区为补充，实现集约型生产、规模化种植、高效益产出。推动“一主四特”产业优质高效发展，还需加强三个重点：一是持续加大农业招商，引进龙头企业，培育新型经营主体，建设现代化产业园区和示范基地，配套冷链仓储物流设施，引领产业调结构、转方式、增效益。二是加快培育专业化社会化服务组织，每个乡镇围绕主导产业培育2~3个社会化服务组织，围绕产前、产中、产后各环节，鼓励不同服务主体之间分工协作，提供全产业链综合服务，加快提升机械化水平，着力解决一家一户分散经营难题，完善联农带农机制，促进形成龙头企业、合作组织和农户产业链上优势互补、分工合作的格局。三是加大品牌营销力度，加强“两品一标”认证管理，把“西海固”公用品牌做优做亮，实现统一规格、统一标准、统一包装、统一营销，推动实现从“卖产品”向“卖品牌”转变、由卖原字号向卖制成品转变。

要培育壮大特色工业。坚持把工业作为稳增长的新动能，围绕“一园三区块”产业布局，聚焦新能源装备制造、农副产品深加工、轻纺“三大特色”，优化服务环境，强化招商引资，扶持壮大骨干龙头企业，坚持不懈地在做优增量、做大总量、提升质量上下功夫，促进特色工业集约发展。新能源装备制造业，要牢固树立“以资源换产业”理念，抢抓自治区将海兴开发区列入新能源制造产业主要区域的重大机遇，以中车风机制造和华润电力运维基地为载体，以风机装备制造、清洁能源开发、运维服务为突破，积极承接周边市场风电机组的运维、备件、大部件更接和技改等业务，整合资源，延伸链条，打造西北地区新能源装备制造及智慧运维基地。农副产品深加工业，要依托“一主四特”优势产业，围绕建链、补链、扩链需求，引进一批集产加销于一体的龙头企业，加大休闲食品、功能食品、健康食品研发力度，推动一二三产融合发展。轻纺业，要积极承接东部地区轻纺产业转移，把闽宁科技园做大，把扶贫车间做活，引进劳动密集型企业，促进农村富余劳动力有序转移。

要提档升级现代服务业。对海原来说，服务业既是突出短板，也是潜力所在，要聚焦现代物流、文化旅游、电子商务等重点行业，强化目标举措，提升服务质效，助推现代服务业提档升级。交通物流，立足海原交通运输大县优势，按照“整合1个平台、建好2个园区、抓好3个关键”的思路，组建产业链群，领跑交通物流产业转型升级发展。“整合1个平台”就是要整合货运信息平台，建立“互联网+物流”新模式，整合产业前后端，实现物流资源信息共建共享、高效配置。“建好2个园区”就是要建好联富汽贸园区、海兴物流区，打造集汽车贸易、仓储物流、商贸服务等业态于一体的规模化、多功能专业园区，发挥龙头引领作用。“抓好3个关键”就是要抓好货运驾驶员培训、诚信体系建设、金融服务支持，满足交通物流市场需求，提供安全可靠便捷服务，提升“海原交通物流品牌”影响力。文化旅游，以建设全域旅游示范县为目标，紧盯“花儿之乡、古韵海原”文旅品牌，着力在打基础、优服务、树品牌上下功夫。“打基础”就是要加快编制全域旅游发展规划，重点打造1个AAAA级景区（天都山）、4个特色景点（关桥梨花小镇、西安文旅古镇、郑旗盖牌、李俊—红羊—史店美丽乡村）、2条旅游线路（石峡口水库—华润希望小镇—贺堡河梨园—西安文旅古镇，须弥山—金佛沟石窟—张元龙山石窟—南华山自然保护区—县城），加快完善基础设施和公共服务设施，提升吸引力和承载力。“优服务”就是完善“快旅慢游”服务体系，推进覆盖重点旅游景区和乡村旅游点的旅游客运线路，完善旅游风景道、骑行专线、登山步道等慢游设施，支持培育一批星级饭店、度假宾馆、主题酒店，今年打造5个以上精品农家乐，培育2~3家特色旅行社，开发系列剪纸刺绣文化旅游产品，打响海原特色餐饮品牌，全面提升“吃住行游购娱”六要素品质。“树品牌”就是发挥文旅集团的作用，举办系列文化旅游活动，打好“乡村旅游牌”“动感体验牌”“地震遗址观光牌”，推动全域化提升、全产业发展、全业态融合、全季节体验。电子商务，以巩固提升电子商务示范县为抓手，围绕“工业品下乡”，重点改造提升传统零售网点、电子商务服务站点，鼓励商贸流通企业和零售网点连锁化经营，拓展便民服务功能，实施“快递进农村”工程，推动农村流通降本增效；围绕“农产品进城”，重点引导电商企业和产业基地、龙头企业合作对接，丰富网上销售业务，促进应季农产品卖上好价格。

*三要加快补齐短板弱项，着力增强经济发展后劲。*对海原来讲，实现转型追赶、推动高质量发展、融入新发展格局，必须把扩大内需作为战略基点、有效投资作为支撑保障，补短板强弱项、稳增长增后劲，确保经济稳中有进、行稳致远。

要精准扩大有效投资。今天的投资结构就是明天的产业结构、经济结构。自治区围绕“十四五”发展谋划了108个基础设施项目，今年启动“十大工程”。中卫市提出“五大工程”，其中有4项与海原有直接关系。全县上下要切实增强机遇意识、责任意识，牢固树立抓发展必须抓项目、抓项目就是抓发展的理念，把重大项目建设作为高质量发展的“强引擎”和“硬支撑”，列出项目需求和具体清单，尽快到有关厅局对接，力争更多项目挤进国家和区市“十四五”规划和年度盘子。这次全会审议通过的建议提出基础设施建设“八大工程”，对提升全县发展具有重要支撑作用，各牵头领导和责任部门要主动认领任务，分项目制定施工图，明确任务书和时间表。今年重点推进海原至平川高速公路、县城旧城改造、清水河综合治理、水源涵养林建设、天然气一体化综合利用、新能源装备制造及智慧运维基地建设等项目，按照自治区要求，有序实施天都山至华中特高压直流输电工程。继续实行县级领导包抓重大项目制度，建立“一个项目、一名包抓领导、一个责任单位、一套推进专班、一抓到底”的推进机制，扎实开展“准备之冬”，加快推进既定项目的资金落实、前期手续办理等工作，加大拟建项目的资金争取、前期推进和洽谈落地，每季度举行1次重大项目开工活动，以目标倒逼进度，以时间倒逼程序，确保50%以上的项目3月底前开工。

要促进消费扩容提质。消费是经济增长的主要引擎，是扩大内需的战略基点。2020年全县社会消费品零售总额呈下降态势，一方面来自疫情影响，另一方面是优质消费品供给不足，消费潜力有待全面激活，“在外消费”现象比较普遍。一要提升消费标准。顺应消费多元化和结构升级趋势，紧盯群众对产品消费、服务消费需求出现的新变化，引进建设商业综合体、知名品牌旗舰店，加大特色街区改造，完善乡村市场体系，培育“购物＋美食＋旅游＋休闲”一体化复合式消费链条，提升传统消费，培育新型消费，努力扩大外来消费，争取留住县域消费。二要挖掘消费潜力。制定促进消费的配套政策，借助农村电商平台，支持发展“互联网＋消费”，持续推进“云直播”“云带货”“云旅游”新业态发展，鼓励群众积极参与网络教育、网络娱乐等信息消费，培育发展特色民宿、夜间经济、家政服务、医疗康养等新的消费热点，多角度宣传消费普惠政策，持续活跃消费气氛，激发消费内生动力。三要优化消费环境。打造一批放心消费集贸市场、超市、商店、餐馆、药店，加强消费维权体系建设，建立落实消费体系、消费后评价等制度，依法保护消费者合法权益，让群众吃得放心、穿得称心、用得舒心，全面释放消费潜力。

要不断加大招商力度。自治区党委经济工作会议明确提出“要把招商引资放在更加突出位置，党政领导主动担当、亲自出马，引导和支持以企引企、靠优联大、强强联合，确保招商引资实际到位资金增长7%”。我县产业项目少，投资能力低，要切实加大招商力度、创新招商方式，10个产业小组都要主动谋招商、抓招商，通过县区一体招商、以商招商、委托招商、精准招商等方式，努力引进一批大企业、落地一批大项目。需要强调的是，项目的引进落地必须符合生态环保要求、适应高质量发展，不能“捡到篮子都是菜”。

四要统筹城乡融合发展，加快推进新型城镇化。这是大势所趋、群众所盼，也是扩大内需的最大潜力所在。中央和自治区党委提出要实施城市更新行动、乡村建设行动，给我们补齐城乡建设短板、促进融合发展带来难得机遇。

要加快实施县城更新改造。坚持把县城作为新型城镇化建设的主要载体，围绕“生态、宜居、精美”县城定位，抓紧修编县城规划，严控人口规模，调整优化格局，留足公共空间，确定县城建设的总体风貌和建筑风格，同步落实县城规划红线、蓝线。坚持“规划引领、政府主导、市场化为主、集中连片、整体推进”原则，有计划、有步骤地推进棚户区改造，力争早日实现“棚户区清零”的目标。今年是“突破之年”，既要在力度上有所突破，更要在标准上有所突破，尽快梳理重点片区、重点项目，大力实施市政道路、公园广场、绿化美化、公共停车场等基础设施建设，推动公共服务设施提标扩面、环境卫生设施提级扩能、市政公用设施提档升级、产业培育设施提质增效。要牢固树立精品意识，推行“以克论净”精细管理，争创卫生县城、园林县城、文明县城，不搞摊大饼，注重精细化，全面提升县城综合服务功能。

要加快完善海兴开发区功能配套。围绕海兴开发区发展定位和需求，统筹一体安排项目，加快补齐电力、排水、供热、天然气等基础设施短板，提升教育、医疗、养老、文化体育等公共服务配套，加快促进县区一体融合发展、同城发展、同步发展。海兴开发区要增强机遇意识、责任意识，打破“四块”布局，广泛汇聚商气，持续推动商业开发、居民小区开发，引导周边群众向海兴开发区聚集，切实增强海兴发展的活力和动力。

要启动实施乡村建设行动。乡村建设行动是全面推进乡村振兴的有效抓手，今年是全面启动的第一年。我们要按照中央和区市部署要求，早谋划、早对接、早启动，切实迈好第一步。坚持先规划后建设，今年要完成县域国土空间规划编制、重点村中心村规划编制，率先打造一批美丽村庄、乡村振兴示范村，全面改造提升李旺、七营、西安、贾塘4个中心镇，切实发挥示范引领和连带作用。要抢抓中央深化农村人居环境整治提升5年行动重大机遇，集中开展“厕所革命”、污水处理、拆违插绿、巷道硬化、危房改造等为一体的立体式综合整治，完善乡村垃圾分类和常态化保洁机制，确保建一个成一个，不贪大求快、刮风搞运动，更不能超越发展阶段、违背农民意愿，搞大规模村庄撤并，真正把好事办好、把实事办实。年内，县委和县政府要专门召开现场会进行互观互鉴、互促互学，带动全县城乡面貌实现大改观、大提升。

*五要坚决打好“三大会战”，持续改善生态环境。*润儿书记指出“建设天蓝地绿水美的美丽新宁夏，是先行区建设成效的最好体现”。何健书记强调“三大会战是建设美丽新中卫的重点和抓手”。海原干旱少雨、生态脆弱、植被覆盖低、生态短板多。我们按照区市要求，把生态作为建设先行区先行市作贡献的首选路径，持续深入开展生态保护、污染治理、植绿增绿“三大会战”，拉高标杆、自我加压，加快生态修复，厚植生态底色，促进实现生态美与百姓富的有机统一。

要系统编制生态规划。生态建设是一项系统工程。打好“三大会战”、推进生态建设，一定要系统谋划、科学论证、统筹考虑、整体布局。立足全县“三山一河七流域”空间布局，打破行政区域界线，按照“统筹规划、因地制宜、发挥优势、彰显特色、合理布局”的原则，编制县域生态空间规划、生态建设总体规划和“一流域一规划”，理清发展目标、发展定位、发展方向、发展路径。要坚持把生态建设规划与“十四五”规划、“一带两廊”规划有机结合起来，确保各个规划紧密衔接、互不冲突，描绘好愿景蓝图，持之以恒付诸实施。这里需要强调的是：中央和区市党委、政府对耕地保护工作高度重视，我们要提高政治站位、对标对表落实，采取“长牙齿”的硬措施，落实好最严格的耕地保护制度，对违法违规占用耕地实行零容忍，绝不能随意占用耕地搞造林绿化，坚决遏制耕地“非农化”、防止“非粮化”。今年中央将开展专项检查，由自然资源局牵头，各乡镇和部门要提前开展自查自纠、整治规范，自觉做到令行禁止。由水务部门牵头，各乡镇负责全面排查岸线乱占、河道乱建等现象，坚决予以制止和取缔。

要谋划储备生态项目。生态建设涉及面广、投资任务重，需要一批重大项目来支撑。要依托自治区“一带三区”总体布局、全市“一带两廊”规划布局，围绕海原生态功能定位，按照“干着今年、备着明年、看着后年、想着大后年”的要求，谋划争取小流域综合治理、退化沙化草原治理、骨干河道治理、植树造林生态经济林、生态环保等项目，统筹推进森林、草原、流域、湿地、农田、城市“六大生态系统”建设，靶向实施大规模全域治理行动、绿化行动。

要积极备战春季大会战。今年是全面实施、系统推进“三大会战”的第一年，要利用当前有利时机，及早着手落实资金、树种、地块、人力，土壤一解冻就扎实开展全民“植树月”、机关干部“植树周”活动，迅速兴起全民植绿增绿热潮。特别是要大力推广“四个一”林草产业模式，按照宜林则林、宜灌则灌、宜草则草的原则，选育一批适宜林草品种，与植绿增绿、观光农业、文化旅游、庭院经济、流域治理结合起来，建立“企业＋合作社＋农户”利益联结机制，形成企业做基地、做品牌、做市场，农户建果园、亮家园、促收入的“大产业＋小庭院”模式，推动实现生态美、产业兴、百姓富。植树造林“三分造、七分管”，只造不管，既难以成活，更难以成林。我们必须牢固树立科学造林的理念，既要下决心种好，更要下决心管好，结合林长制，建立完善造育管新机制，落实网格化抚育管护责任，确保造一株、活一株，造一片、成一片。

六要深入实施四大行动，提升人民生活品质。自治区党委十二届十二次全会上提出“四大提升行动”，这是自治区党委经过深入论证、反复研究提出的，对补齐民生领域短板、提升民生整体水平具有“牵一发而动全身”的效果。润儿书记在自治区党委经济工作会议上对“四大提升行动”又做了安排部署，提出2021年要重点做好“一个坚持、两个查清、三个推进”。

“一个坚持”：就是要坚持尽力而为、量力而行，在目标制定上要实事求是、科学可行，在财政投入上要量体裁衣、量力而行，在工作落实上要用心尽心、真情实意，不提不切实际的目标，不做超越阶段和能力的事情，抓住群众最关心、最直接、最现实的问题，一件事情接着一件事情办，一年接着一年干，以钉钉子精神，不遗余力地干下去。

“两个查清”：一是查清底数，对移民群众要摸清产业、收入、就业、服务情况，一户一档、一户一策；对居民收入要把工资性收入、经营性收入、财产性收入、转移性收入算明白；对基础教育要查清师资力量配置、软件硬件水平、教育教学质量；对医疗健康要查清医疗资源配置、健康设施配置、医护服务水平。二是查清短板，查清移民群众“困”在哪里、城乡收入“低”在哪里、基础教育“弱”在哪里、医疗健康“薄”在哪里，聚焦短板弱项，该增补设施的及时增补，该补齐短板的加快补齐，该提升水平的努力提升。

“三个推进”：一是重点推进，明确每一个提升行动的重点任务，每一项工作要抓好的重点，瞄准主攻方向，聚焦靶心发力，下大气力解决群众的急难愁盼问题。二是统筹推进，对照“十四五”目标，逐年细化任务，实现有效衔接，一项接着一项落实，一年接着一年推进，确保同步实施、齐头并进。三是协同推进，各乡镇部门（单位）要密切协作、高效协同、形成合力，该给的项目给到位，该投的资金投到位，共同扎实推进“四大提升行动”。

“一个坚持、两个查清、三个推进”是今年民生工作的总抓手，各有关部门要按照区市部署要求，尽快与区市厅局对接，拿出切实可行的工作方案，全面抓好贯彻落实。

七要扎实推进改革创新，不断增强发展动力。润儿书记指出“融入新发展格局、推进先行区建设，表面看是发展问题，但本质上是改革问题”。我们要坚持以改革思维、创新方式、开放办法来解决发展中的困难和问题。

要突出改革重点。一要持续深化“放管服”改革，重点抓好商事制度、建设项目审批、不动产登记、纳税服务等重点领域改革，全面推行“一窗全办、一网通办、容缺先办、集成服务”审批服务模式，最大限度简环节、优流程、压时限、提质效，有效激发市场活力、放活微观主体、增强内生动力。二要抓好“四权”改革。按照自治区统一部署，精心谋划实施水权、土地权、山林权、排污权交易改革，自治区党委将召开先行区建设第四次推进会，对“四权”改革进行专题研究部署，水务、生态环境、自然资源、农业农村等部门要提前对接、了解情况、吃透精神，尽快制定改革方案，有序推进实施，努力在“四权”改革上创亮点、见成效。三要抓好投融资改革，健全投资内生增长机制，鼓励引导民间投资采取PPP等模式参与市政建设、基础设施、社会服务、生态治理等领域，激发全社会投资活力。四要积极推进基层整合审批服务执法力量改革，各牵头部门要把区市政策要求与县情实际相结合，突出抓好顶层设计，科学制定改革方案，围绕提升基层社会治理能力和治理水平，进一步强弱项、补短板、解难题，通过改革理顺乡镇管理体制，加快推进布局优化，同时要进一步理顺海兴开发区、甘盐种羊场、街道办管理体制机制，科学重塑基层组织架构、持续深化事业单位改革，有效整合基层治理网格，强化管理和服务，着力破解基层审批权限和执法主体地位不明晰等问题，让基层治理模式“顺”起来。

要抓住创新关。习近平总书记指出“要围绕产业链部署创新链、围绕创新链布局产业链”。我们要把创新理念贯穿到产业发展的各环节，充分发挥肉牛研究院、老科协的作用，依托西农大、宁夏大学等高等院校帮扶力量，1个产业对应组建1个科研团队、培育1批技术骨干，开展技术研发、成果引进、优化升级。坚持把企业作为创新的主体，加快推动创新政策、创新资源向企业倾斜集聚，支持企业与科研院校深化合作，建立创新联盟，广泛开展技术创新、产品创新、标准创新和品牌创新。人才是创新的关键，既要以柔性政策引进人才，也要全面落实人才政策，建立以创新能力、质量、实效、贡献为导向，充分体现知识、技术等创新要素价值的收益分配机制，切实让各类人才创业有舞台、待遇有保障。

八要牢固树立全局观，加强科学统筹推动发展。经济工作事关全局，必须增强系统思维、树立全局观念，统筹推进各领域各方面形成综合效应、取得总体效果。

要统筹发展和安全。“没有安全和稳定，一切都无从谈起。”今年我们党将迎来百年华诞、正式宣布全面建成小康社会，营造安全稳定的社会环境是发展需要，也是政治任务。我们必须增强风险意识，树立底线思维，统筹传统安全和非传统安全，把困难估计得更充分一些，把风险思考得更深入一些，把安全贯彻到发展各领域和全过程，深入系统排查化解各种隐患风险，下好先手棋、打好主动仗，守好维护政治安全的生命线，确保社会大局和谐稳定。

要统筹经济和社会。经济发展和社会发展相互联系、相互影响、相互促进。我县经济发展基础差、社会事业短板多，要坚持一体谋划布局、一体推动落实，既要抓好产业发展、项目建设等经济工作，缩小经济发展的差距，也要抓好教育、医疗、文化等社会事业，补齐短板弱项，为经济发展提供更多增长动力。特别是要以基层社会治理为抓手，完善网格化责任体系，夯实基层治理基础，整顿规范市场经济秩序，打通影响高质量发展的痛点堵点，以高效能治理助推高质量发展。

要统筹党建与发展。党的建设是事业发展的根本保证，事业发展成效反映着党的建设质量。落实好全会审议通过的建议，完成好今年确定的目标任务，关键在落实，关键在党。我们要牢固树立抓好党建是最大政绩的理念，坚决贯彻新时代党的建设总要求，自觉扛起党建工作主体责任，建强基层组织，锤炼过硬队伍，从严管党治党，把党建引领作为贯穿发展的鲜明红线，着力解决党建与发展、党建与业务“两张皮”问题，以党建促发展、以发展强党建，相互融合、相得益彰，为完成好各项既定任务提供坚强保证。

海原县人大常委会工作报告

——2021 年 1 月 24 日在海原县第十七届人民代表大会第五次会议上

海原县人大常委会副主任　但　升

2020 年工作回顾

刚刚过去的一年是决战脱贫攻坚、决胜全面建成小康社会的收官之年，也是海原攻坚克难、砥砺前行的一年。一年来，常委会在县委的坚强领导下，在区、市人大的精心指导下，以习近平新时代中国特色社会主义思想为指导，深入学习党的十九大、十九届二中、三中、四中、五中全会精神和习近平总书记视察宁夏重要讲话精神，认真履行宪法和法律赋予的各项职权，圆满完成了县十七届人大四次会议确定的各项任务。一年来，共召开人大常委会会议 7 次、党组会议 8 次、主任会议 6 次，听取和审议“一府两院”专项工作报告 22 项，开展视察检查和专题调研 20 次，依法作出决议决定 14 项，人事任免 39 人次，提出审议意见 34 条，为打好三大攻坚战，胜利实现脱贫攻坚目标，推进全县经济社会发展和民主法治建设作出了积极贡献。

一、坚持党的领导，确保人大工作正确政治方向

始终坚持党的领导。常委会始终坚持党的领导、人民当家作主和依法治国的有机统一，增强“四个意识”，坚定“四个自信”，做到“两个维护”，认真贯彻落实区、市、县党委关于加强和改进新时代人大工作的意见和县委人大工作会议精神，坚持重大事项向县委请示报告，切实做到讲政治、守规矩，确保了党的路线方针和县委重大决策得到贯彻落实，依法行使监督权、重大事项决定和人事任免权，确保了宪法法律在我县的有效实施。

强化政治理论学习。常委会始终把党的政治建设摆在首位，切实强化理论武装，深入学习了习近平新时代中国特色社会主义思想，党的十九大、十九届四中、五中全会精神，习近平总书记视察宁夏重要讲话精神，习近平总书记关于坚持和完善人民代表大会制度重要论述，以及宪法、民法典等法律法规，共组织党组理论学习中心组学习 12 次、专题学习 4 次，开展专题研讨 5 次、宣讲活动 12 次，切实做到了真学真懂真用。

围绕中心服务大局。常委会坚持把围绕中心服务大局作为履职尽责的核心要务，围绕县委重大决策部署，聚焦全县经济社会发展和民生福祉等重大事项，依法开展监督，有效推动了各项工作的顺利开展。同时常委会班子成员认真开展包抓乡镇、脱贫攻坚、村（社区）“两委”换届等工作，尽心尽力协调乡镇、部门解决实际问题，圆满完成了县委交办的各项工作任务。

二、坚持依法监督，推动全县经济社会全面发展

对“一府一委两院”的依法监督，是宪法法律赋予人大的一项重要职权。一年来，常委会紧紧围绕全县改革发展大局，着眼全县经济社会高质量发展和人民群众关注的热点难点问题开展检查视察。

围绕推动经济社会平稳发展开展监督工作。先后对海原县“十三五”规划实施情况、2020 年国民经济和社会发展计划执行情况、2019 年财政决算和 2020 年财政预算执行情况及 2020

年审计工作进行了检查，依法调整全县财政预算2次，提出意见建议12条。同时，推进预算联网监督，提高了财政资金使用效益。加强国有资产管理监督，促进了国有资产管理的规范化。支持县人民政府深化产业结构调整，防范化解重大债务风险，督促做好“六稳”“六保”工作，严格落实稳增长、惠民生各项政策措施，为全县经济转向高质量发展提供了有力支撑。

围绕推动农业产业转型升级开展监督工作。围绕“一主四特”产业发展布局，对全县牛产业多次开展专题调研和专项视察，听取和审议了全县牛产业发展情况专项报告，就健全完善产业体系、拓展产业链等方面提出审议意见4条，有力推动了牛产业的发展。对全县马铃薯、香水梨、小杂粮、枸杞、红梅杏等特色产业适时进行了调研，助推产业规模进一步扩大，产业效益进一步提升，产业结构进一步优化，区域特色进一步彰显。

围绕推动保障和改善民生开展监督工作。牢固树立以人民为中心的发展思想，紧盯人民群众最关心最直接最现实的利益问题精准选取监督议题，着力推动县人民政府及其职能部门在发展中保障和改善民生。综合运用视察检查、专题调研、审议专项工作报告等监督方式，对全县教育科学、卫生健康、医疗保障、城乡建设、市场监管、水利交通、文化旅游等重点项目建设，代表建议意见及民生实事办理等工作进行了视察检查，使学校办学条件得到改善，教育教学质量得到提升；医疗卫生条件、公共卫生服务能力和传染病防控能力得到提升；市场环境、城乡人居环境和城乡基础设施得到改善；文化阵地建设得到加强，全域旅游创建工作持续推进；交通运输服务能力不断提升；各项民生实事落地落实，人民群众获得感和幸福感不断增强。

围绕推动生态环境保护开展监督工作。坚持绿水青山就是金山银山的发展理念，大力实施“生态立县”战略。对全县生态环保工作进行了视察，听取和审议了县人民政府生态环保专项工作报告，依法作出审议意见5条。督促县人民政府对中央环保督察反馈问题和建筑工程扬尘、废水废物处理等问题进行整改。对建设黄河流域生态保护和高质量发展先行市推进情况进行了专题调研，配合市人大对我县生态环保工作进行了检查，有力推动了我县黄河流域生态保护和高质量发展先行市建设工作的顺利开展。

围绕推动疫情防控发挥作用。常委会认真学习贯彻习近平总书记关于疫情防控的重要指示精神，全面落实自治区人大常委会《关于依法防控新型冠状病毒肺炎疫情 坚决打赢疫情防控阻击战的决定》和区市县党委的决策部署，人大机关人员全部深入乡镇、社区，广泛发动人大代表和各界群众积极投身疫情防控，大力宣传《中华人民共和国传染病防治法》《中华人民共和国突发事件应对法》《中华人民共和国野生动物保护法》等法律法规和疫情防控知识，及时安排疫情防控专项检查，有效促进了全县疫情防控工作的扎实开展，为我县疫情防控工作作出了积极贡献。

三、运用法治思维，着力推进依法治县进程

一年来，常委会始终坚持宪法法律至上，加强和改进法律监督工作，推动法律法规贯彻实施。

司法监督力度增强。推动扫黑除恶专项斗争，听取和审议了“一府两院”扫黑除恶专项工作报告，结合审判执行、法律监督、公益诉讼、队伍建设等情况，提出建议意见10条，组织人大代表参加庭审旁听、检察听证会、案件评查、征求意见工作座谈会等活动20余人次，推动法检两院公平执法、公正司法。

法律普及成效明显。常委会高度重视法律普及工作，督促司法行政部门深化“法律八进”活动，组织开展“七五”普法验收和“八五”普法启动工作。配合区、市人大开展《中华人民共和国传染病防治法》《中华人民共和国野生动物保护法》执法检查，对《中卫市文明行为促进条例》和备案审查工作进行调研，有效推动了相关法律法规的贯彻实施。

备案审查有序推进。严格依照法定权限和程序，积极开展规范性文件备案审查工作，对县人民政府2020年《关于应对新冠肺炎疫情影响促进工业和商贸企业健康发展的实施意见的通知》等10件规范性文件开展备案审查，提出个别条款和文字修改建议9条，切实增强了备案审查的政治性、法律性、严肃性。

人事任免依法规范。常委会坚持党管干部与依法任免的有机统一，严格规范供职承诺、会议审议、投票表决、宪法宣誓等法律程序，对拟任命国家机关工作人员进行任前法律知识考试，全年共任免国家机关工作人员39人次，补选市四届人大代表7人、县十七届人大代表12人，保证了县委人事意图的顺利实现，进一步弘扬了宪法精神，增强了宪法意识。

四、强化代表工作，主体作用得到有效发挥

一年来，常委会尊重和彰显人大代表主体地位，密切与人大代表和人民群众的联系，健全机制、搭建平台，不断激发代表活力，充分发挥代表作用。

履职能力不断提升。组织代表开展履职培训、专题调研、执法检查，鼓励代表发表意见、提出建议，不断拓宽代表知情渠道，共邀请人大代表列席人大常委会会议及参加视察检查、专题调研等活动60余人次，邀请县人大代表列席常委会会议5次18人，列席政府常务会议42人次。组织区市县人大代表参加上级人大各类会议和工作培训30人次，进一步提升了代表的专业知识和履职能力，增强了代表为民履职的责任感和使命感。

代表建议全部办理。督促“一府两院”办理代表建议意见是监督工作的重要抓手和促进工作落实的重要途径。县人民政府高度重视并认真办理县十七届人大四次会议确定的24条建议，截至目前已全部办理，办结率100%，答复率100%，满意率100%。

联系群众更加紧密。深化代表“双联”活动，每位常委会组成人员同3名人大代表，每名人大代表与3~5名选民保持经常联系，通过走访、电话、微信等多种方式，经常听取代表意见建议，及时回应代表和群众关切。审议并印发《关于进一步加强和改进人大代表联系接待原选举单位人民群众和原选区选民的实施意见》，进一步宣传党的路线方针政策和宪法法律法规。指导乡镇人大积极开展“人大代表之家”“代表工作室”建设工作，按照“四个一”活动要求，建立健全代表履职考核制度，丰富闭会期间的代表活动，推动了乡镇人代会和基层代表工作的规范有序。

五、加强自身建设，依法履职水平不断提高

一年来，常委会积极适应新时代人大工作的新要求，坚持以思想政治建设为根本，把制度建设贯穿始终，为各项工作顺利开展奠定了良好基础。

思想政治建设进一步加强。深入学习贯彻习近平新时代中国特色社会主义思想、党的十九大和十九届二中、三中、四中、五中全会精神，认真学习贯彻习近平法治思想和视察宁夏重要讲话精神，积极参加县委理论学习中心组会议，扎实开展人大党组理论学习中心组专题学习研讨活动，认真落实管党治党政治责任，思想政治建设进一步加强。

机关工作作风进一步转变。狠抓党风廉政建设，坚决贯彻执行中央八项规定和廉洁自律要求，强化纪律约束，从严管理干部。认真贯彻民主集中制，严格落实“一岗双责”、民主生活会、领导干部个人事项报告、外出报备等制度。不断推进人大的政治建设、制度建设和作风建设，勤政务实、风清气正、团结干事的氛围不断加强。

各位代表，过去的一年，县人大常委会各项工作取得了可喜成绩，这些成绩的取得是县委正确领导的结果，是全体代表共同努力的结果，也是“一府一委两院”和全县人民大力支持的结果。在此，我代表县人大常委会表示衷心的感谢并致以崇高的敬意！

在肯定成绩的同时，我们也清醒认识到，对照宪法和法律赋予的职责，距离人民群众的期盼，我们的工作还存在一些差距，主要表现在：常委会监督的刚性和实效还需进一步加强；代表联络协调机制还需进一步健全，代表履职平台还需进一步搭建；常委会自身建设还需进一步加强等。这些问题我们将认真研究，在今后的工作中努力加以改进。

2021 年主要任务

2021 年是“十四五”规划开局之年，也是建设社会主义现代化国家新的历史起点。在县委的坚强领导下，县人大常委会将坚持以习近平新时代中国特色社会主义思想为指导，认真学习贯彻习近平法治思想，全面贯彻落实党中央和区市县党委关于加强和改进新时代人大工作意见，坚持稳中求进工作总基调，立足新发展阶段，贯彻新发展理念，融入新发展格局，以推动高质量发展为主题，以深化供给侧结构性改革为主线，以改革创新为根本动力，以满足人民日益增长的美好生活需要为根本目的，巩固拓展脱贫攻坚成果同乡村振兴有效衔接，统筹推进疫情防控和经济社会发展，坚持发展和安全兼顾，扎实做好“六稳”工作，全面落实“六保”任务，准确把握“1234567”总体要求，围绕坚决守好三条生命线，走出一条转型追赶、高质量发展的新路子，奋力谱写建设黄河流域生态保护和高质量发展先行区先行市的海原新篇章，依法行使职权，奋力开创新时代人大工作新局面，为继续建设经济繁荣民族团结环境优美人民富裕的美丽新宁夏作出海原新贡献，确保“十四五”实现良好开局，以优异成绩庆祝建党 100 周年。

一、主动站位全局，全面践行新时代人大职责使命

坚持以习近平新时代中国特色社会主义思想为统领，深入学习贯彻习近平总书记关于坚持和完善人民代表大会制度重要思想。始终坚持党的领导、人民当家作主和依法治国的有机统一，自觉把县委的决策部署贯穿到人大工作各个方面，健全贯彻执行党委决策部署的工作机制，坚持重大事项、重大问题和重要工作向县委请示报告，确保党委的决策意图通过法定程序成为全县人民的共同意志，充分发挥人大在服务改革发展中的重要作用，切实增强做好新时代人大工作的责任感和使命感。

二、围绕中心大局，推进重大决策部署落地落实

紧紧围绕县委十四届九次全会部署要求，加强对“一府一委两院”的监督，定期听取和审议国民经济和社会发展计划执行情况、财政预算执行情况的报告，加强对计划、预算的审查监督工作，适时对全县重大项目建设、“十四五”规划实施情况等进行专项检查视察。坚持问题导向，深入基层开展调研，把群众满意度作为最高评价标准，切实巩固好脱贫攻坚成果，深入推进全面脱贫与乡村振兴有效衔接。紧紧围绕全县中心工作，对生态环保、棚户区改造、产业发展、教育文化、医疗卫生、民生保障、全民科学素质、乡村振兴战略实施等工作开展检查视察，切实以强有力的监督推进各项工作落地落实。加强宪法和法律法规实施的监督力度，积极配合区市人大开展执法检查和立法调研，把宪法民法典的宣传和监督作为重点任务之一，加大“八五”普法工作力度，不断提升全体公民法治意识和法律素养，为有效促进依法行政，推进我县治理体系和治理能力现代化奠定坚实基础。

三、践行法治思想，依法履行人大各项职权

发挥人大制度优势、职能优势、工作优势，严格按照选举法和地方组织法有关规定，坚持党管干部与人大依法任免相统一，运用任前法律考试、供职承诺、投票表决和宪法宣誓等监督方式，不断规范人事任免工作。建立健全规范性文件备案审查相关制度，进一步规范备案审查工作，推动全县法治建设进程。对国民经济和社会发展计划、财政预决算、“十四五”规划等事关我县改革发展的重大事项依法作出决议决定，确保人大各项职权的依法实施。

四、倾听代表呼声，切实发挥桥梁纽带作用

牢固树立以人民为中心的发展思想，把推动解决问题、补齐民生短板作为人大工作的着力点，聚焦群众关心关注的热点难点问题，广泛听取群众呼声，持之以恒为群众办好事解难题。进一步强化代表“双联”、代表工作室和代表之家工作，充分发挥各级人大代表广泛联系群众的优势，当好选民的“传声筒”，当好群众的“贴心人”。进一步加强代表议案建议办理工作，提高办理质量，增强办理实效，实现好、维护好、发展好最广大人民群众的根本利益。建立健全代表履职考核制度，不断激发代表的履职热情，鼓励代表在乡村振兴、移风易俗、生态环保、高质量发展等工作中积极建言献策。

五、改进工作作风，开创人大工作崭新局面

认真执行人大常委会各项工作制度，不断改进工作作风，着力提高常委会及机关人员的政治鉴别能力、调查研究能力、科学决策能力、改革攻坚能力、群众工作能力、狠抓落实能力，勤于思考，勇于创新，切实发挥好新时代人大职能作用，不断推动人大工作再上新台阶。

各位代表，一元复始呈兴旺，万象更新起宏图！新的一年，让我们更加紧密地团结在以习近平同志为核心的党中央周围，以习近平新时代中国特色社会主义思想为指导，在县委的坚强领导下，认真履行宪法和法律赋予的各项职权，勠力同心、负重拼搏，全面实施“十四五”规划和乡村振兴战略，全力推进黄河流域生态保护和高质量发展先行市建设，为继续建设经济繁荣民族团结环境优美人民富裕的美丽新宁夏作出新的更大贡献！

政府工作报告

——2021 年 1 月 24 日在海原县第十七届人民代表大会第五次会议上

海原县人民政府县长　许正清

一、2020 年及“十三五”工作回顾

过去一年是海原历史上极不平凡的一年，在区市党委、政府和县委的坚强领导下，县政府团结带领各族干部群众，经受住了新冠肺炎疫情和经济下行压力的严峻考验，脱贫攻坚取得了决定性成就，迈出了高质量发展的新步伐。实现地区生产总值 81.44 亿元，同比增长 4.5%；完成固定资产投资 48.13 亿元，同比增长 24.6%，增幅居全区前列；一般公共预算收入达到 2.14 亿元，同比增长 2.1%。城乡居民人均可支配收入分别达到 27488 元、10641 元，同比增长 5.3%、10.5%。

一年来，我们坚持同舟共济群策群力，疫情防控和“六稳”“六保”成效显著。坚持人民至上、生命至上，第一时间组建领导小组和指挥部。紧盯“三返人员”“四区”“四场”，严格落实“五包一”网格化责任，建成县人民医院核酸检测实验室，储备各类医疗防控物资，全面打响疫情防控阻击战。对8426名重点人员实施居家健康管理服务，2538名中高风险地区返海人员进行集中健康管理，全县上下团结一心、众志成城，共同筑起了抗击疫情的“防护墙”，实现了疫情“零发生”。坚持统筹疫情防控和经济社会发展，扎实做好“六稳”工作，全面落实“六保”任务，紧盯高校毕业生、农民工等特殊困难群体就业，全年完成技能培训7097人，发放创业担保贷款3.61亿元，实现农村劳动力转移就业8.98万人，创收15亿元以上，累计减税降费5094万元，发放惠民利企贷款70亿元。全年开（复）工项目112个，海原火车站等重点项目取得新进展。县域经济持续回升、稳步向好。

一年来，我们坚持尽锐出战持续发力，脱贫攻坚圆满收官。整合扶贫资金6.34亿元，紧盯“一收入两不愁三保障”，全面开展“四查四补”，消除了932户3575人边缘易致贫人口、419户1891人脱贫不稳定人口致贫返贫的风险。完成农村危房改造1127户，抗震宜居农房1320户，新增户、回迁户自来水补入1026户，建档立卡贫困人口家庭医生签约服务实现应签尽签，“三保障”和安全饮水实现动态清零。投放扶贫小额贷款1.96万户9.38亿元，125个贫困村实现光伏扶贫分红3512万元。扶贫保险产品、“防贫保”实现全覆盖，剩余1035户3314人全部脱贫退出，实现了县摘帽、村出列、不落一户一人的脱贫目标，历史性消除了绝对贫困和区域性整体贫困。

一年来，我们坚持加快转型升级步伐，产业结构持续优化。狠抓肉牛产业高质量发展，组建县肉牛产业发展集团，成立17个乡级肉牛工作站、57个村级肉牛专业合作社。华润五丰6万头肉牛全产业链精深加工一期项目和老城区牛羊屠宰厂项目建成投产，全县肉牛饲养量达到30万头。成功举办第五届高端肉牛大赛。依托“西海固”区域公用品牌，全年销售农特产品2.98亿元。新增规模以上企业2家，华润尖尖山、北山梁风电等新能源项目稳步推进。成立县文化旅游产业发展集团，完成天都山AAA景区创建，成功举办“关桥网络梨花节”、西安文旅古镇系列乡村文化旅游节活动。完善“电商”配送网络，开通4条乡村物流配送专线，组建4支乡村物流配送小分队。实现第三产业增加值49.79亿元，服务业对经济增长贡献率进一步提升。

一年来，我们坚持统筹推进整治提升，城乡面貌明显改观。完成棚改安置1960套，开工建设海盛富城、格兰丽都、北苑安置小区等项目。建设育才公园、南门广场等4个城市休闲设施，新修市政道路7.8公里，完成城市集中供热工程、第二污水处理厂污泥处理项目。建设树台美丽集镇，建成海城镇武塬村等4个美丽村庄。新改建农村公路42.2公里，村组道路硬化221.5公里。新增动力电用户1045户，新建4G、5G基站127座，实现有需求的自然村全部通动力电和村级信息网络全覆盖。实施农村环境综合整治工程，清理生产生活垃圾23万吨，改造户厕2500户，城乡人居环境明显改善。

一年来，我们坚持生态立县绿色发展，生态建设取得实效。持续推进“散乱污”企业综合整治，建成乡镇清洁煤配送中心8家，淘汰老旧黄牌机动车565辆，全县优良天数达标率96.1%。全面落实“河长制”，持续实施清水河（海原段）综合治理，排查整治河湖“四乱”问题66个，治理河道及沟道77公里，疏浚河道45.95公里，治理水土流失面积79.56平方公里。建成投运西安镇等6家污水处理站。调整划定全县畜禽禁养区，规模场粪污处理设施配套率达到95%以上，畜禽粪污综合利用率达到90%以上。中央环保督察组“回头看”反馈问题全部整改销号，办结销号自治区党委第三生态环保督察组反馈投诉件3个。完成秋季植绿增绿4.55万亩，全年累计造林绿化15.62万亩。西华山被列入首批国家草原自然公园试点建设名单。

一年来，我们坚持更加注重社会保障，民生福祉持续增进。75%以上的财政支出用于保障和改善民生，10件民生实事全部办结。投入资金2.2亿元，新建、改扩建学校23所，建成“互联网＋教育”区级示范校4个、标杆校3个。迁建县中医医院、妇计中心，完成县人民医院妇儿综合楼建设项目，建成东城等4个社区卫生服务站，改扩建关庄等4个乡镇卫生院，建成残疾人康复中心，县域医疗服务体系逐步健全。提高城市居民最低生活保障补助、困境儿童养育津贴和困难群众临时救助标准，发放救助金3.97亿元。深入实施全民参保计划，城乡居民养老、医疗参保人数分别达到16.32万人、37.4万人。成功创建全国示范型退役军人服务中心（站）14家。新建村综合文化服务中心3个、乡镇文化馆图书馆分馆18个、县级图书馆1个。建成室内体育场馆2个、村级以上农民健身及篮球场153个，乡村公共文化服务设施更加完善。送戏下乡202场次，放映农村数字电影2380场次，群众文化生活更加丰富。

一年来，我们坚持与时俱进深化改革，治理能力不断提升。持续深化“放管服”改革，启动政务服务“一窗受理、集成服务”新模式，提速推进20项“一件事一次办”服务，办理时限压缩63%，不见面办理率达到83%。推行登记注册全程电子化、“四证合一”等审批改革，前置审批事项清理缩减为32项。稳步推进河湖水域岸线划界和农村宅基地确权，全面完成农村集体资产清查核资。加快“1+6+1”县域治理体系建设，不断推进乡村、社区、校园等重点领域和网络空间治理。持续深入推进扫黑除恶专项斗争，强化纪委监委、公安、司法协调联动，以“零容忍”态度深挖彻查严打各种黑恶势力。严格执行重大事项向人大报告制度，自觉接受人大依法监督、政协民主监督，主动接受社会和舆论监督，高质量办复人大建议24件、政协提案44件。持续深化行政执法“三项制度”落实，推行行政规范性文件合法性审核机制。建成乡村全覆盖的公共法律服务网络体系，办理法律援助案件963件，有效化解各类矛盾纠纷。认真落实党风廉政建设责任制，严格执行中央八项规定精神及其实施细则，持续开展“党政机关作风建设年、干部队伍素质提升年”活动，驰而不息纠治“四风”，“三公”经费同比下降19.7%。持续推动基层减负，会议文件和督查检查大幅精减，政府执行力和服务水平进一步提升。同时，审计监督、广播电视、统计调查、妇女儿童、地震气象、应急救援、防灾减灾救灾等事业取得新成效。

各位代表，过去一年，我们坚持尽锐出战，精准发力，接受了国家脱贫攻坚普查、国家省际交叉检查、东西部扶贫协作成效考核三次大考，顺利退出国家贫困县序列，脱贫攻坚取得重大胜利。这一年，我县农村危房改造入选全国农村公共服务典型案例，先后荣获信访工作“三无”县、电子商务进农村综合示范县、全国阳光校餐示范县、全区抗击新冠肺炎疫情先进集体、全区双拥模范县、全区转移就业示范县等荣誉。

2020年各项工作的顺利完成，标志着“十三五”圆满收官。成绩来之不易，奋斗伴随艰辛。回首“十三五”不平凡的五年，我们立志改变贫穷面貌、摘掉贫困帽子，负重前行、克服了重重困难，实现了脱贫摘帽、经济健康发展、社会全面进步，是我县历史上城乡面貌变化最大、群众得到实惠最多的五年，也是群众满意度最高、社会各界反响最好的五年。

这五年，县域经济加速发展、综合实力显著增强。地区生产总值保持平稳增长，是2015年的1.53倍，年均增长5.7%。一般公共财政预算收入累计完成 10.88 亿元，年均增速 4.2%。社会消费品零售总额达到 28.74 亿元，年均增速 6.5%。城乡居民人均可支配收入分别达到 27488 元、10641 元，年均增长 7.6%、11.2%。固定资产投资累计达到 265.87 亿元，三次产业结构比重由 2015 年的 21∶24∶55 调整到 2020 年的 18∶19∶63，主要经济指标保持中高速增长，较好完成“十三五”规划目标。

这五年，脱贫攻坚精准发力，贫困堡垒全面攻克。全面落实“六个精准”“五个一批”要求，坚持“55104”脱贫攻坚部署，整合涉农扶贫资金 34.36 亿元。累计完成自来水入户 77052 户，改造农村危窑危房 2.6 万户，贫困患者医保、大病救治、家庭医生签约服务覆盖率达 100%。累计开展贫困劳动力技能培训 45443 人，创业致富带头人培训 2160 人，发放创业担保贷款 7.54 亿元，创业带动就业 7720 人。每年转移就业 8 万人以上，创收 12 亿元以上。建成县内安置点 17 个，搬迁安置移民 3639 户 15221 人，实现了“搬得出、稳得住、能致富”的目标。争取闽宁资金 1.71 亿元，实施项目 93 个。建成华润希望小镇，海原县“基础母牛银行 1+N”入围全国精准扶贫优秀案例。全县 28630 户 112086 人建档立卡贫困对象全部脱贫退出，125 个贫困村全部稳定脱贫出列，顺利实现脱贫摘帽，脱贫攻坚取得决定性胜利。

这五年，产业结构持续优化、转型步伐不断加快。现代农业转型发展。突出肉牛主导产业，创新实施“基础母牛银行”模式，建立完善“6+1”产业体系，建成肉牛养殖示范村 57 个，培育规模牛场、养殖合作社、家庭农场 227 家，肉牛饲养量较 2014 年底翻了一番。按照“四调四化”要求，持续优化种植业结构，建成南华山半阴湿地区马铃薯产业集聚带，贾塘等 3 个小杂粮核心区、标准化示范基地 18 个，绿色枸杞种植基地 6.5 万亩，打造富硒硒砂瓜标准化示范基地 2 万亩，富硒功能农业种植面积达到 5 万亩。新增高标准农田 16.5 万亩，全县农业综合机械化水平达 54.67%。工业企业提质增效。以风机制造为主的装备制造业，以风力、光伏发电为主的新能源产业，以肉牛加工、小杂粮及马铃薯淀粉加工为主的农副产品加工业初步形成。累计培育规模以上工业企业 5 家。服务业发展势头良好。建成汽贸物流园区 2 个，培育货运企业 72 家、专业运输乡镇 8 个、运输村 15 个，货运车辆达到 7381 辆，交通运输行业从业人员达到 2.8 万人。县、乡、村三级物流服务体系基本建成。引进银行机构 3 家，成立了海原惠民融资担保公司，全县乡镇金融服务网点实现全覆盖。培育三星级农家乐 5 家，累计接待游客 140 万人次，创收 8000 万元。

这五年，城乡发展统筹推进，城镇化水平显著提高。完成棚改安置 6941 套，建成西湖等 3 个安置小区、富民花园等 6 个商住小区。建成市政道路 30 条 40.6 公里，西湖公园、全民健身中心等一批公共服务设施投入运行，常住人口城镇化率达到 34%。建成美丽集镇 6 个、美丽村庄 23 个，改造户厕 11960 户。行政村动力电、4G 信号实现全覆盖。黑海高速、海同高速建成通车。海原至平川高速公路、银昆高速（海原段）开工建设。新改建国省干线公路 283.9 公里、农村道路 1264.8 公里，全县行政村全部通硬化路。新增市县客运班线 35 条，城乡公交线、农村客运班线 18 条，全县公路通车总里程达 3205.3 公里，公路网密度达 50.26 公里 / 百平方公里，行政村班车通达率 100%，交通路网基本形成，交通瓶颈有效破解。

这五年，社会事业发展提速，人民生活显著改善。累计投入 9.6 亿元，新建、改扩建中小学及幼儿园 299 所，义务教育基本均衡发展通过国家验收，累计资助 21.54 万人次 1.8 亿元。推进“互联网 + 教育”示范县创建。县人民医院、县中医医院迁建投入使用，新改扩建史店乡等乡镇卫生院 8 个。推行“互联网 + 医疗健康”服务，为39.6万群众建立电子健康档案，医共体覆盖面达到90%以上。县城体育馆、图书馆、活动中心、非物质文化遗产传承基地建成运营，乡镇文化站、村综合文化服务中心实现全覆盖，扶持发展文化大院80个、文体团队129个。农村通讯网络、广播电视“户户通”基本实现全覆盖。全县城乡居民养老、医疗、失业保险参保率分别达到98%、96%和100%。建成投入使用148个“儿童之家”，农村留守儿童关爱保护和困境儿童保障示范县通过自治区验收。成功创建自治区食品安全先进县。

这五年，生态建设力度空前，城乡环境显著优化。整治“散乱污”企业20家，淘汰老旧车辆748辆，空气优良天数持续稳步增长。全面实施“河长制”，完成河道综合治理170公里，水土流失治理面积290.35平方公里，治理度达62%。农业面源污染有效控制，农村残膜回收利用率达90%以上，农村生活垃圾无害化处理率达65%。完成南华山外围区域水源涵养林建设提升工程29万亩、生态移民迁出区造林12.1万亩，退耕还林9.2万亩，全县森林覆盖率提高至9.5%，草原综合植被覆盖度提高至65.7%。

这五年，改革创新深入推进，发展活力显著提升。深化“放管服”改革，梳理确定县级政务服务事项1409项，下沉乡镇便民服务事项123项，累计办理行政审批和政务服务事项210余万件。深化商事制度改革，推行“多证合一、一证一码”，新增市场主体4218户。完成税收征管体制改革、“营改增”税制改革、水资源确权登记、城市综合执法、公务用车制度等改革事项。2018年全国基层政务公开标准化规范化试点工作以优异成绩通过国务院验收。政府机构改革全面完成，教育、医疗、文化、养老、司法等体制改革成效显著。

各位代表！我们深切感受到：五年的建设成就来之不易！这是区市党委、政府和县委正确领导、科学决策的结果；是县人大、政协有效监督、鼎力支持的结果；是全县干部群众凝心聚力、奋勇拼搏的结果。在此，我谨代表县人民政府，向全县广大干部群众，人大代表、政协委员，各人民团体、离退休老同志以及来我县创业的投资者、建设者，表示最衷心的感谢，并致以最崇高的敬意！

在肯定成绩的同时，我们也清醒地认识到，政府工作还存在一些短板和不足，主要表现在：全县经济总量依然偏小，产业转型升级步伐较慢，基础设施历史欠账较多，基本公共服务供给不足，城乡建设任重道远，生态建设任务繁重，发展环境亟待优化，机关作风和效能建设还需进一步加强等问题。对此，我们将高度重视，采取有效措施切实加以解决，绝不辜负全县人民的期望。

二、“十四五”发展思路和目标任务

今后五年，是乘势而上开启全面建设社会主义现代化国家新征程、向第二个百年奋斗目标进军的关键时期。根据《县委关于制定国民经济和社会发展第十四个五年规划和二〇三五年远景目标的建议》，“十四五”时期，我县经济社会发展的指导思想是：高举中国特色社会主义伟大旗帜，深入贯彻党的十九大和十九届二中、三中、四中、五中全会精神，坚持以习近平新时代中国特色社会主义思想为指导，深入贯彻落实习近平总书记视察宁夏重要讲话精神，全面贯彻落实区市党委决策部署和县委十四届九次全会精神，按照“五位一体”总体布局和“四个全面”战略布局，坚定不移贯彻新发展理念，坚持稳中求进工作总基调，以推动高质量发展为主题，以深化供给侧结构性改革为主线，以建设黄河流域生态保护和高质量发展先行区先行市为时代使命，以改革创新为根本动力，以满足人民日益增长的美好生活需要为根本目的，统筹发展与安全，主动融入新发展格局，推进治理体系和治理能力现代化，坚决守好促进民族团结、维护政治安全、改善生态环境“三条生命线”，走出一条转型追赶高质量发展的新路子，为继续建设经济繁荣民族团结环境优美人民富裕的美丽新宁夏作出海原贡献。

主要预期目标是：县域经济社会发展不平衡不充分问题得到较大缓解，经济保持较快速度增长，地区生产总值年均增长8%左右，2025年达到119.6亿元；地方公共财政预算收入年均增长6%；全社会固定资产投资增速保持在10%以上；社会消费品零售总额年均增长7%。

实现这一宏伟蓝图，要全面贯彻“党的全面领导、经济发展与生态保护相统一、质量优先与稳定增长相统筹、有效市场和有为政府相协调、尽力而为和量力而行相结合、创新驱动和人才支撑相促进”六大原则，着力抓重点、补短板、强弱项，夯实经济高质量发展的核心要素，促进经济发展由要素驱动向创新驱动转变，最大限度激活资源要素，培育县域发展新动能，促进产城融合发展、城乡一体发展、县区一体发展，提高县域经济整体的运行质量和效益，推动经济转型升级，重点抓好六个方面工作：

（一）聚力乡村振兴，持续巩固脱贫成果。严格落实“四个不摘”要求，保持现有帮扶政策、资金支持、帮扶力量总体稳定，创新接续发展支持政策，推进巩固拓展脱贫攻坚成果同乡村振兴有效衔接。健全防返贫监测预警机制，建立农村低收入人口和脱贫村帮扶机制，落实农村社会保障和救助制度。持续加大移民搬迁安置区后续扶持发展力度，聚焦产业、就业、社会融入三件事，配套基础设施，改善公共服务和人居环境，加强产业、就业等政策扶持，确保稳得住、有产业、能致富。争取将我县纳入全国乡村振兴重点帮扶县，增强巩固脱贫成果及内生发展能力。加强扶贫项目资金资产管理和监督，支持已脱贫人口广泛参与特色产业发展。扎实推进消费扶贫、金融扶贫、光伏扶贫提质增效。提升闽宁对口扶贫协作质量和水平，完善华润定点帮扶和部门（单位）结对帮扶长效机制，深入开展“百企帮百村”等行动，巩固脱贫成果。到2025年，实现脱贫攻坚向乡村振兴平稳过渡，人民生活水平显著提高，致富增收能力更加稳固，基础设施建设更加完善，基本公共服务主要指标达到全区平均水平，资源配置结构更加优化，民生福祉惠及更多农民群众。

（二）聚力转型升级，推动高质量发展。聚焦“一主四特”发展思路，优化农业产业布局，突出建设农业生产集聚区、现代农业产业园区、试验示范基地、规模化养殖场（小区/村）等生产载体，加快农业现代化建设。着力打造国家级肉牛产业示范县、自治区农业绿色发展先行县、自治区小杂粮绿色高质高效示范县、西北马铃薯优质种薯繁育基地和西北绿色农产品重要生产基地。到2025年，实现“人均一头牛、产值百亿元”的目标，滩羊饲养量达到115万只，饲草种植面积稳定在100万亩，马铃薯、小杂粮种植面积分别稳定在40万亩，枸杞经果林、特色瓜菜种植面积分别稳定在15万亩。“一主四特”标准化产业程度占比达到85%以上，综合机械化水平达到75%。坚持产业升级发展主线，重点培育发展肉牛养殖及肉牛屠宰精深加工、农副产品精深加工、风机制造三大主导产业，持续发挥新能源产业对经济发展的重要支撑作用，适度发展新型建材、农机制造、轻纺服装、皮革加工等特色轻工业，到2025年，全县工业增加值达到12亿元以上，规模以上工业增加值达到8亿元。支持文旅集团整合全县旅游资源和资产，创建天都山AAAA景区，培育三星级农家乐30家，申报菜园古村落、贺堡河流域梨园风情区入选中国美丽田园、中国美丽休闲乡村。创建国家级和区级乡村旅游示范村3个，到2025年全县文化旅游产业增加值占全县地区生产总值的5%。加快数字基础设施和智慧应用体系建设，推进5G基站建设，着力构建“一脑一中心+N个子应用平台”，统筹推进“数字政府”基础支撑、数据资源和应用场景建设，提高数字政府服务效能。

（三）聚力补齐短板，推动城乡融合发展。县区同步发展，以“两轴五区”为总框架，进一步提高城镇化水平，实现城乡一体化发展。实施城乡市政道路、住房保障、绿化亮化提升等基础设施建设，力争到2025年城镇化率达到45%。建成特色小镇5个，美丽集镇5个，美丽村庄100个，乡村振兴示范村25个，完成抗震宜居农房提升改造1万户，有效改善人居环境。大力实施天都山至华中特高压直流输电工程、宁夏中部干旱带西安供水工程、新能源装备制造及智慧运维基地、宝中铁路（海原段）复线工程、寨科至海兴高速公路、南部水源涵养工程、县城旧城改造、海原县天然气一体化综合利用“八大工程”，推动基础设施高质量发展、支撑引领海原现代化建设。

（四）聚力绿色引领，筑牢生态安全屏障。牢固树立和践行绿水青山就是金山银山的理念，围绕山水林田湖草统筹推进生态综合治理。持续打好蓝天碧水净土保卫战，大力培育生态产业，以“三山一河七流域”为抓手，实施水源涵养、草原生态修复、小流域综合治理等工程。到2025年，森林覆盖率提高到13.22%，草原综合植被覆盖度稳定在66%以上，水土流失治理度达到76%，为建设黄河流域生态保护和高质量发展先行区（先行市）贡献海原力量。完善联防联控联治机制，坚持“四尘”同治，新建清洁煤配送中心7个，推动大气污染高效防治，空气质量优良天数稳定在95%以上。新建一般工业固废填埋场1座，实施水污染综合治理工程，乡镇驻地污水处理实现全覆盖。到2025年，创建自治区级农村人居环境示范乡镇1个、示范村5个，农村生活垃圾无害化处理率达到80%。积极开展土壤污染防治，加强农业面源污染管控，持续抓好畜禽养殖废弃物资源化利用，大力推动绿色生态农业。

（五）聚力民生保障，持续改善人民生活。牢固树立以人民为中心的发展思想，加大民生投入，补齐民生短板，让发展红利惠及更多百姓。加快教育现代化建设。深化教育综合改革，优化学校布局，均衡配置教育优质资源，新建中小学及幼儿园32所，改扩建中小学41所，有效化解“大班额”。不断加强校园治理，打造名校长，培育名教师，兴办名学校，强化“互联网＋教育”建设，提高教学质量，提升教学水平，积极创建“国家义务教育优质均衡发展县”和“县域学前教育普及普惠县”，实现教育高质量发展。推进医疗资源共享。全面提升全县医疗资源基础设施建设，改扩建乡镇卫生院5个，新建医养结合专科医院2家、国家级鼠疫监测点3个。建立医共体服务体系，创建“互联网＋医疗健康”示范县。提升基层中医药服务能力，乡镇卫生院中医综合服务区实现全覆盖，中医诊疗量比例力争达到30%。实现更充分就业。千方百计稳定和扩大就业，提升就业质量，完善重点群体就业支持和培训体系。到2025年培育创业实体2500个，创造新岗位5000个，创业培训2500人，发放创业小额担保贷款达到2.5亿元，实现城镇新增就业0.5万人，职业技能培训1.5万人，转移农村劳动力37万人次，高校毕业生总体就业率稳定在90%以上。完善社会保障体系。加强生活困难群众基本生活救助、专项救助、临时救助，持续提高保障标准，建立特困人员供养标准与城乡低保标准同步动态调整机制和低保渐退机制。逐步提高孤儿基本生活费标准，积极创建全国“护童成长”示范县，加强困境儿童权益保障。开展养老院服务质量建设专项行动，提高老年人服务质量。持续推进全民参保计划，努力实现符合参保条件的对象全部纳入社会保险覆盖范围。健全退役军人保障制度。持续完善抚恤优待政策，加强退役后职业技能培训，深化退役军人安置制度改革，做好社保接续工作。到

2025年，乡镇退役军人服务站全部建成全国示范型退役军人服务中心（站），符合安置条件的退役军人安置率达到100%。提升公共文化服务水平。推行“互联网+文化资源”，打造数字化服务业态，建设数字文化馆图书馆。着力推进公共文化设施建设，改造提升18个乡镇文化馆图书馆分馆、150个村文化服务中心、100个文化大院，建设12个社区公共文化服务中心，新建海原县图书馆、海兴开发区文化馆、海兴开发区3D影剧院。大力实施“书香宁夏”工程，加快推动实体书店建设，支持公共文化场所错时免费开放。深入推进非物质文化遗产保护利用，申报2个区级非物质文化遗产代表项目。

（六）聚力深化改革，着力增强发展动能。深化“放管服”改革，紧紧围绕社会关注度较高、与企业和群众密切相关的高频事项，大力压减申报材料、审批环节、办理时限，全面提升群众满意度。推进农村综合配套改革。落实“点状土地”资源供给，推动乡村经济发展。解决镇村改革遗留问题，妥善推进撤村并组。推进城乡水价综合改革，推动水资源高效利用。深化行政执法体制改革。持续推动“三项制度”落实，加快“互联网+执法”信息指挥平台建设，规范综合执法队伍人员编制管理健全综合执法信息共享机制和跨部门跨区域执法协作联动机制，提高执法效率。深化科技创新体制改革。进一步完善科技项目形成机制，优化项目评价指标体系，完善财政科技投入保障机制。推动海兴开发区市场化改革。全面推动“管委会+公司”模式，推进“飞地”园区建设，全方位推动海兴开发区建设及周边区县市场资源开发。

各位代表，“十四五”任务繁重而艰巨，只要全县上下倍加珍惜“十三五”来之不易的发展成果，倍加珍惜团结务实的工作状态，倍加珍惜干事创业的良好氛围，始终保持踏石留印、抓铁有痕的工作作风，始终保持爬坡追赶的勇气和拼劲，充分调动各方面的积极性，形成强大合力，我们的宏伟蓝图一定能实现，海原的明天一定会更加美好!

三、2021年重点任务

2021年是实施“十四五”规划的开局之年，也是站在新起点上全方位推动高质量发展超越的关键之年，全县上下要在落实“三个减少”、提高“四个能力”、做到“五个加强”等常态化疫情防控措施基础上，统筹落实“六稳”“六保”工作任务，推动县域经济高质量发展，确保“十四五”开好局、起好步。

综合各方面考虑，今年工作总体要求是：坚持以习近平新时代中国特色社会主义思想为指导，全面贯彻落实党中央和区市党委、政府部署要求，坚持稳中求进工作总基调，立足新发展阶段，贯彻新发展理念，融入新发展格局，以推动高质量发展为主题，以深化供给侧结构性改革为主线，以改革创新为根本动力，以满足人民日益增长的美好生活需要为根本目的，巩固拓展脱贫攻坚成果同乡村振兴有效衔接，统筹推进疫情防控和经济社会发展，坚持发展和安全兼顾，扎实做好“六稳”工作，全面落实“六保”任务，准确把握“1234567”总体要求，坚决守好三条生命线，走出一条转型追赶、高质量发展的新路子，奋力谱写建设黄河流域生态保护和高质量发展先行区先行市的海原新篇章，为继续建设经济繁荣民族团结环境优美人民富裕的美丽新宁夏作出海原新贡献，确保“十四五”实现良好开局，以优异成绩庆祝建党100周年。

今年预期目标是：地区生产总值增长8%左右，全社会固定资产投资增长13%以上，地方一般公共预算收入增长4.5%左右，社会消费品零售总额增长9%左右，城乡居民人均可支配收入分别增长8%和10%，调查失业率控制在4.5%以内。节能降碳和主要污染物排放完成区市下达任务，空气质量优良天数比例保持在95%以上。

（一）巩固脱贫成果，推动乡村振兴

持续巩固脱贫攻坚成果。保持现有帮扶政策、资金支持、帮扶力量总体稳定，健全防止返贫动态监测和帮扶机制，对易返贫致贫人口实施常态化监测，做到定期核查、及时发现、及时帮扶、动态清零，确保脱贫群众收入稳定。持续强化易地扶贫搬迁后续扶持，精准制定安置点“一点一策”发展规划，培育打造种植养殖示范户、示范村，示范养殖园区，强化技能培训，加大劳务输出，拓宽就业渠道，运营好扶贫车间，强化移民安置点产业配套和公共服务建设投入，稳定增加移民收入。持续落实好金融、光伏等专项扶持政策。深入推进闽宁协作，争取闽宁资金扶持特色产业、劳务协作、消费扶贫、贫困村基础设施及扶贫车间建设等。深化华润定点帮扶，加大脱贫户后续“托管代养”扶持力度，争取华润希望小镇牧场生态观光园开工建设。深化部门帮扶和“百企帮百村”行动，争取加大资金投入帮扶力度，全力解决对口帮扶村实际问题，切实提高帮扶成效。

大力推进乡村全面振兴。逐步将脱贫攻坚工作力量、资金、项目向实施乡村振兴战略转移，推进扶贫工作体系向乡村振兴工作体系平稳过渡。强化落实“一村一年一事”行动。打造一批乡村振兴试点示范工程，打造自治区级实绩突出村5个、乡村振兴示范线路3条。加快推进农村人居环境整治，改造户厕2500户，打造“厕所革命”整村推进村8个。全面推进乡村治理，深入开展移风易俗活动，举办“最美家庭”“身边好人”等评选活动。推动农村综合改革。进一步落实“地长制”，采取“长牙齿”的硬措施，坚决遏制耕地“非农化”、防止“非粮化”，牢牢守住180.3万亩基本农田红线。深化“三权”分置改革，积极推进农村闲置资产、资源的盘活利用。强化宅基地管理，规范审批，加强执法监管，保障农民建房用地合理需求。大力实施乡村建设行动，着力提升城乡一体化建设进程，建设李旺特色小镇（乡村振兴示范镇）、贾塘乡王塘村等20个美丽村庄（人居环境整治精品示范村17个）及乡村振兴示范村5个，实施农村危房改造及抗震房建设2000户，着力改善农村人居环境。

（二）补短板强基础，促进区域协调发展

实施县城更新改造。实施棚户区改造1000户2000套、老旧小区改造5个，加快推进北苑、海盛富城、格兰丽都等住宅小区建设，确保年内主体完工并部分投入使用，进一步提高住房保障能力。实施生态湿地、城市绿地等12个植绿增绿项目，建设市政道路4.5公里，新建南门停车场、城乡垃圾收集处理设施配套等项目，不断提升城市公共服务能力，争创卫生县城、园林县城、文明县城。

加快海兴区转型发展。坚持县区一体化发展，围绕产业发展基础和资源环境禀赋，加快补齐基础设施短板，持续提升公共服务水平，重点实施南北区供热中心升级改造、生态湿地水体循环化利用、海兴第二中学等项目，推进城区道路连通项目建设，完善公共配套，降低入园企业成本，着力打造绿色园区、绿色工厂，引导周边群众向海兴开发区聚集，不断增强海兴开发区发展活力和动力。

完善城乡交通基础设施。持续推动S50海原至平川高速公路、银昆高速（海原段）建设，争取实施海兴开发区与海原火车站连通项目建设。启动S205中卫经西安至关庄等国省干线升级改造项目。持续推进农村“四好公路”高质量建设，有序推进旅游公路、农村道路窄加宽工程建设。落实“路长制”体制机制，全力做好农村公路养护和安全生命防护工程。年内提升改造干线公路187公里，新建及改扩建农村公路270公里，进一步提升与周边地区互联互通水平，推动全县交通运输业高质量发展。

（三）紧盯项目建设，夯实“六稳”“六保”基础

高质量谋划项目建设。编制好“十四五”规划。遵循政策导向、聚焦补齐短板、顺应市场需求、立足实际抓投资。突出谋划好现代农业产业、工业转型升级、服务业提档升级、新型城镇化、社会民生、生态保护等重点项目。严格落实重大项目领导包保机制，围绕重点项目规划、用地等关键环节，强化责任落实，力争华润光伏、天然气综合利用等重大项目开工建设，确保2021年开（复）工项目134个，完成年度计划投资52.4亿元。完善招商引资优惠政策，进一步鼓励以商招商，开展委托招商，突出产业招商，实现招商引资30亿元以上。

持续提速产业升级。聚焦“一主四特”产业，坚定不移调整种养业结构，进一步优化农业生产布局。不断完善肉牛产业“6+1”体系，抓好中国（宁夏）良种牛繁育中心、活牛交易市场、优质牧草基地、李旺、贾塘粪污有机肥加工等新建项目和小南川生态牧场、老城区活畜交易市场等续建项目。打造九彩、树台、曹洼3个高端肉牛养殖示范乡。全县肉牛饲养量达到32万头，全力创建国家级肉牛产业体系示范县。抓好龙头企业和新型经营主体培育，打造高标准谷子种植示范基地5万亩，全县小杂粮种植面积稳定在35万亩，持续打造自治区级小杂粮绿色高质高效种植示范县。发展富硒功能农业，建设高标准小杂粮种植、“五优”蔬菜、马铃薯脱毒种薯扩繁示范基地。加快培育农业品牌，健全“西海固”区域公用品牌准入、运行管理和监督机制。认定绿色地理保护标志2个、名特优新绿色产品标识5个。争取发展2家“专精特新”企业、2家规模以上工业企业，实现规模以上工业增加值增长12%。依托国家电子商务进农村综合示范县创建基础，全力打造电商综合示范县升级版。突出打造以乡村旅游为主的全域旅游发展新格局，开工建设贺堡河梨园风情观光带，争取实施西安文旅古镇特色人文观光休闲工程，开发菜园村古村落。积极争取长征文化公园建设项目，保护和开发红色文化资源。充分发挥文旅产业集团有限公司作用，规范天都山景区运营，启动创建天都山AAAA景区，打造2条旅游精品线路，举办“关桥梨花节”等重大节事活动，培育星级农家乐5家，推进全域旅游示范县创建。

激发市场主体活力。全面落实中央和自治区关于减税降费的一揽子政策，巩固减税降费成果。通过财政奖励、贷款支持、项目扶持等方式，积极落实支持民营经济及中小微企业发展的优惠政策，发展“专精特新”工业中小企业。持续推动消费升级，激活消费潜力。充分发挥政府各类担保基金作用，激励金融机构加大信贷投放力度，支持新型经营主体融资贷款，切实解决融资难、融资贵的问题。

（四）坚持深化改革创新，激发高质量发展新活力

持续优化营商环境。按照区、市关于“放管服”改革决策部署，持续推进政务效能提升行动，进一步深化行政审批制度改革。全面推行“一窗受理、集成服务”新模式，加快推进部门自有业务系统全部整合接入宁夏政务服务网海原县子站，真正实现“用一张网、办全县事”。推进基层整合审批服务执法力量改革，强化县乡村三级政务服务体系建设，不断提高办事效率、服务质量和群众满意度。持续强化信用体系建设，完善“双公示”工作机制，加大政府信息公开和数据开放力度，加强督导监管力度，不定期对“双公示”情况进行通报，确保“双公示”信息公开及时有效。

深化重点领域改革。牢固树立“过紧日子”思想，坚持以收定支、精打细算，确保一般性支出压减10%以上。推进财政事权和支出责任划分改革，改进预算编制管理，优化资金配置。深化国库管理制度改革，全面加强预算执行动

态监控，积极推进“互联网+政府采购”行动，强化部门收支业务内控信息化管理。推进县属国有企业收入分配制度改革，健全企业业绩考核体系。全力支持肉牛产业发展集团、文化旅游产业集团实现管企业向管资本转变，促进国有企业健康持续发展。围绕农村承包地和农村宅基地“两块地”，建设农村产权交易中心，扩大村集体资产确权办证试点范围，开展农村宅基地有偿退出试点，做大做强村级集体经济。组建县医疗健康总院，建立全县卫生健康一体化管理模式。推进教育督导管理机制、评估考核机制的改革创新，健全教师管理制度，激发教育发展活力。

推动创新驱动发展。创新财政科研投入方式，力争县财政R&D投入年增长30%以上，全社会研究与试验发展经费投入强度达到0.18%。实施小杂粮有机旱作栽培技术试验示范等科技成果转化项目，主推小杂粮渗水地膜等技术和马铃薯四位一体膜上覆土技术，进一步提高产业科技含量。实施2个重点研发计划项目和20个科技引领项目，推进科技创新创业，培养创新型人才，完善科技体制机制，迸发创新活力，支持经济社会高质量发展。

（五）保障改善民生，不断增进人民群众获得感

促进就业创业提质扩容。继续落实就业扶持政策，突出抓好重点群体就业，大力发展新就业形态和灵活就业，力争全年完成农村劳动力就业8万人，劳务创收达到12亿元，新增城镇就业1000人，购买“铁杆庄稼保”4万人。精准对接用工市场，全年开展职业技能培训2000人以上。发放创业担保贷款5000万元以上。全面落实农民工工资保障条例，扎实开展根治欠薪冬季专项行动，力争政府投资类项目欠薪问题全部解决，非政府投资类项目欠薪问题基本解决。

推进教育优质均衡发展。新建、改扩建中小学及幼儿园13所，打造“互联网+教育”示范校3所。加强小区配套幼儿园治理，优化学前教育发展水平，提高学前三年毛入学率。全面提升普通高中教育教学质量，推动普通高中特色发展。深化产教融合、校企合作，提升职业教育质量和服务地方经济发展能力。稳步推进“县管校聘”，激发校长、教师、学生积极性和创造性。推进信息化项目建设，打造2个区级标杆校和1个县级标杆校，全面提高教师信息素养和应用水平。

守好人民健康防线。全面落实“先诊疗、后付费”、“三个一批”分类救治惠民举措，拓展家庭医生签约服务移动信息终端应用，提高签约服务质量。提升“互联网+医疗健康”服务能力和信息化服务水平，大力推动中医院、县医院和宁南医院检查检验结果互认，扩大县级公立医院分时段预约诊疗和集中预约检查检验比例。争取迁建疾控中心，建设老城区社区卫生服务中心、急救中心。全面实施国家母婴安全项目、妇幼健康民生项目，降低婴幼儿、孕产妇死亡率。建设县中医医院PCR实验室，提升核酸检测能力。加快推进健康海原建设，建立完善预防性公共卫生防疫体系，织密织牢公共卫生安全防护网。扩大医疗保险覆盖面，提高医疗保障经办服务质量，努力推动我县医疗保障事业科学健康发展。

兜牢民生保障底线。新建树台养老院、县中心敬老院医护楼、社区日间照料中心等项目。完善“一老一小”基础设施建设体系，保障和改善老年人、儿童等特殊困难群体生活质量。按照“应保尽保、应退尽退”原则，加强救助对象动态管理。扩大社会保险覆盖面，积极推进农民工、建档立卡脱贫人口等城乡困难群体应保尽保。定期开展重点优抚对象走访慰问活动，全面贯彻落实优抚安置政策，运行“阳光安置”机制，全面完成安置任务。

深入实施文化体育惠民工程。实施优秀传

统文化传承活动，举办重大节日系列活动和广场舞大赛等群众活动，完成农村公益电影放映2300场次。打造提升50个基层特色农民文化大院，开展送戏下乡演出100场次。不断完善公共体育服务设施，建设公共体育运动场，配齐配全全民健身器材，广泛开展全民健身系列主题活动。

（六）坚持底线思维，守好“三条生命线”

守好促进民族团结生命线。坚持尊重差异、包容多样、增进一体，运用法治思维和法治方式管理民族事务，切实保障各民族合法权益。大力实施“585”创建行动计划，持续深化民族团结进步示范县创建工作，全力维护我县民族团结、社会和谐的大好局面。持续推进宗教领域“三化”等突出问题整治。

守好维护政治安全生命线。始终坚持底线思维，做好稳定风险评估、矛盾化解、突发事件应急处置等工作，切实维护政治安全稳定。积极争取自治区财政再融资债券支持力度，严密管控隐性债务，杜绝新增债务。聚焦“1+6+1”县域治理体系建设，持续创新推广新时代“枫桥经验”，加大防范化解社会矛盾纠纷力度，严厉打击各类违法犯罪活动，深入谋划“六建”工作，持续推进扫黑除恶常治长效。继续开展安全生产三年专项整治行动，夯实安全生产责任，加强安全生产监管执法，坚决防范各类事故发生。加强应急物资储备和应急救援队伍建设，组织开展森林草原防灭火、地震地质灾害及安全生产等应急演练。以创建“食品药品安全区”为契机，促进全县食品药品安全高质量发展。

守好改善生态环境生命线。努力践行绿水青山就是金山银山的理念。紧扣建设黄河流域生态保护和高质量发展先行区（先行市）和全县生态产业建设目标，坚决打赢打好“三大会战”。打好生态保护大会战。以“一河三流域”为重点，统筹山水林田湖草综合治理，河道治理26.51公里，疏浚河道21.6公里，新建抗旱应急水源工程1处，液压坝及溢流坝5座、水库1座，新增坡改梯3万亩、水土流失治理面积56.77平方公里，新建和改造淤地坝、滚水坝、生产坝及谷坊340座，恢复治理历史遗留矿区304公顷，新增耕地134公顷，恢复耕地139公顷，确保水土流失治理程度达65%以上。全面落实“河 湖长制”，争取开工建设宁夏中部干旱带西安供水工程、三塘 灌区贾塘片区配水工程、“互联网+城乡供水”和农村供水主干管网并网扩建工程。加快启动西华山国家草原自然公园试点工作，完成退化草原生态修复1万亩。打好污染治理大会战。深入开展蓝天碧水净土“三大保卫战”，全面推进乡镇清洁煤配送中心体系建设，实现能源供给清洁化，确保空气优良天数比例保持在95%以上。加快推进清水河海原段入黄排水沟综合整治，确保清水河海原段稳定Ⅳ类水质。实施城镇污水管网改造升级和污水处理厂（站）扩容提标工程。加强土壤污染防治重点企业监管，农作物绿色防控应用技术覆盖率达到80%以上，继续保持化肥农药使用量零增长。打好植绿增绿大会战。积极 备战春季新一轮植绿增绿工作，完成植绿增绿任务16.27万亩。试点实施“林长制”，压实城乡绿化属地管理责任，建立城乡绿化养护管理资金保障机制，坚持造管并举，持续巩固城乡绿化成效。发展枸杞、香水梨、红梅杏及庭院经济林2.15万亩。实施生态修复工程8.21万亩，确保森林覆盖率提高至10.24%。

四、坚定不移加强政府建设，全面提升政府治理能力和水平

各位代表，站在新起点，迎接新挑战，我们要坚持党的全面领导，履职尽责，持之以恒加强政府自身建设，着力提升政府治理效能，在更高起点开创政府工作新局面。

加强政治建设，建设责任政府。始终把政治建设放在政府自身建设首位，进一步增强“四个意识”，坚定“四个自信”，做到“两个维护”，把对党绝对忠诚作为干事创业的灵魂。坚持以习近平新时代中国特色社会主义思想武装头脑，深入学习贯彻党的十九届五中全会和习近平总书记视察宁夏重要讲话精神，指导实践、推动工作，确保政令畅通、执行有力。

推进依法行政，建设法治政府。启动开展“八五”普法，促进《民法典》宣传落实，坚持依法行政依法施政。深入推进 政务公开、让权力在阳光下运行。自觉接受人大依法监督和政协民主监督，主动接受社会和舆论监督，切实提高人大建议政协提案办理效率。落实重大行政决策规定，健全专家咨询、法 律顾问、公示听证、第三方评估等制度，确保各项决策符合人民意愿，经得起历史和实践检验。

提升服务效能，建设服务政府。始终把为人民谋福祉作为根本使命，进一步加强基层调研、一线走访，畅通政民互通渠道，着力解决群众遇到的难点、痛点和堵点问题，以良好的党风政风践行为人民服务的初心和使命。

坚持廉洁从政，建设廉洁政府。认真履行全面从严治党主体责任和党风廉政建设“一岗双责”，严格执行中央八项规定精神及区市县实施细则精神，持续纠正“四风”，持续减轻基层负担，坚决反对形式主义、官僚主义，牢固树立“过紧日子”思想，大力压缩一般性财政支出，严控“三公”经费，把每一分资金用在“刀刃”上，着力营造风清气正的政治生态。

各位代表，奋斗创造历史，实干成就未来。我们作为时代的答卷人，唯有苦干实干才能不负重托，唯有担当作为才能共克时艰，唯有勇往直前才能实现梦想。让我们更加紧密地团结在以习近平同志为核心的党中央周围，高举习近平新时代中国特色社会主义思想伟大旗帜，在县委的坚强领导下，紧紧依靠和团结全县人民，不忘初心、牢记使命，迎难而上、锐意进 取，为奋力开创海原高质量发展新局面而努力奋斗，以优异的成绩向建党100周年献礼！

名词解释

1.**“六稳”“六保”**：“六稳”即稳就业、稳金融、稳外贸、稳外资、稳投资、稳预期，“六保”即保居民就业、保基本民生、保市场主体、保粮食能源安全、保产业链供应链稳定、保基层运转。

2.**“三返人员”“四区”“四场”**：“三返人员”即返程、返工、返校人员，“四区”即社区（农村）、校区、园区、厂区，“四场”即农贸市场、大型商场、文化广场、宗教活动场所。

3.**“五包一”网格化责任制**：对居家隔离的每一户、每一人实行由一名乡镇（街道）党政领导、一名基层党员、一名医护人员、一名村（社区）干部，一名政法干警（包括法院、检察院以及乡镇派出所或乡镇司法所人员）负责的“五包一”工作方式。

4.**“四查四补”**：查损补失、查漏补缺、查短补齐、查弱补强。

5.**“1+6+1”县域治理体系建设**：1即完善县域社会治理体系提高治理能力，6即完善乡村、校园、社团、基层宗教、社区、企业治理体系提高治理能力，1即完善网络空间治理体系提高 治理能力。

6.**行政执法“三项制度”**：行政执法公示制度、执法全过程记录制度、重大执法决定法制审核制度。

7.**“六个精准”**：扶贫对象精准、项目安排精准、资金使用精准、措施到户精准、因村派人精准、脱贫成效精准。

8.**“五个一批”**：发展生产脱贫一批、易地扶贫搬迁脱贫一批、生态补偿脱贫一批、发展教育脱贫一批、社会保障兜底一批。

9.**“55104”脱贫攻坚部署**：农村安全饮水、安全住房、政策性移民及遗留问题解决、农村公路、农村环境整治5大攻坚战，“有土”产业、“离土”产业、义务教育、基本医疗、社会兜底5场攻坚硬仗，金融、电商、科技、电力、光伏、消费、文化旅游、网络信息、扶志扶智、村集体经济10大攻坚行动，闽宁对口扶贫协作、央企定点帮扶、“百企帮百村”、部门帮扶4项攻坚计划。

10.“6+1”**产业体系**：基础母牛扩繁体系、肉牛品种改良体系、饲草料生产加工配送体系、科技服务与人才培养体系、疾 病防治与疫病防控体系、肉牛屠宰与品牌营销体系和金融服务体系。

11.“**四调四化**”：调优种养结构、调大经营规模、调强加工能力、调长产业链条，产业布局区域化、经营规模化、生产标准化、发展产业化。

12.“**四个不摘**”：摘帽不摘责任、摘帽不摘政策、摘帽不摘帮扶、摘帽不摘监管。

13.“**四尘**”**同治**：四尘即煤尘、烟尘、汽尘、扬尘。

14.“**三个减少**”“**四个能力**”“**五个加强**”：减少人口流动，减少聚集活动，减少相互走动;核酸检测能力，流调溯源能力，医疗救治能力，社会保障能力;加强防疫知识普及，加强人口信息报告，加强居民健康监测，加强宗教场所管理，加强疫情防控责任。

15.“1234567”：1 即沿黄生态经济带；2 即扬黄特色产业廊、脱贫富民产业廊；3 即生态保护、污染治理、增绿植绿大会战；4 即农民增收致富、城乡居民收入提升、教育质量提升、医疗卫生质量提升行动；5 即生态供水、铁路、公路、机场、新基建等基础设施工程；6 即云计算和大数据、文化和旅游、交通和物流、新能源和新材料、冶金和化工、功能农业；7 即乡村、社区、宗教、校园、企业、社团、旅游等领域的社会治理。

16.“**一村一年一事**”：从 2020 年开始，每年为每个行政村办一件实事，推动解决农村产业发展、基础设施、公共服务、乡村治理等方面的困难和问题。

17.“**双公示**”**工作机制**：即行政许可、行政处罚等信用信息作出决定后上网公示。

18.“**三个一批**”**分类救治**：慢病签约服务一批，大病集中救治一批，重病兜底保障一批。

19.“585”**创建行动计划**：5 即中华民族共同体意识进一步增强、各族群众交往交流交融进一步深入、民族团结宣传教育水平进一步提高、民族团结进步创建活动的覆盖面和影响力进一步扩大、先进典型的示范引领作用进一步增强；8 即实施学校民族团结育苗工程、实施幸福社区共建共享工程、实施乡村和谐发展工程、实施党政干部民族工作能力建设工程、实施企业民族团结互助共赢工程、实施军民互学共建工程、实施和谐寺观教堂创建工程、实施民族团结进步舆论引导工程；5 即建立健全组织领导机制、建立健全考核评价机制、建立健全督促检查机制、建立健全典型引领机制、建立健全政策保障机制。

20.“**六建**”**工作**：建立健全源头治理的防范政治机制、智能公开的举报奖励机制、打早打小的依法惩处机制、精准有效的督导督办机制、激励约束的考评价机制和持续推进的组织机制。

中国人民政治协商会议
海原县第十一届委员会常务委员会工作报告

——2021 年 1 月 23 日在政协第十一届海原县委员会第六次会议上

海原县政协主席　张　斌

2020 年工作回顾

2020 年是全面建成小康社会和“十三五”规划收官之年，也是全面落实中央和区、市、县党委政协工作会议精神的一年。一年来，在区、市政协悉心指导和县委的坚强领导下，县政协常委会团结带领广大政协委员和政协工作者以习近平新时代中国特色社会主义思想为指导，牢牢把握团结和民主两大主题，紧紧围绕县委和县政府中心工作，认真履行政治协商、民主监督、参政议政职能，积极发挥专门协商机构作用，坚持发扬民主和增进团结相互贯通、建言资政和凝聚共识双向发力，切实担负起“落实下去”和“凝聚起来”的政治责任，为全县打赢脱贫攻坚战和经济社会高质量发展贡献了政协的智慧和力量。

一、坚持党建引领，在思想政治建设上有新加强

坚持党的全面领导。一年来，县政协党组认真贯彻落实党中央和区、市、县党委的各项决策部署，班子成员主动认领工作任务，积极参与疫情防控、脱贫攻坚、产业发展、生态建设、卫生健康、村“两委”换届和包保乡镇等工作，重大事项向县委请示、工作推进向县委报告，做到尽职不越位、帮忙不添乱，并协助召开县委政协工作会议，起草《关于新时代加强和改进人民政协工作的实施意见》。紧扣县委决策部署谋划开展政协工作，认真贯彻落实制定年度协商计划协商于决策之前和决策实施之中，2020年制订协商计划7个，经县委同意和县政协十一届五次会议表决后实施，全年共开展专题议政性常委会会议协商1次、专题调研视察6次，依据协商议题外出考察调研3次、根据县委主要领导批示专题调研2次，重点提案办理协商2次。

始终把理论学习摆在首位。坚持把理论大学习、思想大武装作为重要抓手，通过深层次、多形式、高频率、全覆盖的方式，深入学习习近平新时代中国特色社会主义思想，党的十九大和十九届二中、三中、四中、五中全会精神，习近平总书记关于加强和改进人民政协工作的重要思想，习近平总书记视察宁夏重要讲话精神，自治区党委十二届十一、十二次全会精神和市委四届八次、九次会议精神及县委十四届八次、九次全会精神等，增强“四个意识”、坚定“四个自信”、坚决做到“两个维护”。围绕人民政协“新时代”“新使命”“新样子”3个专题14个方面开展学习讨论，结合实际制定海原县政协、政协机关、政协委员“新时代新使命新样子”三个学习讨论活动方案，坚持把查摆问题、专题研讨、整改落实贯穿学习全过程，政协委员和机关干部“懂政协”“会协商”“善议政”水平明显提高，并作为巩固深化和拓展“不忘初心、牢记使命”主题教育成果的重要举措。一年来，共召开党组理论学习中心组学习13次、主席会议集体学习7次、常委会会议专题学习4次、机关党组（党支部）学习26次、各专委会组织委员学习8次，讨论发言18次。

切实加强政协系统党的建设。深入贯彻落实中共中央《关于加强新时代人民政协党的建设工作的若干意见》和全国及区市政协系统党的建设工作座谈会精神，构建完善的政协党组织体系，落实了党员委员双重组织生活制度，在政协全委会、委员培训、调研协商、考察视察等活动中设立临时党组织，推动“两个全覆盖”。政协党组定期听取机关党组、各专委会功能型党支部工作情况汇报，并召开会议研究部署阶段性重点工作，发挥了把方向、管大局、保落实的领导作用，确保党中央大政方针和区、市、县党委决策部署不折不扣落实到政协工作之中。充分发挥各专委会功能型党支部政治功能，完善“两会一联系”工作机制，召开了功能型党支部组织生活会，对委员履职情况进行了考核评议；建立党员委员联系非党员委员制度，加强思想政治引领，有效发挥了功能型党支部战斗堡垒作用和党员委员先锋模范作用。认真履行党组抓党建和党风廉政建设工作职责，指导政协机关党的建设，扎实开展“三会一课”“三强九严”工程和“双学双强”活动，支持派驻县政协机关纪检监察组履行纪检监察职责。

二、坚持围绕中心，在服务经济社会发展上有新贡献

紧盯全局性议题协商建诤言。十一届五次会议期间通过委员分组讨论、与党政领导面对面交流及大会发言等形式，就我县经济社会发展的重大问题及各个领域的焦点、热点问题进行了广泛协商。围绕加强健康宁夏（海原）建设、提高人民康水平，开展了区市县三级政协联动调研，并召开了专题议政性常委会会议，邀请1名专业人士进行专题讲座，部分政协委员和单位负责人围绕“健康海原”做了发言。围绕全县“清水河”生态环境保护工作开展情况进行了监督性视察和外出考察学习，就推进“清水河”两岸堤防、滩区治理、生态保护修复和环境治理建言资政。组织委员围绕“三大会战”主动履职、积极建言，共反映社情民意、提交提案和调研报告8篇，提出意见建议17条。

紧盯经济高质量发展献良策。围绕做大做强牛产业，就“6+1体系”、推进“四化四调”等进行专题议政协商调研和赴外考察学习，助推我县高端肉牛产业由脱贫产业向富民产业转变。围绕就业创业，就进一步做好“稳就业”“保就业”工作进行调研协商和赴外考察学习，为促进全县农民增收、民生改善、经济结构调整和社会稳定建言献策。围绕全域旅游发展情况和存在的短板进行专题议政性协商调研，为加快推进我县全域旅游产业发展提出意见建议。围绕“一带两廊”“两核四镇”工作推进情况进行了监督性专题调研，提出意见建议37条。其中《关于赴陕西延安等地考察生态环保工作的报告》和《做大做强我县牛产业协商调研报告》，得到县委、县政府主要领导的肯定。

紧盯基层社会治理出实招。围绕全县民族团结进步示范县创建开展专项调研协商；围绕全县残膜回收、加工利用及畜禽粪污处理，保护古村落和蒙元文化遗址情况开展了监督性视察。针对疫情期间复工复产、务工人员就业，提出了转移就业工作的对策和建议，得到了区政协办公厅采用；反映的《关于推进社区网格化管理服务的几点建议》社情民意，得到县委主要领导的肯定批示，要求“尽快选好试点，先行先试，加快推进”。县政协在聚焦中心、凝聚智慧力量上有了质量更高贡献更大的新样子。

三、坚持履职为民，在助力增进民生福祉上有新成效

访民情谋民利。按照“收集求广、选题求准、编报求快、效果求实”的原则，结合委员基层联系点活动和调研视察过程中发现的问题，收集整理上报社情民意信息26篇，及时反映社会各界的愿望和呼声。其中《关于充分发挥劳动关系三方协调机制作用，保障农民工合法权益的建议》得到县政府采纳，县政府专题研究，并成立协调劳动关系三方委员会办公室，实施欠薪专项行动，为421名农民工追回劳动所得479.34万元；《关于要善处置闲置清真青的建议》得到区政协办公厅采纳，我县反映社情民意信息分值排名县（区）第9位、宁南九县（区）第3位。把脱贫攻坚督导调研和结对帮扶下基层工作作为一项重要政治任务，牵头负责开展脱贫攻坚督导检查调研9次，形成督查专报和通报7份，提出意见建议22个方面151条，紧盯问题整改，切实解决老百姓的操心事、烦心事、揪心事；督促机关干部全年最少到贫困户家中开展政策宣传等12次，先后4次组织干部深入李旺镇新源村开展帮扶工作，并筹措资金18000元解决新源村党员活动阵地电教设施和办公经费不足等问题。

办实事暖民心。政协委员在十一届五次会议期间，围绕县委、县政府中心工作、群众生产生活的难点、基层社会治理的焦点，提交提案88件，审查立案45件，从提案提交、审查、办理、评议等实行“清单式”管理，进一步完善了提案基础性台账。会同县委办、政府办精选重点提案6件，其中县委、县政府、政协主要领导各领衔督办一件，各副主席与县政府分管领导联合督办3件，起到了很好的示范带动作用。按照“提案提得好不好，承办单位来评判；提案办得行不行，委员最有发言权”的原则，开展了提案办理及质量“互评”和重点提案督办活动，逐步实现提案办理“办得好须提得好，提得好须办得好”的良性循环，并对优秀提案承办单位进行表彰。截至目前，提案和建议已全部办结。

聚合力战疫情。政协班子成员按照县委统一安排，全部下沉到乡镇（村），靠前指挥，指导落实疫情防控工作。政协机关党员干部7人下沉到各卡点值守，连续奋战3个多月。广大政协委员踊跃助力全县打赢疫情防控阻击战，32名政协委员奋战在新冠肺炎疫情防控一线，14名民营企业家政协委员捐资捐物43万元。通过微信发布《致全体政协委员的倡议书》，引导全体政协委员准确、科学、正面宣传，起到了鼓舞人心、凝聚人心，汇集合力、传播正能量的积极作用。

四、坚持凝心聚力，在团结联谊工作上有新拓展

广泛凝聚共识。充分发挥政协委员在宣传政策、解疑释惑方面的作用，制定《“委员大讲堂”活动工作方案》，邀请有专业特长的政协委员传播新知、传承文化、传授技艺，截至目前已开展“委员大讲堂”活动4次。设立了宗教界别委员工作室，为广大宗教界政协委员联系界别群众，开展扶贫济困、凝聚共识搭建平台；结合委员基层联系点工作，设立委员联络小组12个，先后7次组织委员深入界别群众，梳理社情民意，排查化解矛盾纠纷，推动政协工作向基层延伸，进一步拓宽知情民政渠道，在凝聚传播共识上有更加积极广泛的新样子。

加强上下联动。建立“县政协班子成员联系常委、常委联系委员、党员委员联系非党员委员”的三联系制度，通过加强沟通交流，不断增进思想共识、努力形成工作合力。按照自治区党委关于新时代加强和改进人民政协工作的实施意见分工方案要求，对标对表涉及县（区）政协的19条任务，逐条逐项细化分解、认真落实；自治区党委第五督查组督查中央和自治区党委政协工作会议的落实情况，及时向县委汇报并认真研究提出贯彻落实意见。将崔波主席提出的20项重点推开和探索的工作，作为2020年贯彻落实的规定动作，召开会议专题研究部署，督促落实，目前20项探索性重点工作基本得到落实。主动接受区市政协工作的指导，全年共协助区市政协调研视察18次。

创新开展“四联四助”活动。在政协机关和宗教界委员中积极探索开展“四联四助”活动，对政协班子成员、4个专委会、17名机关干部和20名宗教界政协委员实现全覆盖，对全县17个乡镇和2个管委会实现全覆盖，定期联系重点宗教活动场所民主管理组织成员、宗教人士，并组织宗教人士召开“听党话、感党恩、跟党走、促和谐”座谈会，引导宗教界人士、信教群众贯彻落实党的民族宗教政策，不断增进“五个认同”，这项凝聚共识、汇聚民心的活动，促进了民族团结示范县创建、宗教事务规范管理和“三化”治理工作，得到区、市政协主要领导的肯定和表扬，并在全区市县（区）政协经验交流会上予以推广。

五、完善制度体系，在协商机构建设上有新进展

完善协商规则。探索创新“不深入实地走访了解情况不调研、调研方案不完善不调研、不培训学习不调研、不调研就不协商”的“四不”规则，确保调研视察更实、更准，意见建议更有深度、更有广度，在各种协商活动中把协商规则“七要七不要”、协商会议开法“九条”和改进调研作风“六可六不可”贯穿始终，防止走形式走过场，形成既畅所欲言、各抒己见，又理性有度、合法依章的良好协商氛围。

搭建协商平台。搭建“众人的事情由众人商量”平台，政协委员与政府分管领导、职能部门面对面协商，为海原南门广场改造建言。依托自治区政协信息平台，在“履职通”开设专栏，围绕协商课题开展网络议政8次；就我县“十四五”规划编制工作，县委政府主要领导广泛听取了委员的意见，通过政协“履职通App”开展网络议政，围绕“十四五”时期，海原的机遇和挑战等17个方面，面向广大政协委员征集意见建议，收集到意见建议53条，拓展了政协协商参与面。

丰富协商形式。研究制定《海原县政协2020年调研考察工作安排》，对全委会协商、专题议政性常委会会议协商、专题调研协商、监督性视察、提案办理协商的参加范围、讨论原则、基本程序、交流方式和对调研报告、提案、社情民意的成果凝结、报送、落实、反馈等分别作出规定，在专门协商机构建设上有更加专业规范的新样子。

六、坚持固本强基，在履职能力上有新提升

委员的履职能力不断提高。按照“懂政协、会协商、善议政，守纪律、讲规矩、重品行”要求，强化委员学习培训，举办委员培训班2期，切实加强教育管理，不断提升政治把握能力、调查研究能力、联系群众能力、合作共事能力。制定《海原县政协委员履职考核办法》，从11个方面进行量化、细化分值，按照不同考核内容实行差异化考核，同时建立委员履职档案；制定委员活动经费管理办法，为政协委员发放交通通讯补贴，督促政协委员所在单位支持其参加政协各项活动，对优秀政协委员、提案和社情民意进行表彰，切实提高委员履职积极性，更好地发挥委员的主体作用，强化了委员责任担当。

专委会基础性作用更加凸显。强化联系委员，突出“专”的优势，推动专委会工作从注重“做了什么”“做了多少”向“做出了什么效果”转变。健全主席会议成员分工联系专委会、专委会对口联系界别委员工作机制，依托专委会牵头组织界别委员开展履职活动，专委会的统筹谋划、组织落实能力得到进一步提升。在县委的高度重视和关怀下，着眼政协事业长远发展，增设了社会治理委员会，并对其他三个专委会进行了更名，将原来的科级领导职数四正四副核定为五正五副，机构设置更加完善，工作职能更加优化。

机关服务保障水平逐步提升。结合“党政机关作风建设年、干部队伍素质提升年”活动的开展，坚持从严教育、从严管理、从严监督干部，完善效能考核、优化职责分工，有力促进了政协工作提质增效，干部精神面貌大转变，办文质量、工作水平落实力度、办事效率得到明显提升，先后在华兴时报发表理论文章2篇，在市政协刊物上发表优秀理论文章1篇，在服务保障上有更高标准更高质量的新样子。

各位委员，一年来，在大家的共同努力下，县政协各项工作取得了新进展新成效。这些成绩的取得，是在习近平新时代中国特色社会主义思想的科学指引下，区、市政协关心指导和县委坚强领导的结果，是县人大、县政府和有关部门、社会各界大力支持的结果，也是政协各参加单位、广大政协委员、政协工作者团结奋斗的结果，我谨代表县政协常委会向大家表示衷心的感谢！

同时，常委会也清醒地认识到，工作中还存在一些不足。如有些调研协商的质量效果还有待进一步提高，凝聚共识工作的针对性实效性还有待进一步凸显，工作制度机制还有待进一步完善，有些委员责任意识和履职能力还有待进一步增强，对部门（单位）工作民主监督还不够到位，等等。

2021年工作部署

2021年，是中国共产党成立100周年，也是“十四五”开局之年，我国将开启全面建设社会主义现代化强国新征程、向第二个百年奋斗目标进军，进入新的发展阶段。县政协工作总体要求是：坚持以习近平新时代中国特色社会主义思想为指导，全面贯彻落实党的十九大和十九届二中、三中、四中、五中全会精神、习近平总书记视察宁夏重要讲话精神以及区市县党委各项重大决策部署，持续深入贯彻落实中央和区市县党委政协工作会议精神，把坚持和发展中国特色社会主义作为巩固共同思想政治基础的主轴，把服务实现“两个一百年”奋斗目标作为工作主线，把加强思想政治引领、广泛凝聚共识作为中心环节，坚持团结和民主两大主题，积极发挥政协职能作用，完善专门协商机构制度，探索创新工作举措，强化委员责任担当，为继续建设经济繁荣民族团结环境优美人民富裕的美丽新宁夏贡献海原政协的智慧和力量。

一、强化理论武装，在增强推进党的政治建设上更加自觉

要持续深入学习贯彻习近平新时代中国特色社会主义思想、习近平总书记关于加强和改进人民政协工作的重要思想及中央、区市县党委政协工作会议精神，认真学习中国共产党党史、新中国史、统一战线和人民政协史，不断夯实团结奋斗的共同思想政治基础。进一步完善政协学习制度体系，制订年度学习计划，创新学习方式，拓展学习平台载体，推动专题研究学、带着问题学、联系实际学，增强学习的针对性和实效性。坚持党对政协工作的全面领导，严格执行重大问题请示报告制度，落实党支部“三会一课”制度和功能型党支部“两会一联系”工作机制，年内计划组织委员赴外省政协培训中心或红色基地进行培训，实现全体委员轮训、系统培训，进一步提升履职能力和素质。

二、聚焦中心任务，在紧扣工作大局履职尽责上更具实效

要抓住事关经济社会、民生保障和群众关注的热点难点问题，就生态保护、污染治理、植绿增绿“三大会战”开展专题议政性常委会协商，围绕健全公共就业服务体系、创新职业教育、促进产教融合发展，特色文化旅游资源利用与保护、加快全域旅游示范县创建，加强老旧小区改造和公共服务设施建设，加强城市社区治理体系建设、提升社区治理水平等开展专题调研，并围绕4个专题赴外考察学习，积极配合区、市政协做好三级联动调研。要通过听取经济运行、提案办理等情况通报，鼓励委员担任特约监督员、参与检查评议活动等形式，计划选择2个单位就作风建设、工作推进落实情况进行民主评议，不断加大民主监督力度。围绕“巩固脱贫攻坚成果、促进后续产业发展与乡村振兴有效衔接”“畜禽养殖粪污和农业废弃物资源利用转化”开展监督性视察和协商式监督，推进县委、县政府有关决策部署落到实处。要结合委员基层联系点活动、委员界别工作室、委员界别小组，更多地关注民生，选择一些上下关心、涉及多方的问题，深入群众听取意见，收集社情民意，反映群众诉求，与党政部门面对面协商，力求通过协商推动问题得到解决。要持续推进县领导领衔督办重点提案、提案“清单式”管理、提案办理及质量“互评”活动等，真正做到提得准、办得好、见实效。

三、把握中心环节，在广泛凝聚共识上更显担当

要坚持好“县政协班子成员联系常委、常委联系委员、党员委员联系非党员委员”三联系制度，及时了解统一战线内部思想动态，切实把党的主张转化为社会各界的共识，努力使政协成为坚持和加强党的各项工作领导的重要阵地。要持续开展“四联四助”活动，组织机关干部深入所联系的宗教场所，广交深交宗教界朋友，主动做好统一思想、增进合力工作，在民族团结中努力发挥凝聚人心的“黏合剂”作用。要进一步完善“委员讲堂”工作机制，通过线上与线下相结合的方式，鼓励支持委员利用自身专业知识和影响力，及时宣传解读党的路线方针政策，做好协调关系、理顺情绪、化解矛盾、增进团结的工作。要拓展传播共识渠道，通过微信公众号、“履职通”App 等平台，加大对党的政策、重要会议、重大活动等情况的宣传，把已经形成的共识传播出去。

四、加强制度建设，在完善政协工作制度机制上更有作为

要坚持好“不深入实地走访了解情况不调研、调研方案不完善不调研、不培训学习不调研、不调研就不协商”的规则，组织委员深入实地走访了解情况和学习相关法律、理论、政策，做到走访于学习之前、学习于调研之前、调研于协商之前。要对照党中央和区市县党委有关政协工作制度文件要求，进一步完善我县政协工作的制度机制。制定政协协商工作实施办法，对参加范围、讨论原则、基本程序、交流方式等作出制度规范。要完善加强和改进凝聚共识工作制度，健全谈心谈话、走访看望委员制度，制定《关于加强和促进人民政协凝聚共识工作的实施意见》。要坚持好网络议政工作，使协商活动更加灵活经常，丰富有事好商量、众人的事情由众人商量的制度化实践。要促进协商成果的采纳、落实和反馈，探索推动政协重点协商活动纳入县委和县政府总体工作部署，实施情况列入县委督查事项和考核体系，推进转化落实。

五、夯实履职基础，在加强政协自身建设上更有力度

坚持把提升政协委员履职能力和机关干部服务水平作为推进政协工作高质量发展的重要抓手。教育引导广大政协委员要始终牢记习近平总书记“坚持为国履职、为民尽责”的谆谆教诲，切实强化政治责任，全面落实“懂政协、会协商、善议政，守纪律、讲规矩、重品行”的要求，不断高政治把握能力、调查研究能力、联系群众能力、合作共事能力，以新时代奋斗者的姿态和干劲，当好人民政协制度的参与者、实践者、推动者。要加强政协机关干部队伍建设，从严要求、从严教育，从严管理，增强政治意识、树立正确导向、强化责任担当，巩固和拓展作风建设的成效，努力建设靠得住、跟得上、干得实、扛得起的高素质干部队伍，力争做到政治上过硬、岗位上胜任、工作上尽责。

媒体印象

Mei Ti Yin Xiang

宁夏海原县交出脱贫攻坚满意答卷

在阻击新冠肺炎疫情的关键时刻，海原县南华山下传来一则喜报：3 月 4 日，经宁夏回族自治区政府第 58 次常务会议研究决定，批准同心县、原州区、海原县 3 个国家级贫困县和红寺堡区 1 个自治区贫困县退出贫困县序列。

“苦瘠甲天下”“最不适宜人类生存的地区之一”……曾几何时，宁夏中卫市海原县一直被扣着这样的帽子，因为它是全区生存条件最艰苦、产业基础最薄弱、贫困程度最深、脱贫难度最大的县，是全国脱贫攻坚战的主战场，亦是全区攻坚克难战中最难啃的“硬骨头”之一。

如今，村有主导产业，户有致富门路，脱贫奔小康不落一户一人，在海原已是看得见、摸得着的现实。在一系列脱贫惠民政策的支持下，在全市干群共同努力下，经县级自评自验、中卫市复验和自治区第三方评估，海原县减贫 25476 户 99788 人，126 个贫困村全部脱贫出列。2014 年至 2019 年，海原县农村居民人均可支配收入分别增长 12.2%、8.5%、9.8%、11.4%、11.1%、11%，彻底改变了“一方水土养活不了一方人”的历史发展困境。

为了如期完成脱贫目标，海原县严格落实县委书记、县长“双组长”责任制，所有县级领导和乡镇部门负责人向县委、（县）政府立了军令状，24 名县级领导每人包保 1 个乡镇和 1 个贫困村，151 个区市县直部门和 22 家企业定点帮扶 126 个贫困村，6070 名帮扶干部每人帮扶 3 至 5 户贫困户，126 名“第一书记”长期驻村，1500 多名乡村干部坚守一线，层层签订责任书、立下“军令状”，实行“周通报、旬调度、月研判”，形成上下联动、立体高效的推进体系。

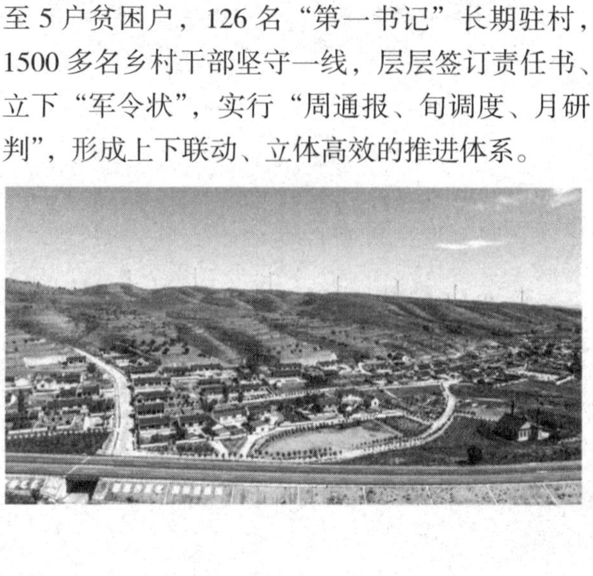

为让群众实现脱贫致富，海原县深挖“有土”“离土”两篇文章，坚持既定发展思路，建立“普惠 + 特惠”扶持机制，强化到村到户产业基础。在“有土”文章上，海原县立足全县草畜、马铃薯、枸杞中药材、瓜菜、小杂粮“一主四特”产业优势，实行联农带农富农机制，因地制宜发展富硒功能农业、高效节水农业和旱作有机农业，引龙头、建基地、提品质、树品牌、拓市场。依托“基础母牛银行”模式，积极探索创新村集体经济发展模式，124 个村通过“基础母牛银行”获得固定分红，年收益 5.534 万元，2 个村通过企业入股分红，年收益 10 万元以上。在“离土”文章上，围绕劳务输出、交通运输、剪纸刺绣、特色餐饮“四大离土”品牌，以就业需求为导向，转观念、强技能、建基地、抓就业、带创业。2014 年以来，累计完成贫困劳动力职业技能培训 33996 人，建成扶贫车间 25 个，每年转移就业近 10 万人、创收 10 亿元以上，农民工资性收入占到总收入的近 50%。

此外，海原县紧紧围绕“三保障”要求，全面实施五大兜底保障工程，累计自来水入户 76118 户，集中供水率达到 99.6%、自来水普及率达到 99%、水质达标率 100%、供水保证率达到 90%以上。累计改造安全住房 29401 户，群众安全住房保障全覆盖。全面实施义务教育保障工程，确保贫困家庭学生上好学、上得起学。全面实施基本医疗保障工程，建档立卡贫困群众年度住院个人医疗费用支出控制在 10%以内，年内累计个人支付不超过 5000 元。全面实施社保兜底保障工程，推行农村低保与扶贫政策两项制度衔接，将符合条件的 2.71 万建档立卡贫困人口纳入最低生活保障范围，提高低保补助标准，确保特殊困难群众不愁吃、不愁穿。

海原县成功退出国家级贫困县是中卫市打响脱贫攻坚战以来取得的重大成果。向往美好生活的海原百姓在党员干部的带领下，以众志成城、永不言弃的精神，脱掉了贫困县的“穷帽子”，攻下了一个又一个“困中之困”“艰中之艰”，向党和人民递上了一份满意的脱贫攻坚答卷。

（来源：2020 年 3 月 7 日人民日报客户端宁夏频道）

宁夏海原：
百年震柳见证脱贫跃迁

中国经济时报记者 何玲

宁夏中卫市海原县，地处宁夏中南部，曾是六盘山集中连片特困区国定贫困县，曾因 100 年前的 8.5 级大地震，被外媒形容为“山走动的地方”。

作家梁衡笔下“地震能摧毁一座山，却不能折断一株柳”的 500 年树龄的柳树，如今依然空谷挺立，华盖如云。百年震柳，见证着这片土地上生生不息、功业无涯的脱贫奇迹。

2020 年 3 月，海原县通过检查验收，脱贫摘帽出列，完成了从不适宜人类居住到走向小康的历史跃迁。中国经济时报记者近日走进海原，这里的“小康”，是富裕进行时，是民生系统工程，是百姓有希望、有盼头的好日子。

引来黄河水，天地为之宽

海原，这个以海为名的县域，曾是宁夏西海固最干旱缺水的地方之一，生存、生产、生活，都被困在极度缺水的魔咒中，兜兜转转，无法突破。

海城镇王井村的王景泉今年65岁，几十年来，曾一直去几十里外人担、驴驮、拉水吃，挖苦菜根用来充饥。水质苦咸，一方水几十元，是日常生活中最大、最紧要的支出。

世世代代的渴望，在决胜脱贫攻坚步伐更快、力度更大的时代背景下，落实为国家战略、宁夏行动。作为宁夏实施中南部农村饮水安全工程的重要组成部分，海原县打造“取黄河水为稳定主体水源”的世纪工程。

从274公里外，经15级扬水，将黄河水引入海原县海兴水厂，形成以中南部联通工程为骨架的供水管网体系，覆盖了海原县城乡76%的人口。

王景泉的老伴殷兴莲告诉记者，2015年项目建成通水现场，有很多乡亲流了泪，“黄河水，是原先我们心里天上的水，现在屋里伸手就能摸到自来水龙头，就能听到哗哗哗的水声，这就是最大的小康”。

2019年5月，农村饮水安全工程进入攻坚阶段。为打通农村人饮最后一公里，海原县水务局112名干部包村包乡，确保一家一户都从水量、水质、便捷、供水保证率等对标保障。

引黄入“海”，集泉入户、汲井入院，织起一张细密的水网。2020年海原县自来水普及率达99%，供水保证率达到95%以上。

“2019年的水务工作，重点在人上；2020年的重点，在牛上。在保障人饮安全的前提下，2020年新建27个规模化牛场，全部完成通水保障。”海原县农村供水管理中心主任李伟保告诉记者，2019年海原城乡供水“十四五”规划提前编制，“清水河产业带供水工程”大水源、大管网建设已通过审查，开工建设。

以水定城、定产、定人，做细、做透水文章，为县域经济、民生福祉统筹谋划更大时空的可能性，海原交出了可喜的答卷。

一系列因水而来的深刻变革出现在这个曾经的西海固核心区：过去必须留守拉水的壮劳力，外出务工人均年收入超过2万元；户均年自来水费120元左右，是过去拉水费用的1/10；杜绝了苦咸水带来的健康隐患；太阳能热水澡、水冲式厕所彻底改变了生活方式……

“华润牛”让乡亲们走上小康路

2012年年底，国务院扶贫开发领导小组部署华润集团定点帮扶海原县。从2015年开始，海原县陆续有800多吨马铃薯、150吨优质西砂瓜、25吨清真牛羊肉和胡麻油出现在华润万家4000家终端门店和香港市场上。

《华润集团定点帮扶海原县发展五年规划(2014年—2018年)》确定通过“产业扶贫、投资扶贫、人才扶贫、公益扶贫”帮扶海原。这是第一个制定对口帮扶宁夏5年规划的央企。华润集团董事长傅育宁2016年、2019年两次到现场调研。

2020年是华润集团帮扶海原的第六年，在养牛产业链纵深开拓和对贫困群体的能力建设上，体现了央企的社会责任管理水平，倾注了华润对口帮扶的真情厚意。华润集团捐赠3.85亿元用于通过基础母牛银行、村级集体经济合作养殖、无能力养殖户托管代养模式发展肉牛养殖产业。良好的市场机制为海原县留下一条完整、完善的产业链条，保证了脱贫的可持续和可复制。

曹洼乡党委书记周玉宁说：“村集体经济是乡村经济工作中最难破壳的，通过与华润合作探索资产收益，每年村均分红5.5万元。华润流转曹洼乡1200亩地，每亩400元，流转费5年一付，村民在自己的田里挣着工资收租金。”

2020年，海原牛只存栏将超过30万头，西北地区最大的高端肉牛繁育集散地、优质牛肉供港基地将在这里建成。“华润牛”让乡亲们走上了一条越来越宽的小康路。

“和县城一样的幸福日子就是小康”

作为宁夏交通扶贫的重点县，海原县城至银川、固原方向高速公路全线贯通，高速公路里程183公里，与国省道构成“一主一辅”对外运输的便捷通道。有了水，通了路，加上产业扶持政策，贫困群众脱贫致富奔小康的精气神，像震柳一样生机勃发。

沿着南华山环行在盛夏的海原县，处处是丰收景象。冷凉气候、富硒土壤、无污染的环境，使这个宁夏农业人口众多的县脱颖而出，成为特色农业高质量发展的宝地。

海原县关桥乡麻春村张红珍正在自家的瓜田里忙碌着。她种了40亩硒砂瓜，再过几天，就可以联系合作社来收瓜了，广东、深圳、北京……有许多中卫硒砂瓜的“粉丝”。

“瓜还没卖呢，政府的1.2万元补贴早就打到卡上了。因为雇了人帮忙种瓜，工资要用现金发，这些补贴顶了大用。”张红珍是乡亲们眼中不简单的女人，既要照顾年迈的老人、二级残障的丈夫，40亩瓜田也打理得有板有眼。她估算，今年卖瓜收入能有6万元，盼着等卖了瓜，贷款买辆车，好拉着丈夫再到银川去做康复训练。

“以前我妈也种瓜，天不亮就用拖拉机拉到县城，一直卖到天黑。现在都看合作社几百人的微信西瓜群，价格变动、市场需要，每天都能及时知道。”张红珍说，丈夫享受低保、残疾补贴等每月580元，“开始种瓜以后，有了产业，就有了踏实感。现在的政策这么好，只要你干，总能熬出来”。

曹洼乡脱烈村是海原县唯一一个“自治区级美好环境与幸福生活共同缔造活动试点村”，是海原农村卫生厕所改造试点村。62岁的冯成荣指着村里的太阳能路灯、自卸式垃圾箱以及屋里的自动抽水马桶，一个劲地向记者说，“和县城一样的幸福日子就是小康”。

2020年3月，海原县接受宁夏和国务院扶贫办第三方专项评估，安全饮水、危房改造等工作被国务院扶贫督导组肯定。

远在几百公里之外的闽宁镇玉海村，何小玲的父亲1999年从海原移民到这里，是建档立卡贫困户。成绩优异的何小玲考进宁夏育才中学，受到“捡回珍珠”计划的资助。今年的高考作文，她以《吾辈当自强》为题，以世界卫生组织青年代表的身份写了篇演讲稿，代表中国教育扶贫的受益者，倡议青年要坚定信念，回报社会、回报国家。

山里山外，拂去笼罩多年贫困的愁云，这个地方、这些人，都如珍珠般闪闪发光。

（此文载于《中国经济时报》2020年8月4日第1版）

特色产业助脱贫
宁夏中卫海原县累计减贫近10万人

人民日报记者 刘 峰

中卫市海原县地处西海固地区，自然条件恶劣，是宁夏回族自治区脱贫攻坚最难啃的硬骨头之一。走出大山、摆脱贫困，是当地群众多年的期盼。

如今，海原县的自来水普及率已达99%；全县累计减贫近10万人，其中1.5万贫困人口完成易地扶贫搬迁。丰衣足食的新生活、温暖舒适的新家园，真真切切地就在眼前。

搬出大山心里敞亮

“过去用干净水洗上一把脸都难，现在家里养的鸽子也能喝上清水了。”关桥乡关桥村村民马霞一边打理庭院中的鸽舍，一边和记者聊起来。

2015年，海原县“取黄河水为稳定主体水源”工程实现通水。作为宁夏实施中南部农村饮水安全工程的重要组成部分，工程项目从274公里外，经15级扬水，将黄河水引入了海原县海兴水厂，形成以中南部联通工程为骨架的供水管网体系。

“当时，乡亲们围在通水现场，不少人激动得掉下了眼泪。”更让马霞没想到的是，入住的新房子不仅通了自来水，还用上了太阳能热水器和抽水马桶，水费一年也就百十块钱。

“过去住在土坯房，窗户小还漏风，一年到头难见阳光，屋里灰尘也擦不净。”现在，马霞和乡亲们都住上了混凝土浇筑、有落地窗的新房子，“院子里还有空地搞养殖、种花种草，心里别提多敞亮了。”

驻村工作队队员刘建成介绍，村民的房子是由定点帮扶海原县的央企华润集团出资70%帮助建设的，通往各自然村的主干道、内部巷道、村民门口道路都是硬化路，还建成了幼儿园、小学、健身广场等公共设施。

在距关桥村约100公里的三河镇富陵村，村民马永宏有着和马霞一样的喜悦。“十三五”期间，海原县对就地脱贫难的建档立卡贫困人口3639户15221人实施易地扶贫搬迁。马永宏从山上搬到了平川，窑洞变成砖瓦房，苦井水变成自来水。

“山里闭塞、条件差，学校离家5公里，要下到沟底再翻过山岭。”马永宏回忆，“如今搬出大山，娃娃们再也不用为上学发愁了。”

肉牛产业强筋壮骨

“家有三头牛，富得直流油。”这是海原县流传甚广的一句顺口溜。由于常年干旱、种田不易，养殖肉牛成了当地群众脱贫致富的好路子。

2015年，华润集团组织实施基础母牛赊销扶贫项目。一头价格约1万元的母牛，华润集团垫付赊销款6000元，当地政府补贴2000元，建档立卡贫困户自筹2000元左右就可牵回家。

2018年，建档立卡贫困户马成云牵回3头母牛，同时购买了公牛。至2019年底，他家新培育的4只肉牛卖了5万多元，除去成本赚了2万多元。“现在我有4头大牛、8只牛娃子，能卖到10万至12万元。除去还款和草料钱，能净赚4万元左右。”马成云正琢磨着扩大养殖规模。

去年10月，占地100亩的富陵肉牛养殖园区向马成云敞开了大门。园区按照“村党支部引领+合作社管理+养殖户养殖”的发展模式，鼓励散养肉牛入园，由专业合作社统一提供饲草料、统一防疫消毒、统一标准饲喂、统一购买保险，运营过程中产生的水电费、环卫消毒费、维修费用由养殖户按照养殖头数均摊。目前，园区共养殖肉牛904头。

肉牛养殖园区的养殖场场长马廷文告诉记者，入园养殖帮助村民解决了养殖规模受限、成本较高、效益不明显以及人畜共处等问题，预计年收入能达到400万元以上。

如今，肉牛养殖已成为海原县脱贫支柱产业，全县发展规模牛场、肉牛养殖合作社、家庭牛场累计达到158家，到2020年底，海原县肉牛饲养量已超过30万头。

稳步脱贫持续增收

在关桥村新建的电商展示大厅里，农产品推介成了带货主播的主要任务。

“关桥有硒砂瓜、小杂粮、香水梨、露地蔬菜、拱棚甜瓜等特色农产品，我们正在大力发展电子商务，让更多的特色农产品走向全国各地。”刘建成说。

围绕草畜、马铃薯、枸杞中药材、瓜菜、小杂粮“一主四特”产业，海原县因地制宜发展富硒功能农业、高效节水农业和旱作节水农业。全县培育农业龙头企业12家、专业合作社40家，实现村有主导产业、户有稳定可持续的增收产业。

在电商展示大厅隔壁的产业帮扶中心，可容纳160人的服装车间里，目前有120多名当地家庭妇女上岗，其中就有马霞。“村里建起了工厂、学校，再也不用为外出打工还是留在家乡发愁了。”马霞说。

2014年以来，海原县累计完成建档立卡贫困劳动力技能培训37932人，建立劳务基地22个，设立公益性岗位4092个，建设扶贫车间18个，转移就业8.26万人，创收10.12亿元。

到2019年年底，海原县累计减贫25476户99788人。2020年3月，海原县脱贫摘帽。

（此文载于《人民日报》2021年1月18日第4版“全面建成小康社会百城千县万村调研行”栏目）

大事记

Da Shi Ji

1月

1日　海原县在文体广场举行升国旗仪式。徐海宁、郝振明等县四大班子部分领导及县直部门干部职工、武警官兵、公安民警和社会各界群众参加升国旗仪式。

2日　中卫市委常委、海原县委书记徐海宁主持召开县委理论学习中心组2020年第1次学习会。传达学习《中共中央关于坚持和完善中国特色社会主义制度　推进国家治理体系和治理能力现代化若干重大问题的决定》、中国共产党宁夏回族自治区第十二届委员会第九次全体会议公报、中国共产党中卫市第四届委员会第八次全体会议公报等。与会人员围绕学习贯彻党的十九届四中全会精神、自治区党委十二届九次全会精神、中卫市委四届八次全会精神进行交流发言。

△　海原县县长许正清主持召开县人民政府第70次常务会议，传达学习自治区党委办公厅、自治区人民政府办公厅关于做好2020年元旦春节期间有关工作通知，研究审定《政府工作报告（送审稿）》《2020年民生实事征集情况报告（送审稿）》，研究审定《海原县2019年国民经济和社会发展执行情况及2020年国民经济和社会发展计划（草案）报告（送审稿）》《海原县2019年财政预算执行情况及2020年财政预算（草案）报告（送审稿）》等事项。会议还安排部署相关工作。

△　海原县委第九轮巡察组结束了对县司法局、县统计局、县残联、南华山管理处、县地震局、县科协、县审计局、县志办、县工商联等6个县直部门和3个群团组织的巡察监督，并在各单位召开了巡察工作反馈会议。

△　海原县提高城市居民最低生活保障补助标准。城市低保补助标准：一类人员补差标准由原每人每月470元提高到每人每月560元；二类人员补差标准由原每人每月390元提高到每人每月470元；三类人员补差标准由原每人每月330元提高到每人每月390元。提标后人均月补差达到438元

3—4日　中国共产党海原县第十四届委员会第七次全体会议在县政府礼堂召开。

4日　海原县召开党（工）委（党组）书记抓基层党建、落实党风廉政建设及意识形态工作责任制情况述职述责述廉评议会。

△ 中卫市委常委、海原县委书记、海兴开发区党工委书记徐海宁主持召开海原县、海兴开发区2020年第1次联席会议，听取海兴开发区2019年工作完成情况及2020年主要工作任务，研究审定海兴开发区2020年需要海原县帮助协调解决的工作事项。

8日 海原县政协召开十一届二十二次常委会会议。会议审议了《县政协十一届二十二次常委会会议议题（草案)》、《关于召开政协海原县第十一届委员会第五次会议的决定》、县政协十一届五次全会有关材料、《政协海原县委员会2020年度协商工作计划（草案)》、《关于穆义元、单惠莲同志辞去政协海原县第十一届委员会委员的辞呈》、《关于增补政协海原县第十一届委员会委员名单》。

9日 中卫市委常委、海原县委书记徐海宁主持召开县委2020年第1次常委会（扩大）会议，研究审定海原县第十七届人民代表大会第四次会议有关材料、政协海原县第十一届委员会第五次会议有关材料、《海原县“两节”走访慰问困难群众实施方案》等事项，安排部署相关工作。县人大常委会主任罗成玉列席会议。

△ 海原县十七届人大常委会召开第二十九次会议。会议审议了县十七届人大四次会议会务手册、县人大常委会工作报告（审议稿)，表决通过了有关人事任免事项。

9日 由海原县委宣传部组织的文化科技卫生“三下乡”集中示范服务活动启动仪式在关桥乡麻春村举行。

14—16日 广西壮族自治区凤山县委书记廖锦成带领凤山县考察组一行23人（含华润集团陈忠于）到海原县考察华润五丰肉牛养殖基地。

16日 政协海原县第十一届委员会第五次会议举行委员培训班。全体县政协委员及县政协机关干部参加培训。

17—18日 中国人民政治协商会议海原县第十一届委员会第五次会议在县政府礼堂举行。

18日 中卫市委常委、海原县委书记徐海宁主持召开海原县委2020年第2次常委会（扩大）会议，传达学习习近平总书记在十九届中央纪委四次全会上的重要讲话精神、《中国共产党第十九届中央纪律检查委员会第四次全体会议公报》、习近平总书记对审计工作的重要指示精神，研究贯彻落实意见，审定有关会议方案。

18—19日 海原县第十七届人民代表大会第四次会议在县政府礼堂召开。

20日 中卫市委书记、市人大常委会主任何健到海原县调研节前市场供应和安全生产工作。中卫市委常委、海原县委书记徐海宁，中卫市委常委、副市长崔昆，海原县县长许正清陪同调研。

△ 海原县县长许正清带领相关部门负责人先后深入南华山防火检查站、牌路山检查站、南门烟花爆竹安全仓、鑫泰液化气充装站等地，调研春节前安全生产及市场供应情况。

29日 海原县召开应对新冠肺炎疫情工作视频调度会，通报全县应对新冠肺炎疫情防控工作情况、应对疫情防控督查情况，安排部署下一步工作。中卫市委常委、海原县委书记徐海宁参加会议并讲话。徐海宁在讲话时要求，应对新冠肺炎疫情工作指挥部各成员单位要提高政治站位，切实增强疫情防控工作的紧迫感和危机感，坚决杜绝松懈和麻痹思想，全力以赴做好疫情防控工作。

△ 县委书记徐海宁主持召开县委应对新型冠状病毒感染的肺炎疫情工作领导小组会议。

△ 中卫市委常委、海原县委书记、海兴开发区党工委书记徐海宁暗访督查海兴开发区新冠肺炎疫情防控工作。徐海宁强调，要坚决扛起政治责任，自觉把打赢疫情防控阻击战作为当前最重要的任务来完成、作为当前最紧迫的工作来抓紧、作为当前最实际的考验来接受，从严从实从细落实各项措施，坚决守护人民群

众生命安全和身体健康。

△ 海原县委副书记、县长、海原县应对新冠肺炎疫情工作指挥部指挥长许正清带领卫健、交通、应急管理等部门负责人，深入部分社区、高速和省道公路口、行政村、火车站暗访督查新冠肺炎疫情防控工作。许正清在督查中强调，要从严压紧压实责任，找准薄弱环节，总结先进经验，做实基层基础工作，坚决打赢疫情防控阻击战。

30 日 海原县委副书记、县长、海原县应对新冠肺炎疫情工作指挥部指挥长许正清主持召开指挥部第一次会议。会议传达学习了习近平总书记在中央政治局常务委员会会议上的重要讲话、中央应对新型冠状病毒感染肺炎疫情工作领导小组会议精神、习近平总书记对各级党组织和广大党员干部团结带领广大人民群众坚决贯彻落实党中央决策部署紧紧依靠人民群众坚决打赢疫情防控阻击战重要指示精神和自治区应对新型冠状病毒感染肺炎疫情工作指挥部第一次会议精神；宣读了《关于调整海原县委应对新型冠状病毒感染的肺炎疫情工作领导小组和成立指挥部的通知》；研究审议了《海原县应对新型冠状病毒感染的肺炎疫情阻击作战图》《海原县委应对新型冠状病毒感染的肺炎疫情工作领导小组和县指挥部办公室集中办公工作方案》《关于暂停近期部分车驾管业务办理的公告》《关于申请拨付防控新型冠状病毒感染的肺炎疫情经费的请示》《海原县应对新型冠状病毒感染的肺炎疫情指挥部第 1 号、第 2 号公告》；安排部署了当前海原县疫情防控工作。海原县应对新型冠状病毒感染肺炎疫情工作指挥部副指挥长郝振明、郭玉峰、吴秉凯、薛军勇，指挥部成员丁芳、金钟河、孙占宏、张赞军参加了会议。许正清要求，各乡镇和各部门要深刻认识疫情防控的严峻形势，切实把思想和行动统一到习近平总书记关于疫情防控的重要讲话和重要指示精神上来，统一到党中央、国务院和自治区、市党委、政府的决策部署上来，紧紧依靠人民群众坚决打赢疫情防控阻击战。

△ 海原县委副书记、县长、海原县应对新型冠状病毒感染肺炎疫情工作指挥部指挥长许正清深入甘盐池管委会、关庄乡、红羊乡等检查点，逐一查看检查点车辆、人员登记表，详细询问近日来一线防疫工作开展、人员值守、人员排查等情况。

△ 共青团海原县委通过线上招募的方式，组建疫情防控志愿服务队，204 人应募，每日轮班上岗，投入疫情防控工作中。

△ 海原县餐馆、宗教场所、车站、学校、文化、娱乐、活禽销售场所当日全部关闭，以应对疫情。

31 日 海原县抽调直属机关单位的 330 名党员干部，由 53 名科级领导干部带队，以志愿者身份奔赴海城街道办 9 个社区和海城镇王井、水洼等 4 个行政村，投身村（居）一个个“网格”，支援村（居）党员干部，全面开展摸底排查、联防联控、宣传动员等工作。

2月

3 日 海原县对 5 家疫情防控工作不规范的药店做出责令其停业整顿的处罚。

△ 从即日起，海原县疫情防控指挥部安排 5 家餐厅向社会提供送餐服务。

△ 中国人寿海原支公司向该县抗击新冠肺炎疫情一线的村委会、居委会成员和进村入户担负防疫工作的人员赠送“守护健康特定保险”保障，共计保障人数 1053 人，每人保障额度 30 万元，累计提供风险保额达 3.159 亿元，为他们全情投入抗疫阻击战保驾护航。

4 日 海原县首批 6 名护理人员积极响应国家号召，奔赴湖北武汉援助新冠肺炎救治工作。

9 日 海原县应对新型冠状病毒感染肺炎疫情工作指挥部发布第 6 号公告，确保全县依法防控。

△ 海原县制定下发《关于进一步做好全县新型冠状病毒肺炎疫情防控法治宣传工作的通知》，细化疫情防控法治宣传具体举措，规范法治宣传内容，明确法治宣传责任，为打赢疫情防控阻击战筑起了法治防线。

△ 海原县应对新型冠状病毒感染的肺炎疫情工作指挥部发布公告，对涉及出租房、鲜活农产品车辆、出租车的多项规定作出调整：出租房发生疫情未及时报告将追责，装饰装修等工程全部暂停施工，鲜活农产品运输车允许24小时入城，出租车限号运营。

12日 海原县县长许正清主持召开县人民政府第71次常务会议，传达学习全国应急管理工作会议精神及自治区政府主席咸辉对应急管理工作的批示精神，研究审定《自治区安委会第五巡查考核组反馈问题整改方案（送审稿）》《海原县2019年法治政府建设工作报告（送审稿）》等事宜。

13日 中卫市委常委、海原县委书记、海原县委应对新型冠状病毒感染肺炎疫情工作领导小组组长徐海宁深入海同高速公路海原检查站、部分乡镇检查点督导检查疫情防控工作。

△ 中卫市委常委、海原县委书记、海原县委应对新型冠状病毒感染肺炎疫情工作领导小组组长徐海宁主持召开县委应对新型冠状病毒感染肺炎疫情工作领导小组第8次会议，传达学习相关会议精神，听取“一办七组”工作情况和企业复工复产、学校开学及“三返”人员防控准备工作的汇报，研究解决存在的问题，安排部署下一步工作。中卫市委副书记马和清，市委常委、市委政法委书记、市第三督查组组长苏发坤，市政协副主席、市第三督查组副组长付成林出席会议。

15日 海原县县长、海原县应对新型冠状病毒感染肺炎疫情工作指挥部指挥长许正清主持召开县应对新型冠状病毒感染肺炎疫情工作指挥部第6次会议，传达学习相关会议精神，听取防控新冠肺炎疫情捐款捐物情况的报告，研究审定《关于海原县工业企业复工复产疫情防控工作方案的请示》《关于做好开学前期准备工作实施方案的请示》等事项。

16日 中卫市委常委、海原县委书记、海原县委应对新型冠状病毒感染肺炎疫情工作领导小组组长徐海宁到部分乡镇村组、检查点、被隔离户暗访督查疫情防控工作。

17日 自治区政协副主席马力深入海兴开发区部分企业督导检查疫情防控及复工复产工作。

△ 中卫市委常委、海原县委书记徐海宁主持召开海原县委2020年第3次常委会（扩大）会议，传达学习自治区党委常委会（扩大）会议暨应对新冠肺炎疫情工作领导小组第4次会议精神、中央农村工作领导小组《关于加强党对农村工作领导做好农村新型冠状病毒感染肺炎防控工作的通知》、国务院扶贫开发领导小组《关于做好新冠肺炎疫情防控期间脱贫攻坚工作的通知》，通报全县新冠肺炎疫情防控情况，安排部署全县脱贫攻坚、春耕备耕、农业生产及下一步疫情防控工作。

17—18日 海原县农业农村局、县市场监管局、县供销社等单位组成检查组，深入全县各农资店检查春耕备耕期间农资储备情况，确保春耕正常进行。

18日 海原县县长、海原县应对新型冠状病毒感染肺炎疫情工作指挥部指挥长许正清深入部分企业、学校、敬老院、儿童福利院督查调研疫情防控和复工复学工作。

19日 中卫市委常委、海原县委书记、海原县委应对新型冠状病毒感染肺炎疫情工作领导小组组长徐海宁先到海城街道办东城、建设、文联、南苑等社区，调研新冠肺炎疫情防控工作，并召开座谈会。

△ 据《宁夏日报》报道，海原县在全县各集中隔离点和交通检查点成立32个临时党支

部，充分发挥党组织在疫情防控中的战斗堡垒作用。

20日 中卫市委常委、海原县委书记、海原县委应对新型冠状病毒感染肺炎疫情工作领导小组组长徐海宁主持召开县委应对新型冠状病毒感染肺炎疫情工作领导小组第9次会议。

△ 海原县人民法院依法对被告人黎某某等人犯敲诈勒索罪、寻衅滋事罪、妨害公务罪、非法占用农用地罪、职务侵占罪等涉恶案件进行宣判。

△ 据《中国青年报》报道，新冠肺炎疫情发生以来，宁夏海原驻村工作队赶赴一线，一手抓脱贫攻坚工作，一手抓疫情防控工作，做到疫情防控和脱贫攻坚“两不误两促进”。海原全县共有驻村工作队150个（其中贫困村126个），驻村第一书记（队长）150人，驻村队员300人。全县驻村工作队在进村入户排查疫情的同时，对脱贫攻坚中存在的突出问题进行摸底调查。

22日 中卫市委常委、海原县委书记徐海宁主持召开海原县“一带两廊”发展规划实施领导小组2020年第1次会议，听取了《海原县“一带两廊”发展规划（2018—2035年）（修改稿）》修改情况的汇报，“一带两廊”2020年项目计划及推进情况、一季度重点项目开复工准备情况的汇报，2020年旧城改造项目计划及推进情况、拆迁情况的汇报，2020年四个特色小镇建设计划及推进情况的汇报。徐海宁在讲话中要求，各乡镇各部门要牢固树立“一盘棋”思想，围绕“一带两廊”发展规划抓项目、谋发展，推进各项重点项目落实落地。

△ 海原县县长、海原县应对新冠肺炎疫情工作指挥部指挥长许正清主持召开县应对新冠肺炎疫情工作指挥部第7次会议。

23日 中卫市委常委、海原县委书记徐海宁主持召开海原县委农村工作领导小组2020年第1次会议，研究审议《海原县2020年农业农村工作要点（送审稿）》《海原县关于加快补齐全面建成小康社会短板的实施方案（送审稿）》《海原县2020年度“一村一年一事”实施方案（送审稿）》《海原县优化农业产业结构调整实施方案（送审稿）》等相关事宜。徐海宁要求各乡镇各部门要突出重点、全面提升，全力以赴做好2020年农业农村和脱贫攻坚工作。

△ 2辆分别悬挂着“福建泉州复工接送专用车”“银川经开区复工接送专用车”的大客车正式“起航”，采取“点对点、一站式”服务方式，免费接送80余名海原籍外出务工人员返岗。自此，海原县正式拉开在新冠肺炎疫情防控下有保障、有组织、有规模输送农民工返岗复工的序幕。

24日 中卫市委常委、海原县委书记、海原县委应对新冠肺炎疫情工作领导小组组长徐海宁主持召开县委应对新冠肺炎疫情工作领导小组第10次会议。

△ 海原县扶贫开发领导小组召开2020年第1次会议。会议传达学习中央和区市相关精神，研究审议《国务院扶贫办调研督导组反馈意见整改方案(送审稿)》《海原县2020年脱贫攻坚实施方案（送审稿）》，安排部署下一阶段工作。中卫市委常委、海原县委书记、海原县扶贫开发领导小组组长徐海宁主持会议并讲话。徐海宁要求全县各级各部门要继续保持攻坚决战态势，压紧压实责任，挂牌督战，巩固成果，以必胜的信心坚决打赢脱贫攻坚战，确保与全国全区同步全面建成小康社会。

26日 中卫市委常委、海原县委书记徐海宁主持召开海原县委2020年第4次常委会（扩大）会议。会议研究审定《海原县创建国家全域旅游示范县实施方案（送审稿）》《海原县金融支持肉牛产业发展实施方案（送审稿）》《海原县贯彻落实自治区党委第三生态环境保护督察组督察反馈意见整改方案（送审稿）》等事宜。县人大常委会主任罗成玉列席会议。

△ 中卫市委常委、海原县委书记、海原县委应对新冠肺炎疫情工作领导小组组长徐海宁调研卫生系统疫情防控工作。徐海宁强调，要优化完善疫情防控各项工作流程，抓紧抓实抓细各项防控措施，坚决打赢疫情防控阻击战。

27 日 中卫市委常委、海原县委书记、海原县委应对新冠肺炎疫情工作领导小组组长徐海宁到部分商贸流通企业、工业企业督查疫情防控和复工复产工作。徐海宁强调，要明确主体责任，细化应急预案，加强日常管理，严格落实“划片包干”责任制，确保疫情防控、安全生产两不误。

△ 海原县县长、县应对新冠肺炎疫情工作指挥部指挥长许正清调研指导县看守所、县拘留所疫情防控工作。

28 日 海原县召开 2020 年农业农村工作暨脱贫攻坚工作会议。会议传达学习了习近平总书记关于疫情防控、春季农业生产重要指示精神和全国、自治区、市有关会议精神，总结全县 2019 年农业农村和脱贫攻坚工作，安排部署 2020 年工作，通报全县疫情防控工作情况。中卫市委常委、县委书记徐海宁主持会议并讲话。徐海宁强调，各乡镇部门要准确把握形势，毫不放松抓好疫情防控，要持续攻坚克难，确保脱贫攻坚战圆满收官。

△ 海原县县长、海原县应对新冠肺炎疫情工作指挥部指挥长许正清主持召开县应对新冠肺炎疫情工作指挥部第 8 次会议。

3 月

1 日 中卫市委常委、海原县委书记、海原县委应对新冠肺炎疫情工作领导小组组长徐海宁主持召开县委应对新冠肺炎疫情工作领导小组第 11 次会议，传达学习自治区境外新冠肺炎疫情输入防控专题会议、自治区政府第 57 次常务会议精神和《关于中卫市有效防控监测处置 1 例国外输入新冠肺炎疫情确诊病例的通报》，听取全县出入境人员摸排管控和商贸服务、客运车辆疫情防控情况汇报，研究审定《境外疫情输入防控工作方案（送审稿）》，安排部署下一步工作。

2 日 中卫市委常委、海原县委书记徐海宁主持召开海原县委 2020 年第 5 次常委会（扩大）会议。会议传达学习自治区扶贫开发领导小组 2020 年第 1 次会议暨全区脱贫攻坚“四查四补”工作会议精神、自治区纪委《关于 5 起在疫情防控工作中违规违纪问题的通报》，研究审定《关于全面开展“四查四补”高质量打赢脱贫攻坚战的实施方案（送审稿）》《海原县做好自治区脱贫攻坚“普查试点”准备工作方案（送审稿）》等事宜，安排部署脱贫攻坚“四查四补”“普查试点”准备工作。

3 日 海原县县长、海原县应对新冠肺炎疫情工作指挥部指挥长许正清深入部分乡镇和村组调研疫情防控和脱贫攻坚工作。

4 日 宁夏回族自治区第 58 次常务会议研究决定，批准同心县、原州区、海原县 3 个国家贫困县和红寺堡区 1 个自治区贫困县退出贫困县序列。

△ 海原县县长许正清主持召开海原县人民政府第 73 次常务会议。会议传达学习自治区政府主席咸辉在自治区人民政府第三次全体（扩大）会议上的讲话和市长李晓波在市人民政府第三次全体（扩大）会议上的讲话精神；审议《海原县 2020 年民生计划 10 件实事办理工作“五定”方案（送审稿）》《县第十七届四次会议人大代表建议意见分解办理“五定”方案（送审稿）》《县政协十一届五次会议提案和建议分解办理“五定”方案（送审稿）》《海原县 2020 年安全生产暨应急管理工作要点（送审稿）》《海原县 2020 年创建双拥模范县实施方案（送审稿）》等事宜。

△ 海原县县长、海原县应对新冠肺炎疫情工作指挥部指挥长许正清主持召开县应对新

冠肺炎疫情工作指挥部第9次会议，传达学习习近平总书记考察北京新冠肺炎防控科研攻关工作、中央应对新冠肺炎疫情工作领导小组会议、自治区党委应对新冠肺炎疫情工作领导小组第6次会议、咸辉调研疫情防控及保通保畅保运并召开座谈会精神；审议固原监狱《关于应对新冠肺炎疫情相关工作的函》《海原县疫情防控期间做好农民工返岗复工“点对点”服务保障工作推进方案》《关于进一步加强返海人员管理的通告》等事宜。

5日 海原县县长、海原县应对新冠肺炎疫情工作指挥部指挥长许正清深入海原县部分企业，对企业复工复产和安全生产工作进行督查调研。许正清先后到华电曹洼第二风电场、泰丰时代广场、中石油南门加油站、金城商厦、圣特保温材料有限公司等企业，详细了解各企业复工复产、疫情防控措施落实和安全生产等情况，询问并帮助企业解决面临的困难。许正清要求，各企业要把疫情防控摆在首要位置，坚决落实安全生产主体责任，筑牢安全生产和消防安全防线。

5—6日 自治区科技厅副厅长刘常青带领调研组，到海原考察调研科技工作。

6日 中卫市委常委、海原县委书记、海原县委应对新冠肺炎疫情工作领导小组组长徐海宁主持召开县委应对新冠肺炎疫情工作领导小组第12次会议，传达学习中央政治局常务委员会会议、自治区党委应对新冠肺炎疫情工作领导小组第6次会议精神，听取各调研组、督察组调研督查情况的汇报，分析研究疫情对脱贫攻坚和经济社会发展的影响，安排部署下一阶段工作。自治区第五督导检查组组长、自治区党委组织部副部长景瑜参加会议并讲话。景瑜要求海原县各级各部门要依法履行防疫责任，严防境外输入风险，全面摸清底数，及早制订预案，加大宣传力度，做到管控到位，把疫情影响降到最低。

9日 海原县县长、海原县应对新冠肺炎疫情工作指挥部指挥长许正清主持召开县应对新冠肺炎疫情工作指挥部第10次会议，传达学习习近平总书记在决战决胜脱贫攻坚座谈会上的讲话精神，研究审议《关于做好疫情防控下春耕生产工作实施方案》等事项。他要求各级各部门要努力克服疫情影响，千方百计把耽误的时间抢回来，把遭受的损失补回来，把“外防输入”作为重中之重，做细做实各项防控措施，防止疫情形势出现反弹，为复工复产、春耕备耕创造安全稳定的条件，确保两场战役都要打赢、两个胜利都要夺得。

△ 海原县县长许正清调研全县脱贫攻坚及农业农村工作。在西安镇园河村、范台村，许正清通过询问、查阅资料等方式详细了解“一户一档”“四查四补”“一年一村一事”等工作进展情况，听取西安镇脱贫攻坚工作进展情况汇报，实地查看西安镇范台村（闽宁计划）壮大集体经济养殖场建设项目。许正清强调，要提高政治站位，坚持以脱贫攻坚统揽各项工作。

△ 截至3月9日，海原县商贸流通服务等行业领域复工复产、恢复经营的企业和商户有3692家，占总户数的21.25%，其中企业202家，占企业总数的8.4%；个体工商户3490家，占个体工商户总数的23.32%。

10日 自治区党委书记、自治区人大常委会主任陈润儿到海原县调研脱贫攻坚工作，了解全面开展“四查四补”情况。

11日 中卫市委常委、海原县委书记徐海宁在海城镇高台村、武塬村调研脱贫攻坚及农业农村工作时强调，要积极克服疫情影响，压紧压实责任，全面开展“四查四补”，精准谋划产业项目，巩固提升脱贫质量，确保按时高质量打赢脱贫攻坚战。

△ 海原县县长许正清先后深入树台乡、关庄乡各挂牌督战村调研脱贫攻坚及农业农村工作。许正清强调，要全面开展“四查四补”，落

实“一村一年一事”工作，加强走访摸排，瞄准短板弱项，激发群众内生动力，逐步形成发展长效机制，巩固提升脱贫质量。

12日 中卫市委常委、海原县委书记徐海宁主持召开海原县委第6次常委会（扩大）会议，传达学习习近平总书记在决战决胜脱贫攻坚座谈会上的重要讲话精神、自治区党委常委扩大会议精神、自治区党委书记陈润儿在海原调研脱贫攻坚工作时的指示精神，研究贯彻落实意见，研究审定《海原县2020年创建双拥模范县实施方案（送审稿）》。

14日 人民日报社宁夏分社社长李增辉一行到海原县调研贾塘乡（华润肉牛繁育基地）、曹洼乡（海原华润草畜一体化基地）、西华山风电厂、关桥华润希望小镇等地脱贫攻坚工作。

17日 海原县人民政府召开第四次全体（扩大）会暨2020年第一次廉政工作会和项目建设推进会。

△ 海原县县长许正清主持召开海原县人民政府第74次常务会议，听取海原县一季度火灾形势分析研判情况的汇报，审议《海原县关于加快补齐全面建成小康社会短板的实施方案（送审稿）》《海原县2020年统筹整合使用财政涉农资金实施方案（送审稿）》等事宜。

18日 海原县与中卫市同步举行2020年第一季度重大项目集中开工活动。自治区政协副主席马力出席开工活动。马和清、徐海宁、苏发坤、曾申平、张振红、付成林及县直相关部门负责人和企业代表、养殖户代表等参加开工活动。海原县县长许正清主持活动。

△ 中卫市委常委、海原县委书记、海原县委全面依法治县委员会主任徐海宁主持召开海原县委全面依法治县委员会第2次会议，传达学习中央全面依法治国委员会第三次会议、自治区党委全面依法治区委员会第三次会议、市委全面依法治市委员会第三次会议精神，审议《县委全面依法治县委员会2020年工作要点》等事项，安排部署下一阶段海原县全面依法治县工作。

△ 中卫市委常委、海原县委书记、海原县委应对新冠肺炎疫情工作领导小组组长徐海宁主持召开县委应对新冠肺炎疫情工作领导小组第13次会议，传达学习中央应对新冠肺炎疫情工作领导小组会议精神、自治区党委应对新冠肺炎疫情工作领导小组第7次会议精神、自治区党委应对新型冠状病毒感染肺炎疫情工作领导小组《关于加快建立同疫情防控相适应的经济社会运行秩序的通知》等；听取全县企业复工复产及生产经营存在的主要困难、建设项目开复工、学校开学复课、就业创业及劳务输出等情况的汇报；研究审定有关文件送审稿。徐海宁要求，全县上下要在坚持疫情防控要求不降低的前提下，统筹推进疫情防控和经济社会发展各项工作，确保实现全年经济社会发展目标任务。

19日 海原县县长、海原县应对新冠肺炎疫情工作指挥部指挥长许正清主持召开县应对新冠肺炎疫情工作指挥部第11次会议，传达中央、自治区、市有关会议精神。研究审议《海原县应对新型冠状病毒感染肺炎疫情工作指挥部8号公告》《关于加快建立与疫情防控相适应的商贸流通服务秩序的实施方案》《海原县高三初三学生春季复学疫情防控工作实施方案》等事宜。许正清指出，要保持清醒头脑，毫不放松抓好各项防控工作，通过严格查验健康码，严把输入关，筑牢疫情防控的安全网。

20日 中卫市委常委、海原县委书记徐海宁主持召开海原县委理论学习中心组2020年第3次（扩大）学习会。

△ 中卫市委常委、海原县委书记徐海宁主持召开海原县委统一战线领导小组2020年第1次（扩大）会议。会议传达学习全国、全区统战部长会议精神，研究贯彻落实意见，研究审定了《2020年全县统战工作要点（送审稿）》等事宜。

△ 中卫市委常委、海原县委书记、海原县扶贫开发领导小组组长徐海宁主持海原县扶贫开发领导小组第2次会议。会议传达学习中共中央政治局常务委员会会议、习近平总书记关于脱贫攻坚的重要指示精神、习近平总书记在中央决战决胜脱贫攻坚座谈会上的重要讲话、自治区党委书记陈润儿在海原调研脱贫攻坚工作时的指示精神和自治区党委办公厅、自治区人民政府办公厅《关于在全区各行各业各条战线广泛开展“我身边的战‘疫’模范”推选活动的通知》；研究审议《海原县“一村一年一事”工作实施方案(送审稿)》《海原县2020年非贫困村项目建设方案（送审稿)》等有关工作方案。徐海宁要求，各乡镇、各部门要聚焦目标任务，提前谋划，从影响群众切身利益的难事和实事着手，切实解决“两不愁三保障”等方面存在的短板和不足；要对照脱贫标准全面开展“四查四补”，准确摸清底数，严格落实各项政策，查找和补齐公共服务、基础设施、环境治理等方面的短板漏洞，边查边补、边查边改、建立台账、列出清单、对账销号，切实提升脱贫质量。

△ 自治区体育局副局长董文到海原县调研体育项目建设和体育场馆有序错峰开放工作。

21日 中卫市委常委、海原县委书记徐海宁深入甘城乡、七营镇部分村组，围绕在新冠肺炎疫情期间各乡镇开展脱贫攻坚及农业农村工作进行调研。他强调要做细“四查四补”工作、做实“一村一年一事”项目、做好农村人居环境整治，精准精细地抓好各项工作，确保如期完成脱贫攻坚目标任务。

22日 自治区应对新冠肺炎疫情工作指挥部学校工作组在海原县督查学校疫情防控和春季开学工作。督查组先后到海原一中、回民中学、第三小学、文昌幼儿园，实地查看测温通道、防控物资储备室、学生宿舍、食堂等场所，详细了解疫情防控期间线上教学开展、新学期教学安排、师生员工信息跟踪等情况。督察组强调，各相关部门要扎实做好开学各项准备工作，进一步完善学校突发公共卫生事件应急预案和开学预案；合理利用“空中课堂”教学模式，强化线上学习，教师要及时与家长沟通，做到因材施教、精准教学；进一步加强疫情防控和学校安全工作的统筹，坚决防止疫情向校园输入扩散，确保春季开学各项工作平稳顺利，安全有序。

23日 中卫市委常委、海原县委书记徐海宁主持召开专题会议，研究审议《纪念海原大地震100周年活动方案（送审稿)》《海原大地震博物馆升级改造项目方案(送审稿)》等相关事宜。

24日 海原县召开安全生产和森林草原防灭火工作会，传达学习国务院总理李克强批示精神，全国和全区森林草原防灭火工作会议精神，安排部署全县春季森林草原防灭火工作和全县安全生产工作。海原县县长、海原县安全委员会主任许正清出席会议并讲话。

△ 海原县县长许正清到西湖、幸福、建设、东城等社区，调研社区卫生服务站和日间照料中心建设情况。

△ 海原县政协主席张斌主持召开县政协2020年第1次党组（扩大）会议，传达学习中央及自治区相关会议精神，全区市县政协工作经验交流会精神，研究审定《县政协常委会2020年工作要点》等。

△ 宁夏大学双创学院院长夏雪花、生命科学院教授、海原专家服务团团长陈彦云一行4人到海原，对接科技扶贫工作。

24—25日 自治区工商联主席何晓勇带领宁夏江苏商会、宁夏钢铁集团等7家企业，深入高崖乡高崖村、李旺镇新源村、史店乡米湾村等6个帮扶村，开展2019—2020年统一战线“助力脱贫攻坚”暨“百企帮百村”帮扶项目推进活动。中卫市委常委、海原县委书记徐海宁参加活动。

25日 中卫市委常委、海原县委书记徐海

宁主持召开海原县委第 7 次常委会（扩大）会议，传达学习习近平总书记关于全面从严治党的重要论述摘要，专题研究全面从严治党工作，审议《海原县落实全面从严治党“两个责任”工作方案（送审稿）》等事项。

△ 中卫市委常委、海原县委书记、海原县委应对新冠肺炎疫情工作领导小组组长徐海宁调研全县企业复工复产及财税金融工作。

△ 中卫市委常委、海原县委书记、海原县委应对新冠肺炎疫情工作领导小组组长徐海宁调研春季开学和项目建设情况。

△ 海原县县长、海原县应对新冠肺炎疫情指挥部指挥长许正清在部分中学调研指导高三、初三学生开学工作。许正清先后到关桥中学、高崖九年一贯制学校、李旺中学和七营中学，详细了解各学校疫情防控制度落实、防疫物资储备等开学准备情况，现场协调解决开学复课工作中存在的困难和问题。许正清指出，教育工作涉及千家万户，做好学校疫情防控责任重大，决不能有丝毫松懈情绪和麻痹心理，必须细之又细、实之又实。

25 日 海原县退役军人法律援助工作站在县退役军人事务局正式挂牌运行。

26 日 海原县召开“政银企”暨“金融 +”工作会议，传达学习国家和自治区、市有关政策，搭建银企沟通平台，研究解决企业复工复产和生产经营困难。中卫市委常委、海原县委书记徐海宁，中卫市人大常委会副主任、海兴开发区管委会主任张振红，海原县人大常委会主任罗成玉，县政协主席张斌，市金融局、市银保监局、人民银行中卫支行、农发行中卫支行和县直有关部门、银行保险机构、企业代表参加会议。徐海宁在讲话中要求，各金融机构和广大企业要正确认识疫情防控蕴藏的市场机遇，坚定信心、主动作为，攻坚克难、精准施策，确保实现全县经济社会快速发展。

27 日 中卫市委常委、海原县委书记、海原县招商引资工作领导小组组长徐海宁主持召开海原县招商引资领导小组 2020 年第 1 次会议，总结 2019 年招商引资工作，分析形势，安排部署 2020 年招商引资任务。徐海宁强调，要聚焦高质量打赢脱贫攻坚战和全面建成小康社会这两大目标任务，从实现脱贫攻坚和乡村振兴的有效衔接出发，提高招商引资标准，建立“龙头企业 + 合作社 + 专业村”的模式，推动海原县产业可持续发展。

△ 中共海原县第十四届纪律检查委员会第五次全体会议在县政府礼堂召开。

△ 海原县召开领导干部廉政警示教育大会。

30 日 海原县县长许正清主持召开 2020 年第一季度经济形势分析暨二季度经济工作推进会。会议分析总结第一季度经济运行情况，安排部署下一阶段经济工作；通报了全县 2020 年第一季度经济运行、重点项目开（复）工、固定资产投资完成及农村、城镇居民可支配收入完成等情况；经济指标主要牵头单位就如何完成下一季度工作目标作了汇报发言。许正清要求，各相关部门要科学研判形势，鼓足干劲、抢时而进，紧盯目标加快补短强弱，抢抓机遇推进项目建设，助力企业生产，多措并举促进消费回升，推进经济社会秩序全面恢复，努力把疫情对全县经济社会发展的影响降到最低。

31 日 自治区应急管理厅厅长张吉胜一行到海原县检查森林草原防灭火工作。县长许正清陪同检查。

4月

1 日 中卫市委副书记、市长、市应对新冠肺炎疫情工作指挥部指挥长李晓波深入海原县调研督导企业复工复产、学校复学、脱贫攻坚“四查四补”等工作。李晓波要求，要提高政治站位、统一思想认识，精准聚焦、加大帮扶力度，实事求是、精准排查，巩固脱贫攻坚成果，坚决打赢脱贫攻坚战。市人大常委会副主任、海兴开发区管委会主任张振红，县长许正清陪同调研。

△ 中卫市委常委、海原县委书记徐海宁主持召开海原县委2020年第8次常委会（扩大）会议，传达学习中央政治局会议、中央政治局常务委员会会议、中央应对新冠肺炎疫情工作领导小组会议精神，研究审定《海原县关于加快补齐全面建成小康社会短板的实施方案（送审稿）》等相关事宜。罗成玉、张斌列席会议。

2日 中卫市委常委、县委书记徐海宁主持召开海原县巡察工作领导小组2020年第1次会议暨十四届县委第十轮巡察动员会。

△ 中卫市委常委、海原县委书记徐海宁主持召开海原县委审计委员会2020年第3次会议。

△ 海原县县长许正清主持召开海原县人民政府第75次常务会议。

△ 海原县委全面依法治县委员会守法普法协调小组、执法协调小组召开2020年第一次全体（扩大）会议。

△ 自治区科技厅副厅长黄思明带领调研组调研海原县科技工作。

3日 海原县四大班子主要领导徐海宁、罗成玉、许正清、张斌等带领县直有关部门负责人，对城市绿化、城建重点项目和环境整治等工作进行考察调研。

5日 中卫市委常委、海原县委书记徐海宁对全县应急值班、森林防火、学校复学、企业复工复产等工作进行调研。市人大常委会副主任、海兴开发区管委会主任张振红陪同调研。

6日 中卫市委常委、海原县委书记徐海宁对全县农业产业发展工作进行调研。

7日 宁夏农林科学院党委书记周东宁带领科学院相关领导、处室负责人及固原分院领导专家一行到海原县进行科技合作专题调研。

8日 中卫市委常委、海原县委书记徐海宁主持召开海原县党的建设领导小组2020年第1次会议，传达学习自治区党委书记陈润儿在2019年度地级市党委和自治区各行业系统党（工）委书记抓基层党建工作述职评议考核会上的讲话精神；自治区、中卫市党的建设领导小组会议及全国、全区组织部长会议精神；听取2019年全县党的建设情况汇报；研究审议《海原县党的建设领导小组2020年工作要点（送审稿）》等事项。徐海宁要求，各级各部门要深入学习贯彻习近平总书记关于坚持党的领导、加强党的建设重要论述，切实把思想和行动统一到中央和区、市各项工作部署要求上来，以高度的政治自觉把党的建设各项工作抓实抓细抓到位。

△ 十四届海原县委第十轮巡察工作启动。

△ 海原县召开挂牌督战村脱贫攻坚工作推进会，听取10个乡镇挂牌督战村脱贫攻坚工作情况的汇报和各督导调研组关于督查挂牌督战村工作进展情况的通报，安排部署全县下一步脱贫攻坚工作。中卫市委常委、海原县委书记徐海宁参加会议并讲话，海原县县长许正清主持会议。徐海宁在讲话中要求各级各部门要进一步提高站位、认清形势、坚定信心，始终保持尽锐出战、合力攻坚的态势扎实推进各项工作，确保脱贫攻坚如期全面收官。

△ 自治区水利厅副厅长李永春到海原县石峡口水库检查防汛工作。

9日 海原县人大常委会主任罗成玉主持召开海原县第十七届人大常委会第三十次会议，传达学习习近平总书记关于全面从严治党的重要论述摘编、自治区十二届人大三次会议和中卫市四届人大四次会议精神、自治区党委纪念自治区人大设立常委会40周年暨人大工作座谈会精神及初步贯彻落实意见；审议《海原县2019年法治政府建设工作的报告》、县人大常委会2020年工作要点（草案）等事项。

10日 海原县人民政府与自治区林业和草原局签订南华山国家级自然保护区正式移交自

治区林业和草原局管理备忘录。自治区林业和草原局党组成员、副局长杨洪涛，海原县县长许正清参加签字仪式。

△ 海原县政协主席张斌主持召开海原县政协十一届二十五次常委会会议，审议《关于新时代加强和改进人民政协工作的实施意见》《县政协常委会2020年工作要点》等事项，讨论《县政协关于开展“四联四助”活动，助推我县创建民族团结进步示范县工作实施方案》。

△ 海原县政协主席张斌主持召开县政协“新时代新使命新样子”学习讨论活动动员会暨专门委员会工作会议。

△ 海原县农业农村局组织全县各乡镇及农经站相关工作人员在西安镇白吉村、关庄乡窑儿村现场观摩学习农村集体产权制度改革新经验。

12日 海原县县长许正清对全县春季造林绿化工作进行专题调研。许正清先后深入海城镇武塬村、西安镇小河村等地，通过实地查看、听取汇报等形式，详细了解春季乡村绿化及经济林苗木缺口、公园补植等情况后指出，造林绿化是功在当代、利在千秋的事业；节气不等人，务必闻令而动，遵循乡土、实用、美观原则，因地制宜选择适宜树种，全面开展春季绿化造林工作。

13日 中卫市委常委、海原县委书记徐海宁主持召开县委2020年第9次常委会（扩大）会议，传达学习习近平总书记对安全生产作出的重要指示精神和国务院总理李克强对安全生产作出的批示精神，自治区党委决胜全面建成小康社会工作会议、全区重大项目建设工作会议精神等，研究审定《海原县2019年脱贫攻坚成效考核反馈问题整改方案》等事项。

△ 海原县召开党的建设工作会议，总结2019年全县组织、宣传、统战、政法工作和机关党建工作，研究部署2020年党建工作任务。中卫市委常委、海原县委书记、党的建设领导小组组长徐海宁参加会议并讲话，他要求全县各级党组织和广大党员干部要进一步压实责任、担当作为、狠抓落实，不断将党的建设新的伟大工程推向深入，为全县经济社会持续健康发展提供坚强保证。

△ 中卫市委常委、海原县委书记徐海宁主持召开扫黑除恶专项斗争领导小组2020年第1次会议，传达学习中央及自治区市相关会议精神，听取中央督导组督导“回头看”反馈意见整改工作进展情况的汇报，研究审定《海原县2020年扫黑除恶专项斗争工作要点（送审稿）》等事项。徐海宁强调，扫黑除恶各成员单位要聚焦行业突出问题，加大对重点行业领域的专项整治力度，坚决铲除黑恶犯罪滋生土壤。

△ 中卫市委常委、海原县委书记、海原县委应对新冠肺炎疫情工作领导小组组长徐海宁主持召开县委应对新冠肺炎疫情工作领导小组第14次会议，传达学习中共中央政治局常务委员会会议、中央应对新冠肺炎疫情工作领导小组会议、自治区应对新冠肺炎疫情工作指挥部办公室印发的《关于做好离鄂外国人入宁有关事项的通知》等，听取全县疫情防控工作情况汇报，安排部署下一步工作。县人大常委会主任罗成玉，县长、县应对新冠肺炎疫情工作指挥部指挥长许正清，县政协主席张斌参加会议。徐海宁强调，各级各部门要坚持底线思维，做好长时间应对疫情防控的思想准备和工作准备，在常态化做好疫情防控的同时，加快推进生产生活秩序全面恢复。

14日 海原县县长许正清对海原县文化旅游工作进行调研。许正清在县文化馆、关桥乡贺堡村百年梨园等地，详细了解了游客服务中心建设、特色文化旅游产业发展情况，并现场协调解决项目建设中的困难和问题。

14—19日 自治区脱贫攻坚普查办在海原县3个乡镇6个行政村开展了脱贫攻坚普查综合试点工作。海原县分级成立了专班，紧扣普查工作目标任务，对标户表、村表信息数据，逐村逐户逐人核实建档立卡信息数据，扎实开展清查摸底、台账资料准备工作，顺利配合并完成了普查综合试点的各项目标任务。

15 日 中卫市委常委、海原县委书记徐海宁主持召开高端肉牛产业工作专题会，听取全县高端肉牛产业近期工作推进情况、宁夏西海固高端牛产业研究院 2020 年工作计划等汇报，研究审定《海原县 2020 年肉牛产业重点工作五定方案》《海原县推进“基础母牛 + 银行”模式实施方案》等事宜。徐海宁强调，高端肉牛产业是海原县群众脱贫增收的支柱产业，各有关部门要明确责任分工，强化政策宣传，加大扶持力度。

△ 中卫市政协副主席付成林带领部分政协委员调研海原县民生服务智慧化建设情况。

△ 海原县县长、海原县应对新冠肺炎疫情工作指挥部指挥长许正清主持召开县应对新冠肺炎疫情工作指挥部第 12 次会议，传达学习中央、自治区疫情防控有关会议精神，研究解决全县重点工业商贸企业复工复产困难问题，审议《关于加强入境、湖北和武汉来海物流车辆及司乘人员摸排管控工作的紧急通知》等事宜。

△ 海原县县长许正清主持召开全县政务服务工作推进会。

△ 自治区教育厅调研组到海原县就疫情防控期间的“空中课堂”教学情况进行调研。

△ 自治区文化和旅游厅、自治区扶贫办组织宁夏 19 家旅行社到海原县调研非物质文化遗产扶贫就业工坊及旅游踩线工作。

△ 据海原融媒体报道，2020 年，海原县有非遗孵化创业基地吸纳刺绣剪纸合作社 12 家，培训刺绣剪纸人员 1940 人，以“公司 + 合作社 + 专业村 + 专业户”的企业化发展路子已逐步形成。

△ 海原县退役军人事务局组织干部职工开展“4·15”全民国家安全教育日宣传教育活动。

16 日 中卫市委常委、海原县委书记徐海宁主持召开海原县项目建设工作专题会，传达学习全区重大项目建设工作会议精神，通报全县 2020 年重点项目建设进展情况，听取有关部门工作汇报。徐海宁要求，各级各部门要进一步解放思想，强化机遇意识，把项目建设扛在肩上、谋在关键、抓在手中、落在实处，为实现全年目标任务、决胜全面建成小康社会提供有力支撑。

△ 中卫市委常委、海原县委书记徐海宁主持召开海原县扶贫开发领导小组 2020 年第 3 次会议，传达学习中央政治局会议精神、国家脱贫攻坚普查工作部署视频会议精神、全区脱贫攻坚问题整改工作电视电话会议精神、十二届自治区党委第八轮巡视动员部署会议精神等内容，安排部署迎接自治区党委巡视组脱贫攻坚专项巡视“回头看”工作，研究审议《海原县 2020 年闽宁对口扶贫协作工作方案（送审稿）》等事项。

17 日 海原县县长许正清主持召开海原县人民政府第 76 次常务会议，传达学习国务院总理李克强对防汛抗旱工作作出的重要批示精神和全国 2020 年防汛抗旱工作电视电话会议精神，研究审定《2020 年海原县防汛抗旱工作要点（送审稿）》《海原县招商引资企业因疫情影响存在困难的复工复产企业一次性生产补贴方案（送审稿）》等事项。

21 日 海原县召开优势特色产业优质高效生产综合配套技术集成示范项目现场培训会。

△ 自治区科技厅和海原县政府联合召开科技支撑海原小杂粮产业示范县建设座谈会。

22 日 中卫市委书记、市人大常委会主任何健率市委副书记马和清、副市长杨照明到海原调研脱贫攻坚工作。

△ 自治区党委督查组到海原县督查重大项目建设推进情况。

△ 石嘴山市惠农区党委书记李金泉、区长雷文一行 12 人到海原县对接“十二五”生态移

民搬迁工作。

23 日 中国电力建设集团、海南绿筑科技有限公司等企业考察团到海原县进行投资考察。

△ 自治区党委宣传部调研组到海原县调研宣传思想文化工作。

24 日 海原县县长许正清主持召开海原县人民政府第 77 次常务会议，研究审定《海原县纪念海原大地震 100 周年活动方案（送审稿）》等事项，听取全县安全生产重点领域专项整治工作进展情况及五一期间工作建议的汇报。

△ 海原县县长许正清主持召开海原县根治拖欠农民工工资工作领导小组第 1 次会议，传达学习《保障农民工工资支付条例》和 2020 年中卫市根治拖欠农民工工资工作领导小组第 1 次会议精神，审定《2020 年根治拖欠农民工工资工作要点(送审稿)》《贯彻落实〈保障农民工工资支付条例〉实施方案(送审稿)》等事项。

26 日 中卫市委常委、海原县委书记徐海宁主持召开海原县委 2020 年第 10 次常委会（扩大）会议，传达学习习近平总书记在中共中央政治局常委会会议研究部署落实常态化疫情防控举措时的重要讲话精神，自治区党委常委会会议传达学习自治区党委书记、自治区人大常委会主任陈润儿的讲话精神，自治区政府主席咸辉在中卫市调研经济社会发展工作时的指示精神，通报全县一季度经济运行情况、财政收支情况、重大项目进展情况等，安排部署相关工作。海原县人大常委会主任罗成玉、县政协主席张斌列席会议。

△ 中卫市委常委、海原县委书记徐海宁主持召开海原县委全面深化改革委员会第 4 次会议，传达学习中央、自治区、市有关会议精神，研究审定《海原县委全面深化改革委员会 2019 年工作总结报告（送审稿）》《海原县委全面深化改革委员会 2020 年工作要点(送审稿)》等事项。徐海宁强调，相关部门要高度重视全面深化改革工作，对标 2020 年改革工作要点，认领任务，制订方案，细化措施，强化实施，把各项改革任务抓实、抓好、抓到位。

△ 中卫市委常委、海原县委书记徐海宁主持召开海原县委退役军人事务工作领导小组 2020 年第 1 次会议。会议传达学习全国、自治区退役军人事务厅（局）长会议精神，研究审定《海原县委退役军人事务工作领导小组 2020 年工作要点（送审稿）》等事项。海原县人大常委会主任罗成玉、县长许正清、县政协主席张斌参加会议。

△ 中卫市委常委、海原县委书记徐海宁主持召开全县生态环保暨河湖长制工作会议，传达学习全区、全市打赢污染防治攻坚战工作推进会精神，安排部署 2020 年全县生态环境保护及河湖长制工作。海原县人大常委会主任罗成玉，县长许正清、县政协主席张斌参加会议。

27 日 中卫市委常委、海原县委书记徐海宁主持召开全县脱贫攻坚和农业农村重点工作推进会。会议传达学习习近平总书记在陕西考察时的重要讲话精神，中共中央政治局常委、中央纪委书记赵乐际在甘肃调研时的讲话精神，自治区党委书记、自治区人大常委会主任陈润儿调研同心县、泾源县、彭阳县时的讲话精神和督战西吉县脱贫攻坚工作时的讲话精神等；听取了相关部门和各乡镇脱贫攻坚“四查四补”和挂牌督战村工作进展情况汇报；通报全县 2019 年度脱贫攻坚工作考核结果及全县危房改造、农业产业、就业创业等工作进展情况；安排部署全县近期脱贫攻坚等重点工作。徐海宁指出，各级各部门要切实提高政治站位，坚定打赢脱贫攻坚战的信心决心，压紧压实工作责任，保持战斗状态，坚决啃下剩下的“硬骨头”。

△ 中卫市委常委、海原县委书记徐海宁对全县小杂粮产业发展工作进行调研。徐海宁先后到海城镇武塬村小杂粮标准化种植基地、贾塘乡后塘小杂粮种植基地和王塘富硒小杂粮种植基地，详细了解小杂粮的种植、加工、销售

等情况，并现场协调解决存在的困难和问题。

28日 海原县县长许正清对全县五一节前安全生产工作进行调研督导。

△ 甘宁两省（区）三市五县（区）鼠疫联防检查组到海原县检查鼠疫防控工作。

△ 自治区教育厅调研组到海原县开展创新素养教育开展情况和教育系统重点项目建设情况调研。

29日 中卫市委常委、海原县委书记徐海宁深入红羊、关庄、树台等乡调研脱贫攻坚、基层软弱涣散党组织整顿、农业产业发展工作。徐海宁强调，要高度重视基层党组织建设，扎实开展软弱涣散党组织整顿，切实推动干部作风转变，凝聚起打赢脱贫攻坚战的强大合力。

30日 中卫市委常委、海原县委书记徐海宁主持召开海原县委2020年第11次常委会（扩大）会议。

△ 海原县人大常委会检查组对海原县市场监管、复工复产工作情况进行检查。

△ 海原县组织检查组开展五一节前安全生产及应急管理工作检查。

是月 李雪峰、于建涛调任海原县委委员、常委，刘淑芳调职；米力芳调任海原县人大常委会副主任候选人；田风梅、屈文彬任海原县政协副主席候选人。

5月

4—5日 中卫市委常委、海原县委书记徐海宁，海原县人大常委会主任罗成玉，海原县政协主席张斌，海原县委副书记丁志爱分别率队深入七营镇、李旺镇、三河镇、高崖乡，对非贫困村脱贫攻坚、政策性后续发展和扬黄灌区产业结构调整等情况进行督导调研。徐海宁强调，要统一思想，形成共识，切实加大对非贫困村的投入和扶持力度，继续做好政策性移民后续发展工作。扬黄灌区要紧扣“一带两廊”发展规划，按照扬黄特色产业廊的发展定位，以高效节水农业为重点，在布局区域化、经营规模化、生产标准化和发展产业化上下功夫，促进农业增效、农民增收。

6日 中卫市副市长、市公安局局长董立军调研督导海原县“人民调解+仲裁+信访”矛盾纠纷治理工作。

△ 共青团海原县委召开十四届二次全体（扩大）会议。

7日 固原市原州区考察组到海原县考察脱贫攻坚普查试点工作。

△ 中卫市副市长张隽华在石峡口水库检查防汛工作。

9日 海城街道办组织各社区相关负责人到西湖、幸福、南苑、东城四个社区治理试点社区进行观摩学习，通过互学互比、互评互鉴，促进社区治理能力提升。

11日 中卫市委常委、海原县委书记徐海宁主持召开专题会议，听取全县项目工作和重点领域项目进展情况的汇报，研究解决项目建设存在的问题和困难。徐海宁强调，要坚持在常态化疫情防控中加快推动经济社会发展，坚定信心、抢抓机遇，切实把项目建设扛在肩上、谋在关键、抓在手中、落在实处，为实现全年目标任务、决胜全面建成小康社会提供有力支撑。

△ 中卫市委常委、海原县委书记徐海宁主持召开海原县委2020年第12次常委会（扩大）会议。会议传达学习中共中央政治局常务委员会会议、国务院常务会议、中央应对新冠肺炎疫情工作领导小组会议、自治区党委常委会扩大会议暨应对新冠肺炎疫情工作领导小组第11次会议精神，自治区党委十二届十次全会精神，研究贯彻落实意见，安排部署常态化疫情防控工作。

△ 中卫市委常委、海原县委书记徐海宁主持召开海原县委理论学习中心组第4次学习会议，深入学习习近平总书记关于全面从严治党、

总体国家安全观的重要论述，认真学习《中国共产党廉洁自律准则》《中国共产党纪律处分条例》。

△ 中卫市委常委、海原县委书记徐海宁主持召开海原县委意识形态工作领导小组第1次会议，听取全县2019年意识形态工作责任制落实情况、全县意识形态领域风险点排查情况汇报，研究审议《海原县2020年意识形态工作思路（送审稿）》等事项。海原县人大常委会主任罗成玉、县长许正清、县政协主席张斌参加会议。

△ 中卫市委常委、海原县委书记徐海宁主持召开扶贫开发领导小组2020年第4次会议，传达学习自治区脱贫攻坚普查工作专题会议暨脱贫攻坚普查领导小组会议精神，研究贯彻落实意见，通报全县脱贫攻坚工作进展情况。徐海宁要求，要加快推进脱贫攻坚各项任务落实，聚焦“两不愁三保障”目标任务，算好时间账、任务账，倒排工期，加大攻坚力度，确保各项任务全部达标，反馈问题全部清零。

11—15日 海原县人大常委会检查组对海原县“七五”普法终期验收暨依法行政工作进行了检查。

△ 海原县人民武装部、海原县退役军人事务局联合爱心企业海原县李先生置业有限公司向关庄乡九年一贯制学校捐赠了30套的书柜和书架，用于加强学校书香校园建设和开展读书活动。

12日 中卫市委常委、海原县委书记徐海宁主持召开专题会议，听取了全县土地确权、农民工工资、农村危窑危房改造等工作中信访矛盾化解情况的汇报，安排部署下一步工作。

△ 中卫市人大常委会副主任李树茂、王自强带领检查组到海原县检查《中卫市城乡居民饮用水安全保护条例》实施情况。

△ 中卫市政协副主席茹小侠调研海原县“互联网＋教育”工作。

△ 中国消费扶贫生活馆（宁夏馆）在海原县开展招商活动。

△ 海原县应急管理局开展防灾减灾宣传、培训、演练等系列活动。

△ 海原县人力资源和社会保障局举办《保障农民工工资支付条例》专题培训班，对《保障农民工工资支付条例》进行了细化解读。各项目单位、施工企业等相关负责人参加培训。

12—13日 自治区党委宣传部、自治区扶贫办组织新闻媒体记者一行31人到海原县开展“决战西海固——脱贫攻坚看宁夏”主题采访活动。

13日 海原县县长许正清主持召开海原县人民政府第78次常务会议，传达学习自治区脱贫攻坚普查工作专题会议暨脱贫攻坚普查领导小组会议精神，听取海原县2019年脱贫攻坚成效考核反馈问题整改进展情况、县水务局关于“互联网＋农村供水”前期准备情况的汇报，研究审定《海原县2020年扶持壮大村集体经济项目实施方案（送审稿）》等事项。

△ 海原县召开民兵组织整顿动员部署及基层正规化建设观摩会。会议宣读了民兵骨干任职命令，并进行人员呼点。

△ 自治区人力资源和社会保障厅督导组到海原县督导调研就业领域重点工作和突出问题整改工作。

△ 自治区教育厅督导组在海原县调研督导基础教育重点任务推进情况。

14日 海原县县长许正清深入贾塘乡后塘村万亩小杂粮基地、后塘村千头肉牛养殖园、郑旗乡蒲家山小公洋畜牧养殖有限公司新建牛场、九彩乡九彩村新建牛场、海原县新建屠宰厂等，调研小杂粮产业和规模养殖场建设工作。许正清要求，要坚持发展草畜产业不动摇，不断加大金融扶持力度，加强技术服务，为海原县高质量发展提供坚强保障。

△ 自治区退役军人事务厅副厅长王万虎率调研组到海原县调研全区双拥模范县创建和退役军人事务工作。

△ 由县残疾人联合会主办，县残疾人文化就业创业基地承办的以“助残脱贫·决胜小康”为主题的助残日文艺晚会在县残疾人文化就业创业基地举行。

15日 海原县卫生健康局联合县盐业局、县疾控中心等单位开展科学补碘宣传活动。

△ 海原县召开道路交通安全工作会议，安排部署全县“一盔一带”安全守护行动工作。

16—17日 宁夏回族自治区交通运输综合执法监督局中卫分局海原片区联合海原县交通局、交警大队、收费站、养护中心集中开展以“防疫情、守安全、保畅通、有服务”为主题的“路政宣传月”活动。

18日 自治区扶贫办副主任刘学智一行4人到海原县督导检查光伏扶贫、消费扶贫和脱贫攻坚项目库建设情况。

△ 海原县县长许正清先后到县城地震公园、幸福巷道、粮鑫二期、南门广场、育才公园等项目建设现场，通过实地察看、听取汇报等方式，调研城市建设工作，详细了解各项目绿化、提升改造等建设进展及征地拆迁工作。针对项目建设过程中遇到的困难和问题，许正清现场办公，提出指导意见。

19日 中卫市委常委、海原县委书记徐海宁带领考察团赴福建省漳浦县考察对接扶贫协作工作，并参加2020年度漳浦—海原对口扶贫协作联席会议。漳浦县委书记戴平忠陪同考察。

△ 自治区政协副主席郭虎率调研组到海原县调研创新素养教育评价体系工作。中卫市政协主席罗成虎、海原县政协主席张斌陪同调研。

19—20日 海原县政协主席张斌带领调研组对健康海原建设情况进行调研。

19—21日 由宁夏大学政法学院和宁夏社会主义学院民族宗教理论教研室组成的第三方评估组对海原县创建全区民族团结进步示范县工作进行测评。

20日 中卫市委副书记马和清到海原县调研开学复课工作。

△ 自治区司法厅党委书记、厅长冯自保率队到海原县调研司法行政系统信息化建设工作。中卫市委常委、市委政法委书记苏发坤陪同调研。

△ 海原县水务局联合县应急管理局、树台乡政府、关桥乡政府在树台乡条子沟水库、关桥乡曲湾水库分别开展水旱灾害应急演练。

△ 中卫市人大常委会副主任马桂岚带领检查组到海原县检查《中华人民共和国传染病防治法》贯彻落实情况。

△ 自治区扫黑除恶第五巡回督导组到海原县督导扫黑除恶专项斗争工作。督导组要求，要继续提高政治站位，深刻把握扫黑除恶专项斗争面临的新形势、新任务，增强整改工作责任感、紧迫感、使命感，持续发力，推进扫黑除恶专项斗争工作。要进一步规范制度化监管长效机制。严格依法办案，严把案件事实关、证据关、程序关和法律适用关，确保所办案件经得起法律和历史的检验，以实际行动推动扫黑除恶专项斗争取得新的更大成果。

21日 海原县县长、海原县应对新冠肺炎疫情工作指挥部指挥长许正清主持召开海原县应对新冠肺炎疫情工作指挥部第13次会议，传达学习中央及自治区、市相关会议精神，研究审议《关于提请研究海原县小学生春季复学疫情防控工作实施方案（送审稿）》《关于恢复全县牛羊活禽市场及文化娱乐行业恢复经营方案的请示》等事项。许正清指出，全球疫情流行态势依然严峻，国内疫情反弹隐患并未消除，要始终保持高度警惕，严控境外疫情输入风险，严把“入宁关、入卫关、入海关”，坚决杜绝境外疫情输入关联病例。

22日 中卫市委常委、海原县委书记徐海宁主持召开海原县委第13次常委会（扩大）会议，传达学习中央及自治区、市有关会议精神，研究审定县应对新冠肺炎疫情工作指挥部提交的《关于完善机制做好新冠肺炎疫情常态化防控工作的实施方案（送审稿）》，听取全县信访工作汇报，安排部署当前疫情防控、脱贫攻坚、民族宗教及信访工作。徐海宁强调，要坚决克服麻痹思想、厌战情绪、侥幸心理、松劲心态，加强漏洞排查，健全防控机制，落实主体责任，加强源头管控，持续抓紧抓实抓细“外防输入、内防反弹”工作。

△ 海原县领导徐海宁、罗成玉、许正清、张斌等深入部分民族团结进步模范个人和回族困难群众家中进行开斋节走访慰问。

△ 海原县教育体育局召开春季复学工作安排部署会。根据安排，海原县小学四、五、六年级学生将于5月27日返校复课，小学一、二、三年级学生将于5月31日返校复课。

△ 海原县召开防汛抗旱工作会议，通报2020年全国及全区防汛抗旱视频会议精神及海原县2020年汛期天气情况及汛期气象预测，并安排部署2020年防汛抗旱工作。

23日 中卫市委常委、海原县委书记徐海宁主持召开海原县扶贫开发领导小组2020年第5次会议。会议听取县委2个指导调研组指导调研情况和全县扶贫项目建设、“一村一年一事”项目建设进展情况汇报；调度“四查四补”、挂牌督战、数据质量核实核准、项目库建设及扶贫项目建设等重点工作；安排部署自治区党委调研督导组调研督导反馈问题整改和脱贫攻坚战重点工作。徐海宁强调，全县上下要清醒认识决战脱贫的极端重要性、艰巨性和紧迫性，要强化思想认识，绷紧攻坚之弦，全面全身心投入最后冲刺中来；要强化领导，压实责任，对标对表抓好落实；要紧盯目标任务，突出重点，把“查补”贯穿脱贫攻坚始终，以问题整改推进工作落实；要强化管理，加强监督检查，严肃追责问责，把工作抓得紧之又紧、细之又细、实之又实，确保全面打赢脱贫攻坚战。

26日 中卫市委常委、海原县委书记、海原县委应对新冠肺炎疫情工作领导小组组长徐海宁深入海同高速路口检查站、海兴开发区大转盘集中隔离点、宁南医院、县疾控中心等地，实地督导检查疫情防控工作，并看望慰问防控一线的工作人员。徐海宁强调，要紧绷疫情防控常态化这根弦，不麻痹、不厌战、不松劲，筑牢“外防输入”防线，高标准严要求做好疫情防控工作。

27日 中卫市委常委、海原县委书记徐海宁在海城街道办幸福花园社区调研社区治理及疫情防控工作。徐海宁强调，要坚持以党建为引领，发挥党员先锋模范作用，切实强化社区防控网格化管理，织密筑牢社区基层防控网，积极探索小区治理新模式，努力提升社区治理水平，使群众有实实在在的获得感。

△ 海原县县长、海原县应对新冠肺炎疫情工作指挥部指挥长许正清调研学校复学复课及疫情防控工作。许正清强调，要杜绝麻痹松懈思想，坚持抓好常态化疫情防控下的教育教学工作，确保校园疫情防控常抓不懈，保障安全有序复学复课。

28日 自治区农业农村厅党组书记、厅长王刚一行到海原县调研农业产业发展情况。徐海宁陪同调研。

△ 海原县县长许正清到高崖乡草场村壮大村集体合作社、高崖乡高湾村、李旺镇杨山村扶贫车间、李旺镇新源村等地，通过实地察看、听取介绍、交谈询问等方式，全面深入了解脱贫攻坚情况。许正清强调，要创新思路、补齐短板，加大对村级集体经济发展的扶持力度，用心用情办好合作社和扶贫车间 ，让产业成为脱贫致富的源头活水。

△ 海原县肉牛产业发展集团有限公司在政府礼堂开展招聘笔试。此次招聘计划面向全国招聘集团公司董事、监事和经营管理人员共20名。

29日 海原县人大常委会主任罗成玉主持召开海原县第十七届人大常委会第三十一次会议，传达学习中共中央政治局常务委员会会议精神，自治区党委十二届十次全体会议精神和自治区党委常委会会议精神，听取和审议相关工作报告和检查报告。

△ 由县科学技术协会、老科技工作者协会牵头，组织县科技局、县卫健局、县司法局、县禁毒办、县种植专业技术协会等单位在海兴开发区举行海原县“5·30”全国科技工作者日宣传活动。

△ 自治区科协党组书记、主席陈红缨，副主席陈国顺一行在甘盐池管委会盐池村进行脱贫攻坚、基层党建工作进行调研

30 日 海原县县长许正清到兴海中学、海原县职业中学就各学校教育教学工作进行调研，现场解决学校在复学复课中遇到的困难。

△ 海原县科协第四届委员会召开第二次全体会议。

31 日 海原县卫生健康局在海原第三中学、海城街道办举办控烟知识讲座。

是月 海原县退役军人事务局与县妇联联合开展了“最美军人家庭”“最美兵妈妈”“最美军嫂”选树活动。表彰奖励“最美兵妈妈”13 名、“最美军嫂”4 名。

6月

1 日 中卫市委常委、海原县委书记徐海宁主持召开专题会议，听取全县 2020 年网络信息化扶贫工作和电力扶贫工作情况汇报，安排部署全县网络、电力扶贫下一步工作。

△ 徐海宁、罗成玉、许正清等海原县四大班子领导深入全县部分小学开展六一国际儿童节慰问活动。

△ 海原县县长许正清主持召开海原县人民政府第 79 次常务会议，听取全县“四查四补”和挂牌督战工作进展情况汇报，研究审定《海原县迎接国务院安委会 2019 年度安全生产和消防考核巡查工作暨推动安全生产专项整治三年行动计划任务分工方案(送审稿)》《海原县 2020 年“安全生产月”和“安全万里行”活动方案(送审稿)》《海原县“互联网 + 医疗健康”便民惠民行动计划实施方案（送审稿)》等事宜。

2—3 日 民政部社会事务司副巡视员杨宗涛带领调研组到海原县调研移风易俗婚丧嫁娶工作开展情况。自治区民政厅副厅长余瑞东陪同调研。

3 日 中卫市委常委、海原县委书记徐海宁主持召开海原县委第 14 次常委会（扩大）会议，传达学习中卫—漳州深化经贸和产业合作、对口协作座谈会议精神，通报对口扶贫协作工作进展情况，安排部署下一步工作。徐海宁要求全县各级各部门要持续深入学习贯彻习近平总书记重要讲话精神，强化政治担当，深化结对帮扶，拓展协作领域，推进协同发展，在持续深化对口扶贫协作的同时，加强双向互动交流，推动两县走动更亲、合作更紧、成果更实，携手共进，实现双赢。

△ 中卫市委常委、海原县委书记徐海宁主持召开海原县委理论学习中心组 2020 年第 5 次（扩大）学习会，传达学习习近平总书记在全国“两会”期间的重要讲话精神、十三届全国人大三次会议精神、全国政协十三届三次全会精神。徐海宁要求，要紧扣目标，共克时艰，统筹推进疫情防控和经济社会发展工作。要扎实做好“六稳”工作，全面落实“六保”任务，坚决克服疫情带来的不利影响，确保完成决胜全面建成小康社会、决战脱贫攻坚目标任务。要压实责任，转变作风，以严实的责任体系和良好的纪律作风狠抓工作落实，确保高质量打赢脱贫攻坚收官战。

△ 中卫市委常委、海原县委书记、海原县委应对新冠肺炎疫情工作领导小组组长徐海宁主持召开海原县委应对新冠肺炎疫情工作领导小组第 15 次会议，传达学习习近平总书记在主持召开专家学者座谈会上的重要讲话精神，国

务院总理李克强在主持召开新增财政资金直接惠企利民工作视频座谈会上的讲话精神，研究贯彻落实意见。徐海宁强调，全县各级各部门要认真贯彻党中央及自治区、市党委政府决策部署，做好“六稳”工作，落实“六保”任务，稳住经济基本盘，实现经济增长。要加强新增资金使用流程管理，强化绩效管理，严格监督机制，确保完成全年经济社会发展目标任务。

△ 中卫市委常委、海原县委书记徐海宁主持召开全县抗旱救灾工作会议。县农业农村局、县自然资源局、县气象局、县水务局分别通报了农业生产、林业生产、气象形势、抗旱救灾供水保障情况，安排部署抗旱救灾工作。徐海宁强调，各乡镇各部门要组织技术人员，深入一线指导群众科学抗旱减灾，最大限度降低灾害损失。

△ 自治区审计厅在海原召开对海原县扶贫专项审计调查进点会。自治区审计厅副厅长刘佳参加会议。

△ 自治区初验工作组对海原县民族团结进步创建工作进行考核初验。

△ 海原县卫健局、县疾控中心组织开展了新冠肺炎疫情防控应急演练活动。县人民医院、县中医医院等相关单位人员参加演练。

△ 海原县委宣传部、县公安局、县文化旅游广电局、市场监督管理局等单位联合组成“扫黄打非”工作专项检查组，深入商店、网吧、书店、KTV等地，重点检查了各类经营场所证照是否齐全、是否销售非法出版物、是否传播非法有害信息，以及安全管理制度落实情况和对行业法规的遵守执行等情况。

4日 海原县县长许正清主持召开海原县扶贫开发领导小组2020年第6次电视电话会议，通报全县村集体经济工作进展情况，项目库建设、数据质量、部门帮扶及帮扶责任人帮扶情况，受疫情影响全县务工就业工作情况，扶贫项目建设和资金支付情况，“四查四补”和2019年扶贫开发成效考核反馈问题整改工作进展情况，并安排部署下一步工作。

△ 中卫市政协调研组到海原县调研“健康海原”建设工作。

5日 中卫市生态环境局海原分局在海啦嘟广场开展了主题为“美丽中国，我是行动者”的2020年“六五”环境日暨环境教育宣传周活动。

7—8日 漳浦县赤土乡考察团一行8人到海原县考察学习脱贫攻坚工作，并开展结对帮扶活动。

8日 中卫市委常委、海原县委书记徐海宁主持召开海原县委统一战线领导小组2020年第2次会议，传达学习自治区初验中卫市创建全国民族团结进步示范市汇报会精神，听取县委统战部关于创建全区民族团结进步示范县工作进展情况汇报，研究审定《全县民族团结进步示范县创建推进会方案（送审稿）》等。海原县人大常委会主任罗成玉、县长许正清、县政协主席张斌参加会议。

△ 中卫市委常委、海原县委书记徐海宁主持召开专题会议，听取全县金融扶贫工作、“扶贫保”工作、妇女创业贷款、全民创业贷款和政策性农业保险工作进展情况的汇报。

△ 海原县人大常委会视察组对全县教育工作进行视察。

△ 自治区就业局督导组到海原县督导就业工作。督导组要求海原县对存在的问题要立即进行整改，采取有效措施，切实抓好整改落实，要做到底子清、数据实、资料全、群众满意度高，促进更多的贫困劳动力稳定就业，确保不返贫。

9日 中卫市政协副主席付成林带领调研组到海原县调研文化旅游产业融合发展情况，并召开座谈会，围绕打造旅游产品、推进乡村旅游发展等方面分别发言，提出意见建议。

△ 海原县举行仪式，欢送100名外出务工人员返岗务工。

△ 自治区供销社理事会副主任解涛到海原县调研供销社工作。

9—10 日 中卫市委常委、海原县委书记徐海宁对全县抗旱救灾工作进行调研。他先后到关桥乡麻春村、贾塘乡双河村、史店乡米湾村、曹洼乡脱烈村、郑旗乡中坪村等地，通过详细询问、实地查看等方式，了解农作物受灾及群众的生产生活情况。

10 日 中卫市委常委、海原县委书记徐海宁就联富汽车商贸物流园建设项目、宁夏国华农机制造有限公司等重点项目建设调研。

△ 中卫市人大常委会在海原县召开《中卫市文明行为促进条例(草案)》备案审查工作座谈会。

△ 中卫市教育局组织对海原县普及高中阶段教育工作督查。

△ 海原县卫健局、县疾控中心组织开展鼠疫防治应急演练活动。县人民医院、县中医医院等相关单位人员参加演练。

10—12 日 福建省漳州市漳浦县政协党组副书记、副主席吴水跃一行 11 人及漳浦县企联顾问（原漳浦县人民政府副调研员）蔡水枝一行 10 人到海原县考察投资及开展结对帮扶活动。

11 日 住房和城乡建设部计划财务外事司司长胡子健率队到海原县核验住房安全保障工作。中卫市委常委、海原县委书记徐海宁陪同核验。

△ 福建省漳浦县考察团到海原县考察调研投资情况，并开展结对帮扶活动。县政协主席张斌陪同。

△ 海原县人大常委会视察组对全县卫生健康和医疗保障工作进行视察。

△ 中国作家协会副主席何建明带领黄河出版传媒集团、宁夏人民出版社等媒体到海原县采访脱贫攻坚工作。中卫市委常委、宣传部部长叶宪静陪同。

13 日 中卫市中心血站在海原县开展以“安全血液挽救生命”为主题的第十七个世界献血者日宣传活动。

△ 海原县文化旅游广电局在西安镇开展主题为“非遗传承 健康生活”的非遗文化展示展演活动。

△ 海原县西安镇白吉村农民李世翔被国家文物局授予“全国最美文物安全守护人”称号。

14 日 中国太平洋财产保险股份有限公司海原支公司在海城镇举办农业保险培训会。

15 日 中卫市委常委、海原县委书记徐海宁主持召开海原县委第 15 次常委会（扩大）会议，学习传达习近平总书记视察宁夏重要讲话精神、自治区党委常委会（扩大）会议、市委常委会（扩大）会议精神，部署贯彻落实工作。徐海宁指出，学习好、宣传好、贯彻好习近平总书记视察宁夏时的重要讲话精神，是当前和今后一个时期全县上下的首要政治任务和重大政治责任。全县各级各部门要从增强“四个意识”、坚定“四个自信”、做到“两个维护”的高度，切实把思想和行动统一到习近平总书记的重要讲话精神上来。

△ 由中宣部主办的“走向我们的小康生活”主题采访组到海原县，来自人民日报社、新华社、光明日报社等 13 家中央新闻单位以及宁夏媒体的 30 余名记者深入海原一线进行采访报道。

△ 共青团海原县教育工作者委员会揭牌成立。

16 日 海原县县长许正清主持召开海原县人民政府第 80 次常务会议，传达学习习近平总书记视察宁夏重要讲话精神、国务院副总理胡春华在安徽实地督导革命老区脱贫攻坚工作的讲话和自治区扶贫办主任梁积裕在全区脱贫攻坚专题培训班上的讲话精神，听取脱贫攻坚各级反馈问题整改情况汇报，审定《海原县 2020 年“防贫保”工作实施方案（送审稿）》《海原县安全生产专项整治三年行动（送审稿）》《海原县农村消防安全专项治理工作方案（送审稿）》等。

△ 海原县县长、海原县应对新冠肺炎疫情

工作指挥部指挥长许正清主持召开海原县应对新冠肺炎疫情工作指挥部第14次会议，传达学习《自治区应对新冠肺炎疫情工作指挥部办公室关于加强新冠肺炎疫情防控工作的紧急通知》《关于开展北京市疫情高中风险地区来卫人员摸排工作的紧急通知》，研究审议关于加强新冠肺炎疫情防控工作的紧急通知等事项。许正清要求，各相关部门要高度重视疫情防控工作，始终绷紧常态化疫情防控这根弦，坚决做到思想不麻痹、措施不松劲，科学、精准、规范、有效落实落细各项防控措施。

△ 海原县人大常委会组织检查组对县人民法院、县人民检察院上半年工作进行检查。

△ 自治区民政厅调研组到海原县调研儿童关爱保护、养老服务体系建设工作。据海原县融媒体报道，截至当前，海原县儿童福利院收养孤儿、事实孤儿共22人；海原县阅海养老中心已经入住97名特困救助人员。

△ 自治区教育工委对海原县教育系统12个“五星级基层党组织”进行考核评估。

17日 中卫市人大常委会副主任王自强带领检查组到海原县开展《全国人民代表大会常务委员会关于全面禁止非法野生动物交易、革除滥食野生动物陋习、切实保障人民群众生命健康安全的决定》《中华人民共和国野生动物保护法》执法检查。

△ 中卫市委常委、海原县委书记徐海宁深入高崖乡、李旺镇调研脱贫攻坚、“四查四补”“一村一年一事”等工作进展情况。徐海宁要求各级各部门要进一步夯实责任，转变工作作风，精准发力，做好“四查四补”各项工作，确保“两不愁三保障”政策、责任、工作全面落实。

△ 海原县妇儿工委召开2020年第一次全体（扩大）会议。

△ 宁夏关心下一代工作委员会在高崖乡三分湾小学举行“山窝窝助学圆梦”仪式，为高崖学区捐赠1231双儿童运动鞋。

17—18日 海原县教体局联合县公安局、县人社局、县民政局、县市场监管局、县应急管理局、县住房与城乡建设局、县文化旅游与广播电视局、县消防大队等单位，对海原县民办教育培训机构进行了审核评估，从严管理。

17—19日 农工党宁夏区委会主委戴秀英一行10人到海原县开展脱贫攻坚民主监督调研。

18日 海原县人大常委会对海原县环境保护和招商引资工作进行视察。

△ 自治区教育厅教育督导室调研组对海原县普及高中阶段教育工作调研。

△ 据海原县融媒体报道，当前，海原县高中阶段适龄人口数为20601人，高中阶段在校学生数19019人，高中阶段毛入学率为92.32%。

19日 自治区文化和旅游厅厅长宋建钢一行到海原县考察调研旅游发展和民办博物馆建设等工作。海原县县长许正清陪同调研。

△ 海原县召开第七次全国人口普查领导小组暨全县第七次全国人口普查工作会议。海原县县长许正清参加会议并讲话。

△ 农工党宁夏区委会调研组到海原县开展脱贫攻坚民主监督调研。

20日 中卫市委常委、海原县委书记、海原县扶贫开发领导小组组长徐海宁主持召开县扶贫开发领导小组第七次会议，传达学习有关文件精神，安排部署全县脱贫攻坚普查摸底、“四查四补”、2019年扶贫开发成效考核问题反馈整改、项目库建设等工作。徐海宁强调，要进一步压紧压实责任，坚持问题导向，将“四查四补”贯穿脱贫攻坚始终，及时排查梳理出的问题，建立台账，紧盯问题、边查边补，对照标准、严查严补，确保脱贫攻坚成效。

△ 中卫市委常委、海原县委书记、海原县扫黑除恶专项斗争领导小组组长徐海宁主持召开海原县扫黑除恶领导小组第2次会议，传达学习相关会议精神，听取全县扫黑除恶专项斗争、重点行业领域专项整治等工作情况的汇报，

安排部署下一步工作。徐海宁强调，扫黑除恶工作要提高站位抓推进，铁心硬手抓整改，完善监管抓自查，不断推动扫黑除恶工作常态化。

21日 中卫市委常委、海原县委书记徐海宁主持召开海原县委理论学习中心组第6次学习会议，学习研讨习近平总书记视察宁夏重要讲话精神。

22—23日 自治区党委副书记、自治区政府主席咸辉到海原县调研。她强调要深入学习宣传贯彻习近平总书记视察宁夏重要讲话、重要指示精神，持续巩固脱贫成果，扎实抓好“六稳”“六保”，在脱贫摘帽的基础上创造新生活、开启新奋斗。

23日 海原县人大常委会对海原县公共文化旅游工作进行视察。

23—24日 海原县政协主席张斌带领调研组对海原县就业创业工作情况进行调研。

24日 中卫市委常委、海原县委书记徐海宁到县公安局扫黑办、县人民法院、县人民检察院调研“扫黑除恶专项斗争”开展情况。徐海宁强调，要坚持问题导向、目标导向、结果导向，注重精准打击、依法办案、协调配合，始终保持扫黑除恶高压态势，保障人民群众安居乐业、社会安定有序。

△ 海原县人大常委会检查组对海原县“七五”普法工作开展情况进行检查。

△ 中卫市教育局组织部分骨干教师到海原县高崖乡新民小学开展“精准对口扶贫、送教送培下乡”活动。

△ 海原县禁毒委员会举行“健康人生、绿色无毒”为主题的“6·26”国际禁毒日宣传活动。

△ 海原县卫生健康局举办2020年全县医疗卫生机构医院感染与质量控制暨卫生法律法规培训班。全县医疗卫生机构负责人参加培训。

28日 海原县委组织部举行2020年中共党员发展对象培训班，对党员发展对象进行辅导培训。

△ 海原县组织全县各单位开展以“防疫有我·爱卫同行”为主题的“爱国卫生日”活动。

29日 中卫市委宣传部在树台乡二百户村开展对口帮扶活动，为该村捐赠了价值5.53万元的急救包等物资。

△ 海原县人民政府召开南门广场建设项目协商座谈会，听取南门广场建设项目初步设计方案，来自不同界别、不同职业的16名政协委员围绕南门广场功能区建设、地标建筑、绿化美化等设计方案提出修改的意见建议。

△ 海原县青年志愿者“助力乡村学校少年宫建设”项目在关桥乡中心小学启动。

△ 自治区科协党组书记陈红缨一行到海原县开展脱贫攻坚帮扶工作并慰问困难党员。

△ 广州白云山和记黄埔中药有限公司在关桥乡中心小学举行“口罩相赠助复学 情系桑梓暖人心”捐赠仪式，为关桥乡中心小学捐赠医用口罩、防暑药品、学习用品等价值4万余元的爱心健康礼包。

30日 海原县委办公室党支部委员会开展“牢记殷切嘱托 坚守初心使命”主题党日活动。中卫市委常委、海原县委书记徐海宁，海原县委副书记郝振明、丁志爱以普通党员身份参加活动。

△ 中卫市委常委、县委书记徐海宁和中卫市委常委、政法委书记苏发坤走访慰问海原县部分老党员和生活困难党员。

△ 海原县县长许正清主持召开海原县人民政府第81次常务会议，传达学习习近平总书记对防汛救灾工作作出的重要指示精神，自治区党委书记、自治区人大常委会主任陈润儿在全区领导干部学习宣传贯彻习近平总书记视察宁夏重要讲话精神专题研讨班上的讲话精神；听取2020年上半年经济运行情况预计汇报；研究审定《海原县全面落实“六保”任务实施方案(送审稿)》等。

△ 海原县举办2020年建筑工人职业技能

大赛。大赛由县住建局、县总工会、团县委联合举办，共有来自全县16家施工单位的50余名建筑工人参加比赛。

7月

1日 中卫市委在海原县开展主题党日暨重点项目（任务、工作）集中观摩评促活动。中卫市委书记、市人大常委会主任何健带领观摩促评组对海原县重点项目、重点工作进行集中观摩评促，通过现场查看、听取汇报、集中点评的方式，详细了解工作进展情况、推进措施，提出努力方向。李晓波、罗成虎、马和清、徐海宁、许正清等市县领导及市直有关部门负责人等参加观摩。

1—2日 海原县自然资源局组织开展主题为“深化扫黑除恶专项斗争 维护自然资源管理秩序”的扫黑除恶专项斗争宣传活动。

2日 自治区政府副主席王和山到海原县委党校考察指导工作。

△ 中卫市委常委、海原县委书记徐海宁主持召开海原县党的建设领导小组2020年第2次会议，传达学习自治区机关党的建设暨创建“让党中央放心、让人民群众满意”模范机关工作会议精神，研究贯彻落实意见，听取机关党建、农村软弱涣散党组织整顿、城市党建工作汇报，研究审议《海原县创建“抓乡促村、整乡推进、整县提升”示范县实施方案（送审稿）》等事宜。

△ 海原县县长许正清主持召开县人民政府党组2020年第9次（扩大）会议。会议学习研讨习近平总书记视察宁夏重要讲话精神及自治区党委领导干部学习宣传贯彻习近平总书记视察宁夏重要讲话精神专题研讨班精神。党组成员围绕“习近平总书记视察宁夏重要讲话精神”进行交流发言。会议听取人大代表建议意见、政协委员提案建议办理情况汇报。

3日 自治区农业农村厅重点工作观摩团到海原县观摩农业农村工作。

△ 海原县县长许正清对全县防汛救灾工作进行调研。

△ 福建省漳州市漳浦县委统战部考察组一行到海原考察，并开展对口协作活动。

4日 中卫市委常委、海原县委书记徐海宁主持召开海原县委2020年第16次常委会（扩大）会议。会议传达学习习近平总书记在中央政治局第二十一次集体学习时的重要讲话精神、习近平总书记关于防汛救灾工作的重要指示精神、国家脱贫攻坚普查工作电视电话会议精神、自治区机关党的建设暨创建“让党中央放心、让人民群众满意”模范机关工作会议精神、自治区防汛救灾工作会议精神、自治区扶贫开发领导小组2020年第3次会议精神，研究审定贯彻落实意见。

△ 海原县举办领导干部理论大讲堂，邀请自治区党校公共管理教研部主任、教授李喆就如何深刻理解、准确把握习近平总书记视察宁夏重要讲话精神作专题宣讲报告。

6日 海原县县长许正清先后到海原县教体局和各考点学校调研全县2020年高考备考工作。

△ 海原县召开领导干部“深入学习贯彻习近平总书记视察宁夏重要讲话精神”专题学习研讨会。

7日 海原县县长许正清到县城重点项目和规划项目建设现场，调研城市建设工作，现场办公协调解决项目建设过程中存在的困难和问题。县委副书记郝振明参加调研。

△ 2020年全国高考正式拉开大幕。海原县3259名考生参加考试。

△ 海原县妇联在海城街道办南苑社区、幸福社区，三河镇辽坡村、兴业社区同步启动2020“守护童年·牵手共成长”暑期儿童关爱服务活动。

7—8日 福建省漳浦县党政考察团及企业

家到海原县开展闽宁劳务协作培训及对口帮扶活动。

△ 据海原县融媒体报道，2020 年上半年，漳浦县已有 6 个乡镇、4 个村、2 个社会组织、17 家企业到海原县开展结对帮扶活动，捐赠社会帮扶资金或物资共计 370.58 万元。

8 日 海原县组织开展闽宁劳务协作专场招聘会。海原县 6 家企业与中卫市 1 家企业、福建漳浦县 4 家企业参加了招聘会，提供岗位总数超过 1500 个，岗位涉及采摘工、电子工、执业药师、中层管理员等岗位。

△ 海原县启动 2020 年《农作物病虫害防治条例》《植物检疫条例》宣传月活动，并对相关农业技术人员进行培训。

8—9 日 海原县举办党务干部“双学双强”活动示范集中培训班。来自县委各部门、县直各部门、各单位、各乡镇、管委会、各人民团体，以及自治区、市驻海原有关单位、非公有制经济组织和社会组织共 129 名党务工作者参加培训。

9 日 海原县政协举行宗教界别委员工作室挂牌仪。

△ 海原县政协召开“四联四助”活动推进会，安排部署“四联四助”活动。县政协主席张斌参加会议并讲话。

△ 海原县财政局、县公安局、县市场监管局、海原农村商业银行等 20 多家单位及金融机构开展财政法规政策及金融非法集资宣传活动。

△ 由自治区妇联主办，海原县妇联、县教育体育局承办的家庭教育骨干讲师线上培训班开班。海原县妇联全体工作人员、家庭教育骨干讲师及志愿者参加培训。

△ 固原市彭阳县副县长何少庸一行 8 人到海原县考察脱贫攻坚普查试点工作。

9—10 日 经银川爱心人士白悦云对接联系，共有 36 名来自银川市和河南郑州市的爱心人士在海原县树台乡开展“新域 115 彩虹行动捐赠活动”。

△ 福建漳州市漳浦县佛昙镇党委书记杨海峰一行 11 人到海原县考察闽宁协作并开展对口帮扶活动。

10 日 海原县开展机关党的建设“互观互检互评互促”活动。

△ 海原县人大常委会主任罗成玉主持召开海原县第十七届人大常委会第三十二次会议，传达学习习近平总书记视察宁夏重要讲话精神、自治区党委书记陈润儿在自治区党委常委（扩大）会议上的讲话精神、《中华人民共和国民法典》；听取和审议县人民政府关于全县教育工作开展情况等工作报告和检查报告，审议人事任免议案。

△ 中国门静脉高压出血风险的筛查和管理项目（宁南站）在宁南医院启动。

△ 福建省漳州市医疗专家团到海原县中医医院开展对口帮扶活动。

△ 河南公益团体“新域 115”在贫困村树台乡二百户村开展“彩虹传递爱·千里豫宁情”爱心公益活动，为当地 17 户贫困户捐赠了洗衣机、轮椅等价值 8 万余元的物资。

△ 交通运输部六盘山片区宁夏区域联络员调研海原县脱贫攻坚工作。

11—12 日 海原县组织开展重点工作观摩评促活动。中卫市委常委、海原县委书记徐海宁和海原县县长许正清分两组带队赴各乡镇，对全县 2020 年重点工作进行观摩评比。海原县人大常委会主任罗成玉、县政协主席张斌等县领导及各乡镇党委书记、乡镇长、县直相关单位主要负责人参加活动。

12 日 中卫市委常委、海原县委书记徐海宁主持召开专题会议，研究审定《海原县扶贫志》编纂工作方案，正式启动《海原县扶贫志》编写工作。

△ 江苏省江阴市祝塘镇关工委举行捐赠仪式，向海原县第五中学捐款 4 万元，向海原县

特殊教育中心捐款1万元，并当场向受助学生发放助学金。

13日 海原县委巡察办举办巡察干部集中学习培训班。县委巡察工作领导小组成员及巡察办、两库人员、参加十一轮巡察人员参加培训。

14日 水利部对海原县苋麻河、海子、下堡子、三百户水库防汛工作进行明察暗访。

15日 自治区党委常委、自治区委宣传部部长李金科在海原县调研学习宣传贯彻习近平总书记视察宁夏重要讲话精神情况。

△ 海原县县长许正清主持召开海原县人民政府党组第10次（扩大）会议，传达学习习近平总书记在决战决胜脱贫攻坚座谈会上的重要讲话精神、习近平总书记对进一步做好防汛救灾工作重要指示和全国、全区防汛抗洪救灾视频会议精神，研究拟聘任宁夏海原县肉牛产业发展集团有限公司高层管理人员事宜，审定《海原县名特优新农产品福建漳州推介会工作方案（送审稿）》《海原县慰问区外企业、医院结对扶贫工作人员方案（送审稿）》。

△ 海原县县长许正清主持召开海原县人民政府第82次常务会议，审定《海原县安全生产举报奖励办法（送审稿）》《海原县深化消防执法改革实施方案》，听取2020年上半年全县火灾形势及消防工作汇报，研究县应急管理局关于聘请第三方专家到海原县开展安全生产三级标准化初审和自治区第二批危险化学品专家指导服务组检查反馈隐患问题整改复查验收的请示、县人社局关于实施扶贫车间稳岗扩岗专项计划的请示等事宜。

16日 自治区党委政法委、自治区见义勇为基金会、中国人保财险宁夏分公司联合在海原县举行仪式，为海原县见义勇为先进个人杨震父母发放理赔保险金90万元。

△ 宁南医院心血管内科实施了一台运用三维标测系统治疗心律失常患者的手术。这一医疗新技术的开展，将极大减轻传统治疗对患者的副作用。

17—29日 海原县委巡察组分别向县公安局、县人民法院、县自然资源局、县总工会、团县委、县委政法委、县妇联、县委党校等八个党组织和三河镇代店村党支部等被巡察单位反馈巡察情况。

18日 海原县肉牛产业发展集团有限公司举行揭牌仪式。市委常委、县委书记徐海宁，市人大常委会副主任、海兴开发区管委会主任张振红，县人大常委会主任罗成玉，县长许正清，县政协主席张斌等县领导参加揭牌仪式。同时，李旺镇、三河镇、海城镇、郑旗乡、九彩乡牛产业工作站和李旺镇杨山村、杨堡村、三河镇代店村村级肉牛养殖专业合作社分别在分会场同步举行挂牌活动。

△ 《海原扶贫志》编写领导小组办公室举办地方志编写业务培训班。

19日 海原县召开脱贫攻坚普查现场登记工作对接会，安排部署脱贫攻坚普查现场登记工作。

19日至8月10日 由固原市西吉县和彭阳县共同抽调组建普查组，对海原县脱贫攻坚进行普查（西吉县116人，其中带队领导1人，副组长3人，普查指导员8人，数据审核验收员4人，普查员100人；彭阳县229人，其中带队领导1人，副组长6人，普查指导员17人，数据审核验收员9人，普查员196人）。

20日 “2020全国特色农产品经销商知名媒体宁夏行”在海原县海原分会场举行，来自《工人日报》、中国农业电影电视中心摄制组、人民网、《中国食品报》、《宁夏日报》、宁夏电视台等9家媒体的20名记者及自治区内外12家经销商代表走进海原县分会场，对海原县特色农业发展进行考察采风。

△ 海原县举行农产品品鉴及客商签约活动，现场签订21单销售协议，累计销售12.6万吨农产品，其中马铃薯10万吨，硒砂瓜1.2万吨，小杂粮1万吨，蔬菜4000吨。

22日 江苏省江阴市德爱之家义工社在关桥乡舒湾小学开展助学捐赠和义教活动。捐赠仪式上，德爱之家义工社为海原县关心下一代工作委员会捐资17万元，并为舒湾小学优秀学生和贫困学子发放助学资助金和学习用品。

22—25日 商务部党组成员、部长助理李成钢率督查组到海原县督查脱贫攻坚工作。

24日 海原县十四届县委第十一轮巡察工作启动，对县政府办党组、县委宣传部党支部、县文联党组、县审批服务局党组等8个部门党组织开展常规巡察，对卫健局党委开展巡察回头看，对七营镇、史店乡、树台乡3个乡镇的20个村党支部开展延伸巡察。

△ 自治区应急管理指挥部督查组到海原县督查防汛救灾工作。

25日 中卫市委常委、海原县委书记徐海宁主持召开海原县委第17次常委会（扩大）会议。会议传达学习习近平总书记在中共中央政治局常务委员会会议上的重要讲话精神及关于进一步做好防汛救灾工作的重要批示精神、习近平总书记在企业家座谈会上的重要讲话精神、自治区党委十二届十一次全体会议精神，并研究贯彻落实意见。研究审定了《海原县贯彻落实〈新时代公民道德建设实施纲要〉分工方案（送审稿）》和《海原县纪念建军九十三周年活动方案（送审稿）》。县人大常委会主任罗成玉，县政协主席张斌列席会议。

△ 由县委宣传部、县科技局、县卫健局、县科协联合牵头主办的海原县2020年科技活动周正式拉开帷幕。

27日 海原县县长许正清主持召开海原县人民政府第83次常务会议，传达学习相关会议精神，研究审议《海原县公益性岗位开发管理办法（试行）（送审稿）》《海原县领导接访首问首办责任制度（送审稿）》。

28日 在古尔邦节来临之际，徐海宁、罗成玉、许正清、张斌等县四大班子领导分别带队，深入各乡镇看望慰问民族团结进步模范个人、宗教界人士和困难大学生家庭，为他们送去党的关怀和温暖。

29日 海原县召开非物质文化遗产传承基地布展工程协调会，听取非物质文化遗产传承基地布展工程进展及存在问题等情况的汇报，并就展品征集工作作了进一步安排部署。

△ 海原县应急管理局、县水务局等单位在高崖乡红古村联合开展自然灾害应急演练活动。

29—31日 中卫市委常委、海原县委书记徐海宁，海原县人大常委会主任罗成玉，县长许正清分别带领慰问组，开展八一走访慰问活动，慰问武警官兵、消防指战员及部分退役军人、军人遗属、现役军人家属。

31日 海原县名特优新农产品推介会在福建省漳州市漳浦县举行。漳州市乡镇、企业、购销大户和工会300多名代表参加了线上线下推介活动，现场签订购销协议460万元。

8月

2日 中卫市委常委、海原县委书记徐海宁对全县防汛救灾工作进行调研。

3日 海原县职业技术学校330名高二学生赴福建天马微电子有限公司进行为期5个月的顶岗实习。

4日 海原县组织开展走访慰问退役军人及现役军人家属活动。

5日 自治区党委政研室调研组调研海原县政策性移民工作。

△ 海原县总工会开展“夏送清凉”活动，为726名城市执法协管员、环卫工人、高速路口疫情防控检查站工作人员、建筑工人送去价值8.2万元的西瓜等防暑物资。

6日 海原县人大常委会组织对全县上半年经济和社会发展计划执行情况及财政、审计工作情况进行视察。

6—7 日 海原县政协主席张斌带领视察组对全县生态环境保护工作进行视察。

7 日 市委常委、海原县委书记徐海宁代表中卫市委、市政府主要领导走访慰问了抗日战争老战士梁国平。

△由自治区卫生健康委员会、自治区老龄健康服务中心主办，海原县卫生健康局、宁夏孝文化发展促进会组织实施的 2020 年“人口老龄化国情区情教育”孝德文化大讲堂在海原县闽宁科技园举行。

9 日 中卫市委常委、海原县委书记、海兴开发区党工委书记徐海宁主持召开海兴开发区党工委第 16 次（扩大）会议，传达学习习近平总书记在中央政治局第二十一次集中学习时的重要讲话精神、习近平总书记对防汛救灾工作重要指示精神、中国共产党宁夏回族自治区第十二届委员会第十一次全体会议精神、全区推进高质量发展重点项目建设现场观摩会议精神、中国共产党中卫市第四届委员会第九次全体会议精神、自治区机关党的建设暨创建“让党中央放心 让人民群众满意”模范机关工作会议精神等。

11 日 中卫市委常委、海原县委书记徐海宁主持召开海原县委 2020 年第 18 次常委会（扩大）会议。会议传达学习中共中央政治局会议、自治区党委常委会会议精神，自治区党委书记、自治区人大常委会主任陈润儿调研常态化疫情防控工作并召开座谈会时的讲话精神，全区推进高质量发展重点项目建设现场观摩会议精神等内容，通报全县脱贫攻坚普查现场登记工作情况，安排部署下一步工作。

△ 中卫市委常委、海原县委书记徐海宁主持召开海原县委统一战线工作领导小组第三次会议，听取全县民族团结进步创建工作情况的汇报，安排部署下一步工作。

△ 中卫市委常委、海原县委书记徐海宁主持召开海原县委理论学习中心组第 8 次学习会议，集体学习以“努力建设黄河流域生态保护和高质量发展先行区”为专题，深入学习宣传贯彻习近平总书记视察宁夏重要讲话精神、关于高质量发展重要论述和自治区、市有关文件精神，并进行交流研讨。

△ 宁南医院举办下肢静脉曲张微创治疗学习班，邀请空军军医大学西京医院、自治区人民医院教授讲授了下肢静脉曲张射频消融导管闭合术治疗下肢静脉曲张的方法及技巧、超声学特点、围手术期护理等相关知识，并进行现场手术操作演示。宁南医院及周边市县 10 余家医院代表参加培训。

△ 自治区发改委、自治区扶贫办会同自治区财政厅、自治区人社厅、自治区自然资源厅、自治区住建厅、自治区农业农村厅等相关单位一行 10 人组成验收组，对海原县“十三五”易地扶贫搬迁工作进行全面评估验收。

12—13 日 海原县举办 2020 年政府会计准则制度和行政事业单位会计管理培训班，对全县各乡镇、部门 132 名财务人员进行培训。

13 日 海原县县长许正清主持召开海原县人民政府第 84 次常务会议，传达学习宁夏推进高质量发展重点项目建设现场观摩总结会议精神，《中华人民共和国行政诉讼法》部分内容，听取全县 2020 年上半年经济运行、脱贫攻坚普查工作情况的汇报，安排部署下一阶段工作。

△ 海原县文化旅游产业发展集团有限公司举行揭牌仪式。海原县县长许正清参加揭牌仪式。

△ 海原县人大常委会对全县棚户区改造工作进行视察。

11—14 日 海原县退役军人事务局组织全县优抚对象到海原宾馆和海兴敬老院进行体检。

13—14 日 国务院扶贫办委托浙江大学公共管理学院李实教授一行 6 人到海原县对 2020 年后东西部协作战略研究进行调研。

14 日 海原县委召开征求“两代表一委员”意见建议座谈会，通报了全县上半年经济社会发展情况及下半年工作打算，听取了部分党代表、人大代表和政协委员对准备提交县委十四届八次全会研究审议的《中共海原县委员会关于贯彻落实建设黄河流域生态保护和高质量发展先行区（先行市）实施方案》《中共海原县委员会关于健全完善县域社会治理体系提高治理能力的实施方案》提出的意见建议。海原县人大常委会主任罗成玉参加会议，海原县委副书记、县长许正清主持会议并讲话。

△ 海原县召开宣传干部培训会暨重点工作推进会，听取各乡镇、各部门宣传思想工作情况汇报，安排部署意识形态、理论武装、社会宣传、扫黄打非等重点工作。

15 日 海原县西安镇第二届乡村文化旅游节正式启幕。

16—17 日 中国共产党海原县第十四届委员会第八次全体会议在县政府礼堂举行。出席这次全会的有县委委员 31 人、候补委员 2 人。县纪委委员、乡镇部门负责人和部分在海原的党代会基层代表、人大代表和政协委员列席会议。会议由县委常委会主持。会议审议通过了《中共海原县委员会关于深入学习贯彻习近平总书记视察宁夏重要讲话精神、继续建设经济繁荣民族团结环境优美人民富裕的美丽新宁夏的实施意见（草案）》《中共海原县委员会关于贯彻落实〈建设黄河流域生态保护和高质量发展先行区（先行市）〉的实施方案（草案）》《中共海原县委员会关于完善县域社会治理体系提高治理能力的实施意见（草案）》。会上，中卫市委常委、海原县委书记徐海宁代表县委常委会作了讲话，并对《中共海原县委员会关于深入学习贯彻习近平总书记视察宁夏重要讲话精神、继续建设经济繁荣民族团结环境优美人民富裕的美丽新宁夏的实施意见（讨论稿）》作了说明；海原县委副书记、县长许正清对《中共海原县委员会关于贯彻落实〈建设黄河流域生态保护和高质量发展先行区（先行市）〉的实施方案（讨论稿）》作了说明；海原县委副书记丁志爱对《中共海原县委员会关于完善县域社会治理体系提高治理能力的实施意见（讨论稿）》作了说明。

17 日 海原县举办领导干部理论大讲堂，邀请北方民族大学法学院副教授、宁夏辅德律师事务所律师丁雪峰围绕《中华人民共和国民法典》做专题辅导。

17—19 日 海原县开展“服务大局普法行”暨民法典普法大宣讲活动，邀请宁夏辅德律师事务所“义务宣讲团”丁雪峰律师等 20 人，深入各乡镇单位对民法典进行宣讲。

18 日 自治区水利厅、中卫市水务局联合检查海原县山洪灾害预警系统及雨量点运行情况。

18—19 日 海原县政协主席张斌带领调研组对全县民族团结进步示范县创建工作进行调研。

19 日 海原县人大常委会对海原县水利重点工程建设情况进行视察。

△ 自治区扶贫办巡察组对海原县扶贫资金使用管理情况进行巡察。

20 日 “宁南地区第二届医院感染管理交流研讨会”在宁南医院召开。中卫市、固原市、海原县等周边 37 个市县的 300 余名医护人员参加研讨。

24 日 自治区草原工作站在海原县举办“宁夏 2020 年草原生态保护修复专题培训班”。全区各市县（区）草原工作技术人员参加培训。

△ 中宁县副县长张志刚一行 10 人到海原县收集建档立卡户及政策性移民相关印证资料工作。

25 日 福建漳州市漳浦县政协党组书记林兆波一行 12 人到海原县开展对口扶贫协作活动。

△ 海原县委宣传部、县科技局、县卫健局、县科协等 30 多家单位联合开展科普宣传活动。

26 日 中卫市委常委、海原县委书记徐海宁调研海原县纪委监委、县委巡察办工作。

△ 漳浦县政协主席林兆波带领考察团到海

原县考察闽宁对口协作及脱贫攻坚工作。海原县政协主席张斌陪同考察。

△ 中卫市委常委、海原县委书记徐海宁在清水河调研河湖长制并开展巡河工作。

△ 中卫市委常委、海原县委书记徐海宁深入抗日老兵家中进行走访慰问。

△ 中卫市就业创业和人才服务中心组织对海原县生态移民就业工作进行调研。

△ 海原县2020年“奋进新时代 共圆小康梦”广场演出活动启动。

△ 海原县科技局、县科协、县卫健局、县禁毒办等多家单位在三河镇富陵村开展科技知识宣讲下乡活动。

27日 自治区扶贫办副主任刘学智一行5人、中卫市扶贫办3人到海原县督导检查海原县落实自治区党委第六巡视组对海原县开展脱贫攻坚专项巡视“回头看”反馈意见整改情况。

△ 漳州市选派9名专技人员到海原县开展对口帮扶工作。

28日 中卫市市长李晓波调研海原县脱贫攻坚工作。

△ 海原县科学技术局举办旱作区小杂粮产业高效优质栽培技术集成示范项目现场观摩暨培训会。

31日 中卫市委常委、海原县委书记徐海宁主持召开海原县委第19次常委会（扩大）会议，传达学习习近平总书记关于禁毒工作重要指示精神、国务院扶贫开发领导小组全体会议精神、中央纪委国家监委《关于贯彻落实习近平总书记重要批示精神 加强监督执纪坚决制止餐饮浪费行为的工作意见》精神及自治区党委常委会（扩大）会议精神，听取全县上半年禁毒工作、海原县落实自治区党委第六巡视组对海原县开展脱贫攻坚专项巡视“回头看”反馈意见整改等情况的汇报，安排部署下一步工作。

△ 自治区人力资源和社会保障厅调研组到海原县调研就业创业工作。县委常委、组织部部长李雪峰陪同调研。

△ 县总工会联合就业创业局举办2020年困难职工及直系亲属（农民工）技能鉴定考试，邀请宁夏亿万金置业技能鉴定学校对参加技能培训的48名困难职工及直系亲属（农民工）进行技能鉴定。

9月

1日 彭阳县四大班子主要领导率队到海原县考察肉牛产业发展情况。海原县领导徐海宁、罗成玉、许正清等陪同考察。

△ 海原县县长许正清主持召开海原县人民政府第85次常务会议，学习《中华人民共和国行政诉讼法》第三章、第四章内容，研究审定《海原县推进“一窗受理、集成服务”新模式工作方案（送审稿）》《贯彻落实〈建设黄河流域生态保护和高质量发展先行区（先行市）〉责任分工方案（送审稿）》。

△ 漳浦县政协副主席张少榕一行8人到海原县开展旅游资源、投资环境宣传推介、农产品对接、对口帮扶等活动。

△ 海原县召开2020年腾讯公益平台“99公益日”网上募捐活动动员会。

2日 福建省漳州市委书记邵玉龙带领考察团到海原县考察观摩，开展闽宁扶贫协作活动。中卫市、海原县领导李晓波、马和清、徐海宁、许正清等陪同考察。

△ 内蒙古自治区赤峰市委常委、副市长王晓东一行45人到海原县考察学习东西部扶贫协作典型经验和做法。

△ 海原县委宣传部、县总工会联合举办学习宣传贯彻《新时代公民道德建设实施纲要》《新时代爱国主义教育实施纲要》知识竞赛。来自全县各乡镇各部门的60余名选手参加竞赛。

△ 宁南医院第二期基层专业技术人员培训班举行开班仪式，34名县级医疗机构医疗专业

技术人员参加培训。

△ 海原县举办“听党话、感党恩、跟党走”宣讲比赛。来自全县各乡镇、部门的基层一线工作者、“三农”战线杰出代表、贫困村干部群众、新型农业经营主体、返乡创业农民工和科研机构专家等20名宣讲员，分别从“话发展成就”“晒幸福生活”“讲奋斗故事”“谈未来梦想”四个方面展开宣讲。

2—3日 海原县政协调研组对全县全域旅游发展情况进行调研。

3日 海原县“扫黄打非”工作领导小组办公室联合县公安局、县教育体育局、县市场监督管理局等部门开展扫黄打非“护苗2020”专项行动。

4日 海原县县长许正清调研全县基层医疗卫生建设工作。许正清先后到西湖社区卫生服务站、幸福社区卫生服务站、建设社区卫生服务站和东城社区卫生服务站，详细了解各社区卫生服务站基础设施、医疗设备配备、数字化预防接种门诊建设等工作开展情况，对当前海原县基层医疗卫生服务能力建设过程中存在的问题和困难进行综合研判，并提出解决办法。

△ 自治区审计厅党组成员、副厅长张龙一行2人到海原，督查审计厅派出审计组对海原县困难群众救助资金专项审计进展情况，并听取县审计局创建“全国文明单位”工作汇报。

7日 海原县县长许正清调研全县交通项目建设工作，先后到西安镇新希望牧业万头奶牛场公路、树台乡碱泉口至浪塘农村公路改建、拐洼林场拐洼至石岘子林区公路建设、郑旗经九彩至寺口子公路等项目工程建设现场，实地查看公路建设进度，详细询问存在的问题和遇到的困难，现场办公，提出解决方案。

8日 自治区农业农村厅厅长王刚到海原县调研农业产业发展情况。海原县县长许正清陪同调研。

9日 中卫市委常委、海原县委书记徐海宁、海原县人大常委会主任罗成玉、海原县县长许正清、海原县政协主席张斌等县四大班子领导到部分学校调研教育工作并看望慰问一线教职员工，同时向全县广大教师和教育工作者致以节日祝福和诚挚问候。

9—10日 自治区农业农村厅副厅长赖伟利参加在海原县召开的全区旱作节水农业和小杂粮产业现场观摩会。

10日 中卫市委常委、海原县委书记徐海宁主持召开海原县委第20次常委会（扩大）会议，传达学习习近平总书记在经济社会领域专家座谈会上的重要讲话精神、习近平总书记向中国人民警察队伍授旗时的训词、自治区建设黄河流域生态保护和高质量发展先行区第一次推进会议精神等内容。听取了全县1—8月份经济运行情况、补齐全面建成小康社会短板工作情况汇报。海原县人大常委会主任罗成玉、海原县政协主席张斌列席会议。

△ 海原县人大常委会主任罗成玉主持召开海原县第十七届人大常委会第三十三次会议，传达学习《关于贯彻落实习近平总书记重要批示精神 加强监督执纪坚决制止餐饮浪费行为的工作意见》的通知、《中共海原县委员会关于贯彻落实建设黄河流域生态保护区和高质量发展先行区（先行市）的实施方案》等，审议2020年财政预算调整方案、代表辞职议案等。

△ 由县委宣传部、县文化旅游广电局主办，县教育工委、县教育体育局承办的2020年“奋进新时代 共圆小康梦”广场文化活动暨海原县庆祝第36个教师节“园丁颂”专题演出在文体广场举行。

△ 自治区观摩团到海原县观摩旱作节水农业和小杂粮产业发展情况。

10—11日 海原县召开优势特色产业优质高效生产综合配套技术集成示范项目现场验收会，先后在贾塘乡后塘村、关庄乡高台村、关桥乡方堡村等地，通过实地查看、听取汇报的形式，对旱作区小杂粮产业高效优质栽培、草畜产业高效养殖、马铃薯种薯繁育等技术集成示范项目进行现场验收。

10—12 日 海原县举办 2020 年秋季大型专场招聘会。宁夏信德润人力资源公司、江苏昆山电子科技有限公司等 21 家县内外用工企业，提供了 4200 多个就业岗位，涉及计算机、设备检测、地下钻井等多个领域，为海原县高校毕业生、就业困难人员、退役军人、建档立卡贫困劳动力等群体搭建就业平台，拓宽群众就业渠道，助力海原县脱贫攻坚。

11 日 《海原大地震》电影拍摄工作座谈研讨会在海原县城举行。中卫市委常委、县委书记徐海宁主持会议并讲话，中卫市副市长蔡菊，县长许正清，县政协主席张斌参加会议。

12 日 海原县举办纪念海原大地震 100 周年军地联合应急救援演练活动。自治区政府副主席王和山、自治区政协副主席李泽峰及中卫市市长李晓波等在现场观摩了演练。

13 日 水利部黄委会检查海原县清水河跨河建筑行政许可办理情况。

14 日 中卫市委常委、海原县委书记徐海宁率县人大、县政府、县政协主要领导，就城市建设工作进行调研。海原县县长许正清、县人大常委会主任罗成玉、县政协主席张斌参加调研。

△ 海原县县长许正清主持召开海原县安委会 2020 年第四次全体（扩大）会议暨消委会第三次联席会议，集中观看了《学习习近平总书记关于安全生产重要论述生命重于泰山》专题片，传达学习自治区应急管理指挥部办公室《关于贯彻落实李克强总理重要批示精神持续做好防汛救灾工作的通知》，听取行业部门安全生产工作汇报，通报 1—8 月份全县安全生产形势暨安全生产专项整治三年行动工作，安排部署国庆节安全生产工作。

△ 海原县 2020 年国家网络安全宣传周正式启动。

△ 海原县第七次全国人口普查综合业务培训班在县第三中学阶梯教室举行。

15 日 中卫市民族团结进步创建互观互检观摩团到海原县观摩民族团结进步创建工作。

△ 海原县在县人民武装部举行新兵入伍欢送仪式，为应征入伍青年送行。

△ 海证期货有限公司董事长杨海梁一行 11 人到海原县考察结对帮扶工作。

16 日 华润集团党委书记、董事长王祥明率领考察团来海原县考察华润集团对定点帮扶项目运行情况。自治区政府副主席王和山，中卫市委书记、市人大常委会主任何健，中卫市市长李晓波，市委常委、海原县委书记徐海宁，市委常委、副市长肖汉华，市人大常委会副主任、海兴开发区管委会主任张振红，副市长张隽华陪同考察。

△ 海原县领导干部能力素质提升专题培训班在县委党校开班。华润集团党委书记、董事长王祥明出席仪式作动员讲话。市委书记、市人大常委会主任何健主持开班仪式并讲话。中卫市委常委、海原县委书记徐海宁，中卫市委常委、副市长肖汉华、市人大常委会副主任、海兴开发区管委会主任张振红、副市长张隽华参加开班仪式。

△ 自治区人大常委会副主任董玲率督察组到海原县督办考察《关于支持海原县创建自治区级小杂粮产业示范县的建议》，即自治区人大第十二届三次代表大会第 209 号建议办理情况。市县领导蔡波、罗成玉、许正清、丁志爱陪同。

△ 自 2012 年华润集团定点帮扶海原县以来，先后在海原县开展实施华润希望小镇建设、风力发电、华润电力宁夏运维检修基地、华润五丰 6 万头肉牛全产业链精深加工厂等项目，为海原县产业发展提供了巨大帮助。作为草畜大县，海原县紧抓华润帮扶机遇，充分发挥养牛传统优势，创新实施“华润基础母牛银行”模式，大力推广“基地 + 合作社 + 农户”模式，

持续扩大养殖规模，推动肉牛产业蓬勃发展。截至当前，全县建成规模牛场、肉牛养殖合作社、家庭牛场158家，培育肉牛养殖示范村57个、万头养牛乡镇4个，养牛户达到2.5万户，肉牛饲养量达到27.8万头。依托肉牛产业，建档立卡户人均年增收约1100元，成为强县富民的支柱产业。

17日 由海原县委宣传部、县文化旅游广电局主办，县退役军人事务局承办的2020“奋进新时代 共圆小康梦”广场文化艺术节“鱼水情深”专场文艺晚会在文体广场举行。

△ 海原县“国培计划（2019）”培育性示范县项目（海原）第三次送教下乡培训会分别在海原县回民中学、兴海中学召开。全县初高中220名各学科教师参加培训。

△ 海原县消防救援大队在东城小区举办打通“生命通道”集中治理现场会。组织各社区、物业服务企业工作人员学习相关行业部门、建筑管理使用单位及住宅物业服务企业应履行的消防安全职责，对私家车停放、电动车停放充电、居民院落楼道“三清三禁”等工作进行讲解。与会人员观看了火灾警示教育片，并现场观摩电动车火灾发展趋势及微型消防站处置灭火行动。

18日 据人民网报道，华润五丰6万头肉牛全产业链精深加工项目一期肉牛生产线在海兴开发区投入运营。整体项目建成后，将实现年产值13亿元，带动2500余人就业。此次一期投资1.4亿元，主要建设肉牛屠宰、精细化分割、速冻调理品加工、熟食品加工、冷链物流等。

△ 海原县县长许正清主持召开县人民政府第86次常务会议，传达学习《中华人民共和国政府信息公开条例》，审议《海原县2020年政务公开工作要点（送审稿）》《海原县完善政务服务“好差评”制度提高政务服务水平实施方案（送审稿）》等，听取国务院扶贫开发领导小组2020年脱贫攻坚督查、自治区党委第六巡视组对海原县开展脱贫攻坚专项巡视“回头看”和自治区审计厅二季度扶贫专项审计反馈问题整改进展情况的汇报。

△ 海原县县长许正清主持召开城乡居民养老、基本医疗保险征缴工作部署会。

△ 中国残疾人艺术团《我的梦》百县百场公益巡演在海原县委党校多功能厅举行。

△ 海原县金融服务中心组织各金融机构、县总工会、县妇联开展国家网络安全宣传周主题宣传活动。

19日 海原县各中小学多形式开展了形式多样的国防教育宣传活动。

21日 中国胸痛中心认证工作委员会对海原县人民医院进行胸痛中心基层版现场验收核查。

21—22日 海原县举办“庆丰收迎小康2020年中国农民丰收节暨宁夏（海原）第五届高端肉牛大赛”。赛会共评选出牛王、牛后各1个、一等奖10个、二等奖20个、三等奖30个，分为基础母牛组、犊牛组、育肥牛组，同时对评选出的“十大养牛致富能手”、优秀养殖合作社、优秀养殖家庭农场、优秀乡村牛专家、建档立卡户养牛能手、优秀畜牧技术推广人员、支持牛产业金融单位、饲草加工配送中心等进行了表彰奖励。

21—25日 自治区“两个带头人”先进事迹第六巡讲组到海原县三河镇、关桥乡、七营镇等10个乡镇开展脱贫攻坚先进事迹巡回宣讲。

22日 中国老科协“助力乡村振兴·健康行”海原县培训、义诊、科普活动启动仪式在海原县人民医院举行。中国老科协副会长岳明生、中卫市委常委、县委书记徐海宁、海原县县长许正清参加启动仪式。宁夏老科协会长王冰主持仪式。

23日 宁夏肉牛产业高质量发展现场观摩推进会在海原县召开。自治区政府副主席王和山、自治区政协副主席李泽峰出席会议并讲话。

△ 海原县举办“庆丰收迎小康2020年中

国农民丰收节暨宁夏（海原）第五届高端肉牛大赛”和“宁夏（海原）牛产业发展论坛”。

△ 中卫市委常委、海原县委书记徐海宁主持召开海原县委审计委员会第4次会议，传达学习中央审计委员会第三次会议精神，《自治区党委审计委员会办公室关于转发〈中央审计委员会办公室关于印发2020审计年度经济责任审计工作指导意见的通知〉的通知》。研究审议《县委审计委员会办公室关于调增2020年度经济责任审计项目的请示》等。海原县人大常委会主任罗成玉、县长许正清参加会议。

△ 自治区退役军人事务厅厅长娄晓萍带队到海原县调研退役军人事务工作。

△ 南华山国家级自然保护区管理处召开2020—2021年度森林草原防灭火工作会议。

24日 中卫市委常委、海原县委书记徐海宁主持召开县扶贫开发领导小组第8次会议。传达学习习近平总书记视察安徽、湖南重要讲话精神，东西部扶贫协作稳岗就业工作座谈会精神，自治区扶贫开发领导小组2020年第4次会议精神，全国消费扶贫月活动启动仪式精神等内容。通报全县8月份脱贫攻坚“四查四补”进展情况、近期督导检查乡镇脱贫攻坚工作情况、全县扶贫项目建设和扶贫资金支付进展情况、全县消费扶贫工作情况等，安排部署下一步工作。

△ 海原县举办领导干部理论大讲堂暨国防形势报告会，邀请宁夏军区副政治委员兼纪委书记作“深入学习习近平强军思想、强化支持国防事业的责任意识”专题报告。

25日 中卫市委常委、海原县委书记徐海宁主持召开县委第21次常委会（扩大）会议暨县委应对新冠肺炎疫情工作领导小组第16次会议。会议传达学习习近平总书记在科学家座谈会上的重要讲话精神、中央财经委员会第八次会议精神，全区建设黄河流域生态保护和高质量发展先行区第二次推进会精神，研究贯彻落实意见。研究审定《海原县贯彻落实〈党委（党组）意识形态工作责任实施办法〉的实施方案（送审稿）》《海原县加强秋冬季新冠肺炎疫情防控工作的实施方案（送审稿）》。县人大常委会主任罗成玉列席会议。

△ 海原县分局联合县市场监督管理局、县交通局、县交警队和县城管综合执法大队对散煤销售行为进行巡查打击。

26日 海原县召开2020年秋冬季农田水利基本建设暨生态建设动员会。传达自治区、市秋冬季农田水利基本建设会议精神，安排部署全县秋冬季农田水利基本建设和生态建设等工作。

△ 海原县召开完善校园治理体系提高治理能力推进会。

△ 海原县安委会组织开展中秋、国庆节前重点行业安全生产及应急管理工作检查。

28日 甘宁两省（区）三市五县（区）鼠疫联防检查组对海原县2020年鼠疫联防工作进行终期检查。

△ 海原县第一届中小学生篮球、足球联赛拉开帷幕。来自全县43所学校的31支足球代表队和65支篮球代表队同场竞技。

△ 自治区卫健委地方病防治三年攻坚行动终期评估组对海原县重点地方病控制和消除第二轮评价及地方病防治专项三年攻坚行动工作进行终期评估。

△ 海原县七营镇举行“金秋助学 爱助成长”助学金发放仪式，为全镇71名贫困学生发放助学金12.4万元。

28—29日 中卫市委常委、海原县委书记徐海宁带队赴固原市泾源县、彭阳县考察学习生态建设工作。

30日 中卫市委常委、海原县委书记徐海宁主持召开2020年全县总河长第二次会议，传达学习自治区总河长第四次会议精神及《自治区河长制办公室关于2019年度河湖长制工作考核结果的通报》，研究审定《海原县河湖长制工作督导检查制度》《海原县河湖长制工作督办约谈通报制度》，讨论海原县《关于在河长制工作中建立“河长+检察长+警长”工作机制的意见》，安排部署下一阶段工作。县人大常委会主任罗成玉，县政协主席张斌参加会议。

△ 中卫市委常委、海原县委书记徐海宁在牌路山绿化提升改造工程（二期）项目点、非物质文化传承基地、生态湿地工程项目点调研城市建设工作，通过实地察看、听取汇报的方式，详细了解项目建设情况，现场协调解决存在的问题。

△ 上午，海原县在牌路山烈士陵园举行以“国家丰碑、人民记忆”为主题的祭英烈活动。中卫市委常委、海原县委书记徐海宁，中卫市人大常委会副主任、海兴开发区管委会主任张振红，海原县人大常委会主任罗成玉，县长许正清，县政协主席张斌同各界代表一起参加公祭活动。

△ 由海原县住房和城乡建设局、海原县建设工程质量监督站主办的2020年海原县建设领域“质量月”现场观摩活动在海盛富城项目建设现场举行。来自全县所有在建项目的建设、施工、监理单位负责人等60余人参加观摩交流会。

△ 中卫市农机事故应急处置演练在海原县举行。中卫市农业农村局、中卫市农业机械安全监理所、海原县农业农村局、海原县交警大队、120急救中心等相关单位参加演练。

是月 中卫市2020年扫黑除恶专项斗争“以案说法基层行”宣讲团来海原县开展宣讲活动。宣讲团先后在李旺镇北滩村、树台乡树台村、贾塘乡王塘村、九彩乡马套村、李俊乡团结村、甘城乡武塘村开展宣讲活动。

10月

1日 中卫市委常委、海原县委书记徐海宁先后到县应急管理局、城市综合执法局、世纪华联超市、东区供热站、汽车站、北苑安置小区等地，调研海原县国庆、中秋期间安全生产及疫情防控工作。

△ 海原县在文体广场举行国庆升国旗仪式，共同庆祝伟大祖国成立71周年。中卫市委常委、海原县委书记徐海宁，县人大常委会主任罗成玉，县长许正清，县政协主席张斌及各界干部群众参加升国旗仪式。

4日 自治区第二督查组到海原县督查国庆、中秋期间重点领域安全生产工作。中卫市委常委、海原县委书记徐海宁，中卫市委常委、副市长崔昆陪同检查。

9日 中卫市委常委、海原县委书记徐海宁到海城街道办东城、南苑、西湖等社区调研城市社区治理及街道办工作。县委副书记郝振明陪同调研。

△ 中卫市委常委、海原县委书记徐海宁主持召开海原县委2020年第22次常委会（扩大）会议。县人大常委会主任罗成玉、县政协主席张斌列席会议。

△ 中卫市委常委、海原县委书记徐海宁主持召开海原县委全面深化改革委员会2020年第5次会议，传达学习中央全面深化改革委员会第13、14、15次会议精神，自治区党委全面深化改革委员会第10次会议精神。通报海原县2020年全面深化改革工作进展情况，听取改革专项小组工作汇报。县人大常委会主任罗成玉、县长许正清、县政协主席张斌参加会议。

△ 海原县县长许正清主持召开海原县人民政府第87次常务会议，传达学习国务院安委办《关于山西太原台骀山滑世界农林生态游乐园有限公司“10·1”火灾事故的通报》《关于吉林省连续发生重大事故的通报》，自治区党委书记、自治区人大常委会主任陈润儿和自治区党委副书记、自治区政府主席咸辉相关批示精神，听取全县2020年第三季度火灾防控形势分析报

告，审议《海原县优化营商环境实施方案（送审稿）》等事项。

△ 海原县县长许正清主持召开海原县国民经济和社会发展“十四五”规划编制及项目谋划推进会，传达学习中央和自治区关于“十四五”规划编制会议精神，听取我县“十四五”各类规划编制和项目谋划情况汇报，安排部署下一阶段工作。

△ 中卫市副市长、公安局局长董立军带领评估组对海原县妇女儿童发展规划（2011—2020年）进行终期评估。

△ 希森马铃薯产业集团有限公司董事长梁希森一行到海原县调研马铃薯产业发展情况。

11日 中卫市委常委、海原县委书记徐海宁先后到海城镇段塬村马铃薯脱毒种薯繁育基地、海原县瑞丰马铃薯制品有限责任公司、西安镇园河村秋冬季农田水利基本建设示范点、树台乡大嘴村富硒马铃薯种植基地、关庄乡鸿鑫马铃薯专业合作社等地调研全县马铃薯产业发展情况。

12日 中卫市政协副主席吕玉兰带领视察组到海原县视察社区治理工作。海原县政协主席张斌陪同视察。

△ 海原县人大常委会组织部分自治区、市、县人大代表，对海原县黄河流域生态保护和高质量发展先行区情况及全面脱贫与乡村振兴有效衔接情况进行调研。

△ 海原县自然资源局在西华山放生了10只银黑狐，利用生物防治鼠害。

△ 海原县医疗保障局、县人社局、县农商行等部门在县城四季鲜农贸市场开展城乡居民养老保险和医疗保险政策宣传活动。

12—13日 海原县县长许正清带领考察团一行，到福建省漳浦县考察对口扶贫协作。

△ 自治区验收组对海原县“七五”普法工作检查验收。中卫市委常委、海原县委书记徐海宁陪同。

△ 由海原县残疾企业家倪岩发起组织海原县及周边市县的53名重度残疾人乘上大巴车远赴山西省洪洞县学习考察。

14日 中卫市委书记、市人大常委会主任何健深入海原县牌路山森林公园、西华山、树台乡、海城镇，调研督办建设黄河流域生态保护和高质量发展先行市“三个大会战” 推进情况和脱贫攻坚“四查四补”工作开展情况。中卫市委常委、海原县委书记徐海宁，中卫副市长张隽华陪同参加调研。

△ 中卫市委常委、海原县委书记徐海宁主持召开县委视频调度会，调度脱贫攻坚、“三大会战”和秋季农田水利基本建设重点任务落实情况。

△ 宁南医院举办“学习抗疫精神·凝聚前行力量”道德讲堂，引领全体党员干部、医护工作者共同感受抗击疫情期间的硬核力量，学习爱岗敬业、顽强拼搏的精神，将“抗疫精神”融入实际工作。

△ 自治区关工委携手宁夏产权交易所向海原县回民中学100名贫困学生每人发放1000元助学金。

14—15日 海原县政协主席张斌带领调研组对全县“一带两廊”“两核四镇”工作推进情况进行调研。

15日 中卫市政协副主席王谦带领视察组到海原县视察老年饭桌落实情况。

16日 海原县粮食局、县农业农村局、县教育体育局、县科学技术局、县妇女联合会在县文体广场开展以“齐成长、同繁荣、共持续，行动造就未来”“端牢中国饭碗，共筑全球粮安”为主题的世界粮食日宣传活动。

17日 中卫市委常委、海原县委书记徐海宁在海城镇堡子村、关桥乡八斗村、贾塘乡王塘村、郑旗乡包家山村等地，就小杂粮产业及2021年结构调整计划、秋季农田基本建设等工作进行调研。

18日 中卫市委常委、海原县委书记徐海宁主持召开海原县委理论学习中心组2020年第12次学习会，传达学习习近平总书记、国务院总理李克强对脱贫攻坚工作作出的重要指示批示精神，全国脱贫攻坚总结表彰大会暨先进事迹报告会精神等，部分县领导围绕“脱贫攻坚与乡村振兴”主题做交流发言。

△ 中卫市委常委、海原县委书记徐海宁在七营、李旺等乡镇调研农村基层党组织建设重点任务推进落实暨农田水利建设工作。海原县人大常委会主任罗成玉、海原县政协主席张斌在所包乡镇参加调研。

19日 海原县委召开政协工作会议，传达学习习近平总书记关于加强和改进人民政协工作的重要指示批示精神，中央政协工作会议暨庆祝中国人民政治协商会议成立70周年大会精神，自治区党委、中卫市委政协工作会精神。中卫市委常委、县委书记徐海宁参加会议并讲话，县委副书记、县长许正清主持会议，县人大常委会主任罗成玉、县政协主席张斌参加会议。

△ 中卫市委常委、海原县委书记徐海宁主持召开平安海原建设协调小组第一次会议暨县域社会治理现代化工作会议，传达学习平安中国建设协调小组第一次会议精神、全国市域社会治理现代化工作会议精神等内容。通报《2020年度全县1—9月份平安建设约束性指标及主要指标控制情况通报》，研究审定《平安海原建设协调小组工作规则（送审稿）》《平安海原建设协调小组办公室工作规则（送审稿）》等事项。海原县县长许正清参加会议。

△ 海原县县长许正清在关桥乡调研督导重点工作。

△ 上海中青年知识分子联谊会到海原县开展对口援建工作。

△ 海原县召开2020年秋冬季森林草原防灭火工作会议。

△ 海原县举办2020年就业扶贫暨高校毕业生等重点群体招聘会。来自自治区内外的9家企业参与招聘会，提供了文秘、会计、教师、销售、技术员、维修工、营业员等4000多个岗位。

20日 中卫市政协副主席付成林带领视察组到海原县视察学前教育工作。

△ 海原县县长许正清在李旺镇韩府村、七营镇闫家沟、三河镇团庄村、贾塘乡南湾村、史店乡田拐村等地调研秋冬季农田水利和生态建设工作。

△ 宁夏李先生房地产开发有限公司在关庄乡九年一贯制学校开展“情暖冬日 心系教育”捐资助学活动，向学校捐款8万元，用于冬季取暖。

△ 海原县召开2020年科技特派员工作座谈会。全县科技特派员和相关部门负责人等50余人参加会议。

20—21日 海原县人大常委会主任罗成玉、县政府县长许正清、县政协主席张斌分别带领慰问组，开展“中国人民志愿军抗美援朝出国作战70周年”和驻防边境军人家属走访慰问活动。

21日 中车株洲电力机车研究所有限公司风电事业部中卫基地首台风机下线仪式在海兴开发区举行。中卫市委书记、中卫市人大常委会主任何健出席仪式，市委副书记、市长李晓波，中车株洲电力机车研究所有限公司党委书记、董事长李东林，华润电力北方大区党委书记、总经理李向阳参加仪式并致辞，市委常委、副市长崔昆主持仪式。株洲市副市长谭可敏、中卫市人大常委会副主任、海兴开发区管委会主任张振红、海原县县长许正清参加仪式。

△ 中卫市委书记、中卫市人大常委会主任何健在海原县走访看望慰问抗美援朝老兵，向他们致以诚挚的敬意和美好的祝愿。中卫市委常委、中卫市副市长崔昆，海原县县长许正清陪同参加慰问。

△ 海原县政府县长许正清主持召开县扶贫开发领导小组第9次会议，传达学习习近平总书记、国务院总理李克强对脱贫攻坚工作做出

的重要指示批示精神；研究审定《海原县2020年贫困人口脱贫退出的请示（送审稿）》《海原县2020年边缘易致贫人口和脱贫不稳定人口消除致贫返贫风险的请示（送审稿）》等事项。

△ 中卫市政府调研组到海原县就2020年政务公开工作进行调研。

△ 海原县应急管理局、县自然资源局对全县森林草原防灭火工作开展情况进行检查督导。

22日 海原县政府县长许正清主持召开县人民政府第88次常务会议，传达学习国务院总理李克强在全国深化"放管服"改革优化营商环境电视电话会上的讲话精神，听取全县第三季度经济形势分析情况的汇报，审议《海原县落实国务院安委会2019年度安全生产和消防工作考核巡查反馈意见整改方案（送审稿）》等事项。

△ 海原县人大常委会组织对海原县交通运输工作进行视察。

23日 海原县政府县长许正清对全县公安工作进行调研。许正清先后到西湖二期、建设路与康平路十字路口、贾塘派出所、三河派出所和苋麻警务室实地进行调研，查看了海原县"枫桥式公安派出所"创建、社会治理创新和警务信息化建设等工作开展情况，详细了解了社区警务室、基层派出所和县城红绿灯建设情况。

△ 海原县公安局治安大队在县垃圾处理场集中销毁110余台麻将机等涉赌物品。

24日 海原大地震100周年纪念国际论坛圆桌会议在海原县召开。会议由自治区科技厅、自治区地震局、宁夏大学、中卫市政府、海原县政府共同主办，主要围绕地震科学及地震工程创新发展、地震遗迹保护及旅游产业开发等主题展开研讨。

25—26日 由海原县民政局、海通社会工作服务中心联合举办的"九九重阳节 浓浓敬老情"文艺演出，分别在西安镇张湾村、西安村，三河镇六窑村、五营村举行。

26日 中卫市人大常委会副主任黄华带领视察组到海原县视察优化营商环境工作开展情况。

27日 自治区政协副主席郭虎到海原县调研旅游产业发展工作。中卫市副市长蔡菊、海原县县长许正清、县政协主席张斌陪同调研。

△ 海原县交警大队在昊源机动车检测中心对查处的8辆无证、无照以及达到强制报废年限的农用、货运三轮车辆进行集中销毁。

27—28日 海原县政协主席张斌带领调研组调研海原县残膜回收、加工利用及畜禽粪污处理情况，并召开座谈会。

28日 自治区"百名专家基层服务行"活动走进海原县，13名来自宁夏农林科学院、自治区交通运输厅、宁夏医科大学总医院、自治区人民医院等单位的专家在海原县开展基层服务行活动。

28日 海原县教育体育局举办劳动教育课程实施暨校长学校治理水平提升培训班。

28—29日 宁夏科普工作队、海原县科协组织开展的"科普大篷车进校园"活动分别在三河镇代店村第二小学、甘盐池中心小学举行。

29日 自治区政协主席崔波调研海原县政协工作和产业发展等重点工作。中卫市政协主席罗成虎，中卫市委常委、海原县委书记徐海宁，海原县县长许正清，海原县政协主席张斌陪同调研。

△ 海原县人大常委会主任罗成玉带领县人大常委会委员、各乡镇人大主席、自治区市县级人大代表对海原县十七届人大四次会议代表建议意见和2020年政府承诺办理的10件民生实事办理情况进行视察。

△ 海原县召开十四届县委第十二轮巡察工作动员会，传达学习十九届中央第六轮巡视工作动员部署会议精神，安排部署十四届县委第十二轮巡察工作。

△ 自治区科协科普大篷车走进甘盐池中心小学，给师生们带来机器人表演、VR眼镜体验、裸眼3D动画、蛟龙深潜器等19项科学体

验盛宴。

30 日 中卫市委常委、海原县委书记、海兴开发区党工委书记徐海宁主持召开海兴开发区第 23 次党工委（扩大）会议，传达学习中国共产党第十九届中央委员会第五次全体会议精神、习近平总书记在中央党校（国家行政学院）中青年干部培训班开班式上的重要讲话精神、《中国共产党中央委员会工作条例》等。听取海兴开发区“十四五”重点项目谋划情况、主题教育检视问题整改和专项治理进展情况汇报。研究审定了海兴开发区“三个大会战”等相关事项。市人大常委会副主任、海兴开发区管委会主任张振红参加会议。

△ 中卫市委常委、海原县委书记徐海宁主持召开海原县委第 23 次常委会（扩大）会议，传达学习《中国共产党中央委员会工作条例》，习近平总书记在深圳经济特区建立 40 周年庆祝大会上的重要讲话精神，全国易地扶贫搬迁后续扶持工作现场会精神，全区抗击新冠肺炎疫情表彰大会精神等内容。听取全县“十四五”规划编制工作、移民后续扶持发展工作汇报，安排部署下一步工作。

31 日 自治区人民医院在海原县委党校举办第五届宁夏地区超声、心电、神经电生理新技术学习班暨首届六盘山超声、临床学科融合发展论坛及首届宁夏地区经食管超声心动图培训班。

11 月

1 日 第七次全国人口普查工作拉开序幕，海原县 1578 名普查人员和 300 名普查指导员，佩戴统一证件走进千家万户，开始全面普查工作。

2 日 中卫市委常委、海原县委书记徐海宁主持召开海原县委植绿增绿大会战专题会，传达市委书记、市人大常委会主任何健批示精神，通报全县植绿增绿大会战进展情况，安排部署下一步工作。海原县人大常委会主任罗成玉，海原县县长许正清参加会议。

△ 宁南地区麻醉质控总结与病例讨论会在宁南医院举行。宁夏麻醉学质量控制中心专家组成员及固原市、中卫市各级医疗机构麻醉科相关工作人员参加会议。

3 日 自治区政府副主席吴秀章到海原县调研工业经济发展情况。

△ 中卫市委常委、海原县委书记、海兴开发区党工委书记徐海宁调研海兴开发区重点企业、“三个大会战”及疫情防控工作。

4 日 中卫市委常委、海原县委书记徐海宁，海原县县长许正清分别前往社区，参加了人口普查现场登记。

△ 海原县政府县长许正清主持召开县人民政府第 89 次常务会议，传达学习《中国共产党第十九届中央委员会第五次全体会议公报》，全国疫情防控工作电视电话会议、全区抗击新冠肺炎疫情表彰大会等相关会议精神；研究审定相关事宜。

△ 海原县政协主席张斌主持召开海原县政协十一届 27 次常委会（扩大）会议，传达学习中国共产党第十九届中央委员会第五次全体会议精神，自治区党委书记、自治区人大常委会主任陈润儿在自治区党委常委会会议上传达学习中共十九届五中全会精神时的讲话精神，中卫市委书记、市人大常委会主任何健在市委常委会会议上传达学习中共十九届五中全会精神时的讲话精神，安排部署县政协关于征集 2021 年度协商议题的有关事宜。

4—5 日 中卫市委常委、海原县委书记徐海宁先后到西安镇园河村，关桥乡罗山村、关桥村，高崖乡草场村、联合村，李旺镇杨堡村，七营镇北咀村，甘城乡乔畔村等地，调研压砂地结构调整及生态建设“三个大会战”工作。

4—6 日 海原县财政局、县农业农村局联合举办全县 2020 年农村财会人员财政支农政策培训班，对全县各乡镇、部门共188名财会人员进行培训。

6日 由海原县委宣传部、团县委、县工会等单位组织开展的“健康人生，绿色无毒”禁毒公益彩虹跑活动在文体广场举行，来自全县各机关单位的干部职工、学校师生、禁毒志愿者及社会各界人士等600余人参加活动。

7—8日 中卫市委常委、海原县委书记徐海宁深入史店乡、贾塘乡、郑旗乡、曹洼乡、海城镇、关桥乡，调研生态建设“三个大会战”及脱贫攻坚“四查四补”工作。

8日 海原县召开自治区市效能目标管理考核工作推进会议，听取重点考核任务自查及对接情况汇报，通报全面深化改革重点任务落实情况，安排部署下一步工作。

△ 由自治区商务厅主办，中卫市商务局、海原县工业信息化和商务局、宁夏家电行业协会承办的宁夏高效智能绿色家电惠民行动海原县启动仪式暨展销会在海原县泰丰活动广场举办。

9日 海原县在泰丰时代广场举行以“关注消防·生命至上”为主题的“119”消防宣传月活动启动仪式。

10日 海原县县长许正清深入关庄乡、红羊乡、曹洼乡，通过听取汇报、实地查看等形式，详细了解植绿增绿大会战和秋冬季农田水利基本建设工作进展情况。

△ 海原县人大常委会主任罗成玉主持召开海原县第十七届人大常委会第三十四次会议，传达学习《中国共产党第十九届中央委员会第五次全体会议公报》《习近平总书记在纪念中国人民志愿军抗美援朝出国作战70周年大会上的讲话》《陈润儿同志在列席自治区人大常委会会议基层人大代表座谈会上的讲话》精神，听取和审议全县交通重点项目建设情况、县十七届人大四次会议代表建议意见办理情况的工作报告和视察报告。

11日 自治区党委第五督查组组长、自治区政协副主席李泽峰对海原县贯彻落实中央及自治区党委政协工作会议精神和自治区党委《关于新时代加强和改进人民政协工作的实施意见》情况进行督查。中卫市政协主席罗成虎，中卫市委常委、统战部部长杨文生陪同调研。

△ 海原县召开学雷锋志愿服务暨新时代文明实践工作推进会议。

△ “全民的科学中心”全国科技馆联合行动走进甘盐池中心小学。来自中国科技馆、内蒙古科技馆、甘肃科技馆等7家场馆的22名工作人员为甘盐池中心小学的师生开展了缤纷多彩的科普项目集中会演。

△ “国培计划2020”——宁夏培育性示范县项目送教下乡培训活动分别在海原县回中、五中、六小同步进行，来自陕西、银川的各科教学名师通过同课异构、主题讲座、现场诊断、观摩研讨、实践操作、专家指导等方式，对海原县各中小学190名英语、语文学科教师开展系列培训。

△ 第五届宁夏地区超声、心电、神经电生理新技术学习班暨首届六盘山超声、临床学科融合发展论坛、首届宁夏地区经食管超声心动图培训班在海原县委党校礼堂举行。

△ 海原县公安局成功破获一起电信诈骗案，抓获犯罪嫌疑人5名，扣押银行卡22张、手机9部、POS机3台，现场查获追缴现金4万余元。

12日 海原县召开迎接国务院教育督导委员会对海原县人民政府履行教育职责实地督查安排部署会。

△ 据《宁夏日报》报道，海原县开展“植绿增绿”大会战，党员群众齐上阵、争当植绿排头兵，掀起了植树造林抚育管护新热潮，截至当前，共计栽植苗木达19.5万株。

16日 海原县市场监管局、县教体局、海城街道办等部门联合开展“全国安全用药月”系列宣传活动。

17 日 海原县召开第七次全国人口普查比对复查暨长表登记业务培训会，对参加第七次全国人口普查的 300 余名普查指导员进行培训。

△ 海原县政协召开 2021 年协商议题征集座谈会。

18 日 海原县政府县长许正清主持召开海原县人民政府第 90 次常务会议，传达学习宁夏回族自治区 2020 年脱贫攻坚视频会议精神，研究审议《2020—2021 年海原县冬春季大气污染综合治理攻坚行动方案（送审稿）》等事项。

△ 海原县举办 2020 年劳务中介组织法人及劳务经纪人提升培训班开班，全县 200 多名中介组织法人及劳务经纪人参加培训。

△ 银川市唐徕回中西校区与海原县三河中学结成帮扶对子。

19 日 中卫市委常委、海原县委书记徐海宁主持召开海原县委第 26 次常委会（扩大）会议，传达学习习近平总书记视察江苏时的重要指示，习近平总书记在浦东开发开放 30 周年庆祝大会上的重要讲话精神、全面推动长江经济带发展座谈会和中央全面依法治国工作会议上的重要讲话精神、习近平总书记参加第七次全国人口普查登记时的重要讲话精神等内容。听取全县第七次全国人口普查工作、农村土地制度改革和农村承包地管理工作进展情况的汇报，安排部署下一步工作。

△ 中卫市委常委、海原县委书记徐海宁主持召开海原县委退役军人事务工作领导小组第 2 次会议，传达学习习近平总书记给四川省革命伤残军人休养院全体同志的回信、自治区党委贯彻落实《关于加强新时代退役军人工作的意见》推进会精神，听取全县 2020 年退役军人工作情况的汇报，研究退役士兵安置工作，安排部署下一步工作。

△ 国家督学、四川省教育厅总督学傅明一行来海原县对县人民政府 2020 年度履行教育职责情况进行督查。中卫市副市长李斌、海原县委常委田玉宝陪同。

△ 海原县政协联合县委督查室、政府督查室对县政协十一届五次会议提案办理情况进行联合督办。

△ 海原县禁毒委员会、县总工会联合开展以“珍爱生命 远离毒品”为主题的禁毒知识讲座及竞赛，全县 500 余名干部职工、学生代表参加。

20 日 中国银行宁夏分行、自治区扶贫基金会、中银金融科技有限公司联合开展的“聚力教育扶贫、助推脱贫攻坚”教育扶贫捐赠活动在九彩乡九年一贯制学校举行。中卫市委常委、海原县委书记徐海宁参加捐赠活动。

△ 中卫市委常委、海原县委书记徐海宁深入九彩、李俊、三河等乡镇，调研生态建设“三个大会战”及脱贫攻坚“四查四补”工作。县委副书记丁志爱、副县长张赞军陪同调研。

△ 海原县健康海原建设领导小组召开 2020 年第 2 次会议。会议通报了健康海原及健康促进县建设工作情况，研究审定《海原县健康海原建设领导小组关于印发 2020 年健康海原建设考核细则的通知》等事项，安排部署下一阶段工作。

△ 海原县审计局被中央文明委命名为“全国文明单位”。

21 日 自治区宣讲团成员、自治区党校副校长郝彤在海原县党校向海原县领导干部作党的十九届五中全会精神宣讲报告。

21—22 日 海原县领导干部深入学习贯彻党的十九届五中全会精神与科学编制“十四五”规划和谋划 2021 年工作专题研讨班在县委党校举行。

23 日 海原县政府召开会议，对 2020 年度根治欠薪冬季专项行动进行安排部署。此次根治欠薪冬季专项行动时间为 2020 年 11 月 23 日至 2021 年春节前，重点对招用农民工较多的工程建设领域和劳动密集型加工制造及受疫情影响严重的行业拖欠农民工工资情况进行集中整治。

△ 自治区退役军人事务厅组织考核验收海原县全国示范型退役军人服务中心（站）创建工作。

24日 中卫市委副书记、市长李晓波调研督办海原县脱贫攻坚工作。

△ 由民建宁夏区委、中华思源工程扶贫基金会、民建中卫市总支资助的2020级“思源·佑华教育移民班”在海原县第四中学开班，并捐资20万元助学金。

25日 中卫市委常委、海原县委书记徐海宁深入海原县文化馆、地震博物馆、非物质文化遗产传承基地、剪纸刺绣孵化中心、融媒体中心等文化阵地，调研宣传思想文化系统工作。海原县委常委、宣传部部长于建涛陪同调研。

△ 中卫市“互联网＋思政课”教学展示交流活动海原专场在海原县第二小学举行。

△ 2020年1月1日至11月25日，海原县优良天数为308天，达标率96.0%，与2019年同期相比优良天数增加4天。

26日 中卫市委常委、海原县委书记徐海宁主持召开海原县委第27次常委会（扩大）会议，传达学习习近平总书记在全国劳动模范和先进工作者表彰大会上的重要讲话精神，全国精神文明建设表彰大会精神，研究贯彻落实意见。

△ 福建省漳州市委常委黄水木到海原县海城镇武塬村调研闽宁对口协作工作。海原县委常委、海原县副县长蓝主保陪同调研。

△ 海原县在三河镇黑城村举行“黄河魂，海原情”三区人才建设暨菜单式文化服务启动仪式。

26—27日 海原县政协开展提案视察及提办质量互评活动。

△ 自治区科协科普工作队特邀同心县农业农村局农业技术推广研究员杨正义、隆德县畜牧中心高级兽医师张岁丑，在盐池村举办“盐池村脱贫攻坚——牛羊猪养殖实用技术培训班”，并走访15家养殖大户现场解决养殖技术难题，盐池村牛羊猪养殖户58人参加了培训。

27日 宁夏回族自治区政协副主席李彦凯在海原县调研政协工作和全县产业发展等重点工作。中卫市委常委、海原县委书记徐海宁，海原县政协主席张斌陪同调研。

△ 海原县食品安全委员会在县人民医院举行2020年全县食品安全突发事件（Ⅳ）级响应应急演练。

28日 广东省肇庆市怀集县委书记黎晓华带领考察团来海原县考察肉牛产业发展情况。中卫市人大常委会副主任、海兴开发区管委会主任张振红陪同考察。

28—29日 海原县举办第三届方棋邀请赛，来自自治区内外的14支代表队参加比赛。

30日 中卫市政协在海原县召开2021年协商议题征集调研座谈会。中卫市政协副主席秦发成、吕玉兰，海原县政协主席张斌参加座谈。

△ 深圳书香文旅集团考察组来海原县考察洽谈文旅项目，就文旅项目合作进行深入沟通交流，初步达成初步合作意向。海原县县长许正清参加座谈会。

△ 海原县爱卫办聘请专业消杀公司开展冬春防蚊灭蚊消杀工作。

△ 海原县司法局、县文化旅游广电局等20多家单位，在县城四季鲜长隆广场举行“12·4”国家宪法日文艺演出及集中宣传活动。

是月 海原县融媒体中心全面建成并投入运营，新建成的县融媒体中心占地1155平方米。

12月

1日 中卫市委常委、市委宣传部部长叶宪静在海原县调研县融媒体中心和新时代文明实践中心建设运营情况。

△ 海原县邀请国家肉牛牦牛产业技术体系专家团对推动全县肉牛产业高质量发展进行技术指导。

△ 由中国科学技术馆、宁夏回族自治区科学技术协会主办，宁夏回族自治区科学技术馆、中卫市科学技术协会等承办的“中国流动科技馆”区域常态化巡展宁夏（海原站）启动仪式在海原县第二中学举行。

△ 中国扶贫基金会在海城镇中心小学举行“爱心包裹”发放仪式，为海原县18个学区的19741名小学生发放总价值600余万元的“爱心包裹”。

2日 海原县创建区级“互联网+教育”示范县通过自治区教育厅评估验收。

3日 海原县政府县长许正清主持召开海原县人民政府第91次常务会议，传达学习习近平总书记关于安全生产重要论述，安排部署安全生产专项整治三年行动及地震易发区房屋设施加固工程工作，研究审议《海原县防灾减灾救灾责任规定（送审稿）》、脱贫攻坚结余资金调整使用和解决“十三五”易地扶贫搬迁富陵安置点项目配套资金的请示等事项。

3—4日 中卫市普及高中阶段教育工作评估组对海原县普及高中阶段教育工作进行评估验收。

4日 海原县妇联、县教育体育局、县禁毒办等单位联合举办“健康人生、绿色无毒”朗诵比赛。来自全县各中小学的46名中小学生参赛。

5日 高崖乡草场村举行村集体经济分红大会暨模范表彰大会，共同分享集体经济发展成果。

6日 海原县召开创建自治区“食品药品安全县”动员会，启动自治区级“食品药品安全县”创建工作。

6—9日 中国儿童福利和收养中心及其委托的陕西省妇女儿童发展基金会在海原县开展基线调研，对全县10名儿童督导员和20名样本村儿童主任进行培训。中国儿童福利和收养中心副主任褚晓瑛参加活动。

7日 海原县农商行30余名干部员工走进海原县儿童福利院，开展以“献爱心 送温暖 传真情”为主题的关爱活动，为留守儿童送去了衣物、健身器材、书籍等价值25000元的爱心物品。

8日 县委书记徐海宁主持召开海原县党风廉政建设和反腐败工作领导小组会议，传达学习十二届自治区党委第十轮巡视动员部署会精神，自治区党委办公厅《纪律监督监察监督派驻监督巡视监督统筹衔接实施办法》等，听取县纪委监委关于2020年全县党风廉政建设和反腐败工作汇报，安排部署下一步工作。县人大常委会主任罗成玉，县长许正清，县政协主席张斌参加会议。

9日 中国太平洋财产保险股份有限公司宁夏分公司向海原县18名贫困大学生发放助学金3.6万元。

9—11日 浙江省发展改革委副主任、省对口办专职副主任陈伟率东西部扶贫协作考核评价组一行12人在海原县进行东西部协作考核。

10日 2020年脱贫攻坚东西部扶贫协作成效考核组在海原县召开东西部协作考核汇报会。自治区政府副秘书长、福建援宁工作队领队、固原市委常委、固原市副市长黄水木、中卫市副市长张隽华出席会议。中卫市委常委、县委书记徐海宁主持会议并汇报工作。

△ 自治区体育局对海原县申办第四届新农民篮球争霸赛决赛场地进行综合评估。

11日 中卫市委常委、海原县委书记徐海宁主持召开海原县委理论学习中心组2020年第13次学习会，传达学习中国共产党第十九届中央委员会第五次全体会议公报、习近平总书记关于《中共中央关于制定国民经济和社会发展第十四个五年规划和二〇三五年远景目标的建议》的说明、习近平《论党的宣传思想工作》、自治区党委十二届十二次全会精神等内容。

12日 由四川省扶贫开发局党组成员、副局长钟志荣任组长、中央统战部机关党委二级巡视员丛剑、四川省扶贫开发局二级巡视员雷蕾任副组长的考核组一行26人对海原县扶贫开发工作进行考核。

12—13 日 海原县在三河镇文化馆举办“秦之韵·花之海”秦腔花儿传唱大赛决赛。

13 日 海原县老科协召开第一届四次理事会。宁夏老科协会长王冰应邀出席会议。

14 日 来自人民网宁夏频道、人民日报客户端、中国新闻社、《农民日报》、《光明日报》等 5 家中央媒体和《共产党人》杂志社、《华兴时报》、宁夏新闻网、《新消息报》等 4 家区级媒体的记者，深入海原县，开展纪念海原大地震 100 周年报道活动。

15 日 徐海宁主持召开全县村（社区）“两委”换届工作会议，对全县村（社区）“两委”换届工作再安排再部署。自治区、市村（社区）“两委”换届指导组参加会议。

△ 自治区人民政府教育督导委员办公室组织对海原县普及高中阶段教育工作进行评估验收。

△ 宁夏老科协会长王冰一行到海原县调研“十四五”科普规划工作。

16 日 海原县召开以“记忆·奋进”为主题的纪念海原寰球大地震 100 周年座谈会。自治区、市、县相关领导、专家学者参加座谈会。会议播放了海原大地震 VR 视频，介绍了海原大地震情况及“十四五”时期全县地震遗迹保护和防震减灾规划，听取了海原大地震 100 周年国际学术研讨会成果及海原老城区地震应急避难场所规划设计建议，并围绕提升海原地震博物馆走向高端化、国际化，海原大地震开发与研究，黄河流域生态保护和高质量发展先行区背景下的海原县环境保护和地震地质文化建设，海原地震文化带动海原旅游发展等内容进行座谈交流。中国地震局兰州地震研究所研究员郭安宁向海原县地震局捐献地震文献资料。

△ 海原至平川高速公路暨国省道项目集中开工仪式在海城镇高台村举行，这标志着投资 40.85 亿元的海原至甘肃平川高速公路项目进入了全面建设实施阶段。自治区政府副主席刘可为出席开工仪式并宣布海原至平川高速公路暨国省道项目正式开工。

17 日 海原县政府县长许正清深入残疾人文化就业创业基地、海兴开发区敬老院、三河镇兴业社区，通过实地查看、听取汇报，详细了解残疾人文化就业创业基地运营模式、生产效益、带动残疾人脱贫情况及县民政、残联工作开展情况，并现场办公，研究解决存在的困难问题。

19 日 中卫市委常委、海原县委书记徐海宁深入海城街道办黎明社区、建设社区、东城社区、文联社区和三河镇兴业社区、凤凰社区，实地查看档案资料，听取工作汇报，详细了解社区基本情况、党员结构和社区“两委”换届推选、程序、进展等情况，询问存在的困难和问题，并对社区“两委”换届选举工作提出了具体要求和希望。

19—21 日 中卫市委常委、海原县委书记徐海宁先后深入三河镇、海城镇、史店乡、贾塘乡、郑旗乡、李旺镇、高崖乡调研村“两委”换届选举工作。

20 日 海原县召开全县村（社区）“两委”换届工作推进视频会。中卫市委常委、海原县委书记徐海宁主持会议并讲话。全县各乡镇党（工）委领导班子成员、司法所、派出所负责人在各分会场参加会议。

△ 国务院参事室调研组一行先后深入关桥乡华润希望小镇、曹洼乡华润草畜一体化养殖基地、三河镇富陵村等地，对海原县脱贫攻坚工作进行实地调研。中卫市副市长张隽华、海原政府县长许正清陪同调研。

21—22 日 共青团海原县委举办 2020 年共青团干部（少先队辅导员）综合素质提升培训班。

22 日 海原县县长许正清主持召开县人民政府第 92 次常务会议，传达学习中央经济工作会议精神、自治区财政厅《强化政府债务管理、坚决防范债务风险》等内容，听取“十四五”项目谋划及 2021 年重点开工项目情况的汇报，研究审议《海原县行政事业单位国有资产管理暂行办法（送审稿）》等事项。

23日 国务院参事室参事业务二司司长孙维佳带领调研组一行6人，到海原县开展脱贫攻坚有关情况调研。

△ 宁夏关工委携手中国下一代教育基金会举行“爱起航”项目捐赠、慰问仪式，为海原县树台学区捐赠儿童服装398件，总价值近8万元。

△ 海原县第六届“迎新春、我运动、我健康、我快乐”广场舞比赛在全民健身活动中心举行，来自全县各乡镇11支队伍参加比赛。

24日 中卫市委常委、海原县委书记徐海宁主持召开县委第29次常委会（扩大）会议，传达学习习近平总书记在中央经济工作会议、中央政治局会议上的重要讲话精神、全区基层治理经验交流会精神、全区推进基层整合审批服务执法力量改革现场会精神等内容。听取人大代表建议和政协委员提案办理情况汇报。研究审定县人大常委会《关于召开海原县第十七届人民代表大会第五次会议的请示》，县政协《关于召开政协海原县第十一届委员会第六次会议的请示》等事项。县人大常委会主任罗成玉，县政协主席张斌列席会议。

△ 中卫市委常委、海原县委书记徐海宁主持召开县委理论学习中心组第14次学习会议，学习习近平法治思想并进行交流研讨。

△ 上海意康眼镜有限公司与海原亨得利眼镜店共同向全县3500名学生捐赠3500副优越学生品牌树脂镜片和镜架，总价值达到108万元。

25日 海原县委召开人大工作会议。传达学习习近平总书记关于坚持和完善人民代表大会制度的重要论述和对地方人大设立常委会40周年作出的重要指示精神，中央政治局常委、十三届全国人大常委会委员长栗战书在纪念地方人大设立常委会40周年座谈会上的讲话精神，自治区党委纪念自治区人大设立常委会40周年暨人大工作座谈会精神，市委人大工作会议精神。会议由海原县委副书记、县长许正清主持。中卫市委常委、海原县委书记徐海宁就做好人大工作讲话。

△ 海原县召开“十四五”规划建议征求离退休干部代表意见座谈会，征求对“十四五”规划的意见建议，充分发挥老同志的经验优势，为科学编制好海原县 “十四五”规划凝聚智慧、贡献力量。中卫市委常委、海原县委书记徐海宁参加会议并讲话。

△ 海原县召开“十四五”规划建议征求人大代表意见座谈会，听取人大代表对县委“十四五”规划的意见建议。中卫市委常委、海原县委书记徐海宁出席会议并讲话，海原县人大常委会主任罗成玉主持会议。

△ 海原县召开“十四五”规划建议征求政协委员意见座谈会，中卫市委常委、海原县委书记徐海宁参加会议并讲话，强调要着眼长远、把握大势，深刻认识新发展阶段的新特征、新要求，科学谋划“十四五”规划，奋力谱写海原高质量发展新篇章。海原县政协主席张斌主持会议。

△ 海原县县长许正清督导调研“元旦”节前安全生产工作。许正清先后深入华山医院、牌路山交通安全劝导站、广汇加气站、宏运客运公司、海同高速疫情防控检查站等地，详细了解全县安全生产和疫情防控措施落实等情况，现场协调解决相关问题。

26日 中卫市委常委、海原县委书记徐海宁深入红羊乡刘套村和杨明村、李俊乡李俊村、九彩乡九彩村、曹洼乡白崖村、史店乡史店村、海城镇水洼村，通过实地查看档案资料，听取“两委”换届总体情况的汇报，详细了解各村党员人数，参选人年龄和学历结构，村干部队伍建设和干部思想动态，选举过程中是否存在问题等情况，并就更好地推进村“两委”换届工作做了具体部署。在调研村“两委”换届工作时强调，要深入贯彻落实习近平总书记关于农村和城市基层党建的重要指示精神和视察宁夏重要讲话精神，全面落实党中央和区、市党委的部署要求，以增强党组织政治功能和组织力为重点，紧紧围绕新时代事业发展和人民群众美好生活需要，高标准高质量选优配强村“两委”班子。

△ 宁夏回族自治区人民医院宁南医院举行“喜迎建院九周年，惠民义诊送健康”专家义诊活动。邀请自治区人民医院儿科、泌尿外科、普外科等科室的近十名专家坐诊，为周边地区有就医需求的群众提供优质诊疗服务。

28 日 中卫市委常委、海原县委书记徐海宁主持召开县委第 30 次常委会（扩大）会议，传达学习习近平总书记在中共中央政治局民主生活会上的重要讲话精神，中共中央、国务院《关于实现巩固拓展脱贫攻坚成果同乡村振兴有效衔接的意见》，研究贯彻落实意见；听取全县村（社区）“两委”换届选举工作进展情况，安排部署下一阶段工作。县人大常委会主任罗成玉，县政协主席张斌列席会议。

△ 中卫市委常委、海原县委书记、海兴开发区党工委书记徐海宁主持召开海兴开发区党工委理论学习中心组第 25 次集中学习会议暨党工委第 29 次（扩大）会议，传达学习习近平总书记在中央全面依法治国工作会议上的重要讲话精神，自治区党委书记、自治区人大常委会主任陈润儿在全区基层治理经验交流会上的讲话精神；研究贯彻落实意见。听取海兴开发区 2020 年意识形态工作情况的汇报，安排部署下一阶段工作。中卫市人大常委会副主任、海兴开发区管委会主任张振红参加会议。

△ 自治区科协党组书记、主席陈红缨，副主席陈国顺一行到对口帮扶村盐池村开展调研，并给 6 名困难群众送去了慰问金。

28—30 日 由华中师范大学教授、副教授、博士生组成的专家团队，在海原县开展“互联网＋教育”大讲坛活动。

29 日 海原县政府县长许正清主持召开海原县人民政府党组第 13 次（扩大）会议，传达学习国务院“十四五”规划纲要草案编制工作领导小组会议精神，自治区“十四五”项目谋划指南、自治区双拥工作领导小组会议精神，研究审议相关事宜。

△ 海原县残疾人文化就业创业培训基地举办了一场独特的文艺晚会，残疾人登上舞台，用舞蹈和歌声表达了对祖国的热爱和对新年的祝福。

△ 海原县安委会组织检查组，开展节前安全生产及应急管理工作检查。

31 日 海原县组织县处级领导干部、各乡镇（街道）、部门（单位）党政主要负责人共 90 人参观自治区廉政警示教育中心、自治区保密教育实训平台，集体接受党性、党风、党纪廉政警示教育和保密教育。中卫市委常委、海原县委书记徐海宁，中卫市人大常委会副主任、海兴开发区管委会主任张振红，海原县人大常委会主任罗成玉，海原县政府县长许正清，海原县政协主席张斌等县领导参加活动。

是年 海原县高中阶段适龄人口毛入学率达到 93.72%；2019—2020 学年度初中毕业生升学率为 98.67%，初中三年巩固率为 100%，中职毕业生一次就业率达到 98.06%。

是年 海原县实施招商引资项目 36 个，实现到位资金 37.422 亿元。

组织机构与负责人

ZuZhi JiGou Yu FuZeRen

中国共产党海原县委员会

书　记　徐海宁

副书记　许正清（回族）

郝振明（挂职）

濮　实（挂职，任至3月）

丁志爱

常　委　赵建云（9月调职）

童　颢

刘淑芳（女，4月调职）

白　旭（回族）

田玉宝（回族）

蓝主保（挂职）

吴秉凯（4月调职）

张晓华（9月任职）

李彤宇（9月调职）

薛军勇

李雪峰（4月任职）

于建涛（4月任职）

赵元学（9月任职）

海原县人民代表大会常务委员会

主任、党组书记

罗成玉（回族）

副主任　但　升

段成宝

杨正福（回族）

米力芳（女，4月提名为候选人）

党组成员　马仲元（回族，5月调职）

杨文珂（回族，5月任职）

办公室

主　任　马仲元（回族，5月调职）

杨文珂（回族，5月任职）

副主任　李嘉明（回族，5月任职）

法制工作委员会

主　任　杨正军（回族）

财政经济与农业和环境保护工作委员会

主　任　陈富荣（回族）

教育科学文化卫生工作委员会

主　任　马彦虎（回族）

代表联络选举与民族宗教外事侨务工作委员会

主　任　　杨林学（回族）

海原县人民政府

县长、党组书记

许正清（回族）

副县长、党组副书记

薛军勇

副县长　　蓝主保（挂职）

丁　芳（女，回族）

金钟河（回族）

罗永珍（回族，9月调职）

王永军（挂职）

孙占宏

张赞军

县长助理　许坤煌（挂职）

党组成员　石彦才（回族，5月任职）

中国人民政治协商会议海原县委员会

主席、党组书记

张　斌

党组副书记　白　旭（回族）

副主席　　米力芳（4月调职）

杨常林（回族）

田风梅（女，回族，4月提名为候选人）

屈文彬（4月提名为候选人）

党组成员　杨文珂（回族，5月调职）

包国成（5月任职）

办公室

主　任　　杨文珂（回族，5月调职）

包国成（5月任职）

副主任　　闫　财

提案与委员联络委员会

主　任　　田春宝（回族）

专职副主任　马应强（回族）

经济委员会

主　任　　马风槐（回族）

专职副主任　杨　华（回族）

科教文卫体与民族宗教委员会

主　任　　马仲明（回族）

副主任　　马万生（回族）

社会治理委员会

主　任　　李　云（回族，5月任职）

专职副主任　金晓娟（女，回族，5月任职）

中国共产党海原县纪律检查委员会

书　记　　李彤宇（9月调职）

张晓华（9月任职）

副书记　　马福俊

杨立廷（回族，5月调职）

常　委　　马　宁（回族）

王国明（5月任职）

白云海（5月任职）

海原县监察委员会

主　任　　李彤宇（9月调职）

张晓华（11月代理）

副主任　　张晓华（11月任职）

马福俊

杨立廷（回族，5月调职）

委　员　　马　宁（回族）

马亚军（回族）

王国明（5月任职）

白云海（5月任职）

海原县人民法院

院　长　　李明琮（1月当选）
副院长　　杨进生（任至5月）
　　　　　田成国（回族，任至5月）
　　　　　贺小平（回族）
　　　　　杨　红（女，回族，5月任职）
　　　　　郭群杰（5月任职）

海原人民检察院

检察长　　俞　敏（女）
副检察长　马占荣（回族，任至5月）
　　　　　田晓荣（回族）
　　　　　王秉威
　　　　　田风海（回族，6月任职）
党组成员　李建保（回族）
党组成员、政治部主任
　　　　　马　宇（回族，12月任职）
检委会专职委员
　　　　　田　龙（回族）

中国人民解放军海原县人民武装部

部　长　　赵建云（9月调职）
　　　　　采澎涛（12月任职）
政　委　　赵元学
副部长　　孙玉东（8月任职）

海原县委工作部门

县委办公室
主　任　　田　平（回族，5月任职）
副主任　　田　平（回族，任至5月）
　　　　　常贤明（回族）
　　　　　顾一凡

县委保密局（挂牌单位）
局　长　　田　平（兼）
县委档案局（挂牌单位）
局　长　　田　平（兼）
县委督查室（挂牌单位）
主　任　　常贤明（兼）
县委机要局（挂牌单位）
局　长　　顾一凡（兼）
专职副局长　马进龙（回族）

县委组织部
部　长　　刘淑芳（女，4月调职）
　　　　　李雪峰（4月任职）
常务副部长　王存栋
副部长　　李雪峰（挂职，任至4月）
　　　　　周宏财（回族）
　　　　　王　成（回族）
县直机关工委（挂牌单位）
书　记　　刘淑芳（兼，4月调职）
　　　　　李雪峰（兼，4月任职）
副书记　　王存栋（兼）
县非公有制经济组织和社会组织党工委（挂牌单位）
书　记　　周宏财（兼）
专职副书记　马建勋（回族）
县委老干部局（挂牌单位）
局　长　　王存栋（兼）
县委离退休干部党工委（挂牌单位）
书　记　　王存栋（兼）
专职副书记　徐　虎
县委关工委办公室（挂牌单位）
主　任　　刘金虎

县委宣传部
部　长　　于建涛（4月任职）
副部长　　刘风贵（回族）
　　　　　周　玲（女，回族，5月任职）
县文明办（挂牌单位）
主　任　　刘风贵（兼）

县新闻出版局（挂牌单位）
局　长　　刘风贵（兼）

县委统一战线工作部
部　长　　白　旭（回族）
常务副部长　王占福（回族）
副部长　　马志福（回族）
　　　　　王小平（回族）
　　　　　张东雄
县宗教事务管理局（挂牌单位）
局　长　　王占福（兼）

县委政法工作委员会
书　记　　童　颢
第一副书记　张赞军
常务副书记　高　勇（回族）
副书记　　田成龙（回族）

县委政策研究室
主　任　　包国成（5月调职）
　　　　　常贤明（回族，11月任职）
副主任　　田彦贵（回族）

县委机构编制委员会办公室
主　任　　石彦才（回族）
副主任　　王彦宏（回族）
　　　　　杨　梅（女、回族）

县委巡查领导小组办公室
主　任　　王国强（回族）
副主任　　白翠萍（5月调职）
　　　　　赵建华（5月任职）
县委巡察组
专职副组长　田向福（回族）
　　　　　田亚鹏（回族，5月任职）

县委网络安全和信息化委员会办公室
主　任　　马海军（回族）
副主任　　马进堂（回族）

海原县委直属及其部门所属事业单位

县委党校（县行政学校）
校　长　　郝振明
常务副校长　魏克军（5月调职）
副校长　　马占祥（回族，任至11月）
　　　　　李　力（回族，5月主持工作）
　　　　　李小宝（11月任职）
县委党史和地方志研究室（原县志办）
主　任　　田玉龙（回族，9月任职）
副主任　　段玉梅（女，9月任职）
县融媒体中心（县广播电视台）
主　任　　田彦秀（女，回族，12月任职）
副主任　　马启峰（回族，5月任职）
县档案馆
馆　长　　马　廉（回族）

海原县人民政府工作部门

县政府办公室
党组书记　　马维国（回族，5月调职）
　　　　　石彦才（回族，5月任职）
主　任　　石彦才（兼，5月任职）
副主任　　马维国（兼,主持工作,5月调职）
　　　　　李　瑛（回族）
　　　　　黎恩生（回族）
　　　　　王　刚（5月任职）
县外事办公室（挂牌单位）
主　任　　石彦才（兼）
县政务公开办公室（挂牌单位）
主　任　　石彦才（兼）
县政府督查室（挂牌单位）
主　任　　冯彦茂（回族）
县信访局（挂牌单位）
局　长　　黎恩生（兼）
副局长　　马彦贵（回族）

县发展与改革局

局　长　任广业（任至5月）
　　　　魏克军（5月任职）
副局长　田广龙（回族，任至5月）
　　　　丁仁才（回族，任至5月）
　　　　张信平（5月任职）
　　　　邓向鹏（回族，5月任职）
　　　　马小明（回族，5月任职）

县粮食与物资储备局（挂牌单位）

局　长　任广业（任至5月）
　　　　魏克军（5月任职）
副局长　田广龙（任至5月）

县财政局

局　长　田晓育（回）
副局长　单广义（回）
　　　　褚桂芳（5月调职）
　　　　马正当（回族）
　　　　夏志奎（挂职）

金融局（挂牌单位）

局　长　田晓育（兼）
副局长　马正当（兼）

县农业与农村局

局　长　田风奇（回族）
副局长　张广平
　　　　刘一祖
　　　　马德友（回族）
　　　　高　强（回族，挂职）

县科学技术局

局　长　高启平
副局长　虎尚琦（回族）
　　　　王晖敏
　　　　陈明木（挂职，10月任职）

县水务局

局　长　贾治林
副局长　田兴明（回族）
　　　　马应财（回族）
　　　　陈学明
　　　　田　涛（挂职）

县交通运输局

局　长　李　云（回族，5月调职）
　　　　李铭臣（回族，5月任职）
副局长　方成明
　　　　田彦虎（回族）
　　　　冯克勇

县住房和城乡建设局

局　长　刘风武（回族）
副局长　李玉龙（回族）
　　　　王光明（5月调职）
　　　　赵旭辉

城市管理综合执法局（挂牌单位）

局　长　刘风武（兼）
副局长　赵旭辉（兼）

县教育体育局

局　长　马天科（回族）
副局长　刘正权
　　　　马得福（回族）
　　　　李占平（回族，4月调职）
　　　　马汉学（回族）

教育工委（挂牌单位）

书　记　马天科（兼）
副书记　刘政权（兼）

教育督导室（挂牌单位）

主　任　马天科（兼）
副主任　马得福（兼）

县民政局

局　长　冯国虎（回族，5月调职）
　　　　杨立廷（回族，5月任职）
副局长　买玉珠（回族）
　　　　麦　荣

县应急管理局

局　长　马守玉（回族）
副局长　冯　智
　　　　田术吉（回族）
　　　　李忠荣（回族）

县司法局

局　长　安　云（12月调职）
　　　　杨宝林（12月任职）
副局长　马汉贵（回族）
　　　　杨彦虎（回族）
　　　　武向霞（女，12月任职）

县公安局

党委书记、局长
　　　　张赞军
党委副书记、政委
　　　　罗廷朝
常务副局长
　　　　金　武（回族，任至12月）
　　　　马正科（回族，12月任职）
副局长　杨宝林（12月调职）
　　　　杨占琦（回族，任至12月）
　　　　赵紫峰（任至12月）
　　　　李建伟（12任职）
　　　　代志勇（12任职）

县人力资源与劳动保障局

局　长　郑海明
副局长　马　琳（回族）
　　　　仇建国（回族）
县劳动就业服务局
局　长　锁鹏珠
副局长　张学昌（回族）

县自然资源局

局　长　罗成礼（回族）
副局长　田建彪
　　　　李　静（5月调职）
　　　　田小武（回族）
县林业和草原局（挂牌单位）
局　长　罗成礼（兼）
副局长　田小武（兼）

县文化旅游广播电视局

局　长　李德军（回族）
副局长　胡有武
　　　　张　荣
县文物局（挂牌单位）
局　长　李德军（兼）
副局长　张　荣（兼）

县审计局

局　长　包兆武
副局长　杨平献（回族）
　　　　冯进寿

县扶贫办

主　任　穆　华（回族）
副主任　高　敏（回族，挂职）
　　　　肖瑞清（挂职）
　　　　余正帮（回族，挂职）
　　　　李　军
　　　　周　玲（女，回族，5月调职）
　　　　李文福（回族）
　　　　李万贵（回族，12月任职）
党组成员　马吉才（回族）

县卫生健康局

局　长　卢俊福（回族，2月调职）
　　　　屈文彬（2月任职）
副局长　田兴贵（回族）
　　　　田风总（回族）
　　　　田进生（回族）

县医疗保障局

局　长　薛正东（回族）

副局长　樊　军

　　　　罗　玉（回族）

县市场监督管理局

局　长　单进虎

副局长　杨进林

　　　　张汉祥（回族）

　　　　吴鹏江（5月任职）

县工业信息化和商务局

局　长　李铭臣（回族，5月调职）

　　　　马正福（回族，5月任职）

副局长　田海英（回族）

　　　　周金平（回族）

县统计局

局　长　田进虎（回族）

副局长　马会珍（女）

　　　　李学贵（回族）

县退役军人事务局

局　长　田　波（回族）

副局长　马月德（回族）

　　　　张汉旭

县审批服务管理局

局　长　马正福（回族，5月调职）

　　　　马维国（回族，5月任职）

副局长　马进海（回族，5月任职）

　　　　赵全国（回族）

海原县人民政府直属事业单位

县地震局

局　长　刘　刚（回族）

副局长　罗贵山（回族，任至5月）

　　　　赵廷虎（12月任职）

县机关事务服务中心

主　任　李文平（回族）

副主任　曹　瑾

县供销合作社

主　任　肖东坡

海原县属国有企业

县文化融创文化旅游发展集团责任有限公司

董事长　李志强（回族，8月任职）

总经理　罗绍珺（回族，8月任职）

监事会主席　马德云（回族，8月任职）

县肉牛产业发展集团责任有限公司

董事长、总经理

　　　　杨永生（回族，8月任职）

董　事　王开坦（8月任职）

　　　　谢迪霞（女，8月任职）

监事会主席　刘启通（8月任职）

海原县政府部门及其所属事业单位

县政务服务中心

主　任　杜海平（6月任职）

县市场监管综合执法大队

大队长　马百宽（回族，5月任职）

县交通运输综合执法大队

大队长　张殿兴（回族，5月任职）

县城市管理综合执法大队

大队长　王兴杰

县生态环境保护综合执法大队

大队长　马红成（回族）

县农业技术推广服务中心

主　任　邹德强

县河湖管理事务中心

主　任　梅海东（6月任职）

县扶贫开发服务中心

主　任　　李文林（回族）

县农村供水管理中心

主　任　　李伟宝（回族）

县社会保险事业管理中心

主　任　　马卫东（回族，10月任职）

县退役军人事务中心

主　任　　王　军

县体育中心

主　任　　马学文（回族）

县企业服务中心

主　任　　杨永明（回族，12月任职）

县卫生监督所

所　长　　王红力（女）

县畜牧产业发展中心（动物疾病预防控制中心）

主　任　　谢文青

县农村合作经济经营管理站

站　长　　姜海刚

县农业机械化推广服务中心

主　任　　张志英

县农业综合开发服务中心

主　任　　肖生祯

县应急救援事务服务中心

主　任　　马国虎（回族）

县国有林场和草原建设服务中心

主　任　　任永喜

县公路管理段

段　长　　李永龙（回族）

海原县群团组织

县总工会

主　席　　杨常林（兼职）

常务副主席　马彩红（女）

副主席　　李颖宇（女，回族）

　　　　　顾　娟（女，兼职）

　　　　　马治兰（女，回族，挂职）

女工委主任　李颖宇（兼职）

经审会主任　李正庭（回族）

共青团海原县委员会

书　记　　贺小军（回族，10月调职）

　　　　　太耀坤（11月任职）

副书记　　太耀坤（任至11月）

　　　　　魏世英（女，11月任职）

县妇女联合会

主　席　　张晓霞（女）

副主席　　李文霞（女，回族）

　　　　　邵淑霞（女）

县科学技术协会

主　席　　田彦秀（女，回族，12月调职）

副主席　　马　彪（回族）

　　　　　张怀东

县残疾人联合会

理事长　　郭维廉（女）

副理事长　马志强（回族）

　　　　　田贵川（回族）

县伊斯兰教协会

会　长　　马宏吉（回族，不驻会）

常务副会长　金录岐（回族）

副会长　　李江洋（回族）

　　　　　李玉海（回族）

县文学艺术界联合会

主　席　　李存福（回族）

副主席　　黄　勤

　　　　　胡玉蓉（女）

县工商业联合会

会　长　　田　埂（回族）

副会长　　田振国（回族）

学校　医院

海原县第一中学

校　长　　王宗龙

海原县回民中学

校　长　　卢俊才（回族）

海原县兴海中学

校　长　　岳海伟

海原县职业中学（县职业教育中心）

校　长　　郭志宏

海原县第二中学

校　长　　杨　成（回族）

海原县第三中学

校　长　　李彦豹

海原县第四中学

校　长　　罗　军（回族）

海原县第五中学

校　长　　李占平（回族）

海原县第一小学

校　长　　曹　鹏

海原县人民医院

院　长　　黄录宁（12月调职）

海原县中医医院

院　长　　马尚钰（回族）

自治区（市）属驻海原单位

国家税务总局海原县税务局

局　长　　邓小东（回族）

副局长　　顾学文（回族）

　　　　　董新民

　　　　　刘宗河

纪检组长　王志卫

宁夏南华山国家级自然保护区管理处

主　任　　李　瑞（回族，6月任职）

副主任　　魏学理（6月任职）

　　　　　马宏福（回族，6月任职）

中卫市生态环境局海原分局

局　长　　张汉东（回族）

副局长　　马新民（回族，7月任职）

海原县气象局

局　长　　杨文宝（回族）

副局长　　马慧萍（女）

　　　　　白志清（回族）

海原县消防救援大队

党委书记、教导员

　　　　　纳鹏英

党委副书记、大队长

　　　　　陈奇伟

党委委员　马明有

　　　　　王　超

　　　　　崔海鹏

中国人民武装警察部队海原县中队

指导员　　冯　彬

中队长　　申立涛

副中队长　赵伟杰

国家统计局海原调查队

队　长　　马晓亮（回族）

副队长　　李　楠（女，回族）

纪检员　　柳苗峰（女）

海原县地震台

台　长　　程鹏图

海原公路养护中心

主　任　　张永贵

海原路政大队

大队长　　李国林

国家电网海原县供电公司

经　理　　马国锋（回族）

海原县烟草专卖局（烟草公司）

局长（经理）

　　　　　罗淑莉（女）

副局长　　孙　平（回）

中国农业银行海原县支行

党委书记、行长

　　　　　王　伟

党委副书记、副行长

　　　　　郑陇榕（挂职）

党委委员、副行长

　　　　　李志明（回族）

　　　　　马　成（回族，9月任职）

党委委员、纪委书记

　　　　　于武奎

宁夏海原农村商业银行股份有限公司
党委书记、董事长
景海昆
党委副书记、行长
刘　杰
党委委员、监事长
王志强（回族）
党委委员、副行长
马旭生（回族）
许海顺
党委委员、纪委书记　马灵海（回族）

中国邮政储蓄银行海原县支行
行　长　刘　静
副行长　高永祖（7月任职）

建设银行海原县支行
行　长　王新国
副行长　韩晓辉（女）
李丽艳（女）
徐晓强

宁夏银行海原县支行
行　长　李永刚（1月任职）
行长助理　李金亮（4月任职）

石嘴山银行海原支行
行　长　邹德晓（6月调职）
张　鹏（7月任职）

中国人寿保险公司海原分公司
总经理　白　冰
经理助理　王　梅
销售助理　黄　鹏

中国财产保险公司海原分公司
经　理　任　佳
经理助理　田　军
孙尚洁

海原县盐业管理局
局　长　杨风义（回族）

海原县邮政公司
总经理　李海峰
副总经理　马博琛

中卫市住房公积金管理中心海原分中心
主　任　包兆文
副主任　田生智（回族）

中国电信海原分公司
经　理　严海军

中国移动海原分公司
经　理　沈治亮
经理助理　马兴国（回族）

中国联通公司海原分公司
经　理　訾少强

宁夏广电网络公司海原分公司
经　理　马云清（回族，任至8月）
庞　成（回族，8月任职）
副经理　罗成文（回族）

中国石油中卫销售公司海原片区
经　理　冯学忠
副经理　吴填魁
徐占国

海原新华书店
经　理　邓永清

乡(镇、街道办、管委会)

海城镇
党委书记　李成文（回族）
副书记、镇长　杨卫国
人大主席　妥成军（回族）
副书记
纪委书记、监察办主任
夏学鹏
副镇长　李增明（回族）
任艳秀
人武部长　曹宏远
组织委员　马正伟（回族）

三河镇
党委书记　宋志鹏（回族）
副书记、镇长　白向平
人大主席　田志鹏（回族）

党委副书记　　刘　顺
纪委书记、监察办主任
　　王有虎（回族）
副镇长　　李学虎（回族）
　　马瑞蓝（回族）
　　马治锋（回族）
人武部长　　田治贵（回族）
组织委员　　孙晓红（女）

李旺镇

党委书记　　马建荣（回族）
副书记、镇长　李成虎（回族）
人大主席　　李德才（回族）
党委副书记　　马维虎（回族）
纪委书记、监察办主任
　　兰生明（回族）
副镇长　　张占生（回族）
　　李　波
　　王　芳（女，回族）
人武部长　　田海平（回族）
组织委员　　田　福（回族）
党委委员　　张　博

西安镇

党委书记　　李　创
副书记、镇长　洪兴志（回族）
人大主席　　李海军（回族）
党委副书记　　曹国材
纪委书记、监察办主任
　　苟　明
副乡长　　胡丁香（女）
　　马永远（回族）
　　马建福（回族）
人武部长　　魏克明
组织委员　　王　刚（11月调职）
　　田进权（回族，11月任职）

七营镇

党委书记　　马光智（回族）
副书记、镇长　宋海山
人大主席　　杨　林（回族）
副书记　　马阳青（回族）
纪委书记、监察办主任
　　黄登明
副镇长　　郭维芳（女）
　　李金龙（回族）
　　吕鸿选
人武部长　　田兴国（回族）
组织委员　　秦卫民
镇长助理　　杨　龙（回族）
党委委员　　锁成杰
　　张治兵

高崖乡

党委书记　　王耀玺
副书记、乡长　田　璟（回族）
人大主席　　姚治军
副书记　　马月芳（女，回族）
纪委书记、监察办主任
　　张德飞
副乡长　　张黎明（回族）
　　杨忠栋（回族）
　　马小锋（回族）
组织委员　　丁良栋（回族）
人武部长　　田　原（回族）
党委委员　　丁春旺（回族）
　　田维全（回族）

甘城乡

党委书记　　张成静
副书记、乡长　李忠国（回族）
人大主席　　刘康林
党委副书记　　詹国鹏
　　卢建宏
纪委书记、监察办主任
　　赵建华（回族，5月调职）
　　马学虎（回族，5月任职）
副乡长　　马志忠（回族）
　　蔺永平

蒙文瑞（女）
人武部长　杨建军（5月调职）
马占庆（回族，5月任职）
组织委员　李青芳（女，回族）
党委委员　王向平

关桥乡

党委书记　马海燕（回族）
副书记、乡长　郭建巍
人大主席　李金龙（回族）
副书记　李广强（回族）
罗成玉（回族，挂职）
纪委书记、监察办主任
董治耀
副乡长　朱德勇
马小明（回族）
吴春江（5月任职）
人武部长　马　龙（回族）
组织委员　田　龙（回族）

贾塘乡

党委书记　金朝晖
副书记、乡长　田　地（女，回族）
人大主席　杨　辉（回族）
副书记　马运选（回族）
纪委书记、监察办主任
李水彬
副乡长　肖进民
杨忠信（回族）
雷　毓
人武部长　杨如海（回族）
组织委员　李世民（回族）
党委委员　丁丽慧（女）

树台乡

党委书记　麻德明（回族）
副书记、乡长　曹　昀
人大主席　田　瑞（回族）
副书记　杨　立
魏松耀
纪委书记、监察办主任
张渊鹏（回族）
副乡长　马全德（回族）
马治琪（回族）
周　黎（回族）
人武部长　李小虎（回族）
组织委员　李　兰（女，回族）

红羊乡

党委书记　段富强
副书记、乡长　杨永和（回族）
人大主席　杨志福（回族）
副书记　马逸为
杨万龙（回族）
纪委书记、监察办主任
杨彦福（回族）
副乡长　马忠玉（回族）
尹雪峰
郭晓文
人武部长　马小军（回族）
组织委员　黄晓萍（女）

关庄乡

党委书记　张信繁
副书记、乡长　刘晓强（2月免职）
丁　毓（2月任职）
人大主席　张汉旭（2月调职）
余卫东（2月任职）
副书记　黄　富
纪委书记、监察办主任
王建勋
副乡长　石洪国
冯向辉
人武部长　张腾飞
组织委员　周小燕

郑旗乡

党委书记　罗发强（回族）
副书记、乡长　罗永平（回族）
人大主席　马　杰（回族）

副书记　　　卢泽萍（女）
　　　　　　杨志强（挂职，任至11月）
纪委书记、监察办主任
　　　　　　王　华
副乡长　　　马俊义（回族）
　　　　　　金　强（3月调职）
　　　　　　周　鹏（回族）
组织委员　　马彦龙（回族）
人武部长　　金　平（回族）
党委委员　　罗彦明（回族）

李俊乡

党委书记　　冯　帆（女）
副书记、乡长　田应鹏（回族）
人大主席　　马小虎（回族）
副书记　　　李进军（回族）
纪委书记、监察办主任
　　　　　　马进虎（回族）
副乡长　　　马晓英（回族，女）
　　　　　　魏月峰
人武部长　　常贤亮（回族）
组织委员　　杨国瑞（回族，11月调职）
　　　　　　白立忠（11月任职）

九彩乡

党委书记　　李进渊（回族）
副书记、乡长　陈冬子（回族）
人大主席　　杨占海（回族）
副书记　　　郭天猛
　　　　　　李海波（挂职）
纪委书记、监察办主任
　　　　　　马忠贵（回族）
副乡长　　　罗建忠（回族）
　　　　　　罗　贵（回族）
人武部长　　沙学海（回族）
组织委员　　马　青（女，回族）

史店乡

党委书记　　杨生礼（回族）
副书记、乡长　祁国福
人大主席　　李金星（女，回族）
党委副书记　马进中（回族）
纪委书记、监察办主任
　　　　　　白云海（5月调职）
　　　　　　李　军（回族，5月任职）
副乡长　　　张占虎（回族）
　　　　　　杨爱军（回族）
　　　　　　马海玉（回族）
人武部长　　李　云（回族）
组织委员　　马　青（女，回族）

曹洼乡

党委书记　　周玉宁（回族）
副书记、乡长　郝新城
人大主席　　罗尚东（回族）
党委副书记　罗成虎（回族）
纪委书记、监察办主任
　　　　　　王春梅（女，回族）
副乡长　　　罗宗荣（回族，5月任职）
　　　　　　蒲生荣（回族）
人武部长　　罗彦平（回族）
组织委员　　魏娇龙（女，8月调职）
　　　　　　孙晓伟（8月任职）

海城街道办事处

党工委书记　田风明（回族）
副书记、主任　杨　鑫（回族）
副书记、纪工委书记
　　　　　　马进海（回族，5月调职）
　　　　　　马宝虎（回族，5月任职）
副主任　　　肖希清（5月调职）
　　　　　　田文宝（回族）
　　　　　　马宝虎（回族，任至5月）
　　　　　　田海梅（女，回族）
　　　　　　陈　伟（5月任职）
　　　　　　郭军红（5月任职）
人武部长　　田小军（回族，5月任职）

海兴开发区党工委、管委会

党工委书记	徐海宁
副书记、主任	张振红
副主任	周保昱（5月调职）
	李存斌（回族）
	糟会杰（回族）
	杨宝银（8月任职）
纪工委专职副书记	陈俊鹏
办公室主任	李小锋（回族）
财政局局长	柳映祖
社会事务局局长	田彦仓（回族）
建设规划局局长	王光明（5月任职）
经济发展局副局长	张继路

甘盐池扶贫开发管理委员会党工委、甘盐池种羊场

书记、场长	任进文
副书记、副场长	田风明（回族）
委员、副场长	邢连平（4月任职）
委员、社会事务科科长	贺　鹏（回族）
委员、党政办主任	李凯华（回族）
计划财务科科长	贺　鹏（兼）
综合治理科科长	滕怀忠（代理）

海原综览

HaiYuan ZongLan

海原概貌

【地理位置】 海原县地处宁夏回族自治区中南部山区之六盘山西北麓，位于北纬36° 06′ ~ 37° 04′、东经105° 09′ ~ 106° 10′。东连吴忠市同心县、固原市原州区，南毗固原市西吉县、甘肃省会宁县，西邻甘肃省白银市平川区，北靠中卫市沙坡头区。东西长约108公里，南北宽约90公里。县人民政府驻地海城镇，北距中卫市157公里，东北距银川280公里。

【历史沿革】 海原历史悠久，早在距今2.2万年的旧石器时代，先民就在此地繁衍生息。距今约4000年，创造了辉煌的“菜园文化”。春秋时期，县境为戎人牧区。战国时期，为义渠国属地。秦属北地郡。西汉元鼎三年（前114年），属安定郡之安定属国。魏晋时先后被屠各、鲜卑等控制。十六国时，先后属前赵、后赵、前秦、后秦等。北魏太延二年（436年）属高平镇，正光五年（524年）属原州。隋大业元年（605年）在海原县境东部置他楼县，隶属平凉郡，为海原最早的县级建制。唐武德元年（618年），他楼县隶属原州。贞观六年（632年），唐在他楼县置缘州，领突厥降户。神龙元年（705年）废他楼县，以其地置萧关县（县治白草军城），属原州。广德元年（763年），陷于吐蕃。大中三年（849年），唐收复萧关；大中五年（851年），以萧关置武州，领萧关县，隶属关内采访使。中和四年（884年），武州侨治于潘原（在今平凉市），萧关县废。五代时，境域属吐蕃、党项。西夏时期，今海原县称天都，长期属西夏。西夏在天都设南牟会（亦名鼐摩会）。北宋元符元年（1098年），宋夺天都，次年筑南牟会新城，建西安州，属泾原路。大观二年（1108年），置怀德军于平夏城，县境东部属之。靖康元年（1126年），北宋灭亡，西夏复夺西安州。金天会八年（1130年），金占领西安州，隶渭州路（治今甘肃平凉）。天眷元年（1138年），金将西安州割隶南宋；天眷三年（1140年），西安州又被金占领，仍隶渭州路。皇统二年（1142年），改隶临洮府路；皇统六年（1146年），金以西安州等地赐西夏。南宋宝庆三年（1227年），蒙古占领西安州，属中兴府。蒙古中统二年（1261年），属西夏中兴等路行省。蒙古世祖至元七年（1270年），属新设立的亦集乃路（今内蒙古额济纳）；元至元十八年（1281年），西夏中兴等路行省撤销，设立甘肃中书行省，西安州属之。元初，海原县境东部沿袭金制，属镇戎州。至元七年（1270年），属陕西行省巩昌府路镇原州（今甘肃镇原）；蒙古世祖至元十年（1273年），归开成府路开成县管辖。明初，海原属陕西布政司平凉府管辖，被分赐楚、沐、韩、肃四藩王为牧场。洪武二十三年（1390年）置海喇都营。成化五年（1469年）置西安州守御千户所，成化十二年（1476年）置镇戎守御千户所，均属固原卫管辖。清初，海原县境归平凉府盐茶厅同知代管。乾隆十四年（1749年）盐茶厅同知由固原移驻海喇都（海喇都城简称海城）。同治十三年（1874年）裁厅设海城县，属固原直隶州。1914年，海城县因与奉天省海城县同名，被更名为海原县，隶属甘肃省平凉专区。1949年8月11日，海原解放，属甘肃定西地区。1950年6月，复归平凉专区管辖。1953年12月，改属甘肃西海固回族自治州。1958年，划归宁夏回族自治区固原地区。2004年6月，海原划归新成立的中卫市管辖。

【行政区划】 2020年年底，全县行政区划总面积为6209.7平方公里。海原县下辖海城、西安、李旺、七营、三河5个镇，高崖、甘城、关桥、史店、贾塘、郑旗、曹洼、九彩、李俊、红羊、树台、关庄12个乡，及海城街道办、甘盐池扶贫开管理委员会（甘盐池种羊场）、海兴开发区，有村委会150个、居委会11个。

表1　　2020年海原县各乡镇行政区划情况表

乡镇名称	村(居)民委员会名称	数量（个）	区划面积（平方公里）
海城镇	山门、水洼、段塬、高台、堡子、武塬、王井、北海	8	301
三河镇	唐堡、富陵、鹭海、苋麻、代店、辽坡、黑城、团庄、红城、四营、六窑、坪路、小河	13	265
西安镇	白吉、菜园、小河、胡湾、付套、薛套、范台、园河、西安	9	423
李旺镇	李果园、二道、红圈、韩府、马莲、李旺、团庄、七百户、杨山、杨堡、新源、北滩、罗川、团结	14	460
七营镇	砖窖、张堡、五营、马莲、七营、南堡、马堡、下套、杨堡、八营、北咀、盘河、柴梁、高崖	14	270
贾塘乡	南河、贾塘、后塘、黄坪、王塘、马营、双河、堡台、贾塘新村	9	422
关桥乡	王湾、麻春、罗山、冯湾、张湾、贺堡、方堡、关桥、脱场、马湾、八斗	11	749
高崖乡	香水、红古、红岸、联合、草场、三分湾、高崖、高湾、新民、振兴	10	155
甘城乡	甘城、吴渠、双井、乔畔、久坪、三台、武塘	7	251
郑旗乡	西沿、郑旗、吴湾、撒堡、南山、撒台、中坪	7	523
史店乡	米湾、史店、苍湾、徐坪、田拐、大川、前川	7	271
曹洼乡	曹洼、脱烈、白崖、冶套、硝沟	5	273
九彩乡	九彩、元套、马套、马圈、马湾、新庄	6	202
李俊乡	团结、李俊、蔡祥、红星、联合、蒿滩	6	298
红羊乡	杨明、张元、安堡、术川、红羊、红堡、前进、刘套、石塘	9	433
树台乡	大嘴、树台、二百户、浪塘、红井、相桐、新庄、龚湾、韩庄	9	578
关庄乡	高台、关庄、窑儿、庙湾、宋庄	5	168
海城街道办	东城、南苑、西湖、北坪、团结、文联、黎明、幸福、建设(社区)	9	9
海兴开发区	兴业、凤凰(社区)	2	2
甘盐池种羊场	盐池村	1	156.7

【人口发展】 2020年，全县户籍人口131094户453562人。其中，城镇户籍人口90120人，乡村户籍人口363442人。据第七次全国人口普查，全县常住人口102663户、333518人。其中：乡镇常住人口251101人，县城常住人口82417人，城镇人口比重为24.71%。全年出生人口0.75万人，出生率为18.59‰；死亡人口0.19万人，死亡率为4.81‰，自然增长率为13.78‰。

表 2　　2020 年海原县户籍人口变动情况表

乡镇	户数（户）	人口（人）	城镇人口（人）	乡村人口（人）	民族（人）			性别（人）		增加人口（人）
					汉族	回族	其他	男	女	
海城	23753	73747	49351	24396	14136	59051	560	37166	36581	233
三河	15156	51103	28316	22787	26848	24221	34	26304	24799	20
七营	9411	33935	4212	29723	14959	18957	19	17731	16204	371
李旺	12118	41941	8241	33700	2819	39109	13	21535	20406	314
西安	8956	31520		31520	16488	15007	25	16379	15141	75
高崖	7324	28226		28226	5694	22518	14	14563	13663	210
甘城	2508	8476		8476	2919	5556	1	4475	4001	5
关桥	9124	31623		31623	10680	20921	22	16318	15305	115
史店	6706	23589		23589	2663	20917	9	12236	11353	195
贾塘	9004	31401		31401	2732	28644	25	16350	15051	199
郑旗	5890	23142		23142	38	23096	8	12008	11134	226
曹洼	2765	9007		9007	3057	5945	5	4691	4316	84
九彩	1857	6876		6876	8	6862	6	3609	3267	62
李俊	2428	8631		8631	663	7968		4370	4261	46
红羊	4153	14177		14177	5819	8355	3	7534	6643	59
树台	7516	27710		27710	5658	21682	370	14501	13209	156
关庄	2425	8458		8458	8445	9	4	4494	3964	–56
合计	131094	453562	90120	363442	123626	328818	1118	234264	219298	2314

注：海城街道办人口统计在海城镇人口中

【文化遗存】 海原是陇山文化的重要发祥地之一，历史文化底蕴厚重，积淀了灿烂的历史文化遗存，并形成了具有鲜明特征的新石器时期菜园文化、丝绸之路文化、边塞文化、地震文化和红色文化等多元地域文化。其中，新石器文化遗存主要有菜园文化遗存、水冲寺遗址、柴梁遗址等。丝绸之路文化遗存有唐代石门关、石峡关和萧关县址，以及天都山、金佛沟、元龙山、龙山凤岭、玉泉山石窟等。西夏时期遗存主要有西安州古城址、萧关古城址、天都寨址、临羌寨址、荡羌寨址、通峡寨址、九羊寨址、胜羌寨址、绥戎寨址、定戎寨址等。元代文化遗存有蒙古堡庙、脱烈堡等。边塞文化遗存有明代边墙、干盐池城、红古城等。1920 年海原大地震遗存主要有哨马营震柳、李俊海子、唐家坡田埂错断、小山地堑等。红色革命遗址主要有关桥堡会议遗址、贺家堡红二方面军总指挥部临时驻地遗址、祁家堡子西方野战红一军团临时指挥部等。

（海雪）

自然环境

【地形地貌】 海原县地处黄土高原西北部，属陇中山地与黄土丘陵区，群山连绵，沟壑纵横，地形破碎。地势由西南向东北倾斜，东部清水河河谷平原较平坦开阔。县境山峰主要有南华山、西华山、月亮山、庙山、瓜瓜山、凤凰山等。境内最高峰为南部的南华山主峰马万山，海拔 2955 米，为六盘山脉第一高峰；最低点为东北部高崖乡红古村，海拔 1330 米。

【气候】 海原气候属中温带大陆性季风气候，春暖迟、夏热短、秋凉早、冬寒长，气候特征明显，光能丰富。温度沿等高线分布，春季气温回升较快。降水量少且受地形影响雨季集中，南北干湿不均；十年九旱，风大沙多；风向多为东南风，西、西北风次之，最少为东北风。2020年，全县平均气温8.0℃，年总降水量为493.3毫米，年日照时数为2342.5小时。与历年平均值相比，气温偏高0.3℃，降水偏多134.3毫米，日照偏少360.1小时；年一日最大降水量为45.7 毫米，出现在8月21日。年极端最高气温为31.5℃，出现在7月17日，比历史最高值偏低4.1℃；年极端最低气温为-20.2℃，出现在1月29日，比历史最低值偏高5.6℃。2020年度降水2月、3月、9月、10月偏少，其余各月均偏多；气温3月、4月、5月、6月、8月偏高，11月持平，其余各月均偏低；日照2月、3月、5月、10月偏多，其余各月均偏少。年内出现7次大风天气，5次扬沙天气、2次浮尘天气。

【水文】 海原县境地表水系主要有清水河、祖厉河两大水系，其中清水河流域面积占全县总流域面积的97.88%。主要河道有清水河、祖厉河、西河、中河、苋麻河、石景河等。河流多为间歇河，水量小，且季节性变化大。地下水主要分布在南华山和西华山山前洪积扇区，水量较丰沛，埋藏浅且水质好。

【自然资源】 海原县地处宁夏中部干旱带，土地资源丰富，生产潜力大，且有分区发展农业、林业、牧业的有利条件。矿产储量少，但种类较多，主要有煤、油页岩、铜、金、铁、铅、石膏、耐火黏土、水泥用黏土、大理岩、花岗闪长岩、白云岩、硅石、沙砾石、硫铁矿、盐硝、磷、砖瓦黏土等18种。全县野生植物99科、415属、744种。其中，木本植物27科、48属、124种，草本植物72科、367属、612种，鲜菌类植物8种。野生动物主要有脊椎动物5类、163种，包括鱼类6种、两栖类3种、爬行类9种、鸟类107种、哺乳类38种。节肢、软体、环节动物有5种，昆虫有548种。

（海雪）

县域经济

【概况】 2020年，全县地区生产总值81.44亿元，同比增长4.5%；全社会固定资产投资48.13亿元，同比增长24.6%左右；社会消费品零售总额28.74亿元，同比增长7.8%左右；工业增加值7.49亿元，同比增长5.7%；地方一般公共预算收入2.14亿元，同口径增长2.1%；城镇常住居民人均可支配收入27488元，同比增长5.3%；农村常住居民人均可支配收入10641元，同比增长10.5%。

【农业与农村经济】 2020年，全县实现农林牧渔业总产值35.96亿元，同比增长13.6%。其中，农业产值20.63亿元，同比增长4.8%；林业产值0.46亿元，同比增长23.2%；牧业产值13.85亿元，同比增长30.7%；农林牧渔服务业产值1.02亿元，同比增长5.5%。实现农林牧渔业增加值17.18亿元，同比增长4.7%。全年全县粮食作物播种面积109.73万亩，同比增长1.9%；粮食总产量23.25万吨，同比增长3.0%。其中，小麦播种面积8.83万亩，同比下降14.8%，小麦总产量1.10万吨，同比下降22.0%；玉米播种面积32.00万亩，同比下降3.0%，玉米总产量1.62万吨，同比下降2.1%；豆类播种面积3.1万亩，同比下降38.0%；薯类播种面积33万亩，同比增加15.8%，薯类总产量35.48万吨，同比增长19.7%。全年全县油料播种面积10.2万亩，同比下降8.9%，油料总产量1.21万吨，同比下降1.7%。全县中草药材播种面积7.12万亩，同比增长24.1%，中草药材总产量1.03万吨，同比增长48.0%。全年全县瓜果类播种面积5.50万亩，同比下降8.3%，瓜果类总产量9.58万吨，同比增长9.8%。全年全县蔬菜及食用菌播种面积8.70万亩，同比增长2.3%；蔬菜及食用菌总产量18.92万吨，同比增长20.5%。年末全县牛存栏9.57万头，同比增长21.5%；羊存栏48.54万只，同比增长14.0%；生猪存栏2.77万头，同比增长57.5%；家禽存栏25.27万只，同比下降4.2%。

【工业经济】 2020年，全县共有规模以上工业企业5家，全年工业增加值7.49亿元，同比增长5.7%。全年全县规模以上工业实现利润3.31亿元，同比增长29.9%，其中内资企业实现利润2.2亿元，港澳台商独资经营企业实现利润1.11亿元。制造业实现利润0.01亿元，电力、热力、燃气及水生产和供应业实现利润3.3亿元。规模以上工业企业营业总营收额9.38亿元，利润率35.29%，同比增长7.09%。

【固定资产投资】 2020年，海原县固定资产投资（不含农户）同比增长24.6%。其中，县属固定资产投资同比增长24.3%，自治区属投资同比增长25.9%。分投资主体看，国有投资同比下降13.1%，民间投资同比下降6.9%。

在县属固定资产投资（不含自治区属和农户）中，第一产业投资同比下降32.4%；第二产业投资同比增长88.5%，其中，工业投资同比增长88.5%、新能源投资同比增长84.0%、高耗能投资同比增长84.5%、生产性投资同比增长38.7%；第三产业投资同比下降11.1%，其中基础设施投资同比下降13.0%。全年全县房地产开发企业完成投资7.60亿元，同比增长6.8%。其中，住宅投资4.20亿元，同比增长21.0%；商业营业用房完成投资2.76亿元，同比下降17.1%。年末全县住宅待售面积7.90万平方米，同比增加1.93万平方米。

【服务业】 2020年，海原县服务业增加值49.79亿元，同比增长3.0%，占地区生产总值的61.1%，对经济增长的贡献率达到30.2%。其中，农林牧渔服务业增加值0.64亿元，同比增长4.8%；批发和零售业增加值6.76亿元，同比下降8.6%；交通运输、仓储和邮政业增加值7.70亿元，同比增长7.2%；住宿和餐饮业增加值1.0亿元，同比下降6.1%；金融业增加值3.36亿元，同比增加3.4%；房地产增加值3.16亿元，同比增长0.4%；其他服务业增加值27.16亿元，同比增长6.2%。全年规模以上服务业企业营业收入0.36亿元，同比增长75.04%，限额以上批发零售企业完成销售额1.40亿元，同比下降2.1%，限额以上批发零售个体完成销售额0.15亿元，同比下降14.85%，限额以上住宿餐饮企业完成营业额0.2亿元，同比增长40.32%。

（海雪）

社会事业

【社会保障】 2020年，海原县城镇居民人均可支配收入27488元，同比增长5.3%。其中：工资性收入23886.7元，同比增长6.5%；经营净收入1486元，同比下降4.0%；财产净收入461元，同比下降8.6%；转移净收入1654元，同比增长2.1%。全年城镇居民人均消费支出15240.7元，同比下降3.6%。全年全县农村居民人均可支配收入10641元，同比增长10.5%。其中：工资性收入4853.4元，同比增长0.78%；经营净收入3758元，同比增长17.4%；财产净收入96.6元，同比增长20.3%；转移净收入1933.3元，同比增长26.3%。全年农村居民人均生活消费支出9230.3元，同比增长5.9%。年末全县参加基本养老保险人数25.66万人，同比增长31.6%。其中，参加城乡居民养老保险人数22.25万人，同比增长36.5%；企业职工基本养老保险参保人数2.12万人，同比增长9.3%。参加基本医疗保险人数39.44万人，同比增长2.1%。其中，参加职工医疗保险人数1.85万人，同比增长3.9%；参加城乡居民统筹医疗保险人数37.59万人，同比增长2.0%。参加失业保险人数0.97万人，同比持平。

【教育事业】 2019—2020学年，海原县共有学校309所。其中：小学223所（县城小学10所、乡镇中心小学12所、村级小学79所、教学点122个），中学22所（高级中学2所、完全中学1所、初级中学12所、九年一贯制学校7所），职业技术学校1所，特殊教育学校1所，幼儿园62所。全县共有教学班2384个，其中学前471个（幼儿园232个）、小学1260个、初中395个、普通高中177个、职业高中74个、特教学校7个。全县有教职工4657人（在编教师4498人、特岗教师159人），其中女教职工2364人、专任教师4547人。按学校类别分，幼儿园教职工98人、小学教职工2394人、初中教职工1355人、高中学校教职工578人、特殊教育学校教职工14人、职业中学教职工115人、局机关职工103人。全县共有在校学生87303人，其中女生42868人（占49.1%）、少数民族学生75528人（占86.51%）；学前幼儿学生15399人（小学学前班7658人、在园幼儿7741人），其中女生7499人、少数民族学生13334人；小学阶段在校学生39510人，其中女生19107人、少数民族学生34527人；初中阶段在校学生19494人，其中女生9411人、少数民族学生17055人；普通高中在校学生9398人，其中女生5176人、少数民族学生7797人；中等职业在校生3444人（全日制3319人、非全日制125人），其中女生1651人、少数民族学生2769人；特教学校在校生58人，其中女生24人、少数民族学生46人。全县共有寄宿制学校32所（其中小学9所、一贯制学校7所、初级中学12所、高级中学2所、完全中学1所、职业技术学校1所）；共有住校生28541人（其中小学2491人、初中15107人、高中7624人、职业技术学校3319人）。全县共有4~6周岁幼儿18096人，其中在园幼儿15399人，学前三年毛入园率85.1%；共有7~12周岁适龄儿童50704人，其中缓免入学6人、应入学50698人、实际入学50698人，入学率100%；共有13~15周岁初中适龄人口22080人，其中缓免入学35人、应入学22045人、实际入学21874人，入学率99.22%；共有15~17周岁高中适龄人口21935人，其中在高中阶段学校就读20557人，高中阶段毛入学率为93.72%。

【卫生事业】 2020年年末，全县共有各级各类卫生健康机构208家（不含宁南医院），其中综合医院1家、中医医院1家、乡镇卫生院17家、社区卫生服务站6家、民营医院1家、标准化村卫生室157家、诊所（卫生所、医务室）22家、专业公共卫生机构3家；实有床位数1640张；卫生技术人员1801人，全县有在册执业（助理）医师632人；5岁以下儿童死亡率为6.03‰，婴儿死亡率为4.26‰，产妇住院分娩比例为100%。

【文化事业】 2020年，海原县实施文化惠民工程，开展文艺演出20场次，送戏下乡202场次，送书下乡18750册；培训非物质文化遗产传承人67人次；建成关桥乡、海城镇等4个图书馆分馆，阅海敬老院、县委党校等5个流动图书室，李旺镇北滩村等5个农家书屋。成功举办纪念海原大地震100周年军地联合应急救援演练、中国农民丰收节暨宁夏（海原）第五届高端肉牛大赛等活动。拍摄了《1920年海原大地震》《花儿之乡 古韵海原》等宣传片。

【交通通信】 2020年，海原县公路通车里程达3328.15公里，公路密度为52.18公里/百平方公里。按行政等级分，国道265.69公里，省道480.71公里，乡道605.32公里，村道1872.42公里，专用公路104.01公里；按技术等级分，高速公路180.99公里，一级公路15.30公里，二级公路282.85公里，三级公路457.34公里，四级公路2372.14公里，等级外公路19.53公里。年末，全县共有客运企业5家，其中出租客运企业3家、公交客运企业2

家；全县共有客运车辆607辆，其中班车160辆、公交车90辆、出租车357辆；共有二级客运站2家，乡镇四级客运站13个，农村客运招呼站173个；共有客运线路114条，其中跨省2条、跨市24条、跨县15条、县内73条；共有普通货物运输企业82家，其中规模以上货运企业9家（50辆车以上），全县在册货运车8914辆（含挂），不含挂6007辆。全年全县18处邮政支所，完成邮政业务总量1038万元，同比增长16.89%。快递包裹11.5万件，同比增长115.79%；国内标准快递3.17万件，同比增长69.08%；国内普通包裹0.84万件，同比下降14.96%；函件0.31万件，同比下降4.12%；报纸累计262.74万份，同比下降0.58%；杂志累计9.34万份，同比增长2.53%。全年电信业务总量31.55亿元，同比增长25.81%。年末固定电话用户1.50万户，同比下降4.6%；年末移动电话用户31.62万户，同比增长3.07%；计算机互联网用户达到10.27万户，同比增长9.26%。

【脱贫攻坚】 海原县属六盘山集中连片特殊困难地区国定贫困县，全县总面积6209.7平方公里，辖17个乡镇、1个管委会、1个街道办事处、1个自然保护区；共有11个社区、150个行政村，其中贫困村125个（其中深度贫困村44个）；共有建档立卡贫困人口28630户112086人。2016年以来，整合各类扶贫资金34.36亿元，精准实施产业、就业、教育、医疗、住房、饮水安全等领域8215个扶贫项目，2019年125个贫困村全部脱贫出列，2020年3月退出贫困县序列。2020年以来，整合各类涉农扶贫资金6.34亿元，投入闽宁帮扶资金6200万元，实施产业、就业、义务教育、基本医疗、危房改造、饮水安全、金融扶贫等46类2271个项目，全力补短板强弱项，顺利通过国家脱贫攻坚普查，现行标准下28630户112086人贫困人口全部脱贫退出。

【深化改革】 2020年，海原县持续深化“放管服”改革，全面推广“一窗受理、集成服务”“不见面、马上办”审批服务模式，不见面办理事项973项，网上可办率为83%。推广使用全区“双随机、一公开”监管工作平台。持续深化经济综合改革、国库集中支付电子化管理改革、行政审批制度改革。完成农村集体产权制度改革清产核资工作，农村集体经济组织实现全覆盖。继续推进农村土地征收、集体经营性建设用地入市、宅基地制度改革三项试点。文化、教育、医疗卫生、司法等社会事业体制改革多点突破，85项改革任务全面完成。

（海雪）

中国共产党海原县委员会

ZhongGuo GongChanDang HaiYuanXian WeiYuanHui

综 述

【概况】 2020年，海原县委深入学习贯彻习近平总书记视察宁夏重要讲话精神，坚决贯彻落实党中央和自治区党委、市委决策部署，带领全县广大干部群众，牢固树立新发展理念，坚持稳中求进的工作总基调，团结一心、砥砺奋进，举全县之力打赢疫情防控阻击战、脱贫攻坚战、全面小康收官战，坚决守好“三条生命线”，走出一条高质量发展新路子。全县经济运行稳中有进，社会事业稳步向好，全面从严治党纵深推进，如期高质量实现脱贫摘帽，“十三五”规划目标任务基本完成，全面建成小康社会胜利在望。

【理论武装】 2020年，海原县委坚持领导带头学、把握重点学、深入思考学，在融合、结合、贯通上下功夫、用心思，县委先后召开30次县委常委会会议、14次县委理论学习中心组集体学习会、8次专题交流研讨会，把深入学习贯彻习近平总书记视察宁夏重要讲话精神与学习贯彻习近平新时代中国特色社会主义思想和中共十九届五中全会精神结合起来，与开展贯彻落实习近平总书记重要指示批示“回头看”结合起来，先学一步、学深一层。通过举办深入学习贯彻习近平总书记视察宁夏重要讲话精神专题学习班、集体参加中卫市委专题学习研讨班、理论大讲堂等方式对党员干部集中轮训、专题培训，各级各部门分专题学、分领域学，广大党员干部自觉学习、主动学习，切实增强了对习近平总书记重要讲话精神的政治认同、思想认同、理论认同和情感认同。

【理论宣传宣讲】 2020年，海原县委坚持网上和网下宣传同步发力，对内和对外宣传统筹推进，传统媒体和新兴媒体同频共振，统筹安排各项宣传活动，加强与中央、自治区、市新闻媒体对接，主动推送新闻线索。不断拓展传播广度、拓宽宣传深度，针对不同层级、不同对象组建县委宣讲团，深入各乡镇各部门、村组社区、企业社团、田间地头，分级分类开展理论宣讲活动205场次，兴起学习宣传贯彻热潮，推动习近平总书记重要讲话精神进机关、进企业、进社区、进乡村、进网络、进校园。

【理论贯彻落实】 2020年，海原县委把贯彻习近平总书记视察宁夏重要讲话精神作为全县工作的主题主线、统揽各项工作的根本遵循，坚决扛起政治责任，不折不扣贯彻落实。先后召开2次县委全体会议，对照中央和自治区党委、市委部署要求，制定《深入学习贯彻习近平总书记视察宁夏重要讲话精神、继续建设经济繁荣民族团结环境优美人民富裕的美丽新宁夏的实施意见》，切实把习近平总书记的讲话转化为全县上下的共同意志和共同行动，制定《建设黄河流域生态保护和高质量发展先行区（先行市）的实施方案》《完善县域社会治理体系提高治理能力的实施意见》，细化任务、明确责任、强化考核，推动各项任务落实见效。结合贯彻落实中共十九届五中全会精神，紧扣习近平总书记重要讲话和重要指示，举办深入学习贯彻中共十九届五中全会精神科学编制“十四五”规划暨谋划2021年工作专题研讨班，高质量编制“十四五”规划建议、纲要，进一步明确今后五年发展的基本思路，切实用习近平总书记重要讲话精神统一思想、引领发展。

【疫情防控组织动员】 2020年，海原县委坚决服从党中央和自治区党委、市委统一指挥，第一时间做出安排部署、组建专门机构、启动应急响应，立即建立县乡村三级责任体系。严格按照“坚定信心、同舟共济、科学防治、精准施策”的总要求和“三个全面”“四个实行”“五个凡是”“十条具体措施”的具体要求，迅速打响疫情防控阻击战，先后召开12次县委常委会会议、16次领导小组会议、16次指挥部会议，分析形势、研究对策、强化防控，各级各部门认真履行属地责任，做到了守土有责、守土负责、守土尽责。全县431个基层党组织和3830名党员干部奋勇当先、冲锋陷阵，干部群众日夜坚守、共筑防线，社会各界积极响应、主动出力，援鄂医疗队白衣执甲、千里驰援，全县上下风雨同舟、众志成城，形成了统一指挥、全面部署、立体防控的工作格局。

【疫情防控阻击战】 2020年，海原县委全力构筑联防联控、群防群控坚固防线。紧盯返程、返工、返校“三返人员”，社区（农村）、校区、园区、厂区“四区”，农贸市场、大型商场、文化广场、宗教活动场所“四场”，把每个小区、村庄、家庭作为疫情防控的阵地，落实“五包一”网格化责任，实行封闭式管理，保持全链条处置，开展地毯式“大起底”、扫描式“回头看”、闭环式“双向查”。加大对货运车辆及人员的管理和关心，设立“司机之家”，确保“一个不漏”。坚持把严防境外输入作为重点，实行境外人员行程跟踪报告制度，实现各环节无缝衔接，确保防控安全。加大医疗保障力度，及时改造完善县人民医院、县中医院发热门诊，建成县人民医院核酸检测实验室，储备各类防控物资、设备53种554万件，实现疫情防控和诊治工作有机融合。随着疫情态势积极向好，坚持思想不松、机制不变、队伍不散，及时调整防控策略，推动防控工作由应急性超常规防控向常态化防控转变，重点抓好境外和高中风险地区返回人员，实现核酸检测应检尽检，在这场没有硝烟的特殊战斗中，全县干部群众始终风雨同舟、同甘共苦、共克时艰，筑起了防控疫情的铜墙铁壁。

【统筹经济社会发展】 2020年，海原县委坚持疫情防控常态化，有序恢复经济社会秩序，推动精准复工复产，及时落实自治区21条财政措施和援企稳岗、减税降费等系列纾困惠企政策，快速建立同疫情防控相适应的经济社会发展秩序，坚持就业优先战略，实施定向输送、政府购买、担保创业等“连环招”，支持发展地摊经济、夜间经济，因疫因势、分区分类推进复工复产，打好减税降费、金融信贷、风险补偿等政策“组合拳”，交通运输、商业物流、工程建设等“六项秩序”加快恢复，餐饮住宿、商贸零售、旅游文化等“六大领域”全面复市，县城经济持续回升、稳步向好，交出了疫情大考下经济社会发展合格答卷。

【脱贫攻坚】 2020年，海原县委始终把脱贫攻坚作为全县最大的政治任务和压倒一切的中心工作，持续发力防松劲、严把标准防闯关、巩固成果防返贫，28630户112086名建档立卡贫困对象全部脱贫退出，125个贫困村全部稳定脱贫出列，贫困县顺利摘帽，历史性地消除了绝对贫困，摘掉了“苦瘠甲天下”的穷帽子。

【“四个不摘”】 2020年，海原县委严格落实“四个不摘”要求，坚持脱贫摘帽不摘责任、不摘政策、不摘帮扶、不摘监管，持续实行书记县长“双组长”负责制，压紧压实乡村两级工作责任，继续实行“一项攻坚任务、一套攻坚专班、一个作战方案、一套责任体系”工作机制，强力推动攻坚任务落实。整合投入涉农扶贫资金634亿元，编制实施扶贫项目221个，因地制宜、因情施策，一户一策、精准施策，群众发展能力稳步增强。持续深化华润定点帮扶、闽宁对口扶贫协作、部门结对帮扶和“百企帮百村”，全面落实金融扶贫、生态扶贫、电商扶贫政策，扶贫成效持续提升，紧盯因病、重大灾害、突发事件等关键因素，建立动态监测帮扶机制，严格界定标准和程序，加强对边缘易返贫人口、脱贫不稳定人口的管理，逐户落实帮扶举措，致贫返贫风险有效消除

【补齐“三保障”短板】 2020年，海原县委紧盯义务教育有保障工作，严格落实控辍保学责任制，全面落实教育扶贫政策，实现全县义务教育阶段学生无因贫失学辍学。紧盯基本医疗有保障工作，聚焦大病、慢病、重病等特殊群体，全面实施“三个一批”，严格执行“先诊疗后付费”“一站式家庭医生签约”服务，乡村医疗卫生机构、医疗技术人员和医疗服务能力全部稳定达标。紧盯安全住房有保障工作，聚焦返乡无房户、因灾受损房等，坚持“及时摸排、及时监测、即增即改、动态清零”，采取“四种建设”方式，实施“九个一批”工程，做到排查发现一户，列入改造或安置一户，完成危房改造1127户、抗震房改造1320户，确保贫困群众不住危房。紧盯水量、水质、用水方便程度和供水保证率“四项指标”，实施“互联网＋农村供水”工程和宁夏农村苦咸水改水项目海原县水源连通工程，农村常住户自来水普及率、供水保证率、集中供水率、水质达标率分别达到99%、93.2%、99.6%、100%，解决了困扰老百姓千百年的饮水困局。

【“四查四补”】 办理群众关心、操心、烦心事150件。落实特殊困难群体兜底帮扶措施，确保稳定脱贫。

【补齐短板弱项】 2020年，海原县委严格对标对表全面建成小康社会目标，抓重点、补短板、强弱项，巩固领先指标，提升一般指标、突破弱项指标，全面补齐小康短板。紧盯经济发展、人民生活、三大攻坚等全面小康指数，围绕城乡居民收入、道路交通、农田水利、社会保障、公共文化、科技投入等各领域短板弱项、制定《海原县关于加快补齐全面建成小康社会短板的实施方案》，严格按照“依法统计、分级负责、部门把关、统计综合”的原则，分解40项指标，明确21个牵头部门，加大投入、集中攻坚、精准施策、靶向发力，切实消除政策和工作落实中的盲点和死角，确保各项任务全方位清零达标。

【“六稳”“六保”】 2020年，海原县委面对前所未有的困难和挑战，全力以赴做好“六稳”工作，全面落实“六保”任务，主要经济指标由负转正、逐步回升，全年地区生产总值增长2.9%，城乡居民人均可支配收入分别增长5%和9.5%。压实县级领导包抓企业机制，实施“一企一策”，推动企业达产达效，累计减税降费4416万元，发放惠企、惠民贷款70亿元，全县工业实现增加值7.24亿元。紧盯政策谋项目、千方百计引项目、全力以赴上项目，跟进解决重大项目建设中的问题，持续扩大有效投资，全年续建新建项目117个，完成投资46.39亿元，为稳增长起到了关键作用。加强对大型

商贸企业、个体户服务和政策支持，注重培育新型商贸企业，增强对消费增长的支撑力，全年社会消费品零售总额预计完成33.8亿元，同比增长8.0%，消费市场繁荣发展。坚决禁止变相举债、盲目举债、过度举债、违规举债，全面梳理政府债务，严格控制增量，积极消化存量，争取自治区新增地方政府债券资金3.8亿元，化解政府债务本息资金3.1亿元，顺利退出债务风险提示地区名单。

【调优产业结构】 2020年，海原县委坚持把产业结构调整作为推动经济持续健康发展的主攻方向，加快三次产业高质量融合发展。

围绕“一带两廊”规划布局，紧盯“一主四特”优势产业，完善产业发展政策，组建10个重点产业推进小组，加快推进“四优四化四调”，推动产业转型升级、扩规增效。突出高端肉牛主导产业，强化政策引导、项目带动、机制激励、服务保障，不断完善“6+1”体系，挂牌成立肉牛产业集团，设立肉牛产业发展基金，建成肉牛全产业链精深加工项目和饲草加工配送项目。通过主动走出去找牛、跨区域调牛，着力解决牛源不足问题，持续扩大“华润基础母牛银行”覆盖面、受益面，群众养殖热情空前高涨，全县肉牛饲养量突破30万头，肉牛产业规模化、标准化、高端化、市场化程度大幅提升。围绕区域优势特色产业，全面推行“四新”模式，建立“西海固”公用品牌“四统一”营销机制，产业“三大体系”日趋完善，“一村一品”产业格局加快形成，质量效益稳步提升。加大招商引资力度，引进建设中车风机装备制造、华润电力运维基地，助推新能源和装备制造产业成为新优势、新动能，全年招商引资项目36个，到位资金37.4亿元。挂牌成立文旅集团，组建交通运输协会，推动全县文旅产业、交通运输产业高质量发展。

【城乡基础设施】 2020年，海原县委坚持一体化推进城乡发展，促进城乡优势互补、协同发展、共同繁荣。围绕以县城为载体的新型城镇化，大力推进棚户区改造、基础设施配套、城市道路建设、市容市貌整治，县城综合服务功能明显提升。围绕县区（海原县、海兴开发区）一体化发展，大力实施基础设施配套项目，推进绿色园区、绿色工厂建设，海兴开发区发展活力不断增强。围绕乡村振兴，全面启动李旺、七营、西安、贾塘4个特色小镇建设，实施农村人居环境综合整治和“厕所革命”，拆除危旧房屋39286间，清理残垣断壁325.3公里、垃圾23.1万吨，改造农村户厕2500户，创建人居环境整治示范村30个、“厕所革命”整村推进村8个，乡村面貌大幅改善。着眼畅通外联大通道，打通城市断头路，升级改造干线公路，提升农村公路，延伸村组道路，全县人民期盼已久的海原至平川高速公路开工建设，群众出行更加便捷。

【深化改革】 2020年，海原县委坚持以改革的办法解决发展中遇到的难题，提高改革的战略性、前瞻性、针对性，推动改革和发展深度融合、高效联动。突出“放管服”改革，推行“一窗受理、集成服务”新模式和政务服务“好差评”机制，行政审批网上可办率达83%，办理时限压缩了63%，深化农村产权制度改革，农村土地承包经营权100%确权，土地“两权抵押”贷款试点全面展开。卫生医疗、教育、水利、国有企业等领域改革顺利推进，取得明显成效，全年完成改革事项51项，正在有序推进34项。

【生态环境建设】 2020年，海原县委立足全县“三山一河七流域”生态坐标，坚持生态保护、生态治理、生态建设三管齐下，全面打响“三个大会战”。围绕生态保护，坚持山水林田湖草综合治理，大力实施骨干河道综合治理和坡改梯工程，采取最严格的禁牧封育政策，生态系统稳定性持续增强。围绕生态治理，深入开展蓝天、碧水、净土三大行动，统筹推进

“四尘同治”“五水同治”“六废联治”，开展河湖“清四乱”行动，大力整治“散乱污”企业，实施清洁煤配送中心、乡镇污水处理站和垃圾填埋场建设，全县空气质量优良天数比例达到95%以上，清水河海原段水质达标排放，农药减量控害技术覆盖率、畜禽粪污综合利用率均达到90%。围绕生态建设，持续实施大规模国土绿化行动，大力实施“四个一”林草产业发展工程，广泛发动群众增绿植绿，发展枸杞、红梅杏、香水梨等经济林，新增绿化面积11.1万亩，全县森林覆盖率达到9.5%。

【教育工作】 2020年，海原县委以办好人民满意的教育为目标，坚持教育优先发展，全面落实立德树人根本任务，持续改善办学条件，切实抓好各类教育，实现从“有学上”到“上好学”的根本转变。新建、改扩建中小学及幼儿园23所，新增中小学班级60个、学位3000个。持续深化教育改革，加快推进“互联网+教育”示范县建设，实施高效课堂建设，跟进开展教学督评，全面落实义务教育阶段学生营养改善计划、“两免一补”惠民政策，促进学前教育普及普惠、义务教育优质均衡，高中教育提质增效、职业教育特色发展。高标准高质量开展空中课堂，实现了停课不停学、离校不离教。坚持实干作为，加强师德师风建设，强化绩效考核激励，提升教师队伍整体素质，重教氛围日益浓厚。

【健康海原建设】 2020年，海原县委深化公立医院改革，有序推进海原县医疗健康总院组建，卫生资源组织形式和供给方式实施集团化管理，建成县人民医院脑卒中中心、胸痛中心、创伤中心，扩建感染性疾病病区，危重症患者急救能力大幅提升。深入推进“互联网+医疗健康”建设，建成运营县人民医院、县中医院“基层检查、上级诊断”远程医疗服务系统，实现乡、村两级患者病情远程影像诊断。与全国19个省（自治区）、市、县的118家医疗机构实现异地就医费用直接结算，群众异地就医报销更为便捷，城乡居民住院费用实际报销比例提高到70.5%。

【社会保障】 2020年，海原县委围绕事关群众切身利益的实事、急事、难事，织密网、兜底线、解难题。规范落实养老、低保、孤残、退役军人等各类救助保障政策，提高城乡居民养老金、低保金及孤儿津贴标准，切实做到应纳尽纳、应保尽保、应兜尽兜。新建三河镇养老院养护楼和一批农村老年饭桌，建成残疾人康复中心、关庄乡标准化残疾人社区康复站，精准落实康复服务，养老、残疾人服务体系初步完善。全面落实退役军人优待抚恤政策，建立完善县乡村三级服务机构，成功创建全区双拥模范县。

【民主法治建设】 2020年，海原县委全面加强党对人大和政协工作的领导，召开县委人大工作会议和政协会议，制定《关于新时代加强和改进人大工作的意见》《关于新时代加强和改进人民政协工作的意见》，支持人大加强和改进依法履职实效，支持政协创新构建“有事好商量”等协商平台，全面开创人大、政协工作新局面。各民主党派、工商联和无党派人士参与经济社会发展作用更加显现。司法机关独立行使职权，群众司法满意度不断提升。党管武装、民兵预备役和国防教育工作得到加强。社区治理工作不断创新，主阵地、主战场作用更加突出，服务群众、推动发展更加主动。工会、共青团、妇联、老干部、档案、科协、地方志等工作均取得新进展。

【扫黑除恶专项斗争】 2020年，海原县委紧扣三年为期目标，坚决打好专项斗争收官战，不断掀起扫黑除恶强大攻势。持续加大深挖彻查力度，破获了一批群众反映强烈的黑恶案件，严厉惩处了一批罪大恶极的黑恶分子，中央督导组转办及群众反映的线索全部核结，涉恶犯罪集团案件全部审结，涉恶案件认定的“保护伞”全部办结，涉恶财物全部清底。坚持边打边扫、边整边建，围绕13个重点行业领域开展突出问题专项治理行动，整治了一批行业领域乱象，建立了行业领域监管制度，净化了营商环境，“六清”行动目标全部完成，社会风气明显好转。持续推动扫黑除恶建章立制，提炼成熟经验做法，固化形成常态化制度，实现扫黑除恶长效常治，夺取了扫黑除恶专项斗争最终胜利。

【民族宗教工作】 2020年，海原县委全面贯彻落实党的民族政策和宗教工作方针，着力解决宗教领域突出问题，成功创建全区民族团结进步示范县，全县民族团结、宗教和顺、社会和谐大好局面得到巩固。先后召开3次县委常委会会议、3次统战工作领导小组会议、2次专题会议，研究部署民族宗教工作。建立县乡村三级工作网络，层层压紧压实主体责任，形成各负其责、齐抓共管的民族宗教工作格局。大力实施民族团结进步创建“八大工程”和“585”行动计划，“四进”宗教场所实现全覆盖。严格落实“四个全面”要求，按照先易后难、先小后大、先农村后城市的原则，“一点一策、一寺一策”积极稳妥推进整改，风格有问题的全部整改到位，得到各级检查组的肯定。突出场所、活动、人员三个重点，依法管理宗教事务，严格宗教场所审批监管，持续压减活动规模和时间。

【社会治理能力建设】 2020年，海原县委着眼完善基层治理体系，提高基层治理能力，召开县委第十四届委员会第八次全体会议，研究制定“1+6”实施方案，推进乡村、社区、宗教、校园、企业、社团6个领域治理，理清职能、健全机制、强化责任，构建严密组织体系、责任体系和服务体系，不断推动社会治理体系完备、科学规范、运行有效。认真推行县级领导接访制度，集中整治信访领域突出问题，信访矛盾化解率达98.8%。健全完善平安建设协调机制，加快实施“雪亮工程”项目建设，治安防控体系不断完善。扎实推进“法律八进”活动，全民法治观念不断增强。创新发展新时代“枫桥经验”，以自治法治德治为载体全面推进乡村治理。严格落实安全生产责任制，全县安全生产形势总体稳定。举行1920年海原大地震100周年军地联合救援演练活动，不断提升全县灾害事故应急救援能力和全民防灾减灾意识。加强食品药品安全监管，用“四个最严”守护群众“舌尖上的安全”。认真开展政法队伍教育整顿，组织实施“五大工程”，抓好“四大任务”，着力打造党和人民信得过、靠得住、能放心的政法铁军。

【意识形态工作】 2020年，海原县委强化党对意识形态工作的绝对领导，牢牢掌握意识形态工作的领导权、话语权、主动权，县委常委会坚决扛起意识形态主体责任，召开3次县委常委会专题会议和县委意识形态工作领导小组会议研究部署工作，研究制定《贯彻落实〈中国共产党宣传工作条例〉任务分工方案》和《党委（党组）意识形态工作责任制实施办法》，将意识形态工作纳入述责述廉报告、领导干部和领导班子考核、县委巡察督查等重要内容，压实各级党委（党组）主体责任和领导干部工作责任，开展“清朗”、“净网”及网络信息内容生态治理等专项清理整治行动，有效规范网络秩序。严格加强各类阵地管理，意识形态领域总体平稳。

【思想舆论宣传】 2020年，海原县委坚持团结稳定鼓劲、正面宣传为主，牢固树立全县“宣传一盘棋”思想，弘扬主旋律，唱响正气歌，形成主流舆论强势。围绕学习习近平新时代中国特色社会主义思想、社会主义核心价值观，开展“七进”活动240场次，增强全社会对伟大祖国、中华民族、中华文化、中国共产党、中国特色社会主义的认同。开展“烈士纪念日”公祭、纪念中国人民抗日战争暨世界反法西斯战争胜利75周年等活动，缅怀革命先烈的丰功伟绩，铭记历史，汲取力量。全面加强群众性思想教育，开展“移风易俗，树文明新风”活动，着力治理高价彩礼、大操大办、餐饮浪费等陈规陋习，表彰了一批文明单位和先进模范，强化社会公德、职业道德、家庭美德和个人品德建设，引导群众更加坚定感党恩、听党话、跟党走。

【文化传媒宣传】 2020年，海原县委注重对内宣传文化建设，建成融媒体中心和新时代文明实践中心，配齐配强19个乡（镇、街道、管委会）宣传委员，开设《海原县2020媒体问政——脱贫攻坚进行时曝光台》等栏目，切实提升宣传软实力，建成县文化馆、非遗传承基地、地震博物馆，完成天都山国家AAA级旅游景区创建工作，成立文旅集团，举办乡村文化旅游节系列活动，文旅品牌形象进一步提升，统筹对外宣传特色品牌建设，推动主流媒体与新媒体融合发展，制作播出专题片《冲刺2020》、电视短片《花儿之乡，古韵海原》，主动承接中宣部和自治区、市相关部门组织的大型集中采访活动，在中央媒体推出新闻报道130篇，全面展示海原形象，提升传播力和影响力。

【坚持党的领导】 2020年，海原县委坚决贯彻中央和自治区党委、市委决策部署，对党中央和自治区党委、市委召开的重要会议、出台的重要文件、部署的重要工作，第一时间传达学习、研究部署、抓好落实。切实加强党委对重大工作的领导，县委常委会充分发挥总揽全局、协调各方作用，全年共召开县委常委会会议30次，研究审议各类议题245项，召开64次党委议事协调会议，听取重点工作进展汇报、分析研判形势，有针对性地统筹协调解决各类具体问题，有力推动党的各项方针政策在全县各领域各方面贯彻落实。把巡视巡察作为全面“政治体检”的重要契机，高标准整改完成自治区党委脱贫攻坚专项巡视“回头看”、自治区党委生态环保督察、自治区巡视办巡察反馈问题63个，实现所有问题见底清零，真正使整改落实的过程成为高度自觉地践行“两个维护”的过程。

【从严治党主体责任】 2020年，海原县委坚持把全面从严治党摆在突出位置，把党风廉政建设和反腐败工作列入重要议事日程，县委主要领导自觉承担起第一责任人责任，县委班子成员认真履行“一岗双责”，定期召开党建专题会议、党风廉政建设和反腐败工作会议，开展“四述三评”活动，研究制定《海原县落实全面从严治党“两个责任”工作方案》《海原县委落实全面从严治党主体责任清单》，明确党委12大类27项主体责任内容，纪委监察3大类12项监督责任内容，建立任务、问题、责任三个清单，把全面从严治党与重点工作同部署、同落实、同检查、同考核，推动全面从严治党向纵深发展，向基层延伸。

【干部队伍建设】 2020年，海原县委坚持把脱贫攻坚和疫情防控作为选拔干部的“主渠道”，树立“注重基层，崇尚实干”的选人用人导向，畅通干部能上能下渠道，持续激发干部队伍活力。全年共提拔干部43名，公务员职级晋升107名，其中脱贫一线提拔干部18名、公务员职级晋升70名，对表现优秀的17名正科级领导干部推荐到市委晋升四级调研员。向自治区、市推荐防控担当作为优秀党员干部31人，脱贫攻坚记功、嘉奖集体19个、干部635人，储备后备干部525人，实行动态管理、跟踪培养。

【基层组织建设】 2020年，海原县委持续加强基层组织建设，深入实施农村党建“三大三强”和“两个带头人”工程，扎实开展“一抓两整”示范创建活动，培养选拔村级后备干部435人，培育致富带头人827人，集中整治软弱涣散农村党组织35个，所有具备条件的村级组织活动场所均达到200平方米以上，125个贫困村集体经济年收益均达到26万元以上，农村党组织的组织力、战斗力明显加强。深入实施机关党建“三强九严”工程，构建城市社区“四联四化”机制，深化街道“大工委”和社区“联合党委”机制，全面推进企业和社会党组织“五强五促”行动，清理撤销“空壳”党组织，各领域基层党建质量稳步提升，基层党组织政治功能明显增强。严格按照中央和自治区党委、市委部署要求，全面启动村（社区）“两委”换届工作，顺利完成村党组织换届。

【党风廉政和作风建设】 2020年，海原县委全面加强党风廉政和作风建设，坚持“严”的主基调不动摇，始终保持高压态势，全年共立案126人，处分104人，组织处理196人，注重关口前移，坚持抓早抓小，用好监督执纪“四种形态”，持续发力纠治“四风”，严肃查处违反中央八项规定精神问题1起，处分1人。深入开展制止餐饮浪费行为专项检查，持续开展“两年”活动，深化拓展“基层减负年”工作成效，坚决纠治形式主义、官僚主义问题，真正为基层松绑减负。深入开展扶贫领域、民生领域损害群众利益问题集中整治，强化污染环境、农村乱占耕地等突出问题专项治理，问责、通报落实疫情防控不力、违反工作纪律的党员干部143人。不断强化政治巡察功能，全年开展3轮巡察，巡察覆盖面达到91%，巡察发现问题整改率达到98%，切实发挥巡察“利剑”作用。

（县委办）

县委全体会议

【县委十四届七次全体会议】 1月3—4日，中国共产党海原县第十四届委员会第七次全体会议在县政府礼堂召开。徐海宁、许正清、郝振明、丁志爱、赵建云、刘淑芳、白旭、郭玉峰、童颢、吴秉凯、李彤宇、薛军勇及县委委员、候补委员出席会议。不是县委委员的在职副县级以上中共党员领导、不是中共党员的在职副县级以上领导，海兴开发区管委会、甘盐池管委会主任、副主任，县纪委委员，部分党代表、人大代表、政协委员，各乡镇（街道办）党政主要负责人，县委各部门、各群众团体、县直各部门（单位）主要负责人，县人大、县政协各工委主要负责人，自治区市驻海原各单位主要负责人，海兴开发区有关部门主要负责人，部分民营企业家代表列席会议。会议由海原县委常委会主持。会议传达学习了党的十九届四中全会、中央经济工作会议、中央农村工作会议、黄河流域生态保护和高质量发展座谈会、全国扶贫开发工作会议精神，传达学习了自治区党委十二届八次、九次全会和自治区扶贫开发领导小组2019年第4次会议精神，自治区党委书记陈润儿、自治区政府主席咸辉到中卫调研时的讲话精神及中卫市委四届七次、八次全会精神。会议审议了徐海宁所作的工作报告和许正清对2020年经济工作的安排，听取了县委、县人大、县政府、县政协领导班子述职述责述廉报告及县级领导干部述责述廉报告、其他有关工作报告，对有关工作进行了评议。

【县委十四届八次全体会议】 8月16—17日，中国共产党海原县第十四届委员会第八次全体会议在县政府礼堂举行。徐海宁、许正清、郝振明、丁志爱、赵建云、刘淑芳、白旭、郭玉峰、童颢、吴秉凯、李彤宇、薛军勇及县委委员、候补委员出席会议。县纪委委员、乡镇部门负责人和部分在海原的党代会基层代表、人大代表和政协委员列席会议。会议由县委常委会主持。会议审议通过《中共海原县委员会关于深入学习贯彻习近平总书记视察宁夏重要讲话精神、继续建设经济繁荣民族团结环境优美人民富裕的美丽新宁夏的实施意见（草案）》《中共海原县委员会关于贯彻落实〈建设黄河流域生态保护和高质量发展先行区（先行市）〉的实施方案

（草案）》《中共海原县委员会关于完善县域社会治理体系提高治理能力的实施意见（草案）》。会上，中卫市委常委、海原县委书记徐海宁代表县委常委会作了讲话，并对《中共海原县委员会关于深入学习贯彻习近平总书记视察宁夏重要讲话精神、继续建设经济繁荣民族团结环境优美人民富裕的美丽新宁夏的实施意见（草案）》作了说明；海原县委副书记、县长许正清对《中共海原县委员会关于贯彻落实〈建设黄河流域生态保护和高质量发展先行区（先行市）〉的实施方案（草案）》作了说明；海原县委副书记丁志爱对《中共海原县委员会关于完善县域社会治理体系提高治理能力的实施意见（草案）》作了说明。

（县委办）

县委常委会会议

【县委第1次常委会会议】 1月9日，中卫市委常委、海原县委书记徐海宁主持召开海原县委2020年第1次常委会（扩大）会议。许正清、郝振明、丁志爱、赵建云、刘淑芳、白旭、童颢、吴秉凯、李彤宇出席会议，罗成玉、但升、金钟河、李明琮、俞敏、杨常林及县直有关部门（单位）、群众团体及各乡镇党委负责人列席会议。会议研究审定了县人大常委会党组提交的《十七届人民代表大会第四次会议会务材料》《海原县人大常委会工作报告（送审稿）》、县人民政府党组提交的《县人民政府工作报告（送审稿）》《2020年民生实事征集情况报告》《海原县2019年国民经济和社会发展执行情况及2020年国民经济和社会发展计划（草案）报告》《海原县2019年财政预算执行情况及2020年财政预算（草案）的报告》、县人民法院党组提交的《县人民法院工作报告（送审稿）》、县人民检察院党组提交的《县人民检察院工作报告（送审稿）》、县委组织部提交的《海原县第十七届人民代表大会第四次会议选举办法（草案）》；研究审定了县政协党组提交的《政协海原县第十一届委员会第五次会议会务材料》《政协海原县第十一届委员会常务委员会工作报告（送审稿）》《政协海原县委员会2020年度协商计划（草案）》《海原县政协工作会议方案》；研究审定了县人民政府党组提交的《海原县南华山自然保护区管理移交工作方案（送审稿）》《海原县“两节”走访慰问困难群众实施方案（送审稿）》；研究审定了《海原县2020年春节团拜会筹备方案（送审稿）》《全县领导干部学习贯彻党的十九届四中全会精神学习专题班筹备方案（送审稿）》。会议听取了《县委2019年巡察工作报告》及各群众团体（工会、团委、妇联、工商联、科协、残联、文联）工作报告。会议还研究了其他事项。

【县委第2次常委会会议】 1月18日，中卫市委常委、海原县委书记徐海宁主持召开海原县委2020年第2次常委会（扩大）会议。许正清、郝振明、丁志爱、赵建云、刘淑芳、白旭、郭玉峰、童颢、吴秉凯、李彤宇、薛军勇出席会议，罗成玉及县人大常委会、县政府、县政协有关领导及县直有关部门（单位）负责人列席会议。会议传达学习了习近平总书记在十九届中央纪委四次全会上的重要讲话精神、《中国共产党第十九届中央纪律检查委员会第四次全体会议公报》、习近平总书记对审计工作的重要指示精神，研究贯彻落实意见，审定有关会议方案。

【县委第3次常委会会议】 2月17日，中卫市委常委、海原县委书记徐海宁主持召开海原县委2020年第3次常委会（扩大）会议。许正清、郝振明、丁志爱、赵建云、刘淑芳、白旭、郭玉峰、童颢、吴秉凯、李彤宇、薛军勇出席会议，罗成玉及县人大常委会、县政府、县政协有关领导及县直有关部门（单位）负责人列席会议。会议传达学习了自治区党委常委会（扩大）会议暨应对新冠肺炎疫情工作领导小组第4次会议精神、自治区党委书记陈润儿暗访督查银川市吴忠市疫情防控工作时的指示精神、自治区政府主席咸辉暗访检查同心县海原县疫情防控工作时的指示精神，通报全县新冠肺炎疫情防控情况，安排部署下一步工作；传达学习了中央农村工作领导小组《关于加强党对农村工作领导做好农村新型冠状病毒感染肺炎防控工作的通知》、国务院扶贫开发领导小组《关于做好新冠肺炎疫情防控期间脱贫攻坚工作的通知》，安排部署全县脱贫攻坚、春耕备耕、农业生产及下一步疫情防控工作；研究审定了县委办提交的《海原县委常委会2020年工作要点(送审稿)》《海原县2020年重点工作任务分工方案(送审稿)》、县政府党组提交的《海原县2019年度法治政府建设工作报告(送审稿)》、县纪委监委提交的《海原县纪委十四届五次全会工作报告(送审稿)》、县委组织部提交的《关于推荐“全国优秀共产党员”和“人民满意的公务员”人选的请示》、县总工会提交的《关于推荐自治区及中卫市劳动模范和先进工作者人选的请示》等。

【县委第4次常委会会议】 2月26日，中卫市委常委、海原县委书记徐海宁主持召开海原县委2020年第4次常委会（扩大）会议。许正清、郝振明、丁志爱、赵建云、白旭、郭玉峰、童颢、李彤宇、薛军勇出席会议，罗成玉、杨常林、罗永珍、孙占宏及县直（自治区、市驻海原）有关部门（单位）负责人列席会议。会议研究审定了县政府党组提交的《海原县创建国家全域旅游示范县实施方案（送审稿)》《海原县旅游产业发展有限责任公司组建方案（送审稿)》《海原县2018年地区生产总值数据修订及2019年地区生产总值数据核算情况的报告（送审稿)》《海原县金融支持肉牛产业发展实施方案（送审稿)》《党委和政府及有关部门生态环境保护责任(送审稿)》《海原县贯彻落实自治区党委第三生态环境保护督察组督察反馈意见整改方案(送审稿)》《宁夏海原县肉牛产业发展集团责任有限公司组建方案(送审稿)》等。会议还研究审定了县妇联提交的《关于表彰2019年全县妇女工作先进集体、先进个人建议名单》等。

【县委第5次常委会会议】 3月2日，中卫市委常委、海原县委书记徐海宁主持召开海原县委2020年第5次常委会（扩大）会议。许正清、郝振明、丁志爱、赵建云、白旭、郭玉峰、童颢、李彤宇、薛军勇出席会议，罗成玉及县政府、县政协有关领导、县直（自治区、市驻海原）有关部门（单位）负责人列席会议。会议传达学习自治区扶贫开发领导小组2020年第1次会议暨全区脱贫攻坚“四查四补”工作会议精神、自治区纪委《关于5起在疫情防控工作中违规违纪问题的通报》，研究审定《关于全面开展“四查四补”高质量打赢脱贫攻坚战的实施方案（送审稿)》《海原县做好自治区脱贫攻坚“普查试点”准备工作方案（送审稿)》等事宜，安排部署脱贫攻坚“四查四补”“普查试点”准备工作。

【县委第6次常委会会议】 3月12日，中卫市委常委、海原县委书记徐海宁主持召开海原县委第6次常委会（扩大）会议。许正清、郝振明、丁志爱、赵建云、白旭、郭玉峰、童颢、李彤宇、薛军勇出席会议，罗成玉及县政府、县政协有关领导、县直（自治区、市驻海原）有关部门（单位）负责人列席会议。会议传达学习了习近平总书记在决战决胜脱贫攻坚座谈会上的重要讲话精神、自治区党委常委会（扩大）会议精神、自治区党委书记陈润儿在海原调研脱贫攻坚工作时的指示精神，研究贯彻落实意见，研究审定了《海原县2020年创建双拥模范县实施方案（送审稿)》。徐海宁强调，全县各级党组织和广大党员干部要时刻紧绷打赢脱贫攻坚战的这根弦，在统筹做好疫情防控的前提下，以更大的决心、更强的力度推动脱贫攻坚，坚决夺取脱贫攻坚全面胜利。

【县委第7次常委会会议】 3月25日，中卫市委常委、海原县委书记徐海宁主持召开海原县委第7次常委会（扩大）会议。许正清、郝振明、丁志爱、赵建云、刘淑芳、白旭、郭玉峰、童颢、李彤宇、薛军勇出席会议，罗成玉、张斌、丁芳及县纪委监委、县委组织部、县委宣传部、县统战部、县委政法委、县巡察办及县法院、检察院、教育、公安、民政、财政、人事、卫生、扶贫等部门负责人列席会议。会议传达学习了习近平总书记关于全面从严治党的重要论述摘编，研究审定了县纪委监委提交的《海原县落实全面从严治党“两个责任”工作方案（送审稿）》《2020年海原县全面从严治党、党风廉政建设和反腐败工作主要任务分工方案（送审稿）》《海原县纪委监委监督落实中央八项规定精神深入纠治“四风”工作方案（送审稿）》《海原县2020年扶贫领域腐败和作风问题专项治理工作方案（送审稿）》《海原县关于深化民生领域损害群众利益问题集中整治实施方案（送审稿）》《海原县扫黑除恶专项斗争执纪问责工作方案（送审稿）》等。会议还研究审定了海原县“我身边的战‘疫’模范”推选活动办公室提交的《海原县开展“我身边的战‘疫’模范”推选情况汇报（送审稿）》等事项。

【县委第8次常委会会议】 4月1日，中卫市委常委、海原县委书记徐海宁主持召开海原县委2020年第8次常委会（扩大）会议。许正清、郝振明、刘淑芳、白旭、郭玉峰、童颢、李彤宇、薛军勇出席会议，罗成玉、张斌及县人大常委会、县政府、县政协、县法院、县检察院、甘盐池种羊场、海兴开发区有关领导及县委各部门、各群众团体、县直（自治区、市驻海原）各单位、各乡镇党委负责人列席会议。会议传达学习了中央政治局会议、中央政治局常务委员会会议、中央应对新冠肺炎疫情工作领导小组会议精神，研究审定了《海原县关于加快补齐全面建成小康社会短板的实施方案（送审稿）》等相关事宜。

【县委第9次常委会会议】 4月13日，中卫市委常委、海原县委书记徐海宁主持召开县委2020年第9次常委会（扩大）会议。许正清、郝振明、刘淑芳、白旭、郭玉峰、童颢、李彤宇、薛军勇出席会议，罗成玉、张斌及县人大常委会、县政府、县政协、县法院、县检察院、甘盐池种羊场、海兴开发区有关领导及县委各部门、各群众团体、县直（自治区、市驻海原）各单位、各乡镇党委负责人列席会议。会议传达学习了习近平总书记对安全生产作出的重要指示精神和国务院总理李克强对安全生产作出的批示精神，全国安全生产电视电话会议精神、全区安全生产电视电话会议精神，研究贯彻落实意见；传达学习了自治区党委决胜全面建成小康社会工作会议、全区重大项目建设工作会议精神，研究贯彻落实意见；传达学习了自治区党委办公厅、自治区人民政府办公厅《关于2019年度自治区效能目标管理考核结果的通报》；听取2019年以来中央专项巡视自查问题、2018年脱贫攻坚成效考核、自治区党委第一巡视组专项巡视、脱贫攻坚“回头看”发现问题、第三方评估考核、国扶办调研督导、审计署西安特派办专项审计脱贫攻坚反馈问题的整改落实情况汇报，研究审定了《海原县2019年脱贫攻坚成效考核反馈问题整改方案》；研究审定了县政府党组提交的《海原县进一步加强人口和计划生育工作的实施方案（送审稿）》《关于建立更加有效的区域协调发展新机制的实施意见（送审稿）》、县委政研室提交的《海原县贯彻落实自治区党委十二届八次全会〈实施意见〉任务分工方案（送审稿）》、县委组织部提交的《海原县2020年干部教育培训计划（送审稿）》、县委宣传部提交的《海原县委理论学习中心组2020年专题学习计划（送审稿）》等。

【县委第10次常委会会议】 4月26日，中卫市委常委、海原县委书记徐海宁主持召开海原县委2020年第10次常委会（扩大）会议。许正清、郝振明、丁志爱、童颢、李彤宇、李雪峰出席会议，罗成玉、张斌及县人大常委会、县政府、县政协、县法院、县检察院、甘盐池种羊场、海兴开发区有关领导及县委各部门、各群众团体、县直（自治区、市驻海原）各单位、各乡镇党委负责人列席会议。传达学习了习近平总书记在中共中央政治局常委会会议研究部署落实常态化疫情防控举措时的重要讲话精神、中央应对新冠肺炎疫情工作领导小组会议精神、自治区党委常委会会议传达学习自治区党委书记陈润儿的讲话精神，安排部署疫情防控工作；传达学习了自治区政府主席咸辉在中卫市调研经济社会发展工作时的指示精神、全市经济形势分析会议精神，通报全县一季度经济运行情况、财政收支情况、重点项目进展情况，安排部署下一步工作；传达学习自治区、市抓党建促决战决胜脱贫攻坚暨基层党建工作重点任务推进会议精神，研究贯彻落实意见，听取全县软弱涣散党组织整顿情况、村集体经济培育发展情况汇报；传达学习了市委书记何健调研海原脱贫攻坚“四查四补”工作座谈会精神，研究贯彻落实意见；传达学习了自治区党委办公厅印发的《关于贯彻执行〈中国共产党党内法规执行责任规定（试行）〉的实施方案》的通知，研究审定《海原县关于贯彻执行〈中国共产党党内法规执行责任规定（试行）〉的实施方案（送审稿）》；研究审定县委督检考办提交的《海原县2019年度效能目标管理考核结果（送审稿）》等。

【县委第11次常委会会议】 4月30日，中卫市委常委、海原县委书记徐海宁主持召开海原县委2020年第11次常委会（扩大）会议。许正清、白旭、童颢、李彤宇、薛军勇、李雪峰、于建涛出席会议，罗成玉、张斌及县人大常委会、县政府、县政协、县法院、县检察院、甘盐池种羊场、海兴开发区有关领导及县委各部门、各群众团体、县直（自治区、市驻海原）各单位、各乡镇党委负责人列席会议。会议传达学习了自治区党委书记陈润儿在调研六盘山区域生态环境建设时的指示精神、在听取生态环境建设规划时的讲话精神，研究贯彻落实意见；研究审定县政协党组提交的《关于新时代加强和改进人民政协工作的实施意见（送审稿）》、县委政法委提交的《2020年全县政法工作要点（送审稿）》。《海原县政法领域全面深化改革实施方案（送审稿）》《关于表彰2019年度社会治安综合治理工作先进集体和先进个人的请示》、县政府党组提交的《海原大地震100周年系列活动方案(送审稿)》《海原县2020年闽宁对口扶贫协作工作方案（送审稿）》《关于下拨2015—2019年职工住房补贴清算资金（第一批）的请示》《2020年新增地方债券资金使用计划》及县委农办提交的《海原县2020年扶持壮大村集体经济项目实施方案》等。

【县委第12次常委会会议】 5月11日，中卫市委常委、海原县委书记徐海宁主持召开海原县委2020年第12次常委会（扩大）会议。许正清、郝振明、丁志爱、童颢、李彤宇、李雪峰、于建涛出席会议，罗成玉、张斌及县人大常委会、县政府、县政协、县法院、县检察院、甘盐池种羊场、海兴开发区有关领导及县委各部门、各群众团体、县直（自治区、市驻海原）各单位、各乡镇党委负责人列席会议。会议传达学习中共中央政治局常务委员会会议、国务院常务会议、中央应对新冠肺炎疫情工作领导小组会议、自治区党委常委会（扩大）会议暨应对新冠肺炎疫情工作领导小组第11次会议精神，安排部署常态化疫情防控工作；传达学习自治区党委十二届十次全会精神，研究贯彻落实意见；听取全县“不忘初心、牢记使命”主题教育检视问题整改情况汇报；研究审定了县委督检考办提交的《2019年度自治区考核我县效能目标工作结果分析及整改措施（送审稿）》《海原县2020年度效能目标管理考核办法（送审稿）》和县委组织部提交的《关于撤销中国共产党海原县地方志编纂委员会办公室党组的请示》。

【县委第13次常委会会议】 5月22日，中卫市委常委、海原县委书记徐海宁主持召开海原县委第13次常委会（扩大）会议。许正清、郝振明、丁志爱、田玉宝、李彤宇、兰主保、薛军勇出席会议，罗成玉、张斌及县人大常委会、县政府、县政协、县法院、县检察院、甘盐池种羊场、海兴开发区有关领导及县委各部门、各群众团体、县直（自治区、市驻海原）各单位、各乡镇党委负责人列席会议。会议传达学习了中央及自治区、市有关会议精神，研究审定县应对新冠肺炎疫情工作指挥部提交的《关于完善机制做好新冠肺炎疫情常态化防控工作的实施方案（送审稿）》，听取全县信访工作汇报，安排部署当前疫情防控、脱贫攻坚、民族宗教及信访工作。徐海宁强调，要坚决克服麻痹思想、厌战情绪、侥幸心理、松劲心态，加强漏洞排查，健全防控机制，落实主体责任，加强源头管控，持续抓紧抓实抓细“外防输入、内防反弹”工作。

【县委第14次常委会会议】 6月3日，中卫市委常委、海原县委书记徐海宁主持召开海原县委第14次常委会（扩大）会议。许正清、郝振明、丁志爱、田玉宝、李彤宇、兰主保、薛军勇出席会议，罗成玉、张斌及县人大常委会、县政府、县政协、县法院、县检察院、甘盐池种羊场、海兴开发区有关领导及县委各部门、各群众团体、县直（自治区、市驻海原）各单位、各乡镇党委负责人列席会议。会议传达学习了中卫—漳州深化经贸和产业合作、对口协作座谈会议精神，通报对口扶贫协作工作进展情况，安排部署下一步工作。会议研究审定了县政府党组提交的《海原县县域公立医院综合改革实施方案（送审稿）》《关于调整乡镇机关事业为单位工作人员补贴标准的请示（送审稿）》和县扶贫办提交的《海原县建档立卡信息和项目库信息动态监测更新工作机制（送审稿）》《关于推荐2020年度全国脱贫攻坚奖候选组织和候选人的请示（送审稿）》；传达了《市委组织部反馈甘盐池种羊场领导班子和领导干部2019年度考核结果》《市委组织部反馈海原县2019年度干部选拔任用工作“一报告两评议”结果》，研究审定了县委组织部提交的2019年度县直部门（单位）、乡镇（街道）科技领导干部考核情况的汇报。会议还研究了其他事项。

【县委第15次常委会会议】 6月15日，中卫市委常委、海原县委书记徐海宁主持召开海原县委第15次常委会（扩大）会议。许正清、郝振明、丁志爱、白旭、田玉宝、薛军勇、李彤宇、李雪峰、于建涛、赵元学出席会议，罗成玉、张斌及县人大常委会、县政府、县政协、县法院、县检察院、甘盐池种羊场、海兴开发区有关领导及县委各部门、各群众团体、县直（自治区、市驻海原）各单位、各乡镇党委负责人列席会议。学习传达习近平总书记视察宁夏重要讲话精神、自治区党委常委会（扩大）会议、市委常委会（扩大）会议精神，部署贯彻落实工作。徐海宁指出，学习好、宣传好、贯彻好习近平总书记视察宁夏时的重要讲话精神，是当前和今后一个时期全县上下的首要政治任务和重大政治责任。全县各级各部门要从增强“四个意识”、坚定“四个自信”、做到“两个维护”的高度，切实把思想和行动统一到习近平总书记的重要讲话精神上来。

【县委第16次常委会会议】 7月4日，中卫市委常委、海原县委书记徐海宁主持召开海原县委2020年第16次常委会（扩大）会议。许正清、郝振明、丁志爱、白旭、田玉宝、薛军勇、李彤宇、李雪峰、于建涛、赵元学出席会议，罗成玉、张斌及县人大常委会、县政府、县政协、县法院、县检察院、甘盐池种羊场、海兴开发区有关领导及县委各部门、各群众团体、县直（自治区、市驻海原）各单位、各乡镇党委负责人列席会议。会议传达学习习近平总书记在中央政治局第二十一次集体学习时的重要讲话精神、自治区机关党的建设暨创建“让党中央放心、让人民群众满意”模范机关工作会议精神，研究贯彻落实意见和县党的建设领导小组办公室提交的《海原县县直属机关创建“让党中央放心、让人民群众满意”模范机关实施方案（送审稿）》；传达学习习近平总书记关于防汛救灾工作的重要指示批示精神和自治区党委政府防汛工作会议精神，听取全县防汛救灾工作汇报，安排部署下一步工作；传达学习习近平总书记关于统计工作的重要批示精神、自治区党委常委会会议传达学习自治区党委书记陈润儿的讲话精神和市委常委会会议传达学习市委书记何健的讲话精神，研究审定了县人民政府党组提交的《海原县贯彻落实国家统计局督察宁夏回族自治区防范和惩治统计造假弄虚作假情况反馈意见整改方案（送审稿）》；传达学习了全国农村乱占耕地建房问题政治工作电视电话会议精神，研究贯彻落实意见，安排部署下一步工作；传达学习了国家脱贫攻坚普查工作电视电话会议精神、自治区扶贫开发领导小组2020年第3次会议精神，通报全县脱贫攻坚“四查四补”工作进展情况、自治区党委督查反馈问题整改情况，研究解决当前脱贫攻坚突出问题，安排部署下一步工作；传达学习了自治区党委第六巡视组关于对海原县开展脱贫攻坚专项巡视“回头看”工作的反馈意见、自治区党委副书记姜志刚在自治区党委巡视工作领导小组《关于十二届自治区党委第八轮巡视情况的报告》上的批示精神，研究审定了县扶贫领导小组办公室提交的《海原县贯彻落实〈自治区党委第五巡视组关于对海原县开展脱贫攻坚专项和巡视“回头看”的反馈意见〉的整改方案（送审稿）》；传达学习自治区党委常委会会议暨应对新冠肺炎疫情工作领导小组第12次会议精神，研究审定了县应对新冠肺炎疫情工作指挥部提交的《海原县关于妥善应对西方国家“带疫解封”应急处置工作预案（送审稿）》；传达学习自治区政府主席咸辉调研海原县时的讲话精神，研究贯彻落实意见；传达学习市委庆祝建党99周年“传承红色基因、走好新时代长征路”主题党日暨重点项目集中观摩评促活动精神，研究贯彻落实意见；研究审定了县人民政府党组提交的《海原县全面落实“六保”任务实施方案（送审稿）》《海原县关于加快补齐全面建成小康社会短板实施方案（送审稿）》《海原县学习宣传贯彻落实习近平总书记关于安全生产重要论述专题实施方案（送审稿）》《关于推进防灾减灾救灾体制机制改革的实施意见（送审稿）》《关于落实提高自然灾害防治能力建设重点工程的实施方案（送审稿）》《海原县加快推进公共法律体系建设的实施方案（送审稿）》《海原县国土空间规划编制工作方案（送审稿）》《关于提请研究华润高端肉牛精深加工项目申请政府财政补贴的请示》；研究审定县委统战部提交的《海原县深化“三化”治等宗教领域问题整改工作方案（送审稿）》，安排部署下一步工作；研究审定了县委办提交上的《关于召开中共海原县第十四届委员会第八次会议筹备方案（送审稿）》、县党的建设领导小组办公室提交的《关于巩固扩大“不忘初心、牢记使命”主题教育成果的实施方案（送审稿）》；研究审定了县委组织部提交的《海原县融创文化旅游产业发展责任（集团）有限公司、宁夏海原县肉牛产业发展集团有限公司管理层人员任职的建议》，听取海原县融创文化旅游产业发展有限责任（集团）公司和宁夏海原县肉牛产业发展集团有限公司组建情况及工作开展情况汇报。

【县委第17次常委会会议】 7月25日，中卫市委常委、海原县委书记徐海宁主持召开海原县委第17次常委会（扩大）会议。许正清、郝振明、丁志爱、白旭、田玉宝、薛军勇、李彤宇、李雪峰、于建涛、赵元学出席会议，罗成玉、张斌及县人大常委会、县政府、县政协、县法院、县检察院、甘盐池种羊场、海兴开发区有关领导及县委各部门、各群众团体、县直（自治区市驻海原）各单位、各乡镇党委负责人列席会议。会议传达学习习近平总书记在中共中央政治局常务委员会会议上的重要讲话精神、关于进一步做好防汛救灾工作的重要批示精神、习近平总书记在企业家座谈会上的重要讲话精神，研究贯彻落实意见；传达学习了全国政法队伍教育整顿试点工作动员部署会议精神、全国公安机关“坚持政治建警全面从严治警”教育整顿动员部署电视电话会议精神，研究贯彻落实意见；传达学习自治区党委十二届十一次全体会议精神，研究贯彻落实意见；传达学习了自治区党委书记陈润儿在听取十二届自治区党委第八轮巡视情况汇报时的讲话精神、自治区党委第六巡视组对海原县开展脱贫攻坚专项巡视“回头看”情况反馈精神，对全县落实自治区党委脱贫攻坚专项巡视“回头看”整改工作进行安排部署；传达学习自治区应对新冠肺炎疫情工作指挥部第13次会议精神，安排部署全县疫情防控工作；传达学习《自治区纪委监委、党委组织部、卫生健康委关于对中共党员、人大代表、政协委员和国家工作人员违法违规生育的处理意见》，研究贯彻落实意见。会议研究审定了县政府党组提交的《关于提请研究海原县纪念建军九十三周年活动方案（送审稿）的请示》和县委宣传部提交的《海原县贯彻落实〈新时代公民道德建设实施纲要〉分工方案（送审稿）》《海原县纪念建军九十三周年活动方案（送审稿）》等。

【县委第18次常委会会议】 8月11日，中卫市委常委、海原县委书记徐海宁主持召开海原县委2020年第18次常委会（扩大）会议。许正清、郝振明、丁志爱、白旭、田玉宝、于建涛、赵元学出席会议，罗成玉、张斌及县人大常委会、县政府、县政协、县法院、县检察院、甘盐池种羊场、海兴开发区有关领导及县委各部门、各群众团体、县直（自治区、市驻海原）各单位、各乡镇党委负责人列席会议。会议传达学习中共中央政治局会议、自治区党委常委会会议精神，自治区党委书记、自治区人大常委会主任陈润儿调研常态化疫情防控工作并召开座谈会时的讲话精神，全区推进高质量发展重点项目建设现场观摩会议精神等内容，通报全县脱贫攻坚普查现场登记工作情况，安排部署下一步工作。

【县委第19次常委会会议】 8月31日，中卫市委常委、海原县委书记徐海宁主持召开海原县委第19次常委会（扩大）会议。许正清、郝振明、丁志爱、白旭、田玉宝、于建涛、赵元学出席会议，罗成玉、张斌及县人大常委会、县政府、县政协、县法院、县检察院、甘盐池种羊场、海兴开发区有关领导及县委各部门、各群众团体、县直（自治区、市驻海原）各单位、各乡镇党委负责人列席会议。会议传达学习习近平总书记关于禁毒工作重要指示精神，听取全县上半年禁毒工作情况汇报，研究审定县禁毒委员会提交的《海原县禁毒工作考评办法（送审稿）》，安排部署下一步工作；传达学习国务院扶贫开发领导小组全体会议精神，听取了海原县落实自治区党委第六巡视组对海原县开展脱贫攻坚专项巡视“回头看”反馈意见整改落实情况汇报；传达学习中央纪委国家监委《关于贯彻落实习近平总书记重要批示精神 加强监督执纪坚决制止餐饮浪费行为的工作意见》精神，研究审定县政府党组提交的《海原县节约型机关创建行动方案（送审稿）》；传达学习了自治区党委常委会（扩大）会议精神，听取了全县马铃薯、小杂粮产业小组外出考察招商、推进产业发展情况及下一步打算；通报了山西省临汾市襄汾县“8·29”重大坍塌事故情况，听取了全县上半年安全生产工作及安全隐患排查整治情况汇报，研究审定了《海原县房屋安全隐患专项排查整治行动实施方案（送审稿）》，安排部署下一步工作；研究审定县委政研室提交的《落实〈关于深入学习贯彻落实习近平总书记视察宁夏重要讲话精神 继续建设经济繁荣民族团结环境优美人民富裕的美丽新宁夏的实施意见〉分工方案（送审稿）》、县政府党组提交的《海原县高质量发展综合绩效年度考核方案（送审稿）》、县委督查办提交的《海原县2020年度部门单位效能目标管理考核细则（送审稿）》、县政府党组提交的《海原县贯彻落实自治区党委督查反馈污染防治问题整改工作方案（送审稿）》、县委政法委提交的《中共海原县委政法委员会政治督察工作办法（送审稿）》《中共海原县委政法委员会纪律作风督查巡查工作规定（送审稿）》《关于成立平安海原建设协调小组的请示》等事项。县人大常委会主任罗成玉全程列席会议。

【县委第20次常委会会议】 9月10日，中卫市委常委、海原县委书记徐海宁主持召开海原县委第20次常委会（扩大）会议。许正清、郝振明、丁志爱、白旭、李彤宇、李雪峰、于建涛、赵元学出席会议，罗成玉、张斌及县人大常委会、县政府、县政协、县法院、县检察院、甘盐池种羊场、海兴开发区有关领导及县委各部门、各群众团体、县直（自治区、市驻海原）各单位、各乡镇党委负责人列席会议。会议传达学习了习近平总书记在经济社会领域专家座谈会上的重要讲话精神，听取全县1—8月份经济运行情况，安排部署下一步经济工作；传达学习了习近平总书记向中国人民警察队伍授旗时的训词，自治区党委书记陈润儿在调研全区政法队伍建设和公安教育整顿工作时的指示精神，研究贯彻落实意见；传达学习自治区黄河流域生态保护和高质量发展先行区第一次推进会议精神，研究审定了《关于进一步加强海原县县级领导干部包抓重点特色产业工作机制（送审稿）》；传达学习闽宁互学互助对口扶贫协作第24次联席会议精神，研究贯彻落实意见；传达学习全区乡村治理暨扶持壮大村集体经济现场观摩推进会暨全区基层党建“两个重要文件”部署会精神，研究贯彻落实意见；听取全县补齐全面建成小康社会短板工作情况汇报，安排部署下一步工作；研究审定县政府党组提交的《海原县创建卫生县城实施方案（送审稿）》、县委宣传部提交的《海原县创建自治区文明县城2020年工作方案（送审稿）》；会议还研究审定了县政府党组提交的《关于将宁南医院整体移交自治区人民医院的请示》等事项。

【县委第21次常委会会议】 9月25日，中卫市委常委、海原县委书记徐海宁主持召开县委第21次常委会（扩大）会议暨县委应对新冠肺炎疫情工作领导小组第16次会议。许正清、郝振明、丁志爱、白旭、张晓华、兰主保、薛军勇、李雪峰出席会议，罗成玉、张斌及县人大常委会、县政府、县政协、县法院、县检察院、甘盐池种羊场、海兴开发区有关领导及县委各部门、各群众团体、县直（自治区、市驻海原）各单位、各乡镇党委负责人列席会议。

【县委第22次常委会会议】 10月9日，中卫市委常委、海原县委书记徐海宁主持召开海原县委2020年第22次常委会（扩大）会议。许正清、郝振明、丁志爱、白旭、张晓华、兰主保、薛军勇、李雪峰出席会议，罗成玉、张斌及县人大常委会、县政府、县政协、县法院、县检察院、甘盐池种羊场、海兴开发区有关领导及县委各部门、各群众团体、县直（自治区、市驻海原）各单位、各乡镇党委负责人列席会议。会议传达学习习近平总书记在教育文化卫生体育领域专家代表座谈会上的重要讲话精神，自治区党委常委会会议传达时自治区党委书记、自治区人大常委会主任陈润儿的讲话精神等内容，研究贯彻落实意见；听取肉牛和枸杞产业推进情况的汇报，研究审定了《贯彻落实完善县域社会治理体系提高治理能力“1+6”文件任务清单（送审稿）》等。县人大常委会主任罗成玉、县政协主席张斌列席会议。

【县委第23次常委会会议】 10月30日，中卫市委常委、海原县委书记徐海宁主持召开海原县委第23次常委会（扩大）会议。许正清、郝振明、丁志爱、白旭、张晓华、兰主保、薛军勇、李雪峰出席会议，罗成玉、张斌及县人大常委会、县政府、县政协、县法院、县检察院、甘盐池种羊场、海兴开发区有关领导及县委各部门、各群众团体、县直（自治区、市驻海原）各单位、各乡镇党委负责人列席会议。会议传达学习《中国共产党中央委员会工作条例》，研究贯彻落实意见；传达学习习近平总书记在深圳经济特区建立40周年庆祝大会上的重要讲话、在中共中央政治局常务委员会会议上的重要讲话精神，听取全县“十四五”规划编制工作汇报，安排部署下一步工作；传达学习全国易地扶贫搬迁后续扶持工作现场会精神，听取全县移民后持续发展工作汇报，安排部署下一步工作；传达学习全区抗击新冠肺炎疫情表彰大会精神，安排部署当前疫情防控工作；传达学习自治区党委常委会听取自治区政府党组关于前三季度经济运行情况时自治区党委书记陈润儿的讲话精神、自治区政府常务会议听取前三季度经济运行时自治区政府主席咸辉的讲话精神、全市前三季度经济形势分析会议精神，听取县政府党组关于全县前三季度经济运行情况的汇报，安排部署下一步工作；传达学习市委组织部督导调研海原县农村软弱涣散党组织整顿工作反馈意见，通报全县农村软弱涣散党组织工作和发展壮大集体经济情况，听取县处级领导干部包抓联系软弱涣散村（薄弱村）党组织整顿情况汇报、乡镇党委开展软弱涣散党组织整顿工作汇报；研究审定县政府党组提交的《海原县实施“三大会战”加快生态产业建设工作方案（送审稿）》《海原县增绿植绿大会战实施方案（送审稿）》《海原县污染治理大会战实施方案（送审稿）》《海原县生态保护大会战实施方案（送审稿）》《海原县安全生产监督管理责任规定（送审稿）》《关于调整完善海原县应急管理指挥部及安全生产委员会的请示》。会议还听取了全县食品药品安全管理工作汇报，研究审定了县政府党组提交的《海原县全域创建自治区“食品药品安全县”实施方案（送审稿）》。

【县委第24次常委会会议】 11月3日，中卫市委常委、海原县委书记徐海宁主持召开海原县委2020年第24次常委会（扩大）会议。许正清、郝振明、丁志爱、白旭、田玉宝、张晓华、兰主保、薛军勇、于建涛出席会议。罗成玉及县人大常委会、县政府、县政协、县法院、县检察院、甘盐池种羊场、海兴开发区有关领导及县委各部门、各群众团体、县直（自治区、市驻海原）各单位、各乡镇党委负责人列席会议。会议传达学习了党的十九届五中全会精神，自治区党委常委会传达学习时自治区党委书记陈润儿的讲话精神、市委常委会传达学习时市委书记何健的讲话精神，研究审定县委宣传部提交的《关于深入学习宣传贯彻党的十九届五中全会精神的通知（送审稿）》《关于党的十九届五中全会精神宣传宣讲工作方案（送审稿）》；传达学习了习近平总书记在纪念中国人民志愿军出国作战70周年大会上的重要讲话、在2020年秋季学期中央党校（国家行政学院）中青年干部培训班开班式上的重要讲话精神，研究贯彻落实意见；传达学习《中共中央 国务院关于印发〈黄河流域生态保护和高质量发展规划纲要〉的通知》，研究贯彻落实意见。会议还研究审定政府党组提交的《海原县2021年种植业结构优化调整实施方案（送审稿）》。

【县委第26次常委会会议】 11月19日

中卫市委常委、海原县委书记徐海宁主持召开海原县委第26次常委会（扩大）会议。许正清、郝振明、丁志爱、白旭、田玉宝、张晓华、薛军勇、李雪峰、于建涛出席会议，罗成玉、张斌及县人大常委会、县政府、县政协、县法院、县检察院、甘盐池种羊场、海兴开发区有关领导及县委各部门、各群众团体、县直（自治区、市驻海原）各单位、各乡镇党委负责人列席会议。会议传达学习习近平总书记视察江苏时的重要指示精神和习近平总书记在浦东开发开放30周年庆祝大会、在全面推动长江经济带发展座谈会、在中央全面深化改革委员会第十六次会议和中央全面依法治国工作会议上的重要讲话精神；传达学习习近平总书记在中央全面依法治国工作会议上的重要讲话精神，研究贯彻落实意见；传达学习习近平总书记参加第七次全国人口普查登记时的重要讲话精神，听取全县第七次全国人口普查工作进展情况汇报，安排部署下一步工作；传达学习习近平总书记对推进农村土地制度改革、做好农村承包地管理工作的重要指示精神，听取全县农村土地制度改革和农村承包地管理工作情况汇报，安排部署下一步工作；听取全县第七次全国人口普查工作、农村土地制度改革和农村承包地管理工作进展情况的汇报，安排部署下一步工作。会议还研究了其他事项。

【县委第27次常委会会议】 11月26日，中卫市委常委、海原县委书记徐海宁主持召开海原县委第27次常委会（扩大）会议。会议传达学习习近平总书记在全国劳动模范和先进工作者表彰大会上的重要讲话精神、习近平总书记就关心下一代工作的重要指示精神、全国精神文明建设表彰大会精神，研究贯彻落实意见；传达学习全国、全区村（社区）“两委”换届工作电视电话会议精神研究审定县委组织部提交的《全县村（社区）“两委”换届工作的实施意见（讨论稿）》《关于成立全县村（社区）“两委”换届选举工作方案（讨论稿）》《关于成立全县村（社区）“两委”换届选举工作领导小组及下设组织机构的请示》；传达学习自治区清理和规范庆典研讨会论坛活动暨评比达标表彰工作领导小组关于印发《宁夏回族自治区节庆活动管理实施细则》的通知，研究贯彻落实意见。

【县委第28次常委会会议】 12月8日，中卫市委常委、海原县委书记徐海宁主持召开海原县委2020年第28次常委会（扩大）会议。许正清、郝振明、丁志爱、白旭、田玉宝、张晓华、兰主保、薛军勇、李雪峰出席会议，罗成玉、张斌及县人大常委会、县政府、县政协、县法院、县检察院、甘盐池种羊场、海兴开发区有关领导及县委各部门、各群众团体、县直（自治区、市驻海原）各单位、各乡镇党委负责人列席会议。会议传达学习习近平总书记在中共中央政治局常务委员会会议听取脱贫攻坚总结评估汇报时的重要讲话精神、闽宁协作对口支援座谈会精神，研究贯彻落实意见；传达学习习近平总书记关于安全生产的重要论述，听取全县安全生产三年专项行动和全国第一次自然灾害普查试点工作情况汇报，研究审定县人民政府党组提交的《海原县防灾减灾救灾责任规定（送审稿）》；传达学习中共宁夏回族自治区第十二届委员会第十二次全体会议精神，研究贯彻落实意见；传达学习全国、全区根治欠薪冬季专项行动电视电话会议精神，听取全县农民工工资清欠工作汇报，安排部署下一步工作；会议套开了县党风廉政建设和反腐败工作领导小组会议；会议还研究审定了县人民政府党组提交的《海原县事业单位脱贫攻坚专项奖励集体和个人推荐名单（送审稿）》《关于财政资金使用计划的请示》等事项。县人大常委会主任罗成玉，县政协主席张斌全程列席会议。

【县委第29次常委会会议】 12月24日，中卫市委常委、海原县委书记徐海宁主持召开县委第29次常委会（扩大）会议。许正清、丁志爱、田玉宝、张晓华、薛军勇、李雪峰、于建涛出席会议，罗成玉、张斌及县人大常委会、县政府、县政协、县法院、县检察院、甘盐池种羊场、海兴开发区有关领导及县委各部门、各群众团体、县直（自治区、市驻海原）各单位、各乡镇党委负责人列席会议。会议传达学习了习近平总书记在中央经济工作会议、中央政治局会议上的重要讲话精神，自治区党委书记陈润儿在自治区党委常委会会议传达学习时的讲话精神、市委书记何健在市委常委会会议传达学习时的讲话精神，研究了贯彻落实意见；传达学习习近平总书记在中央政治局第二十六次集体学习时的重要讲话精神，研究贯彻落实意见；传达学习全区基层治理经验交流会精神、自治区纪委监委《关于规范政商交往行为推动构建亲清政商关系的意见（试行)》，研究贯彻落实意见；传达学习了全区推进基层整合审批服务执法力量改革现场会精神、自治区党委办公厅 自治区人民政府办公厅印发的《关于推进基层整合审批服务执法力量的实施方案》，就贯彻落实意见及县委组织部提交的《关于成立海原县推进基层整合审批服务执法力量改革领导小组的请示》。研究审定了县委网信办提交的《海原县网络安全事件应对处置预案》；听取了人大代表建议和政协委员提案办理情况汇报；研究审定了县人大常委会提交的《关于召开海原县第十七届人民代表大会第五次会议的请示》，县政协提交的《关于召开政协海原县第十一届委员会第六次会议的请示》；研究审定了《中共海原县委常委班子2020年民主生活会方案（送审稿)》等。

【县委第30次常委会会议】 12月28日，中卫市委常委、海原县委书记徐海宁主持召开县委第30次常委会（扩大）会议。许正清、丁志爱、田玉宝、张晓华、薛军勇、李雪峰、于建涛出席会议，罗成玉、张斌及县人大常委会、县政府、县政协、县法院、县检察院、甘盐池种羊场、海兴开发区有关领导及县委各部门、各群众团体、县直（自治区、市驻海原）各单位、各乡镇党委负责人列席会议。会议传达学习习近平总书记在中共中央政治局民主生活会上的重要讲话精神，中共中央、国务院《关于实现巩固拓展脱贫攻坚成果同乡村振兴有效衔接的意见》精神，中共中央办公厅、国务院办公厅《关于严格规范村庄撤并工作的通知》精神，研究贯彻落实意见；传达学习自治区党委办公厅《印发〈关于贯彻落实2019—2023年全国党政领导班子建设规划纲要的若干措施〉的通知》，自治区党委贯彻新时代党的组织路线、加强领导班子建设暨培养选拔优秀年轻干部工作座谈会精神，市委关于打造新时代高素质领导班子干部队伍要求，并研究贯彻落实意见；传达学习自治区党委书记陈润儿、自治区政府主席咸辉批示精神，自治区政府办公厅《关于国务院督查室督查报告支出我区人口普查有关问题调查核查情况的报告》，听取全县人口普查工作汇报；传达学习中组部关于做好元旦春节开展走访活动的通知精神，自治区党委办公厅、自治区人民政府办公厅《关于做好2021年元旦春节期间有关工作的通知》，研究贯彻意见；听取全县村（社区）“两委”换届选举工作进展情况，安排部署下一阶段工作；传达学习自治区应对新冠肺炎疫情工作指挥部办公室《关于做好辽宁省沈阳市中风险地区新冠疫情输入防范应对工作的紧急通知》，中卫市应对新冠肺炎疫情工作指挥部第30次会议精神，安排下一阶段工作；研究了县政府党组提交的《海原县群众性精神文明创建有关奖励办法（送审稿)》《关于精神文明创建奖励资金发放的请示》；研究审定县推选办提交的《关于海原县拟推荐中卫市“我身边的战‘疫’模范”表扬集体、个人的请示》；听取了县人大、县政府、县政协、县法院、县检察院党组工作汇报。

（县委办）

县委专题会议

【第一次专题会议】 4月15日，中卫市委常委、海原县委书记徐海宁主持召开海原县2020年高端肉牛产业工作专题会议。会议听取了海原县牛产业近期工作推进情况汇报，研究审定了县农业农村局提交的《海原县2020年肉牛产业重点工作五定方案（送审稿）》《海原县肉牛疫病防控工作方案（送审稿）》《海原县村级牛医网格化管理体系建设实施方案（送审稿）》、宁夏西海固高端牛产业研究院提交的《宁夏西海固高端牛产业研究院2020年工作计划（送审稿）》、县财政局提交的《海原县推进“基础母牛银行”模式实施方案（送审稿）》等。会议要求进一步加快肉牛产业组织化建设进度，加大金融支持肉牛产业政策宣传力度，加快完善肉牛产业基础母牛扩繁、品种改良、饲草料加工配送、科技服务和技术培训、疫病控制、加工营销等“六大体系”建设进度。

【第二次专题会议】 6月8日，中卫市委常委、海原县委书记徐海宁主持召开专题会议，安排部署水污染防治、环保督察反馈问题整改、危房改造等方面的工作。

【第三次专题会议】 6月8日，中卫市委常委、海原县委书记徐海宁主持召开专题会议，听取全县金融扶贫工作开展情况。会议要求进一步强化金融化扶贫领导小组职能，进一步加大扶贫小额信贷清收力度，进一步推进“整村授信”力度。

【第四次专题会议】 9月9日，中卫市委、海原县委书记徐海宁主持召开海原县教育工作专题会议。会议传达学习习近平总书记在第36个教师节到来之际做出的重要批示精神及党中央、国务院、自治区关于教育工作相关文件精神，听取了全县教育工作情况和“互联网+教育”示范县创建工作汇报，研究解决海原县2020年教育改革发展重点交账任务和重大项目建设存在的主要问题。

【第五次专题会议】 9月9日，中卫市委常委、海原县委书记徐海宁主持召开专题会议，听取县委组织部、县委宣传部、县农业农村局、县工信和商务局等部门（单位）关于2020年中国农民丰收节暨宁夏（海原）第五届高端肉牛大赛筹备情况的汇报，安排部署下一步重点工作。

【第六次专题会议】 9月10日，中卫市委常委、海原县委书记徐海宁主持召开2020年度县委常委会议军会议，传达学习习近平总书记关于国防动员建设的重要论述、党管武装工作的基本制度、民兵队伍建设和管理有关规定，听取了海原县国防动员和后备力量建设总体形势报告，研究了驻海原部队提请的关于解决民兵训练补助经费、购置相关应急装备器材、解决消防救援人员的民族团结奖、政府效能等津贴补贴经费、解决为海兴开发区政府专职消防站协调消防救援车、拟建消防救援站选址、解决武警中队院内地基下陷等有关问题。

【第七次专题会议】 9月14日，中卫市委常委、海原县委书记徐海宁带领县四大班子主要领导、分管领导及有关部门负责人对全县城市建设及重点项目推进情况进行了调研，并召开现场办公会议，就海原县电商物流综合园和闽宁科技园（二期）项目、海原县地震遗址绿化项目、海原县南门广场建设项目、地震博物馆改扩建项目、牌路山森林公园提升改造项目、牌路山路口改造项目、育才公园项目、海原县生态湿地项目等事项进行安排部署。

【第八次专题会议】 9月30日，中卫市委常委、海原县委书记徐海宁带领县人大常委会、县政府、县政协主要领导和县四大班子分管领导、县直有关部门主要负责人，对全县重点建设项目、城市绿化进行现场调研，并召开现场办公会议。会议要求坚持以人民为中心，着力解决城市交通“堵点”、环境卫生“乱点”、植绿增绿“盲点”、公共服务“痛点”，全面提升城市管理水平和绿化美化质量，着力打造生态优美、宜居宜业的美丽山城。各有关部门要明确职责分工，强化协调配合，积极主动作为，共同抓好城市精细化管理工作。要建立长效机制，抓紧推进牌路山森林公园、生态湿地、非物质文化遗产传承基地、地震遗址公园等重点项目。

【第九次专题会议】 9月30日，中卫市委常委、海原县委书记徐海宁主持召开专题会议，贯彻落实中卫市委“三个大会战”部署要求。会议研究审议《海原县实施三个大会战加快生态产业建设的实施方案》，决定成立以县委书记和县长为“双组长”、县四大班子有关领导和乡镇部门主要负责人为成员的县“三个大会战”加快生态产业建设领导小组，下设生态保护、污染防治、植绿增绿三个大会战工作组，抽调县纪委监委、县委督查室、县政府督查室、县委组织部等有关部门工作人员组成督导工作组，全面开展督导工作，督促各项任务落实。会议要求要深入学习贯彻自治区黄河流域生态保护和高质量发展先行区两次推进会议和全市生态产业推进大会精神，准确把握自治区“一河三山”坐标、“一带三区”生态产业总体布局，全面落实市委和市政府部署要求，突出规划引领，分区分类施策，坚持生态保护、生态治理、生态建设三管齐下，系统谋划实施“3+1”方案，全面打响生态保护、污染治理、植绿增绿“三个大会战”，狠抓农业产业结构调整，持续推进生态建设和产业发展。

【第十次专题会议】 10月1日，中卫市委常委、海原县委书记徐海宁带领县委办、县公安局、县卫健局、县应急管理局、县市场监管局、县交通运输局、县工信和商务局、县住建局、海城接待办主要负责人对国庆、中秋期间安全生产、疫情防控等工作进行调研，并现场办公，要求加强安全生产工作，强化应急物资保障；构建网格化管理平台，提升城市管理水平；全面保障供需稳定，强化重点场所疫情防控；充分做好供暖准备工作，切实提升供暖质量；保障出行安全，切实做到疫情防控不松懈；加快北苑小区建设，有效保障工程质量；坚决克服麻痹思想，筑牢外防输入防线。

【第十一次专题会议】 10月9日，中卫市委常委、海原县委书记徐海宁带领县委副书记郝振明及限制有关部门主要负责人，对城市社区治理工作进行现场调研，并召开座谈会。会议要求海城街道办党工委要突出重点，科学施策，全面铺开，大干实干九十天，全力冲刺四季度，确保高质量完成全年城市社区治理各项目标任务。各相关部门要牢固树立“一盘棋”思想，主动对接、科学谋划、形成合力，积极协助海城街道办做好征地拆迁、基层党建、社区治理等工作。

【第十二次专题会议】 10月11日，中卫市委常委、海原县委书记徐海宁带领县委常委田玉宝、副县长金钟河及县财政局、县农业农村局、县水务局、县科技局、县生态环境分局负责人，深入海城镇、树台乡、关庄乡、红羊乡对马铃薯产业发展情况进行调研，并召开座谈会。会议指出，马铃薯产业是海原县农村经济发展的传统产业，也是具有市场优势和发展前景的特色产业。

【第十三次专题会议】 10月17日，中卫市委常委、海原县委书记徐海宁带领县委副书记丁志爱、县人大常委会副主任杨正福及财政、农业农村、水务、科技等部门负责人，深入海城镇、关桥乡、贾塘乡、郑旗乡对小杂粮产业发展情况进行了调研，并召开座谈会。会议指出，小杂粮产业是海原县多年发展形成的传统优势产业。会议要求，一要统一思想，在做优做特上下功夫；二要科学谋划，在调优产业布局上下功夫；三要规范管理，在标准化种植上下功夫；四要深化合作，在强化科技服务上下功夫；五要创新理念，在健全完善联农带农富农机制上下功夫；六要加强招商，在完善加工营销体系上下功夫；七要强化保障，在项目资金投入上下功夫。

（县委办）

县委办工作

【概况】 2020年，中共海原县委办公室（简称县委办）是县委的重要办事机构和综合职能部门，管辖督查室、保密局、机要局、档案局，一个单位挂五个牌子。下辖档案馆、督查督办服务中心2个副科级事业单位。县委办核定行政编制22名（包括县委书记、副书记、专职常委3名），事业编制5名。领导班子设一正四副，其中设主任1名、副主任3名、机要局专职副局长1名，县委督查督办服务中心主任1名（副科级事业编）。

【会务工作】 2020年，海原县委办公室充分发挥办公室运转中枢作用，沟通内外、协调左右、联动上下，实行县委重大活动月安排、周调度制度，增强预见性，打好提前量，确保无缝衔接、高效运转。全年承办县委全会、常委会会议、专题会议等重要会议100余次，协调开展重大项目开工、肉牛大赛、应急演练等重大活动30余项，先后接待华润集团、漳州考察团等各级领导考察调研30余次，树立了海原良好形象。

【文稿服务】 2020年，海原县委办公室紧扣县委决策部署和主要领导思路，站位全局、结合实际，严把文稿思想性、针对性和实效性，力求初稿硬、校对细、打磨精、提炼准、出精品，切实增强以文辅政能力和水平。全年高质量完成各类重要文稿200余篇近200万字。完善公文处理流程，严把县委制发文件的政治政策关、法律法规关、文字格式关。全年县委发文17件，县委办公室发文109件，向自治区党委办公厅及市委办公室报备规范性文件43件，基本实现“零差错”。

【信息调研】 2020年，海原县委办公室注重发挥党委信息“千里眼、顺风耳”作用，紧紧围绕中央和自治区、市精神的贯彻落实、县委中心工作的措施落地，以点穴式方式开展调查研究，全年向自治区党委办公厅上报调研报告30篇，其中3篇编入全区优秀调研报告汇编并印发各市县。建立信息报送工作制度，加强信息业务训练，全年向自治区、市报送综合信息700余篇（条），其中有50多篇（条）被《宁夏要情》《综合信息》采用，信息质量指数在全区排名靠前。

【督察督办】 2020年，海原县委办公室整合督查力量，规范督查工作程序，改进督查方式，常态化开展重点督查、专项督查、跟踪督查，凸显督查“利剑”作用。全年开展督查100多次，编写《督查专报》52期，下发督办通知单158期，督办县委领导批示件183件次，有力推动各项重点工作落实落细。

【机要保密】 2020年，海原县委办公室全力做好密码管理和电子政务内网建设、管理、维护工作，完善电报收发登记签发手续，严格落实24小时值班值守制度，全年实现“无事故”目标。组织召开县委保密委全体会议，开展保密专项检查2次，协助采购国产化涉密单机9台，完善保密规章制度，加强保密业务培训，圆满完成年度涉密文件回收清退工作，全年实现“无泄密”目标。

【基层减负】 2020年，海原县委办公室严格落实为基层减负各项要求，制定《海原县2020年持续整治形式主义突出问题为基层减负重点任务》，严格审核会议规模和频次，持续精减文件篇幅和件次，能整合的一律整合、能精简的一律精简，最大限度地为基层减负。全年以县委和县政府名义召开会议、下发文件分别同比下降25%、27%。统筹规范全县督查检查考核工作，整合督查检查事项，完善考核机制。

【档案服务管理】 2020年，海原县委办公室以档案工作规范化管理为重点，全面落实档案管理“八防”措施，提升档案利用服务质量，全年县档案馆提供查阅服务141人次，查阅档案4012件（卷）；接收档案6645盒88411件。启动县档案馆信息化建设工作。

【机关党建】 2020年，海原县委办公室扎实开展机关党建“三强九严”工程，全力创建“让党中央放心、让人民满意”模范机关。严肃党内政治生活，严格落实“三会一课”、民主评议党员制度，全年召开党员大会7次、支委会18次，开展主题党日活动12次，党员干部讲党课4人次，党员的责任感、荣誉感和对党组织的认同感、归属感不断增强。认真做好党员发展和教育管理工作，发展预备党员1名，转正预备党员1名，按规定每月及时足额收缴党费，党的组织生活不断规范。严格落实中央八项规定及其实施细则精神，建立健全各项内控制度，全年未发生违法违纪行为。持续开展“两年”活动，不断加强干部队伍作风建设。扎实开展廉政警示活动，集中观看《国家监察》《叩问初心》《路蠹之覆》等警示教育片，筑牢干部队伍的思想防线。

【队伍建设】 2020年，海原县委办公室围绕打造高素质、专业化干部队伍，招录选调生1名、公务员2名，择优选调3名优秀年轻干部跟班学习，充实了骨干力量。向县委推荐提拔干部5名，向自治区市有关部门推荐选拔2名，调动了干部积极性。组织参加自治区市举办的专题学习培训5批10人次，选派2名干部驻村扶贫，干部队伍综合素质得到全面提升。

（县委办）

组织工作

【概况】 中共海原县委员会组织部是县委主管的负责全县组织建设、干部工作、公务员工作、老干部工作和人才工作的职能部门，挂直属机关工作委员会、老干部局、公务员局牌子，非公有制经济组织和社会组织工作委员会、离退休干部工作委员会设在组织部。设办公室、干部一室、干部二室、档案室、组织一室、组织二室、人才与公务员管理室7个内设机构。2020年，县委组织部有行政编制21名，设部长兼直属机关工委书记1名，由县委领导兼任，不占科级领导职数，副部长4名，其中1名常务副部长兼任县直机关工委副书记（正科级），1名副部长兼任非公有制经济组织和社会组织党工委书记（正科级），1名副部长兼任离退休干部党工委书记、老干部局局长，1名副部长兼任公务员局局长。有在编在岗工作人员24名。其中中共党员24名；县处级副职1名，乡正科级正职2名，二级主任科员2名，乡科级副职3名，四级主任科员5名，一级科员5名，试用期人员6名；研究生3名，大学生21名；35岁以下12名，36~40岁3名，41~45岁2名，46~55岁6名，56岁以上1名。

【干部选拔任用】 2020年，海原县对脱贫攻坚、疫情防控等工作中表现优秀的43名干部提拔使用。修订完善了领导班子和领导干部年度考核办法，先后对9个班子开展政治素质考察调研，调整任用干部20名，免职7名，推进干部“能上能下”成为常态。重新使用受处理处分影响期满后表现优秀的干部6名，营造干事创业氛围。公务员职级晋升107名，对表现优秀的17名干部推荐晋升四级调研员，激发了奋斗精神。结合“5123”工程，调整充实了培养对象库，实行动态管理、跟踪培养。

【干部教育培训】 2020年，海原县先后在县委党校、郑州大学等地举办各类培训班18期，培训干部2500余人次。选派10名干部投身脱贫一线经风雨、长才干，抽调1500余名干部参与疫情防控，选派4名干部到自治区内外挂职锻炼，选派53名年轻干部参与信访、巡察工作，提升其能力水平。

【干部监督管理】 2020年，海原县充分利用“12380”监督平台，对干部苗头性倾向性问题早提醒早教育，开展任前谈话56人，组织函询2人。制定《海原县委组织部巡视巡察整改日常监督暂行办法》，持续深化巡察中发现的问题的整改工作。开展领导干部离任和任中审计10人，促使其规范用权、廉洁用权。扎实开展经商办企业、因私出国（境）、在编不在岗等自查整改工作，干部监督形成新常态。

【公务员管理】 2020年，海原县完成24个参照公务员法管理单位的重新认定和“两项改革”人员过渡登记及分流划转工作，扎实开展公务员平时考核工作。制定《选调生“导师制”帮带工作方案》，切实加强选调生队伍建设。及时更新公务员管理信息系统，不断加强公务员信息化管理工作。

【农村基层党建】 2020年，海原县在农村党组织深入推进“三大三强”行动和“两个带头人”工程，培养党组织带头人448名、致富带头人827名，支持致富带头人贷款109户7299万元，带动近3.8万名群众增收致富。培育村级后备力量435名，发展农村党员74名，培训村干部、致富带头人1300余人次。扎实开展“六查六整”行动，查摆突出问题133个，制定整改措施254条，全部整改销号，全县35个农村软弱涣散党组织全部转化提升。全县村集体经济项目全覆盖，村集体经济收入达到3700余万元，同比增长124%，125个贫困村年均收益达到26万元以上。

【机关党建】 2020年，海原县在机关党组织深入实施“三强九严”工程，推进“让党中央放心、让人民群众满意”模范机关创建行动，组织开展“互观互检互评互促”活动，推动党支部标准化、规范化建设，全县模范机关创建比例达到35%以上。在社区，以构建“四联四化”机制为抓手，制定《海原县城市基层党建引领社区治理工作实施方案》，深化街道“大工委”和社区“联合党委”机制，推动资源服务管理向基层下沉，健全完善社区“三方五步”民主议事流程，通过民主议事，建立社区问题、需求、资源“三张清单”，打通了服务群众“最后一公里”的问题。

【非公企业和社会组织党建】 2020年，海原县在非公企业和社会组织党组织大力实施党组织“有形覆盖”和“有效覆盖”双提升行动，对全县非公企业和社会组织再次进行“五清”摸排，清理撤销“空壳”党组织3个，通过单独组建、联合组建、挂靠组建等形式，设立党组织9个。年末，全县非公企业和社会组织党组织覆盖率分别达到95.8%和92.7%。

【人才工作机制】 2020年，海原县持续强化组织部门牵头抓总、行业主管部门分工协作的工作机制，组织开展了全县人才盘点工作，建立了行业紧缺专业目录和行业紧缺人才需求目录。认真落实人才各项待遇，设置人才公寓32套，已安置21名高层次人才，解决了引进人才的后顾之忧。利用春节等重大节庆，组织慰问各类人才165人，增强了人才的荣誉感、归属感、获得感。

【人才引进】 2020年，海原县招录公务员33名（选调生8名），招聘事业人员59名、特岗教师50名、定向医学生26名、免费师范生25名。依托“百名专家基层服务行”、“京宁、闽宁、沪宁”对口帮扶等平台，邀请专家教授168名，围绕肉牛养殖、医疗卫生等方面开展咨询服务和指导培训。邀请中国科协20名专家到海原开展“医疗义诊、健康科普”活动。组织80多名海原籍大学生参加回乡观摩座谈会，促其回乡创业就业。

【骨干人才培养】 2020年，海原县实施“行业骨干人才培养行动计划”，利用“西部之光”“基层之星”平台，推荐16名优秀专业技术人员赴外地研修学习。举办创业、职业技能等各类培训班，培训致富能手、“土专家”、“田秀才”等8600余人次。推荐认定“塞上名师”“塞上文化名家”“中卫英才”人选6人，激励人才创新创业。

【人才平台建设】 2020年，海原县围绕“一主四特”产业发展需求，集聚西北农林科技大学等单位专家51名，联合当地人才组建8个农业产业专家服务团队，开展科技服务。申报自治区级人才项目1个，申报认定电商、西海固高端牛产业2个专家服务基地，吸引、培养造就人才。

【“两委”换届】 2020年，海原县聚焦提升村干部队伍素质，突出“双好双强”标准和年龄、学历“一降一升”要求，提前逐一研判182名现任村党组织书记、村委会主任的进退留转，逐村建立“两委”班子结构“优化账”。制定了“两方案两流程一图表”，建立候选人初步人选组织委员、副书记、党委书记、包乡县级领导、县级指导组长五级“签字背书”机制，严格落实村干部县级联审制度，共审查1496人，审查不符合参选资格人员95人。全县141个行政村和11个社区已完成换届工作，计划于2月10日前完成村（居）委会换届工作。预计换届结束后，全县村“两委”成员平均年龄下降8岁，大专以上学历村干部比例提高12个百分点，“一肩挑”的村115个，占76.6%，女性村委会委员167名，占35.5%，女性村主任20名，占13.5%，确保实现年龄、学历“一降一升”要求。

【组织队伍建设】 2020年，海原县委组织部强化制度建设，建立完善《海原县委组织部内部控制手册》，推动形成以制度管人、管事的工作机制。深入开展“双学双强”活动，通过集中学习、专题研讨、警示教育、主题党日活动等形式，深入学习习近平新时代中国特色社会主义思想和党的十九届四中、五中全会精神及习近平总书记视察宁夏重要讲话精神。研究制定组织系统“三强化三提升”活动方案，坚持每月举办一期“新时代组工大讲堂”，以组织、干部、公务员管理及人才工作等方面政策法规解读为主题，由部务会成员和业务骨干轮流宣讲，为组工干部“充电蓄力”，着力培养一批组织工作“政策通”“活字典”“多面手”。

（县委组织部）

宣传工作

【概况】 2020年，海原县认真学习宣传贯彻习近平总书记视察宁夏重要讲话精神，贯彻落实《中国共产党宣传工作条例》和全国、全区宣传部长会议，全市、全县党的建设工作会议等精神，主动对标全区宣传思想文化工作“十大工程”，从理论武装、舆论引导、文明引领等方面擂鼓造势、凝聚合力，为决胜全面小康、决战脱贫攻坚提供了有力的舆论支持。

【宣传工作条例贯彻落实】 2020年，海原县严格贯彻落实《中国共产党宣传工作条例》，落实宣传工作“四个纳入”。开展了对《中国共产党宣传工作条例》执行情况的监督检查，将贯彻落实情况纳入党建工作责任制，领导班子、领导干部目标管理，监督执纪问责范围和意识形态工作责任制。对自治区党委宣传部调研反馈的贯彻落实条例方面的11个问题，全面抓好整改落实工作。县委常委会率先学习了条例，研究制定任务分工方案，顺利完成62项具体任务。各乡镇、各部门（单位）利用党委（党组）理论学习中心组和“学理论强素质学党规强堡垒”活动，持续抓好学习领会。

【“宣传工作创新年”活动】 组织开展“宣传工作创新年”活动，认真落实全区宣传思想文化工作“十大工程”，征集17篇创新案例，建立典型案例库。开展做好全面建成小康社会“百城千县万村”调研活动，确定4篇重点调研题目，对重点工作、难点问题进行深入研究。

【理论学习】 2020年，海原县把持续学习宣传贯彻习近平新时代中国特色社会主义思想尤其是习近平总书记视察宁夏重要讲话精神作为重中之重。一是加强学习教育。通过组织召开县委常委会会议、领导干部理论大讲堂、党政干部能力素质提升班、参加中卫市委领导干部深入学习宣传贯彻习近平总书记视察宁夏重要讲话精神专题学习研讨班、专题举行12次县委理论学习中心组学习会等方式，使各级领导干部先学一步、学深一层，带动全县上下兴起学习宣传贯彻热潮。各乡镇、各部门（单位）通过召开党委（党组）理论学习中心组学习会、支部学习会、“主题党日”活动等多种方式深入学习、交流研讨，切实提高了对习近平总书记视察宁夏重要讲话精神的理解和把握。

【理论宣讲】 2020年，海原县制定了《开展习近平总书记视察宁夏重要讲话精神宣讲工作方案》《关于认真组织学习〈习近平谈治国理政〉（第三卷）的通知》《关于认真做好〈中国制度面对面〉学习宣传工作的通知》，召开宣讲备课会，全年开展宣讲205场，推动形成自治区、市宣讲团带头宣讲，县级领导干部深入宣讲，各级党组织跟进宣讲，县级宣讲团主动宣讲等四个层面大宣讲格局。

【理论宣传普及】 发挥好“学习强国”学习平台、县级融媒体中心、新时代文明实践所（站）、村级文化服务中心等平台作用，通过举办全国“两会”知识竞赛、理论征文、“微宣讲”比赛、“听党话、感党恩、跟党走”宣讲比赛等活动，推动习近平总书记重要讲话精神进企业、进农村、进机关、进社区、进网络。抓好“学习强国”学习平台推广使用，尤其是举办“学习强国”学习平台达人挑战赛，并参加自治区、市比赛，获评全区“学习强国”学习平台推广使用工作先进单位。

【形势政策教育宣传】 2020年，海原县结合纪念中国人民志愿军抗美援朝出国作战70周年和中国人民抗日战争暨世界反法西斯战争胜利75周年，在全县各中小学开展了全民国防教育日主题班会、办主题黑板报、举办“军民鱼水情”手抄报比赛多形式国防教育宣传活动，强化未成年人思想教育。举办“军民鱼水情”文艺会演，开展纪念海原大地震100周年军地联合应急救援演练活动和国防形势教育报告会，开展烈士纪念日向人民英雄敬献花篮、瞻仰革命先烈等活动，缅怀革命事迹、体验革命情怀、传承红色基因。媒体开辟国防教育专栏，对国防法规国防历史和国防知识等有关内容以及全县在关心国防建设和双拥共建活动中涌现出的先进典型进行集中宣传报道。进一步增强广大干部群众居安思危的忧患意识、依法履行国防义务的责任意识，在全县形成热爱国防、关心国防、支持国防的思想共识和自觉行动。

【社会宣传】 2020年，海原县制作专题展板、橱窗专栏等，在各类车辆张贴宣传帖，在公共场所进行氛围营造，在公路沿线制作宣传标语，共制作大型公益广告宣传牌160余块、大型电子屏30余块、公交站牌120余块、电子屏滚动播放标语300余处，悬挂标语横幅4500余处。制作张贴宣传海报15000份，营造了学习宣传贯彻的浓厚氛围。

【意识形态工作责任制落实】 2020年，海原县严格落实意识形态工作责任制，组织召开相关会议，完善工作思路，排查通报风险点，利用党员发展对象、党务干部“双学双强”活动示范集中、巡察干部集中学习培训、宣传干部培训暨重点工作推进会、村级干部能力素质提升等专题培训班举办意识形态、移风易俗等工作培训5次，坚决守好维护政治安全生命线。强化机制建立，制定党委（党组）理论学习中心组学习巡听旁听（督学考学）制度及考核通报制度，推动中心组学习规范运行；制定《海原县意识形态领域防止出现政治性风险问题监测预警审核制度（试行）》《党委（党组）意识形态工作责任制实施细则》，有效维护政治安全；制定《新形势下推进全县网络评论队伍建设实施方案》《海原县网络舆情应急管控预案》，维护网络安全；制定海原县“扫黄打非”工作责任制度、《海原县文明家庭激励与管理办法》，有效净化社会家庭文化环境；制定《关于进一步加强基层宣传思想文化队伍建设的通知》《关于进一步明确宣传机构或宣传员的通知》，加强和规范宣传力量。系统各单位从强化内部管理入手，分别制定系列行业制度，县委宣传部完善定期通报、每周工作汇总等机制和信息报送、学习考勤、文稿办理等18项内部管理制度；县委网信办完善了议事规则、办公文件审批及管理制度、保密工作制度、约谈工作规范；县融媒体中心制定完善了设备使用管理制度、节目播出管理办法、广告运行管理制度、节目差错责任追究制度、绩效考核管理办法、节目审查管理制度等，进一步推动工作落地见效。

【“扫黄打非”工作】 2020年，海原县开展扫黄打非“正道”“清风”集中行动和保护知识产权、网络安全教育等系列宣传活动，推进关于2019年“扫黄打非”工作考评反馈整改，深入书店、打印店、网吧、KTV等地开展专项检查。利用全国“两会”、宣传周等重要时间节点，开展“护苗”暨版权专项检查行动，重点检查校园周边书店、文具用品店、商铺等30余家，查缴盗版教辅教材12本，删除网上有害信息2条。扎实推进“扫黄打非”进基层示范点建设，力争全覆盖，推选公布了海原一小、关桥乡方堡村为第四批全区“扫黄打非”进基层示范点，有效维护意识形态和文化领域安全。

【新闻宣传】 2020年，海原县整合宣传资源，加强与相关主流媒体之间的长期合作。集中采购安装30台《人民日报》电子阅报栏，打造新的宣传阵地。围绕深入学习贯彻落实习近平总书记视察宁夏重要讲话精神，展示全县经济社会发展成就，拍摄反映全县经济社会发展的专题片《冲刺2020》。围绕“晒文旅·晒优品·促消费”（“两晒一促”）大型文旅推介活动邀请专业团队撰写脚本，拍摄完成8分钟电视短片、60秒微视频《花儿之乡 古韵海原》，并在《宁夏日报》制作专版，协助宁夏新闻网云上文旅馆建设，全面展现全县历史文化故事、自然风光、乡土风物，助推消费扶贫，促进全域旅游和文旅融合高质量发展。主动承接“决战西海固——脱贫攻坚看宁夏”“走向我们的小康生活”主题采访，聚焦“六稳”“六保”推动高质量发展集中采访等活动，积极借助全县2020年重点工作观摩评促会暨上半年经济形势分析会，全县肉牛产业发展集团有限公司、牛产业工作站、肉牛养殖专业合作社挂牌活动，2020全国特色农产品经销商知名媒体宁夏行海原分会场活动，首届云上西海固助农直播节暨海原硒砂瓜直播基地挂牌开播活动，文化旅游产业发展集团有限公司揭牌，2020年中国农民丰收节暨第五届高端肉牛大赛等，在中央级媒体推出130余篇冒热气、接地气的新闻报道，多维度、多角度、多形态全面展示全县脱贫攻坚成果。

【媒体融合】 2020年，海原县通过召开县委常委会会议、编委会、规委会、专题会等会议，讨论制定《海原县媒体深度融合发展改革方案》和具体建设方案，编制了《海原县融媒体中心、新时代文明实践中心建设项目可行性研究报告》，围绕“统筹策划、多源汇聚、一次采集、一处生产、多元发布、科学评价”的原则，全面建成物理空间布局、硬件环境建设、软件系统平台、内容支撑建设、运营推广服务、媒体人员培训、新时代文明实践中心等七大部分内容。创新做好宣传渠道阵地、权威资源内容、前沿科学技术、智慧服务治理、区域经济文化、融媒体与文明实践等“六大融合”，不断提升新闻舆论传播力、引导力、影响力、公信力。

【舆论监督】 开设《海原县2020媒体问

政——脱贫攻坚进行时曝光台》栏目，对工作推进不力的县级分管领导，乡镇、部门主要负责人进行访谈，敲响警钟，激发斗志，确保如期高质量打赢脱贫攻坚战。同时，对各类不文明、“厉行节约反对浪费”等行为进行曝光。

【脱贫攻坚和疫情防控宣传】 印发《2020年全县脱贫攻坚宣传工作方案》，围绕“两不愁三保障”，突出一月一主题，采取在中央级主流媒体推送音视频和文字信息，在自治区、市主流媒体刊播专题和专版，在县内媒体开设专栏，同步跟进各项主题宣传等方式，形成中央自治区市县四级媒体联动，共同展示全县上下决胜全面小康、决战脱贫攻坚、全力以赴联防联控、千方百计稳就业等方面的举措和成效，生动宣传疫情防控一线的感人事迹，推选报送和宣传我身边的战“疫”模范14期56人，自治区内各主流媒体刊播4570余篇。同时，加大氛围营造，印制疫情防控宣传单、宣传折页30余万份，发放宣传海报1万份等，编发手机短信60余类，电子屏滚动播放70余条，悬挂宣传横幅2000余条，组织流动宣传车30余辆等，营造了良好社会氛围。

【网络宣传】 2020年，海原县组织县政府网、党建网等网站和新媒体平台开设专题专栏，及时转载推送中央、自治区、市、县相关稿件500余篇，推送习近平总书记重要讲话精神、重要活动及视察宁夏重要讲话精神相关稿件220篇。承接自治区党委网信办组织的“决胜2020小康有我”“遇见宁夏”等网上主题宣传活动，新媒体记者及新媒体达人走进海原非物质文化遗产孵化园、三河镇富陵村开展脱贫攻坚网络采访活动。认真落实《海原县互联网信息工作部门协作机制》，结合舆情发生特点和敏感时间点，适时下发《关于对近期有关重点领域网络风险提示的通知》，及时组织召开网络风险研判防范提示会，梳理网络舆情风险点并提出应对建议和责任单位，要求各相关单位线下及时妥善处置化解矛盾和风险。扎实推进《网络信息内容生态治理规定》贯彻落实工作，持续开展“清朗”、网上“扫黄打非”、“净网”等系列专项清理整治行动。

【新时代文明实践】 2020年，海原县试点建设1个新时代文明实践中心、8个新时代文明实践所和11个新时代文明实践站。在文明实践站创新开展“乡村发布会”，采取“1246”举措，突出“精神扶贫助力脱贫攻坚”1个主题，打造意愿“点单”“派单”2个志愿服务平台，创建“发布一批群众喜欢的志愿服务、开展一次积分兑换、举办一场文化活动、组织一次理论宣讲”4个实践载体，整合村级党员活动室、村级文化广场、村级图书馆、儿童照料室、爱心积分超市、乡村发布长廊6个实践阵地，着力打造“党群服务＋文明实践”综合体，切实打通宣传群众、服务群众“最后一公里”。

【移风易俗】 2020年，海原县以“提升宣传教育引导实效，提升红白理事会工作成效，提升村规民约制度约束力”“三提升”为着力点，开展“移风易俗深化年”活动，强化移风易俗宣传教育，发挥红白理事会作用，加强疫情防控期间婚丧嫁娶事宜的管理。成立县乡村三级移风易俗劝导志愿服务队进村入户开展“推动移风易俗、树立文明乡风”宣传调查工作，开展了“发放一份移风易俗倡议书、发放一份调查问卷、签订一份移风易俗承诺书、督导一次各村移风易俗工作开展情况”四个一活动；邀请县委党校讲师在各乡镇开展“移风易俗巡讲”，进一步巩固提升移风易俗工作成效。

【文明创建】 2020年，海原县召开县文明委会议，命名表彰67名道德模范、9户移风易俗模范户、19户星级文明户和4户文明家庭，制定《海原县文明家庭激励与管理办法》，通过典型引领进一步激发了群众内生动力。命名4个文明单位、6个文明村、1个文明社区和2所文明校园。史店乡徐坪村、县审计局通过自治区文明村镇、文明单位创建验收，县卫健局、关桥乡麻春村通过自治区文明单位、文明村镇复验。举办学习宣传贯彻《新时代公民道德建设实施纲要》《新时代爱国主义教育实施纲要》知识竞赛，选拔12名选手参加全市竞赛。推荐申报牌路山烈士陵园为自治区级国防教育基地，推荐申报海原华润希望小镇为市级国防教育基地。

【志愿服务】 2020年，海原县制定《未成年人思想道德建设2020年工作方案》，推进学雷锋志愿服务活动，疫情防控期间招募55名青年志愿者组织开展捐赠、慰问、宣传、心理疏导和志愿服务等活动。结合新时代文明实践中心试点工作，组建“1+8+N”志愿服务队，县级志愿总队积极发挥引领带动作用，在脱贫攻坚政策进村入户宣传、肉牛产业高质量发展现场观摩推进会、升国旗、助力乡村振兴健康行、向人民英雄敬献花篮等文明实践活动中，在全县文明活动中发挥示范带动作用。开展2020年“爱心送考”活动，120辆出租车帮助广大考生安全、快捷、准时抵达考场，圆满完成考试。组织招募80名青年志愿者参与全县肉牛大赛、“纪念海原大地震100周年军地联合应急救援演练”、“推动移风易俗、开展服务城市‘地摊经济’、树立文明乡风”主题志愿宣传服务等活动。组织开展“七彩假期”活动，积极服务贫困学生。推进诚信建设，完成评级授信2258户授信金额8922万元。

【公益宣传】 2020年，海原县组织开展倡导使用公筷、“文明健康、有你有我”公益广告宣传和“厉行节约反对餐饮浪费”教育实践行动，在电视台、公共场所制作播出、张贴宣传海报、宣传画等57处，更新各类宣传牌219处。加强对健康理念和传染防控知识的宣传教育，加大对革除滥食野生动物陋习、培育科学文明饮食习惯的宣传力度，提升人们的科学素质和法治观念。

【文艺宣传】 持续办好《南华山》文学期刊，第一、二期精心编辑出版文学爱好者撰写的有关疫情防控和脱贫攻坚方面的文字作品。编排录制了《严防死守保安康》疫情防控知识快板音视频。举办了“决胜全面小康 决战脱贫攻坚”自治区、市海原籍和县内文学艺术家家乡行采风活动。组织开展了“三下乡”“迎新春”菜单式文化下乡辅导惠民演出、百姓春晚。开展2020年“奋进新时代 共圆小康梦”广场文化演出活动，已演出15场次。组织5个小分队开展“送戏下乡”惠民文艺演出80余场。农村数字电影放映全面展开，已完成放映200余场次。举办全县方棋大赛、文化遗产日非遗项目展示展演、展销活动。

【宣传文化设施建设】 2020年，海原县对11个挂牌督战扶贫村文化设施建设和使用情况进行了查漏补缺，确保扶贫村文化设施全覆盖。全力做好“一村一年一事”事项办理，完成关庄乡关庄村文化服务中心、李俊乡旅游扶贫村基础设施、九彩乡马圈村文化长廊等3个项目建设和阅海敬老院、凤凰小区、忠礼文化大院等3个流动图书服务点，4个乡镇图书分馆建设设备安装。应急广播开通试播，共建成县级播控平台1个、乡镇级播控平台17个、行政村级平台151个，实现了县、乡、村“三级可控、三级插播、上级优先、应急优先”和实时转播中国之声广播节目等功能，乡村公共文化服务设施更加完善。

【全域旅游宣传】 2020年，海原县加快重点项目建设，建成县文化馆附属工程，基本完成非遗传承基地布展工作，完成天都山创建国家AAA级旅游景区市级复核、景区Wi-Fi基站建设工作和李俊游客服务中心、九彩坪古堡文化长廊等基础设施建设，审定修改西安文旅古镇、关桥梨花小镇乡村旅游建设详细规划，成立海原县文化旅游产业发展有限责任公司。开展纪念海原大地震100周年系列活动，通过拍摄《海原县大地震》电影、开展防震减灾宣传活动等，展示全县人民生生不息的奋斗精神。举办第三届文化旅游云节庆暨2020年“关桥网络梨花节”、大美田拐红梅杏云开园、西安镇第二届乡村文化旅游节系列活动，文旅品牌形象进一步提升。

【全民阅读】 2020年，海原县开展“世界读书日”、“图书宣传周”及图书“七进”等服务宣传活动。举办以“书香助力战疫，阅读通达未来”为主题的全民阅读推广活动，开展为县武警中队、史店乡米湾村、南苑社区等单位、村（社区）送图书活动5次，完成全县第五届“书香之村（社区）”和第六届“书香之家”推荐表彰工作。

【宣传队伍建设】 抓班子带队伍，选优配强宣传系统领导班子，扎实开展“四力”教育实践工作和“双学双强”活动、“两个全面提升”工作，激发党员干部奋斗精神。做好自治区“塞上文化名家”推荐评选工作，县文化馆馆长王新林被评为自治区第三批“塞上文化名家”。组建县文化市场综合执法大队。制发《关于进一步加强基层宣传思想文化队伍建设的通知》等文件，为19个乡镇（街道、管委会）任命宣传委员，各乡镇（街道、管委会）为各村（社区）配备161名宣传员，各部门（单位）都明确负责宣传工作的机构或岗位、配备专兼职工作人员，明确21项工作职责。举办《中国共产党宣传工作条例》、非遗项目代表性传承人等各类培训班，对宣传委员、宣传干部、农民文艺团体、文化大院等进行业务指导，全县宣传思想文化系统干部队伍能力素质逐步提升。

（高旭鹏）

统战和民族宗教工作

【概况】 海原县委统一战线工作部（简称县委统战部）有行政编制13名，设部长1名，由县委常委兼任，副部长4名，其中常务副部长兼任民族宗教事务局局长。内设办公室、民族股、宗教事务股、综合股4个科室。2020年实有工作人员19名，其中公务员17名，工勤人员2名。

【落实主体责任】 2020年，海原县建立自上而下的责任体系，坚持从全局的高度来认识和把握民族宗教工作，把民族宗教工作摆在重要位置，先后召开县委常委会会议3次、县政府常务会议2次、县统战工作领导小组会议3次、专题会议2次研究部署民族宗教工作。各乡镇（部门）明确分管领导、配备专职干事，150个行政村、11个社区全部配备宗教信息员。377名副科以上领导每人联系1处宗教场所和1名宗教人士，19个乡镇（街道、管委会）班子成员每人联系2处宗教场所和2名宗教人士。层层签订目标管理责任书，压实乡镇宗教事务主体责任，形成一级抓一级、层层抓落实的组织体系和责任体系。

【宣传教育】 2020年，海原县强化政治引领，突出干部教育先导，突出宗教教职人员关键，突出宗教场所重点，全面加强党的民族宗教政策宣传教育。在县委党校集中举办全县村党支部书记、选派第一书记（工作队长）、工作队队员专题培训班1期，培训300余人次；以乡镇（街道办、管委会）为单位，举办乡村干部、站所负责人、宗教活动负责人和宗教教职人员培训班，1260多人参加培训学习。

【民族团结进步创建】 2020年，海原县按照“脱贫攻坚统领民族团结工作，示范创建助推小康社会”主题，大力推进民族团结进步创建工作。全年成功创建4个自治区级民族团结创建示范单位、39个市级民族团结创建示范单位、228个县级民族团结创建示范单位，海原县也成功创建全区民族团结进步示范县。2020年，全县成功创建2个全国民族团结进步示范单位、31个自治区级示范单位、79个市级示范单位、277个县级示范单位。

【创建提升】 2020年，海原县把创建全区、全国民族团结进步示范县确定为全县经济社会发展的总目标之一，作为“一把手”工程全面统筹推进创建工作。成立创建工作领导小组，建立民族工作、宗教工作联席会议制度，定期召开专题会议，研究解决民族宗教工作中的重点难点问题。建立创建任务清单，量化目标，强化措施，细化责任，全县形成了“党委统一领导、党政齐抓共管、各单位共推共创、全社会积极参与”的创建工作格局，不断推动创建工作上台阶、上水平。

【创建载体】 2020年，海原县以“五进”活动为抓手，积极培育铸牢中华民族共同体意识。以基层群众为重点，开展践行社会主义核心价值观为主题的演讲比赛，教育引导各族群众进一步树立“三个离不开”“五个认同”的思想。以“民族团结月”活动为载体，打造民族团结进步教育“八进”品牌。注重创建工作的实效性、关注度和吸引力，坚持示范引领、整体推进、全面覆盖，着力打造民族团结进步示范点，促进各民族交往交流交融，推动形成相互嵌入式的社会结构和社区环境，营造各族群众共居、共学、共事、共乐的良好环境。全年打造不同类型、特色鲜明、亮点突出的创建示范点13个，发挥典型引领、以点带面的作用。

【融合推进】 2020年，海原县坚持把民族团结进步创建工作融入党的建设、精神文明建设等工作之中。积极探索实施“创建+精准扶贫”“创建+乡村振兴战略”“创建+中华优秀传统文化教育”等创建举措，扩大民族团结进步创建工作的影响力。

【宗教活动场所管理】 2020年，海原县对全县宗教活动场所进行全面排摸登记，做到底数清、数据明。完善场所学习、人员管理、财务管理等10项制度。修改制定《宗教活动场所民主管理制度》，对民主管理组织产生、任期及选举和被选举人资格等做出明确规定。每个宗教活动场所各项管理制度上墙，公开透明，自觉接受群众监督。根据《宗教活动场所财务监督管理办法（试行）》要求，督促每个宗教场所成立民主理财和财务监督小组，配备会计、出纳，完善财务管理制度。

【宗教活动管理】 2020年，海原县严格贯彻执行《宁夏回族自治区宗教活动安全管理暂行办法》，严格宗教活动申报审批制度。未依法履行审批手续，不得擅自举办宗教活动，小型宗教活动坚持属地管理原则进行申报审批。

【宗教教职人员管理】 2020年，海原县严格落实《宗教事务条例》《宁夏回族自治区伊斯兰教教职人员资格认定实施办法》《宁夏回族自治区阿訇日常行为守则》，对照“十个不准”底线要求，依法管理宗教教职人员，推行综合评价和资格退出机制，打破教职人员资格“终身制”，推动教职人员管理法治化规范化制度化。坚持教职人员聘任制。对宗教人士履职中有不良记录表现的，通过教育仍未转化的，采取组织措施，吊销教职人员资格证，清理出宗教人士队伍。通过教职人员资格审核，全县注销不符合换发新资格证教职人员885名。对宗教教职人员进行《中华人民共和国婚姻法》专题培训，提高他们遵法守法的意识。引导宗教人士和信教群众献爱心、助贫困，发展经济，助推脱贫攻坚；引导宗教人士在移风易俗上积极发挥示范带动作用，教育引导群众提倡婚事新办、丧事简办等新风尚，抵制高价彩礼、大操大办、铺张浪费、薄养厚葬等不良风气。

【宗教商业化治理】 2020年，海原县对全县15个乡镇、海城街道办、甘盐池管委会的佛教道教商业化问题进行集中治理。全县共有佛教道教场所53处（其中佛教18处，道教35处），民间信仰场所27处，方神庙121处。对全县佛教道教场所修建的戏楼冠以“文化剧场”名号的进行了整改，共整改17处。

【合坊并寺】 2020年，海原县积极探索

“合坊并寺、团结开寺”实践新路径，坚持“道”的方略，综合运用“管、控、调、疏”措施，通过召开座谈会、入户宣传引导、个别谈话等方式，做好信教群众思想工作，引导群众转变观念，凝聚思想共识，消除思想顾虑，争取最大限度的理解和支持。逐步实现集中共用、和谐共处、淡化教派门宦观念，营造和谐包容宗教关系的目标。

（马启才）

政策研究

【概况】 海原县委政研室（简称政研室），主要承担县委政策研究、重点课题调查研究、全面深化改革和财经工作统筹协调、调研督导等职能。核定编制5人，实有5人，其中设主任1名，副主任2名。2020年，海原县委政研室坚持以习近平新时代中国特色社会主义思想为指导，深入学习贯彻党的十九届五中全会精神和习近平总书记视察宁夏重要讲话精神，充分发挥以文辅政作用，全力服务县委中心工作和全县工作大局，政策研究、调查研究、深化改革、效能目标考核、扶贫帮扶和机关党建等各项工作取得新成效。

【调查研究】 2020年，紧紧围绕县委中心工作和全县发展大局，深入调查研究，积极出谋划策，做好前瞻性、破题性研究，当好县委的“智囊团”“参谋部”。聚焦“六稳”“六保”、脱贫攻坚、乡村振兴、深化改革、生态建设等重点任务，精准制定《海原县2020年调研活动方案》，组织有关部门开展调研20余次，撰写高质量调研报告10余篇、调研专报4期，为县委科学决策提供了重要参考依据。其中《发展壮大村集体经济锻造脱贫攻坚强劲引擎》《扎实开展“四查四补”巩固提升脱贫质量》《巩固脱贫攻坚成果 助推乡村振兴战略》等调研文章在《宁夏工作研究》《宁夏乡村振兴要情》自治区级期刊上刊发。同时，积极配合自治区、市相关部门对海原县“六保”任务落实情况、基层执法力量改革、“镇改街道办”和“村改居”等工作开展调研，为重点工作、重点领域改革任务顺利推进奠定基础。

【文稿服务】 2020年，海原县委政研室坚持“以文立室”的工作理念，主动谋事、敢于担当，强化前瞻意识、服务意识、精品意识，不断提高文稿起草的质量和效率，全面扛起以文辅政的责任使命。起草完成《县委关于深入学习贯彻习近平总书记视察宁夏重要讲话精神继续建设经济繁荣民族团结环境优美人民富裕的美丽新宁夏的实施意见》，推动习近平总书记重要讲话精神转化为全县上下共同意志和共同行动；牵头起草《县委关于制定国民经济和社会发展第十四个五年规划和二〇三五年远景目标的建议（稿）》和建议说明，通过多方征求意见、深入研讨论证、反复修改完善，已经提交县委常委会审议；起草领导讲话、实施方案等其他重要文稿材料30余篇，文稿服务能力和参谋水平得到各级领导一致肯定。同时，认真履行县委督检考办职责，对标对表自治区、市效能考核方案和打分办法，严格落实为基层减负要求，紧密结合实际，起草修订《海原县2020年效能目标管理考核办法》《海原县2020年效能目标管理考核细则》《2020年效能目标管理考核通知》，明确了效能目标管理考核的任务、指标、赋分、方式等，进一步发挥效能考核“指挥棒”作用，有力推动了各项年度工作任务落实。

【深化改革工作】 2020年，海原县委政研室充分发挥县委改革办牵头抓总、统筹协调的作用，狠抓机制建设、督查检查、典型挖掘和经验总结，统筹推进重点领域和关键环节改革取得实效。全面承接自治区党委、市委改革任务，先后召开县委全面深化改革会议2次，研究制定海原县委深化改革委员会2020年工作要点，以“改革任务清单化、清单责任化”的形式，研究制定了85项年度改革任务，出台县级层面改革方案、办法80余个，确保了改革任务不漏项、不落空、有人抓。整理编印《全面深化改革学习资料汇编》，全面学习中央和自治区党委、市委深化改革会议相关政策精神，准确把握上级改革路线、改革要求，确保海原县改革工作始终沿着正确道路前行。充分发挥督查"利器"作用，联合县委督查室先后2次对各牵头部门推动落实情况进行调研督导，85项改革任务已全部完成年度改革任务。强化改革信息质量和典型挖掘，建立"部门改革联络员总结提炼、分管领导审核、改革办修改完善、改革办主任审签"的改革信息报送联络审核机制，向自治区党委改革办、市委改革办报送信息150余篇，《海原县深化供水体制改革精准破解"饮水困局"》得到了自治区党委改革办的肯定，专篇选入《宁夏改革动态》并呈送自治区党委主要领导审阅；《海原创新生态文明建设机制推动生态、产业、经济融合发展》分别在《宁夏工作研究》《中卫改革动态》上刊发。

【精准扶贫】 2020年，海原县委政研室全面落实县扶贫开发领导小组成员单位职责，召开机关脱贫攻坚会议4次，组织学习习近平总书记在决战决胜脱贫攻坚座谈会上的重要讲话、《习近平扶贫论述摘编》等，制订《政研室2020年脱贫攻坚工作计划》，进一步提高思想认识，压实帮扶责任。全面落实扶贫帮扶责任。协助柴梁村"两委"开展"四查四补"工作，排查整改各类各项问题20个。紧盯4户未脱贫户、5户边缘户和2户监测户，"一户一策"制订发展计划，明确脱贫措施和扶持政策，积极推动脱贫任务落实。积极对接县农业农村局，将柴染村四组、五组1.2公里村道硬化项目纳入"一村一年一事"，努力改善基础设施条件；严格执行干部联系帮扶贫困户工作机制，28户贫困户已全部脱贫。高度重视各级各类扶贫巡视巡察反馈问题整改工作，组织专人对反馈问题整改落实情况再次进行"回头看"，高质量完成了国务院扶贫开发领导小组2020年脱贫攻坚督查、自治区党委调研督导、2019年脱贫攻坚成效考核反馈问题整改任务。

【机关党建】 2020年，海原县委政研室牢记政治机关职责使命，始终把学习作为开展政研工作的基础，坚持先学一步、学深一层，吃透精神实质，努力把学习成果转化为"以文辅政"的新能力、新动力、新成效。巩固拓展"不忘初心、牢记使命"主题教育成果，坚持每周二、五学习例会制度，结合主题党日活动，采取"集中专题学、研究讨论学、线上线下学"等方式，深入学习习近平新时代中国特色社会主义思想、党的十九届五中全会精神、习近平总书记视察宁夏重要讲话精神，及时跟进学习习近平总书记关于党的建设、经济发展、改革开放、精准脱贫、生态文明、法治建设等方面的重要讲话、重要指示批示精神，第一时间学习贯彻自治区党委、市委、县委重要会议、重要文件精神，使干部职工对党的最新理论成果及自治区党委、市委、县委的决策部署有了更深的理解和掌握，干部职工的理论水平和政治修养有了明显提高，履职能力和水平得到进一步增强。坚持以"三强九严"工程为抓手，认真贯彻落实县委及县直机关工委关于全面从严治党的各项部署要求，认真履行党风廉政建设"一岗双责"，坚持将党建、党风廉政建设工作与业务工作同安排、同部署、同落实，研究制定《政研室党支部2020年党建工作安排》《县委政研室党支部主题党日活动安排》，建立全面从严治党"三个清单"。严肃党内政治生活，认真落实"三会一课"、"主题党日"、组织生活会、党费收缴等制度，扎实开展"双学双强"活动和"不忘初心、牢记使命"主题教育自查工作，不断推动机关党建工作规范化制度化。深入开展"党政机关作风建设年、干部队伍素质提升年"活动，健全完善机关规章制度，坚持严管厚爱，加强对干部职工意识形态领域的管理教育，落实为基层减负要求，机关干部职工作风进一步转变。

（田进栋）

网络信息

【概况】 海原县委网络安全和信息化工作领导小组办公室（简称县委网信办）于2019年1月成立，作为海原县委工作机关，对外加挂海原县互联网信息办公室牌子，下设海原县网络信息管理服务中心（副科级事业单位），核定编制9名，其中行政编制5名，事业编制4名。2020年，实有人员6名，其中行政编制2名、事业编制4名。

【工作机制】 2020年，海原县委网信办对标自治区党委、市委、县委决策部署，紧盯工作任务不放松，对落实网络宣传、网络舆情应对、网络安全保障等情况持续跟踪督办。重大事项、重点工作及时向县委请示报告，组织召开县委网信委第二次会议，制定下发《海原县2020年网信工作要点》及相关实施方案和应急处置预案，牢牢掌握网络意识形态工作主动权。

【网络舆论引导】 2020年，海原县委网信办持续深化习近平新时代中国特色社会主义思想和党的十九大、十九届四中及五中全会精神网上宣传活动，及时转载推送中央、自治区、市、县相关稿件。承接邀请中央、自治区、市各级各类网络媒体30余家多次走进海原，大力开展脱贫攻坚、产业发展、乡镇文化旅游等系列网上宣传活动。精心策划组织2020年国家网络安全宣传周活动，开展了特色鲜明的校园日、法治日、电信日等主题日活动。

【网络舆情管理】 2020年，海原县委网信办监督指导各乡镇、各相关部门（单位）及时回应网民关切，线下解决问题矛盾，与相关部门形成应对联动机制，网络舆情总体平稳。

【网络生态治理】 2020年，海原县委网信扎实推进《网络信息内容生态治理规定》贯彻落实工作，持续开展“清朗”等专项行动，处置了一批违规网站、微信公众平台和短视频账号，有效遏制了网络信息乱象。

【网络安全管理】 2020年，海原县委网信办严格网络平台运维安全管理，严格信息发布审核，动态摸排更新全县各类网站、新媒体平台基本情况，强化网络平台管理责任。会同县公安局对全县党政机关单位网站、重要信息系统和关键信息基础设施进行了网络安全普查，提出了防范措施和意见。2020年，海原县未发生网络安全事件。

【干部作风建设】 2020年，海原县委网信办认真落实意识形态工作责任制和党风廉政建设规定，压紧压实政治责任、领导责任，建立和完善内控制度，以制度管人、管事、管物，从源头抓好党风廉政建设。深入巩固拓展“不忘初心、牢记使命”主题教育成果，扎实推进“三强九严”工程，持续开展“两年”活动和“双学双强”活动，全面彻底推进县委第十一轮巡察反馈问题整改工作，努力建设一支网信铁军，推动网信工作再上新台阶。

（王耀鹏）

机构编制

【概况】 中共海原县委机构编制委员会办公室（简称县委机构编办）是中共海原县委机构编制委员会的办事机构，承担海原县委机构编制委员会日常工作，作为县委机关，归口县委组织部管理，挂海原县事业单位登记管理局牌子，核定编制8名（其中主任1名，副主任2名），2020年实有人员7人。

【综合行政执法改革】 2020年，海原县整合组建县交通运输、农业农村、文化市场、市场监管等4个领域综合执法队伍，实行统一执法。5月份完成机构编制调整、人员转隶、办公场所入驻、挂牌运行等工作，8 月份通过市委机构编办的督查验收。县委机构编办会同县交通运输局、县农业农村局、县文化旅游局、县市场监管局等单位，建立 4 支执法队伍行政执法事项清单，经县委机构编制委员会审议通过，并在海原县人民政府网站按程序予以公布。

【部门权责清单调整】 2020 年，海原县委机构编办依据政府部门“三定方案”和《自治区政府部门权力清单指导目录》，按照“职权法定、应消必消、应合必合、能放则放”的原则，联合县司法局对全县各部门权力清单和责任清单进行调整，重新修订出《海原县政府部门权力清单（2021 版）》，为各部门依法有效履行职责提供支撑。

【基层整合审批服务执法力量改革】 2020 年，海原县委机构编办根据自治区改革部署，将自治区《关于推进基层整合审批服务执法力量的贯彻落实方案（征求意见稿）》向县委、县政府主要领导和分管领导及相关部门和乡镇负责人征求了意见建议，并汇总上报。对全县 17 个乡镇机构编制、派驻站所等情况进行摸底调研，提前做好各项改革准备工作。成立了海原县推进基层整合审批服务执法力量改革领导小组，统筹推进全县基层审批服务执法力量改革工作。

【事业单位改革】 2020 年，海原县委机构编办根据自治区党委编办《关于开展全区事业单位调研评估工作的通知》精神和要求，及时下发评估工作通知，组织对全县事业单位中除中小学校、公立医院、乡镇卫生院、乡镇事业站所（含派驻）外的 86 个其他事业单位全部进行调研评估。通过听取汇报、查阅资料、座谈交流，全面了解事业单位有关情况，查找存在的问题，听取意见建议，对全县事业单位的布局结构、职责履行、机构编制配置及实际运行等情况进行评估，为深化事业单位改革、优化编制资源配置奠定基础。

【扶贫机构编制配置】 2020 年，海原县委机构编办按照《2019 年脱贫攻坚成效考核反馈问题整改方案》要求，对海原县扶贫机构编制配置等情况进行梳理，合理设置扶贫工作机构，不断加强编制资源配置，在机构改革时，为扶贫开发服务中心增加 8 名事业编制，为海原县扶贫办核定编制 43 名（行政编制 10 名、事业编制 33 名），保证扶贫工作机构、编制和人员的稳定。

【实名制信息库更新】 2020 年，海原县委机构编办按照“控住总量、盘活存量、动态调整”的原则，对全县机构、总编制、实有人员和在编人员等情况进行全面梳理核对。按照各部门“三定”规定和相关机构编制文件要求，对实名制信息管理平台党群部门和实有人员情况等各项数据进行逐一核对，保证平台数据与单位实际相一致。适时更新实名制信息库，严把入编审核关，对 2020 年高层次人才人员信息和特岗转正教师信息进行入库备案。

【统筹优化机构编制资源配置】 2020 年，海原县委机构编办按照 2020 年海原县委第一次机构编委会议精神，调剂划转编制 25 名，为县委农村工作领导小组办公室培养事业身份人员，编制核在县农业综合开发服务中心，为县纪委监委派驻机构划转行政编制 16 名，为甘盐池种羊场增加 3 名全额预算事业编制，为机关事务服务中心增加 3 名全额预算事业编制。

【机构编制工作机制】 2020 年，海原县委机构编办认真学习贯彻落实《中国共产党机构编制工作条例》和习近平总书记在第一次中央编委会上的讲话精神，印发《中共海原县委机构编制委员会工作规则》《中共海原县委机构编制委员会办公室工作细则》《海原县人事调配规定》，不断完善党对各方面各领域全面领导的机制。建立健全与相关部门的联合检查机制，将机构编制工作情况和机构编制工作纪律要求执行情况纳入县委巡察工作范围和县委督查、检查、考核等方面。

（杨阳）

巡察工作

【概况】 海原县委巡察领导小组办公室（简称县委巡察办）成立于2018年3月，是海原县委工作部门，核定编制12名，设主任1名、副主任1名、巡察组副组长2名。2020年，实有编人员11名。机关地址设在县城黎明路原海原县公安局森林派出所，建筑面积570平方米。2020年，海原县委共开展3轮巡察（含正在开展的第十二轮巡察），共巡察23个党组织，其中常规巡察党组织21个，巡察“回头看”2个，延伸巡察村党组织57个，其中延伸巡察“回头看”9个，巡察反馈问题777条，向县纪委监委移交问题线索3件，立案3件。累计巡察党组织61个，完成66个全覆盖任务的92.4%；延伸巡察村居全覆盖方面，累计巡察党组织154个，其中行政村149个，社区5个，完成160个全覆盖率任务的96.3%。

【落实巡察主体责任】 2020年，海原县委高度重视巡察工作，坚决贯彻落实政治巡察要求，把巡察工作纳入县委全年工作要点，全面安排部署巡察工作，县委常委会和巡察工作领导小组先后11次认真传达学习中央、自治区党委、市委关于巡视巡察工作重要会议和文件精神，研究贯彻落实意见，切实履行了主体责任；县委巡察工作领导小组严格审定年度工作计划、工作制度等重要文件，认真听取每一轮巡察情况汇报和专题报告，研究巡察中发现的普遍性问题和重大问题；县委书记认真履行第一责任人的职责，全面部署巡察工作，2020年4次召开巡察工作领导小组会暨书记专题会议，坚持县委书记听取报告点人点事制度，全年共点人点事47件，对巡察发现典型问题提出具体要求亲自抓整改。

【巡察专项检查整改】 2020年，针对自治区巡视办反馈的巡察专项检查反馈的4个方面15个问题，海原县委积极制定了整改措施，明确责任领导、责任人、责任单位、配合单位和完成时限。县委书记先后2次审定汇报材料，专题召开领导小组会议研究专项检查整改工作。截至年底，反馈4个方面15个问题，已完成整改14个，正在整改的1个。

【巡察人员培训】 2020年，按照自治区巡视工作领导小组的统一安排部署，抽调82名巡察“两库”人员、参加第十一轮巡察工作人员和巡察机构人员开展了为期1周的培训班，切实提升巡察干部的业务能力和工作水平。将县委巡察工作纳入全县干部培训计划，组织巡察办副主任在党校培训班授课，专门解读巡视巡察政策，进一步提高了广大干部对政治巡视巡察的认识。

【巡察年度计划】 2020年，全年开展3轮巡察，每轮组建4个巡察组对21个部门（单位）党组织开展常规巡察，适时开展对未巡察的48个行政村进行延伸巡察，同时，积极协调县纪委监委、县委组织部对第九轮已巡察的党组织开展督查回访，确保完成届内巡察全覆盖任务。

【巡察重点】 2020年，海原县将巡察内容围绕“三个聚焦”开展，把巡察与习近平总书记视察宁夏重要讲话精神、脱贫攻坚、疫情防控、扫黑除恶、防范风险、污染防治，以及惠农利民政策落实有机结合，用巡察助推脱贫攻坚“四个不摘”、助推自治区党委书记陈润儿提出的“四查四补”等具体工作，精准发现问题，为县委科学决策提供依据。同时，在巡察过程中对意识形态工作责任制工作进行专项检查，使巡察内容更全面、重点更聚焦、成效更明显。

【延伸巡察】 2020年，研究制定《中共海原县委推进村（社区）延伸巡察工作实施方案》，在年内安排的三轮常规巡察中，专门成立一个巡察组对未巡察的行政村开展延伸巡察，紧盯深度贫困村、生态移民村、软弱涣散村、非贫困村和挂牌督战村等四类村开展巡察，对农村基层群众反映的问题零容忍，严肃惩治向扶贫资金“动奶酪”的行为。

【联动巡察】 2020 年，自治区党委第九轮巡视动员部署会召开后，海原县委巡察办主动对接自治区党委第五巡视组，向第五巡视组领导请示汇报县文联巡察工作进展情况和存在的困难，县委第一巡察组积极制定巡察文联工作方案，细化责任分工，拟定谈话提纲，并向第五巡视组提供巡察报告。县委巡察办与中卫市委巡察办积极对接，安排第三巡察组与中卫市委第二巡察组联动，邀请中卫市委巡察组参加对卫健局巡察“回头看”动员会，并对巡察工作进行指导督促；同时，增强巡察组力量，从县纪委再抽调 1 名干部补充到第二巡察组参与对卫健局的巡察。积极与中宁县对接，互派 2 名卫生系统专业人才进行交叉巡察，第十二轮又安排一个巡察组与中宁县、沙坡头区对教育系统开展交叉巡察“回头看”，有效补齐了“专业知识不足、巡不透”的短板。

【巡察整改落实机制】 2020 年，海原县积极推行“双反馈”、“双报告”和“双公开”的“三双”机制，深入推进巡察整改常态化、长效化，建立了整改问题清单和台账，让被巡察党组织真认账、真反思、真整改，用好巡察成果，深化标本兼治。

【巡察整改落实主体责任】 2020 年，海原县始终坚持严字当头，要求被巡察党组织严格履行整改的主体责任，党委（党组）书记切实担负第一责任人责任，定期上报整改进展情况报告，建立反馈问题整改情况销号清单，做到整改一件销号一件，确保反馈问题件件有落实，条条有回音。

【巡察督查回访】 2020 年，海原县对标“严和实、深和细、常和长”要求，聚焦整改中的难点、长期改的重点、易反弹的热点，压茬组织开展督查回访，定期不定期对整改情况进行再排查、再检视，不断传导压力，坚决避免过关思想，纠正“温差”“落差”“偏差”问题。县委巡察办先后抽调专人分 2 次成立 2 个督查组，对已巡察的 40 个党组织巡察反馈意见整改落实情况进行“压茬式”“全覆盖”回访督查，对发现的整改过程中存在的 44 个问题提出了整改意见建议，要求限期整改落实，为做好巡察“后半篇文章”奠定了坚实基础。

【巡察成果运用】 2020 年，海原县针对巡察中发现的普遍性问题，坚持举一反三，在更大范围、更广领域开展集中治理。针对巡察中发现的软弱涣散党组织整治、农村低保、公务卡结算、财务管理等系统性问题，督促相关职能部门牵头开展专项治理，做到一类问题、一项治理，推动一个方面工作。

【巡察队伍建设】 2020 年，海原县委巡察办制定《海原县委巡察办机关制度汇编》《海原县委巡察办培训制度汇编》《关于加强巡察干部管理考核工作实施办法》《关于建立巡察与审计工作协调机制》等制度，为巡察工作规范有序开展提供了制度保证。通过邀请自治区巡察指导处领导做专题辅导，将基层党建、党风廉政建设、意识形态、财务和保密规定等纳入巡察培训内容。与巡察组和巡察干部分别签订县委巡察工作保密承诺书，提升巡察干部工作能力和保密意识。选派 3 名干部参加自治区第八轮、第九轮和第十轮巡视，让巡察干部在参加巡视的实践中提高本领、强化能力。

（县委巡察办）

海原县人大常委会

HaiYuanXian RenDa ChangWeiHui

综 述

【概况】 2020年，海原县人大常委会认真履行宪法和法律赋予的各项职权，圆满完成了县十七届人大四次会议确定的各项任务。全年共召开人大常委会会议7次、党组会议8次、主任会议6次，听取和审议“一府两院”专项工作报告22项，开展视察检查和专题调研20次，依法作出决议决定14项，人事任免39人次，提出审议意见34条，为打好三大攻坚战、胜利实现脱贫攻坚目标、推进全县经济社会发展和民主法治建设作出了积极贡献。

【代表工作】 2020年，组织代表开展履职培训、专题调研、执法检查，鼓励代表发表意见、提出建议，不断拓宽代表知情渠道。

共邀请人大代表列席人大常委会会议及参加视察检查、专题调研等活动60余人次，邀请县人大代表列席县人大常委会会议5次18人，列席县政府常务会议42人次。组织自治区市县人大代表参加上级人大各类会议和工作培训30人次，进一步提升了代表的专业知识和履职能力，增强了代表为民履职的责任感和使命感。深化代表“双联”活动，每名常委会组成人员同3名人大代表，每名人大代表与3~5名选民保持经常联系，通过走访、电话、微信等多种方式，经常听取代表意见建议，及时回应代表和群众关切。审议并印发《关于进一步加强和改进人大代表联系接待原选举单位人民群众和原选区选民的实施意见》，进一步宣传党的路线方针政策和法律法规。指导乡镇人大积极开展“人大代表之家”“代表工作室”建设工作，按照“四个一”活动要求，建立健全代表履职考核制度，丰富闭会期间的代表活动，推动了乡镇人代会和基层代表工作的规范有序。

【代表建议意见办理】 2020年，海原县十七届人民代表大会第四次会议收到代表重点建议24件，全部转交县人民政府及有关部门办理，已全部办理，办结率100%，答复率100%，满意率100%。

【检查视察工作】 2020年，海原县人大常委会先后组织委员和部分市县人大代表开展视察检查活动14次，提出意见建议88条。其中，4月对全县市场监管体系建设情况进行了视察，提出建议6条；5月9日，对全县新冠肺炎疫情防控工作进行了视察，先后深入海兴开发区大转盘廉租房集中隔离点、贾塘乡卫生院、县应急管理局、县司法局、县公安局、县汽车站、县人民医院、县疾控中心、进行了实地查看和检查，提出建议5条。6月先后对全县卫生健康、医疗保障工作情况，县人民法院、县人民检察院上半年工作，全县招商引资、生态环境保护工作情况，全县文化旅游工作情况，全县“七五”普法工作开展情况等开展检查视察，共提出建议44条。8月先后对全县2020年国民经济和社会发展计划上半年执行情况及“十三五”规划实施情况、2019年财政决算和2020年上半年财政预算执行情况以及国有资产管理、全县2020年上半年审计工作情况，全县棚户区改造及城乡建设情况，全县水利重点工程建设情况，乡镇高端肉牛示范村、养殖专业合作社、饲草配送中心建设情况等进行视察，提出建议25条。10月下旬至11月初，先后对全县交通运输工作情况和县十七届人大四次会议确定的24件代表建议意见办理情况进行了视察，提出建议8条。

（田家碧）

表3　2020年海原县人大常委会检查视察内容一览表

时间	内容	地点	意见建议（条）
4月30日	全县市场监管体系建设情况	四季鲜农贸市场、泰丰时代广场超市、海原县医药有限责任公司第十二药店、第二中学学校食堂、老城区政务大厅市场监管局注册窗口	6
5月9日	全县新冠肺炎疫情防控工作	海兴开发区大转盘廉租房集中隔离点、贾塘乡卫生院、县应急管理局、县司法局、县公安局、县汽车站、县人民医院、县疾控中心	5
6月9日	全县教育工作	西安中学、西安学区范台小学、海城学区高台寺小学、海原五中、七小等学区学校	5
6月11日	全县卫生健康、医疗保障工作开展情况	贾塘乡卫生院、县民生服务中心、县人民医院	10
6月16日	县法、检“两院”上半年工作开展情况	县人民法院、县人民检察院	10
6月18日	全县招商引资、生态环境保护工作情况	关桥乡贺堡村、罗山村、西安镇污水处理站、新希望万头奶牛场、联富汽贸城、闽宁科技园等项目实施地	9
6月23日	全县文化旅游传媒工作情况	西安镇天都山、县文化馆、非遗文化传承基地、融媒体中心、关桥梨花小镇、九彩坪拱拜	5
6月24日	全县“七五”普法工作开展情况	县司法局、南苑社区、海原二中、西安园河村、县烟草局	5
8月6日	全县2020年国民经济和社会发展计划上半年执行情况及“十三五”规划实施情况、2019年财政决算和2020年上半年财政预算执行情况以及国有资产管理、全县2020年上半年审计工作情况	西安镇村级光伏扶贫电站项目点、海城镇山门移民新村、育才公园、南门广场建设项目点、县财政局、县审计局	12
8月13日	全县棚户区改造及城乡建设情况	粮鑫小区二期建设工地、建设路、新修东城路、北苑小区、海城镇武塬村	5
8月19日	全县水利重点工程建设情况	西安镇白吉村马营坡耕地水土流失综合治理工程、甘盐池石沟山洪沟治理工程、关桥贺堡河治理工程、关桥2020年农村饮水安全巩固提升工程等项目实施点	4
8月20日	乡镇高端肉牛示范村、养殖专业合作社、饲草配送中心建设情况	海原五丰肉类食品有限公司、三河镇辽坡村红城村、七营镇北咀村、李旺镇红圈村杨堡村	4
10月22日	全县交通运输工作情况	曹洼乡老虎村、九彩乡新庄子村、关桥乡方堡村、郑旗—九彩—寺口子公路、G344线等公路改建、硬化工程项目实施段	5
10月29日至11月4日	县十七届人大四次会议确定的24件代表建议意见办理情况	17个乡镇	3

人大代表会议

【县第十七届人民代表大会第四次会议】 2020年1月17—19日，海原县第十七届人民代表大会第四次会议在县城召开，会议由中卫市委常委、县委书记、海兴开发区党工委书记徐海宁主持。会议审议通过了海原县县长许正清所作的《海原县人民政府工作报告》、海原县人大常委会主任罗成玉所作的《海原县人大常委会工作报告》、海原县人民法院代院长李明琮所作的《海原县人民法院工作报告》、海原县人民检察院检察长俞敏所作的《海原县人民检察院工作报告》；审查和批准海原县2019年国民经济和社会发展计划执行情况与2020年国民经济和社会发展计划草案的报告；批准2020年海原县国民经济和社会发展计划；审查和批准2019年全县财政预算执行情况与2020年全县财政预算草案的报告；批准2020年全县财政预算。会议应到人大代表210人，实到代表195人，会议选举李明琮为海原县人民法院院长，王存栋、顾世龙、杨占海、李金龙当选为海原县第十七届人民代表大会常务委员会委员。

（田家碧）

人大常委会会议

【概况】 海原县第十七届人大常委会自2020年1月20日至11月10日，共召开5次常委会会议。其间，县人大常委会作出决议决定14项，依法任免国家机关工作人员39人次，听取和审议“一府两院”专项工作报告22项，开展视察检查和专题调研20次。

【第三十次会议】 2020年4月9日，海原县第十七届人大常委会第三十次会议在县人大常委会会议室召开，会议由县人大常委会主任罗成玉主持。会议审议通过了《海原县2019年法治政府建设工作的报告》、县人大常委会2020年工作要点（草案）、县人大常委会2020年听取和审议各项报告计划（草案）、2020年度县人大及其常委会讨论决定重大事项安排（草案）。

【第三十一次会议】 2020年5月29日，海原县第十七届人大常委会第三十一次会议在县人大常委会会议室召开，会议由县人大常委会主任罗成玉主持。会议听取和审议了全县市场监督管理体系建设情况、新冠肺炎疫情防控工作情况报告和县人大常委会的视察报告。审议了委员及代表辞职议案，接受石彦才辞去海原县第十七届人民代表大会常务委员会委员职务的请求，接受田仕珍辞去海原县第十七届人民代表大会代表职务，并报海原县第十七届人民代表大会第五次会议备案。会议审议了有关人事任免议案，任命杨文珂为海原县人大常委会办公室主任，决定任命石彦才为海原县人民政府办公室主任、李铭臣为海原县交通运输局局长、魏克军为海原县发展和改革局局长、马正福为海原县工业信息化和商务局局长、杨立廷为海原县民政局局长。

【第三十二次会议】 2020年7月10日，海原县第十七届人大常委会第三十二次会议在县人大常委会会议室召开，会议由县人大常委会主任罗成玉主持。会议听取和审议了县人民政府关于全县教育工作、环境保护工作、招商引资工作、卫生健康工作、医疗保障工作、文化旅游工作、“七五”普法工作开展情况的工作报告，县人民法院上半年工作、县人民检察院上半年工作开展情况和县人大常委会的检查视察报告。审议有关人事任免议案，任命李嘉明为海原县人大常委会办公室副主任，决定任命马维国为海原县审批服务管理局局长、任命白云海和王国明为海原县监察委员会委员；任命郭群杰为海原县人民法院审判员、审判委员会委员、副院长，杨红为海原县人民法院审判委员会委员、副院长，李梅、郑晓瑜为海原县人民法院审判员；任命田风海为海原县人民检察院副检察长。

【第三十三次会议】 2020 年 9 月 10 日，海原县第十七届人大常委会第三十三次会议在县人大常委会会议室召开，会议由县人大常委会主任罗成玉主持。会议审议通过《关于进一步加强和改进人大代表联系接待原选举单位人民群众和原选区选民的实施意见（草案）》和县人民政府关于 2020 年财政预算调整方案的议案。听取和审议县人民政府关于全县扫黑除恶专项斗争情况、全县 2020 年国民经济和社会发展计划上半年执行情况，全县 2019 年财政决算草案与 2020 年财政预算上半年执行及国有资产管理情况，2019 年县财政预算执行和其他财政收支审计、审计问题整改情况，全县棚户区改造工作、水利重点工程建设、牛产业发展情况工作报告和县人大常委会的检查视察报告。审议代表辞职议案，接受潘景林辞去中卫市第四届人民代表大会代表职务的请求，并报中卫市第四届人民代表大会常务委员会备案；接受刘淑芳、吴秉凯、罗永珍、田风梅、赵建云辞去海原县第十七届人民代表大会代表职务的请求，报海原县第十七届人民代表大会第五次会议备案。

【第三十四次会议】 2020 年 11 月 10 日，海原县第十七届人大常委会第三十四次会议在县人大常委会会议室召开，会议由县人大常委会主任罗成玉主持。会议听取和审议了县人民政府关于全县交通重点项目建设情况、县十七届人大四次会议代表建议意见办理情况工作报告和县人大常委会的视察报告。审议辞职和人事任免议案，接受李彤宇辞去海原县监察委员会主任职务，并报海原县第十七届人民代表大会第五次会议备案，任命张晓华为海原县监察委员会副主任，决定张晓华代理海原县监察委员会主任职务；接受李波辞去中卫市第四届人民代表大会代表职务的请求，并报中卫市第四届人民代表大会常务委员会备案。

海原县人民政府

HaiYuanXian RenMin ZhengFu

综　述

【概况】 2020年，海原县实现地区生产总值81.44亿元，同比增长4.5%；社会固定资产投资48.13亿元，同比增长24.6%；地方公共财政预算收入2.14亿元，同比增长2.1%；社会消费品零售总额28.74亿元，增长7.8%；城镇和农村常住居民人均可支配收入27488元、10641元，分别增长5.3%和10.5%。

【荣誉】 2020年，海原县顺利退出国家贫困县序列，县农村危房改造工作入选全国农村公共服务典型案例。先后获信访工作“三无”县、电子商务进农村综合示范县、全国阳光校餐示范县、全区抗击新冠肺炎疫情先进集体、全区双拥模范县、全区转移就业示范县等称号。

【脱贫攻坚】 2020年，海原县整合涉农扶贫资金6.34亿元、闽宁帮扶资金0.62亿元，紧盯“一收入两不愁三保障”，全面开展“四查四补”，消除了932户3575人边缘易致贫人口、419户1891人脱贫不稳定人口致贫返贫的风险。完成农村危房改造1127户，建设抗震宜居农房1320户，新增户、回迁户自来水补入1026户，建档立卡贫困人口家庭医生签约服务实现应签尽签，“三保障”和安全饮水实现动态清零。投放扶贫小额贷款1.96万户9.38亿元，125个贫困村实现光伏扶贫分红3512万元。扶贫保险产品、“防贫保”实现全覆盖，剩余1035户3314人全部 脱贫退出，实现了县摘帽、村出列、不落一户一人的脱贫目标，历史性消除了绝对贫困和区域性整体贫困。

【疫情防控】 2020年，海原县坚持人民至上、生命至上，第一时间组建领导小组和指挥部。紧盯“三返人员”“四区”“四场”，严格落实“五包一”网格化责任，建成县人民医院核酸检测实验室，储备各类医疗防控物资，全面打响疫情防控阻击战。对重点人员实施居家健康管理服务，对中高风险地区返海原人员进行集中健康管理，全县上下团结一心、众志成城，共同筑起了抗击疫情的“防护墙”，实现了疫情“零发生”。

【农业农村】 全年粮食播种面积109.7万亩，粮食总产稳定在23.56万吨以上。小杂粮种植面积38.5万亩，实现总产值1.86亿元。马铃薯种植面积50万亩，实现总产值12亿元。瓜菜种植面积15.5万亩，其中硒砂瓜种植5.5

万亩，实现产值 1.4 亿元，蔬菜种植 10 万亩，实现产值 2.8 亿元。发展富硒功能农业 5 万亩。依托“西海固”区域公用品牌，全年销售农特产品 2.98 亿元。种植养殖产业提质增效，持续完善“6+1”肉牛产业体系，推动产业结构升级，赊销基础母牛 13275 户次 32962 头，新建 50 头以上规模牛场 110 个，创建肉牛养殖示范村 5 个、万家养牛乡镇 5 个，肉牛饲养量达到 30 头。狠抓肉牛产业高质量发展，组建县肉牛产业发展集团，成立 17 个乡级肉牛工作站、57 个村级肉牛专业合作社。成功举办第五届高端肉牛大赛。

【工业企业】 2020 年，海原县“一园三区”产业布局更加优化，基础设施不断完善。新增规模以上企业 2 家，中车株洲风电整机装备制造下线投产，华润电力宁夏智能运维基地主体完工。华润尖尖山、北山梁风电等新能源并网发电装机容量达 176 万千瓦，新能源项目稳步推进。华润五丰 6 万头肉牛全产业链精深加工一期项目和老城区牛羊屠宰厂项目建成投产，肉牛精深加工产业链条不断延伸。马铃薯、小杂粮、枸杞加工链条不断完善，工业增加值达 6.98 亿元，同比增加 8.1%。新注册企业 356 户，注册个体工商户 3346 户，新申请商标 129 个，注册商标 119 个。

【第三产业】 2020 年，海原县扎实做好“六稳”工作，全面落实“六保”任务，紧盯高校毕业生、农民工等特殊困难群体就业工作，全年完成技能培训 7097 人，发放创业担保贷款 3.61 亿元，实现农村劳动力转移就业 8.98 万人，创收 15 亿元以上，累计减税降费 5094 万元，发放惠民利企贷款 70 亿元。完善“电商”配送网络，开通 4 条乡村物流配送专线，组建 4 支乡村物流配送小分队。实现第三产业增加值 49.79 亿元，服务业对经济增长贡献率进一步提升。

【项目建设】 全年开（复）工项目 112 个。海原火车站、天然气综合利用、新能源一体化等重点项目有序推进。银昆高速（海原段）、海原至平川高速、清水河（海原段）综合治理、华润新能源北山梁、尖尖山 20 万千瓦风电等项目开工建设。高标准农田、南华山水源涵养林提升改造、小流域综合治理、华润呱呱扇风电、华润付套和范太光伏发电、闽宁华府、海兴第二小学、文化馆、农村公路等 83 个项目建成并投入使用。

【城乡建设】 2020 年，海原县完成棚改安置 1960 套，开工建设海盛富城、格兰丽都、北苑安置小区等项目。建设育才公园、南门广场等 4 个城市休闲设施，新修市政道路 7.8 公里，完成城市集中供热工程、第二污水处理厂污泥处理项目。建设树台美丽集镇，建成海城镇武塬村等 4 个美丽村庄。实施农村环境综合整治工程，清理生产生活垃圾 23 万吨，改造户厕 2500 户，城乡人居环境明显改善。新增动力电用户 1045 户，新建 4G、5G 基站 127 座，实现有需求的自然村全部通动力电和村级信息网络全覆盖。新改建农村公路 42.2 公里，村组道路硬化 221.5 公里。

【生态环境】 2020 年，海原县完成南华山外围区域水源涵养林提升工程 9 万亩，经济林建设 1.6 万亩，城乡绿化 0.47 万亩，秋季植绿增绿 4.55 万亩，退牧还草 0.8 万亩，退化草原生态修复 2.25 万亩，全年累计造林绿化 18.67 万亩。西华山成功入选国家草原自然公园试点项目，森林覆盖率达到 9.5%。持续推进“散乱污”企业综合整治，建成乡镇清洁煤配送中心 8 家，淘汰老旧黄牌机动车 565 辆，全县优良天数达标率 96.1%。全面落实“河长制”，持续实施清水河（海原段）综合治理，排查整治河湖“四乱”问题 66 个，治理河道及沟道 77 公里，疏浚河道 45.95 公里，治理水土流失面积 79.56 平方公里。建成投运西安镇等 6 家污水处理站。调整划定全县畜禽禁养区，规模场粪污处理设施配套率达到95%以上，畜禽粪污综合利用率达到90%以上。中央环保督察组“回头看”反馈问题全部整改销号，办结销号自治区党委第三生态环保督察组反馈投诉件3件。

【文化旅游】 2020年，海原县深入实施文化惠民工程，新建村综合文化服务中心3个、乡镇文化馆图书馆分馆18个、县级图书馆1个。建成室内体育场馆2个，村级以上农民健身场地及篮球场153个，乡村公共文化服务设施更加完善。开展文艺演出20场次，送戏下乡202场次，送书下乡18750册，放映农村数字电影2380场次，群众文化生活更加丰富。成立县文化旅游产业发展集团，完成天都山国家AAA级旅游景区创建，成功举办“关桥网络梨花节”、西安文旅古镇系列乡村文化旅游节活动。

【教育体育】 2020年，海原县持续改善办学条件，新建、改扩建学校幼儿园23所，提速改造全县校园网络，建成“互联网+教育”区级示范校4个、标杆校3个，建成在线课堂教室168间、智慧教室14间。城乡各学校交流校长116名，教师541名。中小学校党组织领导下的校长负责制试点工作有序推进。

【卫生健康】 2020年，海原县迁建县中医医院、妇幼保健和计划生育服务中心，完成县人民医院妇儿综合楼建设项目，建成东城等4个社区卫生服务站，改扩建关庄等4个乡镇卫生院，建成残疾人康复中心，县域医疗服务体系逐步健全。实施“互联网+医疗健康”工程，远程影像诊断系统诊疗患者4359人次。县人民医院脑卒中心、胸痛中心、创伤中心三大中心建设通过自治区初验。县人民医院、县中医院发热门诊设施进一步完善，新冠肺炎病毒核酸检测全面开展。全县报告法定传染病14种739例，报告及时率100%；65岁以上老年人健康管理率、产妇系统管理率、高危孕产妇管理率分别达63.28%、97.76%、100%，5岁以下儿童死亡率控制在8.0‰以内。

【民生保障】 2020年，海原县75%以上的财政支出用于保障和改善民生，10件民生实事全部办结，建成三河镇养老院养护楼、农村老饭桌等项目。提高城市居民最低生活保障补助、困境儿童养育津贴和困难群众临时救助标准，发放救助金3.97亿元。深入实施全民参保计划，城乡居民养老、医疗参保人数分别达到16.32万人、37.4万人。企业职工养老保险参保1.93万人，机关事业单位养老保险参保1.16万人，失业保险参保0.97万人，工伤保险参保1.73万人。城乡居民养老保险基础养老金提高5元，享受城乡居民月人均养老金水平达到192元。成功创建全国示范型退役军人服务中心（站）14家。

【体制改革】 2020年，海原县持续深化“放管服”改革，启动政务服务“一窗受理、集成服务”“不见面、马上办”审批服务新模式，提速推进20项“一件事一次办”服务，办理时限压缩63%，不见面办理事项973项，不见面网上办理率达到83%。推行登记注册全程电子化、“四证合一”等审批改革，前置审批事项清理缩减为32项。稳步推进河湖水域岸线划界和农村宅基地确权，全面完成农村集体资产清查核资。

【社会治理】 2020年，海原县加快“1+6+1”县域治理体系建设，不断推进乡村、社区、校园等重点领域和网络空间治理。持续深入推进扫黑除恶专项斗争，强化纪委监委、公安、司法协调联动，以“零容忍”态度深挖彻查严打各种黑恶势力。严格执行重大事项向人大报告制度，自觉接受人大依法监督、政协民主监督，主动接受社会和舆论监督，高质量办复人大建议24件、政协提案44件。持续深化行政执法“三项制度”落实，推行行政规范性文件合法性审核机制。建成乡村全覆盖的公共法律服务网络体系，办理法律援助案件963

件，有效化解各类矛盾纠纷。

【政府自身建设】 2020年，海原县人民政府认真落实党风廉政建设责任制，严格执行中央八项规定精神及其实施细则，持续开展“党政机关作风建设年、干部队伍素质提升年”活动，驰而不息纠治“四风”，“三公”经费同比下降19.7%。持续推动基层减负，会议文件和督查检查大幅精简，政府执行力和服务水平进一步提升。

（县政府办）

政府常务会议

【第70次常务会议】 1月2日，海原县人民政府县长许正清主持召开县人民政府第70次常务会议。会议传达学习《自治区党委办公厅、人民政府办公厅关于做好2020年元旦春节期间有关工作的通知》；研究审定《2020年政府工作报告（送审稿）》《2020年民生实事征集情况报告（送审稿）》《海原县2019年国民经济和社会发展执行情况及2020年国民经济和社会发展计划（草案）报告（送审稿）》《海原县2019年财政预算执行情况及2020年财政预算（草案）的报告（送审稿）》《海原县“两节”走访慰问困难群众实施方案（送审稿）》《海原县城乡困难群众临时救助实施方案（送审稿）》《全县开展“元旦”“春节”暨岁末年初安全生产联合大检查实施方案（送审稿）》《海原县人民政府法律顾问团工作经费管理办法（送审稿）》，以及孤儿养育津贴发放标准等事宜。

【第71次常务会议】 2月12日，海原县人民政府县长许正清主持召开县人民政府第71次常务会议。会议传达学习全国应急管理工作会议精神及自治区政府主席咸辉对应急管理工作的批示精神；研究审定《自治区安委会第五巡查考核组反馈问题整改方案（送审稿）》《海原县2019年法治政府建设工作报告（送审稿）》《党委和政府及有关部门生态环境保护责任（送审稿）》《海原县非道路移动机械摸底调查和编码登记工作实施方案（送审稿）》《海原县重污染天气应急预案（2020年修订）（送审稿）》《海原县生态环境保护综合行政执法改革实施方案（送审稿）》《海原县生态环境保护执法记录制度（送审稿）》《海原县市场监管领域全面推行部门联合“双随机、一公开”监管实施方案（送审稿）》；听取全县第七次全国人口普查前期准备工作情况汇报，研究《海原县认真做好第七次全国人口普查工作实施方案（送审稿）》；研究《海原县贾塘乡国有建设用地使用权协议出让实施方案（送审稿）》《海原县农银驾校训练场地用地的处理意见（送审稿）》，以及新建海兴开发区第二小学事宜。

【第72次常务会议】 2月20日，海原县人民政府县长许正清主持召开县人民政府第72次常务会议。会议传达学习国务院扶贫开发领导小组《关于做好新冠肺炎疫情防控期间脱贫攻坚工作的通知》和自治区扶贫开发领导小组《关于当前齐头并进抓好疫情防控和脱贫攻坚工作的紧急通知》精神，安排部署有关工作；审定《国务院扶贫办调研督导组反馈意见整改方案（送审稿）》《海原县2020年脱贫攻坚实施方案（送审稿）》《海原县2020年农业产业化助推脱贫攻坚实施方案（送审稿）》《海原县2020年富硒功能农业发展实施方案（送审稿）》《海原县2020年创建自治区级小杂粮绿色高质高效示范县实施方案（送审稿）》《海原县2020年度“一村一年一事”实施方案（送审稿）》《海原县2020年农村人居环境整治行动实施方案（送审稿）》《海原县2020年高端肉牛产业发展实施方案（送审稿）》《宁夏海原县肉牛产业发展集团有限公司组建方案（送审稿）》《海原县金融支持肉牛产业发展实施方案（送审稿）》《海原县2020年基本建设项目计划任务指标实施意见（送审稿）》《海原县2020年第一季度重大项目集中开工现场推进会实施方案（送审稿）》《海原应对新冠肺炎疫情影响促进工业和商贸企业健康发展的实施意见（送审稿）》《海原县突发公共卫生事件应急预案（送审稿）》《海原县创建国家全域旅游示范县实施方案（送审稿）》《海原县旅游产业发展有限责任公司组建方案（送审稿）》《海原县加强文物保护利用改革实施方案（送审稿）》《2020年农村公路等项目实施计划（送审稿）》《海原县国有建设用地使用权出让实施方案［海地（G）〔2019〕-23号、24号］》；研究海原县征收农用地区片综合地价制定有关事宜、县自然资源局关于海原县博汇商贸有限公司补缴土地出让金事项的请示；听取海原县2018年地区生产总值数据修订及2019年地区生产总值数据核算情况的汇报，审议《全县脱贫攻坚先进集体、先进个人和脱贫示范户评选表彰方案（送审稿）》等。

【第73次常务会议】 3月4日，海原县人民政府县长许正清主持召开县人民政府第73次常务会议。会议传达学习自治区人民政府办公厅《关于印发咸辉同志在自治区人民政府第三次全体（扩大）会议上讲话的通知》和市人民政府办公室《关于印发李晓波同志在市人民政府第三次全体（扩大）会议上讲话的通知》精神，要求认真贯彻落实讲话精神，安排部署好当前工作，统筹做好疫情防控。会议审定《海原县人民政府2020年第一次全体（扩大）会议筹备方案（送审稿）》《海原县2020年民生计划10件实事办理工作“五定”方案（送审稿）》《海原县2020年民生计划10件实事办理工作“五定”方案（送审稿）》《海原县2020年政府工作报告任务分工方案（送审稿）》《县十七届人大四次会议代表建议意见分解办理“五定”方案（送审稿）》《县政协十一届五次会议提案和建议分解办理“五定”方案（送审稿）》《海原县2020年安全生产暨应急管理工作要点（送审稿）》《海原县2020年度安全生产暨应急管理监管监察行政执法工作计划（送审稿）》；听取海原县财政供养非在编人员上岗情况的汇报；审议《海原县党政领导干部生态环境损害责任追究实施细则（送审稿）》《海原县生态环境保护目标评价考核办法（送审稿）》《海原县2020年创建双拥模范县实施方案（送审稿）》《海原县光伏扶贫电站资产确权实施方案（送审稿）》《海兴区第二小学项目室外工程等项目招标控制价审查意见》等。

【第74次常务会议】 3月17日，海原县人民政府县长许正清主持召开县人民政府第74次常务会议。会议听取海原县一季度火灾形势分析研判情况的汇报；传达学习自治区人民政府《关于灵武市贺兰县平罗县统计违法违纪问题查处情况的通报》；审定《海原县关于加快补齐全面建成小康社会短板的实施方案（送审稿）》《海原县2020年统筹整合使用财政涉农资金实施方案（送审稿）》《海原县2020年闽宁对口扶贫协作工作方案及闽宁项目安排方案（送审稿）》和《海原县2020年非贫困村项目建设方案（送审稿）》《关于进一步做好全县政策性移民后续扶持发展工作方案（送审稿）》《海原县2020年“扶贫保”工作实施方案（送审稿）》《海原县边缘易致贫人口扶持方案（送审稿）》《海原县脱贫不稳定人与边缘易致贫人口监测预警和动态帮扶工作机制（送审稿）》《海原县落实自治区积极应对新冠肺炎疫情影响促进经济平稳运行的若干财政政策措施任务分工方案（送审稿）》《海原县属国有企业负责人薪酬制度改革实施方案（送审稿）》《海原县深化改革加强食品安全工作的实施意见（送审稿）》《海原县2020年信访工作要点（送审稿）》《海原县2020年农村户用厕所改造项目实施方案（送审稿）》《海原县2020年农业保险保费补贴实施方案（送审稿）》《海原县2020年高标准农田建设项目实施方案（送审稿）》《海原县15、16号国有建设用地使用权出让实施方案（送审稿）》《宁夏中小河流治理项目海原县贺堡河（曲湾水库至贺堡河出口段）治理工程等项目招标控制价审查意见》；研究海原县关于扶贫车间挂牌认定相关事宜、海原县2018年和2019年城乡建设用地增减挂钩结余指标跨省域交易拆旧区复垦项目有关事宜、海原县重新设置海原县非煤矿产资源矿业权有关事宜、划拨华电海原李俊堡风电二期等3宗项目建设用地有关事宜、收回部分国有建设用地使用权事宜［海地（G）〔2020〕–15号］、终止部分国有土地使用权有关事宜等。

【第75次常务会议】 4月2日，海原县人民政府县长许正清主持召开县人民政府第75次常务会议。会议审定《海原县关于建立更加有效的区域协调发展新机制的实施意见（送审稿）》《2020年推动黄河流域（海原县）生态保护和高质量发展重点工作分工方案（送审稿）》《海原县城区集中供热2#供热站改扩建及各站脱硫系统改造工程等项目招标控制价审查意见》《海原县进一步加强人口和计划生育工作的实施方案（送审稿）》《“健康海原行动”实施方案（送审稿）》《海原县推进防灾减灾救灾体制机制改革的实施意见（送审稿）》《海原县落实提高自然灾害防治能力建设重点工程的实施方案（送审稿）》《海原县应急救灾物资和救灾生活必需品储备方案（送审稿）》《海原县组建应急救援队伍实施方案（送审稿）》《海原县应急救援基地项目建设基本方案（送审稿）》《宁夏回族自治区2020年模拟地震引发多灾害应急救援演练方案（送审稿）》《海原县再生资源回收专项整治工作实施方案（送审稿）》《海原县城市生活垃圾分类工作实施方案（送审稿）》《海原县城乡规划委员会议议事机构及海原县城乡规划委员会章程（送审稿）》《海原县货车安全风险基金救助办法（草案）（送审稿）》；研究配置海原县人民医院肺癌早期筛查惠民扶贫项目智能影像肺结节筛查和新冠肺炎CT诊断系统事宜、收回海地（G）〔2017〕—14号宗地国有建设用地使用权事宜、县纪委监委购置办案车辆事宜、安排2020年新增地方债资金使用计划事宜等。

【第76次常务会议】 4月17日，海原县人民政府县长许正清主持召开县人民政府第76次常务会议。会议传达学习国务院总理李克强对防汛抗旱工作的重要批示精神和全国2020年防汛抗旱工作电视电话会议精神；审定《2020年海原县防汛抗旱工作要点（送审稿）》《海原县开展“整村授信”工作实施方案（送审稿）》《海原县17、18、19、20号国有建设用地使用权出让实施方案（送审稿）》《海原县招商引资企业因疫情影响存在困难的复工复产企业一次性生产补贴方案（送审稿）》《海原县郑旗乡中坪小流域水土流失综合治理项目等项目招标控制价审查意见》；听取关于加快推进全县行政区划工作的报告；研究审定关于成立调整更名部分议事协调机构事宜、关于盘活清理县财政预算外账户往来款项事宜、关于化解相关单位隐性债务事宜、关于增拨营运货车交通事故风险救助基金事宜、关于收回并划转海原县老年养护院国有建设用地使用权事宜、关于海兴开发区三河宾馆东面商服用地变商住混合用地规划调整事宜、关于对海原县国土空间规划编制项目进行政府采购事宜、县自然资源局关于购置森林消防车辆事宜、关于华润高端肉牛精深加工项目申请政府财政补贴事宜、关于对全县农村供水工程进行成本监审核定正式水价事宜、县南华山管理处关于申请报废车辆和购置森林消防专用车辆事宜等。

【第77次常务会议】 4月24日，海原县人民政府县长许正清主持召开县人民政府第77次常务会议。会议审定《海原县第三中学宿舍楼工程等项目招标控制价审查意见》《海原县纪念海原大地震100周年活动方案（送审稿）》；研究审定关于海原县闽宁华府商业及外网工程——商业房成本价审核意见事宜、关于划转扶贫小额信贷风险补偿金事宜、关于下拨2015—2019年职工住房补贴清算资金（第一批）事宜；听取全县安全生产重点领域专项整治工作进展情况汇报，研究了五一期间全县安全生产和应急管理专项检查工作。会议还专题研究了全县根治拖欠农民工工资工作，传达学习保障农民工工资支付条例和2020年中卫市根治拖欠农民工工资工作领导小组第一次会议精神，审定《海原县根治拖欠农民工工资工作领导小组工作规则（送审稿）》《海原县根治拖欠农民工工资工作领导小组办公室工作职责（送审稿）》《2020年根治拖欠农民工工资工作要点（送审稿）》《贯彻落实〈保障农民工工资支付条例〉实施方案（送审稿）》《2020年拖欠农民工工资突出问题专项整治实施方案（送审稿）》《关于对重大欠薪问题实行“一案三查”的通知（送审稿）》等。

【第78次常务会议】 4月24日，海原县人民政府县长许正清主持召开县人民政府第78次常务会议。会议传达学习自治区脱贫攻坚普查工作专题会暨脱贫攻坚普查领导小组会议精神，研究贯彻落实意见，并听取海原县2019年脱贫攻坚成效考核反馈问题整改进展情况汇报；审定《海原县2020年扶持壮大村集体经济项目实施方案（送审稿）》《海原县全面推进政务公开标准化规范化工作实施方案（送审稿）》《海原县贾塘乡西海商城“1·05”火灾事故调查报告（送审稿）》《2020年海原县大气、水、土壤污染防治和应对气候变化重点工作安排（送审稿）》《海原县财政预算绩效评价结果应用管理暂行办法（送审稿）》《海原县2020年城乡居民基本医疗保险门诊统筹医疗保障工作实施方案（送审稿）》；听取县水务局关于“互联网+”农村供水前期准备情况的汇报；研究审定成立海原县应急管理指挥部事宜、调拨防汛物资事宜、安排新冠肺炎疫情费用事宜、树台乡、红羊乡、九彩乡2020年地质灾害隐患点防治工程经费事宜、划拨海原县2019年第四批次和第五批次城镇项目建设用地事宜、村庄规划编制情况事宜、解决2019年度城乡居民基本医疗保险定点医疗机构超支医疗费用事宜、报废和采购县医疗保障服务中心机动车辆事宜、海原县中医医院迁建项目——室外工程等项目招标控制价审查意见事宜、海原县公交枢纽中心项目建设变更事宜、县民政局关于将贾埫乡更名为贾塘乡的请示等。

【第79次常务会议】 6月1日，海原县人民政府县长许正清主持召开县人民政府第79次常务会议。会议听取全县“四查四补”和挂牌督战工作进展情况汇报；审定《海原县迎接国务院安委会2019年度安全生产和消防考核巡查工作暨推动安全生产专项整治三年行动计划任务分工方案（送审稿）》《海原县2020年“安全生产月”和“安全生产万里行”活动方案（送审稿）》《海原县2020年综合减灾示范社区创建工作方案（送审稿）》《海原县“互联网+医疗健康”便民惠民行动计划实施方案（送审稿）》《海原县县域公立医院综合改革实施方案（送审稿）》《宁夏海原县肉牛发展集团有限公司章程（送审稿）》《海原县2018—2019年扶持发展壮大村集体经济项目变更方案（送审稿）》《海原县2020年华润肉牛托管代养工作实施方案（送审稿）》《海原县21、22、23、24号国有建设用地使用权出让实施方案（送审稿）》；研究审定海原县全面清理规范性文件结果事宜、农田开发服务中心固定资产处置事宜、调整乡镇机关事业单位工作人员乡镇工作补贴标准事宜、海原县盐池新村政策性移民后续扶持发展项目等项目招标控制价审查意见事宜、收回部分国有建设用地使用权事宜、调整自治区财政厅提前下达2018年中央补助地方公共文化服务体系建设专项资金（第五批）事宜等。

【第80次常务会议】 6月16日，海原县人民政府县长许正清主持召开县人民政府第80

次常务会议。会议传达学习习近平总书记在宁夏视察重要讲话精神、国务院副总理胡春华在安徽实地督导革命老区脱贫攻坚工作的讲话精神和自治区扶贫办主任梁积裕在全区脱贫攻坚专题培训班上的讲话精神；听取海原县脱贫攻坚各级反馈问题整改进展情况汇报；审定《海原县光伏扶贫电站资产和档案资料整体移交工作方案（送审稿）》《海原县建立完善守信联合激励和失信联合惩戒制度加快推进社会诚信建设实施方案（送审稿）》《海原县学习宣传贯彻落实习近平总书记关于安全生产重要论述专题实施方案（送审稿）》《海原县安全生产专项整治三年行动方案（送审稿）》《海原县落实企业安全生产主体责任三年行动专题实施方案（送审稿）》《海原县农村消防安全专项治理工作方案（送审稿）》《海原县加快推进公共法律服务体系建设的实施方案（送审稿）》《海原县2020年质量强县建设工作实施方案（送审稿）》《海原县国有企业退休人员社会化管理工作实施方案（送审稿）》《海原县打好防范化解重大金融风险攻坚战实施方案（送审稿）》《海原县自然资源统一确权登记总体工作方案（送审稿）》《海原县国土空间规划编制工作方案（送审稿）》《海原县25、26号国有建设用地使用权出让实施方案（送审稿）》；研究审定了海原县2020年中央彩票公益金项目资金分配计划事宜、海原县2020年市政道路基础设施工程（广电巷）等项目招标控制价审查意见事宜、县教体局等单位申请财政资金有关事宜、核销全县生态移民迁出区国有资产（不动产）事宜、海原县高崖水库等项目结余资金的调整使用计划事宜、华润高端肉牛精深加工项目申请政府财政补贴事宜等。

【第81次常务会议】 6月30日，海原县人民政府县长许正清主持召开县人民政府第81次常务会议。会议传达学习习近平总书记对防汛救灾工作作出重要指示精神、自治区党委书记陈润儿在全区领导干部学习宣传贯彻习近平总书记视察宁夏重要讲话精神专题研讨班上的讲话精神；审定《海原县全面落实“六保”任务实施方案（送审稿）》《海原县危险化学品安全整治三年行动专项实施方案等14个专项实施方案（送审稿）》《海原县自然灾害综合风险普查清查阶段工作实施方案（送审稿）》《海原县关于加快补齐全面建成小康社会短板的实施方案（送审稿）》《海原县贯彻落实国家统计局督察宁夏回族自治区防范和惩治统计造假弄虚作假情况反馈意见整改方案（送审稿）》《海原县农村环境卫生保洁及垃圾治理管理暂行办法（送审稿）》；听取2020年人大建议意见政协提案建议办理情况的督查通报、海原县2020年上半年经济运行情况预计、县公安局扫黑除恶专项斗争工作进展情况的汇报；研究审定整改海原县道路安全隐患事宜、县扶贫办等单位申请财政资金有关事宜、预拨2020年第一季度公务员平时考核奖事宜、海原县西安镇等4个乡镇生产路等项目招标控制价审查意见事宜、对扶贫车间挂牌认定事宜、立项迁建郑旗乡卫生院事宜、海原县肉牛产业发展集团有限公司公开招聘聘用人员建议名单事宜等。

【第82次常务会议】 6月30日，海原县人民政府县长许正清主持召开县人民政府第82次常务会议。会议审定《海原县安全生产举报奖励办法（送审稿）》《海原县聘请第三方专家开展安全生产三级标准化初审和自治区第二批危险化学品专家指导服务组检查反馈隐患问题整改复查验收实施方案（送审稿）》《海原县纪念建军九十三周年活动方案（送审稿）》；听取2020年上半年全县火灾形势及消防工作汇报，审定《海原县深化消防执法改革实施方案（送审稿）》《海原县汇联0.63兆瓦光伏扶贫试点电站回购工作方案（送审稿）》；传达学习全区财政工作会议精神，研究补发2019年度政府效能目标管理考核奖金事宜；研究审定发放2020

年第一批民族团结和谐奖事宜和研究下拨2015—2019年职工住房补贴清算资金（第三批）事宜、2020年抗疫国债直达资金事宜和第二批新增地方债资金使用计划事宜、疫情期间实施扶贫车间稳岗扩岗专项计划事宜、注入全民创业担保贷款基金事宜和认定泰丰时代广场为大众创业示范基地事宜、海原县征收农用地区片综合地价成果论证事宜、海原县村级光伏扶贫电站有限公司人事任免事宜、海原县2020年公租房项目（电商物流综合园3号、4号）等项目招标控制价审查意见事宜、拨付机关事业单位离退休（退职）职工住房补贴事宜、划拨使用原东城社区事宜、核销海原县污水垃圾处理有限公司部分资产事宜、海原县供热锅炉脱硝补贴定价事宜；审定《宁夏中南部城乡饮水安全工程（海原地区）2017—2019年运行情况评估报告（送审稿）》、研究延续宁夏中南部城乡饮水安全工程（海原地区）水源价格补贴政策的请示等。

【第83次常务会议】 7月27日，海原县人民政府县长许正清主持召开县人民政府第83次常务会议。会议传达学习国务院第三次廉政工作会议、自治区政府及中卫市政府廉政工作会议精神、自治区党委十二届十一次全会精神、自治区政府第四次全体（扩大）会议精神；研究成立海原县安全生产专项整治三年行动领导小组及工作专班事宜；审定《海原县公益性岗位开发管理办法（试行）（送审稿）》《海原县领导接访首问首督责任制度（送审稿）》《海原县禁牧封育管理办法（试行）（送审稿）》；研究发放2020年第二批民族团结奖事宜和预拨2020年第二季度平时考核奖及全年预计所需资金事宜、化解相关单位隐性债务事宜、海原县2020年海城镇堡子村巷道硬化等项目招标控制价审查意见事宜、申请购置粮油配送车辆事宜、史店、关庄、甘城、罗山等卫生院采购配备医疗及办公设备事宜、海原县运动广场及附属设施、育才及文昌等安置小区供电设施移交事宜、闽宁华府商网购买事宜；审定《海原县文化旅游产业发展集团有限公司章程（送审稿）》，研究海原县文化旅游产业发展有限责任（集团）公司人员聘用事宜等。

【第84次常务会议】 8月13日，海原县人民政府县长许正清主持召开县人民政府第84次常务会议。会议传达学习宁夏推进高质量发展重点项目建设现场观摩总结会议精神；学习《中华人民共和国行政诉讼法》第一章、第二章；听取海原县2020年上半年经济运行情况汇报；传达学习国务院副总理胡春华在西藏考察国家脱贫攻坚普查现场登记工作时指示精神，听取全县脱贫攻坚普查工作情况汇报；审定《海原县落实国务院扶贫开发领导小组2020年脱贫攻坚督查反馈问题整改方案（送审稿）》《海原县标准化地名规范管理工作实施方案（送审稿）》《海原县节约型机关创建行动方案（送审稿）》《海原县高质量发展综合绩效年度考核方案（送审稿）》；研究2020年海原县三河镇第二批村组硬化路等项目招标控制价审查意见事宜、海兴开发区第二小学招生办学事宜、解决海盛国际精英幼儿园评估回收资金事宜、红羊乡移民迁出区闲置学校固定资产予以处置事宜、追加县惠民担保公司注册资本金事宜、购置公务用车事宜、划拨海原县2014年和2015年部分建设用地事宜、食品检测中心用房改造项目资金事宜、解决棚户区改造及基础设施建设费用事宜等。

【第85次常务会议】 9月1日，海原县人民政府县长许正清主持召开县人民政府第85次常务会议。会议学习《中华人民共和国行政诉讼法》第三章、第四章；审定《2019年县本级财政预算执行情况及其他财政收支的审计结果报告（送审稿）》《海原县推进“一窗受理、集成服务”新模式工作方案（送审稿）》《贯彻落实〈建设黄河流域生态保护和高质量发展先行区（先进市）〉责任分工方案（送审稿）》《海原县创建区级卫生县城实施方案（送审稿）》《海原县计划生育协会改革方案（送审稿）》《海原县县域医共体信息化项目建设方案（送审稿）》《海原县加强公共卫生应急物资保障体系建设方案（送审稿）》《海原县2020年消费扶贫实施方案（送审稿）》《海原县消费扶贫扶持资金奖励办法（送审稿）》《“松果电单车”海原县智慧出行项目运营方案（送审稿）》《海原县国有建设用地使用权出让实施方案（送审稿）》《海原县七营镇镇区、西安镇镇区、贾塘乡农贸小镇3个控制性详细规划（送审稿）》《海原县2020年教育工作表彰奖励方案（送审稿）》《海原县科技型中小微企业风险补偿专项资金实施方案（送审稿）》；研究海原县兴海中学修缮（实验楼和女生2#、3#宿舍楼）等项目招标控制价审查意见事宜、将海原县新区人民医院（宁南医院）整体移交自治区人民医院事宜、海原县西安镇小河村“多规合一”实用性村庄规划事宜、划拨海兴开发区瑞祥城市公园建设用地和海原县国有建设用地事、变更环境保护专项资金用途事宜、解决海原县文化旅游产业发展集团有限公司注册资金事宜、更新报废车辆事宜等。

【第86次常务会议】 9月18日，海原县人民政府县长许正清主持召开县人民政府第86次常务会议。会议传达学习《中华人民共和国政府信息公开条例》、全国和全区农村乱占耕地建房问题整治工作电视电话会议精神；审定《海原县2020年政务公开工作要点（送审稿）》《海原县2020年统筹整合使用财政涉农资金中期调整实施方案（送审稿）》《海原县扶贫资金形成资产梳理清查工作实施方案（送审稿）》《海原县2020年社会信用体系建设重点任务分工方案（送审稿）》《海原县完善政务服务“好差评”制度提高政务服务水平实施方案（送审稿）》《海原县2020年优化政务服务环境工作方案（送审稿）》《海原县进一步加强乡镇民生服务中心及村（社区）为民办事全程代办点工作建设方案（送审稿）》《海原县深化窗口服务领域损害群众利益问题集中整治工作方案（送审稿）》《海原县安全生产专项整治三年行动工作专班实体化管理办法（送审稿）》《海原县农村住房调查及抗震性能评估有序推进抗震宜居农房改造建设的实施方案（送审稿）》；听取海原县脱贫攻坚反馈问题整改进展情况汇报，审议《海原县落实2020年自治区扶贫办巡察组巡察反馈问题整改方案（送审稿）》；研究海原县村级光伏电站收益资金分配补充事宜、海原县关桥乡方堡小流域水土流失综合治理等项目招标控制价审查意见事宜、拨付2019年度考核优秀奖金、预发2020年度政府效能目标管理考核奖、发放2020年度机关事业单位职工未休年休假报酬和追加2020年机关事业单位退休职工基本养老金预算事宜、解决公建民营幼儿园回收资金和海盛国际精英幼儿园评估回收资金事宜、解决2006—2018年特岗教师“五险一金”县级配套剩余资金事宜、安排城乡建设用地增减挂钩指标调剂收益事宜、县住建局等单位申请财政资金有关事宜、明确城镇土地使用税征收范围和标准事宜、撤销海原县曹洼乡冶套等11个教学点事宜、棚户区改造文昌安置区等5个小区竣工结算情况事宜、收回国有建设用地使用权事宜等。

【第87次常务会议】 10月9日，海原县人民政府县长许正清主持召开县人民政府第87次常务会议。会议学习《行政执法“三项制度”》；传达学习国务院安委办《关于山西太原台骀山滑世界农林生态游乐园有限公司“10·1”火灾事故的通报》《关于吉林省连续发生重大事故的通报》，国务院安委会约谈山西省、吉林省人民政府负责人时的有关要求，自治区党委书记陈润儿、自治区政府主席咸辉的批示精神，听取全县2020年第三季度火灾防控形势分析报告；传达学习全区促进民族团结进步工作会议、全区基层宗教治理工作推进会议精神，听取全县“三化”治理工作情况汇报；审定《海原县2020年公共交通补短板实施方案（送审稿）》《海原县持续优化营商环境实施方案（送审稿）》《海原县2020年扶持壮大村集体经济项目变更方案（送审稿）》；研究海原县城市供水管网及水表改造项目等项目招标控制价审查意见事宜、非整合项目结余资金（地方债）调整使用事宜、调整符合政府安置退役士兵（官）工资待遇事宜、分配地方政府债券资金事宜等。

【第88次常务会议】 10月22日，海原县人民政府县长许正清主持召开县人民政府第88次常务会议。会议传达学习了国务院总理李克强在全国深化“放管服”改革优化营商环境电视电话会上的讲话和学习《优化营商环境条例》；听取海原县2020年前三季度经济运行情况汇报；审定《海原县关于改革县属国有企业工资决定机制实施方案（送审稿）》《海原县落实国务院安委会2019年度安全生产和消防工作考核巡查反馈意见整改方案（送审稿）》《海原县安全生产监督管理责任规定（送审稿）》《海原县全域创建自治区“食品药品安全县”实施方案（送审稿）》《海原县污染治理大会战实施方案（送审稿）》《海原县生态保护大会战实施方案（送审稿）》《海原县2020—2021年植绿增绿大会战实施方案（送审稿）》《海原县2021年种植业结构优化调整实施方案（送审稿）》《海原县推进家庭农场和农民合作社高质量发展实施方案（2020—2022年）（送审稿）》《海原县28号国有建设用地使用权出让实施方案（送审稿）》；研究调整完善海原县应急管理指挥部及安全生产委员会事宜、采购储备疫情防控物资及应急救灾物资、支付疫情防控期间各项费用和解决疫情防控工作人员采购生活保障用品事宜、解决人武部、武警中队及海兴开发区专职消防队采购应急救援器材事宜、划拨李旺镇农科站土地和档案馆原办公楼固定资产事宜、树台、关桥、贾塘三乡撤乡设镇及撤销九彩乡马湾和马套村民委员会事宜、发放政协委员履职补贴事宜、采购海原县县域医共体信息化平台建设项目事宜、将妇计中心项目结余资金用于新建妇计中心大楼基础设施建设事宜、调整文化产业园等项目结余资金用于文化馆各功能室装饰工程事宜、收回部分国有建设用地使用权事宜等会。

【第89次常务会议】 11月4日，海原县人民政府县长许正清主持召开县人民政府第89次常务会议。会议传达学习《中国共产党第十九届中央委员会第五次全体会议公报》、全区抗击新冠肺炎疫情表彰大会、自治区应对新冠肺炎疫情工作指挥部第15次会议、市应对新冠肺炎疫情工作领导小组第13次会议、市应对新冠肺炎疫情工作指挥部第28次会议和全国全区疫情防控工作电视电话会议精神；审定《海原县乡（镇）街道、社区（村）居委会消防安全工作职责清单（送审稿）》《海原县房地产市场调控工作实施方案（送审稿）》《S50海原至平川（宁甘界）公路建设项目（海原县境内）土地房屋征收工作方案（送审稿）》《海原县农业用水价格调整方案（送审稿）》；研究调整海原县消防安全委员会事宜、成立海原县社区矫正委员会事宜、海原县北苑小区（东区、西区）住宅购买事宜、海原县北苑小区（东区、西区）住宅购买事宜、海原县城乡人饮价格有关事宜、海原县北苑小区建设项目（西区）等项目招标控制价审查意见事宜、增加禁毒专职工作人员工资事宜、安排2020年革命老区资金事宜、解决海原县2020年就业补助缺口资金事宜等。

【第90次常务会议】 11月18日，海原县人民政府县长许正清主持召开县人民政府第90次常务会议。会议传达学习全区2020年脱贫攻坚视频会议精神；审定《海原县扶贫资产管理办法（试行）（送审稿）》《海原县地震应急预案（送审稿）》《2020—2021年海原县冬春季大气污染综合治理攻坚行动方案（送审稿）》《海原县动物疫病强制免疫反应死亡及重大疫情扑杀补偿暂行办法（送审稿）》；研究事业单位脱贫攻坚专项奖励推荐名单事宜、调整符合政府安置退役士兵工资待遇事宜、海原县国有建设用地G—29、G—31号使用权出让事宜、划拨华润海原北山梁风电项目等2宗建设用地事宜、2020年县城及周边绿化工程变更及增量事宜、2020年海原县三河镇六窑村0.51万亩高标准农田建设等项目招标控制价审查意见事宜、关桥乡韭菜拱棚固定资产移交事宜等。

【第91次常务会议】 12月3日，海原县人民政府县长许正清主持召开县人民政府第91次常务会议。会议传达学习习近平总书记关于安全生产的重要论述，安排部署安全生产专项整治三年行动及地震易发区房屋设施加固工程工作；传达学习《自治区政府办公厅关于进一步加强政府债务管理和严格落实“过紧日子”要求的通知》；审定《海原县防灾减灾救灾责任规定（送审稿）》《海原县消防安全领域信用管理办法（送审稿）》《中卫市海兴开发区总体规划（2019—2035年）（送审稿）》；研究取消和保留海原县规范性文件设定证明事项事宜、县统计局等单位申请财政资金有关事宜、海原县公安局警保合作劝导站等项目招标控制价审查意见事宜、脱贫攻坚结余资金调整使用和解决“十三五”易地扶贫搬迁富陵安置点项目配套资金事宜、对关桥乡扶贫车间挂牌认定事宜、海原县村级光伏扶贫电站有限公司人事任免事宜、划拨海原县国有建设用地事宜、组建海原县医疗健康总院事宜、海原县运动广场等项目工程竣工结算事宜等。

【第92次常务会议】 12月22日，海原县人民政府县长许正清主持召开县人民政府第92次常务会议。会议传达学习中央经济工作会议精神和自治区党委常委会会议上自治区党委书记陈润儿讲话精神及自治区政府常务会议上自治区政府主席咸辉讲话精神、《关于对建设“脱贫纪念展馆”和组织“脱贫成果展”等问题的提示函》、自治区财政厅《强化政府债务管理、坚决防范债务风险》，听取海原县地方政府债务化解重大事项落实情况汇报；审定《海原县行政事业单位国有资产管理暂行办法（送审稿）》《海原县党政机关和事业单位经营性国有资产集中统一监管实施方案（送审稿）》《海原县群众性精神文明创建有关奖励办法（送审稿）》；研究精神文明创建奖励资金发放事宜；研究政府办等单位报废和采购有关车辆事宜、清水河海原段历史遗留废弃矿山生态修复（一期）等项目招标控制价审查意见的请示、海原县融媒体中心部分固定资产以股权分红方式划入中国广电网络股份有限公司宁夏公司事宜、G344线至七营镇高崖村农村公路改建工程等三条村道建设项目变更事宜、调整使用财政拨付结余资金事宜；听取“十四五”项目谋划及2021年重点开工项目情况的汇报。

（县政府办）

县长办公会

【第一次县长办公会】 3月30日，海原县人民政府县长许正清主持召开会议，就部分社区卫生服务站和日间照料中心划拨改造事宜进行了专题研究。会议决定，由县住建局负责，按程序将文昌小区243号、244号、245号、246号、247号营业房（总面积706平方米）划拨给县民政局用于黎明社区日间照料中心改造建设。改造所需资金从2020年自治区财政厅、自治区民政厅下拨给海原县200万元黎明社区日间照料中心项目资金中解决，自治区下拨资金剩余部分用于支付北坪社区日间照料中心主体工程剩余资金、三河镇凤凰社区部分改造资金和老饭桌建设费用。由副县长罗永珍牵头，县住建局负责，在粮鑫花园二期项目中规划建设团结社区，同时会同县民政局将社区日间照料中心纳入社区整体规划，由县民政局负责建设团结社区日间照料中心。由县住建局负责，按程序将东城安置小区37号楼27号房（278.22平方米）、中静小区2号楼2号房（556.66平方米）划拨给县卫健局分别用于东城社区卫生服务站、建设社区卫生服务站业务用房。由海城街道办负责，按程序将幸福社区17号楼（幸福社区居委会办公楼）南侧2层办公用房（194平方米）、西湖小区51–3负一层办公用房和负二层4号车库（总面积473.23平方米）划拨给县卫健局分别用于幸福社区卫生服务站、西湖社区卫生服务站业务用房。由县卫健局负责，按程序和标准改造4家社区卫生服务站并采购配备办公设施和医疗设备，所需资金由县财政筹措解决。

【第二次县长办公会】 4月15日，海原县人民政府县长许正清主持召开全县政务服务工作推进会，会议通报全县政务服务工作进展情况及存在的问题，安排部署了下阶段工作，相关部门作了表态发言。会议决定：（一）要审批事项全面进驻授权。各相关部门要积极对接审批服务管理局，按照政务服务事项“应进必进、充分授权”的要求，不打折扣、不讲理由，于4月17日前全面实现事项进驻、人员进驻、授权到位，真正实现“大厅之外无审批、大厅之内快审批”的目标，坚决杜绝明进暗不进、人进权不进。（二）要精准选派窗口人员。在人员的选配上，各单位要有形象意识、全局意识和责任意识，从对事业、对发展、对企业、对群众、对干部负责的高度出发，真正把综合素质高、业务能力强、服务水平好的干部调整到窗口一线工作，切实提高窗口服务质量和能力。由县审批服务管理局牵头，对新进驻工作人员统一配备工作制服，所需资金由县财政局筹措解决。（三）要强化作风保障。县审批服务管理局要切实加强对政务大厅工作管理，建立健全各项规章制度，完善评价体系，定期对窗口及工作人员工作服务情况进行综合考核评价，对刁难服务对象、以权谋私等行为，一经发现，要严肃处理。各进驻单位要有效发挥各自职能，主动接受审批服务管理局的协调、指导、检查，切实做到服务受理“零”推诿、服务方式“零”距离、服务质量“零”差错，不断优化服务流程和路径，着力打造管理一流、服务一流、业绩一流的政务服务中心。（四）要加强督查督办。由纪委监委牵头，会同县委督查室、县政府督查室，于4月19日前对会议落实情况跟踪督查，形成专报报县委、县政府。要重点督查部门认识是否到位、事项进驻是否到位、授权是否充分、联审联办等制度是否落实，倒逼政务服务事项“明进暗不进”、“体外循环”和工作不作为、慢作为、效率低下等问题解决到位。

【第三次县长办公会】 4月27日，海原县人民政府县长许正清带领副县长金钟河和县发改局、县财政局、县卫健局负责人，对县中医院迁建项目、县妇幼保健计划生育服务中心项目建设进展情况和国家级鼠疫监测点选址工作进行了调研，并现场召开办公会议，就项目建设存在的问题进行了专题研究。会议决定，关于中医院迁建项目、妇幼保健计划生育服务中心项目建设工作。由副县长金钟河牵头，县卫健局负责，按照相关规定，妥善处理县中医院迁建项目有关工程增量问题，5月10日前完成所有工程竣工验收，确保达到医院交付使用要求。由县中医院负责，及早制定搬迁方案，同步开展设备安装等前期工作，待工程验收结束后尽快组织医院整体搬迁，确保5月底前完成搬迁并投入使用。由县卫健局负责，督促施工单位倒排工期、全力推进，加快妇幼保健计划生育服务中心项目建设进度，确保6月底前建成投入使用。关于国家级鼠疫监测点项目选址工作。由县卫健局（疾控中心）负责，积极对接供电部门，核实清楚项目拟建位置高压线影响范围后，尽快制定项目设计方案，报县政府领导审定。

【第四次县长办公会】 4月19日，海原县人民政府县长许正清主持召开会议，就宁夏中部干旱带海原县西安供水工程（原海原县西线脱贫供水西安灌区水源工程）前期准备工作有关事宜进行了专题研究。会议决定，由县水务局负责，4月27日前完成水资源论证报告及审查、地质勘查报告、节能评估报告、水土保持方案、征地和移民安置大纲、供电工程专项报告（海原供电公司负责组织审查批复）、环境影响评价报告（中卫市生态环境局海原县分局负责组织审查批复）、社会风险评估报告（县委政法委、县公安局配合审查并批复）等前期要件办理工作，并完成可行性研究报告编制；6月10日前完成初步设计报告批复。由县自然资源局负责，4月27日前完成土地预审、压覆矿产资源状况、地质灾害危险性评估报告、林评报告，并联系自治区自然资源厅完成审查与批复工作。由县住建局负责，4月20日前办理项目选址意见书。由县文广局负责，县水务局配合，4月27日前完成文物调查报告。由县发改局负责，抓紧对接自治区发改委，就该项目进行深入沟通，于5月5日前争取自治区完成项目建议书和可行性研究报告批复。

【第五次县长办公会】 5月18日，海原县人民政府县长许正清带领副县长罗永珍和甘盐池管委会副主任、海城街道办党工委书记田风明及县住建局、县自然资源局、海城街道办、县政府督查室有关负责人，对城市建设和绿化工作进行了调研，并现场召开办公会议。会议研究了关于地震遗址绿化项目、幸福巷道路项目、粮鑫花园二期项目、南门广场提升改造项目、育才公园项目、牌路山入口绿化、牌路山公园提升改造项目、休闲公园项目、联富汽贸城项目、东城路和兴盛街建设项目推进中存在的困难和问题等事宜。

【第六次县长办公会】 6月15日，海原县人民政府县长许正清主持召开会议，就政府代建拆迁安置项目涉税问题进行了专题研究。会议决定，根据国家税务总局中2014年第2号“纳税人以自己名义立项，在该纳税人不承担土地出让价款的土地上开发回迁安置房，并向原居民无偿转让回迁安置房所有权的行为，视同销售不动产征收营业税”规定精神，由海原县税务局将育才、文昌、向阳、西湖、东城5个小区销售不动产发票领用给县住建局，由县住建局负责开具销售不动产发票并缴纳相关税费，确保安置户顺利办理房产证。

【第七次县长办公会】 7月25日，海原县人民政府县长许正清带领副县长罗永珍和县政府办、县自然资源局、县水务局、高崖乡负责人，对水利部暗访发现问题整改工作进行了调研，并现场召开办公会议，研究解决工作推进中存在的问题。会议决定，由县水务局负责，尽快制定整改方案报自治区河长办，明确整改措施、责任单位、整改时限，确保整改工作责任到人、措施到位、取得实效。组织专业技术人员现场勘测，按标准进行规划设计，科学、系统治理河道，确保于8月9日前高质量完成整改任务。由高崖乡负责，按照整改要求，做好整改期间照片等资料收集，待完成整改后由水务局统一整理报自治区河长办。

【第八次县长办公会】 8月3日，海原县人民政府县长许正清带领县委常委、常务副县长薛军勇，县政协副主席、县卫健局局长屈文彬和县政府办、县发改局、县住建局、国网海原供电公司负责人，对县妇幼保健和计划生育服务中心项目进行了调研，并现场召开办公会议。会议决定，由国网海原供电公司负责，县卫健局配合，尽快完成外接电源验收工作，确保8月6日前接通。由县卫健局负责，切实履行项目主管部门责任，督促施工企业加快工作进度，8月13日前完成消防验收，8月15日前完成各专项验收。由县发改局牵头，县卫健局、县住建局具体落实，8月20日前完成工程质量检测及竣工综合验收。

【第九次县长办公会】 10月23日，海原县人民政府县长许正清带领副县长、县公安局局长张赞军和甘盐池管委会副主任、海城街道办党工委书记田风明及县政府办、县财政局、县公安局有关负责人，对公安工作进行了调研，并现场召开办公会议。会议研究关于县公安局警务室选址、县城红绿灯建设、康平路改扩建、贾塘乡派出所选址迁建等相关事宜。

（县政府办）

政务服务

【概况】 海原县人民政府办公室（简称县政府办），挂县信访局、县政府督查室、县政府外事办公室、县政务公开办公室牌子。内设文电室、秘书室、行政事务室、信访督办室、督查室、外事办公室、政务公开办公室7个科室。设主任1名，副主任3名（其中1名兼任信访局局长）。

【协调服务】 2020年，海原县政府办抓协调，保运转，不断加强和培养工作协作关系，认真协调处理好部门与部门、部门与乡镇、乡镇与乡镇之间的关系。主动与自治区市上级部门、单位沟通联系，有效衔接各项工作，充分发挥办公室的桥梁纽带作用，对事关全县经济社会发展大局的中心工作、重点工作、重点项目、重大活动认真组织，多方协调，抓好落实，确保了各项工作的顺利推进与圆满完成。

【公文处理】 2020年，海原县政府办维护OA办公系统正常运行，及时审批各单位公章，注册、注销OA办公系统部门管理账号，坚持“压数量、高质量”的原则，不断强化公文收发、印制、传阅、清退、归档、销毁等各个环节的管理，共处理各类来文来电292份，发文112份，公文流转及时、准确、安全和保密。

【文稿服务】 2020年，海原县政府办在材料起草上，坚持把握工作要点、难点和重点，准确理解领导意图，严把政策关、时效关、格式关、文字关和校核关，强化集体撰写制度，集中集体智慧。全年共撰写各类重要工作报告、领导讲话材料202篇，起草各类综合性材料35篇。

【会务服务】 2020年，海原县政府办在会务工作上，持续推动基层减负，严格执行会议审批制度，认真审查会议议题，压缩会议规模和时间，充分利用视频会议系统，有效节省人力、物力和时间。始终坚持做到会前周密准备，会中细致服务，会后跟踪落实，认真做好县政府全体会议、廉政工作会议、常务会议、县长办公会议和专题会议等重要会议的承办工作。全年共承办、组织各类重要会议50余场次，会务质量不断提高，会务服务更加细致周到。

【调查研究】 2020年，海原县政府办深入开展调查研究。针对新冠肺炎疫情带来的风险挑战、影响经济社会发展的重大问题、社会热点难点，主动开展调查研究，提出对策建议。完善工作预判与统筹机制，对重点工作早谋划、早介入，运用科学、系统、规范的评估方法，对重大行政决策风险进行综合评估和预警，充分发挥参谋助手作用，为领导决策提供参考。

【信息工作】 2020年，海原县政府办不断加强信息工作，始终坚持把信息作为服务领导、沟通交流、促进工作的重要渠道，抓紧、抓好，不断加快信息体系建设，拓宽信息渠道，强化信息整理。准确反映领导关注的重点、群众关心的热点和改革过程中的难点问题，及时总结上报重点工作、重点项目进展完成情况。累计编发政务信息183期，为各级领导了解和指导海原县各项工作起到了非常重要的作用。

【督查督办】 2020年，海原县政府办按照交必办、办必果、果必报的基本工作要求，采取全面督查与专项督查相结合等方式，对全县中心工作、政府重点工作进行跟踪督查，并及时通报督办。对县政府常务会议、县长办公会议、专题会议议定的各项决议决定、领导交办事项、主席信箱、市长信箱、县长信箱、人大代表建议意见、政协委员提案办理情况进行专项督办。全年组织开展重点项目建设、脱贫攻坚、生态建设等督查活动23次，编发督查通报14期。全力督办主席信箱5件、市长信箱58件、县长信箱56件。针对涉及范围广、投入资金多、花费时间长的24件人大代表建议意见、4件政协委员提案建议和10件民生实事，制定了办理工作“五定”方案，将内容逐项细化，层层分解，责任落实到政府各副县长和承办部门及责任人，实现了全过程的紧盯严督。

【“七五”普法】 2020年，海原县政府办认真推行“七五”普法，坚持把领导干部带头学法、模范守法作为树立法治意识的关键，广泛开展各种形式的法治宣传教育活动，不断完善办公室学法用法制度，认真抓好干部职工普法教育，狠抓干部法治观念培养，切实提高党员干部运用法治思维和法治方式深化改革、推动发展、化解矛盾、维护稳定的能力。

【依法行政】 2020年，海原县政府办坚持依法行政，自觉接受人大法律监督、工作监督和政协民主监督、社会各界的群众监督和新闻媒体的舆论监督。严格执行重大行政决策程序和“三重一大”机制，确保重大行政决策程序、内容、实施和监督合法。每次在召开县政府党组会议等重要会议前，及时征求各部门、分管领导意见，确定会议议题，坚持对意见不成熟的不上会、会前酝酿不充分的不上会。凡重大决策事项，在深入调查研究、广泛征求意见、充分研究论证的基础上，依法集体研究决定。

【政务公开】 2020年，海原县政府办坚持“公开为常态、不公开为例外”，推动实施重要政策解读、政务舆情回应、依申请公开、保密审查、网站管理等制度，扎实做好政府信息公开指南、公开目录编制、信息公开平台建设等各项工作。将保密贯穿始终，严把信息发布审核关，做到“上网信息不涉密，涉密信息不上网”，确保在做好政府信息公开工作中不发生泄密问题，配齐县级政府信息查阅点，为乡镇制作政务公开栏，定期编制印发政府公报，不断扩大宣传渠道。2020年，重点做好“就业、教育、医疗、征地、食品药品”等社会高度关注、涉及群众切身利益领域的政务公开工作。主动公开社会救助类信息357条、就业创业类信息42条、食品药品类信息42条、征地补偿类信息29条、义务教育类信息22条、卫生医疗类信息14条。

【疫情防控】 2020年，海原县政府办全员参与疫情防控工作，所有工作人员编入充实县应对新冠肺炎疫情工作指挥部办公室，在工作协调、会务保障、文件起草、专报编写、专项督查、信息报送、政策宣传、形势分析等方面临危受命、主动作为、长期坚持，以优质的服务助推和保障疫情防控各项措施落地落实。联合公安部门，全面摸排海原县户籍境外人员，指导落实个人防护措施，全年共对55名出入境人员实施动态跟踪管理，实现了不漏一人、不误一事。

【基层党建】 2020年，海原县政府办强化全面从严治党责任，充分发挥党组、党支部的作用，组织党员过好党内生活，增党员的组织观念，严格落实县委组织关于“三会一课”方面的要求，突出“三会一课”的政治功能。全年召开党组会议11次、支部会议14次、党员大会13次，召开专题民主生活会1次，严格按照党员发展程序要求发展积极分子2名，预备党员转正2名，持开展讲党课活动，党组主要负责人开展党的十九届五中全会精神等宣讲活动3次，使党内生活规范化、制度化、经常化。

按照“1+4+X支部主题党日”活动要求，开展“双学双强”等形式多样的主题党日活动11次。

【纪律建设】 2020年，海原县政府办始终把廉政建设工作与业务工作紧密联系起来，同安排，同部署。严格落实中央八项规定精神，积极组织开展廉政知识讲座、廉政学习5次，以明确岗位职责、严明工作纪律。严格落实“一岗双责”责任，党组成员带头勤政廉政，开展谈心谈话8次，教育全体干部树立正确的人生观、权力观、政绩观，增强党性修养和自律意识，筑牢拒腐防变的思想道德防线，树立良好的集体形象和个人形象。

【作风建设】 2020年，海原县政府办严格落实海原县党政机关及其工作部门“一把手”五个不直接分管实施办法等制度。进行政府投资项目审计，对领导干部进行经济责任审计，坚持用制度管权、管事、管人，以“高效办公、厉行节约”为宗旨，不断完善财务、用车等制度，厉行勤俭节约、精打细算、严格把关，严格公务接待标准。重视抓好政务值班，进一步强化值班纪律，坚持24小时值班制度，保证工作不断格、不脱节。加强保密制度建设和硬件配套，开展保密自查和思想教育、业务培训，进一步提高了保密意识和防泄密能力。

（县政府办）

审批服务

【概况】 海原县审批服务管理局（简称县审批局）于2019年1月25日挂牌成立，为海原县政府组成部门。设有综合办公室1个，下设事业单位政务服务中心1个。核定行政编制5名，实有工作人员5名。政务服务中心核定事业编制8名，实有工作人员7名。政务服务中心下设县城、海兴区2个大厅，车管所分厅，2个管委会和17个乡镇民生服务中心，159个村（社区）民生服务代办点。县城政务大厅进驻的各单位办公场所使用县人社局大楼一、二层，约2000平方米。共进驻全县41家单位,设置65个窗口，进驻工作人员142人；海兴区政务大厅使用原县财政局大楼，共3层，建筑面积2400平方米，其中一楼为办公区、二楼为职工住宿区、三楼为会议室。海兴区政务大厅设置34个窗口，进驻单位27家，进驻工作人员68人，主要服务海兴开发区企业及周边的三河镇、七营镇、李旺镇、高崖乡、郑旗乡、李俊乡、九彩乡、甘城乡8个乡镇。

【政务服务“一张网”】 2020年，海原县按照全国一体化在线平台相关标准规范，将各部门（单位）分散的政务服务资源和网上服务入口全部整合接入宁夏政务服务网海原子站，如期完成与全国一体化在线平台的对接。

【政务服务事项规范】 2020年，海原县按照“四级四同”的要求，梳理县级政务服务事项1387项，完善了政务服务事项标准化实施清单，做到网上服务信息准确、规范、有效，线上线下标准统一。建立健全政务服务事项动态管理机制，实现各部门、各渠道发布的政务服务事项数据同源、同步更新、同标准办理。

【办事流程优化】 2020年，海原县紧紧围绕社会关注度较高、与企业和群众密切相关的高频事项，按照提交材料最少、表格最简、环节最优、时间最短、“掌上”可办的标准，通过审批事项流程再造，大力压减材料、压减环节、压减时限，全面提升群众满意度。实现事项承诺办结时限比法定办结时限整体压缩50%以上，申请材料整体减少30%以上，办理环节整体压缩20%以上。即办件事项达到承接事项的30%以上。

【网上办理】 2020年，海原县按照统一网络支撑、统一身份认证、统一电子证照、统一电子印章、统一数据共享要求，除法律法规规定或涉密事项外，所有政务服务事项全部纳入宁夏政务服务网办理，同一事项在不同层级、不同区域办理的标准、形式、要件、时限等要素保持统一，可实现不见面办理的政务服务事项达到 1115 项，实现网办率 80%以上。

【窗口服务管理】 2020 年，海原县印发了《海原县深化窗口服务领域损害群众利益问题集中整治工作方案的通知》，对窗口服务态度、服务效能、服务流程、服务设施、廉洁自律和工作纪律等 6 个方面进行集中整治，明确实施范围、具体时限，认真分析研究民生领域损害群众利益问题，健全完善相关制度，积极堵塞漏洞。坚持边整改、边总结、边建设，归纳提炼集中整治中形成的好经验、好做法，研究出台有效管用的制度规定，巩固深化集中整治成果。一体推进“不敢、不能、不想”体制机制建设。

【“我的宁夏”推广】 2020 年，海原县下发《关于做好推广使用“我的宁夏”政务 App 的通知》（海审批发〔2019〕28 号），将涉及民政残联、卫生健康、劳动就业、社保医保等民生领域的重点高频事项逐步实现由网上办到“掌上”办。由县审批局牵头，以县城政务大厅、海兴区政务大厅、三个分厅以及各个民生服务中心为基点，配备专人为办事群众介绍“我的宁夏”政务 App 基本功能，使办事群众能够当场清晰地了解认识并下载使用该 App。为海原县 17 个乡镇、2 个管委会、161 个村（社区）代办点以及车管所分厅、税务局分住房公积金分厅统一制作易拉宝 25 个、海报 442 份、宣传单 3200 份。截至年底，“我的宁夏”政务 App 注册量已超过 27.8 万人，办理了 84.3 万件。

【政务服务推进】 2020 年，海原县按照“应进必进、应进全进”的要求，进驻政务服务大厅部门（单位）36 个，进驻人员 145 人，进驻事项 1276 项，达到了 92%。将县司法局、县税务局、县烟草公司等部门（单位）整体进驻政务大厅，整建制进驻单位达到 13 个。受办公场地限制等原因，设置车管所和公积金两个分厅，实现了进一扇门、办所有事。

【“一窗”分类受理】 2020 年，海原县印发了《海原县“一窗受理、集成服务”新模式工作方案》，正在招聘一窗受理专职人员和建设完善一窗受理综合系统。分类设置综合受理办理窗口 9 个。其中工程建设项目审批窗口、不动产登记窗口、税务窗口、商事服务窗口、养老保险窗口、医疗救助窗口、公安户籍窗口、出入境窗口、公积金窗口（窗口设置具体方案另行制定）等，按照统一收件、统一分发，各相关部门同时受理、并联审批、同步出件，实现物理“一窗式”办理。

【政务服务评价体系】 2020 年，海原县印发《海原县关于完善政务服务“好差评”制度提高政务服务水平实施方案》（海政办发〔2020〕69 号），为县城政务大厅、海兴区政务大厅、车管所分厅、住房公积金分厅、乡镇（街道办、甘盐池）民生服务中心各窗口投资 29.23 万元，统一配置“好差评”评价器 168 台。实现了县政务服务平台与全区、全国一体化政务服务平台全面对接、深度融合，实现了一事一评、一次一评，提高了服务质量和效率。

【基层政务服务】 2020 年，海原县印发《海原县关于进一步加强乡（镇）民生服务中心及村（社区）为民办事全程代办点工作建设方案》，按照“成熟一批、推广一批、使用一批”的原则，制定并公布乡镇民生服务中心及村（社区）为民办事全程代办点“马上办、网上办、就近办、一次办”便民服务事项清单。将民政、公安和残联等 10 个部门 161 项事项纳入乡（镇）民生服务中心办理；将社保、医保等 6 个部门 30 项业务全部纳入村（社区）为民办事全程代办点办理。同时建立乡镇民生服务中心标准化办事指南和工作流程，进一步提升审批服务效能和群众满意度。

【“互联网 +”监管系统应用】 2020 年，海原县对涉及县级行政检查、行政强制、行政处罚等权责的 27 个部门（单位）进行了 3 次集中培训，梳理与行政审批事项对应的监管事项，截至年底，监管行为事项主项总数865项，已覆盖主项数314项，覆盖率为36.3%。

【便民服务热线】 2020年，海原县共接收中卫市“12345”便民服务热线派遣工单1081件，海原县派单转办1081件，已办结997件，其中10月份正在办理的84件，办结率92.2%。1081件工单中，求助类983件，占90.93%；投诉举报类62件，占5.73%；意见建议类22件，占2.04%；咨询类14件，占1.3%。

【扶贫帮扶】 6月30日，县审批服务管理局联合三河镇坪路村召开主题党日活动，并慰问贫困党员11名，共发放慰问金5500元。9月28日，根据县委组织部要求，对坪路村特色产品进行帮扶消费6300元。根据坪路村实际情况，指派专人负责打造坪路村标准化为民服务代办点。

【后勤保障服务】 一是改造办公场所200平方米，设置了工改审批办公室、一窗受理审批办公室、电子监控室、档案室。二是规范车辆停放。在政务大厅停车场划分了110个停车位，两端安装出口、入口标识牌，将分配的“40”“50”人员佩戴执勤标识，在出口、入口两端进行车辆疏导，做到办事企业和群众车辆有序出入，解决了车辆乱停乱放现象。

（县审批局）

信访

【概况】 海原县信访局由县委办、县政府办共同管理，以县政府办管理为主，是负责全县信访工作的综合协调机构，内设办公室（加挂信访联席会议办公室）、接访室、办信室（加挂网络信访室、督查室）、复查复核室4个内部职能科室。2020年有在编工作人员7人。

【信访形势】 2020年，海原县受疫情影响，自4月开放信访接待大厅以来信访趋势逐渐上升，6月达到峰值，7—11月持续下降，获年度“三无信访”县区荣誉称号，受到国家信访局通报表扬并授牌。信访整体形势呈现稳中向好态势。

【受理案件】 截至11月底，中央、自治区、市各级信访系统共登记涉及海原县群众来信、来访、网上投诉173件批235人次，同比批次下降45.66%，人次下降38.3%；县信访局共受理来信、来访、网上投诉612批1347人次，同比批次下降36.27%、人次下降7.94%。信访机构及时受理率100%、满意率98.60%、参评率97.19%；责任单位及时受理率99.34%、按期答复率为96.90%、参评率为96.43%、满意率为80.16%。

【四重件办理】 2020年，海原县扎实推进上级交办的重点信访事项办理工作，坚持高标准、严要求、实举措，扎实做好上级交办的信访件办理工作。自治区信访局、中卫市信访局各交办的4件信访件均已严格按照要求高质量化解完成，办结率100%。

【积案化解】 2020年，海原县共梳理重点难点未化解历史遗留信访事项65件，其中化解50件，有针对性地制定了实施方案，细化了工作任务、目标要求和时间进度，在加强对各环节工作的部署及指导方面做了大量工作。年末，已化解45件，化解率为90%，剩余5件正在进一步化解中。

【专项治理】 2020年，自集中治理重复信访、化解信访积案治理专项工作开展以来，中央、自治区、市信访部门共交办海原县31件，年末，办结25件，办结率为80.64%，剩余6件各责任单位正在进一步办理中。

【重要节点信访保障】 2020年，海原县要求各乡镇、各部门从抓好矛盾纠纷排查化解、重点信访事项化解、领导干部接访下访、严格落实信访信息“零报告”制度等方面入手，围绕全县排查梳理出的重点信访事项，落实包案领导、责任单位和责任人。细化工作措施，靠实工作责任，强化源头预防和化解工作，及时就地妥善化解各类信访矛盾，圆满完成了各项工作。

（顾云）

机关事务服务

【概况】 海原县机关事务服务中心（简称县机关事务中心）是海原县政府所属事业单位，内设综合办公室、公务接待室、公务用车服务中心，核定事业编制12名，聘用编制1名，负责县人民政府公务接待、办公用房管理、公共机构节能、后勤保障、公务用车管理等工作。2020年，实有在编干部4名（其中主任1名，副主任1名），抽调干部3名。

【疫情防控】 2020年，海原县机关事务服务中心认真贯彻落实县委、县政府关于疫情防控工作的各项决策部署，坚持“五个严格”，多措并举，精准施策，为全县疫情防控提供坚强后勤保障。一是做好县委、县政府大楼（院）、异地交流领导干部公寓等的消毒工作，严格执行每日消毒2次的硬性要求。二是严格车辆防控和保障，加强司勤人员安全管控，实行一日2次测温、个人情况日报告、车辆消毒防护等措施，落实车辆出入库室内室外消毒等制度，疫情期间共投入防控一线保障车辆55辆，疫情防控期间接转人员车辆4辆，高质量完成防控督导检查等保障工作。三是严格机关食堂防控和保障，在岗人员一日3次定时测量体温、全程佩戴口罩；餐厅每日全面消毒、通风，保持操作间清洁卫生，餐具及时清洗消毒；实行分餐供应，提供盒饭打包方式，保障了县领导正常用餐。

【公务用车保障】 2020年，海原县机关事务服务中心进一步加强和规范公务用车使用，严格执行公务用车定点停放、加油、维修管理，严格执行公务用车回单位停放；通过抽调1名管理人员，填补了公车平台管理人员的空缺，提高公车保障和调度效率，截至年底，为全县提供了车辆保障服务共计7295车次，车辆安全行驶共计约140万公里。按照自治区机关事务管理局的要求，完成了全县公务车辆和司勤人员的信息采集工作，并将全部数据已上传至自治区政府办公区智能管理服务平台。

【办公用房管理】 2020年，海原县机关事务服务中心进一步加强全市党政机关办公用房监督管理工作，持之以恒贯彻落实中央八项规定精神，切实提高办公用房使用效率。安排专人负责2020年的全县党政机关办公用房信息统计报告工作，已完成自治区公共房产管理系统台账上报中的全部内容，进一步提升了办公用房管理的信息化、标准化和规范化水平。

【公共机构节能】 2020年，海原县机关事务服务中心完成了全市2019年公共机构能源资源消费统计数据线上审核工作。配合中卫市机关事务中心开展全市公共机构节水型单位创建验收工作及2015—2018年公共机构节水型单位复验工作。制定《海原县公共机构生活垃圾分类工作实施方案》，明确垃圾分类工作指导思想、目标任务、工作步骤、工作重点和工作要求，细化了责任落实。顺利完成了节水型机关单位的创建和验收工作。全面深入开展以“绿色低碳、全面小康”为主题的全国低碳日和“绿水青山，节能增效”的节能宣传周活动，联合县教体局（一幼、二幼、三幼）、县卫计局工作人员开展节能宣传活动，采取发放彩页、刷写标语、张贴宣传画、悬挂横幅、微信群推送等多种形式，迅速开展节能宣传工作，积极传播生态文明主流价值观，普及节能常识，倡导节约能源、低碳环保的生产生活方式、集中宣传节能降耗的重要性和迫切性。此次宣传共发放彩页1000份，张贴宣传画50余张，悬挂横幅10条。为中心4名工作人员报名参加了全国

第七期节能管理远程培训和全市公共机构节水型单位建设工作培训，切实提高了节能管理人员、统计人员业务水平。

【反浪费宣传】 2020年，海原县机关事务服务中心开展形式多样的宣传教育活动，大力宣传“节约粮食、爱惜粮食”，充分发挥新闻媒体、微信公众号、微信朋友圈、倡议书等作用，营造“节约为荣、浪费可耻”的良好氛围。联合县市场监督管理局组织开展了贯彻落实习近平总书记重要指示精神坚决制止餐饮浪费行为座谈会，强调坚决制止餐饮浪费行为，形成全社会营造浪费可耻、节约为荣的氛围，从思想上增强厉行节约的自觉性，号召大家坚决抓好落实，自觉接受、积极配合，坚决制止餐饮浪费行为，在全社会营造浪费可耻、节约为荣的浓厚氛围，推动杜绝“舌尖上的浪费”成为全社会的共识和行动。以政府机关灶为阵地，大力宣传“厉行节约、反对浪费”精神，共张贴相关宣传画、横幅10余张（条）、桌面提示牌10个。

【后勤保障】 2020年，海原县机关事务服务中心开配齐后勤保障服务人员，积极与劳动就业局对接，招录公益性岗位8名，共计有9名公益性岗位人员，填补了环境卫生、会议服务等后勤岗位的空缺。对机关食堂和异地交流干部公寓的环境卫生进行大清扫，安排专人负责保洁工作。规范会议服务，安排4人专门负责会场服务工作，组织4名服务人员到泰丰饭店进行会议服务培训，并定制了专门的服装，从2020年5月底开始，累计服务会议30余场次，实现了受理会议、登记无差错、会议音响和视频效果无差错、会议服务无差错的目标。

【巡察整改】 2020年，海原县机关事务服务中心严格遵守巡察工作纪律，服从巡察组统一安排，各司其职、密切配合、优质高效地做好了协调联络、提供材料和服务保障工作，为巡察组开展巡察工作提供了有力保障、创造了良好环境。针对巡察组提出的三个立行立改的问题，立即召开党组会议，按照巡察组要求，完成了问题整改，并长期坚持。

（县机关事务中心）

政府信息公开

【组织领导】 2020年，海原县及时调整了以县长任组长、常务副县长任副组长的海原县政务公开工作领导小组，同时，安排3名专职人员负责全县政务公开日常工作。各乡镇（管委会、街道办）和县政府各部门均成立以主要领导任组长的政务公开领导机构，并设立政务公开办公室，配备不少于1名的专（兼）职工作人员负责各自单位政务公开工作，真正建立起上下联动、协同推进、高效运行的工作格局，有力保障了政务公开工作扎实推进。

【重点工作落实】 2020年，海原县印发了《海原县全面推进政务公开标准化规范化工作实施方案》《海原县2020年政务公开工作要点的通知》《海原县政府网站和政务新媒体政务信息发布规程》等，统一安排部署落实政府信息公开申请办理、政务公开专区建设、政务信息发布、政府开放日活动、政务公开工作队伍建设备案管理等重点工作。

【平台管理】 2020年，海原县强化网站和政务新媒体运维管理。定期开展网站和政务新媒体检查工作，对全县政府网站主体责任落实、网络意识形态工作责任制落实、内容更新、信息质量、错别字等情况进行专项督查。坚持执行网站和政务新媒体月检查、季通报制度，以通报规范管理，以检查督促整改，推进政务公开平台建设管理工作走向规范化轨道。2020年，共开展政府网站和政务新媒体月度检查12次，下发季报4期，通报不合格政务新媒体9个。

【网络宣传】 2020年，海原县先后在县政府门户网站集中实时推送疫情动态、防控措施、复工复产政策文件等信息；县人民政府网站和政务新媒体配合自治区集中开展宣传4次，集中实时推送全国“两会”、疫情动态、防控措施、复工复产等政策文件信息，充分发挥了政府网站、政务新媒体政府信息发布和政策解读的主渠道、主阵地功能。

【政民互动】 2020年，海原县通过“12345”便民服务热线、书记信箱和县长信箱，及时回应、解决网络民意，妥善处置民生热点问题。“12345”便民服务热线收到咨询投诉1501条，回复处置1501条，办结率100%；“海原政务”微信公众号收到咨询投诉121条，回复处置116条，办结率95.9%；书记信箱、县长信箱栏目共收到市民有效留言158条，回复处置158条，回复处置率达100%。办复人大建议24件、政协委员提案45件，办复率达100%。一大批涉及商户诉求、村民信访、项目补贴、供水供暖、噪声扰民等民生热点问题得到有效解决。

【内部管理】 2020年，严格执行中央、自治区和中卫市网络安全及网站建设管理相关工作规定，结合实际制定《海原县政府网站和政务新媒体运维管理制度》，绘制《政府网 站、政务新媒体平台管理流程图》《公开平台信息发布流程》《政民互动信件答复流程图》，修订完善《海原县网络舆情应急管理制度》等一系列制度，梳理细化政务公开平台工作岗位职责，定岗定责，健全考核机制，全面压实责任。

【公开队伍动态管理】 2020年，严格落实《中华人民共和国政府信息公开条例》要求，明确各级政府部门政务公开主管机构和工作部门，建立健全政务公开队伍建设动态管理机制，规范县本级各部门政务公开分管领导、工作人员备案管理、人员变更流程。

【公开队伍培训】 2020年，积极参加各级各类政务公开培训，组织近100名业务骨干先后参加交流学习、培训活动，不断强化政务公开工作人员业务水平。

【信息公开情况】 2020年，海原县在政府网站和智能监管平台设置重点领域信息公开栏目，促进重点领域信息公开更深更广。重点公开脱贫攻坚、社会救助和社会福利、教育、基本医疗卫生、环境保护、灾害事故救援、公共文化体育等七大领域信息。脱贫攻坚领域，及时向社会公开扶贫政策、扶贫规划、扶贫项目名称、资金来源、实施期限等信息，公开贫困识别、贫困退出、扶贫资金分配等信息644条。社会救助和社会福利领域，重点围绕城乡低保、特困人员救助供养、临时救助等事项，全面公开救助对象认定、救助标准，福利补贴申领及申请审批程序等相关政策，有针对性地公开救助款物的管理使用等信息1029条。义务教育领域，立足办好人民满意的教育，进一步加大教育信息公开力度，重点公开义务教育、学前教育、特殊教育、职业教育、高等教育等方面的信息公开。重点公开相关政策、困难学生资助实施情况等信息598条。基本医疗卫生领域，重点公开重大疾病预防控制、国家免疫规划、健康扶贫政策落实情况等信息455条。食品药品安全领域，重点公开食品、监督检查、监督抽检、行政处罚、监督检查结果、召回等信息795条。环境保护领域，重点公开环境污染防治和生态保护政策措施、实施效果等信息355条。公共文化体育领域，重点公开公共文化体育的服务保障政策、服务体系建设等信息197条。公开文化遗产保护、公共文化体育设施名录等信息87条。灾害事故救援领域，准确及时发布自然灾害、重大事故灾难等工作情况及动态信息36条。

（县政府办）

中国人民政治协商会议海原县委员会

ZhongGuo RenMin ZhengZhi XieShang HuiYi HaiYuanXian WeiYuanHui

综　述

【概况】 2020年，海原县政协紧紧围绕县委和县政府中心工作，认真履行政治协商、民主监督、参政议政职能，积极发挥专门协商机构作用，坚持发扬民主和增进团结相互贯通、建言资政和凝聚共识双向发力，切实担负起“落实下去”和“凝聚起来”的政治责任，为全县打赢脱贫攻坚战和经济社会高质量发展贡献了政协的智慧和力量。全年共开展专题议政性常委会会议协商1次、专题调研视察6次，依据协商议题外出考察调研3次，根据县委主要领导批示专题调研2次，重点提案办理协商2次。

【理论学习】 2020年，海原县政协共召开党组理论学习中心组学习13次、主席会议集体学习7次、常委会会议专题学习4次、机关党组（党支部）学习26次、各专委会组织委员学习8次、讨论发言18次。

【政协系统党建】 2020年，海原县政协完善政协党组织体系，落实了党员委员双重组织生活制度，在政协全委会、委员培训、调研协商、考察视察等活动中设立临时党组织，推动“两个全覆盖”。政协党组定期听取机关党组、各专委会功能型党支部工作情况汇报，并召开会议研究部署阶段性重点工作。充分发挥各专委会功能型党支部政治功能，完善“两会一联系”工作机制，召开功能型党支部组织生活会，对委员履职情况进行考核评议。建立党员委员联系非党员委员制度，加强思想政治引领，有效发挥了功能型党支部战斗堡垒作用和党员委员先锋模范作用。认真履行党组抓党建和党风廉政建设工作职责，指导政协机关党的建设，扎实开展“三会一课”“三强九严”工程和“双学双强”活动，支持派驻县政协机关纪检监察组履行纪检监察职责。

【社情民意】 2020年，海原县政协共收集整理上报社情民意信息26篇。其中《关于充分发挥劳动关系三方协调机制作用，保障农民工合法权益的建议》得到县政府采纳，县政府专题研究，并成立了协调劳动关系三方委员会办公室，实施欠薪专项行动，为421名农民工追回劳动所得479.34万元；《关于妥善处置闲置清真寺的建议》得到自治区政协办公厅采纳。

【提案工作】 2020年，海原县政协对在十一届五次会议期间共收到委员提案88件，审查立案45件，从提案提交、审查、办理、评议等实行“清单式”管理，进一步完善了提案基础性台账。会同县委办、县政府办精选重点提案6件，其中县委、县政府、县政协主要领导各领衔督办1件，各副主席与县政府分管领导联合督办3件，起到了很好的示范带动作用。按照“提案提得好不好，承办单位来评判，提案办得行不行，委员最有发言权”的原则，开展了提案办理及质量“互评”和重点提案督办活动，逐步实现提案办理“办得好须提得好，提得好须办得好”的良性循环，并对优秀提案承办单位进行表彰。年底，提案和建议已全部办结。

【委员联络】 2020年，海原县政协制定了《“委员大讲堂”活动工作方案》，邀请有专业特长的政协委员传播新知、传承文化、传授技艺，全年共开展“委员大讲堂”活动4次。设立宗教界别委员工作室，为广大宗教界政协委员联系界别群众，开展扶贫济困、凝聚共识搭建了平台。结合委员基层联系点工作，设立委员联络小组12个，先后7次组织委员深入界别群众，梳理社情民意，排查化解矛盾纠纷，推动政协工作向基层延伸，进一步拓宽了知情民政渠道。

【“四创四联”活动】 2020年，海原县政协在政协机关和宗教界委员中积极探索开展“四联四助”活动，对政协班子成员、4个专委会、17名机关干部和20名宗教界政协委员实现全覆盖，对全县17个乡镇和2个管委会实现全覆盖，定期联系重点宗教活动场所民主管理组织成员、宗教人士，并组织宗教人士召开“听党话、感党恩、跟党走、促和谐”座谈会，引导宗教界人士、信教群众贯彻落实党的民族宗教政策，不断增进“五个认同”，这项凝聚共识、汇聚民心的活动，促进了民族团结示范县创建、宗教事务规范管理和“三化”治理工作，得到自治区、市政协主要领导的肯定和表扬，并在全区市县（区）政协经验交流会上予以推广。

【视察调研考察】 2020年，县政协共围绕牛产业、卫生健康、就业创业、全域旅游等内容开展调研视察协商活动12次，其中调研8次、视察1次、赴外考察学习3次，共形成调研视察报告10篇。

（罗成祚）

表4　　2020年海原县政协主要视察调研考察活动一览表

时间	内容	地点	形成调研成果
5月19—20日	加强健康海原建设提高人民健康水平情况	李旺镇中心小学、贾塘乡卫生院、阅海养老服务中心、黎明社区等15个调研点	《加强健康海原建设 提高人民健康水平协商报告》
6月1—2日	调研全县做大做强牛产业	9个乡镇22个调研点	《做大做强我县牛产业协商调研报告》
6月23—24日	调研全县就业创业工作	全县部分乡镇14个调研点	《关于全县就业创业情况调研报告》
8月5—7日	视察全县生态环境保护工作	部分乡镇14个视察点	《关于“清水河”流域生态环保工作的视察报告》
8月18—19日	调研全县创建民族团结进步示范县情况	全县各乡镇17个调研点	《全区民族团结进步示范县创建工作调研报告》
8月27日至9月2日	外出考察劳动力转移就业情况	江西南昌、浙江义乌、宁波、福建厦门劳务基地	《关于赴江西南昌等劳务基地考察学习的报告》
9月2—3日	调研全县全域旅游发展情况	部分乡镇8个调研点	《关于全县全域旅游发展情况的调研报告》
9月14日	调研全县古村落遗址情况	贾塘乡双河村、李旺镇田字塘村等	
9月23—29日	考察牛产业	山东省	《关于赴山东考察学习牛产业情况的报告》
10月13—14日	调研全县“一带两廊”“两廊四镇”工作推进情况	部分乡镇12个调研点	《“一带两廊”“两核四镇”调研报告》

县政协全委会议

【县政协十一届五次会议】 1月16—18日，中国人民政治协商会议宁夏回族自治区海原县第十一届委员会第五次会议在县政府礼堂举行，会议应出席委员137名，实到124名。会议由县政协党组成员、副主席柳璞主持。中卫市委常委、海原县委书记、海兴开发区党工委书记徐海宁作了讲话。会议审议通过县政协党组成员、副主席杨常林代表县政协十一届委员会常务委员会所作的工作报告和县政协副主席米力芳代表县政协十一届委员会常务委员会所作的提案工作情况的报告。会议期间，与会委员们列席海原县人大十七届四次会议第一次全体会议，听取并讨论政府工作报告等；听取并审议通过《县政协十一届五次会议政治决议》《县政协十一届五次会议关于提案审查情况的报告》。会议收到提案88件，经提案委员会审查立案的45件，作为意见建议处理的3件。

（罗成祚）

县政协常委会会议

【第二十二次常委会会议】 1月8日，县政协十一届二十二次常委会会议在县政协会议室召开。会议审议通过《县政协十一届二十二次常委会会议议题(草案)》；审议《关于召开政协海原县第十一届委员会第五次会议的决定》《县政协十一届五次全会会务文件》《政协海原县第十一届委员会常务委员会工作报告（审议稿）》《政协海原县第十一届委员会常务委员会关于十一届三次会议以来提案工作报告（审议稿）》《政协海原县委员会2020年度协商工作计划（草案）》；通过《关于穆义元、单惠莲辞去政协海原县第十一届委员会委员的辞呈》《关于增补政协海原县第十一届委员会委员名单(刘杰、金晓娟)》。

【第二十三次常委会会议】 1月17日，县政协十一届二十三次常委会会议在县政协会议室召开。会议听取各组讨论情况的汇报；审议《县政协十一届五次会议决议（草案)》；审议通过《政协海原县委员会2020年协商工作计划(草案)》。

【第二十四次常委会会议】 1月18日，县政协十一届二十四次常委会会议在县政协会议室召开。会议听取各组讨论情况的汇报；审议通过《县政协十一届五次会议关于提案审查情况的报告(草案)》和《县政协十一届五次会议决议(草案)》。

【第二十五次常委会会议】 4月10日，县政协十一届二十五次常委会会议在县政协会议室召开。会议审议通过《县政协十一届二十五次常委会会议议题（草案)》；审议《关于新时代加强和改进人民政协工作的实施意见》《贯彻落实〈关于新时代加强和改进人民政协工作的实施意见〉分工方案》；审定《2020年政协委员基层联系点工作实施方案》；讨论《县政协关于开展“四联四助”活动，助推我县创建民族团结进步示范县工作实施方案》；审议通过《县政协常委会2020年工作要点》。

【第二十六次常委会会议】 8月21日，县政协十一届二十六次常委会会议在县政府礼堂二楼会议室召开。会议审议通过《县政协十一届二十六次常委会会议议程（草案)》，会议分为两个阶段进行。第一阶段：传达学习习近平总书记视察宁夏重要讲话精神、全国“两会”精神、县委十四届八次全体会议精神、自治区政协举办的委员学习培训班精神；通过有关人事相关事宜；审议通过《关于米力芳、柳璞同志辞去政协海原县第十一届委员会委员、副主席职务的辞呈》《关于杨文珂辞去政协海原县第十一届委员会委员、常务委员的辞呈》《关于增补政协海原县第十一届委员会委员名单（田风梅、屈文彬)》。第二阶段：围绕“加强健康海原建设提高人民健康水平”专题协商议政，邀请专家围绕“加强健康海原建设提高人民健康水平”进行专题讲座，县政协副主席屈文彬向常委会介绍《加强健康海原建设提高人民健康水平协商报告》的形成过程和主要内容，部分县政协委员进行会议发言，围绕“加强健康海原建设提高人民健康水平”开展协商讨论。

【第二十七次常委会会议】 11月4日，县政协十一届二十七次常委会会议在县政协会议室召开。会议传达学习中国共产党第十九届中央委员会第五次全体会议精神、自治区党委书记陈润儿在自治区党委常委会会议上传达学习党的十九届五中全会精神时的讲话精神；安排部署县政协关于征集2021年协商议题的有关事宜。

（罗成祚）

纪检监察

JiJian JianCha

综　述

【概况】 海原县纪委监委机关核定行政编制47名（含派驻机构16名）、工勤编制5名，内设办公室（宣教政研室）、党风政风监督室、信访室、案件监督管理室、第一纪检监察室、第二纪检监察室、第三纪检监察室、案件审理室8个科室；向48个部门（单位）派驻5个综合纪检监察组，向县公安局、县人民检察院、县人民法院派驻3个纪检监察组。下属副科级事业单位纪检巡察服务中心，核定编制12名（其中5名由巡察机构使用）。

【设施建设】 海原县纪委与监委合署办公，办公场所位于县委大楼一楼和三楼，共12个房间约165平方米。在县城中心养老院1号楼（共2层）改建一个规范化谈话区（建筑面积约1000平方米），建有标准化谈话室4间（配备独立卫生间）和医疗体检室、休息室、监控指挥室、值班登记室、公共卫生间各1间。一层办案区全部进行了软包和防火处理，防火登记为A级。二层设置档案室3间、涉案物品保管室1间、办公室4间、工作人员休息室3间、公共卫生间1间。

【压实“两个责任”】 2020年，海原县纪委监委认真履行全面从严治党协助职责，协助县委制发《2020年海原县全面从严治党、党风廉政建设和反腐败工作主要任务分工方案》《海原县委落实全面从严治党主体责任清单》等文件，督促各级党组织进一步完善“三个清单”，对上年度党风廉政建设责任制检查考核反馈问题整改落实情况跟踪督办，将2020年查处的违纪违法人员抄告分管县领导，督促县级领导和乡镇（部门）党委（党组）分层级召开述责述廉会议，对县法院、县发改局履行全面从严治党责任不力的5名领导干部予以严肃问责，切实推动“两个责任”贯通协同、形成合力。

【派驻机构改革】 2020年，海原县纪委监委积极推动派驻机构改革，规范派驻机构职责权限，配齐16名干部；制定派驻监督与巡察监督统筹协调机制、派驻纪检监察组工作规定和考核办法等11项制度，进一步压实工作责任、补齐短板弱项，派驻机构设置更加科学、职能更加优化、监督更加有力，全年共开展监督检查376次，列席被监督单位重要会议224场次，发现问题并提出整改建议135条，开展提醒谈话369人次，参与专项检查324次，“派”的权威和“驻”的优势进一步凸显。

【自身建设】 2020年，海原县纪委监委坚守政治机关定位，持续加强常委会建设，修订完善纪委常委会和监委委务会工作规则，严格执行民主集中制和“三重一大”集体决策机制，严格落实重大事项请示报告制度，自身建设持续不断加强，班子成员和纪检监察干部政治纪律和政治规矩进一步强化。认真落实新时代党的建设总要求，积极创建“让党中央放心、让人民群众满意”的模范机关，通过“三会一课”、主题党日、集体过政治生日等载体，在严肃的党内政治生活中，进一步锤炼纪检监察干部忠诚干净担当的政治品格。认真落实意识形态工作责任制，办好“清廉海原”微信公众号，突出正面宣传，唱响纪检监察“好声音”。扎实开展“制度规范建设年”活动、“重证据、守纪律、强本领”教育活动，制定《海原县纪检监察系统案件主办人工作办法》《海原县纪检监察组织办案保密工作规定》等11项制度，教育引导全体纪检监察干部忠诚履行党章和宪法赋予的职责，牢固树立程序意识和证据意识，依规依纪依法开展监督检查和审查调查工作，确保执纪执法权受监督、有约束，始终在正确的轨道上运行。积极发挥特约监察员作用，主动接受群众监督，坚持利剑高悬、刀刃向内，及时核查反映纪检监察干部的信访举报线索，以零容忍的态度严防“灯下黑”。

【经验总结】 2020年，海原县纪检监察组织紧紧围绕高质量发展主题主线，积极探索创新，深化认识体会，积累了一些有益经验，主要是：1.必须坚定不移扛起“两个维护”的重大政治责任，持续跟进学懂弄通做实习近平新时代中国特色社会主义思想，聚焦党中央重大决策部署和自治区党委、市委、县委各项工作要求贯彻落实强化政治监督，充分发挥监督保障执行、促进完善发展作用。2.必须坚持胸怀大局思考谋划工作，深刻理解把握党中央和习近平总书记因时因势作出的重大决策部署，精准把握监督执纪问责、监督调查处置的重点、力度、时机，以强有力的监督保障社会治理各项决策部署、政策措施贯彻落实，保障制度优势充分转化为治理效能。3.必须坚持以人民为中心的发展思想，把人民对美好生活的向往作为奋斗目标，坚决防范和纠止侵害群众利益的各种行为，保障各项惠民富民、共同富裕政策措施落实，让群众获得感成色更足、幸福感更可持续、安全感更有保障。4.必须一体推进“三不”机制，深刻把握不敢、不能、不想的内在联系，把惩治震慑、制度约束、提高觉悟结合起来，前移监督关口，精准运用“四种形态”，推动政治效果、纪法效果、社会效果的有机统一、不断彰显。5.必须深刻把握、全面贯彻纪检监察工作高质量发展的内涵和要求，树立科学的执纪执法理念，依规依纪依法履行职责，科学精准稳慎有效开展监督，确保纪检监察工作坚定有力、行稳致远。6.必须始终坚持打铁必须自身硬，不断健全内控机制，自觉接受监督，不断提高政治站位、保持政治定力、锤炼过硬作风、提升业务能力，以实际行动践行忠诚干净担当。

（县委纪委办）

纪律监督

【疫情防控监督】 2020年，海原县纪检监察组织闻令而动，坚决扛起疫情防控政治责任和监督保障重要职责，第一时间制发《关于进一步严明防止新型冠状病毒感染疫情政治纪律和战时纪律的通知》《海原县纪委监委在新型冠状病毒感染肺炎疫情防控中加强监督执纪问责的工作方案》，架起疫情防控纪律“警戒线”；第一时间抽调10名纪检监察干部靠前监督检查，督促落实防控措施，筑起疫情防控“防火墙”；第一时间安排委机关干部投身疫情防控一线，以实际行动践行纪检监察干部使命担当。坚持常态化监督检查疫情防控，先后下发提示函39份、通报6期，督促整改问题128个，查办问题线索17件，问责31人，确保始终绷紧疫情防控这根弦。

【政治监督】 2020年，海原县纪委监委紧紧围绕贯彻落实习近平总书记视察宁夏重要讲话精神，聚焦贯彻新发展理念、推动高质量发展、加快复工复产、落实“六稳”“六保”任务、打好“三大攻坚战”、守好“三条生命线”、农村乱占耕地建房问题专项整治、开展“三个大会战”等党中央重大决策部署和自治区党委、市委、县委重大战略任务，跟进监督、精准监督、做实监督，督促各级党组织和广大党员干部以实际行动践行“两个维护”。制发《关于强化监督专责为村（社区）“两委”换届提供纪法监督保障的通知》，锚定“十严禁”，切实维护换届工作的严肃性，确保实现“五个好”的要求。

【作风建设监督】 2020年，海原县纪委监委持之以恒落实中央八项规定精神，紧盯重要节点提前下发通知、发送廉洁提醒短信，划出“高压线”，打好“预防针”，严肃查处顶风违纪问题，持续释放寸步不让、越往后越严的强烈信号。认真贯彻落实习近平总书记关于坚决制止餐饮浪费行为的重要指示精神，对机关单位、乡镇、学校食堂和餐饮企业常态化开展监督检查，督促职能部门履职尽责、党员干部示范带动，推动勤俭节约化风成俗形成习惯，有效遏制舌尖上的浪费。

（县委纪委办）

专项整治

【扶贫领域专项治理】 2020年，海原县纪委监委深入贯彻中央和自治区市纪委加强扶贫领域专项治理的意见，持续深化扶贫领域腐败和作风问题专项治理，强化对脱贫工作成效、脱贫政策连续性稳定性、脱贫摘帽后“四个不摘”情况、落实“四查四补”要求的监督检查，认真落实“三盯”“三公开”要求，建立纪委监委班子成员与11个“挂牌督战村”联乡包村机制，督促整改问题13个，确保脱贫工作务实、脱贫过程扎实、脱贫结果真实。开展扶贫领域腐败和作风问题线索“百日清零”攻坚行动，推动线索清仓、问题清零，共问责处理63人。

【民生领域集中整治】 2020年，海原县纪委监委深入开展民生领域损害群众利益问题集中整治。督促各乡镇（街道）各部门（单位）认真排查各地各系统损害群众利益突出问题，纠治货车超载、非法营运、非法行医等方面问题39个，完善相关制度30项。强化基层监督治理，着力把“村廉通”“廉情诊所”打造成治理农村微腐败的监督利器，“村廉通”监督村级收支资金6361笔1.54亿元，发送短信75358条，推动村级权力运行更加规范、财务收支更加透明。

【扫黑除恶专项斗争监督执纪】 2020年，海原县纪委监委围绕“六清”行动，着眼线索清仓、“伞网”清除，中央督导组交办的50件线索全部办结。围绕扫黑除恶专项斗争目标任务，开展监督检查，下发督办函13份。全县共查处涉恶腐败和“保护伞”问题线索3件，给予党纪政务处分20人，组织处理21人。

【形式主义纠治】 2020年，海原县纪委监委聚焦习近平总书记重要讲话和批示指出的形式主义、官僚主义突出问题，强化监督检查，着力为基层减负。2020年全县各类会议比上年同期压减25%，发文数量同期压减27%，考核同期压减23%。持续开展“两个年”活动，监督检查会风会纪、上下班纪律、在岗履职、乡镇“走读式”干部17次，对27个单位112名干部在全县范围内通报，责令相关单位作出处理，推动干部作风持续转变。

（县委纪委办）

巡察监督

【政治巡察】 2020年，海原县持续深化政治巡察，按照“三个聚焦”要求，把“探照灯”聚焦在被巡察党组织的政治立场和政治生态上，坚持分类安排统筹推进、找准问题深挖根源，开展3轮巡察，巡察部门党组织23个，延伸巡察村级党组织57个，巡察反馈问题698条，着力发现并纠正在落实“两个维护”上的温差、落差、偏差问题，切实发挥震慑、遏制、治本作用。十四届县委累计巡察党组织61个，延伸巡察村级党组织154个，巡察全覆盖率分别达91.04%和95.65%。

【巡视巡察问题整改】 对自治区党委第六巡视组脱贫攻坚专项巡视“回头看”向海原县反馈的36个问题整改情况集中进行督办，全部按时办结。对巡察反馈意见整改落实情况进行回访督查，对整改中存在的44个问题提出意见建议，对15个落实整改主体责任不力的单位负责人进行责任约谈，扎实做好问题整改“后半篇文章”。

（县委纪委办）

廉政建设

【廉政监督】 2020年，海原县纪委监委坚持抓早抓小、防微杜渐，统筹运用纪律监督、监察监督、派驻监督、巡察监督力量，通过列席党委（党组）会议、指导民主生活会、严把党风廉政意见回复关、实地监督检查、受理信访举报、动态更新领导干部廉政档案等形式，做实做细日常监督，推动党员干部习惯在受监督环境中工作生活。全年回复党风廉政意见1.5万余人次，开展任前廉政谈话50人，下发履职尽责提醒函175份、建议书94份、整改通知及督办函31份，对效能目标考核不理想、重点工作推动不力的6个乡镇（部门）进行责任约谈。

【“四种形态”运用】 2020年，海原县纪委监委认真落实“三个区分开来”要求，把思想政治工作贯穿执纪执法全过程，统筹运用党性教育、政策感召、纪法威慑，综合考虑事实证据、思想态度、纪法标准，精准作出处置，运用“四种形态”处理干部493人次，其中第一种形态占比达到75.3%，对12名人员免予党纪政务处分，推动由“惩治极少数”向“管住大多数”拓展，实现政治效果、纪法效果、社会效果有机统一。坚持为担当者担当、为负责者负责，为受到不实举报的2名干部及时澄清正名，对2019年受到处分的84名党员干部开展回访教育，对工作成绩突出且处分期满的12名干部建议组织部门重新使用，激励干部担当作为，保护干事创业积极性。

【案件审查】 2020年，海原县纪委监委坚持“严”的主基调不动摇，着力减存量遏增量。全县纪检监察组织共处置问题线索368件，立案126人，处分106人，移送检察机关审查起诉5人。严肃查处了县人民法院马某某挪用公款案、海原县村级光伏扶贫电站有限公司财务人员田某某挪用公款案等案件，始终保持反腐败高压态势。

【廉政警示教育】 2020年，海原县纪委监委协助县委扎实开展“领导干部廉政警示教育周”活动，分层分级开展警示教育，组织全体县级领导及乡镇、部门主要负责人到自治区廉政警示教育中心接受警示教育。用足用好党员干部违纪违法“活教材”，通报典型案例49起，编印下发《海原县基层党员干部违纪违法典型案例警示录》5000册，用身边事教育身边人，实现查处一案、警示一批、教育一片的效应。协助县委制定《关于做深做实查办党员干部违纪违法案件“后半篇文章”推动以案为戒以案示警以案促改以案正风工作的实施方案》，认真落实“三会两书两报告”制度，督促指导发案单位深挖问题根源、查找风险漏洞、健全完善制度，推动查办党员干部违纪违法案件“后半篇文章”各项工作制度化、常态化、规范化。2020年全县纪检监察组织信访、立案、处理人数连续三年下降，预防在前、标本兼治效果进一步显现。

（县委纪委办）

群众团体

QunZhong TuanTi

海原县总工会

【概况】 2020年，海原县总工会围绕中心、服务大局，发挥优势、突出特色，求真务实、开拓创新，各项工作全面扎实推进。

【疫情防控】 2020年，海原县总工会组织工会系统干部职工积极投身新冠肺炎疫情防控。制作疫情防控知识宣传彩报、横幅张贴悬挂于机关明显部位及街道，选派10人到幸福社区值勤，做好单位疫情防控措施。筹集资金66000元，联合县委组织部对133名援鄂医护人员家属及一线防疫医护人员进行慰问；筹集资金33000元，对164名社区一线防疫人员进行慰问。开展“守护健康 情暖职工”助力复工复产工作，为泰丰饭店、胖子餐饮公司送去复工复产防疫专项资金2万元，为129名企业职工进行免费体检（每人400元标准）共计51600元。通过微信公众号推送关于新冠肺炎疫情防控方面的内容，共计推送和发布各类信息274篇。

【劳动竞赛】 2020年，海原县总工会联合县人民医院、县住建局、县民政局、县卫健局等单位，先后举办护理及穿脱防护服等技能大赛、建筑工人职业技能竞赛、家政服务（养老护理）技能大赛。在全县机关企事业单位开展“安康杯”技能竞赛1场，参加人数达2360余人。组织32名家政服务行业从业人员参加中卫市家政服务行业技能竞赛，获得优异成绩，县总工会获优秀组织奖；其中表现优异的选手被推选参加全国、全区家政服务行业技能竞赛，1人获全国技能竞赛优秀奖，2人获全区技能竞赛一等奖。组织企业职工参加全市“水投杯”技能大赛2场次。

【劳模评选管理】 2020年，海原县总工会上报自治区、市劳动模范先进工作者11名（其中自治区级4名、市级7名）；对符合条件的18名全国省部级劳模申报了劳模“三金”（即特殊困难帮扶金、低收入生活困难补助金和春节慰问金），安排1名省部级劳模在自治区内疗休养，组织15名劳模进行健康体检；上报全国劳模创新工作室1家、自治区创新工作室2家、市级2家，打造县级劳模创新工作室2家；加强劳模工作室管理，为倪岩劳模创新工作室配备书架1套，搭建劳模创新平台，发挥劳模模范带头作用。

【职工文化活动】 2020年，海原县总工会组织全县干部职工参加各类文体活动10余场次，共有2000多人参加。举办“我与两会同行”全国两会知识竞赛、“廉洁在心中”主题征文比赛，与县委宣传部联合举办“学习强国”学习平台达人挑战赛、第三届“微宣讲”大赛、“我和我的祖国”爱国主义读书演讲比赛等；组织全县干部职工参加中文市总工会举办的“中国梦·劳动美——决胜小康 奋斗有我”系列主题活动及“阅读经典好书 争当时代工匠”主题诵读活动，均获优秀组织奖；参加全区职工读书演讲比赛，树台学区田永霞获区级三等奖；以县总工会驻村队员马普生在史店乡苍湾村驻村扶贫事迹为题材拍摄的《普生日记——一名工会人驻村扶贫的点滴故事》，被自治区总工会“讲扶贫故事·展工会风采”短视频故事采纳；组织参加2020年宁夏职工群众“劳动者之歌”文艺会演评选活动，其中《绿韭菜新唱》获区级二等奖。

【职工书屋建设】 2020年新建县级职工书屋5家，为每家配备价值1万元的图书；为海原县国税局和海原县人社局2家市级职工书屋申请图书补配工作，每家补配价值1万元的图书；为海原县国税局职工书屋申请全国便利型职工阅读点配书，完成图书补配工作；完成全区各级职工书屋普查工作，经普查，海原县有自治区级职工书屋4家、市级职工书屋12家、县级职工书屋15家。

【信息调研】 2020年，海原县总工会深入基层进行走访、了解实情，共撰写13篇调研文章，向自治区市总工会报送调研报告6篇，向县委政研室报送调研报告6篇。县总工会干部职工共撰写各类信息简报88篇，其中有26篇信息先后被《宁夏工运》、自治区总工会网站、宁夏新闻网、《中卫日报》、《华兴时报》、宁夏总工会微信公众号等媒体刊登。

【工资集体协商】 2020年，海原县总工会稳步推进工资集体协商工作。一是开展“四季要约”行动，先后发放要约书52份。联合县人力资源和社会保障局下发《关于做好2020年工资集体协商工作的通知》，召开集体协商会议，并制定下发工资集体协商工作方案及责任书，在全县打造行业性、区域性集体协商示范点2家。二是先后2次召开劳动关系三方会议，会议由县人民政府副县长丁芳主持，会上提出构建和谐劳动关系的一系列举措。三是举办全县工资集体协商培训班2期，培训人数100人。四是签订工资集体合同52家，涵盖职工数2175人，全县建会企业32家，涵盖职工数1583人，合同签订率达62%。

【信访维权】 2020年，海原县总工会扎实做好信访维权工作。处理信访案件30余件，其中涉及帮扶救助类27件，涉及拖欠工资类3件；转办“12351”维权案件2件。开展“七五”普法及“尊法守法、携手筑梦”服务职工、农民工法治行动，为企业宣传安全生产法知识。征集安全生产万里行作品22篇，收到安全生产合理化金点子36条。征集根治拖欠农民工工资宣传作品7份，其中2份作品被自治区人社厅评选为优秀作品。为职工（农民工）提供法律知识讲座6场次、法治宣传5场次，现场解答疑难问题35个，发放各类宣传资料1.2万余份。

【精准帮扶】 2020年，海原县总工会多策并举，精准帮扶助力脱贫攻坚。一是开展“两节”慰问困难企业国华农机制造有限公司和闽宁纺织制品有限公司（涉及困难职工145人），发放慰问金10万元，慰问困难职工2人4000元，合计10.4万元。二是全年上报困难职工199人（国家级104人、省级95人），救助金额87.06万元；其中生活救助196人，救助金额81.36万元；大病救助3人，救助金额5.7万元。三是认真贯彻执行《宁夏回族自治区总工会“工会班”管理办法》，继续推进对高中学习阶段的150名“工会班”学生审核、补录、报批等工作，发放助学资金39万元（每人每年

2600元）。四是开展“夏送清凉”“六一儿童节”“农民丰收节”慰问活动，共向916人发放总价值5.28万元的慰问品。五是认真落实县人民政府办公室《关于印发2020年海原县硒砂瓜推介销售工作方案的通知》和《关于印发海原县消费扶贫活动（硒砂瓜销售）工作方案的通知》精神，做好县内帮扶消费任务。县总工会及时下发了《关于采购硒砂瓜消费扶贫的通知》（海工发〔2020〕12号），要求各乡镇工会、县直各单位工会根据分配任务和采购时间内及时开展消费扶贫活动，为单位职工采购硒砂瓜。全县126个单位职工9196人，共计采购硒砂瓜689.73吨，资金136.1875万元。六是慰问帮扶村（贾塘黄坪村）未脱贫户7户7000元。七是联合县就业创业和人才服务局举办困难职工手工编织技能培训班1期50人，其中46人获得专项职业能力证书。八是在原有3家“爱心驿站”的基础上，又投资2.7万元在县政务大厅续建户外劳动者服务（法律援助）示范点1家，为从事户外工作的劳动者和环卫工人送去方便和关爱，重点解决就近喝水、饭茶加热、避暑、取暖、手机充电、临时避雨等实际困难。九是困难职工解困脱困工作成效，7月迎来自治区总工会第三方评估组对海原县困难职工解困脱困工作的评估和验收，9月份完成全总城市困难职工解困脱困工作成效第三方评估总体规程。

【基层组织建设】 2020年，通过下基层现场指导、基层自主建会、会员网上入会等方式新建立基层工会组织14家，发展会员1820人；指导7家基层工会组织进行换届，办理更换基层工会法人资格证书18份；通过开展50人以上企业建会专项行动、八大群体入会集中行动和农民工入会专项行动，扩大工会组织覆盖面，最大限度地将八大群体和农民工纳入工会组织中来。2020年，新成立50人以上企业工会组织3家，新发展八大群体会员74人，新发展农民工会员644人。召开2020年企事业单位民主管理工作推进会；深入企业现场指导厂务公开工作，在闽宁纺织、阅海养老院、国华农机公司设立了厂务公开栏，指导各企事业单位召开职工代表大会。

【“职工之家”创建】 2020年，海原县总工会开展“先进职工之家”创建评选工作。海原县回民中学工会、宁夏海原国华农机制造有限责任公司工会、海原县第六小学工会、宁夏阅海老年服务中心海原分院工会被中卫市总工会命名为市级“先进职工之家”；中卫市海兴开发区税务局办公室工会小组被中卫市总工会命名为市级“先进职工小家”；组织推荐自治区级模范职工之家、模范职工小家、模范职工之家培育点、模范职工小家培育点、会站家一体化建设示范点各1家，其中中卫市海兴开发区税务局办公室工会小组获自治区模范职工小家称号。

【工会经费】 2020年，全县预算工会经费1154万元，拨付各基层工会经费803万元，收缴工会经费351万元。下拨2019年乡镇（街道）工会考评补助资金，给8个考核优秀等次的基层工会各奖补3万元，给12个考核良好等次的基层工会各奖补1.5万元，总计42万元；补助基层工会经费89万元。海原县总工会实现财政足额划拨工会经费工作受到自治区总工会通报表扬。

【工会经费审计审查】 2020年，海原县总工会经费审计审查委员会对总工会本级2019年经费预算执行、专项资金及固定资产管理使用情况进行了审计，对海原县总工会2020年上半年预算执行情况进行了审查，以及对45家基层工会经费收支、管理、使用情况进行了抽查审计，其中审计县直部门工会20家，审计教育系统学校工会13家，审计乡镇工会12家。完成2019年县本级工会经费决算和2020年县本级工会经费预算工作、市总工会下达的50家基层工会的决算工作。

【机关党建】 2020年，海原县总工会切实加强工会党的建设。一是认真配合县委巡察组巡察工会党组工作，整理了近三年党建、党风廉政建设、意识形态等工作资料，在巡察过程中积极配合巡察组工作，做到立行立改、边查边改、即知即改。二是认真落实党建主体责任，坚持以党建带工建、工建促党建。召开2020年党建暨党风廉政工作会议，召开民主生活会，组织党员签订“发挥党员先锋模范作用、坚决打赢疫情防控阻击战”党员公开承诺书。三是开展主题党日活动11次，参观红色教育基地1次，观看教育警示片10余次。四是结合“学理论强素质 学党规强堡垒”活动开展专题交流研讨7次。五是认真落实党风廉政建设“两个责任”“三个清单”，继续深入开展“党政机关作风建设年、干部队伍素质提升年”活动。切实履行“一岗双责”，认真开展“廉政警示教育周”活动，组织党员观看了警示教育片。六是坚决贯彻落实中央八项规定精神，严格执行婚丧喜庆“双报告一检查”制度。

【队伍建设】 2020年，海原县总工会制定干部职工下基层方案，组织单位干部职工下基层，对系统库中的170名困难职工（农民工）实行结对帮扶。深入基层、深入一线、深入职工，全面落实工作职责，提高工作效率，做深做实新形势下的职工群众工作，着力解决机关化、行政化问题。组织干部参加了自治区总工会、市总工会举办的各类业务培训班。组织举办了全县基层工会主席、经审财务人员培训班，参与培训人数达120余人。县总工会经审委主任李正庭获自治区优秀工会工作者称号。

（县总工会）

共青团

【概况】 共青团海原县委员会（简称团县委）位于海原县总工会五楼，有行政编制4名，有正式在编公务员2名（书记1名，副书记1名），1名工勤编。2020年，全县有共青团委员会43个、共青团支部482个（其中非公企业和社会组织团支部20个）、共青团团员22237名。

【理论武装】 2020年，共青团海原县委围绕习近平新时代中国特色社会主义思想和党的十九大精神，特别是习近平总书记视察宁夏重要讲话精神，广泛开展“青春心向党 建功新时代”“讲好开学第一课”等主题活动，动员团员青年积极参与“青年大学习”网上团课，引导广大青少年坚定不移听党话、跟党走，青少年精神面貌明显提升，展现了青春亮丽风采。

【榜样引领】 2020年，共青团海原县委开展青年榜样线上宣传活动，通过宣传脱贫攻坚优秀青年代表等先进事迹，营造学习榜样、敬佩榜样的浓厚氛围，加强示范引领，全面激发青年奋进力量。经积极推荐，海原县砂甜宝硒砂瓜专业合作社经理丁小龙获“宁夏五四青年奖章”，孔德先等3人获评“全区优秀共青团员（团干部）”，海原一中团委等3个集体获评“全区五四红旗团委（团支部）”。

【思想政治】 2020年，共青团海原县委充分运用疫情防控重大战略成果、脱贫攻坚历史性成果、全面建成小康社会决定性成就等鲜活教材书，把制度自信的种子播撒进青少年心灵。组织录制线上微团课、微队课，开展“致敬最美逆行者”援鄂医护人员微访谈活动，引导青少年走近战疫英雄、聆听抗疫故事、学习抗疫精神，深刻领会中国特色社会主义制度的显著优势，进一步凝聚共识、激励斗志、提振精神，坚定新时代青少年的使命担当。

【疫情防控】 2020年，共青团海原县委招募555名志愿者参与网格化摸排、社区执勤、义务理发等志愿服务，服务达2955人次，累计服务时长2.4万小时。主动联系爱心组织为全县17个疫情防控道路检查站捐赠慰问品，为疫情防控青年志愿者们提供1450个口罩和1000

双一次性医用手套。积极管好用好团属新媒体，主动融入疫情防控宣传格局，累计发布相关报道300余篇，新媒体影响力显著提升。

【脱贫攻坚】 2020年，共青团海原县委紧盯脱贫攻坚重点任务，带领西部计划志愿者等青年群体主动参与到决战脱贫攻坚的伟大实践中，入户走访摸排底数，组织宣讲扶贫政策，整理录入扶贫资料，在基层一线培养锻炼广大青年，有效助力打赢脱贫攻坚战，厦大、中科大研究生支教团扶贫志愿服务项目入选全国志愿扶贫案例50佳，海原县西部计划志愿者项目办获“全国优秀县级项目办”称号。

【志愿服务】 2020年，共青团海原县委组织招募80名青年志愿者圆满完成2020年中国农民丰收节暨宁夏（海原）第五届高端肉牛大赛志愿服务工作。组织县乡村三级移风易俗志愿服务队开展为期3天的“推动移风易俗 树立文明乡风”主题志愿宣传服务活动，实现全县17个乡镇全覆盖走访宣传。积极争取团中央项目支持，联合厦大研究生支教团等4支青年志愿者团队与关桥乡中心小学等5所乡村学校建立结对关系，围绕课外活动、素质拓展、安全防护、心理辅导等内容，定期选派青年志愿者常态化开展志愿服务，助力“乡村学校少年宫”建设。招募147名返乡大学生志愿者，组成8个小分队，分赴东城社区、西安镇等地开展为期26天的“七彩假期”关爱陪护活动，覆盖留守儿童共500余名，获评全区大中专学生志愿者暑假“三下乡”暨“扬帆计划”“返家乡”社会实践活动优秀组织单位。

【贫困学生资助】 2020年，共青团海原县委筹资164.3万元资助400名贫困大学新生；兑付2019年度300名贫困生第二学期华润助学金60万元。积极向甘肃彩虹公益社、平安保险公司推荐资助贫困中小学生84名。厦大、中科大研究生支教团为贫困学生发放助学金125万元。积极争取爱心企业为关桥学区捐赠价值4万元的医用口罩等爱心健康礼包。

【法治宣传活动】 2020年，共青团海原县委在“6·26”等重要时间节点组织志愿者开展禁毒、普法知识宣传活动8次，培训班2次，主题书法、剪纸活动1次，发布扫黑除恶等宣传信息103条。举办“健康人生 绿色无毒”禁毒公益彩虹跑等活动，引导青少年养成积极向上的生活习惯，营造全民禁毒的良好氛围。积极探索政府购买服务方式开展预防未成年人违法犯罪工作，筹资20万元聘请海原县蒲公英社会工作服务中心在西湖社区、海原回中面向未成年人开展法治宣传教育和个案服务。全年开展入户走访260户，宣传讲座3场次，社区活动1场次，个案服务2人。

【推动青少年成长成才】 2020年，共青团海原县委根据13名特需关爱青少年特点，开展精准有效帮扶，帮助特需关爱青少年增强自信、增长才干，提升工作能力，促使他们健康成长。召开海原县青年发展工作联席会议第一次会议，研究下发了《海原县贯彻落实〈宁夏回族自治区中长期青年发展规划（2019—2025年）〉分工方案》，推动各部门形成工作合力，促进全县青年工作全面发展。开展共青团与人大代表、政协委员面对面活动，积极回应青年诉求和期盼。搭建青年交流平台，举行第六届“海缘之约”青年相亲联谊会。

【压实基层团建责任】 2020年，共青团海原县委举办共青团干部（少先队辅导员）综合素质提升培训班，提升基层团干部工作能力。开展2020年基层团委书记述职评议会议。扎实开展基层团组织换届选举工作，严把入口关、程序关、纪律关，选优配强基层团组织。成立教育团工委，深化团教协作，推进共青团改革向基层学校延伸，在海原回中、海原一中打造团建示范点2个，以点带面推动学校共青团建设。

【基层团组织规范化建设】 2020年，共青团海原县委认真落实“三会两制一课”制度，积极完善“智慧团建”系统管理，规范团员学社衔接，全县学社衔接率98.3%。认真做好团员调控工作，加强发展团员的管理工作，全县规范发展团员650名。认真做好团支部“对标定级”工作，全县350个团（总）支部完成自评、复审，完成率100%。

【履行“全团带队”工作职责】 2020年，全县124个中小学校全部成立少工委，聘任总辅导员1名、校级辅导员124名，增强少先队的工作力量。积极开展“红领巾争章”活动，完成县级二星章评选活动。先后组织开展“少先队员为祖国加油”“喜迎少代会争做新时代好队员”“红领巾心向党 争做新时代好队员”等主题教育，“全团带队”取得明显成效。

（团县委）

妇 联

【概况】 2020年，海原县妇女联合会内设办公室和妇儿工委办，办公室有编制6个，其中行政编制5个，事业编制1个，正式在编职工6名（主席1名、副主席2名，干部3名），其中党员干部4名。11月申请县委组织部配齐配强妇联班子，配备挂职副主席1名，兼职副主席3名，形成一正六副的班子格局。内设机构县妇儿工委办，主任由妇联党组书记、主席兼任。

【思想政治引领工程】 2020年，通过线上线下开展习近平新时代中国特色社会主义思想、疫情防控、扶贫政策、禁毒、家庭教育等相关知识宣传，让广大妇女群众知晓相关政策，引导妇女群众始终沿着正确的方向前进。同时，积极发动各级妇联组织参与辖区疫情防控工作。发布疫情防控倡议，引导广大妇女及家庭正确认识疫情，做好预防，做到不信谣、不传谣、不造谣。

【巾帼创业创新】 2020年，开展巾帼创业创新工程，助力广大妇女脱贫致富。一是新增担保基金300万元，累计担保基金3100万元。2020年净增发放贷款17625.7万元，扶持妇女1516人，落实贴息资金672.2万元。2012年以来累计发放贷款6亿余元，贴息5000余万元。二是申请母亲小额循环项目80万元，扶持西安镇胡湾村、高崖乡联合村、郑旗乡吴湾村40名妇女发展种植业。三是申报市级创业创新基地5个。四是实施“加油木兰项目”，项目落地海原县后，妇联、教育、扶贫、医保等部门通力合作，快速提供数据，精准扶持对象，符合项目扶持对象的0~100岁建档立卡女性为49933名，由于2019年度该项目实施理赔率高（完成任务的113%），且2020年数据库提供及时，全区2020年度该项目只在海原县得以延续实施。截至年末，2019—2020年度共申请理赔471.25万元，5336人次。五是组织适龄妇女购买“爱妮保”。2018年海原县出台了《海原县2018年金融助推脱贫富民工作实施方案》，将“爱妮保”纳入“扶贫保”范畴，政府全额出资为37131名建档立卡妇女每人购买100元的“爱妮保”，保障女性七种常见“癌症”（原发性卵巢癌、原发性子宫内膜癌、原发性宫颈癌、原发性输卵管癌、原发性阴道癌和子宫肉瘤、原发性乳腺癌），并提前给付；2019年政府每人补贴50元，2020年政府补贴30元，2018—2020年共购买“爱妮保”83105人831.05万元，理赔56人183.5万元。项目的实施有效解决了患病建档立卡妇女因病致贫、因病返贫的问题，助力脱贫攻坚。六是救助“两癌”妇女54人54万元。七是春节期间慰问贫困妇女、儿童、“两癌”患病妇女、困难孕产妇共242人14万元。八是为四中40名女童发放“春蕾女童”救助金2.4万元。九是提交政协提案，为特殊教育学校特殊儿童申请廉租住房12套，该提案被县政协评为优秀提案。十是开展“恒爱行动——百万家庭亲情一线牵”公益活动，招募爱心妈妈认领250公斤毛线，全县各级妇联干部、执委积极参与到此项活动中。共编织毛衣、背心、帽子等400余件，上交200余件。开展“把爱带回家四送”活动，为特殊教育学校赠送58件、双河村留守困境儿童50余件。十一是积极组织妇女参与各种技能培训。

【家家幸福安康工程】 一是常态化开展“最美家庭”评选活动，有10户家庭分别获自治区五好、抗疫最美、最美家庭称号，11户家庭获评中卫市最美家庭，45户家庭被评选为自治区级、市级最美庭院。二是“三八”妇女节期间，县委、县政府对全县6个先进集体、20名先进个人和20户最美家庭（好婆婆、好媳妇）进行了表彰奖励，县妇联、县人寿保险公司为6名援鄂医护人员每人捐赠一份“爱妮保”健康保险。三是“5·15”国际家庭日联合县退役军人事务局开展“最美军人家庭”“最美兵妈妈”“最美军嫂”选树表彰活动，表彰最美兵妈妈13名、最美军嫂4名。四是县妇联、县禁毒办、县教体局开展全县“健康人生·绿色无毒”禁毒朗诵比赛，营造防毒、禁毒、拒毒社会氛围。五是在机关、企业、村、社区开展10场次“爱润万家·好家庭好家教好家风”宣讲活动，营造向上向善的社会氛围。六是组织全县13户家庭参加市妇联举办的线上“亲子朗读”活动，共有8户家庭获奖。七是母亲节期间向全县发出倡议为母亲做八件小事，激发作为人子的爱心、孝德，点击量5640次。八是举办“幸福生活 从心开始”心理健康知识讲座。

【妇女权益保护】 2020年，海原县线上线下开展妇女权益保护法、反家庭暴力法、妇女权益保障条例、禁毒等宣传。宣讲《宁夏回族自治区妇女权益保障条例》2场次、和谐婚姻4场次、《中华人民共和国民法典》10场次、未成年人保护11场次。将“夫妻共同育儿假”纳入《海原县进一步加强人口和计划生育工作实施方案》。畅通“12338”热线，扎实做好妇女信访工作。李某梅及两个孩子长期遭受家庭暴力，妇联接到上访件后，对接县公安局，协调史店乡为其救助2000元，敦促法院出具人身保护令并一同送达中卫市看守所其丈夫手中，分别向户籍所在地史店乡、居住地街道办、娘家所在地树台乡复函送达。疫情期间，派遣机关党员、干部到社区值守，并组织干部捐款，争取防疫物资（口罩100个、手套300双）捐赠到社区执勤点、双河村。

【妇联基层组织建设】 一是“两规划”终期评估。县妇儿工委办、县教育局、县住建局等成员单位紧盯妇女儿童发展两个规划未达标指标，扎实开展女性青壮年扫盲培训工作，完成扫盲任务5900人。顺利通过市级考核验收。二是基层“五亮”工作。为夯实基层阵地建设，县妇联在19个乡镇（街道办、甘盐池管委会）安排部署“基层妇联五亮工作”，19个乡镇（街道办）148个村（社区）完成“五亮”工作。三是基层换届工作。在村（社区）两委换届中，积极发挥作用，经过前期动员、摸底，党组书记主动对接、请示、汇报，争取把更多女性特别是优秀的村妇联主席选进村“两委”班子，力争村委会成员中女性成员比例达到30%以上，村委会主任中女性比例达到10%。截至年底，全县148个行政村完成村党支部换届，其中进村党支部女性共47人，占10.5%；女村党支部书记13人，占8.8%，女支书、女主任一肩挑的11个，单设4个，村党支部书记和村委会主任交叉任职3个。下一步村委会换届中，预计女性进村委会153人，占32.7%；女村委会主任人选18人，占12.2%。11名妇联主席进入村“两委”，29名现任妇联主席拟进入村委会。

【机关党建】 2020年，海原县妇联扎实做好巡察反馈工作，对巡察反馈的3个方面10个问题进行了整改，配齐配强了党组领导班子，认真落实党组全面从严治党主体责任，规范党组、中心组学习。严格落实机关党建“三强九严”工程，规范“三会一课”、主题党日等制度，落实组织民主生活会、组织生活会、谈心谈话等党内制度。落实党风廉政主体责任和监督责任，落实民主集中制、“三重一大”工作制度，强化廉政建设，开展家庭助廉活动。深入开展“双学双强”，坚持两个半天组织干部集中理论学习，重点对习近平总书记系列讲话精神、习近平总书记视察宁夏重要讲话精神、党的十九届五中全会精神等进行了学习，使干部不断增强“四个意识”，坚定“四个自信”，坚决做到“两个维护”。

（县妇联）

科　协

【科普宣传】 2020年，海原县科协共编写《海原科普》读本17期，8.5万册，成为宣传科普知识的重要窗口和民众了解科普知识的重要渠道。利用传媒部门优势，与县融媒体中心合作，全年共播发《海原科普》100期，扩大科普宣传工作的覆盖面。突出先进事迹的宣传。先后在《宁夏日报》《海原新闻》等主流媒体大力宣传海原县在科技、教育等领域做出突出贡献的先进集体、先进人物的事迹。

【科普活动】 2020年，海原县科协利用科技活动周、“5·30”全国科技工作者日、全国科普日及其他特殊节日，结合各成员单位的工作实际，广泛开展各种形式多样的科普宣传活动。发放各类科普资料10万多份，举办科普画展3期次，编出科普宣传栏210期次，举办适用技术培训58期，科普知识讲座116场，组织科普进社区（校园、机关、企业、乡村）16场，受益公众达5.5万人次。组织人员编印科普宣传材料，为社会提供科普资源。

【科技创新教育】 2020年，海原县科协先后开展地震知识进校园活动6期，青少年科技创新知识、气象知识等讲座4场，“科普活动进校园” 系列活动4期，组织青少年科普实践活动1次、法律知识、禁毒知识宣讲118场次。加强科技辅导员的教育培训，配合组织好科学家科普报告校园行活动，面对面与科学家交流互动。

【农民科普教育】 2020年，海原县科协以农村专业户、科技示范户、农村经济组织带头人、“土专家”、“田秀才”为重点，开展实用技术培训。围绕县委“一主四特”开展举办科普培训班205期，培训农民和各类业务人员3万多人次。发放科普资料15万多份，发放培训教材1300套、科技图书3820本、科普读物2万册，开展现场指导85场次。在街道办事处、南苑等9个社区举行了15场大型科技咨询、科普宣传活动，发放科普资料15000多份。

【志愿者服务】 2020年，海原县科协通过整合科普资源，大力推进新时代文明实践科技志愿者服务制度化、常态化，组建老科协、各专业行业协会、各类科技志愿者服务队伍10余支，招募各领域各专业科技志愿者30余人，开展各类科技服务志愿者系列活动60余场次，注册“科普中国”App3700多人，播发科普文章166万多条，有力地促进了全县公民科学素养稳步提升。县科协原秘书长蒋儒龄获评点赞宁夏十大科学传播人物、2020年十佳乡土科技人才、全国科技助力精准扶贫先进个人。9月下旬，联系全国医疗行业顶级专家在海原县举行为期五天的大型义诊活动。

【老科协工作】 2020年，海原县老科协编辑6期《海原县老科协建言献策论文集》，各位老科技工作者根据自身学术特长，结合海原实际，在农业科技、教育文化、工业信息和卫生健康等领域认真撰写建言献策论文20篇，为县委、县政府决策提供参考；在中卫市举办的“助力乡村振兴、献策脱贫攻坚”论坛中，海原县老科协撰写的调研报告2篇获得二等奖，1

篇获得三等奖，8篇获得优秀奖。编辑《海原县种植养殖实用手册》《全民健康教育读本》等科普读本，在疫情防控恢复生产中贡献才智；编辑《海原科普》在《科普中国》刊发33期，位居全区第一。

（县科协）

工商联

【概况】 海原县工商业联合会（简称工商联）核定行政编制4名，实有4人，其中行政编3人，事业工勤编1人。

【疫情防控】 面对新冠肺炎疫情，海原县工商联引导商会、民营企业积极投身海原县疫情防控阻击战。2月1日，海原胖子餐饮公司向县民政局捐款23115元。西河生态饭店从2月3日起，免费为县中医院医务人员及病人、县政府接待办工作人员赠送早中晚餐，直至疫情解除；为街道办22个社区防控点送去155件价值20925元的防寒大衣。阿依舍手工艺有限公司为基层的西安白吉村、范台村等防控点送去防寒大衣50件，价值约6750元。宁夏诚兴建设工程有限公司向县民政局捐款10000元。2月4日，宁夏亨通肉食品有限公司赴海原县黑海高速路口等疫情防疫站点，为各站点一线工作人员捐赠企业自产的香肠、豆制休闲食品等120余件，为一线防疫人员补充能量。宁夏海原县四季鲜市场有限开发公司向海原县防控指挥部综合保障组送去N95口罩642个，共20000元。海原县泰丰饭店管理有限公司向海原县防控指挥部综合保障组送去N95口罩642个，共20000元。商会和民营企业共计向一线防控站点工作人员捐物、捐资20.26万元。

【学习培训】 2020年，海原县工商联组织开展了2期民营经济人士习近平新时代中国特色社会主义理想信念教育培训班，240余人次参加培训学习。

【政策宣传】 2020年，海原县工商联举行了“面对面送有关精神、政策进基层、入民企”活动，向民营企业宣传习近平总书记视察宁夏重要讲话精神、习近平总书记在民营企业座谈会上的讲话精神及自治区市县有关传达学习贯彻落实的部署；自治区市县有关促进非公经济发展政策读本、资料；自治区市县有关如期脱贫攻坚，疫情后促进经济发展、复工复产政策等内容。与县人民检察院联合，组织部分民企人士开展“服务‘六稳’‘六保’护航民企发展”活动，了解民营企业发展中存在的困难和对民营经济人士的发展思想认识，增强了服务民营企业健康发展的思路。

【对接“百企帮百村”行动】 2020年，海原县工商联积极联系对接区工商联和帮扶企业宁夏江苏商会、宁夏古月建筑装饰工程有限公司、宁夏钢铁集团、宁夏凯晨电气集团有限公司等11家企业，向高崖乡高崖村、关桥乡方堡村、史店乡米湾村、李旺镇新源村等10个行政村总共捐助资金150余万元，帮助解决困难户救助、基础设施改善、特色种植、产业发展等方面的困难。2月29日，在全民抗击疫情期间，海原县工商联联系宁夏伊品生物科技股份有限公司在海原县李俊乡联合村开展了“百企帮百村”助力脱贫攻坚活动，向李俊乡联合村162户种植户送来了“贝特”有机肥33吨825袋，价值6万余元。6月30日，宁夏富润投资置业有限公司向贾塘乡南河村捐赠了价值2万元的大米、面粉和食用油。自开展结对帮扶以来，宁夏富润投资置业有限公司陆续向贾塘乡南河村捐赠4万元的物资，用于奖励优秀党员和脱贫攻坚先进个人，并慰问特困人员和建档立卡贫困户。7月7日，宁夏伊品生物科技股份有限公司向结对帮扶的李俊乡联合村捐助了价值12万余元的精品养殖饲料30吨，并对养殖农户科学养殖进行了现场培训。宁夏江苏商会、宁夏古月建筑装饰工程有限公司筹资7万元，为高崖乡高崖村捐赠400卷地膜、改造渠道砌护，以解决种植户种植小甜瓜等农作物的农资需求困难。地膜受益群众达200户，渠道砌护项目实施后可使15户78人受益。宁夏安徽商会筹资5万元帮扶甘城乡甘城村红梅杏产业基地发展。购买的微耕机设备将用于2000亩产业红梅杏基地的除草、松土，提高产业效益，受益农户63户258人。宁夏百川电力有限公司和宁夏青禾农牧科技股份有限公司筹资5万元帮扶李旺镇新源村对“因老、因残、因病”等导致的未脱贫户和“因灾、因疫”所导致的已脱贫不稳定户共30户进行牛羊养殖帮扶补贴。培育和发展优势产业，提高就业生产能力，支持帮扶30户贫困户缓解生产性资金短缺困难，受益农户30户。宁夏凯晨电气集团有限公司筹资3.68万元帮扶史店乡米湾村对28户建档立卡户进行购买猪仔奖励补贴。宁夏钢铁集团筹资7.6万元帮扶关桥乡方堡村未脱贫户开展发展产业项目。宁夏汇融集团公司筹资5万元帮扶关桥乡王湾村修建东沟门排洪渠396米，补贴铺设管道。

【消费扶贫】 2020年，海原县工商联组织外县企业和县内民营企业开展消费扶贫，帮助建档立卡户销售马铃薯、葱、蒜、小茴香、土蜂蜜等农特产品，共计销售建档立卡户农产品500万余元。

（县工商联）

残　联

【概况】 2020年，海原县残联在县委、县政府的正确领导下，在上级残联的精心指导下，在相关部门的大力支持下，面对新时代、新机遇、新要求，以习近平新时代中国特色社会主义思想为指导，聚焦脱贫攻坚，围绕残疾人的基本需求，一心一意为残疾人做好事、办实事、解难事，圆满完成了全年各项工作任务，

【脱贫攻坚摸底排查】 2020年，海原县残联按照全县脱贫攻坚“四查四补”工作要求，抽调6名干部与各乡（镇）残联干事组成工作组，对全县17个乡镇1个管委会的532户631名未脱贫残疾人、138名不稳定监测残疾人，205名易致贫残疾人政策享受、各类需求等情况进行大摸底大排查，切实做到村不漏户，户不漏人，摸排工作全覆盖。通过核准贫困残疾人的信息，确保符合条件的残疾人户全部纳入建档立卡和低保的范围。

【残疾人换证办证】 2020年，海原县残联开展到期换证和上门办证服务工作。从2020年1月开始为2584名到期换证人员进行换证工作。聘请固原精神病医院专家、宁安医院专家和海原县医院大夫对贫困户中疑似残疾人而不能到医疗机构进行评定的重度肢体、智力、精神残疾人上门评残，评定符合定残条件的有664人，打通残疾人办证“最后一公里”。此项工作的开展为残疾人精准施策、精准脱贫奠定了坚实的基础。

【残疾人社会保障】 2020年，海原县残联开展残疾人社会保障工作。通过信息比对、摸底调查，配合民政、医保等部门将符合条件的建档立卡贫困残疾人全部纳入农村低保和城乡医疗救助范围，完善困难残疾人生活补贴和重度残疾人护理补贴制度，积极配合民政部门做好“两项补贴”的审核，确保未脱贫建档立卡贫困残疾人“两项补贴”全覆盖。截至年底，为7547名困难残疾人每人每月发放100元生活补贴，为5190名重度残疾人每人每月发放80元护理补贴。享受低保的8892人，建档立卡残疾人5589人。政府为一、二级重度残疾人全部代缴医疗保险，为三、四级精神、智力、视力残疾人代缴医疗保险。

【残疾人帮扶项目】 2020年，海原县残联实施“阳光助残疾小康计划”和残疾人家庭无障碍改造工作。以有产业的建档立卡贫困残疾

人为重点，投资40万元，户均2000元，扶持200户建档立卡户贫困残疾户发展种养殖业，帮助残疾人家庭增加收入，缓解和减轻家庭生活压力，提高参与社会劳动能力，改善生活质量。同时争取闽宁资金40万元，与自治区残联下拨的家庭无障碍改造资金有效衔接，为588名符合条件的残疾对象进行改造，确保有需求的建档立卡贫困残疾人家庭无障碍改造全覆盖。

【残疾人康复服务】 2020年，海原县残联按照实现“人人享有康复服务”的目标，结合健康扶贫，抓好康复服务工作。依托乡镇卫生院，建成关庄乡标准化残疾人社区康复站，并在社区康复站建立辅助器具循环使用服务站。在全县范围内推广树台卫生院残疾人精准康复服务工作模式，对签约的残疾人健康状况进行体检和评估，实施健康监测并制定有针对性的管理方案，签约医生免费对残疾人按需进行定期上门随访、健康评估、健康咨询、医疗护理等康复服务，同时对有需求的16~59岁残疾人进行一次免费体检，2020年共免费体检4223人，切实将精准康复落到实处。积极与固原市原州区精神病医院对接，免费为240名精神病患者发放15.85万元药品，解决精神病患者取药难的问题。承办县政府为民办实事项目，投资60万元，为各类残疾人适配普及型辅助器具1324件。2020年，县残联围绕脱贫攻坚战略部署，根据残疾人的康复需求，为贫困残疾人发放轮椅800辆、助听器159台、腋拐200副、手杖凳100个、手杖65副，最大限度地帮助他们恢复生活自理和劳动能力，真真切切地把党和政府的关心和温暖送到贫困残疾人的心坎上。同时投资1680万元新建建筑面积5600平方米的残疾人康复中心，该项目于2019年8月初动工建设，截至年底，已完成主体工程建设，预计2021年5月中旬建成并投入使用。

【残疾儿童抢救性康复项目】 2020年，海原县残联认真实施好0~6岁贫困残疾儿童抢救性康复项目，并采取政府购买社会服务的形式，委托固原市爱心园对海原县0~6岁残疾儿童进行集中康复训练。共有76名残疾儿童接受集中康复训练，实现了残疾类别和年龄段的全覆盖，并实行全额免费，康复效果和社会认可度明显提高。

【残疾儿童义务教育】 2020年，海原县残联积极与教育部门及各乡镇对接，督促适龄残疾儿童接受义务教育，对能够随班就读的尽量随班就读，符合特教条件的进入特教学校学习，需要送教上门的联合教育部门实行送教上门，确保残疾儿童教育不留死角。4月对131名义务教育阶段贫困残疾学生每人发放1000元助学补助，为1家辅助性就业基地、5家盲人按摩机构、7名残疾人个体工商户共发放3.55万元的补贴资金，为8名新入学大学生发放3.2万元补助资金，为14名个体工商户发放补贴资金5.2万元。

【残疾人技能培训】 2020年，海原县残联因地制宜，结合实际，委托有资质的培训机构利用冬闲时间，开展牛肉拉面、烩小吃、养老护理等技能培训，培训人员478人；同时对585名在就业年龄段的农村贫困残疾人进行基础母牛养殖、饲草种植等实用技术培训，通过培训使残疾人或其家属掌握1~2门实用技能，提高自我发展和增收能力。

【扶持残疾人就业】 2020年，海原县残联积极与扶贫、就业部门对接，通过农村公益性岗位安排55名建档立卡贫困残疾人就业。帮扶残疾人发展个体经济、自谋职业，对50名自主创业残疾人每人发放2000元补贴资金，共发放10万元，建成聚腾锦贸实业有限公司残疾人扶贫基地1个，辐射带动20名残疾人稳定就业。

【残疾人托养服务】 2020年，海原县残联通过与宁夏爱以德养老服务有限公司签订服务协议，为200名重度肢体、智力、精神残疾人实施居家托养服务。同时整合资金资源，依托海原县阅海养老中心和新区敬老院，将就业年龄段符合托养条件、有意愿的残疾人全部纳入机构托养，补齐海原县无托养机构的短板。

（李彦章）

文　联

【概况】 海原县文学艺术联合会（简称县文联）实行参公管理，核定编制6个，2020年，实有干部4名，其中驻村扶贫1名。下辖作家协会、书法家协会、摄影家协会、美术家协会、民间文艺家协会、旗袍文化艺术协会6个协会，共有会员322人。其中作协会员46人，书协会员60人，美协会员23人，摄协会员55人，民协会员82人，旗袍协会会员56人；自治区级会员30人（作协10人，书协7人，美协2人，摄协3人，民协8人）；市级会员共114人（作协24人，书协8人，美协3人，摄协55人，民协24人）。

【文艺志愿活动】 1月9—11日，协调配合自治区、市文联在关桥乡麻春村开展“我们的中国梦文化进万家”文艺志愿服务小分队走进海原县活动，为当地群众演出了以民乐合奏、魔术、独唱、杂技等为内容的文艺节目，同时，配合宁夏电影电视协会为麻春村文化活动中心赠送拉杆音箱1个、秧歌服30套、春联300副（现场写200副）、福字200幅、新春大礼包2箱20套。1月16—17日，协调配合中国文联、中国摄协、自治区、市文联在海城镇王井村、武塬村开展2020年“我们的中国梦文化进万家”文艺志愿服务小分队走进海原县送欢乐下基层活动。为当地200户群众赠送装有台历、春联、窗花、福字、红包的社会主义核心价值观新春祥瑞包20箱200套祥瑞包（价值为47600元）；为20户农户送去大米、清油；同时市、县摄协20人参与开展与摄影名家结对创作采风活动，为农户摄影全家福照片20幅。

【疫情防控宣传】 面对新冠肺炎疫情，海原县文联给各协会下发紧急通知，通过微信、电话、短信等方式积极宣传普及疫情防控知识。下发致全县广大文艺工作者的一封信中，倡议广大文艺工作者在做好疫情防控的基础上，积极参与抗疫战斗，创作出鼓舞斗志、积极向上、情感真挚的有关干部群众抗击疫情的优秀文艺作品。开展以“众志成城、抗击疫情”为主题的文艺作品创作征集活动。其间，共创作文字作品143篇（首）（小说4篇、散文32篇、诗歌107首），美术作品63幅（剪纸12幅、漫画18幅、油画5幅、国画28幅），摄影作品92张。

【脱贫攻坚宣传】 一是征集县扶贫志文艺作品67幅（篇、首），其中扶贫诗词2首、扶贫摄影作品3幅、扶贫对联3幅、扶贫漫画48幅、扶贫文字作品11篇。协同县委宣传部、县扶贫办开展了“决胜全面小康，决战脱贫攻坚”——海原县籍文学艺术家家乡行采风活动，邀请了13名自治区、市海原籍文学艺术家，通过召开座谈会、深入关桥、西安、树台、曹洼、贾塘、三河等乡镇的各个产业亮点、种植养殖合作社和典型示范户进行实地走访了解等方式，开展采风活动。

【“三下乡”活动】 积极参加文化科技卫生“三下乡”活动，组织10名书法家现场挥毫泼墨，为群众送去春联300副、福字300幅、全家福20幅。

【文旅采风活动】 邀请自治区内外摄影爱好者10名和县摄影家10名参加“海原县第三届文化旅游云节庆系列活动暨2020年‘关桥网络梨花节’”活动，组织5名摄影家参加第三届文化旅游云节庆暨大美田拐红梅杏云开园活动，并通过新媒体、传统媒体等平台展示，助推脱贫攻坚。

【文艺作品征集】 开展“海原非遗基地文学布展海原籍知名作家作品及相关资料征集”活动。完成相关证书、照片的收集工作，已征集文学书籍20本。

【参加市文艺活动】 组织县美协积极参加中卫市委宣传部、市文联10月开展的以“圆梦小康”为美术主题作品展征稿活动，共报送美术作品30幅，县美协宋海萍获优秀奖。组织摄协踊跃参加中卫市委组织部、市委宣传部、市扶贫办、市文联10月联合举办的“圆梦小康”摄影作品展活动，共报送摄影作品百余张。县摄协王仕军的作品《走出大山》获二等奖、县摄协薛永宁的作品《产业》获二等奖、海城镇高台村驻村工作队陈建军的作品《顶风迎雪疫情防控巡逻队》获三等奖。20名优秀奖中海原县获奖15名，74幅入选作品中海原县入选67幅。组织参加中卫市委宣传部、市教育局、市文联、市新闻传媒中心开展的中卫市首届少儿舞蹈大赛活动，海原获二等奖1名、优秀指导奖3名。

【“六个一”活动】 制定《海原县文联党组及党组成员联系文艺家协会和文艺家工作制度》，扎实开展“六个一”活动。县文联联系一个乡一个村，向曹洼乡曹洼村新时代文明实践站赠送文学书籍28本；县文联党组班子成员各负责联系1个文艺家协会、1名老文艺家、1名基层文艺工作者、1名新文艺工作者、帮扶1名贫困文艺工作者，对3名贫困文艺工作者进行了慰问。

【文学期刊】 《南华山》是海原县文学艺术界联合会主办的文学性季刊，于2015年创刊。创刊以来每年出版4期，累计出版24期，共计24000册。《南华山》刊物栏目主要有专题征文、小说、雨丝、书香、汉诗、古风、珍藏、品评、人物、艺术等，共采用文学稿件500余篇，刊登摄影、书法、绘画、民俗作品近千幅。重点推出庆祝中华人民共和国成立70周年、宁夏回族自治区成立60周年、“众志成城、抗击疫情”、学习贯彻习近平总书记视察宁夏重要讲话精神、纪念海原大地震100周年等专刊。宣传“最美海原人”25人，推出海原美食30余种，为20名书画家及爱好者作了彩页专版。《南华山》文学季刊发行对象为全县县处级以上领导，各乡镇（管委会、街道办）、各单位（部门），各作品撰稿作者，另外赠送自治区党委宣传部、各市县委宣传部、各市县文联以及曾在海原工作过的各级各行业领导、知名人士等共计1万余本。

（李平）

伊斯兰教协会

【概况】 2020年，海原县伊斯兰教协会（简称海原县伊协）以“爱国爱教，维护稳定，服务社会”为宗旨，坚持“团结、教育、引导、服务”的方针，充分发挥伊协的桥梁纽带作用，积极引导伊斯兰教与社会主义社会相适应，促进全县民族和睦、宗教和顺、社会和谐。

【教职人员聘任管理】 2020年，海原县伊协依法管理伊斯兰教教职人员，进一步规范伊斯兰教事务，使教务工作走上规范化、制度化的管理轨道。一是严格按规定对158名教职人员办理聘任书，使全县办理聘任书的开学阿訇达到586名，聘任率达100%，并全部进行登记备案。二是严格执行《宁夏回族自治区伊斯兰教教职人员聘任实施办法》，杜绝教职人员无证开学。三是按照自治区伊协的工作要求，对全县伊斯兰教教职人员资格证进行审核和换发，先后会同统战、组织、公安、人社等部门和各乡镇严格审核，对不符合条件的全部不予通过。

【解经水平提升】 2020年，海原县伊协以社会主义核心价值观为统领，经常性地组织全县伊斯兰教界人士撰写爱国爱教、民族团结、依法办教等方面的“卧尔兹”演讲稿和心得体会文章。推荐2名教职人员参加全区“卧尔兹”演讲暨《古兰经》诵读比赛，共征集推荐优秀“卧尔兹”演讲稿18篇参加中卫市“卧尔兹”

演讲稿评选比赛，均取得了优异的成绩。发放《新编“卧尔兹”演讲集》第8辑、《宁夏穆斯林》等书籍4000多册，供教职人员和穆斯林群众学习参考，让社会主义核心价值观融入穆斯林的宗教生活和社会生活中。

【伊斯兰教活动场所管理】 2020年，海原县伊协以“爱国爱教、知法守法、团结稳定、活动有序、教风端正、管理规范、安全整洁、服务社会”为标准，协助统战部门在部分清真寺开展了“民族团结进步创建”“和谐清真寺”创建以及“五进”活动。积极参与宗教活动管理，保证了宗教活动安全有序开展。积极参与全县“三化”问题专项治理，对全县500多所宗教场所进行改造。

【疫情防控】 2020年，海原县伊协积极参与新冠肺炎疫情防控。新冠肺炎疫情期间，按照海原县委的统一安排部署，对全县宗教场所和宗教活动实行“两暂停”，从1月底到9月底，抽调3名领导干部深入所督导乡镇宣传防疫政策、督查宗教场所是否关停、督查宗教活动是否停止、督查葬礼是否简办等防疫工作。

【参与社会治理】 2020年，海原县伊协参与矛盾纠纷调处，先后对2名阿訇进行约谈，成功调处矛盾纠纷1起；印发《关于节约粮食，反对浪费的倡议书》15000多份，积极教育和引导信教群众弘扬勤俭节约的传统美德。

【自身建设】 2020年，海原县伊协以机关党的建设和干部素质提升年、干部作风建设年建设为抓手，整顿机关作风，建立和完善了单位考勤制度、学习制度、卫生制度等规章制度，从严管理干部。加强伊协常委班子建设，坚持每年召开两次常委会（扩大）会议，认真开展党的民族宗教政策教育，讨论、研究伊协工作，充分发挥桥梁纽带作用。加强伊协机关效能建设，组织干部学习政策理论知识，学习伊斯兰教知识，切实加强团结，提高伊协机关的工作效率和服务能力。

（县伊协）

法治

Fa Zhi

政法综治

【政治建设】 2020年，海原县认真学习贯彻习近平总书记对政法工作重要指示精神和视察宁夏重要讲话精神，坚决贯彻落实《中国共产党政法工作条例》，持续推进“不忘初心、牢记使命”主题教育，结合纪律作风专项整治和政法队伍教育整顿，不断加强政法干警理想信念教育和党性修养锻炼，引导全体干警坚定政治信仰、严守政治纪律、提升政治能力，确保全县政法工作始终沿着正确方向前进。建立健全常委会会议研究部署政法工作制度，县委常委会多次召开专题会议研究部署政法工作，及时解决政法工作和队伍建设的重大问题；制定下发《中共海原县委政法委员会政治督察工作办法》《中共海原县委政法委员会纪律作风督查巡查工作规定》，进一步加强全县政法机关政治建设。县委政法委充分发挥统筹协调作用，2020年召开7次政法联席会议，审议相关文件、协调解决有关事项、分析研判案件线索等，全力提升政法机关工作合力。

【疫情防控】 2020年，海原县政法机关和广大政法干警闻令即行、逆行而上，全警投入、全力以赴，把人民群众的生命安全、身体健康和社会稳定作为第一政治任务，深入开展法治宣传和大排查大起底工作，全面摸清涉疫重点人群底数，严厉惩处制造传播谣言、恶意传播疫情等违法犯罪行为，查处涉疫违法案件56起91人。严格执行《关于依法惩治妨害新型冠状病毒感染肺炎疫情防控违法犯罪的意见》，针对涉疫案件，主动提前介入，依法从快从严打击。县检察院第一时间出台《海原县人民检察院关于疫情期间服务保障企业复工复产八项措施》，助力企业做好复工复产和疫情防控工作，对一起以网购口罩方式诈骗他人财物，涉嫌诈骗犯罪的案件依法从快作出批准决定。积极构建“线上解纷、云上办案、网上服务”智慧诉讼新模式，刑事案件远程开庭27件，云上调解19件，互联网系统开庭11件，确保疫情期间司法为民职责不中断、司法为民通道不阻断，有力保障了疫情防控工作大局。

【国家安全】 2020年，海原县履行“维护稳定”第一责任，成立县安保工作领导小组，制定全国“两会”期间安保工作方案，按照“六个严防、三个确保”任务要求，切实加强全国“两会”安保维稳工作，全力维护社会大局稳定。开展全民国家安全教育日宣传活动，引导广大干部群众树立国家安全观念，增强国家安全意识，形成维护国家安全的社会共识，齐心协力打造国家安全命运共同体。

【扫黑除恶】 2020年，海原县高效完成“六清”行动目标任务。开展“线索清仓”行动，288条线索全部核查完毕；开展“案件清结”行动，涉恶犯罪团伙案件3起12人全部审结；开展“伞网清除”行动，3件涉恶案件认定“保护伞”3人全部办结；开展“黑财清底”行动，涉恶案件涉案财产全部清底；开展“行业清源”行动，推动落实行业监管责任，进一步健全完善了行业领域制度机制。全力加大重点行业领域专项整治，以综合治理重点任务清单为导向，对13个重点行业领域开展了再督查、再实导，以督促建，压茬推进，针对突出问题健全管理机制，落实监管责任，规范行业管理，推动扫黑除恶长治长效。

【社会治理】 2020年，海原县委第十四届委员会第八次全体会议审议通过了《中共海原县委员会关于完善县域社会治理体系提高治理能力的实施意见》和6个领域的社会治理分方案，研究制定了“1+6”任务清单，不断推动社会治理体系完备、科学规范、运行有效。

【推行“枫桥经验”】 2020年，海原县坚持和发展新时代“枫桥经验”，持续深化人民调解“四张网”经验做法，大力推行“人民调解+仲裁+信访”纠纷治理模式，挂牌成立中卫仲裁委海原仲裁调解中心，在巩固农村、城市人民调解网络基础上，实现了医疗卫生、劳动争议、信访、商会等重点行业性专业性人民调解组织全覆盖。全县共排查矛盾纠纷4922件，调解成功4867件，成功率98.8%，共建立各级各类人民调解组织181个，专兼职人民调解员1191人，其中政府购买服务专职人民调解员24人。参与排查化解各类矛盾纠纷1659起。全年达成人民调解协议案件申请仲裁裁决62起，同时依托仲裁调解中心与法院对接开辟诉前调解机制，8月15日进驻法院以来受理法院转办调解案件260件，调解成功105件。深化“枫桥式公安派出所”创建活动，做实做细城乡社区警务、“一村一警”包村联系、海原义警、专业队伍等，有35名干警担任村（社区）党支部副书记，筑牢群众身边平安工程。坚决落实领导干部特别是县级领导干部定期下基层接访和包案制度，信访形势持续稳中向好，信访件的及时受理率、参评率和满意率都有所提升，被国家信访局评为“全国三无信访县”。

【平安建设协调机制】 2020年，海原县健全完善了平安建设协调机制，成立了平安海原建设协调机构，召开了平安海原建设协调小组第1次会议暨县域社会治理现代化工作会议。加快推进全县“雪亮工程”项目建设，建成县、乡、村三级视联网会议系统181套，纵向打通了19个乡镇（街道办、种羊场）、161个行政村（社区）政法内网专线，实现了自治区、市、县、乡、村五级政法综治视频会议互联互通。以创建“平安铁路示范县”为契机，建立完善了责任体系和制度机制，开展了隐患整治、安全环境综合治理等行动，排查整治普通铁路风险隐患14处，确保了县域铁路列车行车安全通畅。实施司法救助47人170万元。表彰见义勇为先进个人1人，协调人保财险公司理赔90万元。

【网络舆情应对处置机制】 2020年，海原县制定下发了《关于切实做好网络舆情应对工作的通知》《关于对近期有关重点领域网络风险提示的通知》，梳理网络舆情风险点并提出应对建议，明确责任单位，从源头防治网络舆情的发生和炒作。

【惩治违法犯罪】 2020年，海原县人民法院共受理各类案件5906件，审（执）结5615件，结案率95.07%，同比上升1.67%，其中受理各类执行案件1784件，执结1670件，执结率93.6%，申请执行标的金额1.51亿元，实际执行到位标的4970万元。人民检察院办理各类刑事犯罪案件198件307人，其中审查逮捕56件115人，审查起诉142件192人，摸排公益诉讼线索35件，立案31件，发出诉前《检察建议》31件；开展督促清理拖欠农民工工资专项活动，办理支持农民工起诉讨薪案13件；办理的系列虚假诉讼案入选“全区民事检察监督典型案例”。县公安局共立各类刑事案件681起，同比下降18.5%，快速侦破了“6·17”入室抢劫案和14年的命案积案1起。禁毒工作坚持高位推动、上下协同、联动共建，强化打击震慑，致力教育转化，严格管理监督。

【政法领域改革】 2020年，海原县人民法院探索案件繁简分流、多元化纠纷解决机制和审判监督管理改革，严格落实案件评查机制，办案效率及审判质效显著提升。县人民检察院完成内设机构改革，发挥捕诉一体化优势，加大提前介入力度，推动监督关口前移。县公安局推行了“交所合一”警务模式和刑侦体制等侦查模式改革，实现了优势汇聚叠加、资源共享互通。县司法局全力推动行政执法“三项制度”落实落地，全面深化“放管服”改革，推行行政规范性文件合法性审核机制，不断加大资源整合力度，打造信息化公共法律服务体系。

【政法队伍建设】 2020年，海原县坚持常态化队伍教育管理，结合“党政机关建设年、干部队伍素质提升年”和纪律作风专项整治，开展了“廉政警示教育周”活动和“五大工程”政法队伍教育整顿活动等，全面推动“以案为戒、以案示警、以案促改、以案正风”教育整顿活动落地落实，严肃处理违法违纪干警共计15人，其中1人被开除公职，其他人员分别给予政务撤职、党纪处分、政务记过等处分，以案示警，教育干警明法纪、知敬畏、存戒惧、守底线。

（县委政法委）

法治政府建设

【概况】 2020年，海原县把习近平总书记视察宁夏重要讲话精神、习近平法治思想列入各级党委（党组）中心组学习计划，县委第26次常委会（扩大）会议和第14次理论学习中心组（扩大）会议专题学习习近平法治思想，县委党校结合实际开展专题研究，组织开展形式多样、分层次的学习培训和宣传解读，教育引导广大党员干部牢固树立法治理念和法治意识，不断提升依法履职、依法行政、依法办事的能力和水平。

【法治建设规划】 2020年，海原县委、县政府主要领导多次专题听取研究法治政府建设工作进展情况，推动法治政府建设各项任务落地落实。研究制定了《2020年海原县法治政府建设工作要点》，并提请县委依法治县委员会第二次会议审议通过。编制完成《法治海原建设（2020—2025年）规划》初稿。

【述法工作常态化】 2020年，海原县研究制定《党政主要负责人履行推进法治建设第一责任人职责情况列入年终述职内容试点工作试行方案》，修改完善《海原县党政机关领导班子和领导干部年度考核实施办法》，将述法工作列入年度述职报告之中，纳入党政机关领导班子和领导干部年度考核，并将考核结果作为干部选拔任用的依据。

【法治考核评价】 2020年，海原县将法治政府建设纳入效能目标管理考评体系，重点从政府职能履行情况、法治政府建设组织领导落实等方面对各部门开展法治政府建设工作进行考核，做到了与经济社会发展同部署、同推进、同督促、同考核。将法治政府建设各项工作经费纳入财政预算。严格落实法治政府年度报告制度，向县委、县人大报告2019年度法治政府建设工作情况。

【法治政府示范创建】 2020年，海原县按照《关于开展2020年自治区法治政府建设示范创建活动实施方案》的要求，继续开展法治政府建设示范创建活动，以创建促提升，以示范带发展，申报法治宣传为海原县法治示范创建项目，11月通过法治政府建设第三方评估和自治区依法治区委员会办公室的实地验收。

【重大行政决策法定程序】 2020年，海原县推行重大行政决策按照公众参与、专家论证、风险评估、合法性审查和集体讨论决定等法定程序进行。注重征求"两代表一委员"意见建议，6月召开协商座谈会听取不同界别、不同职业的16名政协委员对海原县南门广场建设项目初步设计方案的意见建议。面向社会公众公开征集民生实事、"十四五"规划面向社会各界征集意见建议，广泛听取党代表、人大代表、政协委员和人民团体、基层组织、社会组织的意见，不断增强公众参与重大行政决策实效。发挥政府法律顾问的决策咨询论证作用，提升政府法律顾问服务水平，健全政府法律顾问列席政府常务会议制度，列席政府常务会议24次，列席专题会议18次。政府各部门实现法律顾问全覆盖。

【行政规范性文件合法性审核机制】 2020年，海原县建立健全规章、行政规范性文件清理长效机制和动态清理工作机制，对《海原县汽车商贸物流园健康有序运营若干意见》等14件行政规范性文件及44件政府合同、协议、公告、通告等，从主体、权限、依据、内容等方面加强审核，规范性文件向县人大常委会及市人民政府作了备案，做到"有件必审、有件必备、有错必纠"。规范性文件印发后，及时通过政府网站进行公布。坚持"立改废释"并举，开展行政规范性文件清理工作，宣布废止行政规范性文件19件，宣布失效6件。

【简政放权】 2020年，海原县持续深化"放管服"改革，做好上级取消下放审批事项承接落实工作。截至年底，共调整行政审批事项5项，取消行政审批事项17项，承接行政审批事项35项。取消所有县本级行政审批收费。

【"互联网＋政务服务"】 2020年，海原县积极推进各部门各业务系统在线办事入口一律接入宁夏政务服务网海原站，变多网受理为一网受理。根据《自治区行业系统权力清单指导目录》，完成县自然资源局、县市场监督管理局等12个政府部门权责清单的动态调整，推进权责清单"四级四同"，梳理县级"四级四同"政务服务事项主项800项、办理项1398项，可实现不见面办理1115项，不见面办理覆盖率达80%。乡镇（街道）政务服务事项目录123项，夯实了"一张网"运行基础，实现审批服务事项"全程在线"。

【商事制度改革】 2020年，海原县通过"宁夏政务服务网"实现"一窗一网通办"。全年新办企业449家，其中全程电子化办理382家，办理率85.08%。实现企业开办一个工作日内办结。企业登记与公章刻制、申领发票实现事项并联办理。加快实现电子营业执照互认。已通过微信、支付宝实现电子营业执照下载和应用。落实企业"一照多址""一址多照"，进一步降低企业进入门槛，方便企业开办。实现企业员工参保登记"秒批"。

【"证照分离"改革】 2020年，海原县通过"直接取消审批""审批改为备案""实行告知承诺""优化准入服务"四种措施推进298个事项的证照分离改革。

【"我的宁夏"应用推广】 2020年，海原县加大"我的宁夏"App应用推广，全县注册用户达27.8万人，掌上办理各类服务事项84.3万件。全面落实服务绩效"好差评"制度，实现了网上服务"一事一评"，服务评价数13206条。

【政务服务热线办理】 2020年，海原县加大"12345"政务服务热线办理力度，转办市级"12345"热线交办单1372件，办结率为

98.1%，平均回复周期5个工作日，群众满意度达到98.5%以上。

【工程建设项目审批制度改革】 2020年，海原县政务大厅工程建设项目审批综合服务窗口形成一窗受理、网上流转、并联审批、限时办结的审批服务模式。全年共受理工程建设项目审批事项163件，办结160件。

【优化营商环境】 2020年，海原县全面落实《优化营商环境条例》和自治区“1+16”政策体系，市场准入方面严格执行《市场准入负面清单（2019年版）》，落实“全国一张清单”管理模式，坚持“非禁即入”原则。加大减证便民力度，清理现行有效的行政规范性文件设定的证明事项6项。建立健全公平竞争审查机制，对涉及招商引资、招标投标、政府采购等方面的规范性文件、政策措施加强公平竞争审查和备案，切实优化政府行为，促进市场公平竞争。推进工业产品准入制度改革。进一步精简优化工业产品生产、流通等领域需办理的行政许可、认证、检验检测等管理措施。全面推进“互联网+监管”工作。完善“互联网+监管”体系，加强了监管信息归集共享和对风险的跟踪预警，提升了监管精准化、智能化水平。截至年底，监管行为事项主项总数702项，已覆盖主项数375项，覆盖率为53.41%。建立健全“先照后证”“告知承诺”等事前行政审批和事中事后监管的业务流程机制。

【综合行政执法体制改革】 2020年，海原县紧盯重点领域、重点行业，持续开展蓝天、碧水、净土“三大行动”，不断完善生态环境保护机制。加强重点行业监管，科学制定《海原县交通运输综合行政执法改革实施方案等4个领域改革实施方案的通知》《海原县生态环境保护综合行政执法改革实施方案》，完成交通运输、文化、农业等5个领域综合行政执法改革，完成了5个领域综合执法改革的机构设置、职责划转、编制调整工作。

【行政执法与刑事司法衔接机制】 2020年，海原县不断完善信息共享平台，落实联席会议机制、巡察监督机制、科学考评机制等三项机制。监督行政执法机关移送了一起非法经营案，该案已经批准逮捕，正在审查起诉中。

【推行政执法三项制度】 2020年，海原县建立健全行政执法公示制度。在中卫市三项制度公示平台公示执法主体26个，先后公示执法人员信息800余条，公示行政许可事项159项、行政处罚决定300个、行政检查188个，行政确认24个、行政强制1个、其他行政执法事项42项。在县政府网公示行政许可257项，公示行政处罚决定282个。各部门依据权责清单，对各自部门的职权进行梳理，细化重大执法决定范围，建立各部门《重大执法决定法制审核目录清单》，提高了法制审核的可操作性。建立健全行政执法全过程记录制度，规范音像记录和文字记录。全县各行政执法单位共配备执法记录仪186部、摄像机2台、录音笔10支、照相机36架、对讲机30部、执法车辆36辆。县财政与自治区司法厅先后支持340余万元建成司法局信息指挥中心，利用指挥中心及中心采集站、移动执法车辆，实现各乡镇行政执法全过程音像记录，实时传输、可回溯管理，并为各乡镇均配备5台4G执法记录仪、信息采集终端、光盘刻录仪等硬件设施，充实了海原县各乡镇的执法装备，为下一步海原县基层整合审批服务执法力量改革奠定了基础，全县行政执法效能、执法公信力和群众满意度得到进一步提升，受到了自治区依法治区委员会办公室的充分肯定，先进经验在全区推广。

【推广宁夏行政执法监督平台】 2020年，海原县400多名行政执法人员参加宁夏行政执法监督平台线上培训活动。406人通过证件管理系统申报执法人员资格考试并参加考前培训。完成了454个行政执法证件的2020年年审注册和147个行政执法证件2019年补检注册。从行政执法职责履行方面、执法过错追责等五个方面开展行政执法不作为乱作为专项整治工作，进一步促进了规范公正文明执法。

【“双随机一公开”】 2020年，海原县市场监管领域16个部门完成了自治区“双随机一公开”监管工作平台“一单两库”信息维护工作，制定了2020年度抽查工作计划、随机抽查事项清单、抽查工作指引，落实随机抽查事项210项。县市场监管局联合县公安局、县财政局等部门开展双随机抽查28次，录入1100余条检查信息，相关信息及时归集到自治区平台。

【河湖沟道清“四乱”专项整治行动】 2020年，海原县人民检察院与县河长办联合开展“携手清四乱，保护母亲河”专项行动，整治县域河流管理范围内的乱占、乱采、乱堆、乱建等“四乱”突出问题。专项整治中发现线索2件，立案2件，制发诉前检察建议2件，有效提升了监督刚性。

【行政复议应诉】 2020年，海原县成立行政复议委员会，健全完善行政复议案件受理范围、受理条件和办理流程等制度，受理行政复议案件6件，全部办结，其中2件终止，4件维持。各级人民法院受理县政府行政案件30件，审结26件，其中1件撤销，诉讼案件胜诉率为96.15%，行政机关负责人或相应人员出庭应诉率不断提高。

【公共法律服务】 2020年，海原县实现161个村（居）法律顾问全覆盖，县级、乡、村公共法律服务中心、站、工作室全面建成，充分发挥“互联网＋公共法律服务”优势，依托司法局信息指挥中心开展远程视频援助、公证，保障边远乡镇群众法律服务需求。共受理法律援助案件919件，代写法律文书333份，提供法律咨询3600余人次，开展法治讲座229场次。在重点工程建设、棚户区改造等县委、县政府中心工作中对人民群众的财产予以公证保全。共受理各类公证事项851件，其中免费办理小额继承公证事项330件。

【矛盾纠纷排查化解】 2020年，海原县实现了“一站式”线上调处解决民商事纠纷和线下调解协同发展，为基层调解提供了智能精准、便捷高效的法律服务。4月以来达成人民调解协议案件申请仲裁裁决52起。同时依托仲裁调解中心与法院对接开辟诉前调解机制，自8月15日进驻法院以来受理法院转办调解案件212件，调解成功81件，正在调解中30件。全县181个人民调解组织共参与排查化解各类矛盾纠纷1282起，成功868起，成功率68%。全县无因调解不当导致的民转刑案件。

【特殊人群管理】 2020年，海原县实现县乡两级社区矫正委员会全覆盖，打造“3+X”队伍建设模式，形成“司法行政公务员主体执法、社矫警察专业执法、社会工作者辅助执法”的执法管理体系，打造信息建设品牌，着力推进“智慧矫正”建设，依托县司法局信息指挥中心构建起了“上下到底、纵横到边”的信息化社区矫正工作新模式。海原县的这一经验在全区推进社区矫正工作电视电话会议上作了交流。

【基层依法治理】 2020年，海原县将基层社会法治化治理纳入《关于完善县域社会治理体系提高治理能力的实施意见》和六个领域治理的分方案，研究制定“1+6”任务清单，完善各领域依法治理机制，提高依法治理能力。积极开展民主法治示范村（社区）创建工作，申报一个国家级民主法治示范村，命名19个县级民主法治示范村（社区）。基层民主法治建设进一步完善，村民的自治水平有效提升。

【普法责任制】 2020年，海原县全面落实“谁执法谁普法”普法责任制，大力开展依法行政、建设法治政府宣传工作，完成“七五”普法终期验收工作，深化“法律八进”活动，开展疫情防控专项法治宣传活动，大力宣传民法典，深入开展“12·4”国家宪法日暨“宪法宣传周”系列宣传活动，通过持续不断的普法宣传，公务人员运用法治思维和法治方式解决问题能力及广大群众的法律素养不断提高。

【权力运行监督】 2020年，海原县自觉接受党内监督、人大监督和民主监督。全年办理人大代表意见建议24件，办复率100%。45件政协委员提案建议办结44件，不具备办理条件1件，答复率100%。县政府主动向县委、县人大常委会报告国民经济和社会发展执行情况、财政预算执行情况等需要向县委、县政府报告的重大事项。接受监察监督和审计监督。2020年开展3轮巡察，涉及教育系统、卫生系统、政法系统等23个单位，发现突出问题314个。全县所有一级预算单位审计全覆盖，开展县本级预算执行审计1个，经济责任审计11个、自然资源资产离任审计1个、投资审计11项，专项审计调查12个；正在开展的3个均为领导干部经济责任审计。接受司法监督。依法执行人民法院生效判决，及时反馈回复人民法院司法建议和人民检察院检察建议。

【政务公开】 2020年，海原县健全完善了《海原县政务公开工作制度》《海原县政务公开工作考核制度》《海原县政府网站维护管理制度》等工作制度，建立完善组织协调、公开属性审查、依申请公开、政策解读、平台建设、考核评议等全链条的制度体系，从制度上提升政务公开标准化规范化建设水平。重点做好“就业、教育、医疗、养老、征地、公共文化”等社会高度关注、涉及群众切身利益领域的政务公开工作，有效回应公众关切。

【信用体系建设】 2020年，海原县制定出台《海原县建立完善守信联合激励和失信联合惩戒制度加快推进社会诚信建设实施方案的通知》《海原县2020年社会信用体系建设重点任务分工方案》，全面构建信用信息共享平台。建立健全电子商务领域诚信体系，褒扬诚信，惩戒失信，营造良好的信用环境，促进电子商务健康发展。在市场监管领域全面落实企业经营异常名录、严重违法失信企业名单及其信用修复制度和联合惩戒机制。

（县法治办）

公　安

【网络风险防控】 2020年，海原县公安局紧紧围绕“净网行动”专项工作，成立由26名民警组成的网络舆情发现、引导及网络评论队伍；对全县5家政务网站、30余家政务微信公众平台和30余家自媒体开展实名备案登记；办理网站未备案行政案件3起；对全县48家党政机关和企事业单位的关键信息基础设施进行排查，完成全县44家党政机关和企事业单位的普查工作。健全和拓展网侦落地查询渠道，建案44起，配合刑侦部门抓获网上在逃人员5人，配合缉毒部门抓获吸毒人员4人，配合自治区公安厅“净网一号集群战役”行动，抓获犯罪嫌疑人1名。

【应急处突工作】 2020年，海原县公安局成立合成作战室，抽调相关警种人员入驻，每周开展情报研判，发布情报研判周报36期。在五一、十一、党的十九届五中全会等重要节点，严格落实定点执勤、武装联勤、动中备勤、高峰勤务四项机制和“1、3、5”分钟快速反应时限要求，累计出动警车600余辆次，警力3000余人次。以县公安局交巡警特勤中队为基础，初步建立海原县反恐处突快速反应小分队，常态化开展应急处突工作。

【疫情防控常态化】 2020年，自疫情发生以来，海原县公安局党委把全面做好疫情防控工作作为首要政治任务来抓，22个防疫检查站均成立临时党支部，书记、站长由公安局副科级以上领导担任，其中5个高速入口检查站由公安局党委成员亲自负责，开展24小时不间断检查和劝导。将“大排查、大起底”与“百万警进千万家”有机结合，全面摸清涉疫重点人群底数，入户排查累计131128户，核查人数累计452980人，切断了疫情传播渠道，精准防控，实现了全县无一例感染者的工作成效。针对境外疫情形势变化，实行“二包一”工作措施，压实工作责任，实现点对点、人对人管理。查处涉疫违法犯罪案件56起，查处91人，社会治安大局持续稳定。

【扫黑除恶】 2020年，海原县公安局统筹做好疫情防控下扫黑除恶专项斗争收官工作，全面开展“一十百千万”和“六清”行动，共摸排收集各类线索278条，核查办结线索278条；其中录入全国扫黑除恶平台183条，办结183条。行动期间共抓获犯罪嫌疑人92人，破获各类案件110起。协助新疆维吾尔自治区公安厅抓获涉黑涉恶案件逃犯5名，实现了线索“清零”目标。

【案件侦破】 2020年，海原县公安局持续深化犯罪打击，立各类刑事案件639起，同比2019年767起下降16.7%；破220起，同比2019年344起下降36%；共立侵财类案件546起，同比2019年627起下降12.9%；破133起，同比2019年214起下降37.9%；立电信诈骗案256起，破27起；抓获犯罪嫌疑人242人，抓获电信诈骗犯罪嫌疑人60名，缴获财物19.65万元，紧急止付款262.87万元，冻结411.4万元。破获毒品刑事案件1起，抓获犯罪嫌疑人4人，批捕3人，缴获毒品海洛因51.85克，抓获吸毒逃犯4人，查获吸毒人员22人，其中强戒7人。

【公共安全风险防范】 2020年，海原县公安局以“防事故、保畅通”为重点，开展道路交通安全“三大行动”和“一盔一带”安全守护宣传教育和整治，确保“减量控大”工作目标实现。查处各类交通违法行为63662起；开展“一盔一带”宣传活动22次，展出展板36块，张贴宣传海报120幅，悬挂横幅30条，电子屏滚动9处，发放各类宣传材料11.3万份，清缴报废机动车558辆；办理车驾管业务19017笔。全面落实安全生产企业主体责任制，排查寄递物流企业323家次，发现并整改安全隐患12处，检查危险化学品使用单位55家次、加油（气）站323家次，发现安全隐患35处，督促落实整改35处；加强治安防范重点单位及部位管控，清查网吧320家次、宾馆895家次、KTV775家次、出租房屋655家次，排查整改隐患45处，督促落实整改45处，截至年底，共立治安案件1070起，调解处理482起，行政拘留661人，罚款、收缴赌资22.3067万元，其中涉赌案件3起，办结3起。

【规范执法执勤】 2020年，海原县公安局制定《海原县公安局执法办案积分制管理办法》，进一步深化执法监督体系，通过案管中心开展日巡查222次、周考评通报46次，月考核11次；考评刑事案件742件、行政案件1211件，下发执法考评监督通知书15份，下发案管中心巡查通报30次，接报警音视频上传通报246次。开展“一个出口”工作，提请批准逮捕52起90人，其中批准逮捕68案93人；移送起诉160起240人，一次退侦20案40人，二次退侦9案16人。

【基层基础建设】 2020年，海原县公安局在全县行政村（社区）合并新建的基础上，将全县150个行政村、11个社区划分为44个警务区，充分利用村组、社区阵地建设警务室，将划转和招录的38名事业编警务人员、30名辅警充实到派出所一线，并在海原县每个行政村、社区中选聘161名警务专干，将警务专干每人每月660元补贴纳入县级财政预算予以保障。在“十四五”规划中，将老旧派出所列入规划目标，已完成三河派出所（枫桥式派出所）基础建设，李俊派出所完成挂网招标并进驻施工，主体已竣工。推行“一室引领三队”警务运行模式，对交巡警和派出所现有警力重新整合完成“交所合一”警务机制改革。

【社会治理创新】 2020年，海原县公安局推行“警保联控”机制，不断规范保安行业管理。以三河派出所为样板，在14个派出所推广“枫桥式公安派出所”创建，深入开展“百万警进千万家”活动，依托驻村警务室，将派出所社区民警、辅警、警务专干和“海原义警”队员开展联勤联动，推广实行“四位一体”联动机制，重点抓好矛盾纠纷化解、治安巡防、人口管理、信息收集、交通劝导等基础性工作，努力提高群众见警率、治安巡查率和民警管事率。推进“人民调解+仲裁+信访”进派出所、进警务室，实施“警司联调”矛盾纠纷化解机制，化解矛盾纠纷4067起。按照信访积案化解“三年攻坚行动”方案，针对重点信访案件，仅有的1起信访积案已化解。

【政务服务】 2020年，海原县公安局深化公安“放管服”改革，完善便民利民措施。出台印发《海原县公安窗口7×24小时“全天候”服务工作实施细则》，借助无人警局，为更多群众提供优质高效服务。宁夏“互联网+”公安政务服务平台“宁警通”注册49756人，实人认证36238人，实人认证率8.97%，本地人口注册率12.32%，群众满意度100%，网上办件及时率98%。

【信息化建设】 2020年，海原县公安局按照市公安局大数据和县公安局信息化建设主体框架，制定《海原县公安局信息化建设三年规划方案》，已完成情报指挥中心大楼装修项目招投标和内部装修工作，完成中心机房建设项目评审并有序推进。接入“雪亮工程”监控探头59个，人脸识别设备30套，治安监控设备28套，高空瞭望设备1套。保障视频会议43场次，上报情报产品6期，办理数字证书13个，处理移动警务终端故障79人次。完成“雪亮工程”试点项目评审。

【智慧小区建设】 2020年，海原县公安局加大智慧警务投入力度，推进“智慧平安小区”建设与深度应用，在东城小区、西湖小区、文昌小区、红宝花园小区等4个小区试点推行智慧小区建设，已完成前期踩点工作。加强“一标三实”基础信息等公安内部数据的采集录入，采集17068条，修改数230条，注销数146条，实行轨迹、行为等数据动态化管理，基础信息采集率达到66%。

【思想政治建设】 2020年，海原县公安局研究制定《党建工作要点》，对全局党建工作作出全面部署。召开12次中心组、20次党委学习会议、5次党委专题学习、教育整顿集中学习26次，联合乡镇党委分别在郑旗乡中坪村和三河镇六窑村扎实开展“警民共建、助推中坪村同步奔小康”和“深化基层社会治理、共建平安和谐家园”主题党日活动，实现基层党建与脱贫攻坚“双推进”。以“六学”为手段，采取讲授党课、集中自学、网上自学、座谈交流等方式，强化思想教育引导和实践养成，把坚持党的绝对领导、全面领导和学习贯彻训词精神贯穿教育整顿全程。以中心组学习和集中学习为重点，引领全警覆盖学习，学懂弄清。

【党风廉政建设】 2020年，海原县公安局制定《海原县公安局2020年党风廉政建设和反腐败工作要点》，层层签订2020年党风廉政建设和反腐败责任书和廉政承诺书，明确责任，狠抓落实。坚持练考结合，组织开展“全警大考试”，专题检验学习效果；开展“请人民监督”开门评警活动，认真听取群众意见建议。采取“听、看、查、考”等方式，跟踪问效。同时，将政治训练纳入必训科目，把“警种主训”作为日常驱动、常态练兵的核心环节，围绕反恐处突、扫黑除恶、现场执法、舆情引导等重点任务，把好练兵工作方向盘，全警思想认识不断升华，队伍作风形象不断改善。制定“三个清单”，健全完善“一岗双责”“四责”协同、合力运行的责任体系，层层压实责任。

【和谐警营建设】 2020年，海原县公安局给予组织处理及党政纪处分9人，辞退违纪辅警9人。疫情期间，全局先后有17名民辅警、3个集体受到自治区公安厅、市公安局表彰，5名民警被推选为战“疫”模范。争取政府支持2200万元化解债务，投入400万元对侦查指挥中心大楼装修，投资200万元改善基层派出所办公设施，为290名辅警全套购买服装，激发工作活力，提振全警精气神。

（县公安局）

检　察

【概况】 海原县人民检察院核定专项编制36名，工勤编制5名。有干警32人，其中员额检察官11人，司法辅助人员10人，司法行政人员4人，司法警察5人。有内设机构5个，分别是办公室、第一监察部、第二监察部、第三监察部、政治部。

【维护社会安全稳定】 2020年，海原县人民检察院共办理各类刑事犯罪案件198件、307人。其中审查逮捕56件、115人，起诉抢劫、故意杀人、强奸等严重暴力犯罪15件、20人，起诉盗窃、诈骗等多发性侵财犯罪26件、37人。积极参与“断卡”行动，对电信网络犯罪提起公诉3件、19人。依法审查起诉贪污案2件、3人，受贿案1件、1人，挪用公款案1件、1人。充分发挥捕诉一体化优势，贯彻少捕慎诉司法理念，加大提前介入力度，规范退查案件审批流程。成立派驻公安执法办案中心检察室，推动监督关口前移。坚持以审判为中心，全面落实认罪认罚从宽制度，适用率85.2%。

【化解信访矛盾纠纷】 2020年，海原县人民检察院办实“群众来信件件有回复”，受理来信来访51件、51人，来电44件，做到7日内程序性回复、3个月内实体性答复100%。畅通“12309”检察服务热线，真正让群众足不出户获得检察服务。扎实开展矛盾纠纷排查化解工作，认真做好重要时间节点的信访工作、分析研判和风险评估工作，积极参与“平安海原”建设。常态化落实检察长接待制度，建立健全定期接访、预约接访、带案下访等机制。

【全力保障打好三大攻坚战】 2020年，海原县人民检察院制定22项措施精准助力脱贫攻坚，扩大司法救助覆盖面，实施司法救助24人，发放救助基金28万元。深化扶贫领域腐败和作风问题专项治理，依法打击贪污、挪用公款犯罪3人。积极参与“三个大会战”，构建“河长＋检察长＋警长”协作机制，形成河湖管理保护工作合力。严厉打击破坏生态环境和资源保护等损害社会公共利益犯罪，起诉非法采矿案件4件5人。认真落实“三号检察建议”，有效防范化解金融风险，起诉破坏金融管理秩序案4件4人。

【服务民营经济发展】 2020年，海原县人民检察院全面落实民营企业平等保护政策，依法惩治各类侵犯企业财产、损害企业利益的刑事犯罪。开展涉非公经济案件监督和羁押必要性审查专项活动，监督撤销案件2件2人。回应企业法律需求，院领导带队深入民营企业开展司法调研，积极提供法律服务，帮助企业解决难题，保障民营经济健康发展。

【扫黑除恶专项斗争】 2020年，海原县人民检察院提起公诉5件22人，不起诉3人。紧盯“破网打伞”，移送涉黑恶线索15条。依法精准“打财断血”，向县法院随案已送涉案财产11万元。建立健全案件会商、提前介入、行业联动治理、内部管理等机制10项。落实“六清”行动要求，注重综合治理，结合办理案件制发检察建议10份，实现案件办理与行业治理同抓共促。

【刑事诉讼检察监督】 2020年，海原县人民检察院监督侦查机关立案9件9人，监督撤案16件22人，追诉漏犯4人，纠正漏补2人，发出纠正违法通知书14份。加强刑事审判监督，依法提出抗诉1件，发出纠正违法通知书1份。贯彻宽严相济刑事政策，依法不批准逮捕9件27人，不起诉19件19人，使用认罪认罚从宽处理162人。加强刑事执行监督，向被监管单位发出纠正违法通知书8份，检察建议6份。开展重大案件合法性审查1件2人，羁押必要性审查案件1件1人，督促想更换单位追缴服刑人员违规领取养老金10万余元。

【民事行政检察监督】 全年受理民事生效裁判监督案4件，发出再审检察建议2份。受理民事审判监督案21件，发出检察建议21份。受理民事执行监督案26件，发出检察建议23份。积极开展案件公开听证审查1件，促成和解。受理民事支持起诉案21件，追回农民工薪资16万余元。深入开展虚假诉讼领域深层次违法行为监督专项活动，提出再审检察建议2件，改判1件。办理的民间借贷虚假诉讼案入选“全区民事检察监督典型案例”。

【公益诉讼检察监督】 2020年，海原县人民检察院践行双赢多赢共赢理念，紧盯生态环境和资源保护、食品药品安全、国有财产保护、国有土地使用权出让等领域，全年摸排线索48件，立案47件，发出诉前检察建议47份，回复率100%。办理“等外”领域公益诉讼案件6件。办理的“老年饭桌食品卫生安全”案被评为“全国检察公益诉讼十大精品案件”，并入选“全区十大典型案例”。

【行政执法监督检察】 全年受理各类行政监督案件39件。发出行政审判、行政非诉执行活动监督类检察建议23件，社会治理类检察建议15份。深入开展“加强行政检察监督促进行政争议实质性化解”专项活动，化解行政争议1件。

【未成年人检察工作】 2020年，海原县人民检察院持续推进“一号检察建议”落地见效。支持起诉抚养权、抚养费、健康权纠纷案4件，司法救助未成年人12人，移送困境儿童救助线索12条。监督撤案4件5人，委托司法社工开展罪错未成年人观护帮教和临界预防7人28次。开展“同舟共济 监护明天”检察开放日。强化未成年人普法教育，开展“法制进校园”宣讲26场次。深化多部门合作，开展校园安全专项治理，为全县未成年人健康成长护航，被评为“全区法制进校园活动先进集体”。

【检察队伍建设】 2020年，海原县人民检察院深入推进“基层建设年”和“党政机关作风建设年、干部队伍素质提升年”活动，积极创建模范机关、节约型机关，夯实基层基础。全年通过脱岗培训、网络教育、业务讲座，组织干警参加《中华人民共和国民法典》《中华人民共和国刑法（修正案）》等各类业务培训72人次，提升干警精准司法能力。细化检察官业绩考评，激发干警干事创业新动能。扎实开展集中教育整顿，推进政法队伍“五大工程”，严格落实“三个规定”，强化执纪监督问责，紧盯“关键少数”，开展提醒谈话，排查廉政风险点，全年无干警违纪违法问题发生。

（何梅）

法 院

【服务保障“三大攻坚战”】 2020年，海原县人民法院服务防范化解金融风险，依法惩治金融犯罪活动，坚决禁止高利放贷，审结非法吸收公众存款犯罪案件1件、民间借贷纠纷1165件，有力地维护了金融秩序。助力决战脱贫攻坚，选优配强驻村工作队，健全干警结对帮扶机制，组织干警进村入户走访慰问700余人次，发放宣传资料2500余份；积极参与扶贫小额信贷清收工作，妥善审理农村土地流转纠纷，助推高质量打赢脱贫攻坚战。加强生态环境司法保护，审结非法采矿、非法占用农用地等案件6件，追究违法者刑事责任，并责令其履行生态环境修复义务。

【扫黑除恶】 2020年，海原县人民法院始终将扫黑除恶专项斗争作为重大政治任务，以“长效常治”目标为引领，扎实推进“一十百千万”和“六清”行动。严惩涉恶涉伞犯罪，审结恶势力犯罪案件3件、“保护伞”案件1件，判处五年以上有期徒刑7人，实现“案件清结”。加大涉恶刑事案件财产刑事执行力度，追缴、退赔违法所得44.13万元，实现“黑财清底”，积极参与行业治理，向有关部门发出司法建议9份，助推“行业清源”。

【疫情防控】 2020年，海原县人民法院严格落实海原县疫情防控部署，选派82名干警积极参与入户排查、社区值守等一线防疫任务。依法保障疫情防控大局，严厉打击涉疫犯罪，审结张某利用防疫物资实施诈骗案，判处张某有期徒刑三年六个月。统筹推进疫情防控和审判执行工作，印发《疫情防控期间调整诉讼活动及相关事宜的通知》，充分运用智慧法院建设成果，通过远程提讯、网上立案、跨域立案、“云庭审”、“云调解”及电子送达等方式，最大限度满足群众的司法需求。全年共远程开庭35件、网上立案153件、跨域立案24件、互联网开庭19件、线上调解23次、电子送达354次。

【刑事审判】 2020年，海原县人民法院共受理刑事案件136件195人，审结131件190人，结案率为96.35%。严厉打击暴力和多发性侵财犯罪，审结故意伤害、诈骗、“两抢一盗”等案件38件67人，审理王某某抢劫案、代某某等17人电信诈骗案，全力保障群众生命财产安全。严厉打击危害公共安全犯罪，审结危险驾驶、交通肇事等案件59件59人，维护公共交通安全。严厉打击涉“黄赌毒”犯罪，审结赌博、贩卖毒品、组织卖淫等案件6件11人。保持惩治腐败高压态势，审结职务犯罪3件3人。认真贯彻落实宽严相济刑事政策，审理认罪认罚案件82件，依法判处缓刑117人，当庭宣判75件。

【民商事审判】 2020年，海原县人民法院共受理民商事案件3853件，审结3683件，结案率为95.59%。依法保障民生权益，审结土地承包、房屋买卖、劳动争议、拖欠农民工工资等涉民生案件272件。注重引导弘扬家庭美德，妥善审理婚姻家庭、赡养、抚养、继承等案件857件，促进家庭和谐。加强人身财产权益保护，审结侵权责任纠纷174件。平等保护各类市场主体，审结合同纠纷2346件，坚持调判结合，调撤案件2256件，调撤率达66.64%。

【行政审判】 2020年，海原县人民法院坚持监督与支持并重，促进行政纠纷实质化解，共受理行政诉讼案件74件，审结74件，其中和解结案27件。审结行政非诉案件45件，裁定准予执行45件，引导行政相对人自觉履行处罚决定19件。督促行政机关积极应诉，行政机关负责人出庭率为89.7%。

【案件执行】 2020年，共受理执行案件1784件，执结1670件，执结率为93.61%，执行到位资金4970万元。深入开展做好“六稳”工作、落实“六保”任务专项行动，执结涉民生、涉金融等案件239件。扎实开展“三河片区集中执行”行动，拘传被执行人228人次，执结案件98件。加大财产查控处置力度，完善被执行人财产网络查控机制，供网络查控5563次、网络司法拍卖3次，进一步提高了执行效率。依法准确使用惩戒措施，着力构建“一处失信、处处受限”的信用惩戒机制，公布失信被执行人837次，限制高消费2834次，微信平台曝光134人。

【诉讼服务】 2020年，海原县人民法院以构建现代化诉讼服务体系为目标，进一步完善诉讼服务功能，实现诉讼引导、诉前调解、练登记、诉讼收费、司法救助、保全鉴定等一站式办理。打造智慧诉讼服务模式，依托信息化技术手段，实现诉讼服务智能化、查阅卷宗智能化、诉状生成智能化、风险评估智能化。深化文书送达改革，推行邮政集约化送达，进一步提升了送达效率。关怀弱势群体，为困难群众减缓免诉讼费用8.7万元。

【阳光司法】 2020年，海原县人民法院充分利用审判流程、庭审流程、裁判文书、执行信息四大公开平台，及时公布案件信息，确保办案全程留痕、庭审全程录音录像，共公开直播案件251件、公布执行信息368条、公开裁判文书3372份。弘扬司法民主，认真落实人民陪审员法，扩大参审范围，人民陪审员参审案件879件；坚持开门纳谏，通过举行公众开放日活动、召开座谈会、邀请旁听庭审等方式，主动听取人民群众对法院工作的意见建议，不断提升法院工作水平。

【诉源治理】 2020年，海原县人民法院制定《调裁对接工作规范》，明确家事纠纷、劳务纠纷、小额债务类纠纷等可以委派诉前调解。成立速裁调节中心，邀请人民调解员、特邀调解员、律师进驻调解中心开展工作。全年共委托宿迁调解案件2001件，调解成功622件，司法确认96件。

【案件繁简分流改革】 2020年，海原县人民法院积极破解案多人少困境，推行案件繁简分流、轻重分离、快慢分道，通过连分流、诉前调解、小额速裁、轻刑快审等方式，力争做到小额速裁、简案快审、繁案精审。全年使用小额诉讼和简易程序审结民事案件2812件，简易程序适用率为76%，平均办案率周期7天；速裁团队法官人均结案230件，办案效率显著提升。

【审判监督】 2020年，海原县人民法院严格落实院庭长权责清单，强化院庭长对“四类案件”的监督管理，着力解决不敢管、不愿管、不善管等问题，确保审判权依法高效规范运行。严格落实案件评查机制，严把案件质量关，审判质效进一步提高，共评查案件4959件，服判息诉率为94%。全面推进院庭长办案常态化，确保院庭长回归审判主责主业，院庭长办案共4173件，占全院办案数的74%。完善考核机制，注重发挥绩效考评“指挥棒”作用，激励法官多办案、办好案。

【司法公开】 2020年，海原县人民法院主动接受人大法律监督，向县人大常委会报告专项工作2次。自觉接受政协民主监督，邀请人大代表、政协委员参加观摩日、旁听庭审、座谈会等活动68人次。依法接受检察机关司法监督，邀请检察长列席庭审委员会11次。支持律师依法履职，推进律师化解信访案件制度，签发律师调查令7份。广泛接受社会监督，满足人民群众知情权、参与权、监督权。

【审判队伍建设】 2020年，海原县人民法院坚持开展岗位练兵、技能竞赛等活动，不断提高干警准确适用法律、驾驭庭审、制作文书等业务能力，共组织干警培训7次、举办辅导讲座2次、开展案件评比2次。建立年轻法官培养机制，发挥资深法官的“传、帮、带”作用，使青年干警更快地适应审判实践需要。扎实做好《中华人民共和国民法典》的学习宣传，增强干警贯彻实施《中华人民共和国民法典》的思想自觉和行动自觉。深入开展“两个坚持”专题教育、集中警示教育、虚假冒领补助和司法作风专项整治活动，持续改进工作作风，共召开专题民主生活会2次、集中教育大会12次，开展审务督察10次、作风专项检查9次，通报批评37人次，责令5人作出检查。强化廉政风险防控，按岗位职责对86名干警的廉政风险点进行了细化，确保风险防控不漏一岗、不缺一人。坚持以身边违法违纪案件为反面教材，组织干警集中观看警示教育片、剖析自身病灶等，以案为鉴、以案为戒，切实筑牢拒腐防变思想防线。依法保障干警权益，建立年度体检、心理干预等工作制度，加大荣誉奖励力度，提升干警的职业荣誉感和自信心。

（县法院办）

司法

【概况】 2020年，海原县司法局内设综合管理岗、基层司法主管岗、社区矫正与安置帮教岗及法治宣传教育岗4个科室，下辖基层司法所18个、法律援助中心1个、公证处1个、律师事务所2个；有政法编制67名，事业编制15名，工勤编制2名。

【普法责任制落实】 2020年，海原县全面落实普法责任制，18个乡镇、50余个部门（单位）制定“四清单一办法”并进行公示公开，形成了党委统一领导、部门分工负责、各司其职、齐抓共管的“大普法”格局。

【法治宣传教育】 1.抓实主题实践活动，利用“3·15”“6·26”“12·4”等重要时间节点开展系列法治宣传活动，为群众面对面释疑解惑，提供法律服务；通过线上线下视频会议、微信群、4G执法远程在线、以案说法、在线咨询的立体化培训模式，培育“法律明白人”3.23万人、骨干450人；通过“以案说法基层行”巡回宣讲、法治讲座、新媒体等多种形式开展扫黑除恶专项法治宣传活动；深入开展“防控疫情、法治同行”专项法治宣传行动，为全县疫情防控提供了坚强法治保障。2.抓牢重点对象普法，依托法律“八进”抓住领导干部关键少数，推进国家工作人员学法考法；进一步完善“七位一体”的青少年法治教育体系，有效提升青少年法治素养；关注妇女发展，切实维护妇女儿童权益；深入开展营造法治化营商环境保护民营企业发展专项法治宣传活动；开展各类“法律进企业”活动200余场次，律师“一对一”开展法治体检102家。3.加强新时代法治文化建设，做强特色品牌，积极推进海城法治文化公园建设，在“海原普法”“平安海原”“海原TV”等40余个微信公众号开设法律专版专栏，刊登普法信息9000余条，关注用户达10万余人次；开展“执法为民”“平安海原”等大型法治文化广场演出20余场次。4.保障民法典学习宣传力度，邀请宁夏辅德律师事务所义务宣讲团深入机关、单位、军营、企业等地开展民法典大宣讲37场次；村（居）法律顾问、“七五”普法讲师团等宣讲团队深入161个村（居）持续开展民法典大宣讲活动，开展集中宣传20余场次。

【社会矛盾纠纷化解】 1.大力推行“人民调解+仲裁+信访”纠纷治理模式，4月挂牌成立的中卫仲裁委海原仲裁调解中心，依托市级“互联网+仲裁调解”纠纷治理平台，为基层调解提供了智能精准、便捷高效的法律服务，先后达成人民调解协议案件申请仲裁裁决62起；依托仲裁调解中心与法院对接，开辟诉前调解机制，自8月15日进驻法院以来共受理法院转办调解案件260件，调解成功105件。2.全力做好矛盾纠纷排查化解工作，全县181个人民调解组织全年共参与排查化解各类矛盾纠纷1659起。其中各乡（镇）村（居）人民调解组织受理517起，成功501起，成功率97%；各级人民调解组织受理法院转办诉前调解案件544件，成功143起，成功率26%；信访转办案件1起，成功0起；专业性行业性调委会受理调处矛盾纠纷597起，成功486起，成功率81%。全县无因调解不当导致的民转刑案件。

【特殊人群管理】 1.开展《中华人民共和国社区矫正法》学习宣传，以乡镇司法所为宣传主阵地，带动全县161个村（居），开展矫正警察一对一讲法、网上视频学法、集中读法等多种形式，强化矫正对象学习36场次，学习人数180人，开展法治广场专题宣传和司法所宣传活动19场次，发放社区矫正宣传手提袋和宣传门帘4800份。2.成立了县社区矫正刑罚执行一体化建设工作领导小组，明确专职社区矫正工作人员，2名派驻警察值守参与社矫对象教育管理全过程；2020年，全县辖区内在册矫正对象180人，未发现参与重特大案件、参与涉访涉诉案件和扫黑除恶案件等重大事件行为；全年共发出书面警告3人，提请撤销缓刑并收监执行1人。3.加强信息化建设运用，提升“智慧矫正”水平。将“两网、四平台”的应用与日常管理紧密结合，每天开展手机、手环定位监管，开展工作时4G执法记录仪全过程记录，信息录入与监管实现了无缝对接。在册矫正对象无脱管漏管和重新犯罪现象发生。4.加强工作衔接，全面落实安置帮教工作。根据疫情期间对安置帮教管理的规定，严格按照对接机制衔接刑满释放人员，做到了应接必接。完善一人一档，规范档案管理，坚持季度走访制度，重大节假日、重大活动必访制度，密切掌握刑满释放人员的思想动态。2020年度共衔接、安置和帮教人数为230人，衔接率、安置率和帮教率均为100%。结合扫黑除恶专项斗争与在册刑满释放人员签订不参与涉黑涉恶活动承诺书680余份。5.分类帮扶，助力日常监管。开展了“送温暖”春节帮扶活动、上半年临时救助活动、年底帮扶救助3次活动，共计帮扶社区矫正对象173人次，救助资金74260元。救助困难刑满释放人员142人，救助资金43600元。

【公共法律服务】 1.加强基础建设，确保服务平台建立功能完备。先后投入130余万元用于县级平台、乡镇工作站、村（居）公共法律服务工作室建设。县级平台功能区域划分完备，县、乡两级平台设施齐全，开通军人军属、建档立卡户“绿色通道”。在161个村（居）安装了“法律服务明白栏”，制作公共法律服务便民服务卡，做到服务引导明了直观。2.加强服务质量，确保群众合法诉求有着落。充分发挥“互联网+公共法律服务”优势，依托信息指挥中心开展远程视频援助、公证，保障边远地区群众法律服务需求。各乡镇司法所牵头建立“公共法律服务微信群”，吸收法律顾问入群，2020年又将基层法律服务工作者纳入村（居）法律顾问，开展法律宣传、提供法律咨询，解决了我县律师人数少的问题。3.严把援助审核关，确保案件办理质量不断提升。严把受援资格审查关、援助律师指派关和结案质量评审关，成立了案件审查领导小组，案件质量不断提升。截至年底，共受理法律援助案件963件，其中民事案件434件、刑事案件89件、行政案件9件、开展法律帮助81件，办理公证案件350件。代写法律文书333份，为当事人提供法律咨询10000余人次、开展法治讲座229场次，开展专题宣传10次，发放宣传资料26000余份。有力地化解了一大批社会矛盾，有效维护了当事人合法权益，取得了较好的法律效果和社会效果。4.秉持为民服务理念，确保公证事项不出纰漏。除了日常公证工作外，在重点工程建设、老城改造等事项中，发挥排头兵和领头雁的作用，对人民群众的财产予以公证。截至年底，共受理各类公证事项851件。其中，包括共免费办理小额继承公证事项约330件。

（丁良秀）

军事

JunShi

人民武装

【概况】 海原县人民武装部（简称县人武部）在军队规模结构和力量编成调整改革后，机关设军事科、政治工作科、保障科3个科，共编现役干部3名，文职人员4名，实际在职6人；编制职工6人，实有2人，缺编4人；全县共设18个基层武装部，其中5个镇（海城、李旺、七营、三河、西安）、12个乡（史店、郑旗、贾塘、高崖、关桥、树台、红羊、关庄、李俊、九彩、曹洼、甘城）、1个街道办，编制武装部长18人、武装工作专干14人。营区绿化、卫生、门卫和食堂用工均为社会化保障。

【理论武装】 2020年，海原县人武部深入推进理论武装，年初研究制订年度理论学习计划，督促党员干部制订个人自学计划，研读《习近平新时代中国特色社会主义思想三十讲》、《习近平强军思想学习纲要》、《习近平论强军兴军（二）》和新颁发的《军队基层建设纲要》、《军队保密条例》等，促进理论武装走深走实。在每月积极参加军分区组织的党委理论学习中心组的基础上，以中央军委政治工作部宣传局印发的形势教育参考材料为基本依据，实时跟进思想教育模式，打牢理论基础。常态化组织干部职工观看《铁纪强军》《英雄之城》《真情温暖老兵心》等专题教育片，不断增强“四个意识”、坚定“四个自信”、做到“两个维护”，贯彻军委主席负责制。

【主题教育】 2020年，海原县人武部深化“传承红色基因、担当强军重任”主题教育，广泛开展“强军思想进百连”理论宣讲系列活动，铸牢听党话、跟党走的思想根基，增强维护核心听党指挥的政治自觉。以党的十九届五中全会精神为引领，在新的起点上抓好思想武装滋养初心使命，以良好的精神状态和作风纪律投入国防动员练兵备战。

【民兵教育】 2020年，海原县人武部按照年度疫情防控指示要求，以疫情防控中体现我军优良作风、涌现感人故事、民兵参与防控工作的先进事例等，结合海原县罗忠诚、李广海、吴锦江等优秀退伍军人争当先锋、守土尽责防疫情的典型事迹，利用新闻宣传报道、微信公众号等形式扎实开展“忆传统、话使命、勇担当”系列教育活动，强化了一线防控工作中的青年民兵、退伍军人和民兵志愿者的思想教育。

【疫情防控】 2020年，海原县人武部以军委政治工作部宣传局下发的《形势教育参考材料》《深入学习贯彻习主席重要讲话精神统筹推进军队新冠肺炎疫情防控和年度重点工作》等为基本教材，扎实开展疫情防控专题教育，第一时间传达学习上级疫情防控方面的文件精神和指示要求，加强教育引导，严防松劲心态和麻痹思想。突出抓好营区管理工作，加大外来人员、车辆排查登记，严格落实体温检测、健康防疫码核查制度，严禁人员进出中高风险地区，坚决做到了“零输入、零感染”。

【战备工作】 2020年，海原县人武部严格落实党委议战议训制度，认真研究部署练兵备战工作，抓好首长机关基本技能、体能训练和军事职业教育线上线下学习，严格落实了一月一小考、一季度一大考的制度，打牢业务基础，提升能力素质。围绕辖区担负的使命任务，结合驻地自然灾害易发多发特点，修订完善了反恐维稳、保交护路、抢险救灾等13类应急预案。7月29日，联合县应急管理局、县民政局、县公安局等部门，在高崖乡组织了防汛救灾军地联合演练。9月12日，动用基干民兵参加军区和自治区联合主办的纪念海原大地震100周年军地联合演练，军地联合指挥、应急行动的能力得到实践锻炼，有效提升了应急处突能力。

【军事训练】 2020年，海原县人武部紧贴军事训练大纲要求，制定2020年度《首长机关训练计划》《军事训练方案》，将前沿军事理论和军事法规纳入理论学习提升谋战务战素养。先后组织专武干部和民兵教练员参加了军区组织的专武干部和民兵教练员比武竞赛，取得全区团体第五名、中卫市第一名的好成绩。6月，在对民兵教练员集训的基础上，分两批在红羊中学严密组织了乡镇应急排、地震救援连，完成基地化轮训，以共同课目、专业课目和技能课目训练为基本，扎实开展了应急应战、反恐处突、地震救援等重点课目的训练任务，为遂行多样化军事任务和完成维护社会稳定、抢险救灾等急难险重任务奠定了坚实的基础。

【民兵改革】 2020年，海原县人武部坚持“编为用、建为战”“能打仗、打胜仗”的原则，联合县委、县政府制定下发《深化民兵调整改革工作方案》《海原县后备力量建设计划措施》，积极探索退役军人“帮扶、编兵、训练、管理、使用”五位一体的后备力量建设的方法路子，形成军地抓建合力。完成全县基干民兵、普通士兵的编建任务，党员比例达到了30.83%，退役军人编兵比例达43.76%（应急连达到了75%），高中以上文化程度人员比例达到70%，专业对口率达到80%，新质力量10%，达到军区“5个指标”要求。年度县委常委会军会议研究解决了海原县民兵应急装备，着力完善了民兵队伍建、管、用的保障机制。针对年底检查考评工作，人武部在持续抓后备力量建设的同时协调18个乡镇集中办公，各科室和基层乡镇武装部依据检查考评细则自查自评，查漏补缺，细化完善，齐心协力将民兵队伍的质量效益贯穿于民兵调整改革工作的全过程。

【基础建设】 2020年，海原县人武部结合年度国防动员潜力调查，积极推进“智慧动员”建设，发动地方政府职能部门和社会力量积极参与，全面掌握187类重点潜力要素和基础潜力数据。通过给乡镇组织廉洁征兵工作业务培训，有效筑牢了纪律防线。以分任务、压担子的方式，促使基层专武干部积极作为，深入一线，宣传征兵政策条件。利用短信群发平台向适龄应征青年、家长发送征兵宣传短信1万余条，使征兵信息人人皆知、优惠政策家喻户晓。

【征兵工作】 2020年，海原县人武部完成年度兵役登记任务，登记率达100%。按照模拟化组织、正规化训练、封闭式管理的方式对双合格人员开展了为期2周的役前教育训练，择优为部队选送合格青年。

【基层建设】 2020年，海原县人武部认真贯彻军委基层建设工作会议精神，按照《海原县进一步加强基层人民武装部规范化建设的实施方案》，强力推进所属18个乡镇（街道）武装部正规化建设，2020年以来，以树台乡武装部为试点，投入77万多元完成13个基层武装部正规化建设任务，达到设施配套、功能完备、规范有序的标准。10月27日，军区动员局姜副局长带领军区工作组一行对树台乡、贾塘乡进行基层武装部规范化达标检查，有力激发了基层创先争优、抓建基层积极性。

【国防教育】 9月24日，邀请军区丁副政委为海原县科级以上领导干部做国防形势报告，全县领导干部一致反映报告立意深远、内涵丰富，反响热烈。通过此次学习交流，深刻领会了习近平强军思想，深入了解国际国内形势，进一步增强了全体党政领导干部的国防意识，强化了总体国家安全观。

【精准扶贫】 2020年年初，县人武部党委专题研究制定《2020年人武部助力脱贫攻坚工作方案》，持续推进联系帮扶的关庄乡窑儿村项目帮扶工作。在历年投入20万元的帮扶基础上，2020年又投入了32万元用于购买设备、改造车间、援建村史馆和农家书屋，完善帮扶村的基础设施建设。发展壮大了军民油坊、肉羊养殖和小秋杂粮作坊3个村集体特色项目（截至年底，肉羊养殖产生实际效益13.8万元、军民油坊盈利20万余元、小秋杂粮盈利3万余元），筑牢了可持续发展根基。5月至6月，在迎接军区脱贫攻坚工作检查考评、军委国防动员部脱贫攻坚成效核查和自治区、宁夏军区双拥工作检查考评中得到首长和工作组的一致肯定。

【帮扶工作】 2020年，海原县人武部按照宁夏军区军烈属、退役军人帮扶部署要求，年前走访摸排146户军烈属、退伍军人家庭，制定《2020年人武部军烈属、退役军人脱贫帮扶和优抚解困工作实施方案》，研究审定帮扶对象53户，累计投入3.05万元落实教育、产业和医疗等“一户一策”帮扶措施，并将45岁以下帮扶对象纳入民兵队伍，定期组织民兵训练发放误工补贴2.7416万元。结合庆八一双拥系列活动，会同县退役军人事务局集中三天时间对帮扶对象、参战老兵进行走访慰问，为24名立功受奖人员送去喜报，送去党和习主席关怀，广大老兵永葆军人本色、回馈社会、服务国防的思想不断巩固。

【双拥共建】 县人武部积极与关庄乡九年一贯制学校结对共建，举办“军企携手捐资助学”暨“国防教育进校园”启动仪式，协调地方企业捐资16万元，捐赠30个图书架，共建图书阅览室，解决学校实际困难，县人武部投入2万元，打造“国防文化长廊”，帮扶开展“话国防、爱国防、强国防”系列主题班会活动，多措并举夯实青少年爱国爱军爱国防的思想根基。

【巡察整改】 2020年，海原县人武部围绕2019年巡视巡察反馈的问题，多次召开党委会进行研究剖析，相关责任人作出检讨反思，确保今后工作思路清，方向明、步子稳。深入开展党的纪律教育，扎实组织纪律专题党课，认真观看纪律教育片《铁纪强军》，打牢全体人员的纪律意识，以更高标准、更严作风抓好党的建设，立起党员干部的好样子，努力推进党的建设伟大工程。

【肃清流毒】 2020年，海原县人武部党委始终与党中央、中央军委决策部署保持高度一致，采取深入思想发动、专题学习教育、信息清查清理、深化查纠整改和搞好检查总结5个环节，坚决肃清流毒影响，彻底与之划清界限。严格落实领导干部定期上党课制度，运用典型违规违纪案例搞好警示教育，引导党员始终把纪律和规矩挺在前面，心有所畏、言有所戒、行有所止。

【正风肃纪】 2020年，海原县人武部牢牢把握全面从严治党、全面从严治军要求，保持正风肃纪高压态势，着力纠治基层“微腐败”不正之风。坚持把收小礼、喝小酒、办小事等问题作为纠治重点，以人情交往中的“吃喝风”、官兵关系中的“庸俗风”为突破口，围绕精准扶贫、民兵整组、兵员征集等军地互涉的工作领域，用好监督执纪“四种形态”，压紧压实“三个责任”，持续传导压力责任，释放正风肃纪不停步、不松劲的强烈信号。

【依法抓建】 2020年，海原县人武部结合新颁发的《军队基层建设纲要》和《中国共产党军队党的建设条例》，常态化开展“学条令、用条令、守条令”条令学习月活动，督促党员干部利用周三晚上自学、周五讨论交流学，结合条令条例查摆自身建设存在的问题进行对标对本逐一整改落实。

【指导帮带】 2020年，海原县人武部按照“上下结合、分级负责”的思路，开展帮带干部、帮抓骨干活动，对社招人员和新转改文职人员，在工作实践及工作岗位上进行一对一帮带，解难题促发展、建队伍强素质，帮助其尽快胜任人武部工作，融入军区系统。

【安全管理】 2020年，海原县人武部认真学习贯彻新修订的《军队安全管理条例》，依据军委国防动员部安全工作检查评分细则，定期分析安全形势，进行节日战备教育。疫情发生以来，及时组织传达学习上级文件指示精神，结合疫情防控等工作组织安全风险评估，制定下发人武部贯彻落实措施。结合“百日安全”活动，深入开展围绕人车枪弹密、煤气水电网、酒油黄赌毒、涉外涉地方等17个管理要素开展安全形势分析，查找风险隐患，消除事故苗头，规范人员行为，加强安全管理，常态落实检查督导制度，确保部队安全稳定。

（马芬芬）

武装警察

【概况】 2020年，中国人民武装警察部队海原县中队（简称县武警中队）以贯彻落实习主席一系列指示精神为指导，以《军队基层建设纲要》为依据，以建设一支听党指挥、能打胜仗、作风优良的现代化武装警察力量为目标，始终坚持依法治军、从严治军方针，发扬我军的优良传统和作风，坚持把思想政治建设摆在首位，严格管理，严格训练，科学建队，圆满完成了以执勤和处置突发事件为中心的各项任务。

【军事训练】 2020年，海原县武警中队把军事训练作为经常性主要工作的中心，大力开展实战化军事训练。中队严格按照习近平主席指示要求，从难从严从实战出发摔打部队，官兵牢记职责使命，苦练军事技能，先后涌现多名训练尖子和比武先进个人。中队着眼部队遂行多样化任务实际，以新修订的《军事训练大纲》和《军事训练指导法》为依据，坚持按纲施训、依法治训、科学组训的训练原则，大抓军事训练，部队战斗力得到明显加强。

【中心工作】 坚持把执勤工作作为“饭碗”工程，确保任何时候不发生任何问题，坚决守护驻地安宁。中队每天24小时执勤站岗，确保执勤目标绝对安全。在重大节日、敏感时期，采取边训练边执勤、边查勤边教的方法，学习事故案例和专题研讨相结合与组织在押犯显示说法等形式，对战士进行执勤战备教育，增强了官兵对执勤工作重要性的认识，牢固树立居安思危意识。全年共出动官兵100余人次，配合公安机关和有关部门完成武装押解、节日、敏感期武装巡逻等临时勤务20次，维护了海原县社会治安的稳定。执行任务中，官兵以良好的自身形象和组织纪律赢得了地方政府和群众的好评。

【政治工作】 官兵政治立场坚定，“不忘初心、牢记使命”主题教育和以“传承红色基因、担当强军重任”为主题的主题教育扎实开展，党支部战斗堡垒作用发挥明显，涉及战士考学、提干、入党、转改士官、技术学兵、评功评奖等敏感问题，坚持“公开、公平、公正”，树立了支部威信。中队大力为战士营造快乐、健康的成长、成才环境，注重密切内部关系，抓好经常性思想教育。

【拥政爱民】 县武警中队继承和发扬部队的光荣传统，开展军民共建和拥政爱民活动。积极投身地方生态文明建设大潮中，广泛开展“把驻地当故乡，视人民为父母”活动，参加驻地“学雷锋”活动，走访慰问孤寡老人，为驻地学校军训等活动，增进了与群众的血肉联系。加强与县退役军人事务局等政府部门和企业联系，会同县政府和县退役军人事务局对官兵进行慰问，使官兵深深感受到海原县父老乡亲的深厚情谊，激发官兵为第二故乡奉献青春的热血信心。

（县武警中队）

经济管理

JingJi GuanLi

发展和改革

【概况】 海原县发展和改革局（简称县发改局），下辖粮食和应急物资储备局（挂牌单位），内设党办、办公室、投资股、农经股、社会股、造价办、信访办、价格认证中心8个股室。2020年，有干部职工44人，其中行政编制18人，事业编制26人；设局长兼粮食和物资储备局局长1名，副局长3名（其中1名兼粮食和物资储备局副局长）。干部职工50岁以上干部24人，40~50岁干部14人，40岁以下干部6人；大中专学历19人，大学本科学历22人，研究生3人；初级职称33人，中级职称8人，副高职称3人。局党委下辖7个党支部（局机关党支部1个，粮食和应急物资储备局党支部1个，离退休党支部1个，国有企业党支部1个，非公企业党支部3个），共有党员110名。

【经济运行监测】 2020年，海原县实现地区生产总值81.44亿元，同比增长4.5%。其中第一产业增加值16.54亿元，增长4.9%；第二产业增加值15.11亿元，增长9.0%；第三产业增加值49.79亿元，增长3.0%。完成固定资产投资48.13亿元，增长24.6%；一般公共财政预算收入2.14亿元，增长2.1%；社会消费品零售总额28.74亿元，下降8.1%；城乡居民可支配收入分别达到27488元、10641元，分别增长5.3%和10.5%。单位GDP能耗降幅和主要污染物消减量均完成上级下达目标，亿元GDP生产安全事故死亡率为0.061%，控制在自治区市下达指标内。

【目标管理】 2020年，海原县火车站、天然气综合利用、新能源一体化等项目有序推进；银昆高速（海原段）、海原至平川高速、清水河（海原段）综合治理、华润新能源北山梁、尖尖山20万千瓦风电等项目开工建设；高标准农田、南华山水源涵养林开改造、小流域综合治理、华润山呱呱山风电、华润付套和范台光伏发电、闽宁华府、海兴第二小学、文化馆、农村公路等83个项目建成并投入使用。全年计划开（复）工“一带两廊”项目11个，开（复）工率达到96%，固定资产投资增速位居全区前列，完成控制价审核项目14个，核减资金3096万元，审减率2.07%。

【“十四五”规划编制】 2020年，海原县成立“十四五”规划编制工作领导小组，下发

《海原“十四五”规划编制工作方案》和《海原县“十四五”专项规划编制清单》，全面启动“十四五”规划编制工作。举办“十四五”规划编制及项目规划专题培训班1期，召开规划编制启动会、座谈会4次，举办讨论会1次。年末，编制完成了2个“十四五”规划初稿，其中《海原县国民经济和社会发展第十四个五年规划》已通过县十七届人大五次会议审查。同时，把项目储备、提报争取重大建设项目、争取重大政策贯穿于“十四五”规划编制全过程，共谋划储备“十四五”项目441个，总投资992.12亿元。

【深化改革】 2020年，海原县围绕推动高质量发展，制定《海原县“一带两廊”发展规划(2018—2035年)》《中共海原县委员会关于落实〈建设黄河流域生态保护和高质量发展先行区（先行市）〉的实施方案》《海原县高质量发展综合绩效年度考核方案》；围绕社会信用体系建设，印发《建立完善守信联合激励和失信联合惩戒制度 加快推进社会诚信建设实施方案》《2020年社会信用体系建设重点任务分工方案》；围绕优化营商环境，制定印发《海原县优化营商环境方案》，压减207项审批事项流程，有序推进28个事项的“证照分离”改革，营商环境进一步优化；围绕重点行业改革，按照农业水价改革总体要求，完成农村人饮、农业用水价格成本监审，形成了全县农业用水价格调整方案。

【粮食和价格监管】 2020年，海原县完成原粮储备4000吨（小麦、水稻各2000吨）、成品粮油储备640吨的任务。县级储备救灾物资9个品种7599件、套。开展了中南部城乡饮水安全工程海原连通工程运行评估，预计每年争取补贴700余万元。严格落实延长阶段性降低企业用电成本政策，降低商户和企业用电成本。强化节假日期间市场价格巡查，完善价格监测体系，全县各类民生消费品物价保持基本稳定。受理价格认证案件18起，涉案资金90033元。

（海恭剑）

审 计

【概况】 海原县审计局核定行政编制17名；领导职数3名（局长1名，副局长2名）。2020年，实有人数17名（含借调农业农村局1名），其中副科级以上领导干部3名，主任科员3名，副主任科员1名，科员9名，工勤1名。2020年，海原县审计局严格履行审计监督职责，积极推进审计全覆盖，首次通过大数据审计的方法，实现了对全县一级预算单位的全覆盖。根据县委、县政府部署，年初安排预算执行审计、经济责任审计、投资审计及专项审计项目22个。县委审计委员会第四次会议新增经济责任审计项目10个，共计32个计划内项目。截至年底，共完成审计项目39个（含计划外7个），相较年初计划完成率达到177.3%。发现县财政和延伸审计的预算单位存在滞留或结余财政资金851.65万元，查出违纪违规和管理不规范问题资金28997.65万元，提出审计建议36条，撰写审计专报、简报、信息28篇。

【政策措施落实情况审计】 2020年，海原县审计局加强政策措施落实情况跟踪审计，促进重大政策落实。以推动中央和自治区重大政策措施贯彻落实，促进经济持续健康发展为目标，按照“六稳”要求，密切关注重大投资项目落地、“放管服”改革举措落实、供给侧结构性改革推进、创新驱动战略实施等情况。全年完成新冠肺炎疫情防控资金和捐赠款物专项审计及重大政策跟踪审计等项目8个。对审计中发现的资金未及时划转、应收账款核算不规范及会计报表不平衡等11个问题，向被审单位提出了审计建议。为推动中央和自治区重大政策措施贯彻落实，促进经济持续健康发展，解决关系群众切身利益为出发点，促进政令畅通，发挥了审计监督作用。

【预算执行审计】 2020年，海原县审计局加强预算执行审计，促进财政资金规范管理。组织开展2019年度县本级预算执行和其他财政收支情况审计。在现场审计的基础上，首次通过大数据审计的方法，实现了对全县一级预算单位的全覆盖，根据大数据审计分析结果和疑点，先后抽查了县水务局、县教体局等38个部门（单位）和海城镇、史店乡等13个乡镇，重点对预算执行情况、项目资金使用效率及“三公”经费政策执行等方面进行了关注。通过大数据筛选比对及核实，发现已完工项目（或经费）结余资金“趴窝”滞留、新购财务软件未纳入无形资产进行管理、将应记收入的非财政拨款挂在往来科目进行核算等4个问题。针对存在的突出问题，向被审计单位提出了有针对性的意见和建议，促进财政政策落实，切实提高预算管理绩效。

【经济责任审计】 2020年，海原县审计局以促进部门科学发展和领导干部守法守纪、廉洁用权、干净干事、保护环境为目标，严格落实《党政主要领导干部和国有企事业单位主要领导人员经济责任审计规定》，同步深入推进自然资源资产离任审计，已完成领导干部任期经济责任审计项目3个，自然资源资产离任审计1个。审计中，重点关注领导干部贯彻执行重大决策部署、遵守法律法规、目标完成、履行监督职责、执行廉洁从政及“三公”经费使用等内容，对审计发现的执行耕地保护政策不到位、采购未履行政府采购程序及个别村段农用残膜未清理等6个问题提出了审计建议并督促相关单位进行整改。

【政府投资项目审计】 2020年，海原县审计局围绕县委、县政府中心工作，以促进提高项目单位管理水平、发挥建设项目资金效益为目标，重点关注第三方决算的真实性、合法性的审计，注重揭露招投标、工程量变更、超概算等情况。通过审计发现存在部分项目管理不规范、施工进度滞后等15个问题，提出了审计建议并督促相关单位进行整改。

【审计整改】 2020年，海原县审计局严格落实审计整改督促检查责任，加强跟踪检查，促进问题整改到位。按照“谁审计、谁督促整改”的原则，由各审计组督促被审计单位抓好整改落实。对整改进度缓慢的问题，遵照县委审计委员会第三次会议精神，积极与纪委协调联动，下发督办通知单限期进行整改，取得了良好成效。

（白云峰）

统　计

【概况】 海原县统计局核定编制14名，其中行政编制7名、事业编制6名、工勤编制1名；设局长1名、副局长2名；内设党政文秘岗、综合统计岗、农业劳资人口统计岗、工业商业贸易统计岗、固定资产投资统计岗5个岗位，下辖事业机构为普查中心。2020年年末，在编工作人员共12人，其中行政编制6人、事业编制5人、工勤编制1人。在编人员中研究生学历2人，本科学历8人，大专学历2人。

【第七次全国人口普查】 2020年，海原县印发了《海原县人民政府关于做好第七次全国人口普查工作的通知》，成立了以县政府县长担任组长的海原县第七次全国人口普查领导小组，从多部门抽调36人组成全县人口普查办公室，启动开展第七次人口普查工作。全县21个乡镇、街道办、甘盐池种羊场、海兴开发区管委会、涵养林总场及161个村（居）在规定期限内成立了普查领导小组及办公室。全县先后召开2次全县人口普查领导小组会议、8次人口普查领导小组办公室主任会议，落实各个阶段人口普查工作；研究制定《海原县第七次全国人口普查领导小组成员单位职责分工和工作方式》《海原县第七次全国人口普查领导小组办公室组成人员及内设工作组职责分工》《海原县第七次全国人口普查领导小组办公室工作规则》《海原县第七次全国人口普查工作进度安排》等多个文件，明确了工作任务、工作规则、进度安排及包乡责任，确保全县第七次全国人口普查按照时间节点和任务节点有序推进；为确保高质量完成海原县第七次全国人口普查工作任务，县人民政府与各乡镇（街道办、管委会）签订了第七次全国人口普查工作目标责任书，进一步夯实了人口普查责任。

【人口普查培训】 海原县统计局指导各乡镇（街道办、管委会）选聘普查指导员、普查员共1865人，其中普查指导员289人，普查员1576人。对选聘到位的“两员”及各乡镇（街道办、管委会）人口普查工作分管领导、县人口普查办公室全体人员，于9月13—27日分4期组织进行了人口普查综合业务培训，共培训1550余人次，并就培训内容进行了测试。

【人口普查设备购置】 2020年，海原县统计局向县财政及自治区统计局争取共500万元经费用于全县人口普查（自治区拨付人口普查经费43万元）。在县老城管理办公室团结社区借用100多平方米办公室作为普查办办公场所，配备办公桌椅20套、电脑20台、大型复印机1台、打印机2台、电话机6部。定做并向各乡镇、村（居）普查人员发放宣传纸杯40万个、文件袋3000个、笔记本1800个、工作包1800个、玻璃杯1800个、雨伞1800个、宣传袋3万个、围裙1万个。根据每80户或250人左右为一个普查小区的规定，为“两员”配备手持电子终端设备（PAD）共600台，发放流量卡和充值卡共计24.4万元，充分保障后期摸底调查及正式登记工作顺利进行。同时因普查员和普查指导员开展工作时存在一定的意外风险，为全县1865名普查员、普查指导员购买了为期3个月的人身意外险，意外伤残每人30万元限额。

【人口普查宣传】 海原县人普办共向各乡镇、村（居）发放人口普查宣传彩页7.6万份、致住户一封信17.5万份、海报2.34万份、公告2100份。在“中国统计开放日”及普查宣传月期间，印发了《海原县第十一届“中国统计开放日”暨全县第七次全国人口普查宣传月实施方案》，组织开展了以“大国点名没你不行”为主题的海原县第七次全国人口普查宣传月活动。利用海原TV公众号平台发布人口普查相关信息，及时解答广大网友的提问，并组织宣传车巡回各乡镇进行宣传，通过移动、联通、电信等通信公司短信平台向手机用户发送人口普查相关知识。同时，在海城广场举办海原县第十一届“统计开放日”暨全县第七次全国人口普查集中宣传活动，共向群众发放宣传手提袋2000多个、宣传围裙1000多个、宣传毛巾700多条、宣传海报300多张、普查公告500多张、宣传彩页2000多份、《致住户的一封信》2000多份、《全国人口普查条例》2000多份、《第七次全国人口普查知识问答》2000多份，悬挂条幅10条、宣传拱门1个，陈列宣传展板8个。通过一系列的宣传活动，切实增强了全县人口普查工作人员依法统计、依法普查的意识，提高了群众对第七次全国人口普查的知晓率，为人口普查工作顺利开展奠定了坚实的基础。

【部门行政记录收集整理】 为做好部门行政记录收集整理工作，海原县印发了《海原县第七次全国人口普查领导小组办公室关于提供全县第七次全国人口普查部门行政记录的通知》，明确了部门行政记录收集的范围和内容，并安排工作人员与各部门对接。接受卫健部门、人社部门、住建部门数据资料及19个乡镇的户籍整顿资料，并对这些数据进行分类整理，严格按照人口普查工作要求，在2020年9月30日前完成了部门人口信息资料收集、整理工作。

【人口普查摸底】 2020年10月9—10日，海原县人口普查办公室组织工作人员到各乡镇，针对摸底工作各项要求，对有关人员进行了集中培训，并组织人员对接乡镇指导员，一同入户摸底，对工作中遇到的问题及时给予解答，进一步确保全县各乡镇普查指导员、普查员能够高质量完成摸底工作。截至10月31日，海原县全面完成摸底工作，上报171571户，登记人数共573092人，户籍人数455777人，户籍人口登记率100%。

【人口普查登记】 2020年11月1日，海原县人口普查正式进入登记阶段。中卫市委常委、海原县委书记徐海宁，海原县县长许正清分别带头参加人口普查登记。截至11月15日零点普查登记关网时，海原县人口普查短表登记工作顺利完成。按照普查方案工作流程，短表登记于11月15日结束，自11月16日至30日，组织对全县被抽中的10669户普查对象进行了人口普查长表登记工作，共登记上报10664户。11月19日至12月3日，通过与卫健、民政、公安、人社、医保等部门资料及自治区、市人普办反馈资料进行比对复查，内部比对户籍复查总数25989人，成功复查25944人，复查率99.83%；户籍漏报核查总数3305人，成功复查3211人，复查率97.16%；户籍漏报错填核查总数1757人，成功复查1735人，复查率98.75%；低龄人口（0~4岁）漏报核查全部成功复查，复查率100%。11月23—26日，海原县成立了三个工作组，对全县20个乡镇（街道办、管委会）开展人口普查数据质量排查工作，对40个普查区的120个普查小区中的960多户近4000名普查对象进行了抽查，县人普办对有关乡镇存在的问题进行了核实指导，已全面完成各项整改工作。

【行职业编码工作】 2020年12月10日，海原县统计局启动行职业编码工作。2020年12月12—13日，组织61人参加市人普办举办的人口普查长表行职业编码培训班，并及时召开全县行职业编码工作布置会。经编码确认，海原县人口普查长表行职业编码共15610条。

【统计数据质量控制】 2020年，海原县统计局加强统计数据质量控制，圆满完成各项年报、定期报表和统计调查工作。通过加强对各专业基层统计报表数据质量的控制，对基层统计报表认真审核、汇总，对主要指标数据认真进行分析和评估，完成了国民经济核算、农业、工业、能源、建筑业、批发零售、住宿餐饮业、固定资产投资、劳动工资、人口、社会、重点服务业等15个专业的统计年报和定期报表工作。根据自治区调查方案制度要求，按时完成限额以下商贸业抽样调查、规模以下服务业抽样调查、规模以下工业抽样调查以及基本单位名录库的维护、生态移民监测等统计调查工作。

【统计执法】 2020年，海原县统计局组织全局干部职工先后4次传达学习贯彻落实《中华人民共和国统计法》《关于深化统计管理体制改革提高统计数据真实性实施意见》《统计违法违纪责任人处分处理建议办法》《防范和惩治统计造假、弄虚作假督察工作规定》等相关法律法规；认真贯彻落实中央、自治区、市关于深化统计管理体制改革，提高统计数据真实性的意见和行动计划，坚持应统尽统、不重不漏，及时全面客观反映发展，服务发展。印发了《海原县关于开展全县统计数据质量核查工作的通知》，重点对全县20家规模以上工业企业、规模以上服务业企业、限额以上批发零售业和住宿餐饮业企业、资质以内房地产建筑业、5000万元以上固定资产投资项目的统计数据进行了严格核查，对部分企业及单位存在的数据质量等方面的问题，正在通过组织统计业务专项指导、下发限期整改通知书等方式进行解决。

【统计数据分析监测】 2020年，海原县统计局认真开展基层统计工作调研和督导，及时发现和解决工作中存在的困难和问题。加强数据审核、监测和调度，每月联网直报期间，各专业人员盯紧靠牢，随报随审，确保联网直报率达到100%；局内部坚持每月都召开经济形势分析会议，围绕2020年目标，对主要经济指标进行分析研判，关注走势，有效引导预期。

【统计联网直报】 2020年，海原县统计局全力以赴推进联网直报工作。加强名录库维护管理，做好“四上”企业入库工作，巩固企业一套表改革成果。严把“四上”企业数据质量关，坚持即报即审制度，加强对上报数据的平衡关系、逻辑关系等方面的审核，发现问题及时反馈给企业修改，确保一套表上报数据质量。

【统计服务】 2020年，海原县统计局积极主动作为，提升服务水平。一是加强对全县社会经济运行全过程的统计监测。深入开展县域经济、金融机构人民币存贷款、规模以上工业经济、城乡居民消费、粮食生产、畜牧业出存栏、规模以下服务业运行、农业经济、能源消费等方面的分析研判，凡事想在前、做在前、服务在前，对苗头性、倾向性问题，及时收集信息，掌握动态，深入调研，力求准确反映发展现状和科学预测发展趋势。每月都对全县经济形势进行分析，找出不足、查摆问题，对工业、固定资产投资、贸易服务业等主要经济指标发展及时提出意见和建议。定期不定期到调查单位走访调研，形成一批高质量的调研分析报告。全年共撰写和发布统计公报3篇、统计分析38篇、统计动态信息34篇。二是扎实做好行政区划编码工作。向县人民政府上报《关于加快推进全县行政区划工作的报告》，督促各乡镇（管委会、街道办）、各相关部门（单位）加快推进撤乡设镇、村居合并和区域调整等工作进程，确保统计用区划和城乡划分信息真实准确，为第七次全国人口普查有序登记提供科学准确的数据保障。

【统计队伍建设】 2020年，海原县统计局严格管理要求，打造忠诚干净担当的干部队伍。一是抓制度，促规范。年初，修订完善《海原县统计局机关管理制度》，使各项工作有章可循，促进局内各项工作规范化、制度化。二是抓业务、强素质。认真参加自治区市组织的业务培训，并扎实开展海原县业务培训，不断更新统计干部的知识储备，激发进取精神。全年参加自治区、市组织的各类统计业务培训共20余人次；并在海原县积极举办统计业务培训班2次，培训人数约1700人。三是抓廉政、促工作。认真履行全面从严治党主体责任，落实“一岗双责”，做到有计划、有安排、有检查、有落实，进一步改进工作作风，提高机关效能，增强服务意识。

（虎正国）

市场监管

【落实疫情防控职责】 2020年，面对突如其来的新冠肺炎疫情，海原县市场监管局通过组织领导、宣传引导、监管执法、经费投入、督导检查“五到位”，做好集贸市场管控、营业场所关停、蔬菜物资供应、市场秩序维护、市场物价稳定等工作。查处群众举报涉嫌经销假冒“飘安”口罩案1起、受理解决群众投诉举报9起。防控转入常态化后，重点加强食品冷库、海鲜、冷链食品生产经营单位排查管理。7月起全县暂停经营食用海鲜和进口冷链食品。对生产加工及销售冷链肉品37家单位31个冷冻仓库、80台冷柜，落实了核酸检测和日常检查等措施。

【有序推进复市复产】 围绕建立与疫情防控相适应商贸经营秩序，安全有序组织复工复产。通过简化程序、落实复工复市措施，使食品药品生产经营企业及餐饮服务业商户、药店等商户顺利恢复生产经营，做到了应开尽开、应复尽复。

【落实优惠政策】 按照“六稳”“六保”要求，积极协调落实相关减税降费、补贴兑现等优惠政策，最大限度降低疫情影响。落实政策涉及商户2823户次、资金473.48万元。协调落实贷款4361户1.71亿元。

【加强常态化管理】 围绕各级组织冬春季疫情防控常态化防控部署要求，海原县市场监管局制定专项实施方案和安排，层层压紧压实防控责任。重点督导农贸市场开办方、餐饮服务等经营单位落实戴口罩、测温验码、通风消毒等防控措施。培训食品药品经营户3场次150余人次，约谈餐饮服务、食品批发商等经营主体5场次110户次。

【推进“文明餐桌”行动】 海原县市场监管局在全县实施“光盘行动”和“公筷公勺”推广行动，印发倡议书5000份、桌牌3000块、宣传画4000张。

【商事改革】 2020年，海原县市场监管局通过“企业登记全程电子化系统”实现企业名称自主申报和企业登记全程电子化，落实企业“一照多址”“一址多照”，便利市场主体创业。新办企业439家，其中全程电子化办理382家，办理率87.01%。

【“双随机一公开”】 2020年，海原县市场监管局推进“双随机一公开”全覆盖应用。制定印发落实《市场监管领域推行部门“双随机一公开”监管实施方案》，5月召开全县联席工作会议。18个成员单位均制定实施方案及相关制度，建立执法人员名录库和检查对象库，统一使用全区“双随机一公开”平台开展工作，落实随机抽查事项25项。开展内部双随机和部门联合双随机抽查39次。

【公平竞争审查机制】 2020年，海原县市场监管局健全公平竞争审查机制，完善调整联席会议制度，组织培训2场次，审查海原政府网发布文件139份；规范涉企收费行为，督促海原县不动产登记事务中心，将违规收取47家小微企业的151笔74200元费用全部予以退还。

【全域“食品安全区”创建】 2020年，海原县市场监管局启动推进全域创建“食品药品安全区”工作。围绕食品药品安全党政同责要求等各项措施全面落实，起草并报请县委、县政府审定印发《海原县深化改革加强食品安全工作实施方案》《海原县创建自治区“食品药品安全县”实施方案》等文件。成立专项工作领导小组，明确部门、乡镇职责分工。召开全县创建工作动员大会，对创建工作做了具体安排部署。县市场监管局成立了领导小组和创建办公室，强化宣传、组织安排等各项工作稳步推进。

【食品安全监管】 2020年，海原县市场监管局突出重点区域、产品、环节和场所，强化组织领导、教育引导、监管执法、经费投入、舆论宣传“五个到位”，食品安全各领域环节各项整治规范工作得到落实。检查各类市场8个70余次、各类食品生产经营主体和餐饮企业14943家次。下发责令整改通知书275份。对各学校供餐及校园周边环境专项检查四次，组织春秋学校开学疫情评估两次，安排农村及城乡接合部食品排查2次。组织国抽、省抽任务抽检750批次，县级抽检食品356批次，食用农产品及“三小”285批次，快速检测6570余批次。对抽检不合格23批次食品进行后处置，抽检合格率98.4%。协调教育部门积极争取项目资金支持，2020年实施计划学校“互联网+明厨亮灶”全部建设到位。

【药品质量管控】 2020年，海原县市场监管局全年组织抽检药品73批次、医疗器械2批次、化妆品33批次。药品收到检验报告73份，其中1批次中药饮片检验报告结果为不合格，不合格率1.37%。化妆品收到检验报告33份，全部合格。医疗器械收到检验报告2份，全部合格。

【药品智慧监管】 2020年，海原县市场监管局推广药品智慧监管平台应用。按照区局部署，在全县范围药品、化妆品、医疗器械经营企业和使用单位，督促指导启用宁夏药品智慧监管平台。购置移动执法箱8个、执法记录仪5个，探索药品安全溯源管理和全流程监管，药品安全监管标准化、规范化、信息化水平得到提升。通过移动终端录入日常监管信息1206

条，查办药品案件信息5条。

【“阳光药店”建设】 2020年，海原县市场监管局稳步实施“阳光药店”建设试点。组织人员排查摸底建立药品经营单位台账。按照自治区市场监管局部署要求，对表对标“阳光药店”遴选相关标准和条件，确定参与“阳光药店”建设试点药店15家。召开专项推进工作及从业人员培训会2次75人次，对试点药店负责人和执业药师组织业务培训，加强日常指导规范，稳步推进了“阳光药店”试点工作。

【药品安全效能目标管理】 2020年，海原县市场监管局注重两个结合实施药品安全效能目标管理。一是药品安全保障与党建引领相结合。结合自治区“食品药品安全区”创建工作及“全国安全用药月”主题宣传等活动开展，以“党建引领 群防群控 安全用药 战疫同行”为主题，组织开展了系列宣传活动，营造人人关注参与氛围。结合宣传活动开展支部主题党日活动，引导党员干部和医药行业从业人员亮身份、做表率。县药品经营单位积极响应参与疫情防控，履行社会义务，捐款10.2万元购买口罩酒精等防疫物资，支援助力全县疫情防控工作。二是药品安全监管与疫情防控相结合。重点加强药店测温验码戴口罩、通风消毒等疫情防控措施督导检查。自年初开始海原县做到了疑似疫情零发生、零报告，切实保障了群众用药用械安全。上述做法得到自治区药品监督管理局主要领导肯定。

【特种设备安全监管】 2020年，海原县市场监管局强化监察，有效保障特种设备安全。一是开展安全生产气瓶专项整治三年行动。检查气瓶充装单位24家次、气瓶使用单位280余家次，检查压力容器、气瓶等设备6210台，整改安全隐患21处。对风力发电等企业使用特种设备实行一事一登记备案，并现场就证照等情况督察检查。二是对全县公共场所使用电梯、压力容器等特种设备开展安全专项检查。检查特种设备数589台（个），下发特种设备安全监察指令书15份，查出整改安全隐患132处。三是强化危化品安全监管，消除安全隐患11处。检验液化石油气钢瓶1310个，报废5820个。配合自治区特种设备检验检测院中卫分院检验特种设备187台，检验合格率100%。

【产品质量安全监管】 2020年，海原县市场监管局强化监管，有效保障产品质量安全。开展成品油专项整治行动，对全县33个加油站监督检查，组织成品油抽样送检3次66个样品全部合格；开展产品质量监督抽检，组织散煤、消防产品、儿童和学生用品、校服床上用品等15类工业产品136批次产品抽检；对收到不合格检验报告的电线电缆、安全帽11个产品，责令改正7家、立案查处4家。

【质量强县建设】 2020年，海原县市场监管局围绕质量强县建设工作，报请县政府制定实施了《2020年质量强县实施方案》《2020年质量强县建设工作要点》等方案。推进标准化综合改革工作，对全县3家机动车检验检测机构开展分级评价和分类监管，定期检定加油机2次，检定34个加油站182把加油枪，检定压力表323个，检定农贸市场和金店等计量器具2098台，配合自治区市场监督管理局抽查检定18家加油站84把加油枪，合格率100%。推进商标战略实施，引导企业申请商标注册，新申请商标129个、注册商标119个，全县有注册商标547个。查处商标违法案件2件、案值2万元，收缴罚款1.23万元。

【扫黑除恶】 2020年，海原县市场监管局围绕工作重点摸排线索，核查办结摸排上报县扫黑办的疑似线索5件；认真整改落实“三书一函”反馈通报问题。接收办结“三书一函”5件；坚持整治市场流通领域乱点乱象，排查整治市场监管领域突出问题和乱象361个，其中2018年178个、2019年146个、2020年37个，分别涉及食品、药品、产品质量、标准计量、市场管理等方面，均已整治规范。结合“三书一函”反馈通报问题整改落实，制定印发《健全扫黑除恶专项斗争线索摸排工作机制通知》《线索核查制度》等制度20项，规范监管人员和市场主体日常监督检查行为。组织企业个体户座谈会7场次，走访社会各界人士3600余人次，发放回收征求意见表3338份。

【市场专项整治】 2020年，海原县市场监管局开展系列市场专项整治。检查各类市场主体2.27万余家。查处无证无照经营主体21户，下发责令整改通知书305份，全年依法查处各类违法违章案件60起，收缴罚款12.86万元。集中整治农贸市场“脏乱差”问题。督导市场开办方履行主体责任；加强广告市场监管，指导落实广告登记、审核、发布等制度。围绕大气污染环境治理，对散煤市场进行全面整治，建成清洁煤配送中心8个，对零售煤全部要求统一到配送中心。对清洁煤配送中心暂未建成的，全部由乡镇指定统一地点集中销售。对长期未能解决的销售劣质煤行为进行了打击。经自治区市场监管局抽检海原县送检的煤质检测全部合格。

【消费维权】 2020年，海原县市场监管局以深入开展“放心消费在宁夏”创建活动为载体，强化消费维权工作。受理各类消费咨询、投诉221件，挽回经济损失4.86万元。整治食品领域清真泛化问题，排查食品经营企业和批发户3910户，约谈、培训食品批发商和经营户3场次93户次，排查问题均整改完毕。

【落实党建责任】 2020年，海原县市场监管局突出主责主业，落实党建工作责任制。围绕《党委（党组）落实全面从严治党主体责任规定》等落实，组织召开党委会议16次、党建工作专题会议5次，做到党建、党风廉政建设和意识形态等工作与业务工作，规划部署、标准要求、拨付经费、组织实施、检查考核“五统一”。落实班子成员党建联系点等制度。

【基层党建】 2020年，海原县市场监管局对标条例规定，建设服务型基层党组织。用科学理论武装党员干部，组织党员干部深入学习领会习近平新时代中国特色社会主义思想、习近平总书记视察宁夏重要讲话精神、党的十九届五中全会以及自治区党委、市委、县委全会精神等内容，“学习强国”App平台学习做到党员和非中共党员参与率两个100%，人均积分名列全县部门、乡镇党组织前茅。结合《中国共产党党组工作条例》等党内法规的学习落实，督导8个基层支部按规定完成换届选举，选齐配强支部班子。从严从实抓好发展党员工作，新培养入党积极分子3名，发展党员2名。8个支部全部参与“基层服务型党组织”创建星级活动。采取对支部书记述职评议考核、党员组织评星定格、民主评议党员等方式，组织开展“一个支部一座堡垒”“一名党员一面旗帜”争创活动，认真落实“三会一课”“主题党日”等9项制度，推进了“双学双强”等活动开展。围绕县委、县政府中心工作，助力脱贫攻坚和乡村振兴等工作，驻村工作队和干部职工帮扶作用得到发挥。

【党风廉政建设】 2020年，海原县市场监管局强化廉政教育，狠抓纪律作风建设。认真贯彻落实中央八项规定精神及其实施细则，严格执行“三重一大”等制度规定。深入开展“两年建设”，明确班子成员抓党风廉政建设“一岗双责”，落实了班子成员、科所长述责述廉评议、目标责任制考核等制度。以“干部廉政警示教育周”活动为载体平台，组织开展党员干部廉政警示教育，组织股所队长以上人员谈话13人次，排查岗位廉政风险点43个。全年，局领导班子开展集体谈心谈话活动3场次，先后对6名工作人员在工作和纪律方面存在监管不到位、执法不严格等问题给予诫勉谈话。对城关所因疫情个别人员工作不到位问题，给予集体谈话、降低一季度绩效工资处罚，并组织为期一周的思想纪律作风集中整顿，全局干部职工纪律作风全面提升。

（李燕）

经济社会调查

【概况】 国家统计局海原调查队（简称海原调查队）主要承担月度劳动力调查、主要畜禽监测调查、农作物播种面积及产量调查、城乡居民收支调查、流通消费价格调查、农民工监测调查、农户固定资产投资调查、中间消耗、贫困监测、退耕还林监测、乡镇农村居民人均可支配收入调查、农产品价格调查、新设立小微企业和个体经营户调查、三方测评等调查任务。2020年核定人员编制9名，实有在编人员6人。

【疫情防控】 新冠肺炎疫情期间，海原调查队坚决贯彻落实各项防控要求，压实防控责任，主动担当作为，实现疫情防控和工作推进两不误。一是严格要求业务人员和调查员贯彻落实疫情期间总队各业务处室工作部署和调查方式，牢固树立“工作不乱、数据不断”的意识，采取“实地+电话+网络”齐步走模式，按照规范要求开展调查，保障数据质量。二是严格做好个人防护。防疫期间为了保证调查工作有序开展，队内给干部职工购置了防护用品，在实地调查时严格做好防护，每日报告自己及家人的健康状况。三是加强研判分析。业务人员及时进行数据审核，对于异常情况复核，对于疫情期间变化较大的指标要仔细梳理原因，准确分析研判。

【业务调查】 2020年，海原调查队各项业务工作均稳步推进。消费价格调查基期轮换和权数测算工作圆满完成；居民收支调查根据需要进行了部分样本轮换工作；月度劳动力调查根据“互观互检”要求，进一步完善基础工作台账；主要畜禽监测调查开展摸底工作，进一步提升样本的代表性；农作物播种面积和产量调查进一步筑牢工作基础。同时按照方案制度要求顺利完成了农民工监测、贫困监测、农产品价格调查、中间消耗调查及小微企业跟踪等专业调查，及时、全面、高质量地完成各专业常规报表工作。

【脱贫攻坚普查】 2020年，根据脱贫攻坚普查工作安排，4月在海原县开展宁夏脱贫攻坚普查综合试点工作，完成了3个乡（镇）6个行政村1200户建档立卡户的清查摸底和现场登记工作，达到了检验方案、积累组织实施经验的目的，为全区开展正式普查打下了良好的基础。7—8月，组建了普查工作组对原州区150个行政村、3个社区25651户建档立卡户开展普查工作。同时配合西吉县、彭阳县派驻海原县的联合普查组完成了对海原县的普查任务。

【统计服务】 2020年，海原调查队干部职工积极下乡进行调研，拓宽视野、开阔思维，在专题调研以及信息分析写作方面不断探索，先后完成重大信息调研12期，信息分析54篇（被宁夏调查总队内网采用40篇）、简报48篇。调研信息被海原县领导批示12篇，被县人民政府网站采用8篇，被国家统计局内网采用2篇。调查信息为海原县委、县政府及相关部门进行经济形势分析研判、制定相关政策决议提供了具有重要参考价值的意见建议，统计服务水平不断迈上新高度。

【机关建设】 2020年，海原调查队以改善办公环境、提高工作效率、树立良好的形象为出发点，积极与县政府协调增加了3间办公室，本着以人为本、廉洁、合理、实用、美观相结合的原则，对办公室墙体进行了修补和粉刷，添置了办公桌椅，安装了净水机，做到办公楼内整洁明亮、地面清洁、办公桌椅放置规范有序，保证了优雅的办公环境。此外，还重新与网络运营商签订了合同，对办公网络进行了提速升级。同时精心打造了党员活动室，将党员誓词、权利和义务等内容制作上墙，为全体党员提供了温馨的活动之家。

【队伍建设】 2020年，海原调查队强化人才队伍建设。民主推荐产生了副队长以及纪检员，领导班子配置健全，班子进一步年轻化。同时选派一名干部到中卫市调查队进行挂职锻炼，学习工作经验，提升工作能力。新培养预备党员1人，中共党员干部人数达到7人。在职干部晋升四级调研员、一级主任科员、三级主任科员、四级主任科员各1名，极大地激发了干部职工干事创业的热情和积极性。

【制度建设】 2020年，根据自治区调查总队党组巡察和财务管理处审计工作要求，海原调查队对队内的各项制度进行了修订、更新和完善。制定了调查队会议费、培训费、公务接待管理办法、聘用人员加班费管理办法等制度，修订完善了政府采购办法、公务用车管理办法、考勤管理办法等制度，不断推动海原调查队各项工作制度化、规范化、科学化、高效化发展。

【“七五”普法】 2020年，海原调查队严格按照宁夏调查总队统计法治工作的目标及要求，以及海原县委、县政府“七五”普法规划总体要求，坚持普法与法治实践相结合，从普法、学法、知法、用法等各方面扎实开展统计法治工作，顺利完成了“七五”普法总结验收工作。

（周新宇）

农业农村

NongYe NongCun

综 述

【概况】 2020年，海原县农业农村局内设党政办公室，下辖海原县农业综合执法大队、海原县农业综合开发服务中心、海原县农村能源工作站、海原县农业技术推广服务中心、海原县农业机械化推广服务中心、海原县农村合作经济经营管理站、海原县畜牧产业发展服务中心、海原县动物卫生监督所8个事业单位和17个基层农业科技服务中心。核定编制419个，其中局机关13个（包括行政机关后勤2个），事业编制395个。实有干部职工377人。

【主要经济指标】 2020年，海原县实现农业总产值34.24亿元，增速6.1%，农业增加值17.18亿元，增速4.8%，农村人均可支配收入10641元，增速10.5%，危房危窑改造入选全国农村公共服务典型案例（第二批），实施乡村振兴战略在全区考评中位列山区第四名，获集体三等奖。

【高端肉牛产业】 2020年，海原县根据《全区肉牛产业结构优化调整实施方案》，按照布局区域化、经营规模化、生产标准化、发展产业化的思路，以创建肉牛产业技术体系示范县为目标，制定《海原县肉牛产业发展规划（2021—2025年）》《海原县2020年农业产业化助推脱贫攻坚实施方案》《海原县2020年肉牛产业发展实施方案》《海原县2020年肉牛产业重点工作“五定”方案》《海原县创建科技支撑“一县一业（肉牛产业技术体系）”示范县项目建设方案》《海原县2020年六盘山地区肉牛优势特色产业集群建设项目实施方案》《海原县2020年高端肉牛示范村建设项目实施方案》《海原县2020年牛产业结构优化调整肉牛产业养殖示范村建设项目实施方案》等，为全县高端肉牛产业发展提供了有力的政策性支撑。

【特色种植业】 2020年，海原县加快旱作有机农业、高效节水农业、富硒功能农业发展，推行“企业+合作社+基地+农户”模式，通过加大培育龙头企业力度，引导成立了马铃薯、小杂粮产业协会，筛选带动能力强的新型经营主体，按照五统一要求，建基地、夯基础、定标准、创品牌、强流通，带动和撬动农产品提质增效，从卖原料向卖产品、创品牌向创标准转变。2020年，全县特色优势作物种植以马铃薯、硒砂瓜、葱韭蒜、谷子、糜子为主，种植面积达到60万亩（马铃薯种植33万亩，硒砂瓜种植5.5万亩，葱韭蒜种植2.5万亩，谷子种植10.5万亩，糜子种植8.5万亩）。

【农牧民补奖】 2020年，海原县农牧民补奖政策项目涉及全县17个乡（镇）、1个管委会、1个街道办事处，1个南华山管理处，150个行政村、1175个自然村、11个社区，草原禁牧总面积366.2792万亩，补助总资金为2747.15万元。奖补工作已于7月底，通过“一卡通”形式全额发放，资金兑付率100%。

（李玉成）

种植业

【概况】 2020年，海原县共完成农作物种植169.23万亩，其中夏粮11.93万亩（小麦8.83万亩，豆类3.1万亩）；秋粮103.5万亩（玉米32万亩，马铃薯33万亩，糜子8.5万亩，谷子10.5万亩，荞麦19.5万亩）；经济作物27万亩（油料10.2万亩，小茴香2万亩，硒砂瓜5.5万亩，蔬菜及食用菌8.7万亩、中药材0.6万亩）。

【马铃薯产业】 2020年，海原县马铃薯种植以青薯9号、青薯168为主栽品种，推广起垄覆膜、水肥一体化、测土配方施肥、全程机械化等技术。重点建成中沙绿城海城、曹洼种薯繁育基地，建成千亩新品种引进示范基地，富硒马铃薯标准化种植基地2万亩。示范推广一级种薯20万亩，脱毒种薯覆盖率达到80%。建设种薯繁育基地2个0.6万亩，新品种引进示范基地0.1万亩。在红羊、关庄、树台、海城、曹洼5个乡镇实施马铃薯绿色高产高效创建项目，创建面积27万亩。在关庄、树台等马铃薯主产区建设病虫害绿色防控示范区3万亩。落实农企合作共建示范基地2个，示范区面积600亩，落实马铃薯病虫草害防控地点0.5万亩；培育新型经营主体3家。支持新型经营主体配套分拣分级设备，引进日分选能力100吨的马铃薯分选包装机械2台、小型粉条加工机械2台，推进马铃薯分拣分级、包装加工、品牌销售，延长产业链，提升产品附加值。

【瓜菜产业】 2020年，海原县瓜菜种植面积14.47万亩，其中硒砂瓜种植5.5万亩；设施温室、拱棚瓜菜种植0.61万亩，露地蔬菜种植面积8.69万亩，主要分布在海城、西安、关桥、高崖、李旺、三河、郑旗、七营等。建设硒砂瓜标准化生产基地2万亩，富硒硒砂瓜种植1.5万亩，其中富硒硒砂瓜核心示范园1000亩。在西安现代农业产业园、三塘高效节水农业产业园建设“五优”蔬菜基地5000亩。以关桥、郑旗、三河等乡镇为重点，建设以西芹为主的冷凉蔬菜生产基地2万亩。建设以李旺镇、海城镇和史店乡等为主的红葱种植基地9个，面积达2.1万亩。种植赤松茸、秀珍菇、羊肚菌等菌菇生产基地380亩，建设黄花种植基地2个，面积800亩。

【小杂粮产业】 2020年，海原县深入挖掘旱作土壤肥沃、天然无污染、土壤富硒的优势，进一步巩固提升小杂粮产业，加快旱作有机农业、高效节水农业、富硒功能农业发展；继续加大“新品种、新技术、新机械、新模式”推广力度，重点打造北部海城核心区，中部贾塘（关桥、郑旗）核心区和东部七营（李旺、三河、甘城）核心区，全县以谷子、糜子为主，带动荞麦、杂豆等小杂粮面积达到38.5万亩，其中谷子、糜子标准化示范基地5万亩（谷子4万亩、糜子1万亩），建设富硒小杂粮基地2.5万亩，打造万亩小杂粮标准化示范基地1个、千亩以上示范基地17个。进一步加大“西海固”农产品公用品牌推介、管理机制，提升农产品区域公用品牌影响力推进小杂粮全产业链高质量发展，全力打造自治区级小杂粮绿色高质高效示范县。新品种引进示范基地0.1万亩。由于示范基地示范效果良好，全区小杂粮观摩培训会在海原举办。以培育发展小杂粮产业为重点，在贾塘乡由新型经营主体开展托管式服务，采用“新品种、新技术、新机具、新模式”的四新技术，按照小杂粮绿色高质高效创建项目实施，推广小杂粮精量穴播种植2500亩，主要推广镇压保墒、覆膜精量穴播、一次性施肥等技术，推进小杂粮绿色高质高效创建，着力提升示范村的产业组织化水平，提高农户致富本领，增加农户收入，打造自治区级小杂粮绿色高质高效产业示范县。平均亩产275.8公斤，比2019年的113.6公斤，亩增产162.2公斤，增收778.56元。

【旱作节水农业】 2020年，在海城、关桥、高崖、李旺、七营、郑旗、贾塘、曹洼、树台、甘盐池等乡镇（管委会）建设谷子、糜子等作物高标准旱作农业示范区6个，示范推广和辐射带动地膜减量增效、抗旱抗逆等旱作节水技术6万亩，在贾塘乡王塘村建设谷子旱作节水技术示范推广核心示范园区1个，面积500亩，布设田间试验示范研究4个，使项目区水分生产力提高10%以上；建立墒情监测网点18个，采购墒情监测仪器18套（台）；配套建设集雨窖9座。在核心示范区开展旱作节水农业技术模式集成创新与示范展示，强化现场观摩与技术指导，举办多种形式的培训班和现场观摩会25场次，累计培训2013人次，群众满意度达98%以上，提高基层技术人员与周边农户标准化旱作节水农业技术应用水平，带动旱作节水农业技术大面积推广应用。

【测土配方施肥与化肥减量增效】 2020年，海原县示范带动推广测土配方施肥105万亩、有机肥应用55万亩，推广水肥一体化技术试验示范3.5万亩，农药减量控害应用面积110万亩。测土配方施肥技术推广覆盖率达到91%以上，化肥利用率达到40%以上；农药减量控害技术覆盖率达到90%，农药利用率达到41.2%。建立小杂粮测土配方施肥与化肥减量增效技术示范区0.6万亩，完成田间试验18个，开展田间技术指导24次、现场技术观摩8次；发放《宁夏主要农作物配方施肥建议手册》等技术培训资料、宣传彩页2700余份。

【水肥一体化技术示范区建设】 2020年，全县示范推广适宜单棚单户独立生产使用的小型精量水肥一体化设备15套，控制日光温室97座，面积100亩。开展马铃薯、玉米、蔬菜等水肥一体化技术示范推广面积3.5万亩，通过示范展示，实现了从单一节水灌溉到水肥一体化，充分利用已有水资源科学调度库井水，转经验施肥到为作物所需精准施肥，从露地滴灌到高垄滴灌，达到提高水肥利用率的目标。

【小麦病虫害防控】 2020年，海原县在关桥、西安、三河等小麦主产区建设病虫害专业化统防统治及绿色防控示范区2.0万亩，辐射带动全县小麦病虫防控面积8.0万亩。示范区内使用农药减量助剂，使化学农药使用量减少25%以上。示范区比农户自防区平均每亩减少1.5次用药，节省农药成本与人工成本35元。农作物病虫危害总损失率控制在5%以内，防治效果平均提高13.2%以上。

【草地贪夜蛾监测防控】 2020年，海原县在玉米、谷子种植区建立草地贪夜蛾监测防控核心示范面积2.0万亩，其中西安镇玉米防控0.3万亩，贾塘乡谷子防控1.0万亩，贾塘乡玉米防控0.7万亩，辐射带动全县草地贪夜蛾防控面积20万亩。示范区内使用农药减量助剂，使化学农药使用量减少26.1%以上。示范区比农户自防区平均每亩减少1.2次用药，节省农药成本与人工成本55元。农作物病虫危害总损失率控制在5%以内，防治效果达88%以上。

【农作物重大有害生物应急防控】 2020年，海原县建设马铃薯晚疫病应急防控示范基地（面积8000亩）、草地贪夜蛾应急防控药剂储备区（面积2000亩）。示范区内使用农药减量助剂，使化学农药使用量减少30%以上。示范区比农户自防区平均每亩减少1.5次用药，节省农药成本与人工成本28元。农作物病虫危害总损失率控制在5%以内，防治效果平均提高90%以上。

【植物检疫】 2020年，海原县加强苹果蠹蛾、黄瓜绿斑驳花叶病毒病、瓜类果斑病、马铃薯甲虫、马铃薯帚顶病等植物有害生物疫情普查，及时上报报表60份；硒砂瓜种子种苗抽样送检160个，累计用试纸条检测380个，瓜类种子种苗检测率90%以上；建立大田硒砂瓜细菌性果斑病、黄瓜绿斑驳花叶病毒病监测点20个，面积400亩左右，有效控制了“两病”的危害蔓延，为害损失率控制在10%以下。

【农作物病虫害预测预报】 2020年，海原县开展农作物病虫害预测预报工作。主要完成全县8.83万亩春小麦、32万亩玉米、51.8万亩马铃薯病虫草害和草地贪夜蛾的监测预报工作。农业有害生物监测预报覆盖率达到100%，预报准确率达97%以上。

【农作物病虫害专业化防治】 2020年，海原县依托项目带动推进农作物病虫害专业化统防统治工作。实施农作物病虫害防控项目、小麦病虫害防控项目、草地贪夜蛾监测与防控项目、农作物病虫害应急防控项目等项目，完成农药减量控害面积5.02万亩，建设统防统治与绿色防控基地15个，推进主要农作物病虫害专业化统防统治面积68.14万亩，辐射带动各类农作物病虫草害防治面积128万亩，统防统治覆盖率占主要种植作物总面积的74.3%，农药利用率41.2%。确保了主要粮食作物病虫为害损失控制在5%以下，瓜菜病虫害损失控制在10%以下。

【农药使用及管理】 2020年，海原县做好农药使用及管理工作，全年农药使用量48.3吨，较上年减少0.79吨。回收农药包装废弃物3514.5公斤。

【植保宣传培训】 2020年，海原县结合植保服务“进百家”活动，开展入户调查136次，召开现场会4次，培训33场次，制作宣传横幅15余条，发放宣传材料25000余份，培训4400人次，带动农户2.5万户以上。

（李玉成）

畜产业

【概况】 2020年，海原县牛、羊、猪、鸡饲养量分别为30.01万头、160.25万只、10.83万头、184.5万只；存栏分别为15.12万头、69.37万只、4.87万头、88.5万只，同比分别增长10.1%、1.1%、6.6%、2.9%；出栏分别达到14.89万头、90.88万只、5.96万头、96万只，同比分别增长12.3%、1.0%、6.8%、1.6%。肉类总产量39321吨，同比增长7.6%；禽蛋产量5985吨，同比增长2.3%；奶牛存栏5500头，牛奶产量14602吨，实现畜牧业产值23.61亿元，同比增长10.8%，人均牧业纯收入1048元。

【养殖专业示范村建设】 2020年，建成高端肉牛养殖示范村57个，滩（肉）羊养殖示范村2个、肉牛改良点47处、“五位一体”综合畜牧科技服务点24个、饲草配送中心4处；已登记备案的规模养殖场（小区）122个，其中养牛场（小区）54个、养羊场（小区）51个、规模养猪场12个、规模养鸡场5个；培育规模牛场、肉牛养殖合作社、家庭牛场累计达到227家。

【肉牛产业发展集团】 2020年，海原县注册资金5000万元，挂牌成立肉牛产业发展集团，组建17个乡级工作站、57个村级专业合作社，高端肉牛产业“6+1”体系不断完善。

【肉牛品质改良】 2020年，海原县先后2次组织国家肉牛牦牛产业技术体系专家对良种牛繁育中心项目进行了论证，确定肉牛良种繁育路径。计划引进良种肉牛冻精60000支（其中进口冻精10000支），投放到26个养殖场和

16个肉牛养殖示范村选育选配。年内已累计引进良种肉牛冻精80000支，发放西门塔尔肉牛冻精59212支（其中进口冻精10000支），完成任务的98.7%，使用57900支，冷配改良肉牛37650头，妊娠母牛30870头，年内新生犊牛29509头，同时建立健全冻精管理制度，坚决杜绝其他外来冻精品种流入县内，制订全县肉牛改良计划，稳步推进肉牛品种改良工作，逐步提升肉牛良种化率。

【肉牛繁育中心建设】 2020年，海原县规划建设中国（宁夏）良种肉牛繁育中心，聘请肉牛体系专家团队，科学制定肉牛良种繁育中心建设方案和育种方案，年内已完成项目路、水、电的配套设施及项目的可行性研究、初设工作。

【肉牛规模养殖场建设】 2020年，海原县计划新建肉牛规模养殖场（户）125个。年内已建设完成599个，完成任务的479.2%，其中20~49头489个、50~100头85个、100~200头9个、200~500头11个、500头以上4个、1000头以上1个，新增规模存栏肉牛达到22800头。

【高端肉牛示范村建设】 2020年，海原县确立打造西安镇菜园村、甘城乡三台村、三河镇辽坡村、七营镇马莲村、关桥乡王湾村5个高端肉牛示范村，每个村通过成立养殖专业合作社、培育养殖高端肉牛示范户、新（改扩）标准化养殖棚圈、建设青贮池和饲草加工设备、配套建设粪污处理设施、推广全株玉米青贮技术等措施，示范带动我县高端肉牛产业发展。年末，已全部建设完成，注册成立养殖专业合作社5家，完成任务的100%，打造示范户305户，新（改扩）建标准化牛棚320座2.56万平方米，补栏良种肉牛1550头，其中基础母牛1070头。

【自治区级肉牛养殖示范村建设】 2020年，海原县巩固提升李旺镇杨堡村、三河镇代店村2个自治区级高标准肉牛养殖示范村，通过推广肉牛“50”养殖模式，加强完善粪污处理基础设施、兽医诊疗、饲草料加工配送等影响产业发展的短板和弱项，支持发展中小适度规模养殖，积极发挥肉牛合作组织职能，提高畜产品综合生产能力和安全水平，使每个养殖示范村达到肉牛存栏2000头以上、养殖户达到总户数的60%以上、存栏50头以上（含50头）的家庭牧场占全村存栏量的20%、存栏10~49头的养殖户占全村存栏量的50%。两个示范村已全面建设完成，总计培育巩固“50”养殖模式规模养殖示范场（户）10个，完成任务的100%，“20~49”头示范户22户，完成任务的100%，新改扩建标准化牛棚35座1.2万平方米，青贮池1.2万立方米以上，补栏良种肉牛1260头，其中基础母牛880头。

【村级肉牛养殖合作社】 2020年，海原县在全县57个肉牛养殖示范村均成立村属养殖合作社，并已顺利开展相关业务。

【高端肉牛托管代养】 2020年，海原县计划托管代养户任务1000户。各乡镇已按照各自任务全部完成代养户筛选，并与海原华润农业有限公司、代养农户协商共同签订了托管代养合同，并顺利开展托管代养工作，完成任务的100%。

【肉牛繁育推广】 2020年，海原县计划“见犊补母”政策全县全覆盖。年内共完成已繁良种母牛选育登记26260头，涉及全县18个乡镇（管委会），为全县高端肉牛产业自我发展、可持续性发展、高质量发展夯实基础。

【宁夏（海原）第五届高端肉牛大赛】 2020年9月21—22日，海原县成功举办了“庆丰收迎小康2020年中国农民丰收节暨宁夏（海原）第五届高端肉牛大赛”，有力提升宁夏海原高端肉牛品牌影响力、市场竞争力和社会知名度。赛会共评选出牛王、牛后1个、一等奖10个、二等奖20个、三等奖30个，分为基础母牛组、犊牛组、育肥牛组，同时对评选出的“十大养牛致富能手”、优秀养殖合作社、优秀养殖家庭农场、优秀乡村牛专家、建档立卡户养牛能手、优秀畜牧技术推广人员、支持牛产业金融单位、饲草加工配送中心等进行了表彰奖励。

【华润基础母牛赊销】 2020年，海原县计划赊销华润基础6000头，实际完成赊销431户次1121头。累计赊销12926户次32051头。

【华润赊销母牛到期货款追缴】 2020年，海原县华润基础母牛赊销款合同到期涉及17个乡镇5354户13390头8035.2万元，已累计完成还款4508.14万元，还款率56%，已还清户数2683户。

【滩羊产业】 2020年，海原县打造西安镇薛套村、甘盐池管委会盐池村2个自治区级滩羊养殖示范村，通过支持养殖示范村养殖大户、规模户，推广家庭经营“300”模式，建立滩羊基础母羊核心群，引进优良滩羊种公羊，提升滩羊品质，配套公共服务配套设施，养殖示范村滩羊基础母羊存栏4000只以上，滩羊养殖户达60%以上，存栏300只以上的家庭牧场占全村羊存栏的20%以上，存栏100~299只的养殖户占全村羊存栏的40%以上。两个示范村已全面建设完成，共计培育“300”模式规模养殖场（户）11个，培育存栏50~99只滩羊养殖示范户42户，完成任务的100%；建设舍饲羊棚80座1.5万平方米，补栏滩羊9860只。2020年计划县域外引进滩羊种公羊2400只。已从盐池县滩羊种羊场和朔牧滩羊繁育场总计引进2400只并投放到场（户）2125户，涉及17个乡镇1个管委会，完成任务的100%。在甘盐池管委会、西安镇薛套村、树台乡新庄村、龚湾村共计选育滩羊种母羊12480只，完成任务的100%。

【生猪产业】 2020年，海原县编制《海原县2020年生猪产业发展实施方案》，计划新建适度规模养猪场（户）25个，其中存栏300头以上规模5个，100~299头20个。已建设完成34个，完成任务的136%，其中存栏300头以上规模6个，100~299头28个，新增存栏生猪6638头，其中经繁母猪957头，并都配套建设了堆粪场、污水储存池，切实提高了我县生猪产业规模化养殖水平。

【青贮玉米种植及加工收贮】 2020年，海原县加强饲草配送加工建设。引进宁夏大田新天地公司建设完成李旺牧草收储、加工、配送、销售于一体的大型饲草配送中心，已正式投入生产。

【牧草种植】 2020年，海原县计划100亩连片种植紫花苜蓿3万亩，500亩连片种植一年生禾草6.4万亩。年内总计完成连片紫花苜蓿种植4.25万亩，完成任务的142%；连片一年生禾草7.11万亩，完成任务的111%，有效保障了全县饲草自给。

【青贮玉米种植及加工收贮】 2020年，海原县计划种植青贮玉米10万亩，加工收贮20万吨。年内总计完成青贮玉米种植12万亩，完成任务的120%；加工收贮20.945万吨，涉及498个加工收贮场（户），完成任务的104.7%，全县所有乡镇（管委会）均有分布，有效缓解了全县饲草不足、草畜区域性不平衡的问题。

【紫花苜蓿机械化收割】 2020年，海原县由有收储能力的苜蓿机械化收割服务队，以苜蓿种植比较集中的贾塘乡、郑旗乡500亩以上的苜蓿种植区域为主，开展连片苜蓿机械化收割示范1.8万亩；年内总计收割完成2.2万亩，完成任务的122.2%。

【畜禽粪污资源化利用】 一是成立畜禽粪污资源化利用工作专班，对全县畜禽养殖场（户）进行了详细的摸底排查，对没有配套建设粪污堆积场及尿液贮存池的或没有达标的下发了专项整改通知，督促整改，力求完善达标。二是结合2020年新建规模养殖场（户）及粪污资源化利用项目建设，严格执行畜禽粪污资源化设施配套建设要求，全县70家规模养殖场中67家配套建设粪污处理设施，粪污设施配套率达95%以上，大型规模养殖场配套率达100%；新建规模养殖场全部配套粪污处理设施，并依法进行环境评价备案。

【畜牧技术培训】 2020年，海原县结合新型职业农民培训、草畜主导产业脱贫攻坚知识培训、村级兽医培训、高素质农民培育计划、草畜产业节本增效活动、“三百三千”农业科技推广行动等，加强对县乡两级畜牧技术人员、经营主体、草畜产业经纪人、种养大户的理论水平和实操能力培训，提升草畜产业科技指导服务能力。一是聘请西北农林科技大学教授、选调海原县畜牧技术骨干组建专家团队，针对肉牛养殖管理粗放，技术支撑体系乏力，以近年打造的高端肉牛示范村建设为重点，辐射全县肉牛养殖大户、规模养殖场，重点开展肉牛科学饲养、日粮配方设计筛选，饲草料加工调制、冷配改良、高效繁育、疫病防治等畜牧综合配套技术服务、攻关研究、实验示范推广。年内已累计组织培训16场次，培训村级防疫员、冷配技术人员、养殖户1000人次，发放技术宣传小手册3000余份、养殖技术宣传彩页60000余份，发放预混料5吨、牛羊营养舔砖10吨。二是建立健全养殖服务体系，配强县级兽医实验室技术力量，开展疫病监测、检测、流调等工作；组建兽医专家团队，解决疑难病症诊治。配套完善17个乡镇兽医站、47个畜牧科技服务点，配强专业技术人员开展畜牧技术服务，督促指导17家防疫公司开展动物疫病防控工作，筑牢防火墙；招聘80名乡村牛医，委托西北农林科技大学集中培训、持证上岗，推行网格化管理服务。三是由宁夏西海固高端牛产业研究院牵头，柔性聘用科研专家18名，针对牛产业薄弱环节，查弱项、补短板，设置了20个科技项目，进行科研攻关，逐一解决存在的问题。同时由研究院牵头成立“一牛一策”工作专班，进村入户上门服务，为26个村310户农户（养殖基础母牛820头）提供现场技术指导，对每一头牛提出具体解决方案。四是开展养殖技术服务，在贾塘乡堡台村、甘城乡三台村等12个村举办肉牛养殖专题培训班20期，培训2860余人；采购盐砖10吨、微量元素20吨，利用肉牛养殖技术培训发放给养殖示范户，示范引领肉牛标准化养殖。五是下派40名技术人员，开展饲草种植、收贮、加工、棚圈建设、养殖技术、疫病防控等畜牧技术指导，推广科学养殖技术，保障全县肉牛高质量发展。

【动物疫病防控】 2020年，海原县动物防疫统计应免牛、羊、猪、鸡、犬数分别为10.99万头、47.7万只、3.4万头、48.86万只、2.2万条，实免牛、羊、猪、鸡、犬数分别为9.93万头、46.73万只、3.37万头、48.86万只、2.22万条，免疫密度、带标率均达100%。

【畜禽强制免疫】 2020年，海原县按照要求在全县范围内开展高致病性禽流感、口蹄疫、小反刍兽疫、猪瘟、布鲁氏菌病、包虫病、狂犬病的强制免疫工作，完成三年发生过炭疽疫情的海城、关桥、西安、树台、三河、七营、李旺等7个乡镇的所有家畜炭疽免疫。

【牛结节性皮肤病防控】 2020年，海原县按照自治区农业农村厅《关于加强我区牛结节性皮肤病防控工作的紧急通知》精神，组织县、乡专业技术人员、社会化服务组织深入养殖一线，摸排调入海原县牛只的健康状况，排查过程中发现牛只皮肤出现多发性结节、破溃、结痂等牛结节性皮肤病临床症状的，立即采取有效措施，并采集样品送检。年末，已完成全县调入牛摸排工作，同时完成自治区畜牧中心下达的采样任务，经过细致排查未发现异常情况。为做好牛结节性皮肤病的防控，积极落实资金，购入12万头份肉牛、山羊痘疫苗、10万支皮内注射器，组织县乡240名专业技术人员开展牛结节性皮肤病疫情排查，共排查完成养殖场（户）30402个，排查牛220470头次，消毒圈舍2386102平方米，免疫牛90086头，100%完成应免牛只。加强外调牛，特别是华润外调牛的监管。疫情防控期间，共隔离监测牛1087头，指导养殖农户做好圈舍及饲养环境的消毒工作。

【生猪非洲猪瘟排查】 2020年，海原县继续做好生猪非洲猪瘟到场到户排查，实行日报制度和零报告制度。

【动物流行病疫情防控】 2020年，海原县做好非洲猪瘟、口蹄疫、高致病性禽流感、猪瘟、小反刍兽疫、布病等动物疫病流行病学调查工作。完成自治区和中卫市下达的监测任务，并对各项监测和流行病学调查结果进行分析，发现隐患，尽早尽快予以处理。向自治区市送检各类样品2470份，县本级实验室采样1860份，监测2100份。

【兽医社会化服务】 2020年，海原县完善购买服务的评价和考核机制，鼓励兽医社会化服务组织拓展服务内容和服务范围，进一步提高服务质量。加快推进规模养殖场“先打后补”，年内实现规范化生产的规模养殖场户全覆盖。

【兽医实验室质量认证】 2020年，海原县强化全县兽医实验室人员培训，补齐短板，为兽医实验室质量认证奠定基础，保障了全县兽医实验室检验报告的规范性、准确性、时效性，进一步提升了兽医实验室管理水平和能力。

【兽医培训】 2020年，海原县积极开展技术培训工作，根据海原县人力资源和社会保障局《关于报送草畜主导产业脱贫攻坚知识培训方案的通知》，委托西北农林科技大学动物医学院，采取“理论＋技能”相结合的培训方式对全县80名村级兽医进行了封闭式培训，做到持证上岗。

【其他疫病防控】 2020年，海原县结合全县养殖业常见病发生情况，做好高致病性猪蓝耳病、牛羊梭菌病、支原体肺炎等自免动物疫病的常规免疫工作。

【动物补免补带】 2020年，海原县对全县畜禽养殖户补栏、产后母畜、断奶仔畜进行补免补带，确保不发生重大动物疫病。

（李玉成）

农业机械化

【概况】 2020年，海原县农业机械化推广服务中心（简称县农机中心）有干部职工33人，其中专业技术人员27人（高级职称8人，中级职称19人）。年末，全县拥有农机总动力41.48万千瓦、拖拉机（联合收割机）13585台、拖拉机驾驶员15186人。配套各类农机具31456台（套），有农机从业人员7.2068万人。

【农业机械化作业】 2020年，海原县作业完成机耕121.63万亩，机深翻28.9万亩，机播116.4万亩（玉米28.49万亩，马铃薯34.41万亩），机收75.9万亩（玉米20.24万亩，马铃薯28.84万亩），小麦、玉米、马铃薯机械化水平达到96.8%、85.4%、65.5%，主要作物综合机械化水平达到82.5%，全县综合机械化水平54.67%，较上年提高3个百分点。

【农机购置补贴】 2020年，全县农机购置补贴资金规模为794.92万元。截至年末，补贴系统共申请补贴各类农机具1366台，其中轮式拖拉机324台、马铃薯种植机27台、马铃薯收获机64台、打（压）捆24台、其他机具927台，申请补贴资金1484.74万元，农民投入购机资金3816.01万元。由于补贴资金不足，今年实际享受补贴的机具为689台，使用补贴资金792.748万元（已全部兑付），带动农民投入购机资金1997.02万元，受益户数573户。

【农机作业服务公司建设】 2020年，新组建了海原县希鑫农机服务有限公司，完成公司注册、机库机棚建设及机具购置，制定了公司章程、制度等。建设机库、机棚、修理车间分别为400平方米、873平方米、50平方米。县级已验收，报请自治区验收通过。

【农机深松整地】 自治区下达海原县农机深松整地任务4万亩。海原县按照“行政推动，补贴引导，农户自愿，确保实效”的方针，制定了《海原县2020年农机深松整地作业项目实施方案》，通过对实施深松的农机服务组织进行招标，选择土地集中连片适宜深松的郑旗乡、贾塘乡、海城镇等乡镇实施机深松作业。全县投入1S-200型、1SJ-250型、1SZL—220型等机深松作业机具6台（套），实施深松整地面积4万亩，补助资金160万元（自治区下拨100万元，县财政配套60万元）。

【农机监理】 2020年，海原县共完成农机驾驶操作人员培训907人，培训考证302人；拖拉机联合收割机挂牌入户366台，拖拉机检验2954台；驾驶员审验换证806人；出动安全检查168人次，纠正违章78台次。

【覆膜和残膜回收】 2020年，海原县旱作节水农业示范项目计划推广实施覆膜面积6万亩，实际完成15.3606万亩（含自筹），完成下达任务的390.06%。共招标采购使用发放地膜1049吨（其中白膜929吨，黑膜120吨），使用地膜采购资金1248.23万元。全县有农用残膜回收网点20个，残膜加工企业2家。全年共出动检查人员267人次，下发整改意见书8份，印发宣传材料1万多份。共投入残膜回收机械202台，回收残膜1221吨，加工颗粒150吨，共兑付残膜补助资金156.1万元，农用残膜回收率达到89.6%。

【秸秆综合利用机械化捡拾打捆】 2020年，海原县在牧草收割方面，对合作组织等大面积种植，主要推广牵引式牧草收获机械20多台，对一般农户小面积种植推广了手扶自走式割晒机400多台。同时，推广青饲料收获机20多台。在秸秆回收利用方面，主要推广牵引式打（压）捆机，新增30多台，通过秸秆机械化捡拾打捆，有力推进了秸秆饲料化利用，消除了玉米秸秆“站岗”浪费和焚烧污染现象。全县机械化捡拾打捆玉米秸秆7万亩、3.5万吨，秸秆综合利用率达到85%以上。

（李玉成）

农村经济管理

【农民专业合作组织建设】 2020年，海原县制定下发《海原县2020年扶持农民合作社发展项目实施方案》《海原县2020年扶持家庭农场发展项目实施方案》，完成34家县级以上示范家庭农场发展项目扶持工作，拨付资金204万元；完成61家县级以上农民合作社示范社发展项目扶持工作，拨付资金445万元；创建县级农民合作社示范社30家、家庭农场14家，市级农民合作社示范社5家、家庭农场5家，自治区级农民合作社示范社2家、家庭农场4家，拟推荐国家农民合作社示范社2家。两批次选派37名家庭农场主参加农业农村部主办的现代青年农场主培训工作，已全面完成网课受训和观摩外训，为推动农民合作社和家庭农场高质量发展开好头、起好步。

【农村土地承包管理】 2020年，海原县制定下发《海原县劳务移民农村承包地确权登记颁证工作实施方案》《海原县2020年农村承包确权登记颁证“回头看”整治方案》，完成农村承包地确权变更登记5240户，累计完成22692户；完成移民确权登记颁证1099户29100.65亩，其中，劳务移民原籍土地确权登记颁证831户22980.39亩，县内生态移民268户6120.26亩，做到“一书一证”“两个100%”落实到户。对全县17个乡镇配置了农村承包确权档案查询系统，为全面推动农村土地承包经营权成果运用奠定了基础。

【农民负担监督管理】 2020年，海原县制定了《海原县2020年农民负担监督管理工作安排》，对全县农村义务教育阶段在校学生数及农村义务教育收费进行检查；对涉及农业生产性收费的农业灌溉水费、农业灌溉电费进行调查统计。

【农村集体资产清产核资】 2020年，海原县在2017年农村集体资产清产核资基础上，完成2018—2019年度农村集体“三资”清查登记工作。清查登记全县150个行政村货币资金39570233.15元，固定资产191820369.59元，负债3073440.98元，资本192434015.58元，未分配收益36455641.18元。集体土地总面积5998445.65亩，其中农用地5728072.01亩，建设用地270373.64亩；四荒地273719.94亩；待界定土地468780.74亩。

【经营性资产股份合作制改革】 2020年，海原县按照“尊重历史、兼顾现实、程序规范、群众认可”的原则，在遵循相关法律政策基础上，制定出台《海原县村集体经济组织成员身份界定指导意见》，指导各村成立组织机构，制定确认办法，开展成员信息入户登记，通过“三榜”公示制度，召开村民代表会议认定村集体组织成员身份。全县村集体经济组织确认成员104327户384681人。印发《海原县2019年农村集体资产股权量化指导意见的通知》，明确股权管理原则，采取“量化到人、确权（颁证）到户、户内共享、社内流转、长久不变”的静态管理办法。通过“投改股”试点项目，高崖乡草场村、海城镇王井村、曹洼乡脱烈村、关桥乡关桥村4个村集体量化资产800万元，村集体组织成员量化资产14400股，村集体量化1600股，村集体占比10%。

【农村集体资产股份权能改革】 2020年，海原县各乡镇、村结合实际制定股权改制方案，对农村集体经营性资产进行了股份量化，赋予了农民集体资产股份权能。对全县126个村集体进行了光伏发电确权颁证；对股份量化村集体按照股东户发放股权证2939本。出台《海原县农村集体资产股权抵押担保贷款管理办法(试行)》，积极探索农村集体资产权能拓展。全县成立村集体经济合作组织149个，通过合法程序选举产生社员代表、理事会、监事会，村干部通过合法程序推选担任理事长，其中有105个村党支部书记担任理事长。县农经站统一标准，为149个村集体经济组织制作悬挂门牌。

【扶持农村集体经济】 2018—2020年，海原县共争取中央、自治区扶持发展壮大村集体经济项目42个，项目资金4600万元。坚持“宜农则农、宜工则工、宜商则商”的原则，筛选有发展意愿、村党组织带头人能力强，发展模式成熟的42个村实施发展壮大村集体经济项目。2019年县财政筹资1000万元，围绕牛产业、小杂粮等特色优势产业，扶持20个非贫困村，同步推动村集体经济壮大发展。全县实施壮大村集体经济项目62个，其中，涉及养殖业30个、种植业11个、加工业8个、仓储业3个、农机服务业8个、光伏发电业1个、生态观光农业1个，已初步形成了村集体经济经营形式“多点开花”的发展格局，全县村级集体经济效益初见成效。2020年12月5日，草场村举行村集体经济分红大会暨模范表彰大会，共同分享集体经济发展成果。

【农村经济运行态势固定监测】 2020年，在关桥乡张湾村建立农村经济运行态势固定监测点，组织人员对该村70户农户的家庭收支情况进行记账指导培训。对全县17个乡镇、1个管委会的150个行政村进行换届审计，审计总资金299404446.17元。2020年资产清查的情况：资产合计301362199.61元（其中流动资产51862435.88元，农业资产1556110元，长期资产23392593.04元，固定资产224551060.69元）；流动负债1496723元，长期负债4105737.58元，所有者权益295759739.03元。集体土地总面积7098676.01亩，其中农用地6901946.46亩，建设用地196729.55亩。

（李玉成）

小康建设

【高标准农田建设】 2020年，海原县农田水利基本建设共涉及17个重点项目，其中高标准农田（全部为高效节水项目）5.15万亩13个项目，完成4.25万亩，改善灌溉面积6万亩，治理水土流失面积100平方公里，新建坡改梯田3.11万亩，淤地坝除险加固9座，河道及山洪沟治理171.03公里；渠道清淤29公里，整修田间道路82公里，增施有机肥55万亩，机深松4万亩。

【“一村一年一事”】 2020年，海原县围绕特色产业发展、基础设施改善、公共服务提升、乡村社会治理、农村改革等方面，在全县150个行政村梳理150件事关农民群众切身利益的难事和实事，作为“一村一年一事”事项，已全面完成并在全区“一村一年一事”考评中获得一等奖。

【环境整治和“厕所革命”】 2020年，海原县以干净、整洁、有序为总目标，以村庄清洁行动为抓手，以“五清一改一绿化”为主攻方向，全面清理农村生活垃圾、沟渠道边、农业生产废弃物、废弃危旧房屋残垣断壁、乱堆乱放乱搭乱建，实施村道绿化，改变村民的不良生活习惯，全年投入环境整治资金3000万元，彻底拆除危旧房屋39286间，清理残垣断壁325.3公里，清理生产生活和建筑垃圾处理垃圾23.11万吨，完成各类树木种植40万株，村容村貌得到了明显提升。建立完善村庄保洁管理长效机制，规范管理使用政府购买的公益性岗位，设立卫生保洁员2942人，有效解决贫困劳动力就业问题。加快了“厕所革命”建设进程，坚持好字当头、质量优先，以群众适用易用为导向主推室内为主、室外为辅，确保建一个、成一个、用一个，一年四季都能用，紧盯“三率一度”，全年改造农村户厕2500户，已全部完成并投入使用。

【农村产权制度改革】 2020年，海原县按照自治区“五项改革”总体部署，积极推进农村承包地“长久不变”政策落地落实，认真开展土地确权“回头看”，对农村土地确权工作全面进行梳理纠错。积极组织实施易地劳务移民确权办证工作，全面完成“十二五”以来全县4310户易地劳务移民原籍土地确权登记颁证工作，并将全县回购光伏电站全部确权到126个贫困村村集体。及时完成农村产权交易中心建设任务，开展土地“两权抵押”贷款试点，积极探索通过土地承包经营权抵押，解决新型经营主体融资难融资贵的问题。全面完成村集体成员身份界定、资产折股量化、集体经济组织登记赋码等既定改革任务。拓宽渠道发展壮大村集体经济，推行“基础母牛银行”、四季鲜蔬菜基地企业产销平台经营、光伏扶贫等模式，全县125个贫困村集体经济年收益均达到26万元以上，实现了全县150个村集体经济项目全覆盖，全县村集体经济总收益达到5400余万元。

（李玉成）

水利水保

【概况】 海原县水务局是海原县人民政府职能部门，主要负责全县水利工程建设和管理、水旱灾害防御、水态保护、水资源开发利用和管理等多项任务。2020年，海原县水务局内设综合办公室、规划计划股，下辖海原县河湖管理事务中心、海原县水利工作站、海原县水土保持工作站、海原县水政监察大队、海原县水务局树台水保试验站、海原县农村供水管理中心6个事业单位。有在职干部职工133人。其中行政编制9人，事业编制124人；研究生学历7人，大学本科学历57人，大专学历61人，中专学历8人；事业编制管理岗2人，专技岗118人，工勤技能岗8人；专技岗正高级职称1

人，副高级职称32人，中级职称63人。局党委下设3个支部，有中共党员75名。

【水利建设项目】 2020年，海原县争取各类水利水保项目27项，其中安全饮水项目2项、水保生态项目11项、节水灌溉项目1项、水旱灾害及水库移民项目13项，完成固定资产投资3亿元。自来水入户率达到95%以上，集中供水率达到99%以上，供水保证率达到90%以上，水质达标率达100%，整治与疏浚河道沟道77公里，新增旱作基本农田3万亩，治理水土流失面积139平方公里。

【安全生产】 2020年，海原县水务局有序开展安全生产专项整治三年行动，严格落实安全生产责任制，重点抓好“水域、水库、供水设施、在建水利工程”等领域的日常监管工作。积极督促各乡镇抓好辖区内涉水工程的低温雨雪冰冻天气应对、汛期水利安全生产及暑期青少年防溺水安全等工作。针对年初岁末、汛期、节假日等关键时期重点时段，相继组织开展水利工程建设安全生产专项整治行动、电气火灾综合治理、危险化学品专项整治行动、“安全生产月”、全县水域专项治理行动等系列安全检查，共计检查各类库坝114座、抗旱应急及节灌蓄水池67座、泵站15座、在建水利工程21处，排查整改各类安全隐患231处，确保了水利行业安全生产无事故。

【水资源管理】 2020年，海原县水务局持续推进节水型社会建设，促进水资源高效可持续利用，把水资源作为最大的刚性约束，坚持以水定城、以水定地、以水定人、以水定产，实施深度节水控水行动，坚持向观念要水、向机制要水、向科技要水，把天上水蓄起来，把地表水管起来，把地下水控起来，把再生水用起来。对辖区地下水资源无序开采及机井的权属进行全面清理，委托第三方服务机构协助开展了全县取水工程（设施）核查登记工作，共核查登记取水口1347处。年末，全县取水核查登记工作已完成，正在对取水工程运行及权属、控制面积、年取水量等参数进行公示。

【农村安全饮水达标】 2020年，海原县已形成了以中南部连通工程为骨架，以南部、八斗、七营—李旺、后塘等23处工程为支撑的供水管网体系，实现了农村居民饮水安全全覆盖，累计完成自来水入户77144户，铺设管道达1.2万公里，建成集中供水点49个，解决373户，分散式供水337户。全县自来水入户率达99%，集中供水率99.6%，供水保证率90%以上，水质符合生活饮用水标准，全县群众用上了稳定、安全、方便的饮用水，并顺利通过国家脱贫攻坚普查验收。

【农村饮水安全工程】 2020年，海原县完成农村饮水安全巩固提升工程和苦咸水改水项目，完成新增户、回迁户自来水入户1026户，动态已清零，发放张贴明白卡7.2万份，铺设配水管道126.77公里，新建完成扬水泵站5座、管理房1座，各类调蓄蓄水池16座。

【农村饮水安全“四查四补”】 2020年，海原县全面开展农村饮水安全“四查四补”工作，研究制定 “四查四补”饮水保障工作方案，明确责任，强化落实，在认真整改脱贫攻坚“回头看”排查问题的基础上，对全县18个乡（镇、管委会）挨乡、挨村、挨户进行全面排查，对查找的问题边查边改，即查即补，对排查出的567个问题全部整改清零，切实补齐饮水短板。

【饮水工程网格化管理】 2020年，海原县积极落实饮水工程网格化管理，深入细化工程管理责任，落实工程管理。加强与水投公司协作互联，建立第三方管理管护体制，夯实饮水安全工程运行管理，按照农村饮水标准加强水质检测，建立农村饮水安全工程长期运行管理机制，加强水费收力度，使水费收缴率达90%以上，切实保障饮水成效。截至10月，全县已收水费843.9万元，水费收缴率达到90%以上。

【苦咸水改造项目】 2020年，海原县完成苦咸水改造项目建设任务，铺设主管道33.03公里、干管12.81公里、支管20.23公里、扬水管道20.32公里；新建过沟建筑物27座、过路建筑物61座、各类阀井176座；新建调蓄池5座、扬水系站5座。

【“互联网+农村供水”项目】 2020年，海原县实施“互联网+农村供水”工程，已由宁夏水务投资集团完成招投标并开工建设。

【水利设施】 2020年，海原县累计建成水库50座，其中中型水库7座，小（一）型水库23座，小（二）型水库20座。水库控制流域面积6484.12平方公里，总库容4.75亿立方米，有效库容1.74亿立方米。有蓄水水库50座，蓄水总量为634.72万立方米。有机井1143眼，小高抽24处、水保治沟骨干坝32座、中型淤地坝26座、小型淤地坝6座，完成病险淤地坝除险加固30座。治理小流域124条，集水场1.3万处、170万平方米，水窖8.2万眼，发展灌溉面积44.9万亩（其中井灌区16万亩，库灌区2.3万亩，扬黄灌区26.6万亩），新增旱作基本农田100.65万亩，治理水土流失面积2697.65平方公里，占全县水土流失面积的61.2%。

【水保生态建设】 2020年，海原县完成树台乡龚湾、郑旗乡中坪、红羊乡安堡3条小流域综合治理项目；完成海原县西安镇马营、东庄、堡台坡耕地水土流失综合治理项目；完成白石头沟、丁家洼、方家沟、龙洞沟1号、龙洞沟2号、陡沟、田拐、李家沟3号、沙河9座骨干坝除险加固工程。新建坡改梯41300亩，治理水土流失面积139平方公里。

【节水灌溉】 2020年，重点续建海原县2019年度三塘中型灌区节水配套改造项目，铺设管道5.7公里。三塘灌区配水工程（贾塘片区）正在开展招标工作。先后对罗山硒砂瓜灌溉水源机井、七营镇张堡村生态移民小高抽、七营镇八营村小高抽实施了水泵更换与机电维修；调试运行完善三塘灌区已建高效节灌项目，确保项目区产业供水。

【水旱灾害治理】 2020年，海原县完成宁夏清水河综合治理工程海原县段2019年建设项目，海原县贺堡河（曲湾水库至贺堡河出口段）治理工程、海原县关庄乡马圈沟治理工程已完成工程建设、海原县山洪沟治理项目及“一村一年一事”项目共治理沟道18处。共治理河道及沟道77公里，疏浚河道45.95公里，防汛道路33.43公里。

【河长制工作】 2020年，海原县压实河长责任，全面落实河湖长主体责任，督促各级河湖长履职尽责。进一步压实乡、村级河长及巡护保洁员责任，落实日常工作职责。以清水河海原段综合治理为主线，编制完成《海原县清水河六窑段示范河湖建设实施方案》，全力打造清水河三河镇六窑段美丽河湖。以水域岸线划界确权结果为依据，开展对河道管理范围的非法围垦地进行全面清查专项治理行动，协调相关单位、乡镇，对侵占河道的土地，已办土地确权证的全部予以清退。在全县范围内开展专项清理整治行动，对乱占、乱堆、乱建等河库管理保护突出问题进行整治，进一步巩固“清河专项行动”成效。开展辖区河湖管理范围内“四乱”问题的自查自纠，完成排查整治河湖“四乱”问题44个，累计投入机械240个台班，人工415个工日，清理转运垃圾4785吨。完成10条县级河流《河湖岸线保护利用规划》及14个乡镇38条乡级河流《一河一策实施方案》的编制。

【防汛抗旱】 2020年，海原县严格执行防汛抗旱行政首长负责制，逐级落实各乡镇水库、河道重要地段、山洪沟、地质灾害隐患点防汛责任人89人。修订完善《海原县防汛抢险、防洪应急及各库（坝）防洪抢险应急预案》50多个。全面落实专业抢险队伍和群众抢险队伍，组建防汛专业抢险队伍20支，落实抢险队员

1000余人；组建群众抢险队伍50支，有群众抢险队员5000余人。开展汛前安全大检查，及时消除库坝、在建工程等各类安全隐患12处；严格执行汛期24小时防汛值班和领导带班制度，强化监测管理。对在建工程制定了汛期施工计划及防洪预案，在保证质量的同时，加快工程进度，确保安全度汛。完成2020年公益性库坝维修项目、海兴开发区防洪工程及海原县2020年山洪灾害防治项目。新安装山洪灾害警示牌550个、宣传栏73个、给各村发放铜锣和手摇报警器各100套，更换责任信息牌50个，维修及调试水情监测设备26套。

【党建与精神文明建设】 2020年，海原县水务局以学习贯彻党的十九届四中、五中全会和习近平总书记系列重要讲话精神为主线，扎实开展“党政机关作风建设年、干部队伍素质提升年”“让党中央放心、让人民群众满意”“学理论强素质、学党规强堡垒”“党课开讲啦”等主题教育实践活动。开展廉政提醒谈话19人次，协同县纪委监委驻派第二纪检监察组对第一季度水费收缴排名末3位的乡镇水利工作站负责人及对县纪委督查中上班迟到的9名干部职工依规依纪作出处理。认真办理人大建议6件、政协提案2件，先后筹资110.34万元落实群众诉求、定点帮扶及社会救助等活动。累计编发水利信息62期，通过各类媒体发表信息38条、刊发新闻稿件72篇、播放水利新闻16次，水利发展向心力和凝聚力进一步增强。

（县水务局）

工业信息化和商贸流通

GongYe XinXiHua He ShangMao LiuTong

工业企业

【概况】 2019年2月，海原县撤销县商务和经济技术合作局，设县工业信息化和商务局（简称县工信商务局），核定行政编制5名，事业编制12名，核定领导职数3名。

【工业企业】 2020年，海原县新增规模以上企业2家（宁夏圣特保温材料有限公司、海原县闽宁纺织制品有限公司），退库1家（海原县振原光伏发电有限公司）。年末，全县共有规模以上工业企业5家（华电风电、华润风电、振发光伏、圣特保温、闽宁纺织）；中小微工业企业32家（含海兴开发区）；个体户15885户，从业人员近5.2万人。

【疫情防控应对】 2020年，海原县建立健全应对疫情工作机制。疫情期间，对海原县老城区纳入统计的11家工业企业实施“一企一策”，全力保障企业正常生产秩序、减轻企业负担。

【落实扶持政策】 2020年，海原县积极为各企业对接落实自治区、中卫市相关扶持政策。按照《关于印发海原县进一步加大民营经济发展支持力度的若干政策的通知》及《自治区工业和信息化厅 自治区财政厅关于组织申报2019年工业企业技术改造综合奖补资金的通知》精神，摸底排查符合享受扶持政策条件的民营企业，对符合奖励政策的14家民营企业进行奖励扶持，奖励资金143.96万元。对自治区工信厅、自治区财政厅下拨海原县工业企业技改综合奖补的529万元资金，海原县组织企业进行项目申报，严格把握审核、上会、公示等程序，合法合规使用该笔资金，全力助推传统制造业改造提升，推动民营企业健康可持续发展。

【工业企业管理】 2020年，海原县加快全县“散乱污”工业企业对标转型发展步伐。对全县范围内砖瓦轮窑以及立窑、生产企业（含停产企业和已拆除企业）进行全面排查摸底，共统计上报中卫市工信局砖瓦轮窑整治企业20家。自治区工信厅拨付海原县130万元，要求20家砖瓦轮窑企业全面做到“两断三清”（断水、断电、清设备、清原料、清场地）。海原县工信商务局联合各相关单位积极开展“两断三清”工作，已于2020年11月底全面完成整治任务。

（县工信商务局）

招商引资

【概况】 2020年，海原县实施招商引资项目36个（新建21个，续建15个），其中，自治区外项目18个，自治区内项目18个。实现到位资金37.422亿元，完成中卫市下达招商引资到位资金目标任务的124.74%。全县社会消费品零售总额完成28.63亿元，同比下降8.5%；全县规模以上工业增加值增速同期增长11.8%。

【招商引资成果】 2020年，海原县引进并实施18个自治区外招商引资项目，实现到位资金28.095亿元。其中14个为自治区九大重点特色产业领域项目，占自治区外项目总数的77.78%，到位资金25.4835亿元，占自治区外项目到位资金的90.7%；清洁能源项目9个，实现到位资金23.096亿元；肉牛项目2个，实现到位资金1.154亿元；奶产业项目1个，实现到位资金1.186亿元；绿色食品项目2个，实现到位资金0.0475亿元。

【宣传推介】 2020年，海原县聘请数字化专业传媒团队拍摄制作招商宣传专题片，通过网络、微信、推介会等各类渠道发布招商信息，加大招商宣传力度，尤其加大对民间资源的宣传力度，全面提升海原县知名度和吸引力。全县各专题招商小组围绕“一带两廊”发展规划，结合“一主四特”产业发展思路，策划制作专题招商项目册，抓好项目谋划，推动精准务实高效招商。

【优惠政策】 建立全县招商引资实施项目优惠政策落实及协议条款兑现备案表并适时跟进落实，确保《海原县招商引资优惠政策18条（暂行）》《海兴开发区招商引资扶持奖励政策（暂行）》等各项政策落到实处，提振企业投资建设及生产经营信心。

【行业招商】 2020年，海原县成立6个重点产业专题招商小组。各招商小组结合专题特点，制订外出招商计划，针对性开展招商引资工作。全年赴北京、浙江、江苏、安徽、福建等省市开展专题招商工作10次57人次，通过实地考察、宣传推介、座谈商洽等方式，全面介绍了海原县及海兴开发区的投资环境、重点项目和优惠政策。

【招商统计】 2020年，起草印发《关于进一步做好全县招商引资项目统计及档案建立工作的通知》，快速适应招商引资工作新形势、新要求，推进海原县招商引资统计工作更加全面、真实、客观地反映招商引资总量指标和考核指标的完成情况，为精准高效开展招商引资工作提供分析、研究和决策依据。

（县工信商务局）

扶贫车间

【概况】 2020年，海原县共建成扶贫车间30家，其中新建14家，装修改造2家，直接认定14家；累计吸纳就业3000余人，吸纳建档立卡户900余人，发放员工工资2000余万元。全县各扶贫车间在岗员工共1063人，其中建档立卡户347人，建档立卡户占比32.6%，月平均工资1800元以上。

【扶贫车间建设】 2020年，海原县开工建设闽宁纺织工业园标准化厂房二期工程，共有标准化厂房3栋16200平方米，可提供600~800个就业岗位。拨付各乡镇240万元、海兴开发区经发局60万元，用于完善提升各属地扶贫车间供电、供水、供暖、厕所、地平等相关附属设施及机台补贴，完善各乡镇扶贫车间功能，提升企业入驻积极性，助力扶贫车间提质增效。

【扶贫车间招商】 2020年，海原县加大扶贫车间招商引资力度。引进江苏嘉禾世家服饰有限公司、雅欣服饰有限公司等企业入驻李旺镇团庄村、新源村扶贫车间，协调联系海原县闽宁纺织制品有限公司入驻西安镇西安村扶贫车间、海原县利台市场管理有限公司入驻树台乡树台村扶贫车间、海原县先登袜业纺织有限公司入驻西安镇白吉村扶贫车间。

（县工信商务局）

商贸流通

【概况】 2020年，海原县共有批发零售企业262家（限额以上企业3家），餐饮住宿企业6家（限额以上2家），各类市场13个（其中甜瓜、马铃薯、小茴香等专业市场6个，乡镇综合农贸市场等综合市场7个）；有市场监测样本点8家，其中重点流通企业监测4家。全县社会消费品零售总额增长稳中趋缓，全县社零总额完成28.63亿元，同比下降8.5%。预计通过扶贫消费实现销售全县建档立卡户农特产品1.85亿元。全县实现消费扶贫销售额2.98亿元，完成目标任务1.85亿元的161.1%。

【商贸领域疫情防控】 一是统筹做好商贸领域疫情防控工作。有序推进商贸流通领域复工复产，积极落实各项复工复产防控措施，确保商贸企业在做好疫情防控工作的同时安全有序复工。二是按照自治区、中卫市和海原县有关文件精神，制定印发《关于应对新冠肺炎疫情影响促进工业和商贸企业健康发展的实施意见的通知》《海原县落实自治区积极应对新冠肺炎疫情影响促进经济平稳运行的若干财政政策措施任务分工方案》等文件，积极协调自治区市工信、商务主管部门为全县工业、商贸流通企业解决医用口罩2.5万个、消毒液320升、一次性手套100双，为泰丰时代广场申请体温检测门1台，保障了工业、商贸企业疫情防控物资供应。三是根据《关于开展2020年春节期间疫情防控退餐补贴工作的通知》（宁商发〔2020〕23号）精神，对全县各餐饮服务企业春节期间因疫情退订的桌席，按每桌200元进行补贴，最大限度减小企业损失。

【消费扶贫】 2020年，海原县拓宽消费渠道，优化消费环境。制定印发《海原县2020年消费扶贫实施方案》《消费扶贫扶持资金奖励办法》，以深化农业供给侧结构性改革为契机，以农业农村资源为依托，以三产融合发展为核心，以“九进九消”为主要途径，在全县有序有效开展消费扶贫。年末，全县实现扶贫消费销售额12523.91万元，完成目标任务1.85亿元的67.6%。

【再生资源回收专项整治】 制定印发《海原县再生资源回收专项整治工作方案》，按照方案工作步骤，联合县自然资源局、县市场监督管理局、县环保局、各乡镇开展了全县再生资源回收站（点）的排查摸底。据初步统计全县有59家再生资源回收站点，对其中不符合要求的19家实施取缔关闭，对无证经营的13家，责令其办理证件。

【名优特展销】 2020年，海原县在福建漳州、漳浦开设了10家海原县名优特农产品展销馆，截至年底共销售农产品1572万元。

【安全生产监管】 2020年，海原县工信商务局，持续做好安全生产行业监管。与各商场、宾馆、加油站等商贸企业签订了2020年安全生产责任书，并聘请第三方公司对我局监管的企业开展了安全检查。制定并下发各个节日期间安全检查方案，开展各个节前成品油行业及商场宾馆安全检查，确保商贸企业安全运营。

（县工信商务局）

电商物流

【概况】 2020年，海原县快件进港量590万件，快件出港量36万件，下乡物流统一配送

112万件，同比增长35%；硒砂瓜、马铃薯、红梅杏、枸杞、土蜂蜜、秋杂粮、牛羊肉等农特产品线上销售1520万元，同比增长32%，有力带动农村经济发展，提升群众生活质量。

【电商环境改善】 2020年，海原县制定印发了《海原县2020年电子商务进农村综合示范工作实施方案的报告》《海原县2020年电商扶贫行动实施方案》等文件，全方位优化和完善电子商务产业发展环境。成功举办海原县“首届云上西海固助农直播节”、福建漳浦县第二届海原县名特优新农产品推介会等活动，提升海原县农特产品知名度。

【电商助农销售】 2020年，海原县挖掘县域内硒砂瓜、马铃薯、香水梨、红葱、秋杂粮、牛羊肉、剪纸刺绣等14种优质农特产品；整合县内种植养殖专业合作社和电商企业资源，培育6家传统企业转型升级从事电商营销业务，推动农特产品“西海固”品牌化，按照“规模化种植、标准化生产、商品化销售”的要求，策划包装出40余款适宜线上线下销售的优质农特产品；随着电商人才培训、企业培育转型升级、物流成本下降等诸多要素逐年发挥作用，海原县部分电商企业、合作社及村级电商服务站通过城市社区体验店、电商知名平台、电商App小程序、新媒体电商等多种形式的销售渠道开展助农销售业务。2020年年末，全县农特产品线上销售达1050万元。

【乡村物流服务】 2020年，海原县整合全县百世、中通等10家物流快递企业入驻县级物流配送中心，开通4条乡村物流配送专线，组建4支乡村物流配送小分队，购置专营运输车辆，实施乡村物件集中统一配送，以下行带上行，突破农产品销售第一道屏障，各行政村网购数量成倍增长，逐步形成农产品网络销售的格局。

（县工信商务局）

粮食和物资储备

【粮油市场督查检查】 2020年，海原县粮食和物资储备部门不定期单独或会同县市场监督管理局等部门，对县级成品粮油的入库及农村义务教育学生营养改善计划粮油配送质量进行监管；对全县粮油加工、批发、零售等企业和重点环节经营行为进行监督；对全县市场粮食收购监督检查，打击压级压价、抬级抬价、“打白条”、“转圈粮”等损坏农民和国家利益行为，维护粮食收购市场流通秩序。

【粮食流通统计调查】 2020年，海原县粮食和物资储备部门对纳入统计范围的加工企业和粮油经营企业进行了粮食流通经营情况统计，并定点对城关、关庄、高崖三个乡镇农户及县城社区居民进行粮油供需平衡调查，掌握全县各个粮食品种产量、销量状况和居民口粮消费情况，并上报自治区市粮储局。

【粮食市场预警监测】 2020年，海原县粮食和物资储备部门开展粮食市场预警监测。密切监测粮食市场价格和供求信息，实时监测预警，为宏观调控提供决策依据。全年上报价格监测数据和价格动态53次（每周一次），每月上报市场行情分析1篇，每周网上公开，积极引导市场预期。2020年疫情期间，开始启动粮油市场价格日监测、日报告制度，每天对11个粮油品种进行价格采集、科学分析，及时发现苗头性、倾向性、潜在性问题，随时做好应对准备。

【粮油应急供应网店监管】 2020年，海原县粮食和物资储备部门加强对粮食应急供应网点的管理，每年与全县19家粮食应急供应网点签订协议、明确权责，确保在应急状态下，各网点能服从调度、履行承诺，切实做好粮食应急供应工作，实地查看网点的储备情况。

【政策性粮食库存清查】 2020年，海原县粮食和物资储备部门加强规范性管理，确保国家粮食安全，进一步查清全县政策性粮食库存实底和粮食质量安全，坚决堵塞漏洞，确保不发生严重霉粮坏粮事故和重特大安全生产事故，不发生粮食质量安全事故等系统性安全问题。开展春秋两季粮油安全大检查工作，及时排查整治储粮安全隐患，重点防治火灾、粉尘爆炸等事故。

【应急救灾物资储备管理】 2020年，海原县粮食和物资储备部门根据机构改革将应急储备物资收储、轮换和日常管理职责划入县发展和改革局。年底，县级储备救灾物资9个品种7599件（套）。新冠肺炎疫情防控期间，各乡镇及县直部门共领用救灾物资8个品种6160件（套），其中调用棉帐篷505顶，棉大衣1744件，折叠床105张，棉被1403床，棉褥1403床、枕芯1000件。有库存11个品种7802件（套）。

【粮食安全责任制考核】 2020年，海原县为进一步做好海原县粮食安全省长责任制考核工作，落实考核责任，压实工作任务，推动工作进度，加强沟通协调，成立了以县长为组长，分管粮食副县长、县发改局局长、县粮食和物资储备局局长为副组长，县发改局副局长、县粮食和物资储备局副局长为办公室主任，各相关单位一把手为成员的粮食安全省长责任制考核领导小组。粮食安全省长责任制考核领导小组办公室下设县粮食和物资储备局，日常工作由考核办公室负责。按照粮食安全省长责任制考核要求，全面完成了2019年的核目标任务，根据自治区粮考办要求，全面进行2019年存在问题的整改落实。

【粮食产后服务项目】 2020年，根据自治区粮食和物资储备局 自治区财政厅《关于海原县粮食产后服务体系建设方案的批复》（宁粮法〔2019〕40号）文件精神，海原县2018—2019年计划建设3个粮食产后服务中心，计划投资870万元。其中中央、自治区补助资金261万元，企业自筹资金609万元。该项目于2020年1月6—8日海原县按照验收标准组织专家级有关人员，通过现场实地勘验、实物核查、质询、查阅资料等方式，完成了3个粮食产后服务中心验收工作。

【维稳工作】 2020年，海原县粮食和物资储备部门认真贯彻落实维稳工作责任制，按照维稳“谁主管、谁负责”的原则，及时发现、及时排查维稳工作中的突出问题，着力解决好涉及企业改制后的遗留问题。着力解决好秋粮收购等问题及关系职工切身利益的热点、难点问题，积极稳妥地调解各类矛盾和纠纷，把问题解决在当地、各单位，解决在基层。

（范向阳）

供销合作

【概况】 海原县供销系统现有各类人员332人。其中县社机关工作人员10人（公务员1人，事业人员4人，政府购买公益性岗位5人）、企业下岗职工103人、离休干部1人、退休职工171人、抚恤人员47人。企业已全部改制，职工妥善安置，下岗职工的历史遗留问题得到彻底解决。供销合作社设有党支部、理事会、监事会、系统工会，机关内设办公室、财务统计股、综治办。有社属企业5家、基层供销社21个（其中原基层社7个，新型基层社14个），领办农民专业合作社12个。海原县农民经纪人协会挂靠在供销社，有会员313人。

【主要经济指标】 2020年，海原县供销系统实现销售总额10065万元，同比增长24.1%。其中消费品零售额1000万元，同比增长9.8%；售给农民的农业生产资料2888万元，同比增长7%；农副产品销售额6155万元，同比增长37.3%。

【农资供应】 2020年，在疫情防控最严重的时期，海原县供销社充分发挥农资供应主渠道作用，积极组织各基层经营网点及农资经营企业全力做好春耕农资调运储备，保障春耕农资供应。全系统农资经营企业及网点共购进化肥4630吨，其中尿素960吨、二铵1460吨、复合肥1310吨、碳铵900吨。做到了“疫情防控、农资供应”两不误，做到了抗疫不忘春耕、保供不误农时。

【综合改革】 2020年，海原县供销社成立综合改革工作领导小组同，制定《海原县供销社2020年深化供销合作社综合改革工作方案》，落实供销社综合改革任务。全年新建新型基层社2家、农村综合服务社6家、农业生产服务中心3家、庄稼医院3家，创建标杆基层社1家，新增土地托管面积2万亩。

【特色农产品展销】 2020年，海原县供销社对旗下的基层社海原县永鑫特色农产品供销有限公司实施改制，由县供销社该公司入股的33%，在福建省漳州市区及部分县（市、区）设立“宁夏·海原县扶贫名优产品展销馆”，专门销售海原县政府部门推荐的、具有扶贫带贫作用的优质农特产品。同时还在漳州全市设立10家分馆，展销馆入驻产品包括枸杞、亚麻籽油、小茴香蜂蜜等多种宁夏海原特色产品，销售额达到1000万元以上。

【扶贫832平台销售】 2020年，海原县供销系统依托扶贫832平台，促进海原县农副产品销售。一是海原县关庄鸿鑫供销合作社在832平台上，销售两种包装不同的产品，可带动建档立卡户150户，10月份销售额3万元。二是海原县永鑫特色农产品供销有限公司总投资215万元，已建成小茴香加工包装车间1000平方米，购置小茴香加工包装设备1套，带动农户300多户，其中建档立卡户38户，年销售收入可达到270万元。三是海原县砂甜宝硒砂瓜供销合作社，建设富硒硒砂瓜基地1.5万亩，其中高标准富硒基地1000亩，参与农户832户，其中建档立卡户396户，在扶贫832平台上销售额达到54万元以上，严格按照“五统一”标准实施种植。扶贫832平台不但提升了农产品流通服务水平，也推进了全面脱贫与乡村振兴有效的衔接。

【结对帮扶】 2020年，海原县供销社认真落实县委、县政府关于脱贫攻坚工作安排部署，督促帮扶职工每月最少两次进村入户，积极开展扶贫政策宣传工作。通过发放宣传册、面对面讲解、发送微信信息等形式，向所帮扶的贫困户宣传、讲解党和政府的工作部署、精准扶贫工作以及惠农政策，对外出务工人员进行电话联系沟通，让群众了解情况，明白支持扶贫工作。积极帮助所帮扶贫困户制订年度脱贫计划，指导贫困户下载并使用扶贫建档立卡App，协助村“两委”班子和驻村工作队填写、完善扶贫手册，真正做到真扶贫、扶真贫。

【安全生产】 2020年，海原县供销社坚持24小时值班，加强巡视巡察，及时掌握安全保卫工作动态，并实行零报告制度，有事报情况、无事报平安，确保信息畅通，安保工作落实到位。组织人员定期不定期开展安全大检查，排除安全隐患。配合应急管理、公安、市场管理等部门，对海原县烟花爆竹市场进行专项整治活动，净化烟花爆竹市场。对没有自治区供销社标识的伪劣产品没收销毁，及时消除了安全隐患，为完成全年各项目标任务营造良好环境。建立健全普法教育工作长效机制，落实普法教育工作责任制，教育引导干部职工坚持干什么学什么、缺什么补什么，有针对性地加强相关法律知识的学习，提高了干部职工的法治意识和依法办事能力。

【人才培训】 2020年，海原县供销社先后4次派员6人前往广州、四川、北京等地培训学习。同时举办一期50人次以上的农民经纪人培训班，以促进农民增收、助力乡村振兴。

（县供销社）

烟草专卖

【概况】 海原县烟草专卖局（中卫市烟草公司海原分公司）简称县烟草局（公司），下设办公室、专卖监督管理科、市场部、中转站。

【复工复产】 2020年上半年，海原县烟草局紧紧把握“市场、客户、动销”三个要素，狠抓客户复工复产、工程项目、卷烟动销三个专项调研，在摸清市场状态的基础上，强化卷烟需求预测，利用线上销售终端小程序、终端小联盟等现代手段，抢抓市场机遇，充分运用“档位＋市场类型”相结合的方式，细化客户策略调整，有效满足了客户需求。

【品牌培育】 2020年，海原县烟草局始终把重点品牌上柜作为品牌培育的主要手段，利用新品上柜品牌知识在线宣讲、自律互助小组在线会议等载体，开展线上、线下促销宣传，强化鄂产、川产卷烟引导上柜，1—10月销售鄂产卷烟115.3箱，同比提升23.9%，销售川产卷烟83.7箱，同比提升34.6%。

【终端建设】 2020年，海原县烟草局始终把终端建设作为卷烟营销工作的基础，细分年度终端建设目标，细化终端建设措施，推进终端收银台改造与精品店堂环境建设，利用单双面屏，推进云POS推广，一手抓“建终端”，一手抓“用终端”，持续推动终端建设水平跨上新台阶。1—10月，实现卷烟销量6866.1箱，同比增长3.92%；实现销售收入21149.4万元，同比增长8.21%；实现销售毛利5544.9万元，同比增长9.95%；实现卷烟销售条均价123.2元/条，同比提高4.9元/条；实现重点品牌销量6702.8箱，同比增长11.35%，集中度97.62%，同比提高6.52个百分点；实现低焦油卷烟销量1564.2箱，同比增长12.64%，比重22.78%，同比提高1.7个百分点；现代终端比重23.5%；零包主导陈列改造面78.2%；云POS推广应用面17%；总体经济运行水平稳中向好，市场状态稳中有升。

【烟草营销】 2020年1—10月，海原县烟草局实现卷烟销量6866.1箱，同比增长3.92%；实现销售收入21149.4万元，同比增长8.21%；实现销售毛利5544.9万元，同比增长9.95%；实现卷烟销售均价123.2元/条，同比提高4.9元/条；实现重点品牌销量6702.8箱，同比增长11.35%，集中度97.62%，同比提高6.52个百分点；实现低焦油卷烟销量1564.2箱，同比增长12.64%，比重22.78%，同比提高1.7个百分点；现代终端比重23.5%；零包主导陈列改造面78.2%；云POS推广应用面17%。

【内部监管】 2020年，海原县烟草局严防流出、严打流入，延伸规范经营监管触角，时刻关注卷烟投放、社会库存和市场动销状况，尤其对卷烟促销、样品烟发放、高价位卷烟投放等强化监管，落实规范经营监管责任。截至10月底，未发生“主观故意、组织参与、内外勾结”触碰底线的违规经营问题，辖区流出的真品卷烟累计15.42万支系外地人在海原大面积以零售价向零售客户购买所致；

【市场管控】 2020年，海原县烟草局以专项整治为抓手，以“五化”建设为目标，全面履行市场监管职责，充分利用大数据新型监管模式和模型搭建、自定义分析和“双随机、一公开”系统检查模式，有的放矢地开展违法线索的追根溯源，截至10月底，查处各类真品卷烟案件18起，查获实物15.058万支，涉案金额5.6514万元。其中：查处外省真烟非法流入案件0起，实物0万支，5万元或5万支以上辖区内卷烟案件1起，涉刑案件1起，刑事拘留2人，批捕1人，依法取缔违法违规卖烟大户，市场净化率始终保持在98.5%以上。

【案件查处】 2020年，海原县烟草局严格落实县级局打假主体责任，积极应对“互联网＋物流快递”涉烟违法活动，强化物流寄递领域监管力度，截至10月底，查处假私卷烟案件29起，查获假私卷烟1.22万支，无5万元以上案件。

【行政许可转型】 2020年，海原县烟草局在专卖许可申请受理上做到了线下向线上的过渡，全面推行手机App申请、偏远地区视频连线勘查、系统在线审批，推进“不见面、网上办”，提升政务服务效能。截至10月底，辖区共有卷烟持证户1142户，持证比例为2.85%，持证户总数与2019年同期902户相比增加240户；行政复议、诉讼败诉案件为零；零售许可“五日办结制”执行率100%；烟草专卖零售许可证使用不规范等问题零发生。

【信息检测】 2020年，海原县烟草局充分发挥市场监测信息对市场监管工作的支撑作用，以零售终端为前沿阵地，强化自律互助小组建设，实现共建共管的良好氛围，截至10月底，共建立市场监管信息监测点122个，组建零售户自律互助小组63个，覆盖零售户1142户，覆盖面达到持证户的100%，组建示范小组8个。

【精准扶贫】 2020年，海原县烟草局配合地方政府，积极与中卫市烟草局（公司）联系协调，向定点帮扶村海原县李俊乡蔡祥村捐款10万元助力脱贫工作。

【安全管理】 2020年，海原县烟草局严格落实全员安全生产责任制，层层签订安全目标责任书，层层分解安全责任。进一步强化安全管理。全年开展3次安全隐患大排查，每月开展1次驾驶员培训教育，每季度开展1次全员安全警示教育，开展了1次地震演练和1次消防演练，确保县烟草局及各分公司各项工作安全运行。

【疫情防控常态化】 2020年，海原县烟草局加强对干部职工的教育引导和管理监督，做好个人防护，充分认清当前疫情防控整体形势和存在的风险，疫情防控工作力度不减、标准不降。坚持抓好疫情防控各项工作措施落实，确保单位和个人防护各项措施落实到位。

【队伍建设】 2020年，海原县烟草局班子发挥龙头作用，求真务实，加强学习，提高素质，在工作中，做给职工看、带着职工干，起到了良好的表率作用；开展思想道德教育、意识形态教育、理论信念教育、专业知识培训等活动，强化员工队伍建设，使员工的精神面貌发生了较大的转变，思想认识、业务技能都有了较大提升。

（张占锋）

石油销售

【减亏扭亏】 2020年，宁夏石油公司海原片区按照股份公司及公司整体工作部署，继续开展项目预算管理暨减亏扭亏专项治理工作。随着工作的深入推进，公司形成了以项目前期策划和建造合同管理为基础，以项目预算管理为龙头，实施加油站经理经营责任制考核的四项制度实施体系，以进驻试点项目实地开展项目预算管理的工作思路和工作模式，其效果显著，为公司加油站管理提质增效创造了成熟的、可复制的经验。

【开口营销】 2020年，宁夏石油公司海原片区将销售业绩与站内员工的月度奖金紧密挂钩，激励和引导员工敢张嘴、勤开口。从而实现全员营销的良好氛围，实现全年零投诉，加油站神秘顾客检测成绩保持在前列，全力夯实党建项目基础。

【与第三方合作】 2020年，宁夏石油公司海原片区南门站便利店闲置区域与第三方合作，通过招商，与手机供货商、蛋糕店、生鲜和土特产商户进行商业合作，利用加油站的地理位置优势，吸引消费者主动消费，全面带动便利店店销。

【销售任务分解】 2020年，宁夏石油公司海原片区将销售任务层层分解，由专人落实。

南门站计划完成205万元非油销售，拿出其中的部分任务进行分解，由员工进行自主认领，实行员工出多少力拿多少钱的政策。

【阿米巴经营模式】 2020年，海原石油公司推行阿米巴经营理念，即首先让站经理知道怎么核算，让站经理先明白每天销售多少自己才可以为销售公司带来利润，在站经理能够熟悉一切时，由站经理对员工进行培训，真正地达到加油站可自行制订计划，独立核算，持续自主成长，让每一名员工成为主角，全员参与经营，打造激情四射的集体，依靠全体智慧和努力完成企业经营目标，实现企业的飞速发展。

【提质增效专项行动】 2020年，宁夏石油公司海原片区开展提质增效专项行动。一是品牌宣传增效。在竞争对手促销日前后一天和促销活动当天组织全员通过微信朋友圈、短信、抖音、快手轮番推送中国石油优惠活动信息及油品数质量相关的宣传，突显中国石油品牌形象。二是组织开展提质增效专项演讲比赛，保证全员了解提质增效的重要意义，全面打响提质增效攻坚战。三是纯枪提量增效。S101线取消七营加油站价格直降优惠，黑城加油站保持与竞争对手的价差采用组合促销的方式对抗中石化的价格竞争。汽油站增量增效，取消十惠品牌日直降价格，取消叠加优惠，保留2个以内的促销活动。加大记名卡发卡力度，增加个人卡发卡推介，不断引导顾客使用加油卡，增加卡活跃量。四是直批提质增效，收紧以站代库价格优惠幅度，对油库提油价格和以站代库价格进行区分，并逐步减少以站代库的提油数量，有效提升以站代库站点的价格到位率。重点培育小微直批客户，一客一价，提升吨油毛利。五是精准营销增效，控制直降、控制叠加优惠，控制无感促销，减少无效支出，差异化制定营销策略，推进翼支付、一客一策精准营销。加强与竞争单位的沟通协调，确保营销支出实现同比硬下降，较预算节约145万元。

【基层党建】 2020年，宁夏石油公司海原片区以“支委+党小组”的形式，成立县城、海兴两个党小组，开展党小组之间的竞争，党支部给优胜党小组颁发流动红旗，促进经营销售工作；党小组各加油站量化考核，按月评比，将考核结果予以公示。完善党建三联责任制，党员联系加油站。

【文明创建】 2020年，宁夏石油公司海原片区在海原中心加油站建设新时代文明示范站作为海兴党小组活动阵地。海原片区的加油站多数分布在银平公路上，距离党支部较远，为了方便新区团队员工学习，给想学习的员工提供一个惬意、舒适的学习环境，成立了中心新时代文明示范实践站，要求团队队长定期下发团队学习内容，积极组织员工学习。

【“十四五”规划】 2020年，宁夏石油公司海原片区根据“十四五”规划要求，计划在李旺高速路口环城路、关桥高速口、关庄乡、贾塘乡、李俊乡、盐池乡高速路口和檀山路口341省道进行加油站布点，争取早日在海原县达到中石油全覆盖，全面打响市场份额保卫战。

【安全生产管理】 2020年，宁夏石油公司海原片区狠抓安全生产工作。一是根据业务流程梳理融合安全管理制度，结合关键工艺技术和存在风险修订完善操作规程。二是针对业务主要风险、敏感时段定期发布安全风险警示，研究制定相适应的安全生产风险防控措施。三是依据《危险化学品企业安全风险隐患排查治理导则》要求组织开展安全风险隐患排查，持续开展特殊时期、季节性安全检查，建立问题隐患清单，做好责任、措施、资金、时限和预案“五落实”，落实隐患闭环管理。四是组织落实资本化隐患项目跟踪治理，严格按照隐患治理资金框架编制实施计划，制定整改方案，确保按期完成。五是持续强化承包商安全监管，严把准入关，严格审查设计方案，强化危险作业许可审批，全面实现承包商施工作业现场远程监控监管，加强承包商施工作业过程监管，对发现的严重问题及时通报曝光、清退，严格执行承包商队伍和人员“黑名单”制度，对不合格承包商实行零容忍。六是全面加强落实加油（气）站汛期运行风险监控措施，持续开展密封点隐患排查和修复。

【特种设备监控运行】 建立健全特种设备登记台账，完善技术档案，作业人员全面持证上岗，持续开展特种设备监督检验和年度检查。

【危险废物排查】 开展危险废物排查，全面梳理并建立危险废物清单、含油污泥无害化处理，严格按照危险废物相关法律法规要求进行申报和处置。严格按照《挥发性有机物无组织排放控制标准》，加强加油站油气回收定期检测和自检，提升安全水平和风险防控能力。围绕标准化管理、标准化现场、标准化操作开展安全生产标准化达标评审和基层站队 HSE 标准化建设，培育示范典型，实现 HSE 体系与安全生产标准化有机融合，全面完成“双达标”。

【全员素质提升】 深入开展全员专业素质能力提升行动。落实危险化学品行业从业人员准入要求，主要负责人按照国家和地方政府要求，每年至少参加一次法律意识、风险意识和事故教训的警示教育和安全生产管理知识考核。建立满足 QHSE 管理体系审核需求的审核员队伍，组织开展审核培训和模拟审核。严格落实安全生产履职能力评估结果运用于干部提拔、调整、任用。对油气泄漏失控的部门及片区相关责任人实行“逢漏必免”“逢火必撤”问责措施。

【应急预案】 修编完善公司突发事件应急预案，定期组织应急培训和应急演练，优化事故处置措施，根据事故特点明确应急物资储备标准，不断提升综合应急能力。

【消防设施】 组织开展现役消防设施器材全面对标排查，建立不达标、不合规消防设施器材清单，制订落实改造治理计划，持续加强消防设施设备完整性管理，定期组织消防设施、器材的检查测试与维护保养，确保消防设施、消防装备、消防器材、消防药剂和消防通信等始终处在完好备用状态。

【风险识别评估】 组织开展小油罐车运行沿线环境敏感区域风险识别评估，加强车辆设备完好性检查，标记风险路段及环境敏感区域，建立完善车辆运行环境敏感区域风险图表，落实运输、装卸作业风险管控措施，明确行车路线划定、风险警示、检查、行车状态反馈及停放地点等管理要求。

【制度建设】 完善合规管理制度和流程。建立完善合规管理制度规范，做到有规可依、配套衔接、便于操作。合规管理过程其实就是制定和实施合规管理制度的过程，合规管理与制度管理的目的都是贯彻落实法律法规要求，促进企业依法管理规范运营。

【教育培训】 强化全员合规教育培训。通过制度化、常态化的教育培训，使员工，特别是对领导干部和关键岗位人员进行重点培训，使他们真正掌握公司合规管理基本要求、熟悉岗位涉及的规范要求、岗位风险及其防控要领，进而养成依法合规的自觉行为。

（宁夏石油公司海原片区）

电力供应

【概况】 2020 年，国家电网海原供电公司（简称海原供电公司）完成售电量 2.296 亿千瓦时，同比增加了 0.26 亿千瓦时，实现售电收入 1.04 亿元，电费回收率 100%。供电可靠率 99.96%，综合电压合格率 99.978%，均完成下达指标。采集覆盖率 99.96%，采集成功率 99.98%。

【疫情防控】 疫情防控期间，海原供电公司第一时间成立疫情防控工作领导小组，公司党政负责人和各供电所负责人大年初三全部到岗。一方面全力做好疫情防控，坚决落实上级党委安排部署，有效落实网格化包抓、楼长负责制等一系列措施，科学精准实施管控策略，持续保持“双零”目标。另一方面，全力服务地方政府打赢疫情防控阻击战，公司上下投入保电人员52人、车辆12台、保电车1台、发电机6台、应急抢修队伍10支，全方位全时段保障供电安全，确保了政府机关、定点医院、检查站等50余家重要场所可靠供电。

【安全生产】 2020年，海原供电公司严格安全监督检查，狠抓安全生产秩序，有效应对各类安全管控压力，督查各类现场612个，违章记分60分，作业现场习惯性违章得到有效遏制，“曹洼变10千伏513脱烈线联络改造工程作业现场”被宁夏公司评为遵章现场。组织修订、学习个人岗位安全责任清单，切实将“一岗双责”和“三个必须”要求落到实处，树立知责履责意识。开展安全日学习52次，深刻吸取事故教训，切实增强全员红线意识和底线思维。扎实推进安全生产集中整治、建设施工安全大检查等活动，上报“一下一上”问题隐患2处，整改各类问题240项。建立健全应急体系，修订完善“1+18”应急预案，组织开展疫情防控突发事件应急演练等5项实战演练。圆满完成全国“两会”、党的十九届五中全会等重大保电任务。截至2020年年底，公司电网连续安全运行6026天。

【电网建设】 2020年，海原供电公司落实配电网高质量发展要求，编制完成海原县“十四五”规划报告。严格里程碑计划管控，会同天源公司海原（海兴）配网工程中心，严抓现场安全质量，顺利完成2020年配电网项目31项，完工率93.94%，宁夏首个公交专用充电站建成投运。加速推进智能化数字配电网建设，全面推广“保护+区域自愈+快速熔断”自愈模式，先后安装自愈开关142台、融合终端551台，10千伏线路联络率、N–1通过率、绝缘化率分别提升至89.47%、89.47%、90.12%，转供能力明显提升。扎实开展精益化运维，及时发现、处理设备隐性缺陷，累计完成配网设备检修526台次，红外测温36条线路，消除缺陷580余处，进一步提高供电可靠性。开展不停电作业492次，减少停电1200时户，频繁停电投诉同比下降45%。

【经营管理】 2020年，海原供电公司统筹推进市场开拓、降损增效等工作，全年业扩新装6272户，容量8.37万千伏安，实施低压业扩零投资5044户。创建精品台区350台，精品台区创建率100%，安装完成HPLC通信单元31240块。通过警企联合，营业普查，大数据分析等多种方式开展反窃查违，累计查处窃电及违约用户76户，追补电费及违约金78.17万元，完成年度目标的193.25%。截至2020年年底，0~7%、0~10%台区线损月度合理率分别完成97.06%、99.64%，较年初分别提升7.86%、2.91%。综合线损率完成4.27%，较2019年同比下降0.31%，线损治理效果明显。全年更换4G通信卡345张，更换集中器126台，专变终端212台，综合采集成功率达99.98%，网上国网绑定2.55万户，“网上办、马上办、不见面”成为办电常态。强化过程管控，客户投诉压降20.83%。完成11个小区配电设施资产接收。

【基础建设】 2020年，海原供电公司编制完成做实做强县公司三年行动方案，夯基础、建体系、谋长远，绘就公司三年发展蓝图。强化员工守则、担责认知，激励员工奋发实干，争先创优，形成职工自我管理的良好生态。持续推行职工积分考核制度，在严抓严管中体现人文关怀，逐步打造能干、想干、主动干的供电服务队伍。结合“一专多能”经理培训，提高职工综合业务水平。进一步加强一流供电所和四星级供电所创建，4个供电所通过一流供电所验收、2个供电所通过四星级供电所验收。加强基础设施建设，建成公司特种车库、消防水池，完成食堂外立面修缮改造和公司门口道路修整硬化工程，公司工作环境得到进一步改善。

【党建引领】 2020年，海原供电公司深入学习贯彻党的十九届五中全会精神和习近平总书记重要讲话、批示指示精神，巩固深化“不忘初心、牢记使命”主题教育成果，全面落实“基层党建巩固提升年”各项工作任务，扎实开展“实干争先、电靓梦想”主题实践活动。从严开展组织生活，全年召开党委会议27次，研究议题39项，中心组学习15次，专题研讨发言8人次；下属党支部共计召开支委会12次、党员大会9次，举办党课10次，开展主题党日活动33次。推动党建与生产经营深度融合，大力实施党员带头查安全隐患，带头查常态化疫情防控等工作，“党建+规范用电秩序”项目成效显著。深入推进与宁夏公司物资部“服务基层、五联共进”结对联建活动。压实从严治党“两个责任”，筑牢干部职工拒腐防变思想防线，认真做好提级巡察整改“回头看”后半篇文章。深入推进单位帮扶、驻村帮扶和责任人帮扶等扶贫帮扶工作。扎实做好统战、信访、保密、工会等工作，和谐局面持续巩固。

【所获荣誉】 2020年，海原供电公司先后荣获国网宁夏电力有限公司安全生产先进集体、海原县脱贫攻坚先进单位等称号；公司营业班获中卫公司“工人先锋号”称号；一人获中卫公司劳模称号；三人获中卫公司先进生产（工作）者称号；两人获中卫农村电力服务有限公司优秀供电所所长称号；六人获中卫农村电力服务有限公司先进生产（工作）者称号。一人申报为国家电网公司脱贫攻坚先进个人，一人被评为海原县脱贫攻坚先进个人，收到海原县扶贫办感谢信1封，脱贫攻坚工作多次受到海原县委、县政府充分肯定和高度赞誉。积极配合完成纪念海原大地震100周年军地联合演练，受到各级领导高度评价。6月份，宁夏公司党委书记、董事长马士林参加公司主题党日活动并讲党课，对广大党员干部精神面貌和各项工作取得的成效给予充分肯定。

（海原供电公司）

自然资源和生态环境

ZiRan ZiYuan He ShengTai HuanJing

综述

【概况】 海原县自然资源局于2019年1月挂牌成立，整合原国土资源局、林业局、草原站和城乡规划站等职能于一体。负责全县国土空间规划、用途管制及生态修复，负责建设项目用地预审、报批、征收及供应；负责森林、草原及矿产资源审批、监管和依法打击非法行为；负责全县造林绿化、草原培育、森林草原防火、封山禁牧及有害生物防治等工作。局机关下设事业单位13个，分别为不动产登记事务中心、土地储备中心、规划服务中心、林业技术推广服务中心、国有林场和草原建设服务中心、国土资源执法监察大队、牌路山林场、瓜瓜山林场、凤凰山林场、月亮山林场、拐洼林场、西华山林场及乡镇林业站。全局共有干部职工186人，其中行政编制12人，事业编制174人。

【国土空间规划编制】 2020年，海原县编制印发了《海原县国土空间规划编制工作方案》，由县分管领导主持召开了国土空间规划编制启动会，通过招标的形式确定了规划编制技术服务单位，编制工作正在推进中。完成海兴开发区"一园三区"土地规划修改并经自治区人民政府批复；完成《海原县城发展规划》及七营商贸小镇、西安文旅古镇、贾塘农贸小镇和李旺交通物流小镇等4个特色小镇规划编制，并通过县人民政府审定批复；稳步推进村庄调查分类，2020年计划编制的15个行政村规划已通过县人民政府审定，已完成规划编制招投标工作，正在组织开展规划编制；组织召开规委会会议5次，完成对北苑小区、海盛富城等27个项目规划设计方案审定和活畜交易市场、疾控中心等5家单位的选址工作；完成规划审批项目58件（建设用地规划许可证23件、建设工程规划许可证34件、临时工程证1件）。

【用地保障服务】 2020年，海原县紧盯"一带两廊"发展规划，积极对接发改、住建、交通、教育等项目用地单位储备自治区和县级重点项目23个（自治区级8个、县级15个），主动收集用地资料，进行实地勘察，做好报批前土地现状调查和社会稳定风险评估等工作；完成土地征收367.5076公顷，涉及关桥乡贺堡河（曲湾水库至贺堡河出口）治理工程、李俊下堡子水库库区防护工程及史店乡田拐村三座淤地坝除险加固防护工程等项目用地138.5727公顷；海同低速改线段、贾塘乡街道、海兴开发区、三河镇等绿化项目用地13.198公顷；宁夏清水河综合治理项目海原县段2020年建设工程用地73.3127公顷；国道344线李旺至同心段（海原段）公路改建用地50.0933公顷；银川至昆明公路（宁夏境）太阳山开发区至彭阳（宁甘界）段项目（海原段）用地92.3309公顷，确保重点项目建设用地得到保障。完成市政道路、全民健身中心、公共停车场、第二垃圾填埋场等建设项目用地预审34宗137.8公顷；对华润小南川、老虎及红城养殖场等256宗346公顷规模养殖场用地进行核实，确定养殖业用地101宗68公顷；完成供地25宗155.72公顷，其中：划拨用地10宗112.43公顷；出让用地15宗43.29公顷，收缴土地出让金39282.62万元。

【集约节约用地】 2020年，海原县结合批而未供和闲置土地处置专项行动，完成贾塘乡1.77亩小城镇建设用地处置工作，征收土地出让金6.5356万元；将海原县博汇商贸有限公司不符合规划的96.8亩工业用地变更为商业用地，补收土地出让金629.2万元；完成批而未供土地处置335亩，占年度总任务量的68.79%；完成闲置土地处置5宗，处置率83.3%。

【人大建议政协提案办理】 2020年，海原县自然资源局承办中卫市政协四届四次会议提案1件；承办县第十七届人大四次会议建议4件，其中重点建议3件、一般建议1件；承办县政协十一届五次会议提案2件。截至年底，建议、提案内容已全部完成办理，并给各代表、委员进行答复并征询意见，办结率100%。

【机关党建】 2020年，海原县自然资源局党委主动强化担当意识，积极落实主体责任，认真履行“一岗双责”。截至年底，共召开党委理论学习中心组学习16次、党委（扩大）会议11次、党建及党风廉政建设工作会议1次，下设三个党支部分别召开支委会10次、支部党员大会10次、支部主题党日活动10次，党支部书记讲党课3次，党员观看教育片2次，转入党员1名，组织全局61名党员、68名非党员参加“学习强国”平台学习，人均达8500学分。

【党风廉政】 2020年，海原县自然资源局党委把常态化学习作为提高党性意识和党性修养的有效途径，持续推进“两年建设”活动，组织党员干部开展理论学习42期，党委书记与各股室负责人签订党风廉政建设责任书18份，组织各股室全员、全岗、全流程梳理廉政风险点，共梳理出廉政风险点28个；梳理出班子及班子成员全面从严治党责任清单、问题清单、问责清单各14项，班子个人责任清单各4项，形成党风廉政建设“三个清单”并张榜公示，接受干部群众的监督。

【问题整改】 2020年，海原县自然资源局党委对“不忘初心、牢记使命”主题教育期间检视的45个问题全面开展“回头看”，全力配合县委第二巡察组专项巡察工作。截至年底，“不忘初心、牢记使命”主题教育期间检视的45个问题，已完成整改45个，整改率100%；县委专项巡察期间反馈问题17个（边巡边改问题5个、立行立改问题12个），已完成整改16个，剩余1个问题（单位GDP建设用地下降指标没有达到自治区效能目标考核指标），需要长期坚持整改。

（蒲彦珍）

生态修复

【概况】 2020年，海原县累计完成造林任务15.62万亩，森林覆盖率达9.5%，草原综合植被覆盖度达65.7%，全县生态建设取得显著成效。

【植绿增绿大会战】 2020年，海原县以建设黄河流域生态保护和高质量发展先行区为契机，按照中卫市“三大会战”部署要求，编制完成了《黄河流域生态保护和高质量发展先行市海原县生态修复规划》，制定了《海原县2020—2021年植绿增绿大会战实施方案》。完成植绿增绿任务4.55万亩，其中，完成海同高速两侧柠条直播造林1.95万亩，黑海高速两侧柠条直播造林1.6万亩，九彩乡生态移民迁出区柠条直播造林0.33万亩，李俊华电风电项目区乔木林造林0.07万亩，围绕村庄道路、房前屋后、农田林网和学校、村部、乡镇府院落等空地种植各类苗木44.2万株，折合面积0.6万亩。

【国土资源整治与生态修复项目】 2020年，海原县在2019年工作基础上，继续做好三河镇六窑、唐堡等村国土综合整治与生态修复项目，完成采矿坑恢复治理103公顷，主要包括建筑物、构筑物拆除及废料清理4万立方米；土地平整、削坡、田埂修筑等土方工程143.83万立方米；铺设管道61条；新建给水栓763座，阀门井252座，泄水井61座；田间生产道路51条16.5公里，修建截流沟25条17.3公里；种植河北杨、红柳、爬山虎等防护林3.3万余株，种植枸杞1000亩；埋设混凝土立柱987根，设置铁丝网9362.52平方米，撒播草籽800亩，投资1000万元。

【国土绿化工程】 2020年，海原县完成南华山外围区域水源涵养林建设提升工程9万亩，其中人工造林4.5万亩（乔木林2万亩、灌木林2.5万亩）、未成林补植补造3.5万亩、封山育林1万亩，完成率100%，投资3500万元；完成县城新增街道、遗留空地、海同低速改线段入口处、海同高速入口至王井高架桥段等绿化700亩，投资1500万元；完成乡村绿化及S306线红羊至李俊段、G341线三河段、海同低速关桥至瓦窑河段及S204线等主干道路绿化4000亩，完成七营镇五营村、李旺镇团庄村2个美丽村庄绿化，投资800万元；加大牌路山森林公园提升改造，完成土建、灌溉、绿化及园林小品、景观照明等工程项目建设，投资450万元。

【经济林建设工程】 2020年，海原县完成经济林建设1.6万亩，其中枸杞0.15万亩、香水梨0.3万亩、红梅杏0.6万亩、苹果0.04万亩、大果榛子0.01万亩、供应各类庭院经济林各类苗木25万株，折合面积0.5万亩，投资600万元。

【退牧还草与退化草原修复】 2020年，海原县完成退牧还草8000亩，退化草原生态修复2.25万亩，草原鼠害防治5万亩，虫害防治任务5万亩，毒害草治理0.5万亩，通过积极申报，西华山被列入国家级草原自然公园建设试点。

【生态移民迁出区修复】 2020年，海原县共完成全县18个乡镇（甘盐池管委会）59个行政村116个自然村生态移民迁出区旧院落旧房屋拆除复垦，拆除复垦面积13185.13亩，并通过县、乡两级验收，已上报自治区自然资源厅申请自治区级验收。

（蒲彦珍）

自然资源保护

【耕地保护】 2020年，海原县制定了全县耕地保护目标责任书，县人民政府与各乡镇签订责任书19份，各乡镇与行政村签订责任书161份，明确了耕地保护责任，确保耕地保有量不低于222.46万亩、永久基本农田保护面积不低于180.44万亩。

【森林草原保护】 2020年，海原县共争取建档立卡贫困人口生态护林员1270名，按照属地管理、分级负责、责任到人的原则，科学划定责任片区，加大督查检查力度，压实保护责任，确保全县146.7万亩天保管护面积和25.92万亩中央财政森林生态效益补偿面积不减少。完成海原县生态红线评估，评估面积1108.69平方公里（含自然保护地面积201.26平方公里），占县域总面积的22.22%。

【森林草原防火】 2020年，海原县积极开展森林防火工作，累计开展防火督查检查128次，查办火灾案件2起，全年无重大森林草原火灾发生。

【森林草原病虫害检疫防治】 2020年，海原县林业有害生物应监测面积204.38万亩，实际监测面积184.49万亩，监测覆盖率90.27%，全年预测发生面积38万亩，实际发生面积38.49万亩，测报准确率98.73%，高于下达的90%指标。林业有害生物发生面积38.49万亩，防治面积8.09万亩，无公害防治面积7.38万亩，无公害防治率91.22%，高于下达91%的指标。有林地面积235.26万亩，成灾面积0.83万亩，成灾率3.53‰，低于下达的4‰的指标。苗木应施产地检疫面积0.35万亩，产地检疫苗木88.25万株，实施产地检疫0.35万亩，种苗产地检疫率100%。

【禁牧封育专项行动】 2020年，海原县下发了《海原县禁牧封育网格化监管实施方案》，成立了禁牧封育"三级网格员"和禁牧封育督查组，在全县范围内开展禁牧督查和宣传工作。全年共开展督查103次，下发整改通知单15份，悬挂横幅300条，发放宣传彩页27000份、宣传折页10000份，发放宣传公告500张，发放宣传雨伞270把，发放纸杯宣传10000个，发放宣传手提袋2300个，发放宣传围裙3000条。拆除圈棚15座，清理羊群15群1537只、马63匹、牛186头。

（蒲彦珍）

资源确权

【国土调查】 2020年，海原县完成第三次国土调查外业核查及内业资料整理，根据国家第一轮核查，已完成所有反馈问题整改，并将成果再次上报国家核查，等待公布实施。完成2019年土地利用变更调查，并完成数据上报。

【河湖水域岸线划界确权】 2020年，海原县完成48条河流（道）、50座水库、72处淤地坝、47处水源地岸线边界的预划工作，占总量的100%，并在县人民政府网站发布《海原县境内列入名录的河流、河道、水库、淤地坝、水源地管理范围划定成果的公告》，组织技术人员结合实地查看调查处理实际与数据不符的问题98件，走访群众110人次，收集农经权占用河道退出材料29份，征求村委会意见30余次，年末正在进行河流（道）、水库的界桩埋设工作。

【农村宅基地确权登记】 2020年，海原县完成"房地一体"外业测量全部任务，共涉及88616宗；一轮公示和二轮公示共计完成81007宗，初步审核符合发放证书69200本。已完成县级验收144个行政村88945户，完成登簿68398宗，完成证书打印55410本。打印证书已全部发放到农户手中，完成工作总任务量的80%以上，剩余工作正在积极推进中。

【集体林权制度改革】 2020年，海原县编制完成了《海原县林权流转管理办法》，在三河镇完成165亩的集体林地流转工作，流入林地主要用于发展林下种植、林下养殖和生态旅游等。

【自然资源统一确权登记】 2020年，海原县根据自治区自然资源厅统一安排，计划利用4年左右时间，基本完成全县重点区域自然资源统一确权登记。截至年底，已编制下发了《县人民政府办公室关于印发海原县自然资源统一确权登记总体工作方案的通知》（海政办发〔2020〕46号）和《县人民政府办公室关于印发海原县2020年自然资源统一确权登记重点工作实施方案的通知》（海政办发〔2020〕57号），正在做确权登记前期准备工作。

（蒲彦珍）

自然资源综合执法

【自然资源动态巡查】 2020年，海原县建立自然资源动态巡查机制，截至年底，共开展动态巡查205次，发现违法行为105起，其中现场制止25起，立案查处80起（违法占地60起、非法开采20起），下发责令停止违法行为通知书96份，扣留车辆22台，共处罚款140万元。

【“大棚房”另案处理】 2020年，海原县对2019年以来自治区下发的50个“大棚房”另案处理图斑进行逐一核实，积极整改，已完成整改47个，其中移交固原市原州区1个，按非立案处理农民建房图斑22个，按设施农用地管理要求进行备案处理27个，拆除10个，剩余3个正在进行立案查处。

【“违章建墅”问题清查整治】 2020年，海原县完成自治区自然资源厅暗访反馈的寺口子水库违建别墅问题整改，对相关建筑物全面完成拆除，并对周边区域进行绿化。共收到自治区自然资源厅反馈疑似违建别墅问题1个，系关桥张湾水库左坝肩建有“海原县腾凯家庭农场”问题，经调查核实，该家庭农场实为农户宅基地，当事人持有不动产登记证书，经现场核实，已责令当事人停止经营活动，恢复住宅功能。

【卫片执法检查】 2019年以来，自治区共下发海原县土地卫片1361个图斑（2019年1210个、2020年151个）。经调查核实，属违法图斑共68个（2019年62个、2020年6个）。已完成整改46个（拆除7个、补办手续24个、立案查处15个）。剩余22个按照属地管理原则，由乡镇牵头，县自然资源局综合执法大队配合，正在积极组织整改中。

【矿产资源违法案件处理】 2019年，自治区共下发海原县涉嫌超层越界遥感监测图斑58个，经调查核实，存在超层越界14家，已立案处理11家，剩余3家正在调查处理。同时，经与西华山境内4家石料厂积极磋商，已达成拆除协议，在11月底前完成西华山境内4家石料厂关闭退出和拆除复垦工作。

【森林草原资源执法检查】 2019年以来，自治区共下发海原县林地卫片570个，其中2019年314个，经现场核查，属违法图斑24个，正在立案查处；2020年256个，正在开展外业核查。办理林业行政案件4起，其中森林火灾案件2起，非法猎捕野生动物案件2起，共处罚款5480元。

【农村乱占耕地建房问题专项行动】 2020年，海原县制定印发了《海原县农村乱占耕地建房问题摸排工作方案》，明确了工作职责，全面开展摸排。已对国家下发海原县的23676个疑似图斑和自治区下发的144916个疑似图斑进行内业判定和外业核查，经内业判定需外业核查图斑共计41593个（其中国家下发图斑需外业核查15301个、自治区下发图斑需外业核查26292个），已完成确定摸排总图斑数的100%。

【乱象治理线索核查】 2020年，海原县通过自行摸排，共发现自然资源领域乱象线索57条，其中土地违法线索39条、矿产资源违法线索16条、破坏森林草原资源线索2条。共立案查处53宗，结案28宗，移交法院4宗。

（蒲彦珍）

生态帮扶

【资金投入】 2020年，县自然资源局累计向各帮扶村投入扶贫资金44万元，其中盐池村10万元、三分湾村12万元、联合村12万元、高湾村10万元，扶贫帮扶村产业不断发展壮大、基础设施明显改善；采购高崖乡草场村贫困户哈密瓜3390.5公斤，投资2.17万元，有效促进了消费扶贫。

【生态扶贫】 2020年，县自然资源局累计为甘盐池管委会提供乡村绿化和庭院经济林苗木16916株，为高崖乡提供乡村绿化和庭院经济林苗木共计14813株，扶贫帮扶村生态环境得到明显改善。

【扶贫慰问】 2020年，县自然资源局在元旦、春节期间，先后给甘盐池管委会盐池村，高崖乡三分湾、联合村15名困难群众和15名包保困难群众送去节日慰问金2.9万元，营造起了关爱帮扶和谐氛围。

【脱贫攻坚反馈问题整改】 2020年，县自然资源局共梳理、认领各级各类巡视、巡察、审计反馈问题18件，其中海原县2019年脱贫攻坚成效考核反馈问题1件，自治区党委调研指导组调研指导反馈问题4件，自治区党委第六巡视组对海原县开展脱贫攻坚专项巡视“回头看”反馈问题12件，国务院扶贫开发领导小组2020年脱贫攻坚督查反馈问题1件，已完成整改销号17件，剩余1件将于年底前完成销号。

【地质灾害监测防治】 2020年，县自然资源局联合自治区水环院对全县78处地质灾害隐患点进行了排查，拟保留37处，核销41处。同时，争取项目资金150万元，对红羊、树台、九彩等乡镇处于重要防范级别的10处地质灾害进行工程治理，消除了受威胁群众的后顾之忧。

（蒲彦珍）

生态环境

【概况】 中卫市生态环境局海原县分局（简称生态环境局）于2019年9月挂牌成立，核定行政编制5名，事业编制20名。设局长1名（正科级），副局长2名（副科级），综合执法大队副队长1名（副科级），环境监测站站长1名（正科级），副站长1名（副科级）。生态环境综合执法大队核定事业编制10名，生态环境监测站核定事业编制10名。2020年，实有人员20人，其中行政编制3人，事业编制17人，空编5名（行政编制2名，事业编制3名）。海原县生态环境保护综合执法大队在编在岗7人，海原县生态环境监测站在编在岗10人，抽调疫情防控驻守点1人。

【大气环境治理】 2020年，海原县紧盯PM2.5、PM10和优良天数等指标，全面落实建筑工地“六个100%”的扬尘防控措施，实现施工现场降尘除尘指标达标。加强散煤煤质监管，建成李旺镇、树台乡等8家清洁煤配送中心，加大散煤加工、储运、销售、使用监管巡查力度，清理整治（取缔）非法销售散煤摊点18处。持续推进“散乱污”企业综合整治，完成20家砖瓦轮窑的整治验收工作。全面加强秸秆禁烧监管，查处焚烧秸秆及杂草等违法行为39起。完成西安镇综合办公大楼清洁取暖项目建设，先后对关庄乡关庄村260户建档立卡户和160户非建档立卡户安装了碳纤维电热炕，淘汰老旧机动车565辆，完成90台非道路移动机械环保标识牌的发放工作。海原县空气质量“十三五”指标提前完成，年度约束性指标圆满完成，空气质量达到国家二级标准。

【水环境治理】 2020年，海原县严格落实“河湖长制”，清理河湖“四乱”问题79个，转运垃圾505处1.68万吨，完成高崖乡、李旺镇、七营镇、郑旗乡、贾塘乡、西安镇污水处理站项目竣工验收并投入运行。树台、红羊乡污水处理站项目主体工程已完成，三河、七营镇排水管网提标改造项目已完工，完成海兴开发区污水处理厂臭气处置项目建设任务。按照“划、立、治”总要求，完成了老城区和南坪水库水源地保护区规范化建设工程，海原县千吨万人水源地（李俊片区—相桐）保护区划分工作于2020年9月1日获得自治区人民政府批复。完成辖区内11条河流和沟道51个排污口登记工作，加大执法巡查力度，确保无新增入河直排口。2020年度，委托第三方服务机构对老城区、南坪水库水源地水质进行检测分析，水质均达到Ⅲ类标准，达标率为100%，清水河海原—同心交界断面总体水质达到Ⅳ类，完成自治区考核目标。

【土壤环境风险管控】 2020年，海原县严格按照国家制定的土壤调查技术规范要求，完成土壤污染状况调查及评估工作，未发现疑似污染地块。大力推行测土配方施肥与化肥减量增效技术推广项目，实现化肥、农药使用量零增长。建设无动力生活垃圾磁化低温降解处理站5座，投放垃圾箱9461个，全面消除非正规垃圾堆放点77处，完成海兴开发区一般工业固体废物填埋场改造项目。扎实开展“清废行动”，回收残膜1221吨，加工颗粒150吨，农用残膜回收率达到91%，及时消除土壤污染隐患，确保土壤利用安全。

【环保督察反馈问题整改】 2016年中央环保督察组反馈海原县需整改问题7项，已完成整改并销号5项，剩余2项经现场核实为举证不属实，已做销号处理。2018年中央环保督察组“回头看”反馈海原县5项10类和20个信访投诉转办件，2020年已全部整改完成并销号。2019年自治区党委第三生态环保督察反馈海原县共16个问题，其中共性问题8个，已全部完成整改；个性问题8个，已完成整改并销号7个，剩余1个问题是关于“水源地保护措施不到位。海原县老城区集中式饮用水水源地一级保护区内仍有海原县国家级鼠疫监测点、宁夏廷兰食品有限公司、农银驾校、正丰驾校4处设施（企业）未完成清理”的问题。截至年底，除海原县国家级鼠疫监测点外，其他违章建筑全部拆除；新建海原县国家级鼠疫监测点主体楼已完成基础回填，P2实验室已完成主体工程建设，正在进行P2实验室二次深化改造，计划2021年1月底将原国家级鼠疫监测点实验室搬迁到新建P2实验室并投入使用。反馈海原县3个信访投诉转办件已全部完成整改并销号。

【污染减排】 2020年，海原县扎实推进重点区域、重点行业主要污染物排放总量控制工作，突出精准治污、科学治污、依法治污，截至12月底，海原县污水处理厂出水水质均达到一级A标准，四项污染物达标排放为化学需氧量削减量1456吨（目标任务削减量438吨），氨氮削减量208吨（目标任务削减量87吨），二氧化硫、氮氧化物削减量均为零（目标任务削减量均为零），超额完成污染减排年度目标任务。

【生态环境监管】 2020年，海原县严把项目“准入关”，坚决杜绝高污染和国家明令禁止、淘汰等不符合产业政策的企业落户。2020年度，共审批各类建设项目308个，其中，报告表45个、备案登记表263个。创新环境监管方式，坚持纪委监委靠前监督，推进与司法部门联合执法，严肃查处不正常运行自动监控设施及逃避监管等违法行为。一年来，先后监察企业761家次，立案查处环保隐患企业12家，处罚48.8万元，发出整改通知单28份、决定书6份、督办函12份，办理各类环境信访投诉举报案件30件，办结率为100%。

【水源地水质保护与监测】 2020年，海原县生态环境局对七营镇宁夏水投中源水务有限公司海兴分公司南坪水库运行情况进行现场检查。重点检查疫情期间人员管控情况，定期对饮用水抽样检测情况。经查，宁夏水投中源水务有限公司海兴分公司南坪水库现场值班3人且运行正常；该水库疫情日常不够详细；1月份检测水样已于1月11日送至宁夏城市供水水质监测固原监测站进行监测，2月17日取回检测报告，2月检测水样已于2月17日送固原监测站进行监测；我局执法人员要求，加强南坪水库运行管理并制定相应制度牌；在疫情期间加大对饮用水水样监测，若有异常及时上报；完善疫情期间往来人员体温测量、信息登记等相关工作并制定相应制度。

（杨万成）

南华山国家级自然保护区

【机构移交】 2020年4月10日，宁夏南华山国家级自然保护区由海原县人民政府正式移交给自治区林业和草原局管理，保护区管理机构南华山自然保护区管理处（简称南华山管理处），成为自治区林业和草原局直属事业单位，机关内设办公室、项目站、生产站、森防站、财务室5个站室，下辖五桥沟、灵光寺、水冲寺、关门山、马万山、华山6个非经营性管理站和山门、关门山、平岘顶3个防火检查站，马万山、灵光寺2个防火瞭望塔及大南沟1个护林点。核定全额预算事业编制57名，实有在编人员54人（含2名控编聘用人员），管理人员设科级领导干部1名，科级副职数2名。

【自然保护地概况】 地理位置：宁夏南华山国家级自然保护区位于宁夏中卫市海原县境内，距离海原县城7公里，介于北纬36° 20′ 06″~36° 32′ 30″、东经105° 30′ 30″~105° 44′ 。

保护区类别：南华山自然保护区属于“自然生态系统类别”，依据该自然保护区内自然生态系统特点，该自然保护区应为“森林—灌丛—草原复合型生态系统类型”自然保护区。

保护区面积：总面积20121公顷。

功能区划分：保护区划分为核心区、缓冲区、实验区3个功能区。其中核心区6182.78公顷，缓冲区5236.87公顷，实验区8701.35公顷。

地质地貌特征：大地构造上属于秦岭—祁连活动带祁连—北秦岭褶皱系的北祁连加里东褶皱带南华山断褶带。地貌上处于黄土高原腹地西部，宁夏南部，山体呈西北—东南走向，区内山峦起伏，沟壑纵横，最高峰马万山海拔2954.6米，平均海拔2600米左右，沟口海拔一般北麓2000米，南麓2200米，相对高差700~900米。

水文：南华山自然保护区山涧河谷及山洪沟较多，但地表径流不大，多为间歇性河流，季节性变化较大。

气候：属中纬度内陆中温带半干旱区，属山地气候和大陆性气候，气温由山麓向山顶逐渐降低，南华山平均年降雨量为495毫米。

土壤：以垂直地带性土壤——灰褐土和以山麓为基带的土壤——黑垆土为主。

森林资源：南华山现共有各类林地面积19917.2公顷。其中有林地（乔木林地）506公顷，疏林地14.52公顷，国家特别规定灌木林地6099.88公顷，未成林地3718.96公顷，无立木林地5831.42公顷，其他林地3746.42公顷。

植物资源：有野生维管植物426种（含种以下单位），隶属58科203属。其中蕨类植物2科2属4种，裸子植物2科5属6种，被子植物54科196属416种。南华山位于黄土高原西部边缘，属黄土高原上的石质中山，主要植被包括寒温性针叶林、温性针叶林、落叶阔叶林、落叶灌丛、草原、草甸、沼泽等7个植被型、20个群系、21个群丛。

野生动物资源：脊椎动物有5纲26目57科126属173种（含116亚种）。其中鱼纲2目3科8属9种，两栖纲1目2科2属3种，爬行纲2目5科6属10种（含1亚种），鸟纲15目33科80属115种（含80亚种），哺乳纲6目14科30属36种（含35亚种）。以鸟类占优势，哺乳类次之，两栖类最少。

昆虫资源：有昆虫16目132科530种。主要由鞘翅目、鳞翅目、半翅目、双翅目、直翅目和膜翅目种类组成。其中，鞘翅目34科179种，鳞翅目26科156种，半翅目18科56种。

主要保护对象：森林灌丛—草原复合生态系统及其生物多样性；水源涵养林以及体现森林—草地植被地带性分布的典型自然地段；珍稀濒危野生动植物资源及其栖息环境。

国家重点保护植物：蒙古扁桃、发菜、短芒披碱草。

【基础设施】 南华山管理处无办公场所，暂时租用海原县财政局办公楼作为临时办公场所；管理站、管护点共有房屋建筑面积800平方米，物资储备库等附属用房面积155平方米，房屋年久失修，漏雨严重，办公和居住条件已经不能满足管理和管护的需求。保护区内有管理站6个（均为早期的护林点改建而成），部分管理站生活与办公用房混为一体。为切实解决基础设施建设问题，2020年4月，南华山自然保护区管理处聘请第三方公司对宁夏南华山国家级自然保护区防火视频监控、综合办公场所和人工干预生态修复总体规划进行了现场勘查和初步规划设计。

【森林草原防火】 南华山管理处在2019—2020年度森林草原防灭火工作中，早动员、早安排、早部署，严格执行资源管护制度，实行防火期24小时值班值守；严格落实责任制，确保在防火紧要期做到山有人管、林有人护、火有人防、责有人担；有效开展森林防火宣传活动，利用一个月时间围绕“消除安全隐患，筑牢安全防线”这一主题积极开展了“安全生产月”宣传活动，全年出动宣传车辆100余车次，发放宣传材料3万余份（件）。通过电子显示屏、固定宣传牌、设立森林防火临时检查站等形式，在国庆节、春节、清明节等重点时段，开展全方位的宣传活动。开展倡导文明祭祀宣传。2020年清明节期间采取蹲点值守，保护区内无一起上坟烧纸点香现象。防范措施到位，火灾隐患查排扎实。对海西公路南华山段及重点林区道路两侧20米范围的杂草进行清除；对2000亩的重点林区灵光寺白桦天然次生林和五桥沟人工辖区内的风折木、雪折木、枯死木等可燃物进行抚育清理；坚持在西海公路等重点路段巡查，加强对野外火源的管控；对进入林区从事生产活动、进山游玩、上坟祭祀等人员认真进行检查登记。

【禁牧封育】 2020年，南华山管理处成立禁牧封育领导小组，组织管理处全体职工开展禁牧封育宣传教育、巡查检查、综合执法等工作。管理处和各管理站签订禁牧封育目标责任书，将禁牧责任、管护区域逐级落实到人头和地块，形成了上下联动、齐抓共管的责任管理体系，做到了分工明确、责任到人。实行昼夜巡护，严禁放牧，彻底制止偷牧、夜牧行为。定期督促检查各管理站、检查站和管护点的人员禁牧封育、禁牧执法等工作开展情况，对发现的重点、难点问题每月进行汇总，专题会议研究解决。

【森林病虫害防治】 2020年，南华山管理处对落叶松红腹叶蜂、落叶松球蚜、叶象、鼢鼠、锈病及桦树尺蠖、沙棘木虱、松材线虫、杉针黄叶甲等进行了全面的监测；投资12万余元对以落叶松红腹叶蜂和鼢鼠进行了科学防治，把虫鼠害降低到了最低程度和可控范围内。

【人类活动排查】 2020年，南华山管理处将人类活动排查监测工作责任落实到人。对在保护区试验区人饮水工程临时占用林地（7.2亩）的违法行为进行了整治，依法对责任单位海原县水务局行政罚款4.688万元，并完成了植被恢复。通过坚决制止和惩处破坏保护区自然生态环境的违法违规行为，严肃追责问责，营造了“不敢、不能、不想”违规侵占保护区资源的社会环境和政治氛围。

【重点项目建设】 2020年，南华山管理处继续加大重点区技防投入，投资270余万元，建成关门山重点林区视频监控系统，提高了火灾、人类活动的监测预报预警能力；投资20万元新建五桥沟、灵光寺、关门山管理站森林防火视频监控机房476平方米，切实改善基层管护条件；2020年国土绿化任务3000亩，投资450万元，已完成920亩；森林草原防火隔离带建设项目已经完成招标工作，63公里隔离带建设任务年内全部完成；完成了五桥沟管理站综合办公楼招投标工作。

【疫情防控】 2020年新冠肺炎疫情防控期间，南华山管理处按照海原县委、县政府安排，派出包括5名党员在内的11人参与海原县城社区“网格化”疫情防控工作，先后3次参与入户排查。坚持在小区门口轮班值守两个月，为海原县疫情防控工作做出了应有的贡献。组织党员和其他干部全面开展疫源疫病防控工作，第一时间在五桥沟管理站和关门山管理站设立防疫检查点，逐一检查过往车辆，严防非法捕猎、运输、买卖野生动物情况发生。管理处还积极宣传新冠肺炎防范知识，发放防范知识手册、通知公告、宣传画和消毒预防操作技术汇编，确保野生动物保护措施落到实处。向全体党员和干部职工发出“疫情防控就爱心捐款倡议书”，广大党员、干部职工纷纷响应号召，捐款1.106万元。

【定点帮扶】 2020年，南华山管理处扎实开展定点帮扶工作。春耕春播时期，根据调研的问题拟定计划，购买4吨地膜，帮助定点帮扶村曹洼乡曹洼村解决建档立卡户缺少种植覆膜青储饲料玉米的地膜问题，切实解决了建档立卡户春耕春播中存在的困难。秋收时期，了解到曹洼村土豆滞销后，及时与结对帮扶村联系，购买贫困群众的土豆等农产品4吨，助力产业脱贫。

【党建工作】 2020年，南华山管理处通过理论学习中心组学习、集体学习、“三会一课”、“学习强国”学习平台、领导干部网络学习等多种方式，加强对习近平新时代中国特色社会主义思想、习近平总书记系列重要讲话、各级各类重要政策法规、安全生产、脱贫攻坚、民族宗教等方面的学习力度，重点学习贯彻习近平总书记2016年和2020年视察宁夏重要讲话精神。全年专题研究党建工作4次，研究意识形态工作3次，开展主题党日12次、集体学习42次，进行专题讨论13次，交流发言85人次，共“废改立”相关制度3项，不断巩固“不忘初心、牢记使命”主题教育成果。以巡察反馈问题整改为契机，以开展创建“让党中央放心，让人民群众满意”模范机关为动力，严格按照“三强九严”标准推进机关党建工作。进一步落实党风廉政建设主体责任，主要负责人与班子成员签订党风廉政建设工作任书2份，与各室站负责人签订党风廉政建设工作责任书10份，先后开展谈心谈话和提醒谈话4次40人次。

（刘智）

城乡建设

ChengXiang JianShe

综　述

【概况】 海原县住房和城乡建设局（简称县住建局）下辖海原县城市管理综合执法局、海原县城市公用事业管理所、海原县建设工程招标投标管理中心、海原县建设工程质量监督站、海原县住房保障和交易服务中心5个事业单位，挂海原县人民防空办公室牌子。

【建设项目】 2020年，全县共组织实施城乡建设项目34个，其中续建项目8个，新建项目26个，工程概算总投资32亿元。计划年内完成固定资产投资7亿元，已完成固定资产投资6.5亿元，完成总额的93%。

【工改工作】 按照自治区工改工作要求，海原县工改服务系统完成新开发系统置入，部分专网和工改网建尚在对接并网阶段。平台共计受理工程建设项目审批事项163件（其中工程规划许可及工程用地许可72件，工程施工许可73件、乡村规划许可9件、消防审查6件、消防验收3件），办理完结159件。全县工程建设项目审批制度改革工作正在稳步推进。

【建议议案办理】 2020年，海原县住建局承办县人大代表建议4件（其中重点建议2件，一般建议2件）、政协委员提案10件、民生实事1件，共计15件。4件人大代表建议、10件政协委员提案和1件民生实事已全部办结。

（县住建局）

城市建设

【棚户区改造】 2020年，自治区下达海原县棚改任务为500户1000套，以货币化安置的方式完成1362套，完成任务量的136.2%。开工建设北苑小区和闽宁科技园公租房项目，建设住宅1009套、商用59套、公租房480套。新建北苑小区、闽宁科技园公租房项目已开工建设。

【市政基础设施建设】 2020年，海原县实施市政道路建设10条7.8公里，已完工4条，其余6条道路已完成工程进度的70%，计划10月底全面完工。实施育才公园、南门广场、第一污水处理厂绿地以及地震遗址绿化4个工程项目；育才公园项目已完成工程量的90%，计划11月底全面完工；南门广场、地震遗址绿化项目、第一污水处理厂绿地项目完成工程量的60%，计划2021年5月底全面完工。城市集中供热工程、第二污水处理厂污泥处理项目已全面完工；城市会客中心工程已完成总工程量的65%。

【社会项目建设】 2020年，实施社会投资项目7个，总投资24.4亿元，嘉禾园、格兰美景、闽宁华府、康乐苑和富民二期等5个续建商住小区，已完工并陆续交付入住；新建开发小区2个，海盛富城、格兰丽都已全面开工建设。

（县住建局）

城市治理

【城市管理】 2020年，海原县巩固深化“以克论净”深度保洁模式，道路机械化清扫率达到65%以上。按照“强转树”专项行动要求，围绕“城市乱象”加大巡察处置力度。

【废品收购点整治】 对县城辖区内14家废旧收购站点数量、地址、经营品种、堆场面积等情况巡查整治，下发整改通知单14份，清理13家，拉运收购物品32车，剩余1家正在清理。

【城区停车场和车辆管理】 配合交警部门清理违停车辆350余辆，规范了车辆入城乱停乱放的行为。对重点区域、重点路段实行专人管理，依法拆除私设停车锁360余套、锥形筒550余个。与县交警部门联合行动查处乱停乱放违法行为850余起，拖移车辆50余辆。

【户外广告治理】 清除乱贴乱画小广告18000余条，拆除条幅420余条，规范户外广告和门头牌匾300余块，拆除私自装潢墙体外立面40家，查处违法违规发布广告和张贴小广告56起，行政处罚25起，罚款10100元。

【店外经营管理】 与商户签订“门前五包”责任书，发放“门前五包”责任牌1000余户，并上墙公示。每周开展2次夜查行动，大力规范露天烧烤经营行为。共清理占道经营（露天烧烤）摊贩5500余人次、暂扣工具1600余件，下达限改通知书180家，办理案件50起，罚款9000余元。

【道路扬尘整治】 针对施工建设中不履行“6个100%”的要求，道路扬尘污染环境群众举报多的乱象。对不按规定运输的工程车辆按相关规定从重从严处罚。查处工程车辆抛洒漏行为500余起，提醒教育280余起，行政处罚35起，罚款1万元。扬尘污染得到治理，收效良好。群众的投诉大幅度减少。

【违章建筑查处】 针对乱搭乱建，影响大县城建设的乱象。对发现备砖、备料、打地基等苗头性建设及时劝阻、拆除，切实做到查违、控违工作横向到边纵向到底，共计拆除违法建筑物1200余平方米。

【建筑工地扬尘治理】 严格落实建筑工地扬尘污染“6个100%”控制措施，按照“谁建设、谁负责，谁施工、谁负责，谁监理、谁负责”的原则，派监督人员对施工现场扬尘治理措施落实不到位的施工企业，下发《建设工程质量安全隐患责令停工整改通知书》36份，下发停工令5份，责令相关责任单位停工限期整改。对各建筑企业渣土运输车辆进行统一备案登记，发放运输渣土通行证（一车一证）。有效利用喷雾式抑尘车，重点对施工工地周边街道、拆迁现场及政府街、南北街、文联路、建设路、黎明路等人口密集的主街道进行巡回洒水喷雾，减少路面扬尘。

（县住建局）

乡村建设

【危房改造】 2020年，海原县紧盯脱贫攻坚目标任务，高质量完成各乡镇返乡无房户改造1127户、抗震房提升改造820户；拆除危房330户，拆除率100%，需回迁入住377户，回迁率100%。

【村镇建设】 2020年，实施美丽集镇1个（树台乡）、美丽村庄4个（李旺镇北滩村、海城镇武塬村、曹洼乡曹洼村、史店乡米湾村），打造曹洼乡脱烈村为共同缔造示范村。树台乡美丽集镇项目已完成工程量的80%，海城镇武塬村、史店乡米湾村、曹洼乡曹洼村和李旺镇北滩村4个美丽村庄已全面完工。

【城乡环境整治】 按照农村人居环境整治“五清”要求，对村庄、河道、集镇、市场等重点区域的垃圾进行全面清理，累计清理农村生活垃圾7.2万余吨，清理河道沟渠300余公里，农村90%以上行政村生活垃圾基本得到了治理。推行第三方机构承包运营模式，将关桥、高崖、李旺等12个乡镇辖区主干道路沿线村庄的垃圾收集清运处理委托第三方外包公司运营，竭力推进我县环卫保洁和垃圾处理规范化、现代化。三是对已采购的34辆环卫车辆、1510个垃圾收集箱及时调拨各乡镇投入使用，有效提升了农村生活垃圾收集转运处理率，降低了垃圾二次污染风险。大力推广城市生活垃圾分类收运体系建设，新配置全封闭垃圾压缩车6辆、餐厨垃圾专用收集车1辆，日收集清运生活垃圾100余吨，城市生活垃圾无害化处理率达95%以上。

（县住建局）

行业监管

【工程招投标】 全年累计完成房屋建筑和市政基础设施工程招投标活动监管41项（包括勘察、设计、施工、监理），其中参与投标企业共313家，中标总额56410.75万元，全部进入市公共资源交易中心进行招投标活动，采取不见面开评标。应招标工程的招标率均达到100%，实现重大工程项目应招尽招目标。

【工程质量安全】 以打造标准化工地为目标，狠抓施工质量样板化、操作过程规范化。先后开展在建项目专项检查287项次，签发整改通知书217份、停工整改通知书11份，行政处罚9家，罚款10万元；扣除企业诚信分值5起，关键岗位人员违法违规记分42人次；大力推进“1116”制度建设，严格落实农民工工资保证金制度，农民工工资保证金缴库存率达到100%，共清欠农民工工资近40万元。

【房地产市场调控】 完成商品房网签备案2968例，面积43.66万平方米；存量房交易176例，面积2.11万平方米；房屋租赁6例，面积0.55万平方米，无中介全部自行成交。新商品房网签备案及存量房交易系统运行稳定，积极推进对企业预售资金实行监管和执行预售金提取审批制度，有力促进了海原县商品房预售向规范化迈进。

【物业小区规范监管】 推行物业企业信用档案和红黑名单制度，加强对小区电梯安全、消防安全、公共场所运行安全的监管，及时规劝车辆乱停放行为400余人次；督促益民、四季花城A区、四季花城B区、西湖一期、东城5家小区实现物业智慧化管理、安全设施充电桩的配建，张贴网格化管理人员监督牌200余处；督促指导利民、四季花城A区、东城、花儿府邸、育才、西湖一期6个小区成立业主委员会，促进物业企业提高服务水平。

【民生服务】 全年共排查手续过期、拖欠费用、私自转租等问题住户429户，已完成整改429户（规范手续162户，清退267户），收缴欠费12.2万元。同时，及时将空余房屋按程序分配到符合入住条件的人员办理入住手续，有效保障公租房入住率。对锅炉及附属设备进行检修，对供暖效果反映不好的育才小区，文昌保障小区，西湖小区部分管网进行彻底改造，对全县供水管网进行全面排查，供水水质达标供给；接待来电、来访、来信120人次，所有信访事项全部妥善解决。

（县住建局）

住房公积金管理

【概况】 中卫市住房公积金管理中心海原分中心（简称县公积金管理中心），按照中卫市住房公积金管理中心的授权负责管理全县住房公积金的管理运作。分中心的机构规格为正科级，经费形式为全额预算，与中卫市公积金管理中心实行统一的规章制度，进行统一核算。2020年年末，海原分中心核定事业编制5名，科级领导职数2名（一正一副）。有在职人员6人，其中，在编4人，非在编2人。分中心下设办公室、业务厅、归集股、信贷股4个内设机构。

【公积金缴存】 2020年，海原县缴存住房公积金3.05亿元，完成年度任务2.2亿元的138.64%，比上年增加0.7亿元，增长22.95%；缴存总额18.76亿元，比上年增加3亿元，增长15.99%。缴存余额8.03亿元，比上年增加1.18亿元，增长14.69%。

【公积金制度扩面】 2020年，海原县夯实制度基础，不断扩大公积金制度覆盖面。一是突出宣传催建，线上与线下相结合。在做好疫情防控的前提下，充分运用电话、微信公众号、手机App和中心门户网站等媒介，深入开展宣传引导和建制工作，全力以赴为企业建制提供便捷服务。二是依托联动机制，发挥行业优势。充分利用各受托银行服务网点多、客户资源多、营销能力强等行业优势，积极宣传公积金制度，开展非公企业住房公积金建制扩面、催收催缴工作。2020年，全县新增建制单位5家，新增缴存职工613人，完成全年扩面计划的306.5%。

【公积金贷款】 2020年，海原县发放个人住房贷款210笔7873.1万元，完成年度任务5000万元的157.46%；住房贷款笔数同比减少14%，贷款金额同比下降11%。其中发放异地贷款13笔448.8万元。截至2020年12月底，累计发放个人住房贷款2250笔、金额59605.60万元，同比分别增长10.29%、15.21%。贷款余额29922.85万元，同比增加1.31%。个贷率37.32%，同比减少5.87个百分点。

【公积金提取】 2020年，海原县公积金管理中心落实使用政策，加大对购房缴存职工支持力度。紧扣“房子是用来住的，不是用来炒的”定位，充分发挥住房公积金在“住有所居、住有宜居”中的保障作用，积极落实住房公积金贷款、提取使用政策，大力支持职工购买保障性首套住房和改善型二套住房，保障不同群体、不同需求的贷款需要，积极推动房地产市场健康发展。提取住房公积金1.84亿元，同比增加0.3亿元，增长16.3%，其中住房消费提取1.54亿元；提取总额达到10.78亿元。

【公积金风险防范】 2020年，海原县公积金中心强化公积金风险防范措施，确保公积金安全运行。一是加大公积金账目核查力度，做到业务当天办结，资金及时到账，资金安全运行。二是建立风险防控系统，结合住建部电子稽查风险点和中心业务管理实际，对风险隐患精准识别、预警排查、实时监控、逐一整改，切实提高业务办理的准确性和防范风险的严密性。

【信息化建设】 2020年，海原县公积金中心加强信息化建设，积极拓宽服务渠道。一是提取业务不见面。解除劳动合同和退休的缴存职工通过网上业务厅点击提取申请，办结后资金实时到账，无需跑腿、省时省力。二是查询渠道多样化。通过公积金门户网站、网厅、微信公众号、“我的宁夏”App等缴存职工可查询个人账户信息、缴存明细、提取明细、贷款信息等，缴存单位可查询单位基本信息、职工信息、业务办理情况。三是咨询建议畅通化。职工可通过“12329”热线与客服一对一交流，还可通过门户网站、手机App、微信公众号等咨询公积金相关政策、提出意见和建议。四是推进归集业务在线办。全县共有61个单位签约网厅服务实施网上业务办理。截至12月底，单位网厅缴存率5%，网上办理汇缴64笔，补缴2笔，信息变更1笔，同城转移858笔。

（县公积金管理中心）

交通运输

JiaoTong YunShu

综　述

【概况】 2020年，海原县交通运输局下设公路管理段和交通运输综合执法大队2个副科级事业单位，内设党政办公室、公路建设管理中心、工程项目管理办公室、项目审计决算办公室、行政审批办公室、综合治理办公室和运输产业服务中心7个职能股室。全县交通运输系统有在编人员225人，其中公务员11人、行政工勤岗2人、事业在编干部38人（公路管理段4人、交通运输综合执法大队25人、公路建设管理中心9人）、事业在编工人174人（公路管理段99人、交通运输综合执法大队69人、公路建设管理中心6人）。

【公路通车里程】 2020年，海原县公路通车里程达3328.15公里，公路密度为52.18公里/百平方公里。按行政等级分：国道265.688公里，省道480.708公里，乡道605.317公里，村道1872.427公里，专用公路104.01公里；按技术等级分：高速公路180.991公里，一级公路15.304公里，二级公路282.849公里，三级公路457.379公里，四级公路2373.127公里、等外公路18.5公里。

【道路运输行业基本情况】 2020年，海原县共有客运企业6家（班线客运2家，班线、公交二者兼营1家，班线、公交、出租三者兼营1家，出租客运2家），在册客运车辆607辆（班车160辆，公交车90辆，出租车357辆），共有客运驾驶员787人；开通客运线路114条（跨省2条，跨地24条，跨县15条，县内73条）；共有普通货物运输企业89家，在册货车6242辆（不含挂车）；全县共有机动车综合性能检测站2家，二类机动车维修企业6家，三类维修业户173家，摩托车维修业户13家；有机动车驾驶员培训学校3家，教练车263辆，教练员335人。

【机动车驾驶员培训】 2020年，海原县许可机动车驾驶员培训学校1家，完成机动车驾驶员培训4894人、从业资格证培训970人、道路运输驾驶员继续教育8467人、从业资格证诚信考核9838件。

（县交通运输局）

公路建设

【农村公路建设】 2020年，海原县完成农村公路新改建12.183公里，实施窄路加宽项目

30.021公里，完成道路安全隐患治理54.17公里，完成海同路至麻春公路山体滑坡治理工程0.87公里，建成村组硬化路224.536公里、生产砂砾路102.92公里，完成总投资约1.988亿元。

【干线公路改造】 2020年，S103线红羊至西吉（海原段）9.7公里、G341线黑城至海原段40.028公里和S311线关庄至李俊段40公里均已建成通车，累计完成总投资5.79亿元；G344线李旺至同心改线段公路全长25.5公里，概算总投资1.7亿元，截至年底，土方路基已完成85%，桥梁工程完成率达到70%，涵洞建成28道，当年完成投资约1亿元。

【高速公路建设】 2020年，G85银川至昆明高速公路，海原境内全长13公里，概算总投资16.6亿元，截至年底，完成土方路基40%，隧道正在施工中，当年完成投资约2亿元。海原至平川高速公路，全长44公里，概算总投资41亿元，2020年12月全面开工建设。

（县交通运输局）

公路养护

【概况】 2020年，海原县公路管理段有办公室、财务室和生产安全统计股3个内设股室，下设14个公路站，有桥梁98座（大桥2座/224.5延米、中桥32座/1713.86延米、小桥64座/886.89延米），涵洞2264道。有职工134人（在编103人、编外13人、临时工18人），承担着全县38条817.277公里（其中省道4条195.864公里，乡道34条621.413公里）的公路养护管理任务。同时监管乡镇管护的529条1737.564公里村道。

【公路养护指标完成情况】 2020年，省、乡、村道优良路率分别为17.81%、47.1%、38.16%；MQI值分别为73.70、79.61、73.85；PQI值分别为67.84、78.33、71.95。出勤率101.5%，出工率95.6%。绿化成活率86%，保有率88%。

【养护机制改革】 2020年，海原县养路段制定了《海原县农村公路路长制实施方案》，建立了覆盖到县、乡（镇）、村的路长组织体系，构建起责任明确、协调有序、监管严格、奖惩有力的路长管理制度并形成长效机制，做到有路必养、养必到位；研究出台《海原县村道养护管理暂行办法》，进一步规范村道养护管理工作，促进农村公路持续健康发展。

【公路绿化】 2020年，海原县养路段对同海等公路干旱严重的路树进行了浇水抗旱，实施路树浇水1万立方米，累计栽植树木1480棵，整修树穴2.05万个，整修林带180万平方米，路树刷白3.2万株。截至2020年12月21日，全县列养农村公路里程2696.798公里，已绿化里程共计1209.794公里，绿化覆盖率44.86%，其中：省道养护里程195.864公里，已绿化里程128.803公里，绿化覆盖率65.76%；乡道养护里程605.317公里，已绿化里程492.805公里，绿化覆盖率81.41%；专用公路养护里程105公里，已绿化里程17.86公里，绿化覆盖率17.01%；村道养护里程1790.617公里，已绿化里程570.326公里，绿化覆盖率31.85%。对20座桥梁、350个防撞墩、5335根警示桩、39道帽子石、732块百米桩进行了刷新。

【养护工程】 一是小修保养：共开展公路巡查2460次，清扫路（桥）面1.57亿平方米，整修路肩85万余平方米，清除公路沿线生活垃圾、建筑垃圾等95立方米，清理路肩高草1760公里。同时对列养路段边坡塌方进行了全面清理，清理塌方2600立方米。二是安全生命防护工程：完成胶海公路等车辆交通事故损坏波形钢护栏更换120米。三是隐患整治工程：2020年，先后修订完善安全生产管理制度等系列安全防范制度，并签订安全生产目标责任书。及时消除路面隐患，确保车辆安全通行，完成银西、预西、中关公路等水毁路基土方21600

立方米，清理淤泥2520立方米，清除路肩堆积物152立方米，消除隐患275处。由于超限超载车流量较大，使部分公路路面沉陷严重，完成银西公路沥青路面修补866平方米，多次对预西、中关等公路沉陷、翻浆混合砂进行处治，累计31750平方米。

【应急保畅】 海原县养路段管养的大部分路段地处山岭重丘区，道路崎岖、海拔高、气温低、多季风，积雪积冰难以融化，极易造成群众出行安全隐患。冬春季节降雪后，全段干部职工以雪为令，及时启动《海原县公路管理段除雪防滑保畅工作预案》，投入防滑保畅工作中。坚持安全第一、预防为主的原则，为确保道路安全过冬，在各公路站储备防滑沙1380立方米、防滑盐50吨、环保融雪剂100吨，购置养护车辆雪地防滑轮胎56条。

（县交通运输局）

汽车客运

【概况】 2020年，全县共有二级汽车客运站2个、农村乡镇四级客运站15个，有农村客运招呼站173个；开通县外客运班线41条、县内客运班线73条，覆盖18个乡镇（管委会）150个行政村。

【经济指标】 2020年，海原汽车站客运营收1427万元，其中票款营收1197万元，包车营收230万元，站务费20.7万元，实现利润－71万元。

【安全指标】 2020年，汽车站出站检验率达100%；未发生营运车辆交通事故及工业生产和消防安全事故。

【服务质量指标】 2020年，海原客运汽车站客车正班率达99%，客车正点率达100%，客运正运率达100%，行包正运率达100%。

【旅客运输】 2020年，海原客运汽车站严格落实“三不进站、六不出站”和长途旅客实名制售票等制度，确保客车安全规范运营。全年共发出客运班次12126个，累计运送旅客17.829万人次，没有发生旅客投诉、滞留和伤亡事件。

【农村客运通达情况调查】 2020年，海原县交通运输局对18个乡镇（管委会）150个建制村开展了农村客运通达情况摸底调查，经过深入调查和认真研究后，对树台乡二百户村等8个建制村通客车“通返不通”问题，通过延伸线路、调整车辆等措施进行了有效解决，实现了全县150个建制村100%通客车。

【新能源公交车推广应用】 在全面摸排调研的基础上，于2020年10月下旬上报县人民政府印发了《海原县2020年公共交通补短板实施方案》，计划完成县城新开通公交线路3条，新增及更新纯电动公交车44辆，建设充电桩27座，确保补齐公共交通短板。截至2020年年底，3条公交线路已开通，投入运营纯电动公交车14辆，建成充电桩7座，其余工作正在落实中。

【优惠政策落实】 2020年，全年发放燃油补贴323.421万元。

（县交通运输局）

货运物流

【道路货运协会】 2020年4月成立了海原县道路货物运输协会，充分发挥着社会中介组织的桥梁和纽带作用，为推进全县道路货物运输行业结构调整、集约经营、转型发展，全面提升道路货物运输行业抗风险能力提供组织保障。协会共吸纳会员500余人，与甘肃靖远热电厂、固原王洼煤矿等企业签订煤炭运输合同40万吨，有效提升会员车辆实载率。

【交通事故风险救助】 出台了《海原县营运货车交通事故风险救助办法》，在先期筹措500万元资金的基础上，每年注入不少于200

万元，专门用于全县营运货车发生交通事故后的风险救助，避免了汽车货运业主因发生交通事故举家返贫或陷入困境，真正为海原道路货运产业发展系上了“安全带”。2020年共实施货车交通事故风险救助4人，累计发放救助金35.634万元。

【汽车物流】 2018年通过招商引资建设海原县联富国际汽车商贸物流园项目，总投资4.2亿元。截至2020年年底，物流园主体工程已建成，正在加紧园区附属配套工程建设。建成投用后，可一次性吸纳就业人员5000余人，为全县经济社会健康发展提供良好的交通运输服务保障。

【货运许可】 2020年，共办理货运行政许可749件，其中企业14家、个体户735个，办理过户及营运证换发3814件，办理新增入户手续1681辆、货车转籍724辆。

（县交通运输局）

交通运输综合执法

【交通运输综合执法改革】 按照全县交通运输综合执法改革总体部署要求，通过整合执法力量，完善执法机制，于2020年6月初组建海原县交通运输综合执法大队，分运政、路政、治超、安全与质量监督4个领域具体落实行政执法任务，有效提高了执法效能，解决了权责不清、监管重叠、多头重复执法等问题。海原县交通运输综合执法大队下设办公室、运政中队、路政中队、治超中队和海兴区交通运输综合执法中队5个内设机构，有在编人员94人，其中事业在编干部25人，事业在编工人69人。

【运政执法】 2020年，共开展执法检查190余次，出动执法车辆210余辆次，出动执法人员640余人次，累计查处非法营运“黑车”50辆，处理营运车辆违规经营行为27起，有效遏制了“黑车”非法营运现象，规范了客运市场经营秩序。

【路政执法】 2020年，开展路政执法，共出动执法车辆150余车次，出动执法人员560余人次；拆除乱放乱置非公路标牌178块，清理公路两侧堆积物98处158立方米，纠正占路摆摊22起，查处路政赔（补）偿案6起（赔偿金额3.98万元），责令清理污水路面4处175平方米，处理占用路面打场晒粮27处825平方米，清除占用公共设施（公交站点）案1起；拆除乱搭乱建塑料棚10处；处理减速带损坏1处；向公路管理段和关桥乡政府抄告公路安全隐患5处，有效消除了道路安全隐患，保障公路和桥梁设施安全。

【货车超限超载治理】 2020年，严格按照《超限运输车辆行驶公路管理规定》《宁夏回族自治区治理货运车辆超限超载办法》等法规，积极联合公安交警部门，在关桥固定治超站和流动治超点查处超限超载货车。共出动治超执法车辆410余车次、执法人员2080余人次，其中开展夜查突击行动12次；累计检查货运车辆3500余辆，查处超限超载货车306辆，责令现场卸货4350余吨，移交公安交警部门计分罚款86人次。抄告外地超载货车11辆，接受外地抄告并进行系统锁车及驾驶员从业资格考核信誉计分35辆，有效遏制了行业乱象，保护路产路权，全面规范了交通运输市场秩序，保障人民生命财产安全。

【安全与质量监督】 2020年，共深入运输企业开展执法检查90余家次，下发整改通知书17份，跟踪督导企业限期整改，实行闭环管理，全面整改到位；抽查了44个农村硬化路项目安全与工程质量建设情况，并对已完工的硬化路面进行打孔钻心49个，下发整改通知书35份，要求施工及监理单位按时进行了整改落实。

（县交通运输局）

邮电通信

YouDian TongXin

邮 政

【概况】 中国邮政公司海原分公司（简称海原邮政局）内设综合部、市场部、揽投部3个职能部门，下辖建设路营业所、北街营业所2个综合网点、邮政普服网点16个（其中自办网点2个，代办网点14个）。公司有各类用工人员51人。

【经营指标完成情况】 截至2020年9月底，海原邮政公司总收入完成965.65万元，同比增长13.35%，完成预算的78.97%，其中代理金融类收入完成467.9万元，同比增长1.61%，完成预算的72.93%，邮储余额规模3.15亿元（北街营业所余额规模1.82亿元、建设路营业所余额规模1.33亿元）；包裹类收入完成135.61万元，同比增长85.77%，完成预算的86.82%；邮务类收入完成202.54万元，同比增长4.7%，完成预算的81.21%；其他类业务收入完成44.82万元，同比下降11.12%，完成预算的66.9%。

【储蓄收入】 截至9月底，储蓄收入累计完成426.97万元，较同期下降1.41%，完成年预算的70.9%。日均余额年累计净增1366.18万元，同比增长4.59%，时点余额净增1432.65万元，储蓄余额规模达到3.15亿元。

【保险业务】 截至9月底，保险收入完成40.93万元，同比增长49.43%，完成年预算的102.33%，全年保费新增774.92万元，其中期交保费新增253.8万元。

【客户维系】 2020年，海原邮政公司制定存量客户的维护体系，对活期及一年期以内的客户进行重点维系，通过维系方式的改变，引导网点人员转变以收入为营销导向，2020年活期余额规模占比从49%提升至51%，三年期存款下降1%。

【营销模式转型】 2020年，海原邮政公司根据市场形势变化，网点的营销模式从线下客户向"线上＋线下"交互引流相结合转变。疫情时期，网点人员开展"线上微沙活动"逐渐接受对线上的营销方式，营销能力也逐步提高，实现中邮消费贷放款150万元，线上引荐信用卡新客8户，线上营销保险10万元，线上引流线下挖转他行资金206万元，理财销售50万元，线下引流线上办理基金定投4户。

【营销宣传】 2020年，海原邮政公司网点人员携带移动展业机在四季鲜开卡并拓展商户收单等业务，通过搭建拱门等方式大力宣传网点活动，现场办卡共计56张，下载云闪付65户，还开展了“积分有礼、节日主题营销、云闪付一元购、邮储食堂权益、微邮惠、引客到访”等活动，力促各项指标有效提升。收单业务累计拓展48户，户均交易金额 136万元，快捷支付绑卡完成1089户，新增云闪付绑卡客户414户。

【跨年营销活动】 2019—2020年跨年度营销活动期间，海原邮政公司充分发挥“地推团队＋金融网点”综合营销作用，切实抓好商户收单、ETC展业和“云闪付”绑卡等业务。以“双微”系统提升获新客、获线上新客的能力，强化科技赋能，加快融入客户金融生态圈，充分调动人员营销积极性，余额净增3000万元，余额规模达到3亿元。

【“开门红”营销活动】 2020年开门红营销活动期间，海原邮政公司早安排、早部署，网点人员通过系统精准筛选客户，扎实开展蓄客工作，新增保费556.9万元。在期交业务的发展中不断调整结构、总结经验，全年完成253.8万元，收入实现40.93万元，同比增长99.5%。

【营销帮扶】 2020年，海原邮政公司充分发挥“四支营销队伍”到金融网点帮扶支持、支撑网点、服务网点业务发展作用，帮助网点全力做好客户服务工作，形成全员参与、发展的良好局面，有效推动海原邮政储蓄余额的发展，帮扶人员共计发展储蓄814万元，保险12万元。

【包裹类业务】 2020年1—9月，寄递快递收入累计完成135.61万元，较上年同期增长85.77%，完成年预算的86.82%，其中：国内标准快递业务累计完成45.21万元，较上年同期增长98.81%，完成年预算的102.5%；国内快递寄递业务收入完成79.58万元，较上年同期增长106.86%，完成年预算的84.75%。普通寄递业务收入完成10.6万元，较上年同期下降10.09%，完成年预算的70.67%。国际业务收入完成0.22万元，完成年预算的22%。

【揽投网改革】 2020年，海原邮政公司在寄递收入改革的大趋势下，充分发挥各揽投段道的优势，着重突出标快业务揽收能力，增加标快寄递收入。一是外包盘剥段道释放出原盘驳段揽投人员调整至核心商圈专揽专投段道，人员得到优化。将盘驳段道的工作进行外包，从人工成本上得到控制，每月可节省人工成本1010元。原盘驳段道使用金龙1.3吨面包车，每月可节省油料费1200元。每年可节省成本约26520元，达到降本增效的目的。二是结合进口特快流量流向，以及已有特快协议客户、通过寄递中心协同揽投部走访唤醒的睡眠客户，设立特快专揽专投段道2条，加速发展特快业务，提升用户用邮体验，提高市场占有率。三是优化揽投段道及人员，重新梳理段道设置，规划核心商圈揽投段道1个、专揽专投段道4个，对自提点进行新建及优化布局，强化社会渠道作用，根据业务发展需要，及时推进揽投网改革，合理设置段道，进行内部作业优化，对部分揽收量大的段道实时推行揽投分离，分网运作的模式，解决了揽收过程中响应速度慢的问题。

【项目督导】 2020年，海原邮政公司加强项目督导，加快寄递快递业务发展。一是紧抓二代证办理及二代证进校园办证业务，深入走访农村派出所了解每日办证动态，及时解决问题，主动维系各派出所办证人员，有力调动办证人员的积极性，截至9月底，共办理身份证5504件，实现收入10.46万元。二代证进校园已对接海原回中、一中等学校沟通“身份证进校园”活动，利用学生中高考之前的关键时机进行有力宣传。二是寄递客户经理利用春节期间有利时机大力宣传极速鲜牛羊肉寄递，为用户提供免费包装，做好邮件客服跟踪，提供良好的服务态度，截至9月底，成功寄递极速鲜牛羊肉739件，收入7.86万元。

【揽投服务】 2020年疫情防控期间，海原邮政公司利用企业复工复产时机，寄递中心客户经理携揽投人员积极走访各企业单位宣传邮政快递业务，同时做好客户信息登记、发放名片工作，截至5月，产生寄递量89件，时限寄递收入1761元。跟踪民营快递公司，通过优质服务、时限和同城优惠资费等方面宣传介绍，及时与客户沟通联系，提供个性化服务，提升客户满意度，成功签订快递协议，共产生寄递量5091件，实现寄递收入3.04万元。

【“空中课堂”】 2020年疫情期间，海原邮政公司结合学校停学不停课的要求，开展“空中课堂”教材配送活动，累计配送量1730件，实现寄递收入1.73万元。

【揽投薪酬改革】 2020年，海原邮政公司实施揽投薪酬改革，为充分调动揽投人员的“以揽促投”的积极性，实现了促进寄递业务的发展又压缩了成本支出，确保了揽投网高效、健康运行。

【文传类业务】 2020年1—9月，文传专业收入共计完成152.81万元，同比增长9.6%，完成年预算的84.42%。其中函件完成15.40万元，完成年预算的45.29%，同比增长–49.07%。集邮完成69.74万元，完成年预算的114.33%，同比增长49.46%；报刊完成67.67万元，完成年预算的78.69%，同比增长8.13%。

【渠道业务】 截至9月底，海原邮政公司电商分销专业收入累计完成40.38万元，完成预算68.21%。其中电商专业累计完成2.4万元，完成预算的43.63%，同比增长–69.04%；分销专业累计完成37.98万元，完成预算的69.05%，同比增长–16.64%。

【综合服务平台建设】 2020年，海原邮政公司开展社会站点提质增效专项活动，邮乐购站点培育目标站点数16处，达到优质站点目标数8处；自提点发展邮乐购站点目标10处，达到优质站点目标4处，包裹自提业务叠加8家，分销收入4561元，宁夏邮政微商城下单216单。协同项目“邮联”战略合作，累计开卡32张，实现收入3986.4元，分销实现收入3800元。

【“思乡月”营销战役】 2020年，海原邮政公司以“项目+活动+产品+融合”为经营模式，以“客户经理+渠道”为重点营销端，在“思乡月”营销战役活动中，提前安排部署梳理重点大客户和行业客户，对重点行业进行“划片包点”营销，通过走访企事业单位、食堂铺货的方式进行营销推广，积极营销，形成全局上下一心提前4天完成18万元的确保目标。

【普遍服务】 2020年，海原邮政公司严格落实《邮政普遍服务标准》及《关于中卫市分公司开展普遍服务及特殊服务工作达标集中整治“回头看”》活动的通知，推动普服达标，提升服务水平，促进经营发展。加大了监督检查力度，巩固达标成果，重点关注四项业务开办和建制村直接通邮运行情况，切实抓好问题整改，确保标准不降、质量提升。抓好服务质量提升工作，解决窗口服务、投递服务、邮件延误、邮件丢失、系统信息等问题，平信丢失损毁率，《人民日报》《中卫日报》等党报党刊县及以上城市当日见报率，机要通信安全万无一失。落实培训制度，每月对营业、揽投、乡下代办所人员进行安全生产知识与技能的培训、教育。

【综合管理】 2020年，海原邮政公司强化综合管理。公司有53人，其中合同A类职工22人，合同B类职工18人，劳务派遣工13人。为科学管控用工总量，完善用工流程，满足生产经营需要：一是完成代理金融网点用工合规管理优化工作，组建金融地推团队，助力金融业务发展；二是开展“两金压降”加大包裹资费、欠费、库存等欠费管理力度，强化资金管控；三是加快推进金融网点、揽投部改造，强化网点“硬实力”。

【风险防范】 2020年，海原邮政公司强化落实监管要求，组织做好金融网点人员日常行为排查及反洗钱、金融网点人员轮岗等工作。开展信用卡使用风险专项治理和上半年代理金融从业人员日常行为排查工作，实施关注人员行为动态管理。严抓合规、风险防控和各项检查工作，提升合规意识，有效防控各类风险案件。签订案防责任书，金融从业人员履职承诺书等，稽查人员全年检查48次，完成检查要求频次的100%，发现问题46个，整改46个，整改率100%。加强安全生产管理，全面落实安全生产责任制，深入推进“平安邮政”创建工作，确保了邮件、资金、交通、人身和信息网的安全，全年未发生资金案件和重大安全事故。

【疫情防控】 2020年，海原邮政公司坚持贯彻党和国家的号召，始终坚持组织党员领导干部靠前指挥，深入基层实地检查防疫工作，同时建立日报告制及值班制度，实时监控员工防疫工作开展进度及思想动态。县分公司积极采购疫情防护用品用具9234元，共计配发各类口罩3000个、体温计10个、消毒液500公斤，有效保证各基层单位防疫工作的开展。同时疫情期间，海原邮政公司积极发扬“人民邮政为人民”初心与使命，积极对接县政府解决县域内群众买菜难、物资流通困难的问题，积极对接县教育局配送学生教材，确保全县两万学生“空中课堂”如期开课。

【抓党建促经营】 2020年，海原邮政公司经党建工作融入经营活动，充分发挥党员领导干部的示范带头作用。一是在疫情防控期间“空中课堂”教材配送业务，成功揽收课本教材1730套，实现收入1.73万元。二是为提升电商包裹的客户开发，在疫情期间成功签订电商客户1户，日均发货量30~40件。三是在疫情期间开展的“战疫邮我，勇克时艰”活动中，在单位、小区、道路封闭情况下，文传专业完成18.57万元，完成目标任务的116.8%，新增电商客户4户，完成目标任务的100%，其他各项指标也取得骄人的成绩。四是在开展的“历届大阅兵”的战役中，有效地激发了广大职工销售积极性，营造了良好的发展氛围，并以152套骄人的成绩完成了目标任务，也是全市唯一一个完成目标任务的县分公司。五是为深入开展“让党中央放心、让人民群众满意的模范机关”创建工作，强化政治建设、打牢基层基础，推动企业发展紧密结合起来，全力抓好过程管控，支撑一线代理金融业务加快发展。县分公司开展“赢在网点”营销活动督导帮扶工作，活动期间帮扶人员发展储蓄1051万元，期交保险2万元，为金融业务发展奠定基础。

【廉洁警示教育】 2020年，海原邮政公司制定2020年海原县分公司党风廉政警示教育活动实施方案、开展了县分公司警示教育知识讲座、党员干部观看警示教育片，金融网点从业人员案例学习等。

【巡察整改】 2020年，海原邮政公司针对自治区邮政公司党委第二巡察组巡察反馈意见，召开党支部扩大会议，深入研究部署整改工作。围绕反馈意见，逐条对照，逐项梳理，认真研究制定整改方案、明确了具体整改任务和每项任务的责任人、整改措施和整改期限，集中围绕5大项15个问题43个具体问题，为整改工作打下了坚实的基础。

【基层工会工作】 2020年，海原邮政公司坚持企业效益增长的同时实现员工收入同步增长。一是坚持实施冬送温暖，夏送清凉，金秋助学，重大节假日走访慰问、生活困难随时帮服；二是为给金融、邮政网点人员营造温暖的经营生产环境，县分公司给每人配发了暖水袋；三是继续抓好精神文明建设工作，大力开展先进典型的选树和宣传工作，继续推进文明单位创建活动。

（李生智）

电　信

【概况】 2020年，中国电信海原分公司（简称海原电信公司）有正式职工37人，到年底共退休3人；在2019年新增配置副总经理1人的基础上，2020年5月再次新增副总经理1人，由原来一正一副增加到一正两副岗位配置。外包岗位人员57人，为当地解决人员就业提供57个岗位，其他创业岗位人员15个，以代理电信业务发展为主。在疫情防控责任大任务重的情况下，海原电信分公司担当作为，稳定人员队伍，解决就业难题，为海原当地青年创造就业岗位，减轻社会就业压力做出央企担当。

【业务发展】 2020年，海原县电信公司有宽带用户3.4万户，移动用户数4.9万户，固定电话用户数2.3万户，IPTV用户数2.8万户。5G用户达到2.35万户，5G套餐数0.09万个，5G用户渗透率达到24.87%。

【渠道建设】 2020年，海原电信公司新增自建他营店面12个，他建他营店面5个，泛渠道店面4个。

【疫情防控服务】 2020年，海原电信公司认真贯彻公司关于抗击疫情相关规定事项，认真履行抗击疫情安全生产管理职责。疫情期间，应海原县政府要求，将海原中医医院改造为疫情防护隔离点，临时加装摄像头11个、宽带及电话16部。同期布放光缆500米至县中医院，新建宽带资源，配合“装维突击队”完成业务开通。

【动环维护】 2020年，海原电信公司更换了母局开关电源及配套设施，解决了原开关电源冗余量不足的问题。完成方堡、甘盐池、曹洼模块局开关电源更换，解决了备品备件不足的问题和设备老化容易发生故障的隐患。处理模块局单路供电安全隐患4处，处理贾塘、海原母局防雷接地问题。

【无线基站】 2020年，海原电信公司与铁塔公司共同完成231个基站电量占比核对，为公司核算基站电费提供了更精确的数据，处理基站单路供电BBU设备隐患5处，新建基站2个，基站巡检及作业情况按计划执行。

【线路维护】 2020年，海原电信公司对一级干线完成两次徒步巡回，共计174公里，对标石和宣传牌进行刷漆补漆，共计2125块，对海原至冯川一干线路隐患处理共6处，对海原建设路至县应急管理局门口架空线路22条光缆进行上改下割接。西安模块局入局光缆上改下，新立光交箱，割接光缆35条。海原至曹洼、海原至红羊线路隐患排查整治78公里。

【资源建设】 2020年，海原电信公司完成模块局资源清查录入工作，共计录入资源1782条，新建小区4个，农村FTTH建设13个自然村，新建5G基站7个。

【标杆小区建设】 2020年，海原电信公司完成模块局资源清查录入工作，共计录入资源1782条，新建小区4个，农村FTTH建设13个自然村，新建5G基站7个。

【装维服务】 2020年，海原电信公司宽带装移机当当慢履100%以上，宽带装移机平均时长8.24小时。宽带当日修履约率100%，宽带重复故障率均小于4%，宽带修障平均时长5.8小时。各项指标均按上级公司考核要求完成。光衰不达标整治用户从年初的800户，减少到356户，其中包含98户空挂用户，光衰合格率达到98.1%。

【设备维护】 2020年，海原电信公司为中兴区内二干10GE设备退网下电，7450A、7450B设备退网下电，高台寺基站、王塘基站、贾塘模块局、关桥模块局4台贝尔7360OLT设备退网下电，T01机房华为2300交换机，亿邦光电框退网下电。关桥、贾塘PTN业务全线割接。此项工作在年度能耗压降工作中成效显著。

【“四小”建设】 2020年，海原电信公司投资 17.5 万元，改建单位职工食堂、员工之家及卫生间，解决了员工就餐和活动娱乐问题，改善了员工的生活和工作环境，有效提升了员工幸福感和满意度。

【“智慧社区”试点】 2020 年，按照海原县公安局要求，在西湖社区联合亲邻科技打造“智慧社区”试点，实现人脸识别进入、车辆道闸、人脸抓拍监控、住户系统和电子大屏的安装。

【“村村享”农村综合信息服务】 2020 年，海原电信公司推进“智慧乡村”建设，通过手机、电脑、电视以及多媒体触屏操作和展示，实现村委会综合治理和疫情防控工作智能化、精细化管理，进一步助力提升乡村治理能力，为农村党建、村务、村情、乡村治理、民生、民意信息传达搭建起了新的传播平台，让贫困群众搭上互联网快车。

【信息化扶贫】 2020 年，海原电信公司申请报批信息化扶贫投资 6.9 万元，在郑旗乡西沿村和红羊乡术川村率先建设了“平安乡村”信息化扶贫示范点。共投资建设智能监控平台 2 套、智能云电脑 2 套，在村主要路口安装云网监控摄像头 11 个、智能大喇叭 7 个。并投入补贴约 50 万元，给全县 2500 户贫困户补贴安装摄像头，实现看家护院、看老看幼、想家视频等，发挥“平安乡村”千里眼的作用。

【公益扶贫】 2020 年，海原电信公司投资 6.5 万元，为郑旗乡西沿村李庄自然村和树台乡术川大南湾自然村各建设一处健身广场，满足了当地群众的文化活动和休闲健身需求。给术川村贫困残疾人捐赠价值 1000 元的轮椅 1 套。申请批复资金 3000 元用于术川村两户未脱贫户两年的网络使用费。投入扶贫专项资金 0.73 万元，用于补贴建档立卡户危房改造和维修。

【消费扶贫】 2020 年，海原电信公司组织全体员工开展扶贫采购活动，共计采购郑旗乡西沿村贫困户土蜂蜜约 300 公斤、树台乡术川村贫困户马铃薯约 0.5 万公斤，消费金额达 4.6 万元。

【党建翼联扶贫】 2020 年，海原电信公司党支部分别与西沿村党支部和术川村党支部开展了党建翼联活动，给西沿村 11 名困难老党员各赠送了一台收音机，方便老党员及时收听新闻。通过“党建翼联”签约，强化了党建工作，有力推动基层治理。

【疫情防控】 在新冠肺炎疫情防控期间，海原电信公司坚决贯彻落实习近平总书记对新冠肺炎疫情防控工作的重要指示批示精神，按照海原县人民政府及自治区市有关防控工作要求，对公司春假外出及接触外来人员的员工进行排查，做到视频监管隔离及体温日报工作。对值班人员进行每天两次体温检测，购置消毒、防疫物资，保障一线人员营销受理和防疫保障工作顺利开展做好日常保障工作。

【安全生产】 一是加强车辆安全管理，年初，公司与车辆使用部门及驾驶人员（含维护电瓶车）签订车辆驾驶安全协议，在日常工作中加强驾驶人员学习，不断提高驾驶人员的思想觉悟，做好日常车辆监督检查工作，公司车辆全年没有发生等级事故。二是狠抓经营及维护安全管理工作，2020 年狠抓安全生产管理工作，牢固树立安全责任意识，认证贯彻“安全第一，预防为主，综合治理”的安全生产方针，切实把安全工作放在一切工作的首位，规范安全生产行为，落实安全生产主体责任，强化监督检查及考核整改机制，确保全年无安全事故。

（海原电信公司）

移动通信

【概况】 中国移动通信集团宁夏有限公司海原分公司（简称海原移动公司），下设要客班、营业厅、集家客支撑班 3 个班组，划分了海城东网格、海城西网格、海兴网格、李旺网格 4 个分局和渠道营业网点。2020 年，有员工 38 人，其中党员人数 8 人。

【电普项目】 2020年，海原移动公司协同中卫分公司、海原县政府及中卫市工信局共同完成了2020年电信普遍服务项目的立项，共批复建设4G基站11座，投资833万元，主要解决海原县海同高速、黑海高速盲点及部分弱覆盖自然村。

表5　　2020年海原县电普项目一览表

序号	基站名称	覆盖区域村
1	黑海高速1	赵家山隧道
2	黑海高速2	赵家山隧道
3	黑海高速3	史店段盲点
4	黑海高速4	郑旗段盲点
5	黑海高速5	黑城段盲点
6	海同高速一站	海同高速盲点
7	海同高速七站	海同高速盲点
8	史店乡谢沟村	谢沟村
9	郑旗乡中坪村	余沟、大台子
10	郑旗乡南山村	城儿山村
11	李俊乡团结村	团结村

【4G项目】 2020年，海原移动公司投资达到300万元，新建了海原县城时代广场、下堡子、海兴开发区上堡子、海兴开发区管委会、海原县机动车检测中心、海原县城幸福小区、海原县城西河南、西河生态饭店、东城小区、富民花园等10处4G基站，用以加强、加深海原县移民村、乡镇及城区4G覆盖。

【5G项目】 2020年，海原移动公司落实“网络强国”“数字中国”战略，多方协调，积极推进5G建设。全年建设5G基站11座，已实现海原县城区主要区域包括县重点党政机关、重点商业区连续覆盖。

【“雪亮工程”】 2020年，海原移动公司中标建设海原县“雪亮工程”建设运维项目一标段项目，先后在海原县西安镇、甘盐池管委会、红羊乡、关庄乡、树台乡、甘城乡6个乡镇共计建设106处154路视频监控。公司克服工期紧、任务重、到货周期长、施工协调难度大等困难，已于6月初在三个标段中率先完成100%上线的建设任务。在城市管理方面，以“雪亮工程”为核心，致力于为海原县盲区、视频监控弱覆盖区增加视频监控，实现重点场所、重点区域无死角覆盖，打造县、乡、村三级综治中心为指挥平台、以综治信息化为支撑、以网格化管理为基础、以公共安全视频监控联网应用为重点的“群众性治安防控工程”。同时为海原县公安局及各乡镇派出所提供执法设备服务。

【千兆进校园】 2020年，海原移动公司投资近千万元建设海原县“互联网+”教育网络升级及改造项目，建设、优化学校全光纤校园网，帮助海原县城区及乡村学校改造网络现状，满足智慧教室、在线课堂、触控一体机应用承载需求。

【5G启航】 2020年12月，中卫移动5G客户净增4.7万户，逐步实现规模转型。

【疫情防控】 2020年新冠肺炎疫情防控期间，海原移动公司立即成立疫情联防联控领导小组，迅速反应，为政府部门疫情防控提供全方位的支撑工作。配合县委宣传部通过视频彩铃、短信、电视开机画面等形式，向全县人民群众发送疫情实时通报、宣传防疫知识；结合智慧疫控平台协助海原县公安局联合开展人员普查信息工作，通过业支在线，客户经理现场支撑2个方式共同保障9个信息普查小组信息录入，合计录入274098人；为县卫健局、县教育局开通视频彩铃792户，快速有效地提高疫情防控宣传效率，丰富了宣传的方式和宣传内容。为保障“空中课堂”开课后，学生可以正常听课，海原移动协调铁通公司，启动应急预案，增派36人组成应急突击队，赶赴海原支援装机，他们克服恶劣天气，克服对于隔离区观察的恐惧，成功为651户农村家庭接通宽带网络；为保障红井村部分孩子可以进入“空中课堂”听课，装维人员加班加点，成功用一周时间解决57户村民宽带入户问题，为学生开通“空中课堂”，为山区学子打通求学路；对学校教师及建档立卡户学生开通1498户宽带提速包用于和教育平台学习，对建档立卡户赠送战疫助学包962户。对驰援武汉6名医护人员各缴纳1000元话费，确定疫情期间不停机。

【社会责任】 2020年，海原移动公司推出普惠产品海原通，落实信息化惠民工程。扎实落实宁夏移动公司与黄河银行共同推进的智能终端专属扶贫项目，推进“金融＋通信”扶贫扶智工程。为贫困家庭中小学生给予宽带和流量帮扶，确保孩子们“离校不离教、停课不停学”，为身处疫情的贫困家庭的中小学生们保驾护航。派驻驻村工作队，提升新庄村网络覆盖和网络质量，开展大学生助学捐款捐赠活动，为多名家庭贫困的学子圆求学梦，点燃寒门学子的希望，资助建档立卡户房屋装修，改善他们的居住环境，为村委会捐赠办公设备，修建公共设施，履行企业社会责任。

（周昌秀）

联　通

【概况】 中国联通海原分公司（简称海原联通公司）下设2个网格区，即海原城区网格和海原乡镇网格。海原城区网格内设支撑中心、渠道中心、政企中心、公众客户中心、营业厅6个业务单位，有工作人员23人；海原乡镇网格内设渠道中心和公众客户中心2个业务单位，有工作人员12人。2020年，联通海原县分公司完成固定业务收入2980万元，存量移网用户9.82万户，存量固网用户2万户。

【网络建设与规划】 《中国联通2020—2025年五年滚动规划》中，海原县分公司规划投资3951.21万元（其中2020年1058.75万元），建设FDD LTE基站247座和传送网20.9公里。

【基站和传送网建设】 2020年，海原联通公司投资360.15万元，新建FDD LTE基站81座。投资27万元，接入主干光缆7.5皮长公里，建设芯公里为1080芯公里；投资229.28万元，接入新建基站。

【宽带提速降费】 2020年，海原联通公司推出免费提速活动，具备200兆接入条件的区域内用户免费提速到200兆。为鼓励用户办理高速率产品，推出各种优惠政策，如对于办理100兆、200兆单宽带的用户赠送沃家电视业务，交包年费用的用户续约免费提速等活动，通过优惠促销活动开展惠及广大用户。通过各种举措，100兆宽带业务价格同比降低59.2%，50兆宽带价格同比下降38.9%。组织阶段性5G双千兆免费体验活动；沃TV免费升级至IPTV；办理沃家组网，百兆宽带，免费提，全屋Wi-Fi信号满格等。

【手机用户提速降费】 2020年，海原联通公司持续加大流量包的推广和普及。对现有流量包体系进行优化，为满足广大用户多样化数据业务需求，体系化推出10~100元档流量可选包、流量月加油包、流量日包、流量假日包、混合语音流量包等产品；推广和普及流量放心用功能，优化已有流量放心用功能至全体用户；为加大用户流量释放，对腾讯大王卡产品配置通用流量包，低至1元1G，满足用户大流量需求；针对老用户，开展流量补齐赠送活动，引导用户进行套餐迁转适配；结合金融分期付款业务，推出0首付0利息模式，进一步降低用户全网通终端使用门槛。通过以上举措，全网用户户均流量达到14643MB，流量平均单价已降至0.008元/MB。

【疫情防控】 2020年，海原联通公司贯彻落实新冠肺炎疫情防控期间“离校不离教，停课不停学”的工作要求，为了保证中小学家庭困难学生有效接入空中课堂，向全县中小学家庭困难学生教师每月免费提供100G流量空中课堂网络流量，家庭宽带免费提到500兆，共计约5000名学生和300名教师享受到了此项优惠。

（李彩蓉）

应急管理

YingJi GuanLi

综 述

【概况】 2020年，海原县全年共发生生产安全事故5起，死亡5人，亿元GDP生产安全事故死亡率为0.064，在控制指标0.23以内，事故起数同比持平，死亡人数呈下降趋势。

【安全生产责任落实】 2020年，海原县全面落实安全生产责任制。一是强化党政领导干部领导责任。制定《海原县党政领导干部安全生产责任制实施细则》，县委常委会会议、县政府常务会议先后23次听取全县应急管理及安全生产工作汇报，分析安全生产形势，研究解决突出问题，县委、县政府主要领导及班子成员按责任分工带队指导调研、督查检查，落实领导责任。二是细化行业部门监管责任。修订《海原县安全生产责任制规定》，对各负有安全生产监管职责的部门及责任人安全生产行政责任进一步细化，增加了失职追责、尽职免责措施，厘清了行业部门安全生产责任，推动安全监管责任制落实。三是推动企业主体责任落实。制定出台《海原县安全生产黑名单制度暂行办法》《海原县安全生产约谈实施办法（试行）》《海原县安全生产举报奖励办法》等法规文件，加强安全生产监管执法，推动企业履行主体责任。

【应急预案】 2020年，海原县及时调整完善了海原县应急管理指挥部及海原县安全生产委员会议事协调机构组成构架。编制修订《海原县突发公共事件总体应急预案》等7项应急预案，有效地保证了应急处置能力。

【应急救援队伍建设】 2020年，海原县强化应急救援队伍建设，统筹推进以消防救援队为突击力量，以防汛抗旱、抗震救灾、森林防火等专业性队伍为基本力量，以企业专兼职队伍、社会救援力量为辅助力量的队伍体系建设。海原、海兴消防救援队招录专职队员21名。组建县级应急救援队伍12支1286人、乡镇及部门专业抢险队伍26支1597人、基干民兵抢险队伍22支900人、群众机动抢险队伍50支3189人。与蓝天救援队、海兴建筑工程有限公司签订应急救援框架协议。

【应急物资储备】 2020年，海原县储存帐篷、棉裤、折叠床等1535顶（件），储备应急原粮1800吨、成品粮670吨、食用油30吨，与5家食品批发企业签订了社会储备合作协议。

【应急救援演练】 2020年，海原县积极组织开展应急救援演练。成功举办森林草原火灾应急演练、强降雨引发多灾害应急演练及纪念海原大地震100周年军地联合应急救援演练等演练，检验了预案，锻炼了队伍，教育了群众，强化了宣传。

【安全生产专项整治三年行动】 2020年，海原县全面开展安全生产专项整治三年行动。一是加强领导，务求实效。根据中央、自治区、市关于三年行动的安排部署和目标要求，成立了专项整治三年行动工作领导小组，县委常委会会议和县政府常务会议先后9次听取工作汇报，安排部署相关工作。组建了工作专班，制定《海原县安全生产专项整治三年行动工作专班实体化管理方案》，确保全县专项整治三年行动有序开展。二是加强安排，细化责任。按照全国及自治区、市安全生产专项整治三年行动工作部署，迅速启动开展安全生产专项整治三年行动，研究制定“1+2+14”实施方案，高位推动，紧盯整治重点任务，明确目标、细化责任，制定“任务分解表”，逐项明确责任部门、工作标准和完成时限，清晰绘制出三年行动“时间表”和“路线图”。三是加强宣传，提升素质。通过线上线下各种形式和途径开展集中宣传，充分利用电视台、电子宣传屏、微信公众号、横幅等多种渠道宣传专项整治三年行动，全面营造安全生产专项整治浓厚宣传氛围，推动专项整治三年行动深化落实，把专项整治三年行动工作要求传达到企业一线，通知到职工个人，把专项整治三年行动宣传工作落实到“最后一公里”。四是加强督导，认真排查。8—12月，共计排查隐患总数1870处，重大隐患2处，已整改1748处，整改率93%；行政处罚23次，处罚金21.15万元。

【防灾减灾救灾体制机制改革】 2020年，海原县切实推进防灾减灾救灾体制机制改革。深入贯彻落实习近平总书记关于防灾减灾救灾重要论述，制定《关于推进防灾减灾救灾体制机制改革的实施意见》，从完善体制机制、责任落实、资源整合、力量统筹等方面明确改革任务，划定改革时限，努力实现从注重灾后救助向注重灾前预防转变，从应对单一灾种向综合减灾转变，从减少灾害损失向减轻灾害风险转变，全面提升抵御自然灾害的综合防范能力。

【自然灾害防治】 2020年，海原县积极组织开展落实提高自然灾害防治能力建设重点工程建设，开展山洪、地质灾害、中小河流域等调查，将数据填入全国气象灾害分级防御信息系统；治理清水河海原段等河道124.163公里；实施南华山外围区域水源涵养林建设提升工程造林9万亩；完成山洪沟治理工程6处，排洪工程1处；完成树台乡红井村等9处地质灾害点立项治理核销；危房改造和抗震房屋建设1127户；新建山洪灾害防治视频检测26处、预警广播系统20套，更新维护无线预警广播系统80套。汛期，严格落实防汛行政首长责任制，精心编制修订防洪预案，强化防汛队伍组建及抢险物资储备，做到未雨绸缪，防患于未然，确保了安全度汛。进入防火期，制定《海原县2020年森林草原防灭火工作要点》，印发《关于划定森林草原防火区和发布森林草原防火禁火令的通告》，在全县开展打击森林草原违法用火行为专项行动，积极组织开展防火通道、隔离带建设，组织开展森林草原防灭火实操培训和应急救援演练，对各乡镇、各部门及各国有封山育林场森林草原防火宣传动员、巡林巡山、林草管护等进行督查检查，确保年内不发生森林草原火灾事故。

【自然灾害综合风险普查】 2020年，海原县按照国务院统一安排部署，全面开展自然灾害综合风险普查试点工作，录入590条社会机构信息并通过数据审核。外业调查已结束调查，梳理汇总出1030条自然灾害风险调查对象目录、基本情况和分布状况并录入，进入数据审核、评估阶段。

【综合减灾示范社区创建】 2020年，海原县推动综合减灾示范社区创建，制定印发《海原县2020年综合减灾示范社区创建工作方案》，确定海城街道办南苑社区等3个社区为全县首批创建综合减灾示范试点社区，并报自治区应急管理厅组织审核验收，力争2022年年底将全县社区全部创建为综合减灾示范社区。

（县应急管理局）

消防救援

【概况】 武警海原县消防大队（简称县消防大队），于2002年成立，隶属武警宁夏消防总队固原消防支队领导。2004年中卫撤县设市，转隶武警宁夏消防总队中卫消防支队。2006年，组建武警海原县消防中队并编入大队，营区驻海原县城政府东街，配备消防车4辆，担负着海原县0.64万平方公里范围内的执勤灭火、应急救援等任务。2013年，建成大队综合楼和训练塔。2019年，消防部队改制转隶，大队退出武警部队序列，改为海原县消防救援大队。2020年在编指战员19人，配备消防车5辆，下辖海城消防站。

【消防责任落实】 2020年以来，海原县政府常务会议10余次听取全县消防安全工作汇报，分析消防安全形势，研究解决突出问题；县消委会召开3次全体（扩大）会议分析研判全县火灾形势，对全县各阶段消防安全工作进行再安排再部署。县委、县政府主要领导和分管领导先后8次带队调研、督导检查消防安全工作，班子成员按照各自分工多次带队检查分管领域消防安全工作，消防安全监管责任有效落实。

【重点监管】 2020年，海原消防大队根据消防安全专项整治三年行动实施方案，坚持问题导向、精准施策。疫情期间，消委会向部分行业主管部门函告疫情防控期间及复工复产期间火灾防控工作建议函，利用网络手段对辖区集中隔离观察点、复产复工工地、供港蔬菜基地等开展消防检查，确保疫情期间辖区火灾形势稳定。大队联合相关行业部门深入小区，开展联合检查2次，张贴通告1000余份，张贴宣传海报2000余份，开展集中清理2次，办理行政处罚3起。截至年底，辖区小区、重点单位、大型商业综合体已基本完成划线及警示牌设置工作，确保了专项治理行动取得实效。大队在开展辖区各乡镇及所属行政村、大型养殖场、供港蔬菜基地等消防安全工作调研的基础上，提请县政府常务会议专题部署开展海原县农村火灾专项治理工作，并下发《海原县农村火灾专项治理工作方案》，进一步夯实乡镇农村消防安全基础。

【源头治理】 2020年，海原消防大队按照“管行业必须管安全、管业务必须管安全、管生产经营必须管安全”工作要求，制定《海原县消防安全专项整治三年行动方案（送审稿）》，方案明确了由分管副县长牵头，集中力量、下沉重心，高要求、高标准、切实夯实消防安全齐抓共管的工作格局。死盯高层建筑、商业综合体、地下建筑、易燃易爆场所，以完善和落实“从根本上消除火灾隐患”的企业消防责任链条、制度成果、管理办法为目标，全面推动落实消防安全风险研判和隐患治理闭环管理制度，实施分级管控和差异化监管，扎实开展风险评估和危害辨识，切实推动企业消防安全由被动接受监管向主动加强管理转变，提高企业本质消防安全水平。

【消防宣传】 2020年，海原消防大队将宣传《中华人民共和国消防法》《中华人民共和国安全生产法》《消防安全责任制实施办法》等法律法规作为要点来抓，通过电话、短信、工作微信群等方式，对消防安全重点单位、物业服务企业、各级网格人员发布相关防火常识等各类预防提示信息20000余条，发放宣传资料6万余份，深入企业单位、社区指导开展灭火演练，利用社会单位电子显示屏滚动播出消防安全知识，努力营造全社会重视消防安全的良好氛围。

【岗位练兵】 2020年，海原消防大队严格落实总队、支队岗位练兵工作要求，坚持练体能与练技能相结合，从难从严，齐抓共管。结合大队指战员自身实际情况，建立指战员个人训练档案，将提升队员综合素质作为训练常抓不懈的主要发力点，坚决做到因人施教、因人施训，严格落实周测试、月考核制度，坚持全员参训、全员普考。全年共开展体、技能考核30余次，组织体能不达标人员参加集训3次。4月份在总队比武竞赛中，参考人员体能优秀率达90%以上。夏训期间，大队共投入0.5万元购置夏训器材，冬训工作预计投入1.5万元购置体能训练装备，最大限度保障训练硬件设施的完善和齐全。

【实地演练】 2020年，海原消防大队严格落实每周对重点单位开展熟悉演练工作，重点单位熟悉率达到100%，每日录入交接班信息达到100%，终端数据录入率达到100%，25家重点单位灭火救援数字化预案全部修订完毕。结合辖区灾害特点组建成立森林草原和地震救援专业队，开展森林草原演练2次、地震实地拉练1次，圆满完成了海原大地震100周年军地联合演练工作，有效提升了队伍整体作战水平。2020年以来，共接警出动78次，扑救火灾56次，抢险救援和社会救助22次。

【训练安全防范】 2020年，海原消防大队严格落实各项训练安全防护，坚决杜绝安全隐患事件发生，全年组织开展作战训练安全专项训练2次、紧急避险23次、业务理论考试5次，制作宣传展板和标语4个，集中授课和典型案例复盘12次，撰写讨论材料42份，依托安全单位活动创建工作严抓营区安全和管理工作，先后开展营区隐患排查5次，整改隐患8处，有效增强全体指战员安全防范意识。

【队伍建设】 2020年，海原消防大队结合“全灾种、大应急”职能任务转变，积极组织全体指战员参加各类培训，大力提升指战员指挥作战能力和业务知识储备。截至年底，共组织2人参加部局级培训、4人参加总队级培训、10余人参加支队级各项业务技能培训等，切实将好的经验和做法及时地进行传达和学习，确保队伍整体作战水平进一步提升。

【项目建设】 2020年，海原消防大队筹资60余万元开展海城消防救援站营区外墙保温、防水工程进行改造等；为餐厅安装网络电视机，提升温暖伙食园地的舒适氛围；购置地震72小时单兵携行背囊和应急用品，提升地震灾害事故保障水平；为指战员配发防寒保暖套件，消除冬季严寒气候下对指战员执勤训练和日常生活造成的不利影响，传递组织温暖。

【财务管理】 2020年，海原消防大队严格执行党委理财制度。大队党委会定期审议预算执行情况，并根据实际情况制定合理的支出计划，严格贯彻预决算制度，科学规范编制预算，确保全年综合预算执行率达到90%以上。以总队、支队审计为契机，规范重大经济决策和大额开支的审核程序，确保经费使用合理、规范。

【伙食管理】 2020年，海原消防大队持续推动伙食五项制度落实，坚持以提升指战员餐饮方面的幸福感为抓手，多次召开会议研究部署伙食管理工作，不断丰富食材种类、科学搭配，有效提升伙食管理精细化水平。按照疫情防控要求，大队严格落实分餐制度，杜绝疾病交叉感染风险。扎实开展“厉行勤俭节约、坚决制止浪费”活动，制作倡议书、展板和提示桌签置于饭堂醒目位置，教育引导指战员自觉养成勤俭节约、珍惜粮食的良好习惯。

【经费保障】 2020年，海原县县级财政预算消防经费442.79万元，较2019年增长32%。县政府拨款20万元，实施大队营区改造工程。县委常委会议军会议上讨论通过了消防大队指战员奖励性津补贴事宜，县财政局拨付到位海原县、海兴开发区消防救援大队人员2019年、2020年奖励性津补贴129.28万元。

【疫情防控】 2020年，海原消防大队严格落实疫情防控要求，将疫情防控工作责任落实到人，常态化研究具体防控措施，与社会医药售卖单位达成定点供货协议，确保防疫物资能够及时补充到位。坚持每日营区消杀和体温检测制度，不漏一人，不旷一天，确保疫情防控工作扎实开展。截至年底，大队共投入约2.5万元用于采购消毒液、医用酒精、口罩等防疫物资。

【思想政治】 1.扎实开展主题教育实践活动，进一步锻造队伍忠诚灵魂。自教育实践活动方案下发后，大队党委高度重视，第一时间召开专题党委会，成立教育实践活动领导小组，认真研究部署，细化工作任务，制定主题教育实践活动任务分解表，对每一项分解任务明确时限和责任人，以讲政治、守初心、担使命、作奉献为主线，认真落实学、查、创、评四项措施，为活动开展提供坚强组织保证；以开展“五个不动摇”主题教育实践为主线，穿插开展了基础教育、“四爱”教育、心理健康教育、两会精神学习等内容。活动期间，大队共更换展板橱窗8块，出版《红门小报》30余份，开展“红门夜读”集中学习12期，举办系列讨论活动8次，组织理论测试5次，撰写心得200余篇。2.坚持教育实践活动与工作对接、向岗位延伸，力促学习工作“两不误、两促进”。大队坚持每日利用早操时间举办“一刻钟训词微课堂”“三分钟红色小故事”，每周二、四晚组织“红门夜读”，形成全天候不间断的学习氛围。依托支队内网、微信公众号、“学习强国”学习平台等为载体，采取专题讨论、手抄小报、印制应知应会口袋书、充分利用营区宣传板块、广播，常态化开展主题教育。其间，累计制作手抄报31份、展板6块、横幅10条，营造“处处是课堂、时时受教育”的浓厚教育氛围。尤其是疫情期间，大队通过开展入党宣誓、签订抗击疫情请战书、成立疫情防控党员突击队、设置党员先锋岗等活动，正面发声引导指战员克服困难、共抗疫情，确保了队伍内部安全稳定。

【基层党建】 海原县消防大队积极探索党建工作、执勤训练、灭火救援、消防安保、重大任务和管理教育结合融入。深化开展“一诺三评创十星”活动，进一步细化“十星”标准内容，规范争创程序，并组织全体党员围绕增强党员意识、履行岗位职责、服务基层群众、转变工作作风、落实廉洁自律等方面提出承诺事项，有力地促进了大队各项工作的落实。

【纪律作风】 海原消防大队把学习贯彻条令纲要活动作为加强队伍正规化建设的重要举措和有力抓手，每周定期组织开展条令纲要学习、2次队列训练和1次内务卫生、办公秩序和队容风纪检查，从日常行为习惯养成上抓落实，规范队伍日常管理，提升队伍条令化、制度化、规范化管理水平。在支队组织的队列会操和条令条例知识竞赛中，大队分别取得了第三名和第二名的好成绩。

【党风廉政】 紧密结合新形势下队伍管理教育实际，围绕“全灾种、大应急”职能任务，突出实践导向，重点开展“弘扬清风正气、凝聚奋进力量”内部关系专题教育、“四查四看”专项排查、“警示教育周”活动及“强党性、明规矩”学习周活动，紧盯问题短板和解决措施，组织开展集中学习10次、交流研讨2次，谈心谈话37人次，填写调查问卷31份，进行心理疏导教育4次，撰写心得体会20篇，高标准落实规定动作。深入开展“安全单位创建”活动工作和保密法治宣传月活动，定期研判分析队伍形势，查找问题短板和薄弱环节，紧盯“人、酒、赌、网、电”等重点领域和关键环节。开展网络赌博专项整治活动，对指战员网上投资、借贷、外出、社会交往等方面进行重点盯防，通过不间断的酒精测试和不定时点名，持续加强队伍管理教育，确保队伍执行有力。

（纳鹏英）

财政税务

CaiZheng ShuiWu

财　政

【概况】 海原县财政局，挂县金融工作局牌子，内设办公室、预算综合股、国库股、经济建设股、农业农村股、社会保障股、行政事业股、采购办、监督评价股9个职能股室。

【财政一般预算收支执行情况】 2020年，海原县财政一般公共预算收入完成2.14亿元，增长2.1%，完成预算的100.2%；完成自治区财政补助收入58.93亿元、政府债务转贷收入3.6亿元、上年结转收入0.46亿元后，全口径收入为65.1亿元。“十三五”时期，县财政一般公共预算收入完成10.88亿元，年均增长4.2%。完成财政一般公共预算支出63.35亿元，增长8.1%，为变动预算的98%；上解支出53万元，债务还本支出0.68亿元，补充预算稳定调节基金0.57亿元，结转下年支出0.51亿元后（全部为结转下年继续使用的财政专项资金），全口径支出为65.1亿元；“十三五”时期，县财政一般公共预算支出完成273.97亿元，年均增长9.14%。

【政府性基金预算】 2020年，海原县地方政府性基金预算收入完成3.53亿元，较上年增长10倍，加上自治区财政补助收入2.17亿元、政府债务转贷收入0.3亿元、上年结转收入0.08亿元后，全口径收入为6.08亿元。政府性基金预算支出完成5.7亿元，为变动预算的94%。收支相抵，滚存结余0.38亿元，结转下年继续使用。

【社会保险】 2020年，海原县社会保险基金预算收入11.16亿元，完成预算的97%，同比下降3.2%；社会保险基金预算支出9.65亿元，完成预算的90%，同比下降10%。年末社会保险基金滚存结余9.63亿元。

【政府债务】 2020年，自治区核定海原县2020年政府性债务限额33.58亿元，其中一般债务限额27.18亿元，专项债务限额6.4亿元。截至2020年年底，全县限额内政府性债务余额27.99亿元，其中一般债务余额21.59亿元，专项债务余额6.4亿元，均控制在法定限额内。政府综合债务率为79%，风险等级处在绿色区间，债务风险总体可控。

【财政收入】 2020年，海原县坚持依法依规组织收入，进一步强化重点税源、重点项目税收监控，加大税收清欠力度，推进政府非税收入电子化改革，严格落实“收支两条线”管理规定，确保应收尽收。坚决克服疫情影响，县财政一般公共预算收入前三季度逐步扭转负增长态势，完成全年2.14亿元、增长2.1%的目标任务。政府性基金收入完成3.53亿元，创历史最高。

【资金争取】 2020年，海原县坚持把争取资金作为财政工作的重中之重，抢抓中央直达资金、抗疫特别国债、特殊转移支付、均衡性转移支付等政策机遇，紧盯政策动向和资金投向，多渠道争取财政性资金。2020年共争取上级财政补助资金58.93亿元，增长7.4%，其中一般性转移支付补助资金49.65亿元，增长14.9%，为全县经济社会发展提供了“粮草军需”。

【节支措施】 2020年，海原县坚持把过紧日子作为一项长期的方针政策，以政府支出的“减法”，换取民生支出的“加法”。通过削减预算支出、调剂预算项目等方式，全年压减一般性支出预算10.6%，压减会议费、培训费等非刚性、非急需支出预算34%，清理盘活财政存量资金0.75亿元。压减预算和盘活存量资金全部用于保障民生支出，有效缓解了财政支出压力。

【财源培育】 2020年海原县坚持财源建设和招商引资“一盘棋”思想，筹措资金0.53亿元支持实施闽宁科技园（二期）建设项目，落实华润五丰肉食品加工等招商引资企业奖励扶持政策，持续优化招商引资环境。拨付资金0.21亿元用于推进电子商务进农村综合示范项目及企业技术改造项目实施，助推企业高质量发展，激发市场主体活力。

【保障脱贫攻坚】 2020年，海原县结合“四查四补”，主动对标对表，加大资金投入，巩固“两不愁三保障”成果。统筹整合财政涉农资金6.34亿元，用于自来水补入、危窑危房改造、村组道路、产业扶持、劳务奖补、“一村一年一事”等项目。筹措安排闽宁协作、脱贫攻坚补短板等资金1.96亿元，支持实施苦咸水水源改造、解决政策性移民遗留问题等项目。全面落实“扶贫保”“防贫保”等政策。引导金融机构新增投放“整村授信”及扶贫小额信贷资金23.9亿元，助推高质量打赢脱贫攻坚战。

【保障民生】 2020年，海原县统筹安排社会保险基金支出9.65亿元，其中县财政筹措3.62亿元，用于弥补机关事业单位退休人员养老金缺口、失地农民参加养老保险补助以及特岗教师补缴“五险一金”配套等。投入资金0.77亿元，用于扶贫车间稳岗扩岗、职业技能培训、“三支一扶”、公益性岗位等稳就业项目。安排资金3.97亿元，落实城乡居民最低生活保障、高龄老人及孤儿津贴、残疾人“两项补贴”、退役军人安置、优抚等困难群体救助政策。支持实施残疾人康复中心、殡仪服务中心等项目，保障敬老院、儿童福利院、社区日间照料中心、农村老饭桌等社会福利机构运营，切实兜牢民生保障底线。

【支持社会公益事业】 2020年，海原县坚持教育优先发展，积极落实教育经费“两个增长”，完成教育支出10.9亿元，增长10%，实施“互联网+教育”、普通高中办学条件改善、义务教育薄弱环节改善与能力提升、特教学校建设、营养改善计划等项目，推动教育事业优质均衡发展。投入资金3.87亿元，落实基本公共卫生、公立医院改革、医疗救助等政策。建立完善突发公共卫生应急响应、常态化疫情防控等机制，支持实施疫情防控应急物资采购储备、县人民医院救治能力提升、海城镇国家级鼠疫监测点新建、乡镇卫生院改扩建等项目。筹措资金0.99亿元，用于地震博物馆和牌路山森林公园提升改造、全域旅游等项目，促进非物质文化遗产保护、“两馆”免费开放及农村电影免费放映等公共文化政策落地，全县人均公共文化财政支出240元，达到监测标准。

【支持社会管理创新】 2020年，海原县拨付资金1.47亿元，用于扫黑除恶、“雪亮工程"、"枫桥式公安派出所"创建、"七五"普法等，保障禁毒专干、公安协勤、社区矫正、政府专职消防队员等政府购买服务人员经费。积极支持纪检监察、县委巡察、高层次人才引进、网络信息安全、融媒体中心建设、信访工作、应急管理、市场监管执法、第七次全国人口普查、行政审批服务"一窗受理"、村（社区）"两委"换届等重点工作。安排资金2.26亿元，保障村级组织人员及驻村工作队待遇报酬及运行经费，落实乡镇工作补贴提标、机关事业单位工作人员平时考核奖励等政策，确保工资足额发放、机构正常运转。

【支持复工复产】 2020年，海原县严格执行自治区"财政促经济21条""工业稳增长24条"措施，争取中央直达资金全面落实援企稳岗、保就业、保市场主体等惠企利民政策。深化"放管服"改革，全年减税降费5094万元，切实激发企业活力。着力推进普惠金融发展，消除金融服务空白盲点乡镇4个。积极引导银行机构加大信贷投放，全年发放贷款70亿元，增长14.8%。充分发挥政府担保基金杠杆撬动作用，为中小微企业、各类新型经营主体及个体工商户提供担保贷款1900笔4.45亿元。疫情期间，协调办理贷款延期、展期2319户1.19亿元，减免担保费用123.67万元，缓解生产经营主体压力，促进县域经济平稳运行。

【推进特色产业】 2020年，海原县坚持创新驱动引领发展，完成科技支出1960万元，其中县财政R&D经费投入879万元，增长31%，主要用于西部高端肉牛产业研究院科研及科技成果转化经费等。支持实施科技特派员创业行动、现代农业科技创新示范区建设、科普馆建设等项目。兑付草原生态补偿、耕地地力保护、退耕还林补贴资金1.64亿元。筹措资金2.53亿元，用于肉牛、马铃薯、小杂粮等产业补贴、良种繁育等，创新"基础母牛＋银行"模式，支持完善牛产业"6+1"体系，加快"一主四特"产业发展。

【保障重点项目建设】 2020年，海原县全面践行"绿水青山就是金山银山"的理念，围绕生态保护、污染治理、植绿增绿"三大会战"，整合城乡建设用地增减挂钩收益、新增地方债、土地出让金等资金4.59亿元，用于清水河治理、农村人居环境整治、农田水利建设、小流域综合治理、天然林保护、大气水体污染防治及城乡绿化等项目，持续改善生态环境。投入资金6.03亿元，实施县城棚户区改造、市政道路、南门广场提升以及地震遗址绿化、污水处理湿地、海兴区基础设施建设等项目，提升城市服务功能。

【防范政府债务风险】 2020年，海原县顺利退出政府债务风险提示地区。坚持开"前门"和堵"后门"相结合，申请使用自治区新增地方政府债券资金3.9亿元，保障重点项目支出。安排资金3.51亿元偿还到期政府债务本息和部门拖欠工程款，超计划完成隐性债务年度化解任务。按照自治区"八个一批"要求进一步细化隐性债务化解措施，强化统计监测，压实化债责任。

【防范金融风险】 2020年，海原县加强防范非法集资风险宣传，引导群众远离非法集资。组织开展融资租赁、投资理财等经营领域风险排查。高度重视扶贫小额信贷风险防控工作，对到期及逾期贷款按月实行监测提示，完善扶贫小额信贷逾期管控和清收机制。截至2020年年底，全县扶贫小额信贷逾期率0.38%，低于全区平均水平。

【预算管理改革】 2020年，海原县坚持预算法定，积极公开财政预决算信息，主动接受县人大依法监督、县政协民主监督和社会各界广泛监督。坚持预算安排与执行、审计、绩效相挂钩，打破支出固化格局，优化资金配置。加强"三保"及刚性支出动态监控，严控财政暂付款"只减不增"，强化国库库款保障，确保财政正常运行。

【预算绩效管理】 2020年，海原县制定《海原县财政预算绩效评价结果应用管理暂行办法》，深入推进绩效目标审核、执行监控、绩效评价和结果运用等工作。组织实施2019年统筹整合财政涉农资金、困难群众救助、义务教育营养改善计划等重点民生资金第三方绩效评价，评价项目64个、资金15.32亿元，对绩效问题及时进行了整改。

【国有资产管理】 2020年，海原县定期向县人大报告国有资产管理使用情况，修订完善《海原县行政事业单位国有资产管理暂行办法》，进一步规范国有资产购置、处置、报废等审批制度，加强国有资产清查和信息化建设，确保国有资产管理科学、规范、完整。

【政府采购改革】 2020年，海原县建立疫情期间政府采购“绿色通道”，积极推进扶贫“832”平台运行，超额完成采购预留份额。全面推广运用宁夏政府采购公共服务平台、“互联网+监管”系统。坚持“管采分离”和“应进必进”，全年完成政府采购进场交易99场次，预算金额4.08亿元，采购金额3.91亿元，综合节约率4.3%。

【推进国有企业改革】 2020年，海原县制定《海原县属国有企业负责人薪酬制度改革实施方案》《海原县属国有企业领导人员管理办法（试行）》《海原县国有企业退休人员社会化管理工作实施方案》等，全面完成中央、自治区驻海原县国有企业及县属国有企业退休人员社会化管理改革工作。注资成立海原县肉牛产业发展集团及文化旅游产业发展集团，并推进市场化运行，助推县域主导产业发展。争取肉牛产业担保基金5400万元，增加县惠民融资担保公司注册资本，提升担保功能。

【财政监督管理】 2020年，海原县依托中央财政扶贫资金动态监控平台，对财政涉农扶贫资金、中央直达资金实行动态监控，建立资金台账，关联支付信息，全程跟踪监督，确保财政资金精准分配、规范使用。督促指导行政事业单位完善内控制度建设，组织开展会计法规执行情况执法检查和会计信息质量专项检查，规范会计执业行为。加强政府综合财务编报，全面准确反映政府资产、负债情况，深化财政体制改革。

（县财政局）

税　务

【概况】 根据国家征管体制改革要求，国家税务总局海原县税务局（简称县税务局）于2018年7月20日正式挂牌成立。内设办公室（党委办）、法制股、税政股、社会保险与非税收入股、党建工作股、征收管理股、收入核算股、组织人事股、纪检组、纳税服务股、风险管理股11个职能股室，下辖海城税务分局、李旺税务分局、西安税务所3个派出机构、信息中心1个事业单位，负责全县16个乡（镇）5801户纳税人的税费征管工作，其中企业纳税人1374户，个体纳税人4427户。2020年，海原县税务局有在职干部职工72人，其中中共党员30人，公务员57人，少数民族职工30人。

【组织收入】 2020年9月底，海原县税务局共完成组织收入60010万元，其中税收收入20984万元，完成年度计划29200万元的71.9%，地方级收入10783万元，完成年度计划15300万元的70.5%，县级收入7518万元，完成年度计划10400万元的72.3%。

【重点税源】 2020年，海原县税务局围绕全县重点建设项目，紧盯国拨资金和政府自筹资金，对全县固定资产投资建设项目全面跟踪，对全县县城改造、道路交通、农林牧工程等固定资产投资去向进行细致排查。根据实际对确定30万元以上35户重点税源企业和总局确定的1户重点税源企业，采取建立台账，集中管理，重点监控，确保税收收入完成。

【辅导培训】 2020年，海原县税务局积极开展纳税人辅导培训，通过走访、开展培训会、线上培训等多种形式，为纳税人享受政策疏堵解难。在面对面、点对点、一对一的政策辅导上下功夫，结合微信群等手段开展精准政策辅导，确保缴税费人“应知尽知”“应会尽会”“应享尽享”。

【落实税收优惠政策】 2020年，海原县税务局通过疑点数据，及时对应享未享等情况进行核实，确保纳税人及时享受优惠。建立税收优惠台账对减免税企业的纳税申报情况及时进行跟踪监控。积极宣传增值税期末留抵税额退税政策，确保政策精准落地，稳步有序实施。通过筛选有2户纳税人符合政策条件，增值税期末留抵税额退税共440万元已全部退库完毕。疫情期间减免房产税11.22万元，城镇土地使用税4.2万元，合计15.42万元。

【企业社会保险费优惠】 2020年，海原县税务局继续落实阶段性减免企业社会保险费优惠政策。已享受阶段性社保费优惠政策的企业共44户，共减免金额711.74万元；享受失业保险减免的企业共43户，共减免金额22.67万元；享受工伤保险减免的企业共27户，共减免金额18.90万元；享受职工基本医疗保险的共44户，共减免金额91.13万元。

【个税汇算】 2020年，海原县税务局汇算年度预缴金额508.16万元，应纳税额388.27万元，实际补税金额22.93万元，实际退税金额164.63万元。

【企业所得税汇算】 2020年，海原县税务局企业所得税管户应汇算933户，已汇算933户，汇算率达100%，网报929户，网报率99.57%。汇算清缴共实现利润总额26061.91万元，应纳所得税额5829.35万元，汇算清缴期应补所得税额499.77万元，减免所得税额981.04万元，实际应纳所得税额5516.14万元，预缴所得税额4348.54万元，应补所得税额499.77万元。

【欠税清理】 2020年，海原县税务局将2020年欠税全部清理。在每个征期中对全局申报缴税情况进行实时监督，对未缴税企业进行督促，在催缴后纳税人仍未缴纳企业，在宁夏税务内网统一工作平台按季度进行欠税公示。

【税收征管重点工作】 2020年，海原县税务局在2020年年中结合市税务局工作安排将加油站、住宿餐饮业的管理列为重点工作内容，全面开展实地核查，积极调取三方数据，对比金三系统，查漏补缺。所管辖的17户民营加油站自查补缴税款以前年度查补税款396196.87元，滞纳金30768.85元，留底抵扣3.12万元；同时对全县的6户相对较大的宾馆进行检查，后经纳税人自查补缴税款206285.92元；下一步将通过利用已有数据基础对这两个行业进行规范化管理。

【实名办税】 2020年，海原县税务局实时查看、跟踪新版实名办税系统上线后实名情况。根据上级通告，及时通知大厅、分局所进行全面周知。通过微信群、朋友圈、张贴公告、获得等平台等多种方式向纳税人宣传，指导纳税人通过微信等手机端实名认证，及时向管理员、大厅前台人员反馈情况，让纳税人实名认证工作落实到位。

【“一网、一门、一次”改革】 2020年，海原县税务局通过办税大厅LED电子显示屏、政策公告栏等及时向纳税人公示“最多跑一次”清单。持续推进“一网”办税，针对电子税务局一网通办覆盖的事项，倡导纳税人通过线上办理业务。推行发票“网上申领、线下配送”服务，共计为8户纳税人邮寄派送126份各类发票。推行“套餐式”服务，实现一窗受理，内部流转，一次性办理税务登记、税控设备发行、申领发票、申报征收等业务，缩短办税时间，提高办事效率，极大地方便纳税人。

【便民办税春风行动】 2020年，海原县税务局结合便民办税春风行动，开展助力企业复工复产“大走访”。成立“助力企业复工复产大走访”领导小组，送政策上门，到企业宣传各项优惠政策。用“分包到户”的方式为企业量体裁衣送政上门，确保企业享受到政策红利。做问卷调查，重点征求解纳税人的实际需求，拿出应对措施。按照“一户企业一个档案专人管理”的原则，对企业诉求进行分类处理，做到企业有需求，税务有回应。精准匹配，对接供需。优先采用“以需供求”，辅助采用“以购寻供”的思路，根据企业需求，从供销两端全面分析，形成海原供应企业清单。

【创新服务】 2020年，海原县税务局不断探索便民办税新方法。一是落实导税预审服务。设置资料预审岗，在纳税人排队叫号前对办税资料进行“把脉”，辅助纳税人更快速度办税。二是推行扫码缴税，办税大厅全面开放微信、支付宝等第三方支付方式，纳税人可自主选择任意第三方平台进行缴税，为纳税人提供实际便利。三是推行无纸化退税。从提交退税申请直至税款退库入账，整个流程均可在网上完成，退税工作实现了“短平快”。四是进一步纾解企业困难，发挥“银税互动”作用，2020年海原县税务局共836户纳税人参与了信用评价，其中A级纳税人23户，B级纳税人409户，M级纳税人404户。及时将2020年度A、B、M级共836户的纳税人信息推送给各银行，印制相关宣传册，做好“银税互动”宣传。

【扫黑除恶】 2020年，海原县税务局组织人员深入辖区企业开展扫黑除恶专项斗争宣传工作，将扫黑除恶专项斗争工作贯穿于税收征管工作的始终，共走访企业220户。

【政策执行反馈】 2020年，海原县税务局积极收集整理基层税源管理部门和纳税人对税收政策执行存在的异议、意见和建议，形成书面材料及时反馈，及时为税务干部和纳税人答疑解惑。扎实做好内控监督平台和执法过错数据陈述申辩工作。

【“三项制度”落实】 2020年，海原县税务局对执法主体、执法人员、权力和责任清单等10个事项在行政执法公示平台上进行了公示。执法全过程音像记录和重大执法决定法制审核事项均按照规定程序和要求完成。

【廉政教育】 2020年，海原县税务局加强思想道德和党纪国法教育，为班子成员发放相关学习材料；在干部职工大会上组织观看警示教育片，多次组织全体干部职工学习正反面典型案例，切实做到以案示警、以案正风、以案肃纪。加强家风建设，引导广大党员干部廉洁修身、廉洁齐家，推进廉洁文化建设和家风建设，培育和践行社会主义核心价值观，以良好的家风引领党风民风向上向善。严肃党内政治生活，巩固拓展落实中央八项规定精神成果，抓好纪律教育，准确把握并运用好“四种形态”，对党员、干部身上的小问题，早发现早批评早纠正。全年纪检组长与班子成员开展廉政谈话3人次，集体约谈中层以上领导干部19人次，约谈重要岗位人员1人次，与新转正副科级干部任前谈话1人次。

【严格执纪】 2020年，海原县税务局将“打虚打骗”“增值税发票管理”作为涉税案件“一案双查”的工作重点，严厉查处税收违法案件中的干部违纪违法行为，组织召开“一案双查”联席会议3次，加强与法制股、风险管理股等部门沟通协调，对外检查纳税人偷漏税行为，对内检查规范执法行为，不断推进以查促管、以查促廉。严格进行责任追究。认真执行新修订的《中国共产党问责条例》，充分发挥问责利器作用，重点对落实全面从严治党“两个责任”不力、落实重大决策部署不坚决不到位、税收执法不规范以及巡视巡察整改、督审整改不力的问题严肃执纪，始终保持零容忍高压态势。全年共有1名干部被追责问责。

【队伍建设】 2020年，海原县税务局制订年度教育培训计划，利用学习兴税平台、岗位大练兵、业务大比武等平台，鼓励干部合理安排时间自主学习，既保证培训学习内容的丰富性，又突出培训学习方式的多样性提升学习效率。修订完善考勤考纪管理办法，用制度管人，加强和改进工作作风。建设作风过硬的干部队伍。严格落实关心关爱制度、谈心谈话制度，做到“五必谈”“五必访”。走访慰问婚丧嫁娶、生病住院的干部职工，凝聚人心、激发力量。看望慰问退休干部24人、困难职工8人、遗属3人，送去慰问金及组织的关怀和温暖。

【落实党建责任制】 2020年，海原县税务局制订2020年全面从严治党工作要点和年度党建工作计划，认真学习贯彻习近平总书记关于做到“一个带头”、“三个表率”和建设“模范机关”的重要指示精神，积极落实《新形势下加强全市税务系统党的建设实施办法》。局党委与各支部签订党建工作目标责任书，形成“党委书记亲自抓，党委委员分工抓，支部书记具体抓”良好格局。按半年、分季度召开党建工作领导小组会议，专题研究党建工作，查问题定措施促改进，确保党建责任落实压实落地。

【机关党建】 2020年，海原县税务局认真实施“三强九严”工程，严肃规范落实“三会一课”、民主生活会、组织生活会、民主评议党员等党内政治生活制度，召开民主生活会1场次、组织生活会3场次、支部主题党日活动15场次、讲党课5场次。健全基层党的组织体系。按照组织程序，各支部先后推荐入党积极分子3名，把政治标准放在首位，坚持从优秀年轻干部中发展党员，严把党员“入口关”。2020年9月开展了基层党组织优化工作，进一步激发基层党组织活力，撤销原机关党支部、海城分局党支部、李旺党支部，成立第一党支部、第二党支部、第三党支部、离退休党支部。进一步抓紧抓实党组织“评星定级”和党员“评星定格”，切实发挥“评”“定”导向作用，2020年3月全局2个党支部被海原县委组织部评为三星级党支部，2020年7月原机关党支部被海原县委组织部评为四星级党支部。

【党建带团建】 2020年，海原县税务局坚持以人为本，大力开展各项文化兴税、文化育人活动。学雷锋、趣味运动会、最美巾帼奋斗者等多项活动从不同角度出发，为全局上下营造健康乐观、积极向上的工作氛围。

【脱贫攻坚】 2020年，海原县税务局严格加强驻村工作队和干部帮扶责任人管理，深入细致做好驻村扶贫。为干部举办精准脱贫知识培训，要求干部职工认真做好走村入户工作，配合脱贫攻坚工作取得胜利。

（王瑛）

金融保险

JinRong BaoXian

金融管理

【投融资服务】 2020年，海原县金融局主动对接协调，建立金融服务台账，积极搭建金融服务平台。收集整理金融方面政策、信贷产品和企业基本信息、融资需求等方面的资料，印制《海原县支持民营企业融资服务工作指南》3000余本，组织召开全县"政银企"暨"金融+"工作会议，深化"政银企"交流合作，组织金融机构、担保公司、企业开展高频次的"小""专""精"专场对接活动，提高对接成功率和精准性。

【融资担保】 2020年，海原县金融局主动协同惠民担保公司，充分发挥担保基金杠杆撬动、增信放大和风险分担作用，打好"银行+担保+企业（新型经营主体）"组合拳，为全县中小微企业、合作社、致富带头人等新型经营主体提供担保贷款250笔11920.5万元，有效解决了融资难、融资贵、担保难的问题。截至9月底，全县各银行机构存款余额95.6亿元，同比减少2.81%，贷款余额70.33亿元，同比增长16.82%，贷存比73.57%，较2019年年底增长5.09%，实现了贷存款余额、贷存比双增长，为全县经济发展提供了有力支撑。

【金融扶贫】 2020年，海原县金融局稳步推进金融扶贫，助力全县脱贫摘帽。一是制定《海原县2020年金融扶贫实施方案》，协调各银行机构按照"稳中求进"工作总基调，巩固扶贫小额贷款，严控扶贫小额贷款风险，金融扶贫工作稳步推进，金融扶贫成果逐步显现。截至9月底，全县扶贫小额贷款余额21425户（剔除重复户）11.81亿元，覆盖率81%，其中当年新增投放16575户7.89亿元，超额完成自治区下达海原县7.6亿元的任务，完成率103.83%。二是每月向各银行送达《扶贫小额贷款到期通知书》，督促各银行提醒贷款贫困户做好还款准备，确保扶贫小额贷款按期收回。对受疫情影响暂时出现还款困难的贫困户，分别给予展期、续贷等措施处理，对恶意逃废扶贫小额贷款债务的，联合金融机构、各乡镇（管委会）、有关部门对扶贫小额逾期贷款进行集中清收，建立常态化清收工作机制。截至9月底，当年累计办理延期1220户5592万元，办理展期续贷247户1228万元。逾期贷款存量49户186.61万元，逾期率0.16%。三是加大评级授信工作力度。督促海原农商行利用黄河银行开展“整村授信”有利契机，加大在全县范围内开展评级授信工作力度。截至9月末，完成“整村授信”农户信息采集、评级17954户，授信金额11.78亿元。全县共完成评级授信57908户，其中建档立卡户评级授信工作全面完成，实现了全覆盖。四是对标对表各级巡察、督查金融扶贫所反馈的问题清单，积极制定整改方案、明确责任、细化措施，完成了各项整改任务。通过问题整改，举一反三，建立长效工作机制，防止类似问题发生。

【金融风险防范】 2020年，海原县金融局积极排查整治，金融风险防范稳步推进。一是制定出台《海原县防范和化解金融风险工作实施方案》《海原县2020年非法集资专项整治工作方案》《海原县金融放贷领域突出问题专项整治实施方案》等相关文件，建立了群众举报、广告监测、监管排查、平台预警等多途径的监测预警体系，为预防和处置金融风险提供决策依据。二是对县内注册或经营范围内有融资租赁、投资理财、电子商务、专业合作社等字样的企业及专业合作社进行全面梳理，建立企业基本信息台账。对全县非法集资风险点进行了全方位、多角度、拉网式的排查。通过排查，宁夏华天小额贷款公司、宁夏海达美分别于2019年7月、2020年3月以非法吸收公众存款罪立案，正在办理之中。三是制定《海原县关于开展防范非法集资宣传月工作的通知》等文件，利用各类重大节日节点和“防范非法集资宣传月”等契机，通过线上、线下相融合，多途径的宣传，使广大群众进一步认清了非法集资的性质和危害，增强了识别和防范非法集资的意识和能力。

【普惠金融体系建设】 2020年，海原县金融局立足服务，积极推动普惠金融体系建设。一是进一步完善物理网点空白乡镇的布设。在黄河银行的支持下，协调县农商行加快空白物理网点建设进度。红羊乡完成银行物理网点选址和装修，已开业；关桥、郑旗、曹洼乡3个乡镇营业网点已装修完成，内设ATM机等自助设备已经运行，待宁夏银保监局批复同意后开业；九彩、史店、甘城、甘盐池正在选址。二是加大便民服务投入。协调各金融机构下沉金融服务，通过在乡村加大金融设备投入布设力度、创新信贷产品、开通网上银行等方式，基本实现自助银行“镇镇通”、电话银行“村村通”、手机银行“户户通”。截至年底，共设立助农金融服务点360个，已实现所有行政村全覆盖，有ATM机84个、便民服务点279个、各类自助机具1839台，基本实现自助银行“镇镇通”、电话银行“村村通”、手机银行“户户通”以及农户“大额转账不离镇，小额取现不出村”的普惠性金融服务，全面提高了农村金融服务覆盖面，打通了金融服务“最后一公里”，群众对金融服务的获得感和满意度大幅提升。

（县金融局）

农业银行

【概况】 农业银行海原县支行（简称海原农行）隶属于中国农业银行股份有限公司。2020年年末，农业银行各项存款余额315280万元，各项贷款余额147424万元，分别较年初增加15725万元和15291万元。实现中间业务收入1740万元、拨备前利润9604万元、拨备后利润8823万元。

【存贷业务】 2020年年末，海原农行各项存款余额315280万元，增量15725万元，其中个人存款余额171745万元，较年初增加12799万元。各项贷款余额147424万元，增量15291万元，其中农户贷款86681万元，较年初增加12286万元，个人贷款30170万元，较年初增加2103万元；普惠金融贷款39605万元，较年初增加4765万元。

【效益指标】 2020年年末，海原农行实现拨备前利润9604万元、拨备后利润8823万元、净利润6662万元，分别完成分行年度计划的100.82%、98.51%、103.42%。实现营业收入12.30万元、中间收入1740万元，同比分别增收143万元、100万元。

【疫情防控】 2020年，海原农行认真落实分行决策部署、地方党委政府疫情常态化防控工作要求，用好用活分行“战疫59条措施”，打出金融支持小微企业复工复产、农民发展生产、建档立卡贫困户劳动致富的“组合拳”，为稳住“关键之年”贡献农行力量。

【助力“战疫”】 一是积极响应党中央、全国金融团工委和总行号召，发动全行党员员工为武汉等疫情严重地区累计捐款16850元，努力做到“守望相助”。二是迅速展开内部摸排，对奋战在疫情一线的员工家属9人次送去支行问候。三是创新推出医护e贷，及时为县内820名医护人员提供年利率为3.99%的专项贷款，累计发放2983万元，以真诚敬英雄。

【“六稳”“六保”】 2020年疫情防控常态化后， 海原农行充分运用分行“战疫59条措施”，与全县各类市场主体共渡难关。累计为中原塑业有限责任公司、闽宁纺织公司等13家企业发放1597.7万元贷款；联系海原县惠民担保公司，为海原县富农家庭养殖场等12家种养殖大户发放贷款397万元；为276户1200万元因封闭隔离等原因到逾期小额扶贫贷款，进行宽限期调整；对7户35万元精准扶贫小额到期贷款，进行无还本续贷操作，缓解贫困户疫情期间还款压力，为稳住全县经济“基本盘”倾注了不可替代的金融力量。

【金融扶贫】 2020年，海原农行面对海原县决战决胜脱贫攻坚“最后一公里”道路上的“硬骨头”，准确分析研判2020年扶贫形势，以金融“造血”产业拉动、“能人”带动、增加就业等多元化金融服务脱贫攻坚方式，精准滴灌“有土”“离土”产业。12月末，累计发放小额扶贫贷款5647户、28115万元。其中为包片帮扶的四个乡镇累计发放小额扶贫贷款2547户、12279万元，完成县政府年初下达投放任务的245.33%，完成全年（含追加投放）任务的138.56%。累计投放产业精准扶贫贷款1197万元，较年初增加665万元，带动贫困人口200余人劳动致富。

【产品创新】 2020年，海原农行继续引入政府增信机制，补充签订合作协议，全力做好扶贫小额信贷工作，为海原县富民家庭农场等5个合作社、家庭养殖场发放政府增信贷款320万元。创新推出枸杞e贷、西芹e贷、黄牛e贷等特色线上融资产品，帮助解决疫情期间客户出行难题。深耕乡村市场，牢牢守住县域“三农”阵地。

【消费扶贫】 2020年，海原农行按照分行消费扶贫工作方案，第一时间成立消费扶贫帮扶小组，指定客户部专人负责扶贫商城产品优选和对接事宜，同步引导入驻农行扶贫商城。12月末，已有3家企业完成上线入驻，全渠道累计销售金额突破90万元，带动50余名建档立卡户就业。同时，抢抓当地果蔬成熟时机，由支行“一把手”亲自带货，积极协调上级有关部门、人员，帮助销售海原当地农特产品552件24.4万元，进一步扩大农行扶贫工作社会影响。

【金融网点建设】 2020年，海原农行统筹做好金融服务网络和渠道延伸工作，解决好基础金融服务入村入户“最后一公里”问题，不断完善“人工网点、自助网点、惠农通服务点、互联网线上渠道、流动服务”五位一体的金融服务渠道网络，切实提升贫困地区基础金融服务水平，使贫困地区群众足不出村即可享受到基础金融服务。累计在153个行政村开通设立186个惠农通服务点，惠及3万余户农户。

【“深耕乡村战略”】 2020年，海原农行聚焦海原县“一主三特”产业、“三带两园六基地”和“两廊两核四镇”建设，持续加大信贷支持“三农”、实体经济力度。积极协调扶贫办、县农业农村局、惠民担保公司等政府有关部门，建立贷款客户综合评估体系，为海原县亘牛农牧合作社等80家合作社发放“政府增信”模式贷款1150万元，为种养殖业大户发放生产经营贷款48笔816万元，化解生产经营“难题”。充分运用分行线上信贷产品优势，为烟草、药品、百货等57户个体零售商户发放烟商e贷、药商e贷、纳税e贷等各类特色e贷701万元，帮助解决个体工商户等因缺乏合格抵押品所带来的观望心理。成立专项营销团队，分赴县内163个次行政村开展“乡村掘金”。

【衔接乡村振兴】 2020年，海原农行不断深化银政合作，主动与县委、县政府、县农村工作领导小组办公室、县农业农村局携手，建立对接会商、信息共享、工作保障三大机制，全面推进脱贫攻坚和乡村振兴各项工作任务落实，搭建线上线下融合的立体化服务“三农”渠道。截至12月末，涉农贷款比年初增长11961万元，累计发放余额达10615万元。发动全体干部员工，放弃节假日休息时间，加班加点、抢抓工期、追赶进度，顺利完成153个自然村、2000余户农户信息建档工作。抢先推进“信用村、信用户”创建工程，先后结合海原各行政村实际情况，将贾塘后塘、堡台、郑旗撒台、七营白咀等4个行政村列为“信用村”，以“惠农e贷”为抓手，以各项金融产品为黏合，完成100户“信用户”评定。同时，在4个信用村完成建档授信客户2300余户、授信13200余万元，出贷1500余户、8700余万元，统一执行农户贷款执行年利率为4.8%的优惠利率，切实让农民享受免担保、低成本、便捷化的农户小额贷款。

【服务“三农”】 2020年，海原农行坚持以数字化转型为抓手，结合农户信息建档工作，大力发放“惠农e贷”，全年完成惠农e贷投放48317万元，增量稳居全行第一。推广运用“助农取款+农村电商”“助农取款+移动支付”“移动支付+”模式，进一步优化农村支付环境，用好用活“惠农e付”。累计新增“贴码收单”商户988户，沉淀资金2798万元。牢牢把握乡镇客户需求，先后对150个惠农通服务点进行升级改造，指导培训使用人员100人次，有力抓住城乡融合、农村一二三产业融合机遇，加载当地“三农”、金融、生活信息流，提高工程经济效益，做实做强“惠农e商”。

【惠普金融服务】 2020年，海原农行以“百行进万企”工作为契机，统筹推进“夏融行动”和“秋实计划”，全力做好普惠金融业务发展，累计发放贷款1988.7万元支持实体经济；创新线上贷款，实行优惠利率，全力支持县域个体及“三农”客户，个贷及农户条线普惠贷款较年初分别增加687万元、2814万元。全年普惠金融贷款累计减费让利520万元，实现监管全面达标。

【经营转型】 年初，海原农行及时调整县内3家营业网点布局及业务结构，解决网点“一条街”、业务同类、服务同质、竞争乏力等方面的问题，逐步打造多元发展格局。一方面，将县城所有“三农”客户经理全部调整至海龙支行，形成海龙、新区支行“三农”业务“双翼”。先后根据网点人员组成，按照老中青结合的方式，指导组建由网点负责人、客户经理为成员的8支包村小团队，逐一认领辖内行政村，充分调动老同志的乡村资源，发挥其乡村情感深厚、与农民交流能力强的特点，带领青年员工及时与乡镇及村两委建立良好关系，快速打开营销服务局面。截至12月末，两个“三农”网点新增个人存款3098万元，新增贷款12341万元，新增个人账户8993户，新增信用卡客户1238户，掌银月均活跃客户11652户。另一方面，针对营业部、东郊支行业务、体量，指导成立各类青年突击队、党员突击队等5支，瞄准县内企事业单位金融需求、工薪人员消费需求和个体工商户融资、理财需求，以及县内专业合作社、家庭种养殖场金融需求，逐一进园区、楼盘、单位等上门外拓营销，做优做强县域实体。先后实现对公存款6412万元，各类分期2752万元，发放个人消费贷款6735万元、农村生产经营贷款3026万元、住房按揭贷款1673万元。

【“数字海原”建设】 2020年，海原农行智慧场景建设项目数量同比翻番，线上信贷多点开花，数字化转型步伐不断加快。组织开展校园、医院场景专项营销活动，深挖师生、医护和城乡居民消费圈，打造智慧金融“生态圈”。12月末，新增职业中学、中医院、海原县回民中学、海原县第一中学等4个智慧食堂项目，直接带动掌银有效户7000余户，新增有效个人账户3000余户，开立借记卡3000余户，彻底扭转了农行掌银发展被动局面。联动机构业务部成功上线“智慧房产”项目，推动实现公租房租金押金收缴、住宅维修专项资金和商品房预售资金监管一体化综合服务。项目上线后，预计将带动新增掌银活跃客户2000余户，年均沉淀资金2300万元。

【中间业务】 2020年，海原农行突出中间业务收入市场竞争力提升目标，制定2020年中间业务提升工程突破行动方案，层层压实主体责任，确保各项任务落实到位。12月末，实现中收1740万元，较同期多增100万元，中间业务补位效应充分显现。其中个金中间业务收入、信用卡分期业务中收同比贡献度增长较大。强化公私联动发卡、金融场景增户，提高获客成效，个人折效客户增加15496户；新增贷记卡有效客户2276户，计划完成率114%；个人掌银活跃客户净增20614户，月活客户（28873户）完成率居全区第5位。

【市场营销】 2020年，海原农行落地实施网点“N+M”计划，调整补充营销人员2人，指导成立“信贷+”、数字化转型、服务“三农”、金融服务脱贫攻坚和智能风控等5个团队，在全行推行“贷款+重点工作”“贷款+存贷联动”“贷款+两户拓展”“贷款+零售产品”“贷款+对公业务”等五维协同发展思路，通过理念传导、上下联动、联袂作战、强化考核、团队激励等措施，进一步发挥个人和对公资产业务的引擎带动作用。针对农村集体经济组织、乡村小微企业，围绕其负债、开户、结算、存款的需求，及时掌握信息，多手段营销对公账户开户、结算和存款等金融服务。截至年底已营销村集体经济账户25个，村养牛专业合作社3个，小微企业客户78个，发放小微企业贷款18户，1988.7万元，办理智能POS机30余台。针对养殖种植大户、个体工商户，围绕其生产经营投入与产出之间存在时间差，重点营销用于生产经营贷款类产品和存款、理财类产品及结算类产品组合。年末，累计发放农村生产经营贷款119户2760万元，布放智能POS机100余台、惠农通170余部，沉淀个人存款1700余万元。针对普通农民、务工人员，围绕其家庭生产经营、日常储蓄结算需求及购房、买车等消费升级需求，重点营销农户小额贷款、存款、理财类产品及安家类、爱车类、缴费类产品组合。截至年底已发放农户小额贷款15242户84257万元，农民安家贷34户426万元，家装分期9户102万余元，掌银28000余户。

【不良贷款管控】 2020年，海原农行出台制定《海原县支行不良贷款管理办法（试行）》和《海原县支行下半年逾期不良贷款清收处置方案》，将逾期、不良贷款的管控与客户经理，网点负责人绩效工资挂钩，全力打好不良清收攻坚战。实行周监测、月通报、月考核。做好日常风险预警、停复牌管理等传统工作的同时，牢固树立“信贷质量立行”理念，积极推进“净表计划”。12月末，清收不良贷款121万元，核销不良贷款81万元，不良贷款较年内最高值时压降209万元。成立专项清收小组，抽调支行各部骨干由行领导带队协助网点开展上门清收、不良化解、诉讼收回等工作，将“信贷立行”理念贯穿于具体行动。全年累计带队入户上门清收不良、逾期贷款120余次，收回逾期贷款639万元；开展司法诉讼103笔、标的金额492万元，胜诉率100%。

【法治平安建设】 2020年，海原农行将领导干部学法用法纳入党委理论学习中心组学习计划，组织开展《中华人民共和国民法典》学习宣讲，利用国家安全法宣传、知识产权周宣传以及国家宪法宣传日等活动，进一步普及金融法律知识，提升员工防范法律风险和依法合规操作的能力。同时，按照分行及中卫银保监分局安全生产专项整治三年行动实施方案，深入开展安全生产月、电气火灾专项整治和“三化三铁”创建、“三化三达标”验收等专项工作，匹配专项费用对全行过期消防器材、应急照明灯和消防标识等进行更换，确保安全设施达标、有效；完成所有自助银行加钞间门禁系统改造，通过物防设施改造推动人防向技防转变；成立专项检查组和监管队伍，按月前往基层营业网点和离行式自助银行开展自律监管，确保全行上下合规操作、制度执行到位。持续做好扫黑除恶专项斗争，开展金融放贷领域专项整治活动，切实将案防责任扛在肩上、记在心上、抓在手上，把案件防在源头上。积极做好《员工行为守则》大学习、大讨论，组织干部员工撰写心得体会20余篇；4次走访县纪委监委、县检察院和县法院等机构，全面排摸员工涉嫌职务犯罪、违反疫情防控工作要求等情况；密切掌握员工“8小时内外”生活轨迹，深化三线一网格管理模式，扎紧员工行为管理“铁篱笆”。

【风险管控】 2020年，海原农行以防案控险为主线，突出员工行为管理、运营柜面业务、信贷业务、再监督的监督规范等重点工作，做实平安农行。一是从严查处违规违纪违法行为。对业务经营和行为管理中存在的顽疾，实施“两个一倍、一个两倍、一个结合”，做到检查辖内分支机构数量、覆盖的业务范围扩大1倍，违规成本增2倍，经济处理与纪律处分相结合，对各类违规违纪违法责任人纪律处分3人次，对75人次经济罚款近6.5万元。二是密集布排内控案防教育培训。全行分层、分条线开展各类案防培训29次，以会代训、以考促学，真做合规；组织召开党规党纪专题讲座暨违法违纪警示教育大会，通报宁夏金融系统近年来发生的5起违纪违法典型案例；开展党规党纪、反腐倡廉教育2次，12月14日召开警示教育大会，实名通报、公开处理3类6起典型违规问题，用身边事教育身边人。三是厚爱严管干部员工队伍。大力推进关爱基层员工五项行动，解决了新区支行职工之家水暖管道维护、县城三个营业网点午餐等问题；先后指导成立支行读书、文体等各类兴趣小组5支，举办“党建杯”篮球比赛、职工趣味运动会、开展“读书强素质 实践圆梦想”读书活动、“迎新春”文体晚会等，不断增强了员工队伍的凝聚力、战斗力和向心力，提升团队文化建设。定期深入基层开展干部员工面对面谈心谈话，严格落实行为排查，做到多维度走访调查、多渠道外部督查、多形式风险排查。

【从严治党】 2020年，海原农行坚持从严治党，营造良好政治生态。以党的建设为统领，学深悟透《习近平谈治国理政（第三卷）》，常态化组织开展“四个条例”学习，持续深化巩固“不忘初心、牢记使命”主题教育成果。及时传达分行党风廉政建设和反腐败会议精神，会同纪委研究制定《海原县支行党委落实全面从严治党主体责任清单》和《海原县支行基层党支部落实全面从严治党主体责任清单》，逐条比照抓落实，扎扎实实推动从严治党主体责任在海原县支行落地生根。深入贯彻落实中纪委十九届四中全会精神、派驻纪检监察组和分行纪委要求，持续适应纪检机构改革新形势，完善监督执纪问责体系，配合分行纪委及前台部门做好各类监督检查，营造风清气正共谋发展的良好生态。

【基层党建质量提升年活动】 2020年，海原农行按照分行实施方案，制订下发《海原县支行2020年党员培训教育计划》，组织全体党员认真学习“四个条例”，抓好“带头人”“标杆”“生力军”等3个计划，努力在学习政治理论思想中不断增强“四个意识”，坚定“四个自信”，做到“两个维护”。指导基层党支部认真落实“三会一课”等党内基本生活制度，组织开展“五强化五提升”活动，切实提高党建统领；开展“七个一”主题党日活动庆祝建党99周年，营造促进和谐、团结进取、干事创业、共谋发展的良好氛围；发挥典型引领作用，先后设立党员责任区8个、党员示范岗12个、组建党员突击队8支，全力保障疫情期间县域金融需求及各项业务发展，有效发挥基层党组织战斗堡垒作用和党员先锋模范作用。

【队伍建设】 年初开始，海原农行实施营业网点“双聘”工作，累计选聘营业网点核心团队成员13人次，平均年龄29.8岁，均为大学本科学历，基层队伍更有朝气。5月，落实县域英才培养计划，选拔初级英才培养对象1名，激发青年员工干事创业热情。6月底，发展预备党员1名，转正党员1人，努力为党员队伍补充鲜血液。10月初，率先推进内设机构改革，完成支行前台后台部门改革，调整了部分前后台主要负责人，实现了前台后台单位动能转换，进一步激发全行干事创业热情。

（罗小龙）

农村商业银行

【概况】 宁夏海原农村商业银行股份有限公司（简称农商行）前身为海原县农村信用合作联社，成立于1994年10月，服务全县17个乡镇、2个管委会。2020年，海原县农商行内设职能部门15个，有分支机构17家（营业部1家，支行16家），营业网点遍布海原城乡，是海原县辐射范围最广的地方性金融机构。海原农商行共有正式职工218人，其中在岗196人。在岗员工中，网点147人，机关人员49人。至2020年年末，各项存款47.03亿元，较年初增加2.92亿元。各项贷款余额为46.9亿元， 较年初增加6.15亿元，增幅15.09%。

【存款组织工作】 2020年，海原县农商行存款组织工作稳步推进。一是强化营销思维转变。2019年年末及时召开工作会议安排部署，并督促各网点转变思想，切实促进“坐商”向“行商”的转变，确保存款组织工作落地见效。二是多维度开展营销活动，强化存款营销力度。充分发挥“随心存”、社保卡、工会卡、ETC等产品营销优势，开展“赢在春天”“全产品计价”“积分兑礼”“大干100天”等业务营销活动，提高员工营销积极性，遏制了个人存款下降趋势，确保年末个人存款能够完成黄河银行下达的指标任务。三是明确责任，传导压力。主要领导与经营层领导、主要领导与网点负责人、网点负责人与员工之间及时签订目标责任书，落实责任，确保任务分解到人，层层传导压力。四是深化银政、银医、银企合作，将政府部门决战决胜脱贫攻坚、支持农业产业发展过程中各类资金作为重点攻关对象，上下联通，齐抓共管，做好对公存款的维稳工作。五是强化学习培训，提升营销能力。特邀上海锐道咨询公司、河北迈金咨询公司、长春天缘随广企业管理咨询有限公司专业讲师及团队对全员进行营销能力培训、外拓营销能力训练及结合《中华人民共和国民法典》解析商业银行信贷业务法律风险及对策专题培训3次，组织开展线上营销培训29次，促进了员工的营销思维的转变和业务素质的提升，夯实客户基础，巩固现有存款市场份额，拓展新的存款领域，进一步完善存款营销和增长机制，持续优化负债结构。六是全面推进“网格化”管理模式，建立起“网格化”管理机制，以营业网点为中心，划定网格、指定区域、包片到人，全面覆盖所辖片区，做实做细营销举措，真正做到了解客户，实现精准营销。七是坚持每日通报制度，定时召开月度工作推进会，由先进支行作经验交流，后进支行表态发言，营造起了先进带后进、比拼赶超的浓厚氛围，切实做到提升存款营销工作质效。

【服务实体经济】 2020年，海原县农商行坚守农村主战场，提升服务实体经济能力。2020年4月份黄河银行与海原县就支持肉牛产业发展达成战略合作协议以来，海原农商行立足县域实际，强化责任意识、明确目标任务、创新发展思路、发挥自身优势，通过深化“政银”合作，以支持海原县农业产业发展为核心，以“整村授信”和金融支持肉牛产业发展为抓手，以小微移动、黄河e贷、兴农e贷等金融产品为支撑，充分发挥农信人“挎包”精神，采用“白＋黑”“5+2”的工作方式，白天采集信息、晚上贷款审批、次日贷款用信，加大对农户、种植养殖大户、家庭农场、农民专业合作社信贷支持力度，全力支持海原县农业产业高质量发展，确保金融支持海原县肉牛产业发展早落实、早见效。当前已累计走访农户2.4万户，已完成农户信息采集、评级2.1万户，授信12.87亿元。评定信用村65个，净增肉牛产业贷款12.13亿元。

【助力脱贫攻坚】 2020年，海原县农商行加大小额扶贫信贷投放，助力决胜脱贫攻坚。2020年通过向人行中卫市中支申请再贷款5.29亿元，确保扶贫小额信贷资金充足、支持力度到位；通过延长贷款期限、贷款年龄等措施，支持贫困户脱贫致富，当前已发放此类贷款144户694万元；严格落实“两免一基”政策；小额扶贫贷款限时办结，提高扶贫贷款审批发放速度；按照“脱贫不脱政策、脱贫不脱帮扶、脱贫不脱责任、脱贫不脱监管”要求，强化责任担当，对符合条件尚未脱贫的建档立卡户做到应贷尽贷，对已脱贫农户，本着“扶上马、送一程”的原则，适当提高授信额度，全面满足农户有效融资需求。当年累计投放扶贫小额贷款1.15万户5.38亿元，余额6.34亿元。

【支持稳企业保就业】 2020年，海原县农商行狠抓两项直达工具政策落实，支持稳企业保就业。自疫情以来，海原农商行提高政治站位，把抓好两项直达工具政策落地作为“一把手工程”抓紧抓实，对受疫情影响资金暂时周转困难的住宿餐饮、物流运输、制造业、批发零售等行业加大信用贷款投放，并通过无还本续贷、展期、延期还本付息等措施帮助企业纾困解困，确保普惠小微延期还本付息政策在力度上实现“应延尽延”，切实提高普惠小微信用贷款的发放占比和延期率。当前已办理小微企业无还本续贷，延期11户543万元，办理还旧借新11户112万元，投放小微企业信用贷款余额1056户8994万元，较年初增加938户8463万元；办理扶贫小额信贷延期、借新还旧14户57万元。

【打造“创业带动”模式】 2020年，海原县农商行全面推广农村妇女创业及全民创业贷款，支持农村各类创业人员创业展业，带动贫困人口增收致富。至11月末，支持妇女创业贷款余额1.6亿元1916户，支持全民创业贷款余额1.6亿元1632户。

【不良贷款降控】 2020年，海原县农商行不良贷款降控措施有力。一是从严控制，确保新增贷款质量。严格落实贷款“三查”制度，针对2020年全年新增肉牛产业贷款，以行领导带队，部（室）包支行的形式，组织开展全面贷后检查，规范贷款管理行为，强化贷款责任管理，严控信用风险、操作风险和道德风险，全面提升信贷基础管理和新增贷款质量。二是完善制度建设。修订完善《海原农村商业银行不良贷款尽职免责及责任认定追究管理办法》、《海原农村商业银行呆账核销工作实施方案》及《海原农商行不良贷款责任认定实施方案》等制度，从制度层面规范不良贷款的管理、清收、核销及责任认定工作，全年共计组织核销贷款748笔825万元，并完成核销资料的整理工作。三是积极向存量不良要效益，通过规模压降、转贷盘活、诉讼追缴、协调政府小额扶贫贷款清收领导小组清收、多渠道处置抵质押物、延期还本付息等方式，进一步遏制了不良率攀升的苗头。

【内控管理】 2020年，海原县农商行内控管理水平不断提高。一是依托农商行改制，建章立制、梳理、修订、完善各条线业务制度317项，以适应业务不断发展需要，切实做到操作有依有据，进一步规范操作标准，确保经营工作安全、高效执行。二是完善风险管理体系，深入开展“合规建设深化年”活动，成立八个风险检查组，严格按照活动方案要求，结合黄河银行系统信用风险、会计运行暨网络金融业务、科技风险及人民银行反洗钱业务等专项检查，围绕监管政策规定、“八统一、六集中”一体化管理标准、内控制度和员工从业规范四个方面，重点检查内部规章制度缺陷、法人内控治理短板、操作行为漏洞、个人行为失范等关键风险点和易发案部位，进行了“制度全覆盖、业务全覆盖、网点全覆盖、流程全覆盖”的全面督改。2020年共开展专项检查及“回头看”检查11次，实施经济处罚394人次，处罚金额25.17万元，形成违规必究的惩戒机制。三是2020年组织对重点岗位人员进行了轮岗，年内支行负责人轮岗3人，提拔支行负责人1人、副行长7人，客户经理轮岗25人，会计主管轮岗13人，综合柜员轮岗23人，大堂经理轮岗3人，机关人员轮岗16人。四是制定下发了《关于进一步强化柜面远程集中授权业务考核管理的通知》，强化远程授权业务考核管理，截至11月末全辖平均远程授权拒绝率为1.02%，较年初下降1.04个百分点，降幅为50%，有效防控了事中风险，提升了远程授权业务处理质效。五是深化“合规建设深化年”活动，由行党委统一安排部署，行领导带队，部（室）分组包片进行信贷业务专项检查，从源头上掌握客户信息、贷款资金用途、有效把控资产质量。六是通过全辖营业网点醒目位置张贴客户经理廉洁从业“十不准”、在微信公众号、营业网点醒目位置直接公示信贷管理部、资产管理部、行长联系方式，让权力在阳光下运行，夯实营销人员不想腐、不能腐、不敢腐的底线，提升客户服务质效。七是通过签订了安防等各类责任书、定期开展警示教育、定期或不定期开展安全检查、组织员工进行安防知识学习，落实案件防控各项工作，不断增强员工的法治观念、纪律观念和制度观念，并将检查结果纳入绩效考核，加大违规处罚力度，督促问题整改，筑牢案件防范防火墙，进一步提升案件防控能力。

【队伍建设】 2020年，海原县农商行员工整体素质得到进一步提升。一是为满足经营工作发展需要，夯实人才基础，强化队伍建设。2020年委托黄河银行面向社会公开招聘29名新员工，改善员工结构，进一步完善组织战略和目标。二是实行差异化考核，加大向战略方向、重点工作的资源倾斜和绩效奖励，增强考核的科学性、针对性和有效性，激发经营活力。三是针对业务人员开展“业务知识+操作技能”的内部培训，通过制度讲解、案例教学、考试测评等方式，切实提升岗位技能。全年实施各类学习培训138期，6400人次参训，通过专业培训与实践锻炼相结合，有力提升了职工队伍整体素质。

【从严治党】 2020年，海原县农商行全面从严治党工作逐步提升。一是组织党员干部认真学习习近平总书记视察宁夏重要讲话精神和党的十九届五中全会精神、《习近平关于党风廉政建设和反腐败斗争重要论述摘编》、《习近平关于严明党的纪律和规矩论述摘编》、自治区十二届十二次全会精神等重要内容，教育引导党员干部知敬畏、存戒惧、守底线，不断强化理论知识、坚定理想信念，牢记初心使命，始终把政治纪律和政治规矩挺在前面，筑牢拒腐防变思想道德防线。二是班子成员带头严格落实包片联系工作机制，加强对支部党建工作的指导监督，强化基层党建责任落实，围绕“六化六提升”，坚持和落实好“三会一课”等党建制度，确保工作接地气、出实效，做到党建工作和业务工作两手抓、两不误，同部署、同落实、同考核。三是以开展“廉政警示教育周”活动为契机，通过主题学习、警示教育、廉政谈话、廉政风险排查等方式，多渠道、多维度排查员工八小时内外违规行为，督促党支部管好干部、带好队伍，引导全体党员干部在履职尽责中践行好“两个维护”。四是持续强化中央八项规定落实，深挖细查“四风”隐形变异，加强“微腐败”的治理，对各种歪风陋习露头就打、时刻防范，从严从重追责问责，营造风清气正的良好氛围。五是积极开展精神文明创建、民族团结进步创建、优质文明服务创建工作，全面开展扫黑除恶、普法宣传，树立正确宣传舆论导向，认真落实网络意识形态工作责任，提高对互联网规律的把握能力、对网络舆论引导能力、对信息化发展的驾驭能力、对网络安全的保障能力。六是坚持公平、公开、透明的原则，按照忠诚、干净、担当的标准，全年提拔副职以上中层干部8名，营造了风清气正良好发展环境，为打造“三个银行”提供坚强政治保障。

【疫情防控】 2020年，海原县农商行为统筹疫情防控和金融服务工作，持续加大抗疫物资投入，疫情期间累计向全辖投入抗疫生活物资及防控物资共计10余万元，有力地保障了疫情防控工作需要，助力了县域经济发展，肩负起县域经济主流、金融服务主力银行的使命担当。

【基础设施建设】 2020年，海原县农商行完成郑旗、曹洼离行式自助银行的迁址改造。通过了对关桥支行的筹建、装修、改造，并取得监管机构开业批复，基本完成开业准备工作。完成黎明路、海城支行食堂改造，对全辖各支行办公家具及职工宿舍床、餐厅厨具等生活用品的购置更换，改善员工工作、生活条件。

【企业文化建设】 2020年，海原县农商行通过调整网点营业时间及周末关门休息时间，给予偏远网点员工生活用品配发、提高灶费补助、厨师工资补助及为全辖员工购置图书等，持续提升员工关怀力度，实现人力资源管理更人性化，增强员工归属感。结合全行重要工作修订完善网点薪酬考评体系，实行差异化考核，增强考核的针对性和有效性，充分调动基层网点员工工作积极性，激发经营活力。针对业务人员开展“业务知识+操作技能”的内部培训，通过制度讲解、案例教学、考试测评等方式，切实提升岗位技能。全年实施各类培训70余次，通过专业培训与实践锻炼相结合，有力提升了职工队伍整体素质。经过全行上下的共同努力，在扶贫、救灾、助学、抗击疫情、医疗卫生等多方面积极行动、回馈社会，履行企业社会责任。截至年底，向海原县卫生健康局捐赠防护服、防护面罩等疫情防控物资价值10万元，向一线医务人员和社区工作人员送去300多箱牛奶、方便面等所需物资，向海原县城建局捐赠清洁车150辆价值50万元，向海原县人民医院捐赠救护车1辆价值31.2万元，向海原县儿童福利院的困境儿童捐赠衣物、图书、体育器械共计2.5万元，企业社会责任感得到进一步的彰显，社会形象得到进一步提升。

（罗玉旭）

邮政储蓄银行

【概况】 中国邮政储蓄银行海原县支行（简称海原邮政储蓄银行）有员工 20 人，其中 40 岁以上的 6 人，平均年龄 35 岁。支行所有人员均为大专及以上学历，其中研究生 2 人，本科 14 人，高学历人才占到支行员工的 80%。支行党支部有在册党员 11 人。2020 年 3 月，被宁夏分行评为先进集体。

【脱贫攻坚】 关桥乡是海原邮政储蓄银行的金融扶贫责任区，有建档立卡户 2899 户，其中 65 岁以上客户 612 户，残疾及社保兜底客户 491 户。2020 年，海原县各金融机构向关桥乡建档立卡户投放贷款结余 2779 笔 12367 万元，贷款完成率 112.43%，确保了责任区内的建档立卡户应贷尽贷。截至 2020 年 12 月 31 日，海原邮政储蓄银行 2020 年投放扶贫贷款 1037 笔 4848.5 万元，累计发放建档立卡户贷款 5740 笔 24535.5 万元，建档立卡户贷款结余 1597 笔 7307 万元，户均贷款 4.5 万元，贷款期限主要分布在 2~3 年期。

【“三农”信贷投放】 截至 2020 年年末，海原邮政储蓄银行全年发放各类贷款 5705 笔 3.54 亿元，全年净增 1.03 亿元，现贷款结余 5679 笔 3.28 亿元。其中发放涉农贷款 2448 笔 1.76 亿元，涉农信贷投放金额和结余金额逐年递增，贷款质量优良，不良贷款余额 81.53 万元，不良率 0.27%，全区最优。截至年底已创建信用村 40 个，评选星级信用户 850 户。通过持续推进信用村镇、信用户的建设工作，激励贷款客户养成“诚实守信、好借好还”的信用意识，在农村市场、贫困村逐步形成互相监督、互相约束的信用机制，推进农村地区、贫困地区信用环境改善、提升。

【基础金融服务】 2020 年，海原邮政储蓄银行积极协助提升农村基础金融服务和支付结算体系建设，大力推进银行卡发卡工作，满足了城乡居民需求。一是在农村市场大力开展办卡、用卡、刷卡宣传，推进移动支付应用的拓展建设，为广大农村用户提供了安全、便捷、惠民的支付结算渠道，营造高效便捷的服务环境。二是加大基础性金融建设，加大 ATM 机、CRS 机等自助机具的投放，极大地方便了乡村百姓。三是大力推广网上银行、电话银行、POS 机、二维码等电子结算产品，做好代收付项目，提供低成本、广覆盖、高效率的金融服务，满足在互联网技术不断发展形势中乡村客户网络化需求，为支持乡村发展铺就有效路径。年末，电子银行用户达 1.2 万余户，POS 机及二维码用户 265 户。四是在关桥乡及冯湾村建立“三农”金融服务站，通过安排专人不定期驻点，设立热线电话的方式受理周边金融需求，为农户提供便利。五是为守护好农村百姓劳动成果，确保百姓利益不受侵害，支行认真践行普惠金融服务，持续性开展“金融知识进万家”“普及金融知识万里行”等进社区、进校园、进乡村等户外宣传活动，深入田间地头、进村入户开展金融知识宣传，向百姓讲解金融知识、宣传金融产品，提供金融服务，实现政策、产品、服务的有效对接。

【支持乡村振兴】 2020 年，海原邮政储蓄银行积极落实各项惠农政策，践行普惠金融的社会责任，在建设美丽新农村、振兴乡村的进程中提供有力的金融支持。一是持续加大“三农”领域信贷投放力度，涉农信贷投放金额和结余金额逐年递增，自银行成立以来，累计发放涉农贷款 2.5 万户，金额 20 亿元。二是积极支持地方农村发展特色优势产业，以肉牛养殖、硒砂瓜、香水梨、蔬菜大棚种植等产业为突破点，促进当地特色产业的发展，带动贫困户脱贫致富。三是大力发展普惠金融，根据乡村振兴实际需求开发新的金融产品，加大金融产品、机具的投放力度，满足差异化服务需求。四是全力助推打赢脱贫攻坚战，创新金融扶贫模式，全力开展金融扶贫工作，累计投放扶贫贷款2.24亿元，为乡村脱贫致富贡献了自己的力量。

（徐红娟）

建设银行

【概况】 中国建设银行海原支行（简称海原建设银行）于2019年3月正式入驻海原。2020年年末，有正式员工15名、物理网点1个，内设个贷中心，有自助设备3台，在乡村设立了98个金融服务代办点。可办理人民币存款、贷款、结算、票据贴现、代理发行金融债券政府债券、代理收付款项及代理保险等多种业务。海原建设银行主动承担社会责任，为海原当地农民工工资账户的开立提供绿色通道，保障农民工工资无阻碍发放。坚定践行“新金融”发展理念，打造全国百强“云工作室”。向贫困乡村捐赠医疗设备，帮助建档立卡户改善保障性住房条件，在扶贫路上勇担使命，用实际行动彰显大行担当。

【裕农通业务】 2020年，海原建设银行积极拓展裕农通业务，完成了海原县154个服务点的拓展和激活任务。同时借助总行开展的“开卡乐”活动，鼓励裕农通业主，积极营销乡村振兴卡的开卡、存取款、转账、缴费和领话费业务，抓住了双拥卡发卡的契机，全力激活服务点。截至12月底，网点活跃裕农通服务点达到46%，全年共开卡768张，达到“双10”标准的服务点3个，为裕农通业主增加了收入，也方便了村民存取款，更为宣传建设银行的品牌服务赢得了海原当地村民的认可。

【商户发展】 2020年，海原建设银行按照自治区分行和中卫市分行调研评估要求，以个人业务发展为根本，大力发展商户业务，以县城周边的商户为主要拓展目标，发展商户的收单和产品覆盖率，提升商户的业务贡献度，以点带面提质增效。银行营销团队每天扫街搜客，针对个人商户进行营销。同时以四季鲜和时代广场为商圈，以建设路和黎明路为商户带，积极借助自治区分行和市分行开展的“一元购”“一元观影”“龙支付满减”“支付宝满减”等活动，宣传银行惠民政策，由商户带动消费，增加商户的收单积极性。截至12月底，网点共营销个人商户267户、对公商户32户，初步完成商户业务发展的预期目标。

【代工业务】 2020年，海原建设银行积极营销对公客户，发展代工业务，全年新增代工单位5个，代工人数313户。

【帮扶工作】 2020年，海原建设银行不遗余力推进扶贫工作，共为海原县贾塘新村支持扶贫资金15万元，具体用于贾塘新村贫困户危房改造及搬迁项目，同时为贾塘新村建档立卡户巩固期帮扶建设牛棚（圈）20座、羊棚10座。

【文化活动】 2020年，海原建设银行组织丰富多彩的业余文化生活。先后组织员工进行爬山活动1次、趣味运动会1次、观影2次（免费）；与县税务局等单位举办“浪漫邂逅·缘来有你”联谊活动1次；同时积极参加县委、县政府组织的各项活动。

【党建工作】 2020年，海原建设银行加强党建工作，成立张富清业务突击队，积极吸纳思想进步、业务精的优秀员工向党组织靠拢，已有5名优秀员工为海原支行党支部的建党积极分子。

【能力建设】 2020年，海原建设银行加强服务能力建设，通过对员工服务理念、服务意识、服务“七步曲”等的培训，提升银行金融服务能力。

（海原建设银行）

宁夏银行

【概况】 宁夏银行海原支行成立于2016年8月4日，2020年有网点机构1家，员工20人，内设办公室、营业室和业务拓展部。2020年年末，支行资产总额42358.4万元，各项存款40596万元，贷款余额28248万元。

【资产负债】 截至2020年11月末，宁夏银行海原支行资产总额3.99亿元，负债总额3.73亿元，分别较年初减少0.01亿元和0.05亿元，增速分别为-0.25%和-1.32%。

【存款情况】 2020年，宁夏银行海原支行各项存款余额3.69亿元，较年初减少1.35亿元，未完成年度计划。其中对公存款余额2.47亿元，较年初减少1.48亿元；储蓄存款余额1.21亿元，较年初增长1496万元。各项滚动日均存款余额4.67亿元，较年初减少1.06亿元。其中对公存款滚动日均余额3.61亿元，较年初减少1.38亿元；储蓄存款日均余额1.05亿元，较年初增长0.32亿元。

【贷款情况】 2020年，宁夏银行海原支行各项贷款余额2.91亿元，较年初减少0.44亿元。其中：对公贷款余额1.57亿元，较年初增长7350万元；个人贷款1.34亿元，较年初减少1.17亿元。

【资产质量】 2020年，宁夏银行海原支行按照贷款五级分类，不良贷款余额972万元，较年初增加159万元；不良贷款率3.34%，较年初增加1.14%，超过年度目标72万元。

【经营效益】 截至2020年11月末，宁夏银行海原支行账面利润1473万元，同比减少20.1%。其中：贷款利息收入1695万元，同比增长19.4%。

【小微业务】 2020年，宁夏银行海原支行普惠型小微企业贷款余额1.15亿元，较年初增加2500万元；普惠型小微企业有贷款余额户数157户，较年初新增56户；完成两增两控指标。

【信用卡业务】 2020年，宁夏银行海原支行新增信用卡195张，完成年度计划的39%。

【网络业务】 2020年，宁夏银行海原支行全行电子渠道客户数达到555户；收单业务93户，较年初增加93户；新增企业网银70户；新增微信动账交易1607户。

【稳定存款】 2020年，宁夏银行海原支行全力稳定银政合作关系，争取财政、农业、交通、住建和公积金大额存款单位支持，全年财政累计进账资金9.8亿元。

【产品营销】 2020年，宁夏银行海原支行通过开会引导、绩效考核、经验交流和案例分析等措施，不断激发全员营销潜力，坚持学产品、用产品，统一了全行思想，提升了营销的劲头，呈现出变被动为主动的良好局面。推动“党建引领、银社共建”和“进市场”营销工作，与社区开展主题党日，开展金融知识进社区宣传，尤其是在支行乔迁之际，以新网点为中心，网格化外扩营销个体工商户，进一步提升支行影响力。

【信贷投放】 2020年，宁夏银行海原支行聚焦主责主业，与惠民担保公司合作，围绕肉牛、小杂粮产业，支持新型经营主体和小微企业。在百行进万企活动中，支行通过系统培训，多渠道进行宣传，结合营业室公户对账工作与“赢在春天”营销活动等，持续跟进，保持联系。对接企业户数为28户，全部完成。其中问卷一完成28户，完成率100%；问卷二完成7户，完成率100%；疫情专项问卷28户，完成率100%；关闭问卷5户。加强与县就业创业和人才服务局的合作，积极跟进创业贷款投放，在7月、8月安排两名员工与就业局下乡集中受理业务，2020年投放54笔632万元。开展个人消费信贷，先后与四季花城、闽宁华府签订按揭协议，投放按揭贷款1200万元；贯彻落实扶贫政策，扶贫贷款余额4639万元。

【信贷整改】 2020年，宁夏银行海原支行有2021笔10105万元扶贫小额贷款被定性为“户贷企用”，要求限期整改。自启动整改以来，支行严格贯彻落实总行工作要求，加强与政府企业沟通协调，及时汇报工作变化情况，全面调查企业的资产负债，不断优化整改方案。及时解决农户来访问题，防范舆情风险。历经10个月，实现现金收回1512万元，贷款重组转化7665万元。

【不良贷款管控】 2020年，宁夏银行海原支行将不良贷款清收列为固定落实工作，安排专人分类制定管控表，采取班子带头、逐户实策、提前预警等措施，摸排、查找和逐户协商制定化解清收处置措施。坚持制度学习，强化制度执行，加强案件警示教育，树立合规操作意识。

【“星级网点”创建】 2020年，宁夏银行海原支行通过公开竞拍，将网点由县财政局院内搬迁至新兴商贸圈，优化了服务环境。强化内部管理，严格控制业务差错率，努力提高会计业务的核算质量。加强员工业务培训，采用目标推进法，提升员工技能水平。

【安全生产】 2020年，宁夏银行海原支行健全安全保卫规章制度，定期开展安全保卫大检查。组织开展消防、防爆突发事件应急演练，提高员工对突发事件的应变和自救能力。增强员工的安全防范意识和责任意识，做到警钟长鸣、常抓不懈。

【思想建设】 2020年，宁夏银行海原支行制订2020年学习计划，落实学习要求，严格落实“三会一课”，按月开展“支部主题党日”活动。深入学习习近平新时代中国特色社会主义思想、《习近平谈治国理政》第三卷、习近平总书记关于疫情防控系列重要讲话精神、《中国共产党支部工作条例（试行)》、《中国共产党党员教育管理条例》、《中国共产党国有企业基层组织工作条例（试行)》等，专项安排学习习近平总书记视察宁夏重要讲话精神和党的十九届五中全会精神，并结合具体工作开展交流研讨，撰写心得体会。

【意识形态】 2020年，宁夏银行海原支行成立意识形态工作领导小组，把意识形态工作与业务工作同部署同落实。召开意识形态工作专题会议，及时传达学习习近平总书记关于意识形态工作的重要讲话、指示精神和党的十九届四中、五中全会精神，及时传达中央、自治区、总行党委的重要决策部署及指示精神。组织党员和员工深入学习党的民族宗教政策口袋书，理解其核心要义和实践要求。以雷霆手段确保疫情防控责任落实落细落到位。支部党员大会定期对全行意识形态工作进行研判。分析研判意识形态领域情况，辨析思想文化领域突出问题，对重大事件、重要情况等在员工中的苗头倾向性问题，有针对性地进行引导。

【基层党建】 2020年，宁夏银行海原支行严格执行《中国共产党支部工作条例（试行)》，持续在抓基层、打基础、补短板、提质量、强效果上下功夫，支行党支部召开专题会议安排落实党建工作总要求，紧紧围绕中心工作，坚定不移从严治行，扎实推进党建暨纪检监察工作各项重点任务。深入开展“党建引领、银社共建”活动，与东城社区签订银社共建协议，先后开展联合主题党日活动、金融知识进社区、共庆宁夏银行22周岁活动，积极参与社区道德银行建设。

【党风廉政】 2020年，宁夏银行海原支行层层签订党风廉政建设责任书，确保工作及早落实；开展“身边事教育身边人”教育活动，组织观看《国家监察》《染黑的权力》《黑金危机》等警示教育片，深入学习《宁夏银行员工严重违规行为处理办法（试行)》《宁夏银行从业人员对客交往及廉洁从业规定（试行)》。严格落实“警示教育月”和“清廉文化月”的各项安排，“廉洁家访”做到全覆盖，及时了解和掌握员工思想动态；“廉洁回访”做到必到位，逐户签订“廉洁承诺书”，及时开展纪律党课。按季开展“员工行为排查”，开展支部书记与党员、党员与群众的谈心谈话活动，扎住制度笼子。坚决抵制“四风”，营造廉洁文化氛围，做到廉洁从业、遵章守纪。

（刘进成）

石嘴山银行

【概况】 石嘴山银行海原支行成立于2018年4月，2020年有员工10名，内设市场营销部、农业产业部，下设营业网点1家，设立自助机具2台。2020年年末，石嘴山银行资产总额12766万元，各项存款余额20870万元，累计投放各项贷款20025万元，贷款余额10003万元。共服务结算客户1万多户，信贷客户2900多户。

【“六稳”“六保”信贷】 2020年年初，面对春耕备耕在即但全县道路封闭的实际，为确保农户及时贷出资金，购买春耕所需，石嘴山银行海原支行积极应对，转变思路，及时调整授信办理渠道方式，改为由线下向线上受理，通过联系乡（镇）、村“两委”等方式在全县17个乡镇建立产业微信群7个，微信群人数达2300余人。通过微信群线上对接的方式对接春耕农户1200户，累计发放春耕备耕贷款130户，金额1000余万元。

【主导产业信贷】 2020年，石嘴山银行海原支行打造“特色农银行业”品牌，重点支持海原县主导产业。一是以“农贷宝”系列产品为抓手，采取“整村推进”的营销推动模式，为农户提供信用贷、联保贷、银政担保贷等产品的金融支持。二是不断深入调研县域“一主四特”产业，梳理农业产业特征，向处于产业链上的农户、合作社提供信贷支持。三是加强银政、银担、银保合作，通过合作优化担保方式，降低综合费用，扩大银行金融支持的覆盖面，为更多农户提供优质金融服务。2020年，投放特色农业产业贷款户数872户，金额5247万元。

【金融扶贫信贷】 2020年，石嘴山银行海原支行成立了以行长为组长的乡村产业振兴领导小组，聚全行之力推进金融助力乡村振兴产业发展。联合乡村两级，引导农户线上操作，使用“扶贫贷款”小额批量操作系统，实行系统化批量小额放款，提高自身审批效率，让客户少跑路，让扶贫资金快到账。针对存量10万元以内的建档立卡户，继续给予商业贷款支持，降低利息，放宽担保方式，支持农户产业发展。全年投放建档立卡户贷款464户，金额2236万元。

【民营企业信贷】 2020年，石嘴山银行海原支行针对海兴开发区入驻的企业展开调研，结合地域经济特点制定授信政策，持续加大对小微企业等领域的金融支持力度。全年投放民营企业发放贷款户数6户，金额2080万元。

【个体户信贷】 2020年，石嘴山银行海原支行以搭建“银政”平台为抓手，争取创业担保基金，大力投放下岗职工再就业贷款，促进普惠金融业务整体发展。全年投放创业贷款376户，金额3201万元。

【小微企业续贷服务】 2020年，石嘴山银行针对经营稳定、信用良好的客户贷款到期办理续贷业务，设计开发“抵押便利贷”“年审制”等续贷产品，实现对小微客户的快速续贷服务、简化续贷手续、降低或尽量消除小企业融资时间，降低融资的额外成本，减轻中小微企业续贷成本。面向小微客户，开发了“信用联盟”“尊信贷”等小微产品，打通网上银行、电子银行等通道，小微客户获得授信额度后，可自行通过石嘴山银行海原支行的自助银行、网上银行、手机银行完成贷款的放还款操作，贷款资金可实现随借随用随还，既匹配了客户的资金需求，还为小微客户节约了融资成本。

【减费让利】 2020年，石嘴山银行海原支行严格落实海原县人民政府关于缓解企业融资难、融资贵等问题的指导意见，在充分考虑收益与风险匹配的前提下，主动降低企业贷款利率，疫情期间累计为6户民营类企业降低财务成本100余万元；对电子汇划费、汇兑手续费、贷款合同工本费、承兑合同工本费、委托收款

(邮寄划回）邮电费、承兑敞口承诺费、贴现业务票据查询费、保函业务手续费等20余项企业常办业务收费实施了免收费服务，基本实现小企业融资除利息外的服务零收费。

【金融宣传】 2020年，石嘴山银行海原支行联合县金融办持续开展进机关、进学校、进企业、进网点、进社区、进乡镇等“六进”，开展“远离非法集资，享受绿色金融”宣传教育活动。全年累计宣传场次30余次，受众人数6000余人。

【品牌形象建设】 2020年，石嘴山银行海原支行秉承在海原“打造特色农业的银行，精准扶贫的银行”的初心，选派10名平均年龄28岁的优秀年轻员工，组成战斗集体，用实际行动将石嘴山银行“高效、温馨、特色”的品牌形象落实在日常金融服务工作中。通过建立“以学促干、以干促学”的工作机制，支行行长带领员工坚持每天晨会学习业务知识、营销服务话术，以及快速掌握识别客户的技巧，管理人员和员工之间每月相互监督评价，支行整体员工金融素质得到大幅提升。银行地处海原县城，周边个体工商户较多，货款都以现金为主，而且残币、零币较多，往往10多万元的钱款有将近一半是零钞。石嘴山银行推出“三心服务”（即用诚心的服务打动客户、用细心的服务感动客户、用耐心的服务吸引客户），赢得了群众的信任。

（田菲）

人寿保险

【概况】 中国人寿保险海原支公司（简称海原人险公司）内设一室五部，即经理室、综合部、营销发展部、收展发展部、机构业务部、客户服务部。下辖海城营销服务部、李旺营销服务部、三合营销服务部、七营营销服务部4个农网。在编人员13人，其中经理室成员3人，部门负责人5人，员工5人。2020年年底，有保险代理销售人员284人，其中城区184人，农网100人。2020年10月，人险公司租赁泰丰大厦三楼，面积1200平方米，已投入使用。

【保费收入】 2020年，海原人险公司先后开办政策性保险扶贫保、农村小额全家福保险、扶贫贷款保险、妇女安康保险、计划生育家庭子女保险，涉及总受益人24.74万人，累计风险保障247.53亿元。险种品种有普通寿险、健康保险、意外险、储蓄性保险4大类100多个险种。全年总保费收入7554.7万元，同比增长7.1%。受疫情影响，首年期交保费1298.7万元，同期下降14%；续期保费4408万元；短期险保费1848万元，同期下降11.9%，其中政策性扶贫保保费965.06万元，百姓保保费16.03万元，爱妮保保费207.43万元，微企保保费37.24万元，老龄险保费2.04万元，信贷险保费428.07万元，助残险保费14.44万元，其他短期险保费177.69万元。

【赔款支出】 2020年，海原人险公司全年受理各类理赔案件2269件，赔款支出850.99万元。其中扶贫保理赔案件1216件，赔付金额384.71万元；信贷险理赔案件61件，赔付金额250.90万元；爱妮保理赔件数42件，赔付金额49.50万元；学生险理赔件数619件，赔付金额101.34万元；农村小额全家福保险理赔案件57件，赔付金额19.89万元；其他保险赔付44.65万元。截至2020年年底，公司意外医疗和住院医疗赔付最大单笔赔付意外伤害保险20万元，最大单笔健康保险28万元。

【关注妇女民生】 2020年，海原人险公司新增女性销售人146人，其中138人按期晋升并成功实现了创业就业，为家庭增添了收入。同时，与海原县政府、海原县妇联对接，把爱妮保业务定位为海原县民生工程，助推贫困地区妇女增收致富。

【定点扶贫】 2020年，海原人险公司主动履职定点扶贫脱贫攻坚责任，2019年和2020年分别为定点扶贫单位关庄乡下窑儿村委投入资金4万元，帮助窑儿村建立文化活动室和文化长廊，改善当地村民文化生活环境。公司正式员工12人，以“1+5”结对帮扶海原县海城镇堡子村委“建档立卡户”60户，为建档立卡户捐赠米、面、油3.81万元，为贫困户送去了温暖，引导贫困户树立脱贫致富信心，进一步激发贫困户内生动力。同时，积极宣传党的各项惠民政策和保险，消除返贫风险，为乡村振兴保驾护航。

（白冰）

财产保险

【概况】 中国人民财产保险股份有限公司海原支公司（简称海原财险公司）内设有7个职能部门，下设4个营销服务部。有各类性质用工90人。2020年，公司全险种保费收入1.035亿元，增速为18.34%，市场份额为56.1%，成功跻身亿元公司行列。

【车险管理】 2020年，海原财险公司制定月度车险考核方案，狠抓车险过程管理。多方协同，构筑续保防线，提升续保管理能力。与市分公司续保团队协同，建立续保业务兜底机制，有效提升了家用车续保率。充分准备，提前安排保证公司车险综合改革顺利过渡。

【农险发展】 2020年，海原财险公司加强组织领导，认真安排部署，应对农险招标，做到应保尽保、颗粒归仓。

【商非业务服务】 2020年，海原财险公司拓展思路，开辟商非业务服务新领域。一是加强员工销售技能培训，提升技巧；二是推广以案说服；三是借助政府政策支持，不断尝试业务新领域；四是加强银保和农网渠道领域展业力度。

【售前售后服务】 2020年，海原财险公司加强售前售后服务，进一步提升服务能力。一是进一步配齐新车客户服务队伍，从接单、出单、送单全流程为客户提供优质高效一站式服务。二是加强对续保客户的跟踪管理，同时为客户在当年续保提供准确的报价服务；三是开通线上化承保服务举措，致力于推进用户体验，让客户体验到更便捷、更高效的售前和售中服务。

（海原财险公司）

教育体育

JiaoYu TiYu

综　述

【概况】 2020年，海原县有各级各类学校309所。其中：小学223所（其中，县城小学10所，乡镇中心小学12所，村级小学79所，教学点122个）；中学22所（其中，高级中学2所，完全中学1所，初级中学12所，九年一贯制学校7所）；职业技术学校1所；特殊教育学校1所；幼儿园62所。全县共有在校学生87303人，其中学前幼儿学生15399人，小学在校学生39510人，初中在校学生19494人，普通高中在校学生9398人，中职在校学生3444人，特教学校58人。全县有教职工4657人。

【疫情防控】 2020年，面对新冠肺炎疫情，海原县教育部门按照《自治区教育厅关于推迟全区大中小学、幼儿园2020年春季开学的通知》要求，积极组织开展了空中课堂和在线课堂教学活动，确保做到"停课不停学、离校不离教"。一是成立全县疫情防控期间线上教学工作领导小组，领导小组下设业务指导和技术保障两个工作组，统筹教育部云课堂、自治区空中课堂和在线直播课堂等在线课程资源，科学合理制定推迟开学期间的教育教学工作方案，推动空中课堂落实落地。各学校也成立线上教学领导组织机构，统筹开展好学校线上教学各项工作。二是制定《海原县新型冠状病毒感染肺炎疫情防控期间开展线上教学活动工作方案》，明确学习途径、保障措施、工作要求。多次召开不同层面、不同学校校长会议，要求学校对照全县线上教学方案要求，结合学校实际，按照"一校一案"要求，拟订了学校工作方案，并抓好工作落实。三是对全县所有学生学习终端接受方式进行摸底统计，准确掌握底数，为线上推送课程奠定基础。对全县所有学校网络进行了调试和维护，确保学校网络畅通，课程推送快捷。四是严格线上教学规范，确保教学活动按要求有序开展。按照自治区教育厅统一的课程推送方式，结合海原县"互联网＋教育"示范县建设成果，明确了五种在线学习途径，即宁夏教育电视台频道资源搭建的电视空中课堂、宁夏教育云平台搭建的网络空中课堂、"学习强国"联手"学而思"网校搭建的第二课堂、海原县"网校"课堂、在线互动课堂教室等。

【教育改革】 2020年，海原县深化新时代教育综合改革，深刻认识教育改革的阶段性新特点新任务，全面推进教育评价改革，落实教育改革重点任务，深化教育督导体制机制改革，为教育高质量发展增活力添动力。一是优化教育管理方式。进一步推动实施党组织领导下的校长负责制，构建校长负责、党组织发挥政治核心作用、教职工代表大会和工会参与管理和监督的运行机制。加大校级干部交流轮岗力度，加强后备干部培养培训，建立动态的教育管理人才资源库。二是激发中小学办学活力。加大校长培养培训力度，严格落实校长任职条件和专业标准，充分发挥教育部门党组织在校长选任中的重要作用；依法依规优先保障学校基础设施、经费投入、教职工配备等教育教学基本要求；打造社会实践大课堂，建立稳定的研学实践和劳动教育基地。三是完善督学督政体系。全面落实中小学校督学责任区制度和挂牌督导制度，推进教育督导管理机制、评估考核机制的改革创新，加强各类教育专项督导，充分发挥教育督导作用，全力促进教育工作新提升。

【教师队伍建设】 2020年，海原县认真贯彻落实《关于全面深化新时代教师队伍建设改革的意见》，围绕意见精神定向发力，切实加强教师队伍建设。健全科学合理的校长选拔、任用、考核机制，提拔任用校（园）长22名，调整交流校长8名，调优结构，激发活力。招聘特岗教师50名，全部补充到农村学校，城乡之间、校校之间交流校长及管理人员116名，交流比例21.11%，交流教师541名，交流比例13.88%，有效加强了农村学校、薄弱学校教师队伍建设。组织全县中小学教科研人员及政教主任150余人，在县党校举办为期3天的业务能力提升培训。组织学科骨干教师，参加各类培训998人次，培养认定自治区市县级骨干教师783人次。扎实开展送教下乡、联片教研和“一师一优课、一课一名师”活动，深入推进高效课堂建设，提高广大教师的课堂教学实践能力和课堂效益，提升全县教育教学质量。

【党建工作】 2020年，海原县认真贯彻落实《自治区党委组织部、自治区教育工委、自治区教育厅关于加强全区中小学校党的建设工作的实施意见》，指导中小学校建立健全党组织和校长办公会议议事决策机制，保证中小学校党组织发挥政治核心作用。加强教师思想政治工作，健全教师思想政治理论学习制度，不断提升学校党组织组织力、凝聚力、战斗力。按照自治区教育工委要求，启动实施中小学校党组织领导下的校长负责制试点工作，加强和改进党对中小学校的全面领导。在全县教育系统各级党组织中开展“书记项目”，着力研究和解决一些党的建设、思想政治工作等领域的重点难点问题，精心打造一批思政工作品牌，以具体项目带动教育工作质量不断提升，已确定“书记项目”49个。疫情期间，教育系统67个党组织，设立了57个监测点，抽调近600名党员参与疫情防控，严之又严落实“防、控、治、保”各项工作，细之又细做好开学准备和开学后校园公共卫生管理，决不让一个师生脱离组织管控，决不让疫情向校园传播，决不让学生因疫情延误学业。组织教育系统积极发起向湖北武汉等疫区捐款倡议，经统计，教育系统共捐款82.23万元。其中1668名党员（教育系统有党员1676名，占全体党员的99.52%）捐款30.71万元，用实际行动践行党员初心使命。

【学校班子建设】 一是推进校长聘用制管理改革。按照中共中央组织部、教育部《中小学校领导人员管理暂行办法》要求，规范中小学管理干部选拔任用程序，中小学（幼儿园）校（园）长、副校长及中层干部由教体局按程序进行推荐、考察、考核和聘用，报相关部门备案，努力打造一支政治过硬、敬业奉献、业务精湛、治校有方的校长队伍。二是推进校长任期目标责任制改革。建立校长任期制和任期目标制，校长任期一般为3~6年，在同一所学校任期不超过两届，每三年对校长进行一次综合考核评价，根据评价结果进行动态调整使用。新任或连任新一届的校（园）长，应结合学校实际提出任期内学校各项工作的近、远期发展规划及分阶段实施目标及措施。经学校党组织讨论审定后，报县教体局审核备案，县教体局每年对目标任务落实情况进行考核。三是加大校长培训力度。建立海原县校长大讲堂，通过邀请名校长、思政辅导员、知名专家、自治区内外名优校长等讲政治理论、讲党史新中国史、讲教育管理理论，组织外出学习校长、老校长、县内名校长分享治校经验，交流管理心得，形成定期举办、交流展示、成果观摩等长效机制。实施校长“国培计划”，开展乡村中小学骨干校长培训和名校长研修。加大培训力度，借助对外合作平台，选派中小学校长到自治区内外名校挂职锻炼，提升校长办学治校能力，打造高品质学校。坚持教育家办学导向，制定落实学校管理干部任课制度，明确校长带头上讲台讲课、推门听课指导教学、应用“互联网+”培训教师等任务，带动落实好教学中心工作。四是加大后备干部培养。建立海原县校长后备队伍人才库，建立后备干部档案，选择一批35岁左右具有相应教师资格和经历，思想政治素质好、教育教学水平高、有组织领导才能的优秀教师进行重点培养。充分发挥优质学校人才孵化基地的作用，采取增加实践锻炼岗位等方式，有针对性地加强后备人才培养。五是实施校长职级制改革试点工作，建立健全“职务能上能下、待遇能高能低、流动能进能出”的管理新机制，促进校长队伍专业化建设。探索建立校长任（兼）课制度，校长必须首先是学科带头人，兼任与所学专业相同或相近的课程，并经常参加相关学科教研及听评课活动；副校长及学校中层干部，都必须核定相应学科工作量及教学任务，学校不允许设置专门后勤管理人员，专门从事后勤管理人员不能按照教学人员对待，不可晋级和职称聘任。

（田云）

教育扶贫

【义教政策宣传】 2020年，海原县大力开展教育扶贫政策宣传。全县各乡镇、各部门、各学校创新载体方式，深入宣传教育法律法规、教育惠民政策、教育脱贫致富典型，不断深化群众“治贫先治愚，治愚靠教育”认识。组织“千名教师进万家大家访、战疫情、促脱贫”活动，共发放《致家长的一封信》6万余份，在校园醒目位置张贴《义务教育阶段资助政策》《义务教育阶段营养午餐》宣传海报，有力营造了政府、学校、家庭、社会共同参与教育扶贫工作的良好局面。

【控辍保学】 2020年，海原县狠抓义务教育控辍保学。紧扣全面打赢脱贫攻坚战部署安排，开展教育脱贫攻坚“回头看”排查问题整改及开展“四查四补”，对照“义务教育有保障”标准，扎实细致做好教育扶贫工作，重点解决疫情可能带来的影响教育脱贫攻坚质量的问题，进一步完善工作措施，堵塞漏洞，提升教学、资助等保障能力，印发了《海原县教育系统千名教师进万家大家访、战疫情、促脱贫活动实施方案》（海教发〔2020〕49号），组织全县义务教育阶段学校教职工开展大家访、战疫情、促脱贫活动，对全县各义务教育阶段适龄儿童家庭，重点对建档立卡贫困家庭、进城务工人员随迁子女、农村留守儿童、适龄残疾儿童少年实现全覆盖。县委、县政府主要领导、分管领导、县教体局班子成员先后深入各乡镇开展了控辍保学工作暗访和督查，督促乡镇和学校落实控辍保学，巩固全县义务教育阶段“零”辍学成果。

【学生资助】 2020年，海原县建立从学前教育到研究生教育全覆盖资助体系，开展全学段、全方位精准资助。全年各学段资助受惠学生88710人次，累计资助金额6027.67万元；办理生源地贷款9819人次，贷款总额6218.74万元；义务教育学生营养改善计划、“两免一补”等惠民政策落实到位，有效保障了各学段学生接受教育。深入开展“挂牌督战村”帮扶。认真贯彻落实县扶贫开发领导小组关于印发《海原县脱贫攻坚挂牌督战村包保工作方案的通知》（海扶组发〔2020〕33号）文件精神，筹措资金150余万元，对帮扶村武塬村进行帮扶。

（田云）

教育保障

【学校建设】 2020年，海原县累计投资2.76亿元，新建、改扩建海原三小、关桥乡贺堡小学、七营镇高崖小学、高崖乡三分湾小学等30余所中小学，新建、改扩建校舍面积10.1万平方米，硬化运动场5万平方米，全县学校面貌焕然一新。投资8418万元，为全县义务教育阶段学校采购单人课桌凳7330套、高低床1200套、教师备课计算机2915台，触控一体机375套，及学校餐厅设备等。装备云教室8个、理化生实验室12个、科学实验室4个、音乐教室6个、美术教室6个、综合实践活动室6个、智慧教室23个。投资758万元，为乡村学校教师周转宿舍采购电视机1058台、办公桌椅1058套、床1058张、沐浴电热水器1058台等。

【信息化建设】 2020年，海原县以“互联网+教育”示范县创建为抓手，加快推进教育信息化建设在高质量发展道路上育新机、开新局，努力实现优质教育资源共建共享，不断缩小城乡教育差距，助推全县教育高质量发展。制订《海原县推进“互联网+教育”建设行动计划（2018—2022年)》，召开全县“互联网+教育”示范县建设推进会和专题会议，举办海原县首届“校长论坛”。按照县城学校“千兆进校园、进班级”，乡镇中学、中心学校“五百兆进校园、进班级”，完全小学“三百兆进校园、进班级”、教学点“百兆进校园、进班级”标准，全力提升全县各学校网络基础环境，实现城乡教育数字资源全覆盖；全年累计投入资金4189万元，配备触控一体机320套，建设在线课堂教室168个。建设海原一小、海原三小、海原五小3个“互联网+教育”自治区级标杆校，建设三河中学、李旺中学2个“互联网+教育”县级示范校。全面推进宁夏教育云大平台应用，学校、教师、学生空间开通率均达100%，教学助手软件应用面达80%。发挥名师效应，带动广大教师投身课堂实践和教学研究，建成市级网络名师工作室18个，县级网络名师工作室6个。

（田云）

教育教学

【学前教育】 2020年，海原县认真贯彻落实《中共中央 国务院关于学前教育深化改革规范发展的若干意见》，坚持学前教育发展“广覆盖、保基本”“公平性”“普惠性”原则，加强现有幼儿园收费、保教等各项管理，实现规范发展。2020年度，新开办幼儿园5所，新增幼儿班34个、幼儿学位1020个，有效解决了学前教育学位少、入园难、入园贵等问题。

【义务教育】 2020年，海原县坚持基础设施建设、教学设备配置、教师队伍建设等资源向农村学校、薄弱学校倾斜，不断优化农村学校办学条件和教育质量。深入开展城乡学校结对帮扶工作，实现城乡学校捆绑发展，落实划片招生、就近入学，竭力制止义务教育阶段学校跨区域招生，消除“大班额”。全县学校56人以上“大班额”全部消除，义务教育均衡发展的良好局面正在形成。

【普高教育】 2020年，海原县加强高中学科建设和学科教师培训工作，邀请自治区教研室专家和中卫名师开展学科教学培训，不断提升县内高中学校骨干教师业务能力和教育教学水平。强化高考备考，分解细化教学质量提升指标及高考目标任务，强化模拟训练和心理辅导，提升考生学业水平和心理素质，确保高考成绩持续攀升。

【职业教育】 2020年，海原县紧扣现代职业教育发展特点和社会就业趋势，深化校校合作、校企合作、产教融合发展，县职业技术学校与天马微电子、北京商鲲、众志北方、中德诺浩、江西芙途、达内科技等15家企业开展校企合作，与福建龙岩华侨职业中专学校和漳浦职业技术学校开展了对口帮扶合作，两所学校先后选派25名专业教师到县职业技术学校挂职，指导专业建设、开展教师培训，县职业技术学校选派8名教师到漳浦职业技术学校进行专业能力提升和转岗培养。学校新建成汽车运用与维修、中餐烹饪、电子商务（京东校园馆）、康复技术4个产教融合车间。

【中考、高考】 2020年，海原县制订中高考备考计划，签订目标责任书，教研室落实随机听课制度，抓实课堂教学，指导学校教学常规工作的有效落实。成立中考、高考迎考备考工作领导小组，组建中高考备考核心研究团队。搭建学校与自治区内外名校的交流平台，先后邀请银川一中等专家召开海原县高中考研讨会，组织召开交流研讨会3次、高考学科研讨会10次、中考学科研讨会8次。2020年高考一本上线人数482人，一本上线率14.87%，本科上线1874人，上线率57.80%。高职分类考试录取率100%。

（田云）

教育督导

【政府履行教育职责自评】 2020年，海原县教育督导室完成2019年政府履行教育职责自评工作，扎实做好自评查摆，明确责任清单、问题清单，督促有关部门履行教育职责，迎接自治区人民政府检查县级履行教育职责促整改、促建设，切实提高教育政策落实、基础建设水平。

【义务教育质量监测】 2020年，海原县有21所中小学校（初中8所，小学13所）被确定为国家义务教育质量监测样本校，对样本校五年级和九年级学生科学学习质量、德育状况以及课程开设、条件保障、教师配备、学科教学和学校管理等相关影响因素进行了监测。海原县成立专门组织机构，实行领导负责制；加强培训，分工协作；加强疫情防控工作；加强对国家义务教育质量监测工作的宣传；严肃施考，落实到位。各义务教育学校要高度重视，制定工作方案，并加强宣传教育，让广大师生、家长和社会充分了解国家开展义务教育质量监测的目的和意义，积极支持监测工作。

【“互联网＋教育”示范区建设专项督导】 海原县教育督导室根据《宁夏“互联网＋教育”示范区建设专项督导实施方案》（宁政教督办〔2019〕21号）评估内容及要求，抽调专家组成督导组，于9月13—14日对全县“互联网＋教育”工作进行专项督导检查。督导组深入实地，采取查验资料、随机访谈等方式，主要对全县教育信息化体制机制建立情况、教育信息化基础设施建设情况、教育信息化全方位应用推进情况、教师信息技术应用能力提升情况、网络与信息安全保障情况等进行督导检查，并按照评估指标体系及各学区、各学校提交自查自评报告和有关佐证材料，同时查看宁夏教育云平台后台学校相关数据。

【高中教育阶段教育督导评估】 2020年11月2日，海原县教育督导室组织督导评估组，深入海原一中、兴海中学、回民中学、职业教育中心，实地查验资料，对全县普及高中阶段教育工作进行专项督导检查。12月，迎接中卫市对海原县高中阶段教育工作开展过程性督导；对中卫市评估建议和意见加强整改，年底完成市级验收。同时迎接自治区人民政府对海原县普及高中阶段教育的评估验收。

【幼儿园办园行为督导评估】 2020年12月24—25日，海原县教育督导室成立督导评估领导小组及5个评估工作组，按照《海原县幼儿园办园行为督导评估实施方案》（海教发〔2019〕203号）要求，对全县48所幼儿园办园行为进行了督导评估。督导内容重点包括办园条件、安全卫生、保育教育、教职工队伍、内部管理等五个方面。幼儿园办园行为督导评估主要以现场观察、问卷调查、座谈访谈、资料查阅、数据统计和网上填报的方式进行。在督评过程中针对幼儿园实际情况，做到实事求是、统一标准、程序透明、结果公开，接受社会监督。督评结果为：达标幼儿园43所，不达标5所。

（田云）

未成年人思想道德建设

【“扣好人生第一粒扣子”主题教育活动】 2020年，海原县教育体育局紧紧围绕立德树人根本任务，牢牢把握培育和践行社会主义核心价值观这条主线，用情用力推进未成年人思想道德建设，持续深入抓好“新时代好少年”学习宣传、“传承红色基因”、中华优秀传统文化传承、学雷锋志愿活动、“劳动美”社会实践、“阳光成长”心理健康教育等系列活动，确保学校政治安全、师生平安、校园文明、活动有序，进一步引导青少年树立远大志向，树立正确的价值观念，忠于祖国、忠于人民，肩负起民族复兴的时代重任。全县有30名学生荣获中卫市教育系统“新时代好少年”。

【“我们的节日”主题实践活动】 2020年，海原县各中小学校利用清明、七一、八一、十一、春节、元宵节等节日，广泛开展革命传统教育，传播井冈山精神、长征精神、延安精神、西柏坡精神等；利用烈士纪念日、国家公祭日等重大节庆和纪念日，采取网上祭祀等形式礼敬先烈，致敬抗疫英雄。清明节期间，采取云课堂和网上祭祀的方式开展了“缅怀英烈，传承红色基因”教育实践活动。七一前后，组织青少年唱响歌颂党、歌颂祖国、歌颂新时代的优秀歌曲和童谣，以现场演唱、网络赛歌、微信小视频等形式传唱。十一前后，各学校积极开展国旗法、国歌法、宪法和党史、新中国史教育，开展升国旗唱国歌、观看红色影片、参观爱国主义教育基地等活动。全县中小学校通过各级网站开设的活动专题专栏，积极组织青少年开展留言寄语等互动交流。利用宣传栏、显示屏等户外媒介，营造氛围，引导青少年传承红色基因，将爱国热情与报国行动有机结合，着力培养担当民族复兴大任的时代新人。

【新时代爱国主义教育】 2020年，海原县教育部门制定《海原县贯彻落实〈新时代爱国主义教育实施纲要〉工作方案》，将爱国主义精神贯穿于学校教育全过程，推动爱国主义教育进课堂、进教材、进师生头脑，引导学生树立国家意识、增进爱国情感。各学校党支部书记围绕疫情先进事迹、国家制度优越性、卫生心理健康等方面带头讲思政课，引导学生养成良好卫生习惯，弘扬爱国主义精神，树立正确的社会主义核心价值观。疫情期间，通过线上升国旗仪式、《阻击疫情 红领巾在行动》“我是小小宣传员”短视频、宣传画征集活动和以“非常时期非常情”为主题的讲故事比赛、诗词小报、征文等形式，引导学生认真学习防疫阻击战中涌现出的先进事迹，讴歌抗疫英雄，为打赢抗击疫情战役助力，激发了学生爱国热情和对战疫英雄的赞美之情。

【教体融合发展】 2020年，海原县教育部门聚焦“小眼镜、小胖墩”现象，以增强学生综合素质为出发点，着力建构具有地方特点和学校特色的教体融合体系。深入开展阳光体育运动，认真落实好“三操两课一活动”，将早操、课间操、眼保健操、体育课、大课间活动、课外活动作为学校体育工作的抓手，大力推进“阳光体育运动”，确保学生每天1小时体育锻炼时间，愉悦学生身心，强健学生体魄。着力打造“一校一品”特色，全县有自治区足球特色学校6所、篮球特色学校8所，各学校根据自身特点，积极开展乒乓球、羽毛球等体育特色学校创建活动。每年定期举办全县中小学生田径运动会、冬季长跑比赛和球类联赛，各学校每年举办校内田径运动会、学生篮球运动会、师生乒乓球和羽毛球比赛等赛事，激发师生参与体育锻炼热情，活跃师生校园文化生活。切实加强青训工作，每年利用寒暑假组织青少年集中训练，培养学生参与体育锻炼兴趣，提高青少年体育竞技水平。

【劳动教育】 2020年，海原县各中小学校全面贯彻落实国务院《关于全面加强新时代大中小学劳动教育的意见》，将劳动教育贯穿于学生日常学习生活中，全县各学校均开设劳动教育课，平均每周不少于1课时。把劳动教育纳入人才培养全过程，贯通全县中小学各学段，实现知行合一。以“防疫有我、爱卫同行”为主题，在全县各中小学校开展了爱国卫生运动。以“劳动美”为主题，通过主题班会开展爱国教育、劳动体验、保护环境、素质拓展、应急自救等实践活动，活跃青少年课外文化生活，提高学生劳动素养。各学校组织学生参与校内卫生清洁、校外植树造林等集体劳动，引导学生参与力所能及的家务劳动。组织学生就近到社区、图书馆、敬老院及村镇开展义务清洁等劳动实践，感受劳动的艰辛与快乐，树立“幸福都是奋斗出来的”的思想，立志成为勤于劳动、善于劳动的高素质劳动者。各学校积极挖掘在抗疫救灾等重大事件中涌现出来的典型人物和事迹，宣传不畏艰难、百折不挠、敢于担当的高尚品格，引导青少年热爱劳动、尊重劳动，懂得劳动最光荣、劳动最崇高、劳动最伟大、劳动最美丽的道理，增强社会责任感。

【校园文化建设】 一是丰富师生精神文化。加强社会主义核心价值观和中华优秀传统文化宣传教育，丰富德育载体，确保开齐开好德育课；贯彻落实习近平总书记关于青少年“扣好人生第一粒扣子”的重要指示精神，努力培养担当民族复兴大任的时代新人，开展传承红色基因、学雷锋志愿服务、评选“新时代好少年”等活动。二是建设校园品牌文化。围绕“协调和谐、美观大方、有效育人”的原则开展校园文化建设，在校园内植树种草，利用墙壁、走廊等设立文化墙，发挥网络作用拓展校园文化建设渠道，同时结合各校实际强化“一校一品”建设，促进学生全面而有个性地发展。三是深化文明校园建设。以文明校园创建为契机，夯实校园文明根基，把学校建设成为锻造理想信念的熔炉、弘扬主流价值的高地、涵育中华文化的家园、滋养文明风尚的沃土，着力营造培养德智体美劳全面发展的社会主义建设者和接班人的良好环境；各学校在重大节日、纪念日期间，广泛开展经典诵读、综合实践等主题活动，组建合唱、朗诵、书法等学生社团，从传统课程主题化、社团育人多样化等多个方面弘扬传统文化，落实立德树人根本任务。海原县教育系统已创建自治区文明校园5所，市级文明校园10所。

（田云）

校园治理

【概况】 2020年，海原县坚持以校园治理“五大行动”为总纲，全面加强党对教育工作的领导，围绕校园治理工作目标，结合全县教育工作实际，进一步理清工作思路，以“课程思政”“思政课程”为抓手，聚焦德智体美劳育人模式，健全校园安全防控监管机制，夯实思想堡垒基础，筑牢教育安全防线，形成了“11353工作模式”（即明确一大前提，抓住一个主业，落实三个严格，搞好五项服务，健全三个保障），积极推进校园治理取得了初步成效。

【明确一大前提】 明确一大前提，即加强党对校园治理工作的全面领导。一是构建“点+线+面”的工作模式。“点”上确定海原一小为市级试点学校，发挥示范引领作用；“线”上实施学校党组织“对标争先”计划，建设一批党建工作示范学校、样板支部，二中党支部、一小党支部被自治区教育工委先后评为全区教育系统“五星级基层党组织”，关桥中学党支部确定为全区教育系统第三批“五星级基层党组织”培养对象；“面”上健全党建带团建、队建工作机制，成立海原县教育团工委，完善学校团、队建设，促推学校团、队工作规范化、特色化发展，形成了强党建、带团建、优队建、促发展的工作格局。二是探索“2+10+N”思政工作思路（“2”指“思政课程”和“课程思政”同向同行，“10”指构建十大育人体系，即课程育人、教研育人、实践育人、文化育人、网络育人、心理育人、管理育人、服务育人、资助育人、组织育人，“N”指学校挖掘育人要素，探索各自亮点，培育校级品牌特色），在海原二小、二中、三中实施“思政课程”项目试点，在海原三小、四中、关桥中学实施“课程思政”项目试点，发挥思政课主渠道作用，深入挖掘通识课程、专业课程及各教学环节育人功能，推进全员全过程全方位育人，努力形成各类各门课程协同育人格局。

【抓住一个主业】 抓住一个主业，即落实立德树人根本任务。一是加强未成年人思想道德建设，深入推进习近平新时代中国特色社会主义思想进教材、进课堂、进头脑，持续夯实铸魂育人思想根基。各学校组织开展了“学雷锋”线上主题团（队）课、“致敬英烈——团史教育”活动、“爱国卫生运动”主题团课（队）活动、“深入学习习近平总书记视察宁夏重要讲话精神”主题班团会、“纪念中国人民志愿军抗美援朝出国作战70周年”主题教育活动、“纪念一二·九运动85周年”系列活动、“青春心向党 建功新时代——学习贯彻党的十九届五中全会精神”主题团（队）活动。二是培养学生德智体美劳全面发展，扎实开展“扣好人生第一粒扣子”和“新时代好少年”等活动，上好“开学第一课”，讲好“抗疫故事”，让红色教育成为学生成长的必修课。强化体育美育劳动教育，各学校积极搭建艺术节、书法大赛、校园舞台等展示平台，开展丰富的艺术活动，进一步培养和提高学生欣赏美、创造美的能力。开足开齐体育与健康课程，组织开展“全县中小学篮球、足球联赛”等活动，创建全国篮球、足球、排球特色学校13所，提升学生健康水平。开设手工制作、科技创新、综合实践等多层次的兴趣活动小组，组织学生参加校内清洁卫生、校外植树造林等集体劳动，评选表彰“劳动小能手”“劳动之星”等先进典型，教育引导学生崇尚劳动、尊重劳动、热爱劳动，感悟“幸福是奋斗出来的”，立志成为勤于劳动、善于劳动的高素质劳动者。三是强化校园意识形态工作，成立教育系统意识形态工作领导小组，落实意识形态工作责任制，严格管理教材教辅、课堂教学、各类思想文化阵地和社团、微信群、QQ群等，防范意识形态领域风险。持续深入开展中小学（幼儿园）图书、读本、建筑等涉“三化”问题整治行动，与党员教师签订不信教承诺书，对发现苗头性倾向性问题实行清单式销号管理。

【落实三个严格】 一是严格落实校园安全责任，健全完善“一把手负总责，分管领导各负其责，班子成员齐抓共管”的工作机制，县教体局与各学校负责人签订《教育系统安全建设工作目标责任书》，将工作任务逐项分解到各学校，逐级传导压力，确保责任落实。二是严格落实校园安全管理，严格实行“四包”联控责任制，采取“网格化”“人盯人”管理举措，构建了人防、物防技防相结合的安全防范体系。深入开展“平安校园”创建，学校重点区域监控覆盖率100%，封闭化管理达标率100%，一键式紧急报警设备安装率100%，专兼职保安配备率100%。三是严格落实联防联控工作机制。全县建立医教联合体54个，指导学校落实疫情防控各项措施，协同开展学校疫情和传染病防控工作，确保了师生身体健康和生命安全。教体、公安、市管、卫健等部门定期开展食品安全和疫情防控、禁毒禁赌、防止溺水等知识宣传和专项检查，严把校园食品、交通安全等关口，杜绝了学校公共安全事件的发生。

【搞好五项服务】 一是加强师德师风建设，开展“弘扬高尚师德、潜心立德树人”主题教育和“微型党课”等廉政法纪教育，倡树良好师德师风，营造了风清气正的教育发展环境。二是提高教师能力水平，推进“三级”骨干教师体系建设，采取走出去、请进来的培训方式，提升教师能力水平，组织参加各类培训2600人次，审核认定市级骨干教师230名。三是健全教师福利待遇保障机制，认真落实义务教育阶段教师基本工资标准，义务教育教师平均工资收入水平高于当地公务员平均工资收入水平。四是完善学生关爱机制，健全“三结合”协同育人体系，形成家校共育合力，优化社会育人环境。严格落实“七长负责制”“双线控辍制”“四包责任制”，常态化开展“千名教师进万家大家访”活动，持续巩固全县义务教育阶段“零”辍学成果。五是提升信息化水平。完成各级各类学校及幼儿园网络建设，建成多元多型多类信息化教室913间（个），实现了“五个全覆盖”。在全县范围内的中小学及幼儿园遴选实施“互联网＋教育”“种子教师”556人，完成4021人次的关于智慧教学、教育云应用、教学一体机应用、信息化赋能学科教学等培训，推广“种子教师”培训和全员培训，共计2.1万人次。

【健全三个保障】 一是建立健全工作清单机制，制定印发了校园治理实施意见和任务清单，全面梳理重点任务、责任分工、完成时限和工作要求，把校园治理纳入县域社会治理体系中统筹谋划、一体推进，推动形成了县、乡镇（街道）、社区三级协调联动、同步压茬推进的工作格局。二是强化部门协作机制，充分发挥县委教育工作领导小组统筹协调作用，加强部门间的协作配合，教育、公安、财政、住建、交通、市政、卫健等部门根据校园治理任务清单，主动认领工作任务，各司其职、密切配合，形成齐抓共管、整体推进的工作合力。三是建立定期督导检查机制，定期对校园治理工作进行督导，协调解决工作推进中的问题，督促部门、学校加快工作推进落实，形成治理整体效应，着力推进全县校园治理水平和治理能力取得新突破。

（田云）

党校教育

【概况】 2020年3月，中共海原县委党校（海原县行政学院）更名为中共海原县委党校（海原县行政学校），简称县委党校，是海原县委所属正科级事业单位。学校校址在海兴开发区，东距海原县城60公里。2020年年末，海原县委党校设办公室、财务室、教务教研室、总务室、培训中心等6个科室。有教职工14人(不含校长)。设校长1人，由县委分管领导兼职；设常务副校长1人，副校长2人。教职工中，有中共党员8人；有研究生学历2人，本科学历9人、大专学历3人。

【基础设施建设】 海原县委党校自搬入新校区后，不断加强基础设施建设，办学保障水平显著提升。2020年年末，学校配有可容纳50人的教室4间；设学员公寓2栋，共设有150个房间，全部为单人间，房间内设有独立卫浴、有线电视、24小时热水、免费宽带上网接口、免费Wi-Fi等；学校报告厅可同时容纳390人听课。2020年7月，学校改造升级学员餐厅，更换桌椅、餐具等设施，进一步提升菜品质量和服务水平。实施校园环境美化净化工程，布设绿荫廊道，在学员餐厅和公寓增添文化标语，为学员营造良好的学习生活环境。

【干部教育培训】 2020年，海原县委党校围绕习近平新时代中国特色社会主义思想主题主线，以党的十九大及十九届二中、三中、四中、五中全会精神、习近平总书记视察宁夏重要讲话精神等为主要内容，联合中卫市委组织部、海原县委组织部及县扶贫办、县财政局、县农业农村局、县发改局、县教体局、县就业创业和人才服务局等部门（单位）举办各类主体培训班、业务培训班共14期，累计培训学员2249人次。先后举办海原县2019年基层农技推广体系改革与建设补助项目农技人员县级培训班、全县驻村干部专题培训班、全县脱贫攻坚普查动员部署暨清查摸底培训班、全县党务干部“双学双强”活动示范培训班、海原县2020年政府会计准则制度和行政事业单位会计管理培训班、全县村级干部能力素质提升专题培训班、海原县教育系统2020年中小学校（园）长、书记、专职副书记、副校（园）长培训班、海原县黄河流域生态保护和高质量发展及“十四五”项目谋划培训班、全市农村党建“抓乡促村、整乡推进、整县提升”示范县乡创建工作示范培训班、海原县领导干部能力素质提升专题培训班、海原县劳务中介组织法人劳

表6　　2020年海原县委党校干部教育培训情况表

日期	举办单位	培训内容	期数（期）	人数（人）
1月2—8日	海原县农业农村局	海原县2019年基层农技推广体系改革与建设补助项目农技人员县级培训班	1	90
4月19—20日	海原县委组织部	全县驻村干部专题培训班	1	144
6月19日	海原县扶贫办	全县脱贫攻坚普查动员部署暨清查摸底培训班	1	391
7月8—10日	海原县委组织部	全县党务干部“双学双强”活动示范培训班	1	126
8月12—13日	海原县财政局	海原县2020年政府会计准则制度和行政事业单位会计管理培训班	1	133
8月19—21日	海原县委组织部	全县村级干部能力素质提升专题培训班	2	340
8月27—29日	海原县教体局	海原县教育系统2020年中小学校（园）长、书记、专职副书记、副校（园）长培训班	1	203
8月30日	海原县发改局	海原县黄河流域生态保护和高质量发展及“十四五”项目谋划培训班	1	89
9月7—11日	中卫市委组织部	全市农村党建“抓乡促村、整乡推进、整县提升”示范县乡创建工作示范培训班	1	77
9月16—17日	海原县委组织部	海原县领导干部能力素质提升专题培训培	2	284
11月17—18日	海原县就业创业和人才服务局	海原县劳务中介组织法人劳务经纪人提升培训班	1	200
11月21—22日	海原县委	全县领导干部深入学习贯彻党的十九届五中全会精神与科学编制“十四五”规划和谋划2021年工作专题研讨班	1	172

务经纪人提升培训班、全县领导干部深入学习贯彻党的十九届五中全会精神与科学编制“十四五”规划和谋划2021年工作专题研讨班。

【理论宣讲】 2020年，海原县委党校组织教师围绕习近平新时代中国特色社会主义思想、党的十九届四中、五中全会精神、党章、党史、习近平总书记视察宁夏重要讲话精神等开展宣讲活动，做好党的理论政策宣传、阐释和解读工作。先后到各乡（镇、街道）和机关单位开展宣讲、授课共计48场次，辅导人数4405人次。

【教师能力提升】 2020年，海原县委党校坚持“用学术讲政治”，着力在教学、科研、资政服务一体化上下功夫，加大师资队伍培训力度，促进教师教学专业化能力提升。先后选派4名教师参加“海原县党务及扶贫干部能力提升专题培训班”“全区党校（行政学院）系统师资培训班”“中卫市新闻宣传工作核心业务能力提升培训班”。学校教师有3名教师参加全区党校系统理论研讨会、座谈会；在中卫市党校系统“学习贯彻习近平总书记视察宁夏重要讲话精神”主题优质课评比活动中，青年教师孙富惠获一等奖，李小宝获二等奖；学校课题组围绕“黄河流域生态保护和高质量发展先行区”主题完成专题调研报告2篇。

【疫情防控】 2020年，海原县委党校执行海原县应对新型冠状病毒感染肺炎疫情工作指挥部命令，以“疫情就是命令、防控就是责任”的政治自觉，全员动员，积极配合，将县委党校（行政学校）改造成医学观察集中隔离点，设立临时党支部，加强统一领导，科学严密部署，全面精细落实，累计接收隔离人员2批228人，未发生交叉感染事件，未出现疑似病例。

【服务中心工作】 2020年，海原县委党校围绕海原县委、海原县人民政府中心工作，先后配合县文化旅游广电局、县人力资源与劳动保障局开展了县文化旅游有限公司和海原县肉牛产业发展集团有限公司公开招聘面试工作；配合县委办、县机关事务服务中心完成“市委主题党日暨重点项目（任务、工作）集中观摩评促活动”后勤保障各项工作；配合海原县“庆丰收迎小康2020年中国农民丰收节暨宁夏（海原）第五届高端肉牛大赛”组委会成功举办了“宁夏（海原）牛产业发展论坛”和“全牛宴席”；配合自治区人民医院举办“第五届宁夏地区超声、心电、神经电生理新技术学习班暨首届六盘山超声、临床学科融合发展论坛、首届宁夏地区经食管超声心动图培训班”。

【扶贫工作】 2020年，海原县委党校组织开展消费扶贫。党校工会组织全体教职工采购关桥乡硒砂瓜1500公斤，采购帮扶村甘城乡乔畔村土豆1500公斤，在国家贫困地区农副产品网络销售平台购买海原农副产品合计2000元。

（县委党校）

体　育

【全民健身宣传】 2020年，海原县广泛开展全民健身宣传，通过海原体育微信公众号、宣传栏、校园广播、黑板报、教育视窗，在县城街道、集市及大型体育活动赛事场所设置宣传版面、发放宣传资料等形式，及时宣传全民健身工作，宣传推广科学健身方法，提高群众思想认识，提升群众健身的热情。疫情期间，积极响应线上体育活动；自4月以来积极响应复工复产，努力推动各个体育组织复工。认真落实好“三操两课一活动”，确保学生每天1小时体育锻炼时间，愉悦学生身心，强健学生体魄。落实体育课程标准，开齐、开足体育课，小学1~2年级每周上4节体育课，小学3~6年级每周上3节体育课，初中7~9年级每周上3节体育课（含健康教育课时），高中1~3年级每周上2节体育课。全县国家学生体质健康标准达标率达92.08%；达到《国民体质检测标准》合格以上的人数比例达92%；经常参加体育锻炼的人数比例达 47%；根据统计实地测评全县人均体育场地面积 2 米。

【体育设施建设】 2020 年，海原县以建设全民健身公共服务体系为重点，坚持体育事业公益性。按照《海原县全民健身实施计划（2016—2020 年）》，实施县级公共体育设施“四个一”工程和街道、社区、乡镇、村级公共体育设施建设要求，2020 年准备为没有篮球场的乡镇、村委会兴建篮球场；补充体育器材，增加配套健身路径；前期统计工作已经完成；这将极大改善全民健身基础设施。

【全民健身与体育活动】 2020 年，海原县全民健身及青少年体育活动蓬勃开展。2020 年来，举办了全县中小学冬季长跑比赛，激发了广大师生广泛参与冬季体育锻炼的热情，增强了广大青少年学生的体质健康；2020 年 1 月 2 日开展新年登高、新年健身跑活动，掀起全民健身活动的热潮，营造欢乐祥和的新年氛围；2020 年 1 月 10—15 日举办“中国体育彩票杯”宁夏第三届农民篮球争霸赛；2020 年 1 月 17—19 日举办海原县方棋协会成立暨第二届“具忠杯”方棋邀请赛，共有 13 个代表队参加了此次方棋邀请赛；2020 年 4 月 25—30 日，以网络授课的形式举办七彩星级 C 级网络培训班（宁夏海原站）的线上培训活动，取得了较好的效果。2020 年 5 月 22 日举行县级训练队选拔活动，共开展 8 个体育项目的选拔活动（田径、足球、篮球、排球、羽毛球、乒乓球、摔跤、跆拳）。2020 年 8 月 8—9 日开展了全民健身日乒羽争霸赛活动，此次活动不断丰富全县人民群众的精神文化生活，营造了积极、健康的体育文化氛围。2020 年 8—10 月海原县积极组织队伍参加 2020 年全区青少年锦标赛（足球、篮球、排球、羽毛球、武术、乒乓球、摔跤）各个项目都取得了突破性的成绩。2020 年 9 月海原县举行了第一届中小学生足球、篮球联赛，此次比赛规模较大，参赛运动员达到了 1200 人。海原县群众性活动积极开展，不断丰富群众精神文化生活；青少年体育赛事活动有序开展，科学训练有序进行，逐步扎实推进青少年竞技体育工作。2020 年 12 月，海原县举行农民篮球争霸赛、第六届广场舞展演大赛活动，农民篮球争霸赛是我县打造的品牌性体育赛事，社会关注度高，有助于增强农民体育健身的意识，激发群众的健身热情；广场舞大赛进一步丰富活跃城乡群众精神文化生活，激发广大干部群众建设“经济繁荣、民族团结、环境优美、人民富裕”的海原热情。2020 年举办的群众体育赛事和青少年体育赛事涵盖了农民、学生、妇女、老年人等群体，营造了热烈、喜庆、祥和的文化体育氛围，全县全民健身热情得到极大提升。

【赛事备战】 2020 年，海原县以备战自治区第十六届全运会和省市级运动会为重点，整合资源、凝聚合力、立足实际、科学选材、科学训练有序发展，逐步扎实推进青少年竞技体育工作。海原县级业余训练队的选拔注册前期工作已经准备完成，建立人才梯队，逐步形成项目布局合理，优势项目突出，训练成效显著的业余训练格局。

（田云）

科学技术

KeXue JiShu

科技推广与服务

【概况】 海原县科学技术局（简称县科技局）是海原县人民政府工作部门，下属事业单位科技服务中心1个。主要负责贯彻执行国家、自治区、市创新驱动发展战略方针，拟订海原县创新驱动战略及科技发展、引进自治区外智力等规划、计划，并组织实施。承担自治区级及市级重点研发计划、企业后补助、社会发展、软科学研究、成果推广等各类科技项目申报指导和跟踪管理；负责农业新品种和先进适用技术的试验、示范及推广；协调农业科技园区和农村科技服务体系建设，培育科技示范基地、示范户；承担海原县“科技下乡”、“科技活动周”及科技培训的组织、协调和实施等职责。全局有人员12人，全部为大专以上学历，中级以上职称6人。

【小杂粮产业科技示范基地建设】 2020年，海原县借助宁夏海原县优势特色产业优质高效生产综合配套技术集成示范重点研发计划项目、“科技支宁”东西部合作项目、2020年海原县小杂粮高效种植技术示范与推广项目的实施和自治区有机旱作农业科技示范展示区的建设，着力打造自治区级小杂粮绿色高质高效示范县，在郑旗、关桥、贾塘等乡镇建成小杂粮科技示范基地1.75万亩，辐射带动全县小杂粮高效种植5万亩，引进优质高产谷子新品种7个，主推渗水地膜、精量穴播、全程机械化、绿色防控、北斗导航等技术，谷子单产较传统种植提高了300%，以科技创新引领小杂粮产业转型升级。

【马铃薯产业科技示范基地建设】 2020年，海原县结合实施自治区重点研发计划项目，打造富硒马铃薯产业示范区，重点以新品种引进、新技术集成示范推广，在关庄乡建设马铃薯优质高产高效种植示范基地和种薯繁育基地，基地面积达1500亩，围绕冀张薯12号和青薯9号优良品种的示范，主推“施肥、起垄、播种、覆膜”四位一体和膜上覆土技术，辐射推广应用新技术2万亩，实现了全程机械化，大大降低了劳动强度，增产效果较普通种植提高了50%以上，进一步提高了马铃薯产业的科技含量。

【牛产业科技示范基地建设】 2020年，海原县围绕肉牛产业，积极打造史店苍湾、贾塘南河两个肉牛科技示范村，主推玉米秸秆加工调制、肉牛5%预混饲料产品开发、肉牛饲喂技术研究、肉牛疫病防治、粪污无害化处理等技术，示范推广156户、1250头牛，饲草料资源利用率提高了10%，肉牛发病率降低了24%，助力牛产业健康发展。

【科技扶贫】 2020年，海原县选派44名科技扶贫指导员和35名“三区”科技人才面向贫困村开展科技扶贫工作。引进种养殖新品种、新技术54项，建立科技示范基地4490亩；培训农民38场次、1772人次，培育科技示范户214户；发放各类物资309.5吨，带动一批贫困村农民通过产业实现脱贫。实施自治区科技特派员项目15个，围绕全县优势特色产业，转化了一批科技成果，引进了一批新品种，示范推广了一批新技术，助推产业提质增效。抢抓科技厅帮扶机遇，在关桥乡方堡村、关庄乡高台村建立马铃薯种薯繁育、经果林种植关键技术集成示范基地和科普工作站，引领马铃薯、香水梨等地方特色优势产业转型升级。

【科技型企业培育】 2020年，海原县科技局扎实推进各类创新主体培育工作，深入各类企业开展调研，宣传科技政策，引导有条件的企业积极打造各类创新主体，备案国家科技型中小企业2家，认定自治区科技型中小企业2家，完成技术合同成交额1040万元。

【科技创新平台建设】 2020年，海原县建立宁夏西海固高端牛产业发展研究院自治区技术创新中心，与宁夏大学联合建立树台大嘴马铃薯产学研科技示范基地和实训基地，为科技创新搭建了平台。

【科技园区建设】 2020年，海原县建立“园区成果转化、示范基地推广、龙头企业引领、全产业链创新”的产业创新模式，加快选育和推广优质、专用、高产新品种，强化绿色高产高效栽培技术模式的集成与示范推广，大力推广小杂粮波浪式精量机穴播技术，挖掘增产潜力，降低生产成本，提高种植效益，为小杂粮大面积增产提供关键技术支撑。建立以谷子为主的小杂粮种植园3200亩，建成年加工能力2万吨的加工园和存栏达300头肉牛的生态循环养殖园，技术研发中心、服务中心完成主体工程，初步形成了种植、加工和销售于一体的小杂粮全产业链。

【科技项目形成机制】 2020年，海原县制定《关于建立以需求为导向的科技项目形成机制改革方案》，围绕“一主四特”及新兴产业，深入各企事业单位，征集凝练项目及技术需求，组织3家技术需求单位参加第五届中国创新挑战赛，积极对接有一定研发能力的高等院校、研究机构对主导产业发展的关键技术瓶颈进行联合攻关，提升产业创新水平，加快科技成果转化。

【县域科技创新】 2020年，海原县以特色创新推进县域创新发展，对照创新投入、创新主体、创新条件、创新产出、创新管理等5个一级县域创新指标，认真落实《关于推进县域创新驱动发展的实施方案》，引进科技创新资源，推动科技成果转化，培育区域优势产业，打造贾塘、树台2个创新示范乡镇和史店乡苍湾村、贾塘乡南河村2个肉牛养殖科技示范村，助力农业产业高质量发展。

【科技投入】 2020年，海原县创新财政科研投入方式，广泛引导规上企业开展研发，2019年规模以上企业研发投入714.4万元，投入强度达到0.09%，分别较上年增长了90%和30%，县本级财政R&D投入完成670万元，增长率为34%；2020年县级财政纳入R&D投入879万元，鼓励现有规上工业企业，加大研发投入力度，积极对接非企业单位归集科学研究与技术服务经费，年度内R&D投入强度将达到预期目标。

【科技金融改革】 2020年，海原县为充分发挥财政资金的杠杆作用，引导撬动金融资本支持海原县科技型中小微企业研发，促进科技成果转化，制定下发《海原县科技型中小微企业风险补偿专项资金实施方案》，设立海原县科技型中小微企业风险补偿专项资金100万元，为中小微企业融资提供风险补偿，激发企业开展研发积极性。

【科技创新人才梯队建设】 2020年，海原县围绕产业链，布设创新链，建立人才链，借助“科技支宁”东西部合作项目的实施，集聚山西农科院、西北农林科技大学、宁夏大学、宁夏农林科学院专家教授及本土人才，组建8个农业产业专家服务团队，围绕全县农业产业化发展要求，充分发挥创新人才在产业中的助推作用，分类别、分产业开展全方位科技服务，为高质量发展提供了智力支撑。

【科技创新氛围营造】 2020年，海原县实施创新服务提升、创新成果转化、创新氛围营造三大行动，讲好讲活海原创新驱动发展好故事、好经验，积极建设海原科技馆，争创2个科普教育基地，结合疫情防控，组织科普进校园、进乡村、进社区、进企业活动10场次，发放科普宣传材料3万余份，撰写海原科技信息80多期。

【创新创业】 2020年，海原县深入推进“大众创业、万众创新”，在全县范围内开展现场会、集中培训、田间指导、观摩学习等形式多样的科技培训15场次，培训农民1000人次以上，提高了企业自主创新能力和农民科技素质，在全县上下营造了创业创新的浓厚氛围。

（县科技局）

防震减灾

【概况】 海原县地震局是县人民政府行使行政职能的地震工作主管部门，其主要职责是进行防震减灾科普宣传、监测预报、震害防御、地震应急、建设工程抗震设防要求的审查、监督和管理工作。2020年，海原县地震局核定编制6名，实有人员5人，其中行政管理干部4人，工勤及劳动技能人员1人。下设宏观地震观测点22个，县内现存1920年寰宇大地震遗迹11处。

【地震博物馆升级改造】 2020年，海原县在海原大地震100周年之际，对海原地震博物馆实施升级改造，建设内容包括地震博物馆外立面改造、地震模拟厅建设、博物馆基础设施建设。年末，新建模拟厅建筑基础和钢柱安装等主体工程已经完成；完成一厅、二厅钢结构屋面C型钢安装、新增钢柱及钢梁安装，完成总量的80%；一厅一层墙体完成30%；二厅一层墙体完成90%、二层墙体完成80%；附属工程已完成消防泵房、消防水池地下结构部分（含土方开挖、地基处理、地下钢筋混凝土结构、地下防水工程、消防水池水、电预埋），护坡基础已砌筑完成，原西侧入口坡道及砖砌挡墙已拆除完毕。

【地质博物馆布展设计】 委托深圳广田集团、北京中金观唐文化传媒公司对海原地震博物馆进行布展设计。年末，两家公司完成布展设计方案，并通过相关专家初审。

【地震文化设施建设】 完成哨马营震柳人文森林公园、甘盐池震中改造升级工程及地震公园建设项目，并已投入运营。

【地震应急救援演练活动】 9月12日，由自治区应急管理指挥部、宁夏军区主办，自治区应急管理厅、宁夏军区战备建设局、宁夏地震局和中卫市人民政府、海原县人民政府承办的纪念海原大地震100周年军地联合应急救援演练活动在海原县城北坪梁举行。此次演练以海原县发生6.8级地震为背景，模拟地震发生后，县政府启动应急预案，组织疏散群众，开展自救互救。演练紧贴实战、险象环生、瞬息万变，从模拟训练、桌面推演、应急准备、实战训练到联动联训联战，全方位、多角度展示救援过程，自治区市县三级政府部门和驻宁夏解放军、武警、民兵通力合作。演练涉及灾情报告、预案启动、现场抢险、医疗救援、安全疏散、人员安置、新闻发布等16个科目，相比平常的演练，增设了空中救援和大型工程项目、高空作业现场救援等演练环节，动用无人机、直升机、生命探测仪等先进救援装备。自治区公安厅等15个单位（部门）、8支企业应急救援队伍、2支社会志愿者队伍，及陕西、甘肃、青海地震局的现场调查联合工作队，共700余人参演。此次演练是海原县规模最大、范围最广、涉及科目最多、首次全程采用网络直播的综合应急演练。

【电影《海原大地震》筹拍】 2020年，海原大地震100周年纪念影片《海原大地震》的拍摄工作已通过国家电影局备案和海南省电影局审批，并取得拍摄许可证。9月11日，海南（金盾）航天国际影视中心主任张伟带领《海原大地震》电影拍摄工作组到海原县考察电影拍摄场地，并在县政府礼堂举办《海原大地震》电影拍摄工作座谈研讨会。

【地震学术研讨】 协助宁夏地震局、宁夏大学土木与水利工程学院筹备“1920年海原大地震100周年国际学术研讨会”，征集相关论文22篇，内容设计地震孕育理论与地震监测、地震活动场所及地震断裂带、数字观测技术及应用、地震预测诱发的自然灾害、结构抗震加固改造和重大工程加固、村镇建筑抗震、地震遗迹与旅游产业等方面。学术研讨会分两次举办。第一次地震学术研讨会，由宁夏大学土木与水利工程学院牵头于10月22—24日在银川维也纳金水湾大酒店举办。第二次学术研讨会由宁夏地震局牵头举办，筹备工作正在进行。

【地震文化宣传片筹拍】 委托深圳市维乐视觉展示技术有限公司编写完成海原地震文化宣传片拍摄思路，提交县委、县政府及相关部门审定。

【防震减灾宣传】 一是围绕科技活动周、“5·12”防震减灾日等时间节点，联合县科协、县应急管理局、海原县邮政分公司举办有奖答题问卷活动，参与人次达到16万左右。二是在各乡镇集贸市场等人员密集场所，开展防震减灾方针政策、法律法规宣传活动，向社会公众普及防震减灾方针政策、法律法规，并不断创新宣传形式和探索建立科学有效的防震减灾法规大众教育机制。开展形式多样的防震减灾宣传教育活动，印制宣传册5万册，发放《地震防灾避险知识手册》《防震减灾知识宣传挂图》《海原大地震连环画丛书》，以及地震科普知识宣传单20000余份，展出防震减灾科普知识展板10块。

【地震宏观感测】 全县境内设有宏观观测点22处，观测员22人，宏观观测网点主要分布在1920年海原大地震断裂带上，从北西向南东，甘盐池、西安、菜园、海城镇、田拐、李俊一线，布点达15处；沿清水河地质构造断裂带上布点高崖、李旺、黑城、甘城4处；沿月亮山北麓断裂带布点树台、关庄、红羊3处，并设有防震减灾助理员，应急支援者、灾情速报员。

【监测预报】 全县安装预警仪14台、固定GPS观测4台、流动GPS观测仪24个。全年组织宏观观测员召开季度震情会商3次，对可能与地震有关的异常现象和地震预测意见进行了综合分析研究；通过对全县22个宏观观测点和24个流动GPS流动观测仪严密监控和上报的信息分析，未出现宏观异常现象。

【工程抗震设防管理】 全年审批抗震设防确认书22项。

（马晓燕）

气象监测服务

【概况】 海原县气象局（站）为国家基本气象站。位于海原县海城镇北坪梁，区站号为

53806。主要业务有地面气象观测、天气预报、气象服务、农业生态气象观测、人工影响天气、气象防灾减灾等项目。2020年，有在编人员11人，其中参公人员4人，事业编人员7人。下辖海原气象台一个直属单位。

【天气监测】 2020年，海原县气象局编发气象信息专报65期、气象周报11期、马铃薯专报5期、农用天气预报16期、森林防火监测预报82期。发布预警信号125条，联合县自然资源局发布地质灾害预警1条，联合县水务局发布山洪灾害预警1条，其间遇重大天气过程及时通过电话、传真、微信群、QQ邮箱等开展服务，通过手机短信平台向全县各级党政领导、地质灾害群测群防员、气象信息员、中小学校气象灾害防御责任人、中小型水库看护人、建设项目负责人、重点单位应急责任人、农业合作社、家庭农场、贫困户及联络员等2.7万余人发送预报预警雨量信息，共发布各类预报预警雨量短信154条，涉及230万人次。通过准确及时发布预警信息，充分发挥气象防灾减灾第一道防线作用。

【气象预警】 2020年，海原县气象局印发《海原县人工影响天气与气象灾害防御办公室关于加强近期寒潮、大风沙尘天气应对防范工作的通知》《海原县人工影响天气与气象灾害防御办公室关于做好大风降温霜冻天气应对防范工作的通知》等，提高公众防范意识，提前落实各项防范措施，最大程度减少恶劣天气造成的影响和损失。

【气象宣传】 2020年，海原县气象局积极开展“3·23”气象日、全国科普日、安全教育月等科普宣传活动，以应对气候变化和气象防灾减灾为主题，通过微博、微信、开放科普教育基地、进社区、进农村等多种形式，加强科技宣传，普及气象灾害防御及应对气候变化科学知识，强化公众防灾减灾意识、提高自救互救水平。年内在中国气象局发表4篇简讯，在CMA发表1篇简讯。

【汛期气象服务】 2020年，海原县气象局积极开展精细化气象服务，以“每周决策气象服务关注重点”为指导，力争每次天气过程编写服务材料，每月编写月度影响分析，第一时间向县委、县政府领导汇报该时段所有气象服务信息，服务中力求及时、高效、高质量，过程后注意总结、分析和调查灾情等，针对县委、县政府领导对特色产业的关注重点，加强过程天气对马铃薯、硒砂瓜利弊分析，局负责人亲自汇报。

【灾害性天气预警调查】 2020年汛期，海原县共发生3次气象灾情。每次灾害天气发生前，海原县气象局都通过传真、电话、决策材料、手机短信、电子显示屏、大喇叭、微信、微博等多种服务形式和手段向全县发布，局负责人多次向县委、县政府领导、涉农部门汇报，建议全县各有关部门和广大人民群众做好防范工作。针对8月14—17日降水天气过程，海原县气象局8月10日制作气象信息专报《未来10天我县有三次明显降水天气过程 需加强暴雨洪涝及地质灾害防范》，向各级领导进行了专题汇报，向涉农、涉汛相关部门开展了专项服务，并通过手机短信、微博等渠道及时开展服务。灾情发生后，积极开展灾情调查，及时联合县政府、县应急管理局、县农业农村局等单位及有关气象信息员调查了解灾情，及时整理上报。

【明显降水天气过程服务】 2020年，海原县气象局秉持全力做好气象服务的理念，加大了服务力度，每次过程前局领导亲自向县委、县政府主要领导汇报降水天气过程的预评估，并有针对性地就降水对海原县马铃薯、硒砂瓜、玉米等产生的有利和不利影响提出建议，得到县领导的好评。过程中严密监视天气变化，加强降水天气的监测、预报、预警及跟踪服务，每小时查看自动站雨量，每次降水后通过短信平台向县委、县政府、涉农部门等主要领导汇报雨情，并密切与自治区、市气象台联系，及时掌握雨势发展趋势。

【服务蓝天保卫战】 2020年，海原县气象局与生态环境等部门建立应急联动联防机制，增加联合会商研判频次，提供天气趋势和空气污染气象条件预报服务产品，为组织大气污染防治提供决策服务。人工影响天气工作进一步加强。年初上报《海原县2019年人工影响天气工作总结》，制订《2020年海原县人工影响天气工作计划》，保证人工影响天气作业安全有效开展。在全县范围内发布《人工影响天气作业公告》。汛前制定完善了人工影响天气作业制度，岗位责任制度，设备、弹药登记档案，与各作业点所在乡镇联系签订安全责任书。年内完成了县域内火箭架和高炮巡检。组织作业人员参加了由市局组织的集中培训。抓住有利天气条件适时开展人工影响天气作业50点次，发射增雨防雹火箭弹93枚，点燃烟条125根，增加有效降水，减轻冰雹灾害，保障生态文明建设。

【服务特色产业】 2020年，海原县气象局不断吸取优秀做法和先进工作经验，深入总结经验，深入思考谋划，做实做细特色产业气象服务工作。积极与县农业农村局合作，聘请县农业农村局马铃薯专家，对气象业务服务人员进行马铃薯专业知识传授和现场指导，遇有重要天气或关键农事季节，联合开展调查、诊断和对策研究，高质量地做好马铃薯特色气象服务。

【农情调查】 2020年，海原县气象局坚持开展每旬一次农情调查、每旬一次直通式气象服务、每周一期《农用天气预报》、每月联合发布一期《农业生产影响分析》。尤其在马铃薯生长关键期，及时制作发布《马铃薯气象服务专报》，农业气象两部门共同研究提出有针对性的生产建议和意见。通过坚持开展实地农情调查和田间地头的直通式气象服务，及时掌握生产一线的需求和信息，使服务材料更加接地气、生产建议更有针对性，效果更明显。通过此举，一方面夯实了特色气象服务基础，另一方面使服务产品内涵得到提升。

【春耕春播服务】 2020年，海原县气象局全体干部职工克服疫情影响，先后深入各乡镇开展春播期农情调查5次，积极为决策层领导开展服务，为全县粮食播种提供参考依据，确保全年粮食生产安全稳定，消除疫情影响，巩固脱贫成果。

【台站建设】 2020年，海原县气象局开展《海原国家基本气象站业务用房及附属设施项目》建设，受疫情影响，项目于3月经县规委会研究同意后，组织开展建设，6月底正式开工建设，年内完成业务用房、附属用房整体建设及粉刷。剩余院落拆除平整、观测场改造等内容，将于2021年开展建设。同时为确保剩余项目顺利完成建设任务，海原县气象局与乙方积极沟通协商，签订了项目延期补充协议。

【体制改革】 2020年，海原县气象局制定了《海原县气象局业务技术体制重点改革实施方案》，将机构保留为1个内设机构（即办公室）、1个直属单位（气象台）。并进一步优化调整人员岗位，办公室岗位设1名工作人员，气象台设置7人，含部门编1人。改革后，各岗位工作职责进一步明确，人员及时转岗，各司其职根据各自职责开展工作，极大的推动局内各项工作。各分管领导、内设机构和直属单位负责人勇于担当，主动挑大梁，工作中形成了一定的工作合力，激发了工作人员的工作动力，形成了良好的工作学习氛围，达到了一定的改革效果。于11月及时上报了业务体制重点改革工作总结。

【服务平台应用】 2020年，海原县气象局完成全国“互联网+监管”系统监管事项和人员录入。按要求做好气象行政审批优化服务工作，未发生线下审批、逾期未报或者发生审批事项超期办理的情况。按县行政审批局要求完成电子证照入库工作。

【气象社会管理】 2020年，海原县气象局与县应急管理局联合印发《海原县气象局关于做好2020年全县防雷装置安全检测工作的通知》。年内开展防雷安全检查2次，检查单位7家，全年未发生安全生产责任事故。

【科技创新】 2020年，海原县气象局加强科技创新工作，年初组织申报市局科研项目1项并获批资金0.2万元。组织1人参加青海省海南州气象局举办的“2020年生态文明建设气象保障服务论坛”，倾听专家专题报告，开展学术研讨和交流，2篇论文被评为优秀奖。

【人才培养】 2020年，海原县气象局积极向市气象局推荐3人参加中、高级职称评审，1人获评中级职称。同时强化人才培训，年内参加中国气象局、宁夏气象局、市气象局各类业务培训近20人次；全体职工参加远程培训教育人均有效学时超过80小时。

【从严治党】 2020年，海原县气象局党组会议研究全面从严治党工作，制定《中共海原县气象局党组2020年度全面从严治党工作任务及分工》《2020年度海原县气象局领导班子成员全面从严治党责任清单》《中共海原县气象局党组关于扎实推进党的政治建设的实施方案》《关于以政治建设为统领加强海原县气象局党的建设责任分工》等，并按时间节点积极推进年度工作任务。

【基层党建】 2020年，海原县气象局严格按照“1+4+X”主题党日活动要求，采取线上线下相融合的方式，先后开展了“党员如何发挥先锋模范作用”“法在心中 法在行中”等主题党日活动，号召党员干部在疫情防控一线践行初心、担当使命。组织全体党员观看“我身边的战疫模范”，通过观看发现了优秀身边人、身边事，弘扬了战疫正能量。巩固深化“不忘初心、牢记使命”主题教育成果，推进思想建党、理论强党、制度治党，增强党组织政治功能和组织力，提升党员干部的思想政治素质和党性修养，结合工作实际，县气象局党支部于6月份下发了“学理论强素质、学党规强堡垒”活动实施方案并实施。

【模范机关创建】 2020年，海原县气象局研究制定《海原县气象局融入业务抓党建示范建设实施方案》，方案从17个方面细化创建、学习过程，并按照方案持续推进。同时制定并印发了《关于开展“党建领航聚动能 气象先锋卫海城”党建品牌创建工作方案》，紧紧围绕中心工作，按照“五个融入”要求，将业务工作融入党的政治建设、组织建设、思想阵地建设、工作作风建设、制度建设，促进党建业务同频共振，协同发展，打造支部党建品牌。年内集中学习每周1次，并确定学习内容，已开展4期专题研讨，讲党课3次。年内召开党员大会15次、党支部大会12次，开展主题党日活动12次。支部专题研究党建工作3次，在职党员6人全部到社区报告，参加志愿服务活动2次。11月，被中卫市气象局推荐申报全国气象部门创建模范机关先进单位和标兵单位。

【巡视整改】 2020年，海原县气象局根据中国气象局党组巡视区局反馈意见整改要求，制定巡视整改方案及整改台账，全面梳理完成各项整改。办理房产证2件。分别为海原县气象局办公楼房产证1件和海原县海兴开发区气象局业务楼房产证1件。年内根据自治区、市气象局要求，注销海原县蓝天科技服务有限责任公司和海原县气象局甘草酸加工厂。

【驻村帮扶】 2020年，海原县气象局驻村工作队队员、包户职工积极和乡、村两级领导联系，重点抓好村党建工作，完善台账资料。每季度挨家挨户深入建档立卡户家中测算家庭收入支出情况。特别是疫情期间，驻村工作人员能够积极主动与乡、村对接，参加疫情卡点值班值守，并对红星村百姓开展宣传，使村民切勿慌乱，严格遵守疫情防控各项规定，对外来人员逐一进行摸排。包户帮扶人员因疫情影响，通过电话与各贫困户及时联系，帮助解决村民生活困难，定期向贫困户开展电话回访，积极宣传疫情防控措施、政策，极力劝导村民切勿扎堆聚集，对外来人员要积极主动上报，做好个人及家庭人员防护。

【“七五”普法】 2020年，海原县气象局深入开展普法工作。党组研究年度普法工作，将普法学习列入党组中心组、职工学习会重要内容。年内开展普法考试1次，在“3·23”“5·12”等时间节点开展气象法律法规宣传活动。按时完成“七五”普法工作任务及资料整理，及时上报工作总结，接受并通过地方普法检查2次。

（徐璐娜）

文化旅游

WenHua LüYou

综 述

【概况】 2020年，海原县文化旅游广电局（简称县文广局），挂海原县文物管理局牌子。核行政编制7名。设局长（兼文物局局长）1名，副局长2名（其中1名兼文物局副局长），实有人员8人。下辖文化馆、图书馆、文物管理所、文化综合执法大队、农村广播电视公共服务中心5个不定级别事业单位，海原县花儿演艺有限公司、海原县电影院2家国有企业。有事业编制人数46人，实有人员44人，其中专业技术人员41人，具有正高级职称1人，副高级职称3人，中级职称23人，初级职称11人。其中女干部19人，占比43%；年龄35岁以下7人，占比16%，36岁至45岁18人，占比41%，46岁至59岁19人，占比43%。

【文化惠民工程】 2020年，海原县开展"菜单式"文化下乡辅导，使全县18个乡镇综合文化站、150个村综合文化服务中心、224个农民文化大院、文化户、农村业余文艺团队的3000多名群众受益；成功举办海原县2020年百姓春晚、全区黄河流域非遗作品创意大赛作品征集等工作以及"奋进新时代 共圆小康梦"的广场文化活动的启动仪式，全年完成广场文化演出18场次。举办了第三届方棋大赛，来自全县各乡镇、海城街道办的86名选手参加了比赛。举办了海原县西安镇第二届乡村文化旅游节"魅力乡村"广场舞大赛，13个代表队400余名选手参加了比赛，并为获奖团体颁发了奖牌及奖金；编排完成一批精品文艺节目，并组织专业人员，分5个小分队全面开展"送戏下乡"文化惠民演出活动100场，"送戏曲进乡村"102场，完成任务的100%；农村数字电影放映完成2380场，完成任务的100%。成功举办全县自治区市县各级非物质文化遗产代表性项目传承人培训班，培训人次67人；积极开展"世界读书日""图书宣传周"及图书"七进"等服务宣传活动，开展送图书进军营"七进"活动、送书下乡17次，总计18750册；完成2020年大型灯展任务及全县第五届"书香之村（社区）"和第六届"书香之家"推荐表彰工作。

【公共文化服务】 2020年，按照全县扶贫工作"四查四补"工作要求，积极申报项目，按照缺什么补什么的原则，补齐文化服务缺项。组织人员对全县乡镇综合文化站、文艺团队、文化大院等基层文化服务情况进行了调查摸底，解决实际问题。投入33.8万元及时向169个农家书屋配备新图书近20000册。为李旺镇北滩村、高崖乡振兴村、贾塘乡贾塘新村3个新成立行政村合建综合文化服务中心，配备各类文化器材、设备、图书等，补齐了个别行政村文化服务设施不健全的短板。全力做好“一村一年一事”事项办理，共计投入资金105万元，对关庄乡关庄村、九彩乡马圈村、李俊乡联合村旅游扶贫村及文化服务中心进行了支持建设或维修改造。对11个挂牌督战扶贫村文化设施建设和使用情况进行了查漏补缺，确保扶贫村文化设施全覆盖。建设完成关桥乡、海城镇、曹洼乡、李俊乡4个图书馆分馆、高崖乡忠礼文化大院、新区凤凰小区、阅海敬老院、新区党校、县复转军人事务局5个流动图书室，新建李旺镇北滩村、高崖乡振兴村、贾塘乡家塘新村、新区凤凰社区、新区兴业社区5个农家书屋，完成李旺镇文化站、树台乡文化站、史店乡米湾农家书屋3个文化共享工程提档升级，乡村公共文化服务设施更加完善。积极筹措资金，对海原县发射台、李旺转播站、凤凰山发射站发射机设备进行更新，同时对李旺广播电视转播站的新建机房正在进行地基建设。

【全域旅游创建】 2020年，全面推进全域旅游创建工作，围绕景区建设、特色小镇及美丽乡村建设，推进文化旅游产业融合、文化创意融合，提升海原县文化旅游竞争力。原县文化馆附属工程、非遗传承基地土建工程已全部竣工，正在进行布展工程装修。完成天都山景区国家AAA级旅游景区创建工作，景区Wi-Fi基站建设工作和李俊游客服务中心、九彩坪古堡文化长廊等基础设施建设；全县主干道、景区旅游导视牌全部设置完成。成功举办“关桥网络梨花节”、西安文旅古镇、史店乡田拐等3次重大文化旅游节事活动，支持农村特色种植业发展，通过抖音、快手等新媒体平台加大对关桥梨花小镇、西安文旅古镇，南部片区生态自驾游线路的大力宣传推介，通过云直播、云互动、云连线等方式，为在疫情影响下促进“宁夏人游宁夏”营造良好氛围。

【文物保护宣传】 一是对处于深山中的65处不可移动文物（烽火台、地台、堡址）竖立文物保护界桩，进一步明确文物保护职责，积极将文物保护工作落到实处。二是完成七营北嘴城址、柳州城址基础设施建设工程验收工作及城址本体保护建设方案规划工作。三是配合自治区考古研究所完成海原县境内旧石器、新石器时期文物考古调查工作。四是根据自治区相关文件精神，在“5·18”国际博物馆日和“6·13”文化和遗产日期间，深入海原县18个乡镇（管委会），发放文物宣传手册及悬挂文物保护宣传标语，进一步加强基层群众积极保护文物的意识感和责任感。五是做好文物保护基本日常工作。完成2020年度文物保护员、长城保护员看护责任协议书签订仪式及汛期田野文物排查工作和全县文物保护单位消防检查工作等。

（宋国兵）

群众文化

【疫情防控】 新冠肺炎疫情以来，对全县文化大院、社火队、乡镇综合文化站、村综合文化服务中心等文化团队进行了关停。围绕新冠肺炎疫情防控，组织自治区市县级传承人开展了系列创作活动。创作了《平安花》《五福捧寿》《万众一心抗疫情组图》等剪纸作品22幅，《非礼勿言，非礼勿视》《众志成城》《守护大爱天使》《玉兰花》等刺绣作品14件，宣传疫情防控知识。积极为剪纸刺绣扶贫就业工坊申请减免税收，传承人为支持抗疫捐款11650元。

【文化活动】 一是举办了海原县2020年百姓春节联欢晚会，部分县领导、人大代表、政协委员、先进模范代表、公安武警、干部群众等社会各界人士4000余人观看演出。新浪宁夏进行了网络直播，观众点击量99万多人次。二是举办了“秦之韵花之海”秦腔花儿大赛，共有46名选手参加比赛，赛出一等奖3名、二等奖6名、三等奖9名、优秀奖28名。三是举办海原县西安镇第二届乡村文化旅游节“魅力乡村”广场舞大赛，13个代表队400余名选手参加比赛，海城镇街道办东城阿宁有氧健身队获得一等奖，如意广场舞队、舞动青春队获得二等奖，关桥乡罗山村广场舞队、南苑社区舞蹈队和西安镇东门文化中心舞蹈队获得第三名，其余7个广场队获得优秀奖，颁发了奖牌及奖金。

【辅导培训】 开展了“三区”人才建设暨“菜单式”文化服务活动，全县乡镇综合文化站、村综合文化服务中心、农民文化大院、文化户、农民业余文艺团队的950名群众得到了辅导。举办海原县2020年乡镇综合文化站长及管理员培训班，对18名乡镇综合文化站站长和18名文化馆分馆管理员进行培训。选派业务人员先后参加2020年第三期全国基层非遗保护工作队伍培训班线上培训、2020年基层文化和旅游公共服务队伍线上培训——群众文艺创作与普及推广人才培训线上培训、第二期宣传思想文化系统高层次人才国情区情研修培训、2020年宁夏非遗保护工作暨“三区”人才支持培训、宁夏文化志愿者队伍建设线上培训等培训班，共有51人次参加了培训。组织第四批市级传承人27名参加中卫市传承人培训班。

【对外文化交流】 一是组织参加“欢乐中卫”全市群众文艺会演，选送的花儿歌舞《花儿红》获得表演类一等奖，女声独唱《山那边》、舞蹈《盛世腾飞》获得表演类二等奖，二胡独奏《满江红》、陕北民歌《一搭搭里》、男声独唱《莫尼山》获得表演类三等奖。表演唱《山美水美家乡美》获得创作类一等奖，歌舞《奋进2020》获得创作类二等奖，小品《苦子蔓的亲戚》、音诗舞《逆行者》获得创作类三等奖。二是组织参加了中卫市花儿传唱大赛，获得一等奖1个、二等奖2个、三等奖1个、优秀奖3个、花儿传唱贡献奖1个，海原县文化馆获得优秀组织奖。三是参加了中卫市“激情广场舞动中卫”广场舞大赛。四是组织参加了全区首届曲艺小品大赛，“奋进新时代全面奔小康”中卫市曲艺小品大赛。五是组织参加了第十七届中国西部民歌（花儿）歌会，选送的原生态花儿《花儿情》获得银奖。六是组织参加2020年宁夏黄河流域非遗作品创意大赛，11名剪纸刺绣等传承人参加大赛，周国霞的剪纸作品获得二等奖，解志霞、乔亚茹的刺绣作品分别获得三等奖，卢惠琴的刺绣旗袍获得优秀奖。七是组织周国霞等5名剪纸传承人参加“匠人匠心”线上剪纸比赛。

【基层文化设施建设】 紧抓乡村文化建设不放松，助力精准扶贫、扶志扶智，着力打造示范性文化大院，打造了秉宏文化大院、兴荣文化大院等5个特色农民文化大院，为4个村综合文化服务中心、3个社区文化活动室、6个农民文化大院、2个秦剧团配发了相关设施设备。

【文化惠民活动】 5月在三河镇红城村综合文化服务中心启动了海原县2020年“送戏下乡”文化惠民演出活动，“送戏下乡”文化惠民演出历时两个月，共分5个小分队，演出100场次；7月在全县各乡镇开展“戏曲进乡村”惠民文艺演出活动，演出102场次。

【青少年红色革命教育】 开展以“发扬爱国主义精神 共建和谐文明家园”为主题的青少年红色电影周活动，共组织海原一小、二小、二中、三中等贫困家庭学生2350人进行了观看，活动从9月21日开始，9月27日结束，播放了《建军大业》《百团大战》《大会师》《半条被子》《小兵张嘎》《我和我的祖国》等各类红色经典影片。

【数字文化建设】 充实完善文化馆微信公众服务平台内容，共发送各类信息54条，通过浏览微信公众服务平台鉴赏文化艺术作品、学习政策法规、传递文化信息、参与文化活动、聆听理论讲堂等，达到文化资源共享。通过手机、电脑等载体，利用线上线下多种形式，推广全民艺术普及，为数字化文化馆建设奠定坚实基础。同时加入了宁夏文化馆数字建设平台，共发送信息 70 条。

（宋国兵）

非遗传承保护

【非遗展演】 在西安镇举办了“非遗传承·健康生活”为主题的非遗展演展示活动。此次活动集非遗展演、作品展销、技艺展示、宣传咨询等多项活动于一体，形成了演非遗、展非遗、讲非遗、看非遗、学非遗的热潮。专场演出非遗类文艺节目 18 个，展览非遗项目 10 个，50 余名代表性传承人参加了此次活动。

【传承人培训】 举办了海原县非物质文化遗产项目代表性传承人培训班，对 67 名传承人培训。联合中卫市文化馆在三河镇举办了剪纸培训班，海原县 18 名剪纸传承人参加了培训。

【非遗就业扶贫工坊】 在原有海原县非物质文化遗产孵化基地的基础上，结合“非遗”就业扶贫工坊建设，将运行较为突出的 12 家企业融入非遗就业扶贫工坊建设，成立海原县非遗剪纸刺绣就业扶贫工坊，被自治区文化和旅游厅命名为自治区级非物质文化遗产扶贫就业工坊。全年各工坊主要通过线上销售、线下订单的形式，签订销售订单 21 份，作品 8530 件。开展培训人数 265 人，工坊开展培训次数 8 次。

【非遗扶贫“百千万”行动】 培训刺绣剪纸一般技能人员 200 人，外出培训刺绣剪纸高技能人员 20 人。

【方棋大赛】 利用全国“文化和自然遗产日”，举办了海原县第三届方棋大赛，经过层层选拔，来自全县各乡镇、海城街道办的 86 名选手参加比赛。最终决出一等奖 11 名，二等奖 11 名，三等奖 21 名。

（宋国兵）

图书阅览服务

【概况】 2020 年，海原县到馆读者 99227 人次，持证读者 7516 人，读者外借 61267 人次，图书、期刊外借 108933 册次，电子书刊借阅机下载图书、期刊 117029 册次，馆藏新增图书 10000 册。

【图书馆建设】 2020 年，海原县图书馆内新增朗读亭 2 台，VR 数字体验机 2 台，瀑布流电子阅读机 1 台。新建流动图书室 5 家，建设面积 250 平方米，配送书籍 7500 册（件），累计建设完成 36 个流动图书室，配发图书 54000 册，配备阅览桌椅 72 套、书柜 144 个、期刊柜 36 个。新建关桥乡、海城镇、曹洼乡、李俊乡 4 个图书馆分馆，累计建设完成 13 家图书馆分馆，配送图书 47850 册；配备分馆业务工作电脑 13 台、电子书刊借阅机 9 台及书架、期刊架、阅览桌椅等设备。为全县 10 家特色农民文化大院建成流动图书室 4 个，配发图书 4563 册。

【图书“七进”活动】 2020 年，先后组织开展送图书进基层、进机关、进校园、进军营、进企业、进家庭、进社区活动 17 次，赠送图书 6250 册，其中：三下乡 500 册；三河镇、高崖乡、李旺镇、甘城乡、七营镇、西安镇、树台乡、红羊乡、史店乡 9 个分馆共 2700 册；进军营 450 册；“4·23”世界读书日及图书馆服务系列活动 1200 册；史店乡大川村 1400 册。

【图书服务宣传】 一是依托农家书屋，在图书馆和贾塘乡马营村、史店乡米湾村开展“迎新春·送春联”惠民活动和群众性灯谜竞猜活动；二是在县城文体广场举行 2020 年“书香海原·全民阅读”暨“4·23”世界读书日图书服务系列活动；三是评选表彰全县第五届“书香之村（社区）”和第六届“书香之家”活动。

【业务培训检查】 2020年，举办“基层文化管理人员及乡镇分馆管理员培训班”1期，培训人数56人；馆内组织参加各类网络培训4期，52人次，组织人员对村级综合文化服务中心（农家书屋）、基层流动图书室开放运行情况进行检查指导2次。

【安全管理】 一是加强安全生产工作组织建设，明确具体负责安全生产工作的分工有关。二是紧密结合部门工作实际，层层签订安全生产责任书，建立健全安全生产工作台账，确保安全生产工作项项有落实。三是建立健全节假日值班、现金收付管理、用电管理、图书、电脑设备等资产管理、内部治安防范管理等各项责任制度。加强防火安全生产工作，将防火安全生产工作落实到人，做到“以人为本，安全第一”，坚决清理火灾隐患，对检查中发现问题要求立即整改，杜绝恶性事件发生。做好安全生产工作的检查与上报工作。按照每月或节假日前定时检查各部（室）安全生产工作，对检查中发现的问题要及时纠正、整改，及时将馆内安全生产工作反馈主管局。

（宋国兵）

图书发行

【概况】 海原新华书店有限公司（简称新华书店）始建于1956年，隶属于黄河出版传媒集团，是宁夏新华书店发行集团下属子公司，是海原县最大的出版物发行企业。下设经理室、办公室、财务室、业务股、门市部。在海原县城设有中心店和运动广场店图书销售实体店，共计营业面积600多平方米，经营各类图书、音像制品和电子出版物，门市陈列图书品种5000余种。2020年，书店有在职员工9人，其中具有大专及大专以上学历8人，高级发行员5人，中级发行员4人。由于业绩突出，被黄河出版传媒集团授予“2020年度先进集体”称号，并获“2020年度经营业绩突破奖”。

【教材发行】 2020年春季教材发行工作正值战疫攻坚期，为了在“空中课堂”开播前，保证全县近7万名学生能及时收到教材。海原新华书店严格按照发行集团疫情防控工作的部署安排，在认真做好各项防控工作的同时，强化服务意识、提高服务水平、优化服务质量，全心全意为学校、为师生服务，圆满完成了“课前到书、人手一册”的政治任务。

【教辅发行】 2020年，海原新华书店紧紧抓住中小学教辅资料评议的有利时机，转变观念，加强与学校沟通联系，率先完成教辅资料评议工作，全县各中小学统一征订使用《学习之友》，2020秋季共计发行《学习之友》20万册，码洋241万元。

【服务创新】 2020年，海原新华书店积极探索创新服务方式，全方位满足读者疫情期间购书需要。疫情期间，全体员工不等不靠，主动想办法、找出路。门市部开启线上购书群2个，积极为读者推荐图书，并提供免费送书上门服务，以满足疫情期间群众的精神文化生活和购书需求，增强战胜疫情的信心。疫情期间推出“线上售书”活动，《中卫日报》进行了采访报道。

【政治类图书征订发行】 2020年，海原新华书店认真做好政治类图书的征订与发行工作。全年发行政治类书籍共计6000余册，码洋21万元，极大地满足了当地党政机关、企事业单位和社会各界的政治理论学习需求，为更好地宣传党在新时期的路线、方针和政策，做出了积极贡献，真正做到了社会效益和经济效益有机统一。

【图书营销活动】 2020年，海原新华书店门市部利用各种节假日，积极开展形式多样的图书营销活动，营造节日氛围，助力文化消费。活动开展前，充分利用LED屏、海报、美篇等形式进行全方位、多层次宣传，有效地形成了“聚粉增量”效应。世界读书日期间，联合县图书馆倡议大家投入多读书、读好书、善读书的全民阅读活动中，开展“你选书、我买单”购书活动。活动当天，读者所选图书，均由县图书馆买单，共计销售图书3000元。

【“书香海原、全民阅读”活动】 2020年，海原新华书店与海原县高崖乡人民政府联合策划“感受文字之美 尽享阅读之乐”线上朗读者活动，为获奖选手提供了1000元的精美图书作为鼓励，活动取得了良好社会效果。

【店外销售】 2020年，海原新华书店积极搜集捕捉市场信息，安排人员主动上门联系洽谈。全年完成团购业务3次，销售码洋17万元。

【资金清欠】 2020年，海原新华书店成立了清欠工作领导小组，本着“先易后难、先远后近”原则，加大清欠力度，经过清欠工作小组共同努力，将海原县回民中学、海原二小历年欠款31万元全部收回。

【安全生产】 2020年，海原新华书店认真做好公司安全生产工作，全面加强职工安全宣传教育。7月份，邀请宁夏鑫铭安消防培训中心为全体员工进行了消防安全知识培训。全年无任何事故发生。

【房屋租赁】 2020年，海原新华书店文化旅游提升工程通过竣工验收，已交付使用。书店将910平方米闲置房屋承租给人保海原支公司，创造房租收入218400元。

【慰问退休职工】 2020年，在新春佳节来临之际，海原新华书店领导班子带着节日的问候、诚挚的祝福和对退休职工浓浓的牵挂，对公司退休职工进行了走访慰问。

【献爱心活动】 2020年，新冠肺炎疫情发生后，海原新华书店全体员工积极响应发行集团号召，为武汉新华书店捐款1400元。

【疫情防控】 2020年，新冠肺炎疫情发生后，海原新华书店充分发挥党员的先锋模范作用，迅速成立党员先锋队投入疫情防控工作中。党员主动承担消毒任务，坚持每天对公司内外至少消毒三次。每天上班前，为公司员工测量体温，详细询问员工及主要家庭成员的身体健康状况，假期外出情况、接触外省归宁人员等情况。在教材发放期间，党员冲锋在前，主动承担最繁重的工作任务，带领员工安全、高效地完成了教材发行任务，生动地诠释了一名党员就是一面旗帜的深刻内涵。

【驻村扶贫】 2020年，海原新华书店积极参与脱贫攻坚，履行社会责任。书店有两名员工分别在同心县韦州镇旧庄村和海原县贾塘乡黄坪村驻村扶贫，圆满完成扶贫工作任务。

（胡广燕）

广播影视服务

【安全播出】 2020年，为确保元旦、春节、全国“两会”、国庆重要安全播出保障期，先后对多次电视台发射机房、新区凤凰山发射站、李旺转播台设备维修，确保各台站广播电视安全播出工作。

【应急广播】 2019年12月海原县应急广播系统建成运行。自新冠疫情发生后，从2020年1月26日开始在新冠疫情防控中，每天重复播发通知、通告及宣传音频100条次，上千个大喇叭响彻海原山村，为海原县在新冠疫情防控宣传中发挥了重要作用。

【广播电视事业建设】 2020年，积极筹措资金，对海原县发射台、李旺转播站、凤凰山发射站发射机设备进行更新。利用自治区财政厅下拨海原县李旺广播电视转播站基础设施建设项目120万元，新建机房300平方米，6月启动，已完成地质勘察，图纸设计、图纸审核及招标工作，并于2020年9月30日开工建设。

【电影放映】 2020年完成电影放映387场，观众人数30260人次。

（宋国兵）

广电网络

【概况】 中国广电宁夏网络有限公司海原县分公司（简称海原县网络公司）成立于2008年，隶属海原县文广局。2011年整合上划，直属宁夏广播电视网络有限公司。主要经营范围包括宁夏有线广播电视传输覆盖网络及海原县广播电视网络的建设、改造、经营管理、增值开发、光纤资源出租；与网络相关的技术及产品的开发、设备及产品的销售； 信息咨询、远程信息传递服务；广播电视设备的销售及广告经营、房屋出租等。内设综合办公室、营业厅、维修服务部3个职能部门，办公地点在海原县城黎明路海原县融媒体中心大楼。2020年，有干部职工13人，设总经理1名、副总经理1名。在海原县已建成广播电视光缆干线1400余公里；建成连接全县所有乡镇的光缆骨干环网，与全区、全国广电光缆干线网连通，实现了自治区、市、县、乡、村五级贯通。

【指标完成情况】 截至2020年11月30日，海原县网络公司总收入为68.58万元，完成目标的41.56%；主营业收入为66.88万元，完成目标的102.89%；多元化收入为1.24万元，完成目标的1.24%；续费率完成23%。新增用户219户，高清宽带总用户1341户。

【目标管理】 2020年，海原县网络公司结合年度绩效目标责任书与重点工作任务实施方案，进一步规范分公司内部日常管理机制，层层分解任务，压实主体责任，完善激励机制，把分公司内部经济考核指标与经营管理目标有机结合起来，实行绩效评价，奖优罚劣，有效调动员工工作积极性。

【业务发展】 2020年，受疫情影响，海原县网络公司利用绝大部分用户闲居在家的实际，通过微信群等宣传媒体，加大宣传力度，促进营销宣传，从8月开始分公司进行了一系列有利于高清互动电视与宽带业务发展的机遇，通过赠送小礼品的方式，全力宣传广电高清互动电视及宽带业务，收效显著。

【数字化传送】 海原县网络公司已通过SDH光缆网和“六盘云·新闻荟萃”，实现了中卫、海原等多套电视节目到全区各市、县（区）的数字化传送。

【应急广播】 海原县网络公司已打通海原县应急广播系统通道，建成了全县16个乡镇2个管委会防灾预警及宣传一体化的应急广播体系，实现应急广播前端的统一。

【数据传输】 海原县网络公司基于数据平台和双向有线电视网的数据传输、互联网接入为政府、金融、电力、教育、税务、医保、住房公积金等企事业单位提供数据传输业务。

【安全传输】 2020年，针对海原县境内240余公里的国省干线线路，海原县网络公司巡线员天天查，分公司周周看，要求四条线路的巡线员每天对各自负责的线路进行巡检，分公司人员做到每两周查看一次，确保所有外线人员对四条线路的路由做到心中有数。2020年共排除国干线路安全隐患3处，做到了防患于未然。

（罗成文）

新闻传媒

【概况】 海原县融媒体中心（海原县电视台）于2019年11月挂牌成立，为县委直属正科级公益一类事业单位，归口县委宣传部管理。主要职能是：贯彻落实党和国家有关新闻宣传、广播电视管理等方面的方针政策和法律法规规章，宣传党的理论、路线和各项方针政策；执行拟订全县融媒体事业发展规划、计划并组织实施；把握新闻宣传基调，坚持正面宣传、团结鼓劲，为全县经济社会发展提供舆论支持；负责落实全县新闻报道工作要求，积极开展内、外宣传工作；负责电台、电视台节目的制作播出；负责整合微博微信、网站、客户端等新媒体，重构采编发网络、再造采编发流程，整合媒体采编力量，建立完善集中指挥、采编调度、高效协同的运行机制；做好“媒体 +”工作创新，探索推动媒体与党务、政务、生活、社交、教育培训等服务的深度融合；承办县委交办的其他事项。融媒体中心核定工作人员 66 名，其中事业编制 32 名（主任 1 名，副主任 2 名），备案人员 34 名。备案人员面向社会公开招聘，实行合同制管理。2020 年实有工作人员 49 人，其中在编人员 29 人，备案招聘人员 20 人。下设办公室、总编室、新闻信息采集中心、编辑分发中心、安全播出部 5 个内设机构。

【融媒体设备】 2020 年，海原县融媒体中心配备有手持 4K 高清摄像机 13 套，航拍设备 3 套；高标清电视节目编辑系统 10 套，媒资管理系统 1 个，电视节目高清播出系统 2 套；实景演播室 1 个，虚拟演播室系统 1 套，播音员提词器系统 1 套；高清直播系统 2 套。

【媒体平台】 2020 年，海原县融媒体中心自己开办的媒体平台有 4 个，分别为海原电视台、海原 TV 微信公众号、海原手机台和海原电视台门户网站。注册开通的第三方媒体平台有 14 个，分别是人民号、新华号、抖音号、央视频、央视频移动网、头条号、搜狐号、“学习强国”、黄河云视、大鱼号、百家号、微博、短视频新闻资讯平台。

【电视媒体】 2020 年，海原县融媒体中心每天播出时间为 18 小时，开设 4 个栏目（或节目），分别为《海原新闻》《天气预报》《影视剧场》《动漫乐园》。电视台自办节目每天 15 分钟左右，内容为《海原新闻》、《天气预报》和其他专题类节目。

【网络媒体】 2020 年，海原县融媒体中心微信公众号、手机台、门户网站内容主要以传播新闻资讯、政务信息、便民生活服务为主，每年播出新闻 2000 余条，转载推送新闻资讯、文字图片、短视频、H5、宣传海报、宣传漫画、科普知识、公告、通知等各类信息 3000 余条。

【第三方媒体】 主要以发布海原新闻资讯、短视频、H5、图片预览等新媒体产品为主，拥有受众约 5 万人，各平台年点击量累计约 600 万人次。

【经费保障】 中心运营经费保障以财政托底为主、市场化运营为补充。实行年度经费包干制。从 2020 年度开始，县财政每年除正常核拨编制内人员工资、绩效外，另外每年核拨 273 万元，用于中心备案人员工资和事业发展、项目建设等。

【融合媒体平台建设】 2020 年 3 月，按照全区统一规划，海原县政府投资 680 万元，在广播电视台机房楼建设了占地 1155 平方米的融媒体中心和新时代文明实践中心，依托自治区党委宣传部融媒体技术平台，建成上线融媒体“中央信息厨房”，全面承担起媒体资源整合、统筹谋划、协调对接、牵头抓总等关键职能。2020 年 11 月，县融媒体中心正式建成并投入运营，建成后的融媒体中心设施设备更趋完善，制播能力大幅提升。

【内部机构改革】 2020 年，海原县融媒体中心按照媒体融合发展的工作需求，对融媒体内部机构进行了重新设置。组建成立办公室、总编室、新闻信息采集中心、编辑分发中心、安全播出部 5 个部门。按照岗位需求，对内部人员进行岗位调整，因岗设人，明确了岗位职责和目标要求。起草修订《媒体发布审稿制度》《全员绩效考核管理制度》《信息发布错误责任追究制度》《网络信息发布制度》等一系列管理制度。按照事业单位企业化管理的发展模式，对全中心管理体制进行重新设计规划，从组织机构的设置和管理体系的设计，到考核模式、人员的配置，全部进行再造，逐步建立以岗位责任与工作业绩为依据的新的薪酬分配制度，以岗定薪，同工同酬，在逐步缩小不同身份员工的收入差距的同时，适当拉开岗位及其绩效薪酬分配档次，实现员工身份管理向岗位管理的转变。

【人才队伍建设】 2020年，海原县融媒体中心公开招聘专业人才，面向全区发布了5个招聘岗位，经过笔试、面试共招聘人员9名。多渠道开展业务技能培训，提升全员素质，分期分批派出业务骨干参加了自治区党委宣传部、自治区广电局、自治区网信办、市委宣传部等部门举办的全区县级融媒体中心业务骨干、网络安全技能、广播电视公益广告创作策划、“黄河云”平台业务操作等培训班，提升业务能力。建立融媒体通讯员队伍，将各部门、乡镇、社区、100余人吸收到通讯员中，及时为记者提供采访线索，多渠道收集基层亮点信息。与各级各类媒体的20多名记者、编辑建立工作业务联系，形成互联互通、你中有我、我中有你的全媒体宣传新模式。

【全媒体生产流程】 全媒体新闻生产流程由“多口子进、多口子出”变为“一口子进、多口子出”。改变过去一个媒体一套人马的办公思路，采编发人员“人人见面、面对面工作”，实现“一体策划、一次采集、多种生成、多元发布”，提升了记者采访效率。

【绩效考评】 按照中央、自治区、市、县关于深化媒体改革的要求，海原县融媒体中心制定《海原县融媒体中心全员绩效考核管理制度》，实行有别于一般事业单位、企业化管理的人事和薪酬制度。全员绩效考核评价采取“采编发数量+优稿数+网上供稿数量+阅读点击量”为主的考核指标核算绩效，打破编内人员和编外人员的身份差别，用一把尺子量人才、评业绩，做到“同岗同责、同工同酬、优劳优酬”。

【新闻宣传】 2020年，海原县融媒体中心积极探索，大胆改革，不断丰富媒体平台发布内容，深入挖掘重点题材，广泛开展民生报道，新媒体平台的传播力引导力影响力和公信力不断提升，发布渠道从单一公众号到矩阵平台发布，发布数量倍增；发布内容从照搬转载到来料加工到自主原创；浏览量从个位数到百位数到十万位数；粉丝用户不断增加，实现了媒体融合有质有量，发展速度和发展质量跨越赶超。

【宣传渠道拓展】 2020年，海原县融媒体中心在各大热门应用上开设宣传窗口，主动借力全媒体平台，使宣传渠道更广，用户关注度更高。年末，融媒体中心网络平台比2019年同期新增12个，分别为新华号、央视频矩阵号、今日头条、新浪微博、大鱼号、百家号、搜狐视频、视频号、腾讯视频、企鹅号、抖音、快手。10月底，海原县融媒体中心微信公众号、手机台、关注用户在2019年底的基础上新增7775人，是2019年全年增长数的5.1倍，同比增长51.8%。

【新闻产品创新】 2020年，海原融媒体微信公众号、手机平台共发布信息1764条，发布内容同比增加594条，同比增长51%，其中原创内容1106条，原创内容与2019年同期相比，增长了64%。

【新闻信息传播】 2020年，海原县融媒体平台累计阅读量达162.8万人次，比2019年同期增加了64万人次，同比增长了15.4%。仅11月，海原县融媒体发布平台单月阅读量达38万人次；海原融媒体新华公众号推送的《花儿之乡 古韵海原》阅读人次17.4万人次，是2019年最高阅读量的7.8万倍。

【新闻外宣】 2020年，主动策划重点内容的对外宣传，深挖报道内容的创新和特色，为重要媒体供稿取得新突破。全年为“学习强国”、宁夏电视台、中卫传媒集团分别推送新闻25条、32条和70条；其中11月19—30日向新华号、黄河云视、央视频矩阵共计推送新闻、视频30余条，打通了外界了解海原发展变化的渠道，多方位、多角度、多层次宣传了海原，提高了海原的知名度。

【“两会”报道】 2020年，全县“两会”期间，海原县融媒体中心首次设立“两会”新闻中心，特开设《代表委员风采》《我给两会捎句话》两个专栏，并安排老记者承担具体任务，围绕县委、县人大、县政府、县政协重点工作及“两会”安排，及时、准确、快速传播“两会”信息和全县经济社会发展成果，全力营造隆重、热烈、团结、鼓劲的浓厚舆论氛围，增强了代表委员参加“两会”的责任感、自豪感和仪式感，实现了“两会”宣传效果最好、范围最广、手段最新、数量最多、质量最优。

【疫情防控宣传】 2020年新冠肺炎疫情防控阻击战打响后，县融媒体中心克服重重困难、迅速行动，第一时间把疫情防控宣传责任扛在肩上，采取线上宣传重点推广、社会宣传广泛铺开、融媒产品精准投放、为打赢疫情防控阻击战提供有力舆论支持。

【脱贫攻坚宣传】 2020年，在脱贫攻坚过程中先后开设《扶贫一线》《决胜全面小康 决战脱贫攻坚》《走向我们的小康生活》《第一书记讲脱贫故事》等栏目，大力宣传中央、自治区、市脱贫攻坚方针，广泛宣传基层干部群众攻坚克难，砥砺奋进的脱贫故事，激发了全县广大群众脱贫致富的积极性和创造性，让广大人民群众想脱贫、争脱贫、想致富、真致富，为脱贫攻坚助力鼓劲，为脱贫攻坚汇聚力量。

【舆论监督】 2020年，海原县融媒体中心充分发挥媒体的舆论监督作用，增设了曝光台栏目，先后对全县“厕所革命”、危房改造、自来水入户、河长制责任落实、环境卫生等工作进行曝光，让全社会监督各部门乡镇工作落实，通过揭短亮丑，让相关部门和乡镇红了脸、出了汗，起到督促工作，提高了办事质量和效果，发挥了融媒体中心及时反映民意、表达民声的“放大器”作用。

【户外直播】 9月19日，海原县融媒体中心联合县农业农村局，开展全国美丽宜居村庄关桥站五路联播，首次实现户外移动直播，点赞量达到83万人次。

（杨喜）

史志编研

【概况】 2020年3月，海原县地方志办公室（党史研究室）改称“中共海原县委党史和地方志研究室”，由海原县人民政府直属事业单位，改为海原县委直属事业单位（参照公务员法管理）。核定编制7名，实有工作人员4人，其中主任1人，副主任1人。在2020年度全区地方志工作考评中，获全区县级优秀奖二等奖。

【年鉴编纂】 1.年初顺利完成《海原年鉴（2018）》出版发行工作。2.克服新冠肺炎疫情影响，编纂完成《海原年鉴（2019）》并送审。3.按照自治区地方志办公室关于在2020年年底前实现全区年鉴全覆盖的要求，于5月及时启动《海原年鉴（2020）》的编写工作，抢时间、赶进度，在11月底前，顺利完成送审稿，进入出版印刷程序。

【《海原县扶贫志》启动编写】 1.按照海原县委安排，6月底起草完成《海原县扶贫志》编纂工作方案，组成编写领导小组，于7月上旬及时启动《海原县扶贫志》编纂工作。2.培训指导跟进，启动编写后在广泛征求意见的基础上，对志书篇目进行调整、细化，并于7月17日组织召开《海原县扶贫志》编纂工作业务培训会议，对各单位参编人员进行资料征集和编写业务能力培训。3.及时督查指导，根据编写进展情况，到各责任单位进行督查，及时与参编人员进行沟通，对编目随时进行调整，确保各责任单位在开展资料征集和编写工作时少走弯路。4.严把质量关口，对各单位上报的资料，按照编写方案要求，严格把关，对达不到质量要求的，耐心细致地指出问题所在，坚决打回重写，直到达到质量要求为止。至年底，扶贫志编写已进入总纂阶段。

【史志资料征编】 1.按照中央党史文献研究室要求，及时收集上报《中国共产党海原县组织史》相关资料。2.完成自治区党委党史研究室安排的《闽宁对口帮扶二十年》海原县有关文献资料的征集上报工作。3.按照自治区、市地方志部门要求，及时完成上报《宁夏年鉴》《中卫年鉴》海原资料的编写报送工作。4.按照市委党史研究室要求，及时完成“中卫市改革开放史研究”海原资料的编写上报工作。5.按照中卫市地方志办公室要求，及时编写上报完成《中卫市志》海原相关资料的征集编写工作任务。

【史志宣传】 1.扎实开展地方志宣传日宣传活动，利用“5·18”地方志宣传日，在七营镇高崖村开展“地方历史文化进乡村”宣传活动，向高崖村文化图书室捐赠海原县地方史志图书，受到群众欢迎。2.积极开展史志图书交流活动，向宁夏文史馆、固原方志馆等区内外史志图书部门捐赠交流海原县地方史志图书近百册，搭建了宣传海原的史志平台。3.向各乡镇各单位及史志爱好者赠送史志图书近千册，有效开展读史用志活动。4.开展史志研究，组织撰写史志研究文章7篇，在《宁夏史志》等刊物上发表。

【红色革命遗迹调研】 2020年，按照自治区党委党史研究室要求，与县文管所协作，开展全县红色革命遗迹遗址普查调研工作，完成《海原县红色革命遗址遗迹基本情况报告》及《海原县红色文化资源分布及利用保护基本情况报告》，上报后引起上级党史研究部门和文化部门的高度重视，将海原县纳入“红军长征文化公园”建设项目覆盖区，为海原县争取红色文化旅游项目创造了条件，同时也为全县红色革命遗址遗迹保护开发和红色旅游开发工作提供了决策参考。

【史志咨政服务】 1.积极开展资政服务，向区市县有关领导和外来客商提供翔实史志资料，为他们全面了解海原县情做好服务。2.积极服务中心工作，为县博物馆、城市会客厅等布展撰写、提供史志资料图片。3.为县有关部门开展史志图书借阅、查询服务，为他们查阅有关史志资料提供方便。4.对县博物馆革命历史展厅等的图文进行严格审定把关，并提出修改意见。5.积极配合自治区社科院开展宁夏文化资源调查工作。

（余小艳）

档案服务

【概况】 海原县档案馆新馆建筑面积2068平方米，三层框架结构，占地5.54亩，其中档案库房占地面积760平方米。一、二层为档案库房，三层为业务用房和办公用房（其中办公用房90平方米），项目总投资721万元，其中县上自筹101万元。2020年，馆藏有全宗号54个，案卷11142卷、21790件，其中民国档案715卷，各类图书3216册，相片1186张。

【档案利用服务】 2020年，海原县档案馆把“热情接待、及时准确、优质高效”作为认真履职尽责和尽心尽力的工作指南，依法为社会各界人士提供咨询、调卷查档、出印证明等服务，积极做好档案开发利用，提高了档案服务的整体功能。疫情期间，各单位档案室积极配合疫情防控工作要求，县档案馆严格遵守中卫市档案馆《关于疫情期间调整档案查询服务方式的通告》文件要求，积极配合疫情防控工作，创新工作方式方法，开通了电话查档服务。全年共提供查阅档案服务141人次，查阅档案4012件（卷），复印档案资料2322页。

【档案法规宣传】 2020年，海原县档案馆采取业务指导、行政执法检查等方式，利用网络平台及政务大厅设置的窗口，加强对档案法律法规的学习宣传。充分利用“6·9”国际档案日及“七五”普法活动，通过现场解答档案知识、发放档案宣传资料等形式进行宣传，向群众发放了《中华人民共和国档案法》《宁夏回族自治区档案条例》等宣传资料共2000多份，向社会大众传播档案文化，接受档案法治教育，进一步宣传档案工作在服务大局、服务社会、服务民生以及承载历史、服务当今的积极作用，实现档案与干部群众零距离接触，从而扩大档案工作的社会影响，提高全社会的档案意识。

【档案安全管理】 2020年，海原县档案馆加强档案库房的安全管理工作。1.按照“八防”（防盗、防火、防潮、防尘、防虫、防高温、防强光、防水）的要求，做好安全配套措施。2.加强对归档文件的保管及保密力度，由档案管理人员统一集中管理，任何人不得擅自挪用，凡涉及保密的文件资料，认真做好传阅和保存工作。3.加强安全保卫工作，落实安全管理责任人，建立严格的档案安全岗位责任制，制定安全防范预案，落实每天24小时安全保卫制度。4.开展汛期档案防汛安全大排查，重点排查了档案库房、供电室、计算机房、消防设施等重点部位和设施，确保设备运转正常。同时对已上架的档案实体进行了排查，确保档案无霉变、虫蛀、蛇咬等情况，杜绝了安全隐患。

【档案资源建设】 2020年，海原县档案馆始终把档案资源建设作为优化结构、增进特色的重要举措来抓，着力构建门类齐全、内容丰富、载体多样、结构合理、特色浓郁的档案资源体系。全年共接收文字档案6645盒88411件，分别是海原县农村土地承包经营权确权登记档案5780盒85994件，海原县粮食生产功能区划定登记档案275盒1158件，海原县委组织部“不忘初心、牢记使命”主题教育档案14盒170件，海原县第二次全国污染源普查档案576盒1089件，另有照片档案254张。

【档案信息化建设】 2020年，海原县档案馆积极争取资金，加速开展档案数字化、信息化工作。通过公开招标，签订《海原县档案馆信息化建设项目服务合同》，已完成档案馆信息化机房静电地板铺设、机柜安装、UPS电源安装等，为下一步推动档案信息化建设奠定了良好基础。

（马廉）

全域旅游

【概况】 2020年，海原县全域旅游创建以“花儿之乡·古韵海原”为形象定位，构筑“一核、两心、五廊道”的全域旅游发展新格局，找准文化旅游产业融合发展新路子，努力打造以天都山为核心，辐射西北部震柳人文公园、东南部灵光寺自然风光、西安古城，菜园文化遗址、东北部贺堡河流域梨园风情区为全域旅游重点核心区，全力推进全县文化旅游产业发展。

【健全机制】 研究制定《海原县创建国家全域旅游示范县实施方案》，成立了由县委、县政府主要领导为组长的全域旅游创建工作领导小组，出台产业发展优惠政策，明确责任分工、目标、任务和时限，强化组织保障，形成了全县上下齐抓共管的全域旅游示范县创建工作格局。县财政安排每年1000万元旅游产业发展专项资金，对文化旅游项目建设、品牌创建、景区开发、创意策划、市场营销、宣传推介等进行奖补。组建成立了海原县文化旅游发展集团有限公司，对全县旅游资源进行整合打造、统一运营。

【规划编制】 2020年，海原县完成《海原县全域旅游发展总体规划》编制，把海原县作为一个“大景区”进行规划，充分利用海原自然资源和厚重的历史文化资源，将历史、文化、自然资源有机融合，规划旅游项目建设。将香水梨产业、红梅杏产业与乡村振兴有机结合，完成《贺堡河流域乡村振兴与旅游提升规划》

《海原县史店乡田拐村乡村振兴旅游提升规划》。

【特色旅游产品】 2020年，海原县着眼市场需求和旅游产品供给相匹配，打造精品旅游项目。依托厚重的历史文化资源，优美的生态自然山水禀赋，整合县内资源，打造南华山生态观光游、天都山名胜古迹游、九彩坪民俗风情游、县城特色美食游以及红色文化游、农业体验游、乡村休闲游、观光采摘游、避暑度假游、康体养生游、赏花闻香游等10个具有地域特色的旅游产品。

【精品旅游线路】 2020年，重点建设西安文旅古镇、李俊生态旅游、九彩、盖牌民俗休闲、贺堡河流域梨园风情生态观光带等4个重点乡村旅游片区、三条旅游精品线路开发建设，带动全县乡村旅游健康有序协调发展。1.精品线路：石峡口水库—关桥华润希望小镇—贺堡河流域—海原县城—西安镇（天都山景区、菜园遗址、震柳、甘盐池盐湖）。2.民俗游线路：海兴开发区—九彩坪景区—郑旗盖牌村（丝路驿站）—海原县城—西安镇。3.自驾游线路：李俊—海子水库（地震大滑坡遗迹）—火石寨—金佛沟（石窟）—天都老庄（农家乐）—上窑村（民间军事防御基地、丹霞风貌）—张元（元龙山石窟）—蒿滩—刘套（自然生态—南华山—海原县城）。

【重点景区建设】 2020年，完成天都山国家AAA级旅游景区创建工作。按照旅游景区游客服务中心标准，建成天都山游客服务中心，已具备运营功能；完成天都山景区电信基站和发射塔建设，景区Wi-Fi实现了全覆盖；完成天都山景区安全防护护坡砌护，小木屋建设、路灯、导视牌、厕所等基础设施功能提升改造基本完成；完成关桥乡贺堡河流域梨花小镇游客服务中心、旅游标识牌设置、县城游客咨询服务中心建设。

【旅游导视牌】 完善旅游标识，在全县高速公路、国道、省道、县内辐射景区景点道路共设置旅游导视牌44块。

【旅游交通】 建设完成同海、黑海高速，省道204线史店至李俊，国道341线史店至下小河、黑城至寨科、三河镇至海兴开发区等级公路和农村公路建设，全县公路通车里程达到2920公里，行政村实现水泥路“村村通”。新建县城客运站，打造以县城为中心的游客咨询集散中心，构建通往各景区景点的道路交通体系。

【市政建设】 加快城市道路建设，新建市政道路22条，县城路网交通更加便捷。实施电信普遍服务和农村宽带接入工程，4G通信网络覆盖城乡。开展厕所革命，新建、改扩建星级旅游厕所32座。

【旅游要素建设】 完成海园宾馆、泰丰宾馆、花儿饭店、西河饭店、红宝宾馆等涉旅接待宾馆的建设和改造，接待能力进一步提升。建成花儿商城、海盛国际民俗文化夜市、泰丰时代广场等一批购物场所。完成天都山、九彩坪、南华山景区改造，南华山、天都山完成游步道提质改造。培育甘城旅游驿站、九彩村旅游扶贫村、贾塘黄坪村、李俊村特色旅游小镇、天都山游客服务中心等5个乡村旅游接待点，使全县景区配套设施和公共服务功能趋于完善齐备。贺堡河流域梨园风情区、史店乡田拐村旅游基础设施建设项目施工图纸已基本完成。

【旅游品牌创建】 实施县城主要街道、建筑亮化美化工程，加快推进牌路山森林公园、震柳人文公园建设，建设完成县文体广场、西湖公园、南苑公园、海城公园等一批城市主题公园。

【美丽乡村建设】 累计完成海城镇山门、史店乡田拐、郑旗乡吴湾村、贾塘乡贾塘村等18个美丽村庄建设，开工建设海城镇山门村、贾塘乡黄坪村、西安镇菜园村、郑旗乡盖牌村等5个旅游扶贫村。培育发展石峡口水库、盖牌水库、曲湾水库等一批库坝休闲旅游区。引导农民发展乡村旅游业、特色种植业和特色餐饮业，开发农业体验、亲子互动、参与劳动等形式多样、特色鲜明的旅游产品，形成“农庄游”“花季游”“采摘游”等新业态。

【地域文化旅游】 采取“旅游+文化”等模式，依托“全国民间艺术之乡”品牌，深度开发花儿艺术演绎和刺绣剪纸文化产品，挖掘厚重的历史文化底蕴、风土人情、传统节庆习俗等文化资源，推动文化旅游项目建设，重点规划建设了海原县非物质文化遗产传承基地，已基本具备开馆条件。

【文化旅游产品】 以刺绣剪纸非遗文化产品为重点，开展产业培育发展工作。完成海原县非物质文化遗产孵化创业基地改造建设和自治区示范园区申报工作，基地已入驻企业 12 家。成功注册“海原回绣”地理商标，从产品设计、研发、市场拓展等方面加大刺绣剪纸技能人才培训，累计培训 5000 余人次。

【乡村旅游品牌】 通过举办关桥梨花节、西安文旅古镇乡村文化旅游节、史店田拐红梅杏乡村文化旅游节、赏“七彩梯田”等文化旅游节事活动，乡村旅游品牌效应凸显。

【旅游服务平台】 利用京东电商平台，建立海原电子商务平台，通过互联网加速旅游带动农产品、工艺品、旅游商品销售，满足旅游多样化、快捷化需求。

【旅游推介】 完成全区第一季“两晒一促”书记晒文旅大型推介活动；配合自治区文旅厅完成全区第一季“两晒一促”大型文旅推介活动《这里是宁夏》书籍编辑工作；在宁夏旅游网、县人民政府网开辟《海原旅游》专栏；与中央媒体合作完成《中国影像志——海原》《神秘的宁夏》《民族影像——海原》等系列宣传片，向《旅游客》《宁夏羊皮书》《知行宁夏——中卫》等旅游书籍提供稿件和图片，宣传营销海原的旅游产品，策划编制完成《旅游海原》招商宣传手册等工作。

【文旅企业营销】 鼓励文旅企业参加自治区内外营销活动，组织刺绣剪纸企业参加广交会、中阿博览会、大连国际文化旅游产业博览会、陕甘宁（固原）刺绣剪纸展等旅游产品展示活动，促进文化交流，提升海原剪纸刺绣知名度。

（宋国兵）

卫生健康

WeiSheng JianKang

综 述

【概况】 2019年1月，因机构优化整合和职能划转，海原县卫生和计划生育局更名为海原县卫生健康局（简称县卫健局）。内设办公室、医政管理与体制改革股（中医药管理股）、疾病防控与基层卫生股（卫生应急办公室）、妇幼老龄与健康促进股、法制法规与综合监督股（行政审批办公室）、规划信息与财务审计统计股6个常设股室；下设爱卫办、系统工会、项目股、人事股等9个非常设股室。2020年，海原县有各级各类医疗卫生机构214家，其中区级医疗机构分支机构1家（宁南医院），县级公立医院2家，妇幼保健机构1家，专业公共卫生机构2家，乡镇卫生院19家（含杨明卫生院、罗山卫生院），社区卫生服务站8家，标准化村卫生室157家，民营医院2家（华山医院、闽宁医院），个体诊所23家。全县医疗机构共核定编制床位1500张，实际开放床位1606张，每千人拥有床位数4张；县乡医疗卫生机构共核定编制数1096个，备案管理岗位483个，有各类卫生人员1736人，其中在编人员1057人，备案管理人员438人，单位自聘214人；县、乡两级现有在编专业技术人员995人，其中正高29人、副高175人、中级265人，初级及以下526人。注册执业（助理）医师548人，每千人拥有执业（助理）医师1.34人；培养补充订单定向医学生89人，自主招聘特设岗位全科医生16人，全县有乡村医生288人。

【健康扶贫】 2020年，海原县紧紧围绕"基本医疗有保障"，聚焦群众"有地方看病""有医生看病""有保障看病""能看好病""少得病"，创新推出"5+3"健康扶贫工作机制，突出"五个精准"，强化"三个保障"，瞄准目标任务精准发力，综合施策，努力探索出一条健康扶贫的"海原模式"，有效解决了贫困群众"看病难、看病贵、看病远"的问题。该项工作在全区卫生健康工作会议上作了交流。

【医疗服务质量提升】 2020年，海原县扎实开展改善医疗服务行动、优质服务基层行活动，通过建立完善制度、规范医院设置布局，美化医院环境、优化布局流程、提升医疗服务质量等措施，指导基层医疗卫生机构从功能任务与资源配置、基本医疗和公共卫生、业务管理与综合服务等方面规范发展，持续提升基层卫生服务能力，进一步改善基层卫生服务质量，有效保障了辖区内居民就医需求。海城、贾塘、李俊、高崖、关桥等5家乡镇卫生院系统自评达到基本标准，李旺镇中心卫生院由自治区市推荐创建国家标准卫生院。

【社区卫生站建设】 2020年，海原县在东城、幸福、西湖、建设4家社区打造建设了社区卫生服务站。全县社区卫生服务站总数达到了8家，社区卫生服务站覆盖率达到了72%。

【基层医疗卫生队伍建设】 2020年，海原县按照“小村配一个、大村配两个村医”的标准，采取面向社会招聘、委托代管等方式，配齐配强村级专业卫生人员。全县有在岗村医288名，取得大专学历人员比例达到80%以上，全部持证上岗，有效解决了村卫生室无医生的问题；统一建立全县村医管理档案，把村医纳入系统在职干部管理，对乡村医生按照取得执业医师、乡村全科助理医师、在岗服务村医级别发放生活补助，同时合理分配公共卫生服务经费，对服务人口过少、绩效工资过低的村医，由乡镇卫生院统筹经费，向村医每月发放2000元的生活补贴，以提高村医生活待遇和归属感，保证村医队伍稳定；按照“县指导、乡实施、村学习”培训机制，通过“千名医师下基层”“凡晋必下”等活动，有计划地对乡村医生实施业务培训，使村医在家门口就能及时“充电”，提升服务能力，有效提高了村级医疗服务质量；制定《村医管理办法》，完善村医管理机制，把村卫生室作为卫生院的科室建设，把村医作为卫生院的职工对待，把卫生室药房作为卫生院的“子药房”管理，严格落实绩效考核制度，加强村医执业活动的全程监管，规范诊疗行为。同时，在卫生院为辖区村医提供办公场所，推动乡村医生向职业化转变，逐步建立起“县强、乡活、村稳”的人才管理新机制。

【预防接种】 2020年，海原县在东城、西湖、建设社区卫生服务站及三河建立规范化数字预防接种门诊。通过计算机、通信、多媒体、互联网、物联网等信息技术应用于预防接种的预检、登记、收费、接种、留观等各环节并实现全流程管理，极大缩短公众在接种门诊的等待时间，并有效杜绝错种、重种、漏种现象的发生。

【医院感染管控】 2020年，海原县人民医院成立了全县院感质控中心。定期指导各医疗机构重点岗位医务人员根据操作风险高低，及时调整防护标准。新冠肺炎疫情防控期间，先后四轮对各医疗卫生机构疫情防控、预检分诊、院感质控、医务人员防护、环境消毒消杀、医疗废弃物处理等工作进行强化督导，并采取现场指导、跟踪问效等方式，督促医疗机构切实按照相关规范开展工作。县人民医院被评为自治区级“优秀感控”团队。

（王媛媛）

体制改革

【医疗卫生体制改革】 2020年，海原县制定印发了《海原县县域公立医院综合改革实施方案》《海原县互联网+医疗健康便民惠民行动计划实施方案》，讨论、评审、完善《海原县医共体信息化项目建设方案》。县卫健局对标对表《海原县委全面深化改革委员会2020年工作要点》任务分工，研究制定分解落实措施，进一步明确工作任务，细化工作职责，压实工作责任，为全县医改工作制度化、规范化发展提供了组织保障。

【医改重点指标监测】 截至9月底，海原县人民医院门急诊154825人次，住院33612次，医疗费用增幅−11.49%（任务指标9%），药占比25.84%（任务指标≤30%），百元医疗收入消耗的卫材费26.95元（任务指标≤20元），医疗服务收入占业务收入比重31.82%（任务指标≥35%）；县中医医院门急诊62073万人次，住院5061人次，医疗费用增幅−17.2%（任务指标≤8%），药占比29.5%（任务指标≤30%），百元医疗收入消耗的卫材费14.8元（任务指标≤20元），医疗服务收入占业务收入比重35.9%（任务指标35%）。

【"互联网+医疗健康"】 2020年，自治区将海原县县域医共体信息化平台建设、人工辅助诊断系统建设列为为民办实事项目，海原县委、县政府将"互联网+医疗健康"列入"数字海原"建设的重要内容，县人民医院积极加入全区互联网医院建设。县人民医院、县中医院均完成系统接口改造及相关工作，并安排导医人员协助患者利用自助机等申领电子健康码，利用网络平台自主挂号、缴费、结算、查询检验结果等。乡、村两级医疗机构人工辅助诊断系统安装全面完成并投入运行，远程影像诊断系统诊疗患者约4359人次。

【薪酬制度改革】 2020年，海原县委托专业公司制定绩效考核模块，利用信息化手段推进县级公立医院绩效考核和薪酬制度改革，提取医疗收入20%用于职工奖励性绩效工资发放，并对招聘的有资质人员实行同工同酬制度，充分调动了医务人员的工作积极性。

【一体化管理】 2020年，海原县根据《海原县县域公立医院综合改革实施方案》，完成组建海原县医疗健康集团前期准备工作，县人民医院"脑卒中中心、胸痛中心、创伤中心"三大中心建设已经通过自治区初验，填补了海原县多项医疗业务空白，大幅提升了海原县危重症患者的急诊急救能力。

【服务基层】 2020年，海原县扎实开展改善医疗服务行动、优质服务基层行活动。指导基层医疗卫生机构从功能任务与资源配置、基本医疗和公共卫生、业务管理与综合服务等方面，引领基层医疗卫生机构规范发展，海城、贾塘、李俊、高崖、关桥等5家乡镇卫生院系统自评达到基本标准，李旺镇中心卫生院由自治区市推荐创建国家标准卫生院。

（王媛媛）

健康扶贫

【"四查四补"】 2020年，海原县卫生健康局对照"查损补失、查漏补缺、查短补齐、查弱补强"梳理出的问题，逐项分解整改任务，明确整改责任、整改措施、整改时限，完成县中医院搬迁，对县妇计中心、县人民医院妇儿综合楼正在进行深化设计，力争在10月底投入使用。关庄、史店、罗山3个改扩建乡镇卫生院和改造增设的西湖、建设、幸福、东城等4个社区卫生服务站已经全部投入使用。为县乡村配备了CT、DR、生化机等医疗设备1000多台（件），县乡村服务能力显著提升，群众就医环境得到明显改善；按照推进家庭医生签约服务工作实施方案既定的目标，各乡镇卫生院将基本医疗和基本公共卫生服务有机融合，对已纳入基本公共卫生服务管理的高血压、糖尿病、结核病及严重精神障碍患者和已纳入基本公共卫生服务管理的65岁以上老年人、孕产妇、儿童等重点人群基本实现家庭医生签约服务全覆盖。2020年，通过落实各项保障政策，贫困人口住院政府兜底4858人次，医疗总费用6024.7万元，报销5526万元，个人自付费用498.7万元，个人自付比例为8.3%；各乡镇卫生院将辖区村卫生室作为卫生院的"子药房"管理，采取按照用药需求调拨、补充的办法，使全县乡镇卫生院基本药物和非基本药物分别达到200种、50种以上，村卫生室基本药物和非基本药物分别达到120种、30种以上。同时建立"慢性病药品专区"，对特殊患者采取"相约下沉"的方式及时供药，既方便群众就医，又减轻群众就医负担；按照小村配一个、大村配两个的标准，采取面向社会招聘、委托代管等方式，为全县150个行政村配置村医288名，243名村医取得大专学历，大专学历人员比例达到80%以上，全部持证上岗，解决了部分村卫生室无村医的问题。

【健康评估】 2020年，海原县卫生健康局组织对1116名患有肝病、肾病、癌症等重病、大病的贫困患者进行健康评估，将符合药物治疗条件的5名包虫病人全部纳入包虫病防治项目实行规范管理，对84例（含术后服药29例）全程提供免费药物治疗。对符合外科治疗条件的42例包虫病人由县人民医院制定诊疗方案，有序组织救治。

【筛查救治】 2020年，海原县卫生健康局开展乙肝、包虫病筛查救治工作。在乙肝患者较多的贾塘乡堡台村、郑旗乡西沿村、七营镇高崖村实施乙肝患者普查工作，组织符合接种条件的人群在辖区内医疗机构预防门诊室进行疫苗接种。在海城、西安等15个乡镇的77个行政村开展包虫病人筛查，对96例现管包虫病人实施规范管理，规范管理达97.92%。

【专科疾病普查】 2020年，海原县人民医院依托厦门中山大学附属医院和山西985医院帮扶专家团队，在肾病患者较多的七营镇开展肾病患者普查工作，采取多种形式开展有针对性的宣传教育，使患者了解肾病的预防、临床分型、饮食治疗等，增强了群众自我防护意识和疾病预防能力。

【精准施策】 2020年，海原县在对健康扶贫对象进行精准识别的基础上，强化精准评估、精准诊断、精准治疗，保证健康扶贫大病、慢病、重病等各类贫困患者得到及时、有效救治。截至10月底，全县建档立卡户核实核准患病人数8769户11361人，其中因病致贫4641人。通过全面落实“三个一批”分类救治机制，精准管理大病2042人，管理率100%。其中制定个性化治疗方案，分批次集中救治37种大病患者1095名，救治率为100%；慢性病9872人，采取入院救治或签约方式管理9872人，管理率100%；重病39人，救治率100%。边缘户核准患病人数552人，全部纳入健康扶贫签约服务管理范围，其中大病管理64人、慢病管理482人、重病管理6人。

（王媛媛）

公共卫生服务

【疫情快速处置】 2020年，海原县落实传染病早发现、早报告、早隔离、早治疗的“四早”措施，建立压力传导、责任联动、督导检查和责任追究机制，将医疗机构疫情防控主体责任按片区、内容、层次、时段、环节落实到每一层级、每一个时间节点和每一个流程环节上的工作人员，形成医务、护理、药剂、检验、临床、后勤等多部门协调联动机制，确保疫情防控责任履行不断链条，以责任落实保证各项防控措施落实落细，保持了全县新冠肺炎疑似病例、确诊病例“零”报告。

【疫情监测】 2020年，海原县持续强化疫情主动监测机制。7月底县人民医院完成PCR实验室建设，如期开展新冠病毒核酸检测，按照“应检尽检、愿检尽检、适时抽检”的原则，对境外入海原人员、中高风险地区到海原人员、密切接触者、发热门诊患者、入院患者、陪护人员等特殊岗位人员，适时开展新冠病毒核酸检测，提升监测能力。

【分诊分流管控】 2020年，海原县严格落实医疗机构传染病预检分诊管理要求，县人民医院、县中医院改造完善了发热门诊，各乡镇卫生院完成了预检分诊点“软”变“硬”，严格落实首诊负责制和门诊发热病人留院观察、筛查排查制度，进一步规范了已有的预检分诊点设施条件和流程。同时，加快推进预约挂号、预约检查、预约诊疗等预约医疗服务，实现分时、分段预约就诊，避免造成人员聚集、扎堆诊疗，严防聚集性疫情发生。

【精准防控】 2020年，海原县充分发挥基层医疗卫生机构“前哨”作用，严格落实境外入海原人员健康评估、隔离医学观察和核酸检测等管控措施，坚决防范境外输入性病例导致疫情扩散和蔓延。按照相关技术指南要求，指导做好学校、养老机构、监狱等重点场所、重点单位和老年人、儿童、孕产妇、学生、医务人员等重点人群的疫情防控工作，将疫情风险降到最低。

【医疗服务管理】 2020年，海原县强化院内感染风险排查整顿，将院感质控委员会从3个增加到11个，定期指导各医疗机构重点岗位医务人员根据操作风险高低，及时调整防护标准。先后四轮对各医疗卫生机构疫情防控、预检分诊、院感质控、医务人员防护、环境消毒消杀、医疗废弃物处理等工作进行强化督导，并采取现场指导、跟踪问效等方式，督促医疗机构切实按照相关规范开展工作。各医疗机构加强患者收入院管理，严格落实一患一护陪护制度，限制陪护探视人员数量和时间，切实降低潜在医院交叉感染风险，有力保障了医疗安全，提高了医疗服务质量。

【公共卫生服务】 2020年，海原县认真落实传染病及人畜共患性疾病、地方病综合防控措施，严格按照要求开展扩大国家免疫规划、艾滋病防治、结核病防治、严重精神障碍管理、癫痫管理、学生营养监测、地方病防治、饮用水水质监测等基本公共卫生服务项目。全县报告法定传染病14种739例，报告发病率163.66/10万，报告及时率100%；持续加强基本公共卫生服务项目管理，常规免疫运转10次，单苗接种率均达98%以上；65岁以上老年人健康管理率63.28%；全县在管高血压、糖尿病、严重精神障碍患者规范管理率分别达到95.06%、92.12%和92.02%。

【妇幼保健项目】 2020年，海原县规范实施母婴安全行动计划和健康儿童行动计划，加强出生缺陷预防与干预，严格落实孕产妇产前、产中、产后服务机制。全县产妇系统管理率达97.76%，高危孕产妇管理率达100%，5岁以下儿童死亡率控制在8.0‰以内，孕产妇死亡率控制在18/10万以内，免费实施婚前医学检查2322对，孕前优生健康检查1595对；农村妇女宫颈癌免费筛查12514人、乳腺癌免费筛查7709人，新生儿“四种先天性疾病”筛查3753人、听力筛查3686人，0~6岁儿童免费视力筛查33475人。

（王媛媛）

计划生育服务

【服务对象摸底排查】 2020年，海原县开展了计划生育重点服务管理对象摸底排查。针对存在的突出问题，卫生健康部门制定了系列措施，积极加强集中整治。

【落实主体责任】 2020年，海原县将脱贫攻坚与落实生育政策紧密结合，落实乡镇计划生育服务管理主体责任，认真履行卫生健康部门监督指导职能，督促指导各乡镇对计划生育重点服务管理对象实施分类管理。

【奖励扶助】 2020年，海原县继续完善利益导向，推行农村计划生育家庭奖励扶助制度，为计划生育特别扶助家庭开通就医“绿色通道”，乡镇卫生院对辖区内计划生育特殊家庭成员落实家庭医生签约服务全覆盖。

【人口素质规划】 2020年，海原县科学制定提高出生人口素质的规划，全面实施出生缺陷干预工程，推进优生优育全程服务，有效降低人口出生缺陷发生率，提高出生人口素质。

（王媛媛）

健康海原建设

【组织领导】 2020年，海原县成立健康海原建设工作领导小组，先后制定下发《“健康海原2030”发展规划》《海原健康促进三年攻坚行动实施方案》《海原县建设全区健康促进县工作实施方案》《海原县地方病防治专项三年攻坚行动实施方案（2018—2020年）》等规范性文件，并将健康促进县纳入政府社会经济发展总体规划，为创建工作提供有力保障。各部门（单位）、乡镇（街道办、管委会）向县政府签订了承诺书，分别制定健康促进创建工作方案或工作计划，将健康融入各部门、各乡镇工作。卫生健康局专门设立了妇幼老龄与健康促进股，建立了"家庭医生服务团队""健康科普宣讲专家库"，充分发挥卫生健康专业技术优势，定期开展健康知识讲座、健康咨询、健康随访等服务，为开展健康教育和健康促进工作提供技术支持。

【健康科普宣传教育】 2020年，海原县创新和拓展健康教育方式，及时调整健康教育策略，将健康活动与民俗文化等相融合，制定印发了《海原县健康科普项目工作方案》《海原县健康教育巡讲"七进"活动安排》等文件，明确了健康科普宣传目标任务、重点内容和具体工作要求。集中开展"健康与生命同行""普及健康知识 助力脱贫攻坚"等健康宣传活动60余场次，"生命最初的100天""实施健康海原建设 助力脱贫攻坚"等健康科普知识讲座50余场次，发放各种宣传品20万余份，并利用电视台、微博、"健康海原"、抖音等平台广泛宣传慢性病防治、饮用水安全、传染病防治等健康科普知识，引导公众养成文明卫生习惯和健康生活方式，提升防控意识和自我防护能力。

【卫生县城创建】 2020年，海原县贯彻落实《国务院关于进一步加强新时期爱国卫生工作的意见》精神，县委、县政府研究制定《海原县创建区级卫生县城实施方案》，成立海原县创建区级卫生县城工作领导小组和专项整治工作组，按照"政府组织、分级负责、部门协调、全民参与、科学管理、社会监督"的爱国卫生工作方针和"以人为本、协调发展、标本兼治、建管并重、重点突破、全面推进"的工作思路，明确了创建目标、工作任务、具体措施和各成员单位的主要职责、落实责任。充分发挥爱国卫生运动统筹协调作用，进一步巩固完善爱国卫生日制度，积极推动爱国卫生工作进社区、进乡村、进校园、进企业、进家庭，努力做实做细做好环境卫生整治、病媒生物防治，持续做好重点部位、重点场所环境消毒消杀，改善各类场所环境卫生条件。

（王媛媛）

脱贫攻坚

TuoPin GongJian

综 述

【概况】 2020年，海原县扶贫办共有在编人员41名，其中扶贫办行政编制人员29名（含参公管理人员14名），扶贫开发服务中心事业编制人员12名，有挂职副主任3名，借调人员1名。

【指标完成情况】 2020年，海原县严格落实“四个不摘”要求，以“四查四补”为抓手，以攻克最后堡垒为目标，统筹推进疫情防控和脱贫攻坚，持续发力防松劲，严把标准防闯关，巩固成果防返贫，整合各类涉农扶贫资金6.34亿元，投入闽宁帮扶资金6200万元，编制实施产业、就业、义务教育、基本医疗、危房改造、饮水安全、金融扶贫等46类2271个项目，全力补短板强弱项，顺利通过国家脱贫攻坚普查，现行标准下28630户112086名贫困人口全部脱贫退出，消除了绝对贫困和区域性整体贫困，群众的获得感、幸福感、安全感明显增强，脱贫攻坚取得了重大胜利。

【疫情防控】 2020年，海原县面对疫情带来的冲击，坚持精准分类施策，扎实做好“六稳”工作，落实“六保”任务，全面查、全力补，坚决把疫情造成的损失补回来。全力支持企业复工复产。全面落实自治区支持中小微企业发展18条、应对疫情影响稳增长21条政策，按照规范、标准、安全、有序的原则，分类指导、“一企一策”，支持帮扶全县22家工业企业、8家涉农企业复工复产，商贸流通经营企业和商户复商复市13099家，落实优惠政策措施涉及商户8823户次，累计新增减税降费4251万元。同时，为疫情发生以来提供贷款担保的企业和新型经营主体，减免商贸服务业2—4月相关费用703万元，受益小微企业和个体工商户107户4690人；向4361户小微企业和个体工商户发放贷款17052万元，免除9909.5万元担保费用124.47万元，为199家企业6430人返还或减免保险费77.05万元，帮助企业和新型经营主体渡过难关。

（县扶贫办）

产业扶贫

【“有土”产业】 2020年，海原县按照自治区“四化四调”要求（布局区域化、经营规模化、生产标准化、发展产业化，调优种养结构、调大经营规模、调强加工能力、调长产业链条），完善“一主四特”产业扶持政策，促脱贫富民产业持续扩规增效。大力发展高端肉牛主导产业。创新实施基础母牛扩繁、品种改良、饲草料加工与配送、科技服务与人才培养、疾病防治与疫病防控、精深加工与品牌营销和金融支撑“6+1”产业体系，累计向13275户次赊销34781头，其中向12899户建档立卡户赊销32150头，户均养殖3头以上，带动培育10头以上养殖大户2484户，有规模养殖场、专业合作社、家庭牛场227家、养殖示范村57个，带动全县牛饲养量达到30万头。

【“离土”产业】 2020年，海原县围绕劳务输出、刺绣剪纸、特色餐饮、交通运输“四大离土”品牌，通过政策支持、技能培训、创业就业孵化等方式，促进劳动力离土创业就业。完成贫困劳动力技能培训2358人和汽车驾驶员培训持证2908人，累计培训45453人。新建7个驻外劳务服务中心，巩固扩大26个劳务基地，运行好31个扶贫车间，吸纳就近就业844人，全县实现转移就业8.98万人（其中贫困劳动力3.19万人），创收14.01亿元，较2019年同期增长7.5%，全县就业创业形势持续稳中向好。

【光伏扶贫】 2020年，海原县严格光伏电站运维管理和收益分配管理，全县39.39兆瓦村级光伏电站全部确权到村，年发电量约5500万千瓦时，总收益约3500万元，扣除运营成本，每年可为125个贫困村增加村集体经济收入3000万元，2020年已为125个贫困村分红3250万元，村均26万元。同时，积极探索电商扶贫、科技扶贫、文化旅游等扶贫新业态，构建多点发力、多业增收的产业扶贫新格局。

（县扶贫办）

补齐短板扶贫

【义务教育】 2020年，海原县紧盯义务教育有保障工作，大力实施薄弱学校改造、幼儿园建设、普通高中改造等项目，确保每个乡镇有一所以上寄宿制学校，落实乡村教师乡镇补贴，稳定乡村教师队伍，全县中小学办学条件得到全面改善。严格落实控辍保学责任制，全面落实学前、义务教育、普通高中、中职和大学阶段教育扶贫政策，投入8261.748万元资助学生19459人次，落实“雨露计划”7720人1083万元、“燕宝基金”1302人391.8万元、“离土计划”1920人次960万元；办理生源地贷款9819人次6218.748万元。积极应对疫情影响，充分利用“空中课堂”在线教学，确保疫情期间“停课不停学”，全县义务教育阶段学生无因贫失学辍学。

【基本医疗】 2020年，海原县紧盯基本医疗有保障工作，聚焦大病、慢病、重病等特殊群体，从严落实“三个一批”，筑牢“五道防线”，严格执行“先诊疗后付费”“一站式”“家庭医生签约”服务，确保健康扶贫政策稳定，大病管理2042人，慢病签约服务9872人，重病兜底保障39人，年均个人自付比例均不超过10%，或当年住院自付费用不超过5000元，建档立卡贫困人口签约服务实现应签尽签，大病、慢病、重病履约率分别为100%、98.9%、100%，做到“签约一人、履约一人、做实一人”。

【安全住房】 2020年，海原县紧盯安全住房有保障工作，聚焦返乡无房户、因灾受损房等，坚持“及时摸排、及时监测、即增即改、动态清零”，采取“四种建设”方式，实施“九个一批”工程，做到排查发现一户，列入改造或安置一户，完成拆除危房330户，危房改造1127户，抗震房改造1320户，确保贫困群众不住危房。

【安全饮水】 2020年，海原县紧盯水量、水质、用水方便程度和供水保证率“四项指标”，实时动态监测，实施“互联网+农村供水”工程和宁夏农村苦咸水改水项目海原县水源连通工程，建设农村供水工程自动化、信息化管理平台，完善区域城乡供水资源配置体系，完成新增户补入1026户，排除隐患673处，维修延伸各类主支管道21.6公里，更换各类管件、闸阀及水泵1367个（套），农村常住户自来水普及率、供水保证率、集中供水率、水质达标率分别达到99%、93.2%、99.6%、100%，解决了困扰老百姓千百年的饮水困局。

（县扶贫办）

基础设施扶贫

【交通建设】 2020年，海原县大力实施交通道路建设工程。推进对外通道、干线公路、农村路网升级改造，投资3.63亿元，完成S103线红羊至西吉（海原段）9.7公里、G341线黑城至海原段40.028公里、S311线关庄至李俊段40公里干线公路升级改造；投资2134万元，新改建农村公路12.183公里，农村公路窄路加宽30.021公里，农村公路隐患治理54.17公里；投资1.75亿元，建设村组硬化路224.536公里，修建生产砂砾路102.92公里，实现县内公路等级、公路养管水平和交通服务水平"三个提升"。

【电力和网络信息改造】 2020年，海原县大力实施电力和网络信息改造提升工程。投入资金6440.56万元，实施电力网络建设和农村配电网提升改造工程，新增动力电用户1045户、低压居民新增报装1185户、非居民新增报装1100户，实现有需求的自然村全部通动力电。大力实施网络信息化助推脱贫攻坚专项行动，新建基站72个，实现了村级信息网络全覆盖。

【农村环境综合整治】 2020年，海原县大力实施农村环境综合整治工程。全面推进农村人居环境整治和农村"厕所革命"，投入环境整治资金3000万元，彻底拆除危旧房屋3651间，清理残垣断壁98公里，清理处理生产生活和建筑垃圾21万吨，改造建设无害化卫生户厕2500座，新建乡村公厕30座，政府购买公益性岗位聘用卫生保洁员2460人，吸纳贫困劳动力就近就业，城乡人居环境明显改善。

【异地搬迁后续扶持】 2020年，海原县紧盯县内17个移民安置点2545户10448名移民群众，以解决移民群众产业、就业和社会融入3件大事为总抓手，采取"一点一策"的办法，整合投入7411.4万元，实施道路、棚圈、扶贫车间等基础设施建设项目，新建养殖园区2个、扶贫车间5个，解决移民零就业家庭1159人就业问题，土地确权4310户，移民迁出区旧院落拆除3082户，复垦复绿3058亩，逐步实现移民群众稳得住、有就业、逐步能致富。

（县扶贫办）

精准施策扶贫

【社会兜底扶贫】 2020年，海原县紧盯病老残等特殊困难群体，强力推进扶贫低保"两项制度"有效衔接，新纳入低保范围建档立卡户3157人，累计27848人，每人每年低保金达到5500元，做到应保尽保。为有需求的残疾人提供家庭医生签约服务、辅助器具适配、残疾人家庭无障碍改造等个性化服务，残疾人"两项补贴"全部落实到位，发放临时救助资金3065万元，帮助病老残等特殊困难群体渡过疫情难关。同时，通过政府补助资助，为所有建档立卡户购买意外伤害险、大病医疗补充险、特色产业险、小额信贷险等扶贫保险产品和"防贫保"，筑牢脱贫防线。

【金融扶贫】 2020年，海原县严格落实"两免一贴一保险"金融扶贫政策，健全评级授信机制、小额信贷资金风险补偿和监管机制，定期调度、实时监管，防控还贷风险。全年新增投放扶贫小额贷款19600户9.38亿元，余额21145户10.62亿元，贴息4247.36万元，覆盖率79.94%，贫困户实现了应贷尽贷。积极应对疫情影响，办理延期 2004 户 9921 万元，办理展期 242 户 1210 万元，化解逾期风险。

【生态扶贫】 2020 年，海原县深入实施大规模绿化行动，乡村植绿增绿栽植苗木 57.9 万株（春季 13.7 万株，秋季 44.2 万株）。全面落实退耕还林、退牧还草等政策，续聘生态公益林护林员 1270 名，每人每年 1 万元。出台生态经济林产业扶持政策，完成经济林建设 1.6 万亩，供应各类庭院经济林苗木 24 万株，折合面积 0.5 万亩。

【消费扶贫】 2020 年，海原县科学制定了海原县消费扶贫助力脱贫攻坚工作方案，精细化推进、任务化落实。全县 33 家企业（合作社）102 个产品通过了扶贫产品认定。通过“电商平台推销、城市设馆分销、龙头企业助销、劳务输出带销、机关单位直销”等方式，拓宽消费扶贫渠道，马铃薯、秋杂粮、牛羊肉等特色农产品消费扶贫销售额 29808 万元。

（县扶贫办）

闽宁对口协作扶贫

【概况】 2020 年，海原县投入闽宁资金 6200 万元，安排实施 29 个扶贫项目，扶持闽宁百草园、闽宁菌菇园和 3 家合作社、5 个小杂粮示范基地，建成海原县长隆农业科技有限公司蔬菜分拣包装车间和小杂粮加工厂，受益贫困人口达 2.2 万人，带动增收建档立卡贫困人口 14161 人。2020 年 7 月 3 日，中共中央宣传部授予闽宁对口扶贫协作援宁群体“时代楷模”称号。

【扶贫产品展销】 2020 年，海原县在漳州市及其下属县新开设海原县扶贫产品展销馆 8 家，销售海原县农特产品达 1.35 亿元，带动受益建档立卡贫困人口 5421 人。

【对口帮扶】 2020 年，海原县与福建漳州市、漳浦县各级领导高频次互访交流 20 批次 239 人次。漳州市、漳浦县各级部门、社团先后捐赠海原县社会帮扶资金 952.08 万元，开展劳务协作对接活动 3 次，在天马微公司建立海原县务工就业基地，组织 330 名学生赴天马微公司进行顶岗实习，通过“点对点”输送等方式输送转移就业劳动力 1072 人，其中到福建就业三个月以上 204 人。两地互派技术人才交流 86 人次，在漳浦组织海原县党政干部培训班 2 期 116 人次，组织开展专业技术人才培训 12 期 483 人次。两地 17 对乡镇、31 对行政村之间签署结对帮扶协议，16 个闽籍协会组织结对帮扶了海原县 15 个深度贫困村，捐赠帮扶资金 309.16 万元，捐赠 34000 个口罩、400 支额温枪和 2.4 万元防疫资金，支持解决海原防疫急需。

（县扶贫办）

定点帮扶

【产业扶贫】 2020 年，华润集团在海原县持续实施“华润基础母牛银行”模式，累计引进高端基础母牛 35196 头，向 13725 户次赊销 34781 头，为 1150 户丧失劳动力的贫困户和 125 个贫困村托管代养基础母牛，每村分红 5.534 万元，户均分红 2 万元，累计分红 2091.6 万元。投资约 6.5 亿元，在海兴开发区建设占地面积 214.73 亩的高端肉牛精深加工项目，其中一期投资 1.4 亿元建设肉牛屠宰、冷链物流等已进入试运营阶段；累计投入 79 亿元，建设 100 万千瓦风电项目，一期 30 万千瓦、二期 20 万千瓦风电项目全部建成并投入运营，截至 2020 年 10 月累计发电 25.79 亿千瓦时，营业收入 10.43 亿元，利润总额 4.623 亿元，税金累计 0.2 亿元。

【公益扶贫】 华润集团投资 1.35 亿元，建设海原华润希望小镇，惠及村民 343 户 1178 人，成为海原县新农村建设和乡村振兴的典范；捐赠 800 万元专项用于牌路山森林公园的品质提升和改扩建工作；设立贫困学生圆梦基金，300名中层以上领导对海原县贫困家庭大学生进行“1+1”帮扶，捐赠60万元，资助海原县300名贫困大学生，累计捐赠资金180万元，帮助370名贫困家庭学生圆了大学梦。

【人才扶贫】 2020年，华润集团捐资200万元，举办海原县领导干部能力素质提升专题培训班，提升海原干部能力素质。支持疫情防控，捐赠抗疫专项资金400万元支持海原疫情防控。

【结对帮扶和“百企帮百村”】 2020年，自治区、中卫市、海原县共安排144个部门结对帮扶海原县125个贫困村，累计投入帮扶资金2246.8万元，帮扶贫困村基础设施建设和产业发展。全区22家企业结对帮扶海原县24个贫困村，投入帮扶资金352.6万元；11家企业主动履行社会责任，投入帮扶资金60万元，帮扶10个贫困村脱贫攻坚。

（县扶贫办）

社会管理与民生服务

SheHui GuanLi Yu MinSheng FuWu

人力资源

【概况】 2020年，海原县人力资源和保障局（简称县人社局），内设综合办公室、人事人才办公室、工资福利办公室和社会保障办公室，下辖县就业与人才服务局、社会保险事务中心、劳动人事争议仲裁员、劳动保障监察执法局4个事业单位。

【人才管理】 2020年，海原县划转135人，组建海原县交通运输、农业、文化市场综合执法大队。成立专项督查组，对全县19个乡镇（管委会、街道办）23个村（社区）、22个事业单位在编人员和“三类人员”上岗情况专项督查，形成督查通报，对发现问题的单位要求按限期完成整改。

【人才优惠政策】 2020年，海原县制定完善人才优惠政策，为2名高层次人才每人发放安家补助费1万元。

【事业单位工作人员招录】 2020年，海原县严格程序，做好事业单位工作人员招录工作。2020年招录事业单位工作人员55人，制定《海原县2020年事业单位公开招聘急需紧缺高层次人才实施方案》，计划招聘急需紧缺高层次人才16人。扎实做好人才盘点工作，梳理出行业紧缺专业目录30个。

【人才培训】 2020年，海原县加大人才培训力度。按照需求，对接自治区人社厅引进专家17名，对海原县基层医院临床、摄影、书法、文学创作、电商创业实训、农村电商带头人培养、肉牛繁殖技术等领域开展指导工作。选派88名村级兽医和县畜牧产业发展服务中心3名专技人员赴西北农林科技大学动物医学院开展理论讲座和技能实操培训，切实提升全县村级畜牧兽医技术人员服务能力和水平。

【中高级职称评定】 2020年，海原县向自治区市申报评审高级职称113人、中级职称231人。晋级取得相应资格符合晋级条件的事业人员550人。制定下发《海原县职称“定向评价、定向使用”工作方案》，广泛宣传职称评审有关政策规定，按照时间要求2020年拟完成总量的10%。

【人才选拔】 2020年，海原县做好人才推荐选拔工作。申报享受国务院政府特殊津贴2人，推荐评选自治区青年拔尖人才2人。拨付2019年中青年人才深造研修资助经费1人3万元。验收产业园区12套公租房，扩建高层次人才公寓，用于周转安置引进的急需紧缺高层次人才。

【模范评选】 2020年，海原县做好战疫模范评选工作。通过边推选、边宣传、边学习等措施，广泛宣传自治区市级模范集体、模范个人，并于9月30日组织抗疫先进模范和集体参加全区抗疫先进表彰大会，其中先进个人11人，先进集体4个，先进党员1人，先进基层党组织1个。

（县人社局）

劳动保障

【农民工工资保障】 2020年，海原县制定《2020年根治拖欠农民工工资工作要点》《贯彻落实〈保障农民工工资支付条例〉实施方案》《2020年拖欠农民工工资突出问题专项整治实施方案》，全面安排部署2020年保障农民工工资支付工作。组织开展保障农民工工资支付专项督查，针对督查发现的问题单位要求限期完成整改。

【法规宣传】 2020年，海原县大力宣传《保障农民工工资支付条例》，通过采取集中学习和线上培训等方式，对劳动保障执法人员重点进行培训。建设条例宣传长廊，通过政务大厅电子屏滚动播出条例全文，悬挂横幅4条。印制宣传折页1万份、宣传画2000份、口袋书500份，结合劳动保障监察日常巡查进工地宣传发放。对根治欠薪领导小组成员单位以及全县2020年新建、续建工程建设项目的现场负责人共计150余人进行了条例专题培训。

【工资支付保障】 2020年，海原县严格落实工资支付保障制度。一是加强部门联动，督促工程建设项目落实实名制管理，审核备案劳动合同5455份。二是全面实行工程款与工资分账管理制度。所有建设项目施工总承包企业必须开设农民工工资专户，工程进度款按不低于22%的数额，拨付到专用账户，农民工通过银行按月足额直接支付到农民工银行卡中。三是严格落实农民工工资保证金制度。收缴农民工工资保证金1701.3万元，另有11个建设项目办理了保函。审核退还2020年竣工验收工程建设项目保证金本金及利息2277.66万元。四是加强企业诚信体系建设。审核开具无拖欠农民工工资证明155份，对有不良记录的坚决不予开具无欠薪证明，限制其招标。对9家规模企业进行劳动保障诚信等级评价，并将评价结果通报相关部门，实施联合惩戒。

【巡查督查】 2020年，海原县按照《2020年拖欠农民工工资突出问题专项整治实施方案》要求，不定期开展日常巡察，每季度开展专项检查，同时，扎实开展根治欠薪夏季专项执法、冬季攻坚行动，对全县重点工程建设项目进行督导检查，全面梳理存在的问题，及时督促单位、企业落实整改，发出责令整改指令书12份，督促整改问题60余个，化解欠薪投诉46起，为496名农民工追回劳动所得429.76万元，没有出现因欠薪问题导致的群体性上访事件。

（县人社局）

就业创业

【城镇就业】 2020年，海原县通过大力宣传就业优惠政策、城镇公益性岗位安置和自主创业，完成城镇新增就业897人，完成目标任务800人的112%。

【转移就业】 2020年，海原县为扎实做好“六稳”、落实“六保”各项就业惠民鼓励政策，出台了海原县疫情防控期间一系列就业政策并抓好落实，通过线上发布和线下宣传用工信息200余条，组织开展大型招聘会3场，提供就业岗位4万余个，“点对点”集中统一免费向福建、浙江、广东、天津、湖南等地企业输送2229人，向青海输送枸杞采摘工2502人，全县完成农村劳动力就业 8.99 万人（建档立卡贫困劳动力就业 3.19 万人，占 2019 年外出务工贫困人口的 114%），劳务创收 15.01 亿元，分别完成目标任务 8 万人和 12 亿元的 112%和 125%。

【城镇登记失业率】 2020 年，海原县受疫情影响，失业登记人数与上年同期相比有所增长，城镇登记失业率为 4.1%，低于自治区目标任务 0.4 个百分点。

【困难群体就业】 2020 年，海原县城镇失业人员再就业 439 人，就业困难人员就业 170 人，分别完成目标任务 350 人和 60 人的 125%、283%。

【高校毕业生就业】 2020 年，海原县认真落实高校毕业生就业、离校未就业高校毕业生实名登记服务 1632 人，就业 1330 人；落实高校毕业生到机关事业单位实习 410 人，新确定见习基地 10 家，派遣见习青年 79 人，招募“三支一扶”服务人员 183 人，高校毕业生就业率 96.2%。

【“铁杆庄稼保”】 2020 年，海原县通过“铁杆庄稼保”服务单位招标，下发购买通知，深入乡镇宣传，以村组、集中输送为购买单位，购买承保务工就业 40361 人，完成目标任务 40000 人的 100.9%，此项工作仍在继续推进。

【闽宁劳务合作】 2020 年，海原县建立厦门天马务工基地和漳州科技学院培训基地，共与福建开展劳务对接 3 次，开展闽宁专场招聘会 2 次，提供就业岗位 5500 个，共向厦门天马务工就业基地输送 533 人，筹集 64 万元闽宁资金在漳州科技学院开展素质提升培训，分 3 批次培训劳务基层工作人员、致富带头人、劳务经纪人 108 人，在银川、中卫、固原等重点养殖企业开展农村致富带头人创业拓展培训 520 人。

【劳务平台建设】 2020 年，海原县筹集闽宁资金 20 万元，为福建漳浦、新疆、浙江义乌、宁夏银川等 7 个驻外劳务服务中心和天马微务工基地配备电脑、打印机、照相机等办公设备，提高务工服务水平。截至年底，累计向福建各用工企业输送 958 人（建档立卡贫困劳动力 346 人）。

【劳务奖补】 2020 年，海原县筹集闽宁资金 498.4 万元，兑付李俊、关桥、西安等 5 个乡镇建档立卡劳务奖补，提高建档立卡劳动力务工积极性，受益人口达 7000 人以上，19 个乡镇兑现劳务奖补 1.6 万人 3900 余万元，完成任务的 104.4%。

【劳务返退减补政策】 2020 年，海原县全面落实自治区稳岗返还、失业保险退费、阶段性失业补助金发放等政策，为 45 家企业发放稳岗返还 82.1 万元。为 8 家失业保险费缴纳企业退费 1.23 万元，为 152 家企业 4874 人减免失业保险费 9.36 万元，为 612 人发放临时价格补贴 5.67 万元，为 435 人发放失业保险补助金 167.02 万元。为 9 名返乡农民工创业补贴，为 8 名大学生创业补贴。

【劳务扶贫政策】 2020 年，海原县及时拨付史店乡、李旺、七营镇、海兴开发区扶贫车间员工就业补贴 860 人 507.78 万元，吸纳贫困劳动力 263 人。制定海原县扶贫车间以工代训政策，开展扶贫车间以工代训 632 人，兑现补贴 117.9 万元。安置农村公益性岗位人数 583 人，农村公益性岗位在岗 2158 人。11 月 17—18 日在县委党校举办海原县 2020 年劳务经纪人及中介组织法人提升培训班，培训 93 人。

【职业技能培训】 2020 年，海原县完成创业致富带头人培训 520 人，完成目标任务的 100%。开展城乡劳动力职业技能培训 1519 人，完成目标任务 1250 的 121.5%；开展贫困劳动力职业技能培训 2358 人，完成目标任务 2050 人的 115%。在做好疫情防控的同时，驾驶员培训实现应培尽培，全年已完成培训 3220 人，完成海原县下达目标任务 3000 人的 107%。完成“两后生”培训 54 人，完成中卫市目标任务 50 人的 108%。

【全民创业】 2020年，海原县通过遴选师资力量雄厚的西部学员、星火等创业培训机构，开展创业能力和网络创业培训536人，完成自治区目标任务480人的111%。围绕主导产业，疫情期间加大对养牛大户的扶持力度，深入乡镇开展创业担保贷款申请业务，发放创业担保贷款1472户1.54亿元，完成创业担保贷款目标4000万的386%。培育创业实体441个、创造新岗位989个、创业带动就业3721人，分别完成目标任务400个、900个和1900人的110%、110%、195%。

（县就业创业和人才服务局）

社会保险

【实施全民参保计划】 2020年，海原县严格落实社会保险参保政策，有序推进社会保险参保工作。城乡居民养老保险参保16.32万人，企业职工参保1.93万人，机关事业单位参保1.26万人，失业保险参保0.97万人，工伤保险参保1.73万人，均超额完成目标任务。

【城乡居民养老保险】 2020年，海原县认真落实城乡居民养老保险基础养老金正常调整机制，为10048名企业退休人员和3955名机关事业单位退休人员分别调增基本养老金172元、207元，调增后企业退休、机关事业单位退休人员月人均养老金分别为2620元、5074元。城乡居民养老保险基础养老金提高5元，城乡居民月人均养老金达到192元。落实工亡职工一次性补助金、亲属抚恤金调整机制，截至年底，发放工亡职工补助金及亲属抚恤金1.48万元。

【社保扶贫】 2020年，海原县严格落实社保扶贫政策，为5.55万名建档立卡贫困人员代缴养老保险721.1万元。

【被征地农民社会保障】 2020年，海原县严格落实被征地农民社会保障政策，办理征地农民参保缴费手续1511人，缴费9797万元。

【减税降费免征】 2020年，海原县严格落实疫情期间减税降费免征政策，为131个参保机关事业单位降低养老保险缴费2606万元；为224个参保企业系统内减免基本养老保险费4743万元，减免失业保险费396万元；为181家参保企业减免工伤保险费134万元。

【住房补贴】 2020年，海原县完成核算并发放47个单位1536名退休人员住房补贴972.39万元，退缴参加房改机关事业单位退休人员住房补贴129人48.5万元、死亡人员4人0.25万元。严防基金流失，依法依规应对2起案件，共挽回工伤保险、养老保险基金80余万元。

【社保基金安全运行】 2020年，海原县进一步建立健全社会保险基金管理制度，完善社会保险内控管理机制，实行养老保险待遇集中统一发放，做到各项业务办理全程稽核，家庭申报死亡人数175人，追回家属冒领养老金34.72万元，确保了社会保险基金安全平稳运行。

（县社保中心）

医疗保障

【概况】 海原县医疗保障局于2019年1月28日挂牌成立，2019年3月后人员陆续划拨到位。2020年，核定编制24名，其中行政编制5名，设局长1名，副局长2名，设定综合办公岗和医疗保障与基金监管岗2个行政岗位；下设医疗保障服务中心1个事业机构，核定事业编制19名。2020年，海原县城镇职工基本医疗保险参保人18414人，城乡居民基本医疗保险参保394361人。基本医疗保险基金收入47391万元。基本医疗保险基金总支出34201万元，基金总使用率72.17%。

【疫情防控】 2020年，面对新冠肺炎疫情，海原县采取以下措施：一是为确保各项医保政策落实到位，对于疫病患者，包括发热门诊、确诊、疑似病患者，全部实施免费治疗，疫情期间共结算总人数3907人，总费用920159.85元，医保支付34734.57元，财政补助885425.28元。二是为确保经办服务到位，出台6项便民利民服务举措，尽量减少人员集聚、防止交叉感染，优化参保征缴，依托网络、电话、微信业务办理渠道，延长居民参保缴费期和单位、职工医保业务办理期限至疫情结束后两个月内，延长大病门诊购药周期，建立长处方制度等。三是为助力企业复工复产，自2020年2月1日起，全县各类企业职工基本医疗保险单位缴费部分减半征收3个月，2—4月，全县共减免87.7万元，受疫情影响生产出现严重困难的企业，可申请不超过6个月的缓缴职工基本医疗保险费，以实实在在的减负举措帮助企业有序复工复产，统筹海原县疫情防控和经济发展。

【城镇职工医疗保险】 2020年，海原县城镇职工基本医疗保险参保单位275家，参保职工18414人，其中在职职工13398人，退休职工5016人，完成自治区下达目标任务数17740人的103.8%。实际缴费人数13398人，基本医疗保险基金收入9258万元。

全年基本医疗基金共支出7634.87万元，其中统筹基金支出2879.59万元，个人账户支出4755.28万元，大额和公务员补助支出489.18万元。其中住院3537人次，医疗总费用3419.57万元，统筹支付2038.45万元，公务员医疗补助和大额医疗补助支出467.46万元，自费549.58万元，个人账户支付149.5万元；职工门诊大病17349人次，总费用677.44万元，统筹支付382.35万元，大额医疗补助支出21.72万元，个人账户支付196.96万元；普通门诊统筹83233人次，医疗总费用1146.57万元，统筹支付159.79万元，个人账户支付929.19万元；药店购药336254人次，医疗总费用3479.8万元，统筹支付个人账户支付3479.63万元；享受生育保险待遇613人次，其中生育医疗费用371人次，105万元；女职工生育津贴47人次，115万元；男职工生育津贴195人次，79万元。

全年基金收入13301万元，基金支出6967万元，基金使用率52.37%。上年结余17802万元，2020年结余6334万元，滚存结余24136万元。按照1—12月份支出每月支出581万元，基金可支付月数41个月。

【城乡居民基本医疗保险】 2020年，海原县常住人口409000人，基本医疗保险参保394361人（职工参保18414人，居民参保375947人），参保率96.42%。全县城乡居民参保缴费人数为375947人，完成自治区下达参保任务数368997人的101.88%。个人缴费6924万元，医疗救助资金补助个人缴费3569万元，财政补助20321.6万元（中央财政16205.6万元，自治区财政3704万元，县级财政412万元），共计30814.6万元。

全年基本医疗基金支出22837.86万元，大病支付1776.74万元，其他支付（大病保险财政补助、医疗救助、扶贫保、财政兜底）5362.33万元。其中住院50135人次，住院总费用38454.24万元，统筹支付20327.55万元，大病支付1776.74万元，其他支付（大病保险财政补助、医疗救助、扶贫保、财政兜底）5080.19万元，次均费用7670元，实际报销比57.48%，自费6201.36万元，政策范围内报销比68.53%。基本统筹支付占总费用的52.86%，大病支付占总费用的4.62%，其他支付占总费用的13.21%，各项支付合计占总费用的70.69%。门诊统筹727947人次，医疗总费用2342.07万元，统筹支付1485.2万元，实际报销比63.41%，自费158.12万元，政策范围内报销比68.01%，次均费用32元。门诊大病66006人次，医疗总费用2265.71万元，统筹支付1025.11万元，其他支付（医疗救助）282.14万元，实际报销比45.24%，自费222.21万元，政策范围内报销比 50.16%，医疗救助支付占总费用的 12.45%。次均费用 343 元。

城乡居民基本医疗基金收入 34090 万元，基金支出 27234 万元，基金使用率 79.89%。上年结余 28001 万元，2020 年结余 6856 万元，滚存结余 34857 万元，按照 1—12 月支出每月支出 2270 万元，基金可支付月数 15 个月。

【医疗救助】 2020 年，海原县医疗救助资助参加基本医疗保险人数 141856 人，医疗救助资助参加基本医疗保险资金数 3569 万元。住院救助 19416 人次，住院救助资金数 2563.13 万元，门诊救助 39506 人次，门诊救助资金数 282.14 万元。基金收入 6977 万元，基金支出 8599 万元，基金使用率 123.25%。上年结余 4969 万元，2022 年结余 -1622 万元，滚存结余 3347 万元，按照 1—12 月支出每月支出 717 万元，基金可支付月数 4 个月。

【贫困人口参保】 2020 年，海原县建档立卡贫困人口总数为 103560 人，筛查出不属于参保范围 11 人，应缴费 103549 人，实际缴费 103549 人，参保率 100%。边缘户总人数为 3914 人，筛查出不属于参保范围 27 人，边缘户应缴费人数为 3887 人，边缘户实际缴费人数为 3887 人，边缘户参保率 100%。

【贫困人口医疗待遇保障】 2020 年，海原县确保建档立卡贫困人口患者年度内住院费用实际报销比例不低于 90%或当年住院自付费用累计不超过 5000 元。全年政府兜底保障 5868 人次，医疗总费用为 7132 万元，“一站式”报销 6545 万元，个人自付 587 万元，实际报销比例达到 91.77%。

【贫困人口“一站式”结算】 2020 年，海原县跨省异地就医备案 1381 人，直接结算 350 人次，总费用 1048.04 万元，支付医保统筹基金 713.99 万元。实现“一站式”结算，减轻了参保人员垫资负担，真正实现让数据多跑路、让群众少跑腿。

【医保扶贫政策宣传】 2020 年，海原县先后印制了《医疗保障精准扶贫政策解读》4 万份、《城乡居民基本医疗保险参保缴费宣传折页》8 万份、《致全县城乡居民一封信》8 万份、《城乡居民基本医疗保险宣传年历》4 万份、《医保政策宣传手册》1 万本，详细解读了医疗保障健康扶贫政策、城乡居民基本医疗保险普惠性政策、大病保险政策、医疗救助等政策，提高群众对医疗保障政策知晓率。

【医保改革】 2020 年，海原县全面深化医疗保障改革。一是推进医保支付制度改革。根据 2020 年《县人民政府办公室关于印发海原县医疗保险总额控制下按病种分值付费实施细则（试行）的通知》，从 2020 年 1 月 1 日全面推进总额控制下按病种分值付费改革，按照“以收定支、收支平衡、略有结余”的基本原则，在医疗保险基金实行预算管理的基础上，实行预算管理、总额控制、病种赋分、按月预付、年终清算，对各定点医疗机构的住院医疗费用进行分配和结算。二是 2019 年 12 月 20 日开始，全县二级及以上公立医疗机构参与了取消医用耗材加成联动调整医疗服务价格，基本实现了医疗机构合理补偿和患者总体负担基本不增加的“双赢”目标。三是落实自治区关于深化医疗保障制度改革的实施意见，加快建立覆盖全民、城乡统筹、权责清晰、保障适度、可持续多层次医疗保障体系。

【基金监管】 2020 年，海原县开展打击欺诈骗保专项治理活动，以定点医疗机构、定点零售药店及参保人员为主要检查对象，以住院和门诊服务、药店购药服务为主要检查内容，对全县 28 家协议医疗机构、51 家协议药店及 90 个村卫生室进行了逐一核查，查出挂床住院 52 例，扣回违规支付医保基金 148149.72 元。存在不合理治疗、不合理用药住院患者 21 例，扣回违规支付医保基金 15926.35 元，查出 6 家协议药店存在串换药品问题，扣回违规支付医保基金12230.5元。拒付、追回意外伤害患者住院费用12例，涉及住院费用152629.73元，查处重复报销1例，涉及住院费用23401.39元。利用医保系统审核结算费用时，直接拒付共计29212.74元；查出5人意外伤害不属于医疗保险范畴，直接拒付335018.33元。通过全方位查处，促使各协议医药机构能够按照国家医保政策规定认真落实，严厉打击了欺诈骗保行为，确保了医保基金安全。

（黑晓亮）

民　政

【资金争取】 2020年，海原县共争取民政资金38530万元，其中困难救助资金35090万元，项目资金3440万元。截至2020年10月底，发放孤儿津贴646.7万元、城市低保金4665.75万元、农村低保金19753.31万元、临时救助资金3101.25万元、“五保”供养经费536.1万元、残疾人“两项”补贴1095.68万元，项目资金支出1700万元。

【民政兜底保障】 2020年，海原县切实发挥好社会保障兜底作用，全面开展“四查四补”工作，通过社会保障兜底入户核查、农村低保专项治理和民政救助对象年检工作，重点对建档立卡未脱贫人口（1047户3375人）、“边缘易致贫人口”（965户3718人）、脱贫不稳定人口（431户1979人）、60岁以下低保家庭、特困供养对象、孤儿及困境儿童中完全丧失劳动能力和部分丧失劳动能力且无法依靠产业帮扶脱贫的贫困人口，以及因病、因残、因灾等贫困家庭入户核查，对符合低保条件的人员建议乡镇按照低保程序纳入低保，新增农村低保对象553人，取消低保对象3969人。

【农村低保专项治理】 2020年，海原县扎实开展农村低保转治理和低保年检工作，切实做到“应保尽保、应兜尽兜、应退尽退、动态管理”，截至10月底，全县新增低保对象6722人，取消低保对象8539人。全县共有低保对象42823户61958人，共发放城乡低保救助资金24419.06万元。其中建档立卡户享受低保16835户25586人，所有建档立卡低保对象均享受“一类”标准（400元/月），稳定了建档立卡户的收入。

【问题整改】 2020年，海原县坚持把问题整改贯穿到脱贫攻坚始终，对各级各类巡视、督导、考核、审计检查反馈的问题，从讲政治的高度坚决整改落实。中央脱贫攻坚专项巡视自查的5个方面25个问题、2018年脱贫攻坚成效考核反馈的2个问题、自治区党委专项巡视反馈的4个问题、第三方评估检查反馈的1个问题、审计署西安特派办专项审计发现的1个问题、脱贫攻坚“回头看”发现的1个方面2个问题、2019年脱贫攻坚成效考核反馈的1个问题、国务院扶贫办调研督导反馈的1个问题、国务院扶贫开发领导小组脱贫攻坚督导检查反馈的1个方面2个具体问题、自治区党委第六巡视组对海原县脱贫攻坚专项巡视“回头看”反馈的3个方面7个问题，均已整改完成。同时，通过整改，推动解决了一批突出问题，健全完善了长效机制，提高了脱贫攻坚质量，巩固了脱贫攻坚成果。

【民政帮扶】 2020年，海原县民政局扎实开展郑旗乡中坪村等11个挂牌督战村未脱贫人口、边缘易致贫户和脱贫不稳定户进行全覆盖核查，11个村新增低保对象270人。县民政局筹资5万元用于郑旗乡南山村17户帮扶对象，切实做到“一户一策、一户一档”，确保脱贫攻坚路上不落一人。

【疫情防控募捐】 2020年元月30日，发布“抗击新型冠状病毒疫情”专项募捐倡议书，开展专项募捐活动，共筹集到疫情防控捐款794.15万元。共筹集一次性医用口罩52924个、酒精消毒液5000瓶，重点做好养老机构和儿童福利机构疫情防控，为全县分散特困供养对象、孤儿和困境儿童、高龄老人每人发放口罩和酒精消毒液，为全县村居“两委”人员和网格员共发放口罩22500个，切实保障了民政服务对象和村居一线疫情防控人员生命健康安全。

【临时救助】 修订完善《海原县城乡困难群众临时救助实施方案》，加大救助力度。对2020年6月底前受疫情影响无法返岗复工、连续三个月无收入来源、生活困难、失业保险政策未覆盖、未纳入低保范围的农民工等困难群众，通过排查共救助11678人次，中央直达困难群众救助资金904万元由县民政局通过县财政国库均已发放到个人账户；2020年在新冠肺炎疫情期间，为海原县557名分散特困供养人员和785名分散孤儿、困境儿童，每人发放疫情期间困难生活补助300元，共40.26万元。截至2020年10月底，共救助30202人次，发放救助资金3065万元，其中大病救助1827人，发放救助资金916万元。

【养老服务体系建设】 2020年，海原县初步建成了海原县阅海养老服务中心、县城中心养老院、海兴开发区养老院为支撑，南苑日间照料中心和50个“老年饭桌”为补充的养老服务体系。截至年底共发放特困供养救助资金536.1万元。通过养老服务建设和救助资金发放，切实改善了特困供养人员的生活质量和居住环境，提高了养老服务能力。

【民生项目建设】 2020年，海原县新建海原县三河镇养老院养护楼及附属项目，总投资2497.93万元，主体工程基本完成；新建或购买3个城市社区老年人日间照料中心建设项目，团结社区日间照料中心待粮鑫小区二期开发统筹规划建设。新建6个农村老饭桌建设项目，总投资227万元；新建海原县殡仪服务中心项目，投资800万元，主体已完工。

【村务公开民主管理】 2020年，制定《关于开展全县村务公开民主管理专项治理督查工作方案》，对各乡镇、行政村开展村务公开及民主管理工作进行督查，督查率达到了30%，对督查中发现的问题，及时反馈至各乡镇，各乡镇及时对所辖行政村进行了整改。

【推广“55124”工作模式】 2020年，指导全县各村全面推进“55124”工作模式，健全了各项民主管理制度，规范了村民代表会议各项程序，有效推进了村级民主管理工作。

【“两约”修订】 2020年，指导乡镇及村（居）委会对“乡（镇）民公约”和“村（居）公约”进行了修订，修订率达到了100%。

【网格员配备】 2020年，指导各乡镇以村民小组为基本单元划分网格，共配备农村网格员1080名。

【城乡社区协商】 2020年，指导各乡镇对所辖村（居）委会深入开展了城乡社区协商工作，按照“收集议题、确定议题、公布告知、开展协商”程序，开展了协商，有效解决了矛盾纠纷调解、老旧小区改造及部分物业问题，协商工作相对完善和规范。

【民政扫黑除恶】 2020年，制定《海原县民政系统2020年扫黑除恶工作要点》，围绕民政系统7项治乱工作，深入开展了综合治理工作。

【“两委”换届摸排】 2020年，开展村（居）“两委”换届选举摸排工作。以乡镇为单位，由县、乡包抓领导带队深入各村走访离任村干部、党员群众代表等人员，与现任村“两委”班子座谈交流，对村“两委”班子现实表现和存在问题进行了“一对一”分析研判，县处级包抓领导严格审核把关，为2021年村“两委”顺利换届打下了坚实基础。

【社区治理】 2020年，起草《海原县关于完善社区治理体系提高治理能力实施方案》和任务清单，并制定《海原县落实完善社区治理体系提高治理能力实施意见“六增六提”实施方案》《海原县城市社区服务管理职责事项清单》，转发了自治区社区治理《服务大联动清单第一期（2020）》等，进一步细化社区治理的具体任务，为社区治理工作在制度、政策等方面提供了依据，按照任务清单和“六增六提”要求，社区治理工作稳步推进。

【儿童关爱服务】 8月14日在县儿童福利院召开“护童成长”——儿童关爱服务体系建设试点项目启动会，并印发三年行动实施方案，逐步建立健全留守儿童、困境儿童关爱服务体系。通过政府购买实施未成年人关爱保护服务项目，提高机构养育孤儿、父母双亡孤儿和困境儿童养育津贴标准，分别为每人每月1249元。

【婚姻登记】 2020年，切实加强婚姻登记规范化管理，不断提高执法水平和婚姻登记质量。共办理结婚证2091对、离婚证473对，补发结婚证1621对、离婚证49对。实行疫情防控常态化婚姻登记备案通报制度，对各乡镇（街道）婚丧嫁娶事宜进行督查。

【殡葬管理】 2020年，开展违法违规私建“住宅式”墓地等突出问题专项摸排工作，殡葬管理工作进一步规范和加强。新建的海原县殡仪服务中心已完工。

【流浪乞讨救助】 2020年，加大流浪乞讨巡逻救助力度，共巡逻130余次，救助46人。

【社会组织管理】 2020年，制定《海原县关于完善社团治理体系提高社团治理能力实施方案》，并对2020年工作分工清单进行细化，推进会正在筹备当中。制定下发《海原县关于做好2019年度社会团体和民办非企业单位年检工作的通知》，细化了工作流程，明确了工作要求，做实做细年检工作。全年民办非企业单位应参加年检的22家，实际参加年检12家，社团应参加年检17家，实际年检5家，年检率29%。共成立海原华山医院等4家独立党支部；海原县俊胜职业技能培训学校等2家联合党支部；海原县小豆丁幼儿园等3家挂靠管理社会组织；成立海原县义工联合会功能型党支部1家。

【规范区划地名】 2020年，根据《海原县乡（镇）级行政区域界线和部分行政村村界勘定工作实施方案》，已完成海原县行政区划图和各乡镇地图审核校对和出版工作；地名文化分级保护和图录典志编纂工作有序推进；对县城不规范地名进行了全面清理整治；出台《海原县标准化地名规范管理工作实施方案》，为今后全县地名管理建立了工作机制；完成海原县与原州区、同心县、沙坡头区三区两县的界桩勘定、测绘和换桩工作。

【民生实事和提案办理】 2020年，民政部门承办民生实事1件，办理政协委员提案5件。其中2020年7月已为全县15000名非建档立卡贫困老年人每人购买50元人身意外保险。于2020年1月提高城市居民最低生活保障救助标准，提标后人均月补助水平达到438元；积极向自治区民政厅争取新建6个“老年饭桌”，已建设完成，全县老饭桌达到60个，进一步扩大老饭桌覆盖面；对困难家庭实行救急救难，防止“因病返贫”，截至年底共救助30202人次，发放救助资金3065万元；已对村规民约进行修改；已在57所小学和幼儿园建成儿童之家，同时积极与县教体局对接，并征求学校意见，关于校园建立“爱心校园”不适合，因此无法开展。

【小康监测】 一是2020年每千老年人口养老床位数达35张以上。目标床位数1608张，已拥有床位数1434张，2020年完成176张，达到1610张。二是基层民主参选率达到90%以上，妇女参与基层民主管理达到92%，按2016年基层民主参选率95.8%进行统计。三是每万人拥有社会组织数6.5个以上。目标数296家，截至年底，海原县依法注册登记社会组织共47个，其中社会团体21个，民办非企业单位26个，备案255家社会组织。

（县民政局）

退役军人事务

【概况】 2020年，海原县退役军人事务局于2018年11月29日挂牌成立，整合县民政局退役军人优抚安置职责、县人力资源和社会保障局军官转业安置职责，主要负责军队转业干部、复员干部、退休干部、退役士兵移交安置工作和自主择业退役军人服务管理、待遇保障工作；负责组织开展军人教育培训、优待抚恤和指导拥军优属工作；负责烈士、退役军人荣誉奖励和军人公墓维护纪念活动；负责“双拥”工作。县退役军人事务局设局长1名、副局长2名，核定行政编制5名。下设海原县退役军人服务中心1个事业单位，核定编制8名，设服务中心主任1名。办公地点在海原县政府北街。

【服务体系建设】 2020年，海原县在县、乡、村三级服务机构组建完成的基础上，按照“一厅四室六窗口”要求对服务中心进行重新改造。突出“军”的元素，布置装扮了办公、活动场所，配置了桌椅、电脑、电视、电话、复印机、传真机、饮水机、资料柜、档案柜、图书架等办公设备。乡镇（街道、管委会）服务站全部设置专门办事窗口和岗位，宣传标语、工作流程、工作制度、服务承诺全部上墙，“军”味氛围营造全部完成。

【就业创业服务】 2020年，海原县严格落实“六稳”“六保”任务，认定3家退役军人培训承训机构；协调相关部门，为退役军人提供公务员招考岗位7个、事业单位招考岗位9个；组织参加自治区退役军人事务厅组织的退役军人事务部签约企业岗位网络招聘会8次，提供岗位158个，达成意向多人。与人社部门联合举办线下招聘会，向退役军人提供就业岗位49个，涉及储备干部、销售人员、礼宾专员、设备维修、汽车驾驶等，组织全县退役士兵参加招聘会，初步达成就业意向多人。推荐退役士兵参加辅警招聘，通过考试的全部上岗；解决退役军人公益性岗位4个。全年完成退役士兵新增就业工作，完成率104%。积极鼓励退役军人参加学历提升教育，完成自主就业退役士兵教育培训。

【基层服务基础】 2020年，海原县以全国示范型退役军人服务中心（站）创建为抓手，综合开展“基层基础基本建设年”活动。县委、县政府高度重视全国示范型退役军人服务中心（站）创建工作，主要领导分别做了批示，分管县领导带队对各乡镇创建工作开展督导检查。县退役军人事务局年初召开专题会议进行全面安排部署，成立专门工作领导小组，印发《海原县创建2020年全国示范型退役军人服务中心（站）实施方案》《海原县退役军人事务系统开展“基层基础基本建设年”活动实施方案》《海原县全国示范型退役军人服务中心（站）创建工作实施细则》，明确创建任务、实施步骤和责任分工，强化督导检查。全年组织召开示范创建专题培训会4次，局领导带队到各乡镇实地督导8次，打造示范样板点4个，组织召开现场观摩会、工作推进会各2次。年底，所有乡镇阵地建设已全部建成，硬件设备全部配备到位，档案资料整理基本完成，已通过自治区级初验，正在准备退役军人事务部验收。

【思想引领】 2020年，海原县成立领导小组，印发工作方案，明确步骤任务，压实工作责任，扎实开展“思想政治工作年”活动，认真落实《关于加强退役军人党员教育管理工作办法（试行）》，按照组织隶属关系将全县1797名退役军人党员全部纳入基层党组织管理，各服务中心（站）建立退役军人党员管理台账；学习运用新时代“枫桥经验”，建立常态化联系退役军人制度，明确联系对象及方式，畅通退役军人表达意见的渠道。全年累计上门45人次、电话联系23人次，协调解决8个事项；联合县妇联评选表彰“最美兵妈妈”13名、“最美军嫂”4名；联合县人武部欢送2020年新兵；举办退役军人大型专场文艺演出1场次，营造浓厚的“双拥”氛围。开展“国家丰碑、人民记忆”烈士公祭活动，县四大班子全体领导、社会各界代表700余人参加活动，表达了对革命烈士的深切缅怀，营造了浓厚的爱国主义氛围。

【待遇保障】 2020年，海原县全面落实优待抚恤政策，足额发放各类资金；县政府把为全县优抚对象体检列为全年十大民生实事，县退役军人事务局于9月中旬组织开展了此项工作，优抚对象参加体检；开展退役军人双拥卡办理工作，各乡镇（街道、管委会）办理双拥卡1800张。

【“双拥”模范县创建】 2020年，海原县通过打造退役军人之家及“双拥”主题公园，改建“双拥”活动室，创建“双拥”工作陈列墙，专设退役军人光荣榜，完善双拥档案资料，充分展示社会主义核心价值观和双拥工作成果。修缮维护牌路山烈士陵园，加强爱国主义教育基地建设。经共同努力，海原县成功创建“全区双拥模范县”。

【政策制度保障】 2020年，海原县研究出台《关于加强新时代退役军人工作的实施意见》《海原县委退役军人事务工作领导小组成员单位退役军人工作职责》《海原县退役军人事务核查督办实施细则》《海原县委退役军人事务工作领导小组成员单位联络员工作职责》等文件，为做好退役军人工作提供制度保障。

【疫情防控】 2020年，海原县退役军人事务局成立疫情防控工作领导小组，加强单位内部常态化管理。组织党员干部、退役军人一线开展疫情排查，捐款捐物92988元。

（张国慧）

乡(镇、街道、管委会)

Xiang(Zhen、JieDao、GuanWeiHui)

海城镇

【概况】 海城镇位于海原县中部城乡接合部，东临史店乡，南接树台乡和南华山国家级自然保护区，西靠西安镇，北连关桥乡。镇政府驻地设在海原县城建设路。行政区划面积301平方公里，辖山门、堡子、高台寺、武塬、王井、段塬、水洼、北海新村8个行政村、66个自然村。2020年年末，户籍总人口7389户、26314人，其中常住农业户6052户、21571人。耕地总面积13.8万亩，人均5.2亩，退耕还林3.14万亩，人均1.2亩。

【脱贫攻坚】 2020年，海城镇有建档立卡户2237户8439人、脱贫监测户27户143人、边缘户59户222人。2020年减贫59户198人、全镇贫困发生率为零。人均可支配收入10555元。

【安全饮水】 2020年，全镇完成农户及养殖场自来水入户320户，新建200立方米蓄水池7座，完成闸阀及水毁自来水管道维修56处，收缴水费86万元。

【危房改造】 2020年，共实施危房改造128户，已全部竣工，全部回迁入住，入住率100%。

【义务教育】 2020年，疫情期间帮助小源头自然村3户6名学生解决了因网络信号不足影响空中课堂学习的问题。全年排查无辍学学生。

【基本医疗保障】 2020年，全镇建档立卡户医疗签约服务率100%，签约人数8429人。全镇慢性病签约780人，大病救治15人，重病兜底1人。医疗保险收缴24111人，收缴率达到95%以上。

【移民工作】 2020年，海城镇政策性移民涉及山门新村安置点和段塬村夏塬安置点，按照《关于进一步做好全县政策性移民后续扶持发展工作方案》要求，对山门新村和段塬村夏塬安置点移民从基础设施建设和后续产业发展方面进行进一步提升。在基础设施配套建设方面，按照《关于进一步做好全县政策性移民后续扶持发展工作方案》等相关文件要求，完成“十二五”移民搬迁户“多代多人”建房及危房建设补助33户，完成移民非建档立卡户住房维修补助161户，开工维修建设山门文化广场2座，组织实施拆迁安置新村下水管道铺设工程。完成地质灾害点搬迁36户。在后续产业扶持发展方面，输出剩余劳动力239人，公益性岗位安置36人，组织动员移民群众完成红葱种植1741亩，种植小杂粮523亩，补栏基础母牛371头、基础母羊511只。

【特色农业】 2020年，以武塬、堡子、高台为主，辐射带动段塬、王井、水洼等村完成荞麦、糜谷等小杂粮种植4.17万亩；以山门村为主，完成红葱种植6538亩；以段塬马铃薯基地为主，辐射带动周边群众种植马铃薯5500亩。

【种草养畜】 2020年，在堡子、高台、王井、武塬等养殖基础较好的村着力发展养牛产业。在饲草种植方面，以堡子、高台、王井村为主，辐射带动段塬、武塬、水洼等村种植青贮玉米4850亩，腌制青贮玉米2845吨；种植禾草12800亩，为牛羊养殖饲料储备打下了坚实的基础。在养殖业方面，针对牛羊市场持续向好行情，积极鼓励动员群众完成羊补栏5464只，出栏8567只，现羊存栏844户22484只；猪存栏82户1055头；完成牛补栏1314头，出栏532头，现牛存栏607户5317头。培育规模养殖场12家。

【劳务产业】 2020年，全镇共完成劳务输出5455人，其中建档立卡户2269人；安置公益性岗位418人，护林员80人，预计人均劳务创收1.3万元。

【金融扶贫】 2020年，全年为贫困户累计发放贷款9052万元，前三季度贷款贴息267.8万元。积极联系保险公司及时为建档立卡户购买大病补充医疗险和意外伤害伤残险、基础母牛和基础母羊养殖险、农业产品保险等，全年养殖业理赔羊86只68800元、牛11头132000元。

【社会保障】 2020年，海城镇清理不符合低保政策享受人员419人，新纳入符合低保条件的195人（其中建档立卡户108人），全镇有农村低保2531户3368人，其中建档立卡户中享受低保政策的2595人（整户社保兜底17户23人），五保户51户51人，重点优抚对象66人，孤儿30户52人，高龄177户177人。全镇享受残疾人护理补贴342人（建档立卡户227人），享受残疾人生活补贴532人（建档立卡户358人）；全年累计发放临时救助129.3万元。

【脱贫攻坚问题整改】 共归类梳理问题4类26项99条，制定有针对性措施99条，需争取县直有关部门协调解决6条，已全部整改完成。挂牌督战方面，梳理反馈问题24条（其中，自治区市县领导督导反馈问题4条，市扶贫办督导反馈7条，自查短板弱项13条），全部完成整改。自治区党委第六巡视组脱贫攻坚专项巡视"回头看"反馈问题整改方面，主动认领涉及全镇的3项18条问题，制定了切实可行的整改方案，建立并完善了整改台账，进一步明确整改时限，责任到人。年末，已完成问题整改15条，剩余3条正在组织整改［1.互助资金清收未完成。2.两个农村软弱涣散基层党组织正在整顿。3.非贫困村（北海村）无专业合作社］。在国务院扶贫开发领导小组2020年脱贫攻坚督查反馈问题整改方面，主动认领涉及全镇的5项13条问题，制定切实可行的整改方案，建立并完善整改台账，进一步明确整改时限，责任到人，已全部整改完成。

【环境整治】 2020年，海城镇组织各村对村庄出入口、农户房前屋后、广场等公共场所以及海同、黑海高速公路和海同、海西、G341等主干道路沿线两侧200米范围内的重点区域里垃圾进行全面清理，尤其是堡子村开展主干道两侧环境整治效果明显。在高台村和武塬村开展农村人居环境整治示范村建设。武塬村借助美丽村庄项目、闽宁示范村建设项目开展人居环境整治，效果已初步显现，高台村在加紧整治中。对照全年260座目标任务，层层压实责任，列出时间表、倒排工期，加快"厕所革命"工程建设速度，严把建设质量，提高资源利用率。年末，全镇已经完成厕所改造260座，并已投入使用。加大乡村绿化力度，春季在村道及村庄内空地植树8万株。

【村级集体经济】 2019—2020年，全镇实施了王井、山门和水洼三个村的村集体经济项目，其中王井和山门以冷藏库建设为主，水洼村以仓库建设为主。除山门村配电未接入外，其他所有工程均已建设完成。共投入资金417.94万元，其中王井村投入200万元，山门村投入117.94万元，水洼村投入100万元，已全部兑付到位。

【"一村一年一事"】 2020年，海城镇共实施"一村一年一事"项目8个，其中镇级实施7个，分别为高台村巷道硬化、王井村环境整治、段塬村村组巷道硬化、北海村道路排水、堡子村道路维修及道路排水、水洼村仓库建设、武塬村2020年美丽乡村建设。共投资866.61万元，资金已兑付621.51万元。县住建局实施山门村人防路维修及排水工程，投资53万元。年末，镇级实施的7个工程已全部竣工，完成县级验收。

【软弱涣散党组织整顿】 2020年，海城镇党委成立整顿工作领导小组，并下派工作组，通过走访摸排、谈心谈话、集中学习等形式，将软弱涣散党组织整顿与矛盾排查化解、解决脱贫攻坚重难点问题相结合，化解邻里矛盾21起，解决历史遗留问题4起，解决脱贫攻坚重点、难点问题1个，开展党员义务劳动、上门服务活动5次，整顿效果明显，有效提升了党组织的凝聚力、号召力。

【基层组织建设】 2020年，海城镇扎实推进"六查六整"行动，对标"六查六整"内容指导各村党支部查摆突出问题31条，对查摆出的问题逐一建立整改台账，制定整改措施56条，实行整改销号制，全部完成整改。认真做好上级调研反馈问题整改工作，共认领6个方面16条问题，已完成整改13条，正在整改的3条。扎实开展"两委"换届摸排工作，通过深入各村走访、座谈交流和平时工作表现等对现有的40名村"两委"干部逐人进行了分析研判，并通过征求意见，初步确定"一肩挑"人员7人，新提名人员6人，继续提名人员29人。

【党风廉政建设】 2020年，海城镇全面落实党风廉政建设责任制，狠抓"两个责任"落实，严格落实"一岗双责"，与各镇直部门、各村党支部签订《全面从严治党目标责任书》。全年组织处理镇村组三级干部159人，其中书面检查7人、批评教育4人、提醒谈话136人、责任约谈2人、诫勉谈话6人、党内警告4人。对县委巡察组巡察武塬反馈的问题，成立整改工作领导小组，建立问题清单和责任清单，逐项分解、逐项落实，确保整改工作落实到位。

【信访工作】 2020年，海城镇坚持定期召开信访工作调度会议，特别是重要时期，坚持每天研究矛盾纠纷隐患排查化解情况、信访户情况，查找问题症结，研究制定解决办法。对信访化解工作实行网格化管理，由8个包村领导统筹协调、解决片区信访矛盾隐患，共接到上级转办各类信访件29件，已化解26件，正在化解3件，信访案件数量较上年下降明显。

【扫黑除恶】 2020年，海城镇召开专题研究扫黑除恶工作会议3次，召开镇村干部大会安排扫黑除恶工作3次。多措并举，充分利用村部喇叭、微信群、海城镇公众号、入户宣传、培训等形式深入广泛宣传，全力做好扫黑除恶宣传工作，营造了良好的社会治安氛围。结合脱贫攻坚工作，安排村组干部、包村干部在入户宣传扶贫政策的同时宣传扫黑除恶知识，努力提高群众的知晓率，增加群众的安全感和满意度。

（李志兰）

三河镇

【概况】 三河镇位于海原县东部，东与固原市原州区炭山乡接壤，南邻原州区三营镇，西接郑旗乡，北连七营镇。镇政府驻地在海兴开发区，西北距海原县城63公里。行政区划面积265平方公里，辖兴业、凤凰2个社区及黑城、唐堡、苋麻、辽坡、代店、团庄、红城、四营、六窑、坪路、小河、鹭海、富陵13个行政村、111个自然村。2020年年末，有户籍人口15156户51103人（其中回族24221人，占总人口的47.40%）。有耕地面积12.23万亩，退耕还林面积4.85万亩。实现社会总产值10.418万元，居民人均可支配收入12060元。

【疫情防控】 2020年，三河镇认真落实“外防输入、内防反弹”防控策略，统一领导、统一指挥、统一行动，实行班子成员包抓行政村、村“两委”成员包抓自然村、队长包抓重点户，层层压实责任，逐级传导压力，构建多层次、全链条、立体化的防控体系，实现了不发生社区疫情传播、不发生医护人员感染、不发生死亡病例的目标要求。在国内疫情防控形势整体平稳可控大背景下，全镇积极动员群众发展生产，实现劳务人员正常返工、交通运输车辆运营正常、学生全部返校，全镇经济呈现稳定恢复增长。

【脱贫攻坚】 2020年，三河镇紧盯“两不愁三保障”目标，立足夯实产业发展基础、做好交通运输产业、做活劳务就业，初步形成“一村一品”的产业发展格局，实现“户户有增收门路”的目标。全镇剩余未脱贫户118户422人已严格按照“445”签字制度全部脱贫退出，边缘户42户177人完成风险消除29户124人，脱贫监测户36户183人完成风险消除30户152人。

【“两不愁三保障”】 2020年，三河镇解决新返乡112户人员通水入户需求，自来水入户率达100%。改造危房222户，已竣工验收222户，实现安全住房全覆盖。新建幼儿园1所，义务教育巩固率达100%，实现适龄儿童辍学清零。完成慢性病签约29905人，建档立卡签约率100%；缴纳2020年城乡居民医疗保险44176人，建档立卡户、边缘户参保率100%。

【“四查四补”】 2020年，三河镇累计入户10113户，其中建档立卡户2201户，非建档立卡常住户7912户，共查出4类95条问题，已全部落实整改。坚决落实挂牌督战，针对未脱贫户、监测户、边缘户等重点人群，制订并实施了“一户一策”精准帮扶计划，协助落实发展项目，有效确保了脱贫攻坚工作，实现了贫困户全面清零。

【移民遗留问题】 2020年，三河镇紧紧围绕4个集中安置点（富陵、鹭海、兴业、凤凰）1845户7765名移民搬迁户，科学制定后续产业扶持发展思路。年末，政策性移民遗留问题“七个清零”工作基本完成（27户100人未脱贫移民脱贫清零），搬迁移民后续发展工作正向“搬得出、稳定住、逐步能致富”扎实迈进。

【脱贫攻坚问题整改】 2020年，三河镇上半年涉及5次101条问题，已全部整改完成；下半年涉及2次28条问题，其中自治区党委第六巡视组脱贫攻坚专项巡视“回头看”反馈问题整改方面，全镇共完成整改14条，剩余2条正在按要求时限加快整改，于10月底提前完成国务院扶贫开发领导小组2020年脱贫攻坚督查反馈的涉及三河镇的5个方面12个问题的整改。

【草畜主导产业】 2020年，三河镇按照扩牛稳羊、压粮扩草的总思路，进一步扩大高端肉牛养殖规模：一是继续巩固壮大代店村高端肉牛示范村。新增养殖示范户35户，新建标准化圈棚16座，肉牛存栏量达2850头（基础母牛1875头）。二是全力打造辽坡村高端肉牛示范村。培育养殖示范户200户，新建标准化牛棚200座，肉牛存栏量达2560头（基础母牛1236头）。三是新建富陵村肉牛养殖园区1座，一期914头肉牛顺利入园养殖。四是新建红城村高原牧歌养殖场1座，存栏肉牛2000头。全镇累计补栏肉牛3580头，总存栏量达8550头，预计年底实现存栏肉牛1万头，沿苋麻河流域万头肉牛产业带基本形成。

【特色种植业】 2020年，三河镇紧紧围绕“一主四特”农业产业发展布局，初步育成清水河流域2万亩枸杞产业带和福银高速两侧万亩瓜菜产业带。全镇枸杞种植总面积达2.13万亩，瓜菜种植面积达1万亩，小杂粮种植面积达1万亩以上，菌菇试验种植面积达105亩。

【乡村建设】 2020年，三河镇村容村貌不断改善，累计拆除危旧院落28户，清理生活垃圾、禽畜粪便、建筑垃圾等2.92万吨。有序推进“厕所革命”，完成红城、唐堡2个村244户厕所改造任务。增绿行动卓有成效，全年栽植树木21200株，治理荒山7000亩，硬化道路25.759公里，配套渠系20.2公里，新增环卫车30辆。

【河长制工作】 2020年，三河镇河长制工作深入开展，全年共取缔清水河流域非法砖厂1处、砂场2处，查处清水河流域乱采乱挖3起，累计组织发动人力366人次，出动机械115台次，共清理垃圾4198.3吨。全镇河湖面貌不断改善，河道行洪能力明显提升，初步实现了水清河畅。

【民生保障】 2020年，三河镇全面推动稳就业、促就业政策措施落实，全镇实现农村劳动力转移就业6817人。全年兑付各项民政资金4960.2万元，发放农村低保金2154.7万元、城市低保金2234.3万元、临时救助资金334.9万元、救灾资金7万元、春节饺子费和开斋节古尔邦节等补助571.2万元；发放一、二级残疾补贴112.5万元。累计办理产业发展贴息贷款8406万元，完成贴息247.6万元，直接惠及建档立卡户1450户6556人。

【基础设施】 2020年，三河镇全年硬化道路25.759公里，配套渠系20.2公里，新增环卫车30辆。

【金融扶贫】 2020年，三河镇前三季度累计办理产业发展贴息贷款8406万元，完成贴息247.6万元，直接惠及建档立卡户1450户6556人。

（范蒙）

七营镇

【概况】 七营镇位于海原县东部，东临甘城乡，南靠三河镇，西接郑旗乡，北连李旺镇。镇政府驻地七营村，西至海原县城73公里。区划面积270平方公里，辖张堡、南堡、马堡、杨堡、下套、北嘴、五营、马莲、七营、八营、柴梁、盘河、高崖、砖窖14个行政村、91个自然村。2020年年末，有户籍人口9411户、33953人，其中回族人口18957人，占总人口的55.83%。有耕地8.53万亩，其中水浇地4.44万亩，退耕还林5.49万亩。社会总产值4.72亿元，人均纯收入7315元。

【疫情防控】 2020年，七营镇建立防疫组织，及时监测重点群体。镇、村、组三级出动防控工作人员422人，走访入户7021户29126人，设立劝返点27个，劝散婚丧嫁娶57起，全面关停辖区农贸市场、餐饮、KTV等经营场所，对超市、粮油市场、药店等强化监管，严防哄抬物价、恶意囤货等行为。广泛发动群众，强化群防群治。全方位宣传，教育引导广大群众转变思想，加强自律，全力配合镇村疫情防控，不信谣、不传谣，群防群控态势良好。多措并举，全面复工复产。组织辖区内相关企业及时复工复产，全镇790余辆大型运输车辆全部上路运营，2236家个体工商户营业网点和2家扶贫车间全部复工复产，5342名青壮年劳动力外出务工。

【脱贫攻坚】 2020年，七营镇紧盯脱贫指标，开展“清零”行动。全镇累计完成危房改造271户，其中返乡无房户建房165户，抗震房改造106户，完成空置房回迁入住任务8户、移民点多人多代建房8户，危旧院落拆除12户，危房任务全面清零；新铺设自来水管道15

公里，主管道维修48处，完成冻点维修1处，排查解决返乡人员自来水补入户73户，配合县水务局完成吊台移民点131户自来水改造提升工程招投标任务；截至10月20日按照程序对100户未脱贫户做了脱贫退出申请申报，对84户边缘户、22户监测户做了风险消除退出评估并标注。

【脱贫攻坚问题整改】 2020年，七营镇主动认领并扎实整改国务院、自治区，以及市县各级脱贫攻坚专项巡视反馈问题70余条，结合“四查四补”工作，深入开展自查自纠，全镇6525户常住户走访全覆盖，1625户长期外出户电话全覆盖，共排查梳理问题470余条，科学制定措施700余条，已全面进行整改。同时，结合“四漏”工作开展整改落实情况“回头看”，确保各项问题整改到位。

【脱贫攻坚项目建设】 2020年，七营镇完成建档立卡户种植养殖项目补贴资金兑付828.03万元，边缘户种植养殖项目补贴资金兑付198.45万元，建档立卡户前三季度小额信贷贴息资金153.72万元，140名公益性岗位人员前三季度工资100.8万元；整合“一村一年一事”项目资金1171.5万元，截至9月底，已全部建设完成。其中，完成渠道维修18.59公里，完成村道硬化18.16公里，植树3200株，完成紫花苜蓿连片种植3100亩。

【特色种植业】 2020年，七营镇在巩固提升张堡2800亩经果林高效节水灌溉的基础上，发展张堡、五营2000亩小甜瓜、八营500亩旱地西瓜产业；完成枸杞留床面积1.8万亩，新增种植清水河流域枸杞新品种2000亩，建设完成枸杞烘干厂1处、枸杞批发市场1个，进一步提高枸杞产业产、加、销科技化管理水平；在北嘴打造青贮玉米种植点2000亩，在砖窑、南堡村打造紫花苜蓿种植点6000亩；完成玉米种植6.7万亩，饲草种植3.3万亩，其他农作物种植0.85万亩。

【草畜产业】 2020年，七营镇打造马莲村高端肉牛养殖示范村1个，培育示范户80户以上，实现牛存栏400头以上；按照“家庭农场+养殖户”的模式，在张堡、五营等11个行政村建设60平方米以上的标准化养殖棚圈80座，建设规模养殖场12个，其中养牛场10个、存栏2050头，养羊场1个、存栏1000只，养猪场1个、存栏100头。

【劳务产业】 2020年，七营镇完成疫情之后5342名青壮年劳动力外出务工，720余辆大型运输车辆上路运营，2236家个体工商户营业网点和2家扶贫车间复工复产；新增公益性岗位98个，安置公益性岗位劳动力415人。创收6250万元，其中建档立卡户家庭累计输出劳动力1903人次，创收2285万元，发放劳务奖补资金 92.3万元。

【生态治理】 2020年，七营镇全面开展冬春季护林防火宣传，狠抓禁牧封育工作，使偷牧、溜牧现象得到有效遏制。完成镇区环城路抚育侧柏林带128.4亩；孔八沟、北嘴沟坡面种红柳3600平方米，平台种榆树222株，砖窖村新造柠条灌木林8000亩，张堡、八营等6个村主干道两侧种植金叶榆、垂柳、国槐12000余株。

【河长制工作】 2020年，七营镇健全镇村两级河长责任体系，督促两级河长、巡河员22人巡河240余次，定期对镇辖区河道进行整治，清扫河道卫生，防止河道污染。

【环境整治】 2020年，七营镇累计出动车辆18台次、劳动力870人次，清除生活垃圾350余吨、农业生产废弃物136吨，清理村内沟渠18条、乱堆乱建86处，清理拆除村庄残垣断壁3200米。

【社会兜底保障】 2020年，七营镇新增低保792人，取消771人；新增高龄补贴55人，取消59人；新增特困供养人员1人，退出供养3人；新申办残疾证110人，累计落实残疾人护理补贴483人，新增生活补贴162人，累计生活补贴699人，两项补贴总计1182人。

【医疗养老保障】 2020年，七营镇完成基本医疗保险收缴7479人，完成率24.06%；完成养老保险收缴10098户，完成率60.74%。

【文化惠民工程】 2020年，七营镇组织开展文化下乡活动13场次，放映电影10余场次，人民群众文化生活得到了进一步丰富。

【安全生产】 2020年，七营镇落实安全生产“一岗双责”制度，与各村、辖区企业签订安全生产协议200余份。联合派出所、工商所、供电所等驻镇单位开展安全生产风险隐患排查整治专项行动3次，累计检查生产经营单位90余家，发现安全隐患10处，完成整改10处。

【矛盾纠纷排查】 2020年，七营镇共排查化解各类矛盾纠纷43起，实现群众安全感和治安满意度双提升。

【禁毒工作】 2020年，七营镇对在册吸毒人员实施三级网格管控机制，随时全面掌控相关人员的动态。

【基层党组织建设】 2020年，七营镇持续推进“两个带头人”工程，累计培育致富带头人170余人，培育村级后备干部42人；全面整顿高崖、马莲2个软弱涣散村党组织。开展“双学双强”专题学习12场次，专题讨论5场次，形成个人心得体会90余篇；对照“六查六整”提升标准，检视各类问题26条，完成整改23条，正在整改3条。

【党风廉政建设】 2020年，七营镇查处信访举报案件15件，初核了结13件，立案审查2件，给予党纪处分2人，组织处理5人。

（侯玺）

李旺镇

【概况】 李旺镇位于海原县东部，东以清水河与同心县王团镇分界，南接七营镇，西临贾塘乡、郑旗乡，北靠高崖乡，镇政府驻地团庄村，西距县城60公里。区划面积460平方公里，辖李旺、团庄、马莲、李国园、杨山、杨堡、七百户、红圈、韩府、二道、新源、罗川、北滩、团结14个行政村、76个自然村。户籍人口12118户41941人（其中回族人口39109人，占总人口的93.25%），常住人口8937户32586人。李旺镇属于扬黄灌区，耕地面积20万亩，其中水浇地6.9万亩，旱地13.1万亩。国道344线南北过境26公里。2020年被评为“市级民族团结进步示范镇”。

【疫情防控】 2020年，李旺镇动员了275名党员和2500余名群众志愿者对设立的119个劝返点进行值班值守，严格落实“网格化”责任体系，动员近800名在家大学生参与“大数据”信息摸排，对全镇14个行政村12101户41475人进行了拉网式排查。对外省返乡人员、货运车辆和驾驶员实行台账式管理。

【“四查四补”】 2020年，李旺镇组织开展“四查四补”工作，共入户7986户30414人，完成率达100%。经过梳理汇总共排查出4类47项231条问题，制定针对性措施231条，已全部整改完成。

【贫困村“挂牌督战”】 2020年，李旺镇将移民贫困村新源村作为“挂牌督战”村，完成剩余8户31人未脱贫户贫困退出任务，完成对监测户1户5人、已脱贫户193户711人的巩固提升任务，全面完成“两不愁三保障”目标，人均收入稳定，已超过国家扶贫标准。

【动态监测】 2020年，李旺镇紧盯81户293人未脱贫建档立卡户、9户41人监测户、46户179人边缘户和脱贫攻坚的薄弱环节，分析原因，分类施策，截至年底，剩余未脱贫户已全部稳定脱贫，脱贫不稳定户收入达到5000元以上，边缘易致贫户致贫风险全部消除。

【精准施策】 2020年，李旺镇累计录入项目209项，已全部进入实施状态，项目资金全部关联完成，共计1826.09万元。精准制订五个移民点产业扶持和基础设施建设计划，共投入债券资金271万元，其中基础设施资金91万元，解决“多人多代”住房面积不足资金180万元。截至年底，移民点“七项清零”已全面完成。

【草畜产业】 2020年，李旺镇继续推广“华润基础母牛银行”模式，按照“支部+合作社+农户（贫困户）”模式，支部统一调度推广、合作社示范引领、农户抱团发展，扩大养殖规模，逐年逐步推进牛产业快速发展。鼓励支持各村养殖户成立养殖合作社，通过支部引领、合作社带动、致富能人示范，推进全镇牛养殖和青贮玉米种植。成立李旺镇肉牛产业工作站，建成杨堡、杨山、团庄、二道、李旺和马莲6个肉牛养殖专业村，全镇牛存栏1.5万头，有肉牛养殖专业合作社17家、肉牛养殖示范户121户（每户养殖规模20头以上），羊存栏1.8万只。依托耕地面积广阔优势，大力发展草畜产业，支持鼓励青贮玉米种植，在杨堡、杨山等村种植青贮玉米1.8万亩以上，彻底解决牛产业饲草问题。

【特色种植业】 2020年，李旺镇巩固发展李果园村红葱种植基地和二道、团庄小杂粮示范点建设；以糜子、谷子为主，外引内推新品种、新技术，建设二道、团庄小杂粮产业示范区3500亩，全镇小杂粮种植面积稳定在6000亩。通过土地流转，合作社管理模式在新源、团结等村推广，以柴胡、黄芪、板蓝根为主种植中药材10000亩。

【劳务产业】 2020年，李旺镇依托全镇贫困群众剩余多，当地无法全部高质量就业的现状，大力发展劳务产业。积极与县就业创业和人才服务局对接，开展装载机、挖掘机、汽车驾驶员等订单式培训，采取贫困群众“点菜”，县就业创业和人才服务局出“菜单”的培训方式，开展技能培训，切实增强建档立卡户闲散劳动力就业技能，增加务工收入。依托全县劳务奖补政策，加大对外出就业和务工人员的补贴，切实增强外出务人员的积极性和主动性，实现早日脱贫致富。全年实现劳务输出7000余人次，其中销号村建档立卡户3000余人次，务工收入7200万元。

【交通运输产业】 2020年，李旺镇依托特殊的地域优势和交通运输业基础，按照“政府搭台、企业主导、群众自筹”的原则，先后鼓励扶持注册成立了亨运、伊源、海洋、诚信4家汽贸公司，为运输户提供政策扶持、信息服务、事故理赔、涉运事件处理、车辆维修等服务，提高广大运输户抵御汽车货运风险的能力，促进全镇交通运输业从数量扩张向数量与质量并重转变，从粗放型发展向效益型发展转变，逐步走集约化、规模化发展的路子。年末，全镇有大型货运车辆约2200辆，从业人员6700余人，全年实现产值4.9亿元，占全镇社会总产值的46%，从业人员人均纯收入2万余元，为全镇脱贫摘帽提供了强有力的产业支撑。

【农田水利建设】 2020年，李旺镇共砌护渠道26.5公里，其中韩府9.98公里，红圈7.07公里，团庄6.42公里，北滩3.03公里。组织农户整修农路7.5公里，整修路面宽度4米。建设畦田4.97万亩。开展机深翻、机普翻，增施有机肥2.8万亩。完成二道、团庄残膜回收面积0.19万亩，残膜回收23吨，回收率达80%以上。强化秸秆禁烧工作，完成秸秆综合利用4万亩。

【环境整治】 2020年，李旺镇按照“绿、洁、亮、畅、美”的总体要求，累计投入8500余人次，出动钩臂车、垃圾清运车、叉车1500车次，清理14个村生活垃圾1.2万余吨。以危房改造、“一村一年一事”等项目为依托，完成危房改造139户，拆除院落16户，建档立卡户住房安全核验2015户。加快推进了污染源排查清理、厕所改造、村庄规划管理、污水排放等工作，已累计实施卫生厕所改造1180座，聘请重点河道巡护保洁员13名，对全镇8个行政村沟道和水域岸线的违规行为进行了4次集中规模整治，清理、打捞、转运多年来累积垃圾6000余吨。

【生态修复】 2020年，李旺镇持续做好移民迁出区生态修复工作，常态化实施禁牧封育，完成乡村绿化造林约10000株，庭院经济林种植14000株，生态修复造林整地5000亩，增减挂复垦复种项目整地300亩，完成树木抗旱补水42000株。

【基础设施建设】 2020年，李旺镇有中学1所、小学22所、民办幼儿园2所，在建幼儿园4所、中心卫生院1所，村级活动场所、村级综合文化服务中心、村级道路等基础设施相对完善，全镇饮水安全保障工程和住房安全保障工程已全面完成。

【教育卫生事业】 2020年，李旺镇适龄儿童入学率、九年义务教育控辍保学率均达到自治区要求，建档立户基本医疗保障和大病医生签约服务全覆盖。

【民生保障】 2020年，李旺镇开展低保专项整治工作，共有农村低保3732户5098人，城市低保69户93人。通过低保专项治理活动，全镇共清退城乡低保对象376人，全镇在册孤儿115名，享受高龄待遇316人，特困供养人员70人。全年兑付临时救助资金1267900元，兑付大额临时救助资金147000元，兑付大病医疗救助资金980700元，兑付救灾资金198000元。

【安全生产】 2020年，李旺镇扎实开展各类安全生产大检查。道路交通安全监管方面，督促交警中队重点围绕银平公路超员超载、农用车电动车违法载人等，完成路检路查22次，排除各类隐患32处；在消防安全方面，建立完善各项管理制度和措施，严格实行24小时值班制度，对存在消防安全隐患的查处10余处；食品安全方面，组织市场监督管理所、派出所等驻镇单位对辖区内的餐厅、食品销售点、商场、超市、宗教场所开展集中排查11次，完成隐患整改8处；在防汛抗旱方面，集中对辖区内河道、水库、蓄水池、渠道等进行4次排查，及时排除隐患3处。

【民族宗教】 2020年，李旺镇“四进”宗教场所全覆盖。创建民族团结进步示范单位市级3个、县级26个，创建和谐寺观教堂自治区级1个、市级4个、县级54个。先后集中开展法律法规相关知识培训班3期，培训人员80人次。举办寺管会成员培训班4期，培训寺管会成员360人次。

（陈秀玲）

西安镇

【概况】 西安镇位于海原县西部，东临海城镇，南连树台乡，西靠甘盐池种羊场，北接关桥乡。镇政府驻地西安村，东距海原县城18公里。行政区划面积421平方公里，辖西安、园河、白吉、菜园、小河、付套、薛套、范台、胡湾9个行政村、64个自然村。2020年年末，有户籍人口8956户31520人，其中回族人口15007，占总人口的47.6%。耕地面积23.8万亩，其中水浇地4.9万亩，退耕还林3.45万亩，机修基本农田5.5万亩，历年紫花苜蓿留床面积4万亩。年末，全镇农民可支配收入10727元。

【脱贫攻坚】 2020年，西安镇全年减贫83户237人，消除风险监测户59户232人、边缘户56户209人，对剩余边缘、监测人口全部纳入产业和政策“双兜底”保障，实现了现行标准下的贫困人口清零，扎实开展历年扶贫数据质量规范提升，高标准通过国家脱贫攻坚普查验收。

【产业扶贫】 2020年，西安镇紧紧围绕“有土”“离土”两篇文章，推行“菜单式”产业扶贫，完成华润基础母牛赊销87头、生猪补栏2800头、基础母羊补栏3500只，种植小茴香4800亩、瓜菜630亩、秋杂粮1.1万亩，兑付产业资金1055.5万元，实现户户有产业、人人有增收。

【“四查四补”】 2020年，西安镇紧盯“两不愁三保障”目标，深入开展“四查四补”，排查整改问题26项70个，新建返乡无房户93户，改造抗震房23户，维修提升自来水管道24户，送学上门5人，慢性病签约521人，大病集中救治434人，重病兜底3人，脱贫攻坚成色更足、底色更亮。

【环境整治】 2020年，西安镇开展农村人居环境整治，彻底清理“五堆”，健全环境卫生网格化管理和“门前三包”责任制，配套垃圾清运车1辆、垃圾箱90个，改厕155座，硬化村巷道3.2公里，窄路加宽3.2公里，落实河道保洁员13名、村庄卫生保洁员238名，农村面貌焕然一新。

【产业结构调整】 2020年，西安镇坚持“引龙头、建基地、育产业、促脱贫”工作主线，紧盯全县“一主四特”产业发展布局，瞄准“四优四化四调”转型目标，严格落实产业扶持政策，整合项目资金158万元，完成9个村“一村一年一事”项目，争取闽宁资金640万元，扶持了4个闽宁产业项目，通过抓项目促结构调整，全镇产业结构得到不断优化。

【小茴香产业】 2020年，西安镇巩固提升园河村5000亩高标准小茴香基地，完成渠系配套3公里，生产路整修4公里，实施小茴香统防统治，辐射带动全镇种植小茴香1.6万亩。

【瓜菜产业】 2020年，西安镇突出发展高效节水灌溉设施农业，加快推进土地集约化、规模化、高效化利用，以长隆现代农业产业园3200亩设施蔬菜种植区为核心，完成3000亩压砂瓜基地、1200亩辣椒基地、1200亩广东菜心基地、1500亩西芹基地建设，建成占地500亩闽宁菌菇园，种植菌菇70棚、大田50亩，全镇瓜菜产业规模稳定到1万亩。

【草畜产业】 2020年，西安镇围绕牛产业，继续扶持壮大胡湾智通肉牛养殖合作社，牛存栏达到760头，成功创建菜园肉牛养殖示范村，新增50头以上规模养殖场3家，全镇牛存栏达到7600头；成功创建薛套肉羊养殖示范村，建成范台肉羊养殖场，羊存栏达到328只，全镇羊存栏达到6万只。同时，大力调整优化全镇饲草种植结构，“订单式”种植青贮玉米0.8万亩，发展禾草、苜蓿2万亩以上，发展小秋杂粮2.6万亩。

【劳务产业】 2020年，西安镇推行“订单式”输出和“点菜式”培训，足额完成“铁杆庄稼保”3200人，开展技能培训4批184人，完成转移就业7275人，安置扶贫公益性岗位253人（新增光伏公岗91人），劳务公益性岗位168人（新增46人），兑付劳务补贴430.3万元。

【文旅产业】 2020年，西安镇配合文广局，成功创建了天都山国家AAA级旅游景区，完成菜园古村落项目地勘、设计、施工图等前期准备工作，开工建设哨马营震柳人文森林公园，成功举办西安镇第二届乡村文化旅游节，文旅古镇名片更加亮丽。

【植绿增绿】 2020年，西安镇积极对接农户，初步摸排春秋季省县乡村道路、镇村公共区域植绿增绿3.7万株，已完成秋季绿化1.13万株、乡村主干道路补植4508株；针对庭院经济林绿化任务，组建专班，逐户落实地块、品种、数量，共摸排农户2958户，经济林3.6万株（以红梅杏、核桃、花椒为主），秋季高标准完成小河、园河2个乡村庭院绿化示范村，涉及248户2804株。

【压砂地退出】 2020年，西安镇采取“一点一策”退出办法，对已有压沙地，地块到户、到合作社，逐一摸排登记，摸清水源等自然因素，建立台账，3095亩压沙地全部退出，发展种植枸杞、枣树、金银花等生态经济林。

【农田建设】 2020年，西安镇高标准打造了薛套臬草沟5500亩、范台鸡窝山1.1万亩、白吉马营5000亩3个旱作农田建设示范点和园河5000亩小茴香种植水浇地农田建设示范点；完成渠道清淤8.5公里，整修农路12.3公里，建设畦田3.35万亩，坡改梯1.33万亩，维修加固菜园淤地坝1座，秸秆综合调制利用1.5万亩，回收残膜1.85万亩，增施有机肥3.5万亩，机深翻7.8万亩；以小红、中静、海靖公路和乡村主干道路两侧为重点，完成杂草清理、树木修剪、涂红刷白、冬季补灌及绿化补植39公里。

（马斌）

高崖乡

【概况】 高崖乡位于海原县东部清水河河谷地带。东以清水河与同心县王团镇为界，南连李旺镇，北临同心县兴隆乡，西接关桥乡。乡政府驻地高崖村，西南距海原县城55公里。银平公路、中宝铁路、福银高速公路、海同高速穿境而过。行政区划面积155平方公里，辖高崖、高湾、草场、联合、三分湾、红古、红岸、香水、新民、振兴10个行政村、70个自然村，户籍人口7324户28226人，其中回族人口22518人，占总人口的79.78%。耕地面积11.1万亩，其中水浇地7.8万亩，占耕地总面积的70.27%。2020年，全乡完成地区总产值8.56亿元，同比增长5.3%；农民人均可支配收入12100元，同比增长8.8%。

【疫情防控】 2020年，高崖乡面对新冠肺炎疫情，坚定信心，强化措施，严格落实防控责任。及时关闭辖区内2个网吧、4个台球室、KTV等3个娱乐场所、37个店铺及74座宗教活动场所，先后劝停29起婚嫁事宜，减少人员流动。加强重点人员管理，设置检查卡点33处，真正做到了“外防输入、内防扩散”。强化载体，丰富形式，悬挂横幅76条，发放宣传材料10000余份，发动宣传车11车次，提高群众自我保护意识和能力，真正形成了群防群控、联防联控的工作局面。

【脱贫攻坚】 2020年，高崖乡聚焦“两不愁三保障”目标，按照“55104”脱贫攻坚部署，改造危房73户，改造抗震房53户，完成回迁36户；加强饮水安全保障，积极对接中原水投公司，全乡常住户自来水全部入户且通水正常；加强义务教育保障，严格落实控辍保学动态监管联动机制，确保无因贫辍学情况；加强基本医疗保障，建档立卡户、边缘户基本医疗保险、“扶贫保”全覆盖。动员购买“铁杆庄稼保”1893人，兑付劳务奖补资金68.708万元，全年补贴扶贫小额信贷贴息资金224万元，输出务工人员1900人次，兑付产业补贴资金463万元，兑付劳务奖补资金68万元。全面完成10个行政村6302户常住户“四查四补”摸排工作，针对4类30项排查内容排查出4类26项660个问题，制定660条措施，已完成整改660个问题。2019年脱贫攻坚成效考核反馈问题，2020年自治区党委第六巡视组“回头看”反馈问题，国务院扶贫办督查反馈问题，兰州大学数据质量第三方评估反馈问题，国家脱贫攻坚普查反馈问题等各级各类反馈问题整改工作扎实开展。帮扶单位、“百企帮百村”等帮扶工作深入推进。全年减贫54户206人，年底将实现贫困发生率清零。

【特色产业】 2020年，高崖乡围绕中卫市“一带两廊”和海原县“一主四特”产业发展规划，结合高崖乡产业布局，按照每个村重点培育壮大1~2个主导产业的思路，推动形成红古、红岸、香水、高湾等村牛产业，草场村、联合村甜瓜产业，联合、高崖、红岸等村枸杞产业，联合、三分湾等村苹果产业，三分湾村、香水村交通运输业发展布局。全年完成粮饲兼用青贮玉米种植18000亩，腌制青贮2万吨。进一步扩大特色作物种植面积，新增枸杞200亩、苹果450亩、小杂粮2000亩，实施枸杞提质增效项目1200亩。牛补栏6460头，全乡牛存栏达到14108头，20头以上养殖户241户，50头以上养殖户31户，100头以上养殖户4户。补栏羊只1605只，羊存栏达到38770只，新建养殖棚圈79座。

【乡村建设】 2020年，高崖乡完成高湾村100平方米卫生室和三分湾村170平方米村部建设，切实满足村级医疗和办公需求。完成新民村3万立方米和5万立方米蓄水池维修及200座生产桥建造，砌护渠道96.67公里（“一村一年一事”74.87公里），改善灌溉条件。实施改造红古养殖园区项目，扶持新民村后续产业发展项目，着力破解新民村人畜共处、棚圈不足、发展受限等问题。硬化村组道路33公里（“一村一年一事”8公里），整修农路6公里，建设高标准农田1300亩，改造农户厕所100座。积极组织干部群众投工投劳，清理畜禽养殖粪污等农业生产废弃物6000余吨，清理垃圾30000余吨，集中整治道路沿线脏乱差铺面12家。

【生态环境】 2020年，高崖乡深入实施蓝天、碧水、净土行动，认真开展禁牧封育和秸秆禁烧工作，加大教育和处罚力度，综合利用秸秆1900亩。认真落实河湖长制，强化河道日常监管。累计整治河湖“四乱”问题23个。对7名砂场负责人进行集中谈话，坚决杜绝偷砂、采砂、卖砂等行为。组织专人负责，回收残膜13吨。在联合村、红岸村、振兴村、三分湾村林带种植国槐7000株、云杉2300株，在高崖村连片种植苹果树380亩，不断提高乡村绿化率。

【社会事业】 2020年，高崖乡对接协调县教体局，正在建设香水幼儿园1所，配备完善各学校教学设备，改善教学条件，加大对新考录困难大学生救助力度，促进教育事业健康发展。各村卫生室配备各类医疗器械和药物，住院治疗实行“先诊疗后付费”，医疗报销实行“一站式”结算。大力实施“惠民工程”，加大重点人群诊断治疗力度，传染病和突发公共卫生事件报告率达到100%，群众医疗服务和保障能力不断提升。加强社会主义核心价值观阵地建设，强化文化场所运行管理，完成乡文化站、振兴村文化广场建设工程及草场村文化活动中心维修和文化广场硬化工程。放映数字电影93场次，秦腔、京剧、眉户进社区活动5场次，开展其他文体活动8场次，着力丰富群众文化生活。

【民生保障】 2020年，高崖乡不断加大各民族特困群众、弱势群体的最低生活保障和社会救助力度，累计发放临时救助金168.4万元、低保金882.8万元、残疾津贴81.2万元、高龄津贴64.4万元、孤儿津贴64.5万元，使社会保障救助真正成为困难群众的“及时雨”“雪中碳”。

【信访工作】 2020年，高崖乡高效主动办结“12345”政务服务热线件46件，化解矛盾纠纷370余件。

【扫黑除恶】 2020年，高崖乡严格落实党委主体责任，层层签订目标责任书及承诺书，压实工作责任。组织干部理论集体学习、党委中心组学习、知识培训讲座等8场次。刷写永久性墙体标语22条，制作宣传展板6个，悬挂横幅60条，为扫黑除恶专项斗争营造了浓厚的氛围。

【民族宗教】 2020年，高崖乡创建市级民族团结进步示范村1个，县级创建全覆盖；“四进”宗教活动场所44所。

【安全生产】 2020年，高崖乡加大安全隐患排查力度，大力开展食品药品、道路交通、非煤矿山、建筑工程等领域整治；在重要路段，水库设立警示牌，并与相关责任人签订安全生产责任书，全乡安全生产形势总体平稳，社会大局和谐稳定。

（马龙）

甘城乡

【概况】 甘城乡位于海原县东部，东与甘肃环县毛井乡接壤，南与原州区炭山乡相连，西与七营镇相邻，北与同心县张家塬乡交界，是两省区（宁夏、甘肃）、四县（海原县、原州区、同心县、环县）的接合部。乡政府驻地甘城村，西距海原县城110公里。乡域面积251平方公里，辖甘城、双井、久坪、吴渠、武塬、三台、桥畔7个行政村、34个自然村。2020年年末，全乡有户籍人口2508户8476人。其中：回族人口5556人，占总人口的65.55%；常住人口1010户3596人。有耕地9.5万亩，退耕还林4.89万亩，生态草原17.92万亩。有脱贫户580户2039人。通过摸排，纳入防返贫监测户15户54人。牛存栏3528头，羊存栏1.29万只。

【疫情防控】 2020年，甘城乡成立了三台村临时党支部、设立人员检测站，加强流动人员管理，全乡在主要交叉路口设立12个检测站，全方位开展防疫宣传，线上宣传每天到位，流动宣传每天到位。在乡政府驻地、各自然村悬挂宣传横幅43条，张贴“疫情防控期间禁止人员流动”警示牌120余份，发放各类宣传材料5000余份；严格管控特殊人群，动态管理居家隔离人员，动态移交、接收集中隔离人员；加强管控人员密集场所，关闭2家餐馆、10余家零售部；要求全乡丧事一律简办，延期婚庆事宜，并签订承诺书，劝停5起婚宴，简办3起丧事。

【脱贫攻坚】 2020年，甘城乡扎实推进脱贫攻坚“四查四补”工作，入户摸排945户，针对4类30项排查内容排查出的4类18个问题，制定62条措施，已全部完成整改。紧盯重点任务力促稳定脱贫。安全饮水方面，全乡共完成自来水入户894户、供水点供水45户、分散式供水69户，实现1008户常住户安全饮水100%全覆盖。同时，完成自来水立杆入室830户，建设取水井763户，建设集中供水点13处，对34个自然村的人饮工程进行了维修改造，西海固脱贫引水甘城支线工程正常供水。危房改造方面，重点做好26户抗震房的建设，已全部建成并入住。基础设施建设方面，新建甘城乡卫生院，已完成并投入使用；完成村级道路建设6.5公里。控辍保学方面，全乡有6人送教上门，2人办理正常休学，无适龄儿童辍学问题。社会保障兜底方面，全乡有低保户873户，其中涉及建档立卡户426户625人，经多轮次核查比对，对不符合社保兜底条件的及时清退，对符合条件的及时纳入保障，实现建档立卡户社保兜底应纳尽纳，并实行动态管理。动态调整及查漏补缺方面，全乡有建档立卡贫困户581户2048人，因新生儿、嫁入、合户等原因新增贫困人口23人，因出嫁、死亡、分户等原因减少贫困人口26人，已脱贫545户1960人。

【“六稳”“六保”】 2020年，甘城乡结合“四查四补”工作，制定“受疫情影响外出务工信息采集表”，组织乡村两级干部逐户核查，登记造册，逐步解决。安排疫情值班值守临时性公益岗位15人、光伏扶贫公益性岗位20人，村道保洁员、护林员等公益性岗位20人；根据疫情形势，指导开展“我的宁夏”健康码打卡签到，为外出务工做好准备工作；积极寻找对接相关企业务工需求，力促达成长期用工协议，稳定就业形势；村委会随时办理好健康证明，为务工人员提供出行方便保障外出务工。全年建档立卡户、边缘户务工人员630人。

【资金兑付】 2020年，对全乡477户建档立卡贫困户的新增基础母牛及种植马铃薯、玉米、小杂粮等10个项目进行政策扶持补贴，全年共完成四批农业产业验收和补助资金的兑付工作，共兑付542.65万元，资金兑付率为100%。全乡439户建档户贷款2058万元用于产业发展，小额贷款贴息项目资金兑付31.84万元。劳务奖补兑付16.6万元，项目涉及建档户73人，已完成计划任务的166%。

【特色产业】 2020年，甘城乡新增红梅杏种植5931亩，全乡红梅杏种植总面积11012亩，覆膜硒砂瓜种植面积850亩；坚持“扩牛稳羊”总体思路，全乡紫花苜蓿留床面积4.5万亩，基础母牛补栏400头，不断壮大草畜产业。组织劳务输出2019人，打造旱涝保收的“铁杆庄稼”。

【生态建设】 2020年，甘城乡完成202省道甘城段、24公里盘甘公路和辖区内绿化树木的浇水、除草等抚育管护工作；甘城街道两侧新增种植云杉800棵、榆树120棵，三台村新增种植云杉140棵。

【禁牧封育】 2020年，甘城乡建立健全群众自我约束、行政村属地管理、乡政府不定期巡查“三位一体”的禁牧封育工作新机制，层层签订目标责任书，严格落实责任制，充分调动全乡72名护林员的积极性，彻底扭转了禁牧封育的被动局面，全乡7个行政村杜绝了偷牧溜牧现象。

【环境整治】 2020年，甘城乡严格落实《甘城乡人居环境整治方案》，长效推行“日保洁、周清扫、月评比、季观摩、年考核”机制，实行农户门前卫生“三包”责任制。按照“拆断壁、清垃圾、扫死角、整路肩、除杂草”的要求，完成7个行政村34个自然村的人居环境整治。

【河长制工作】 2020年，甘城乡河长制管理做到按片区划、责任到人、任务到人，实行常态化管理，严厉打击毁林、破坏河道资源和矿产资源的违法行为，确保留住绿水青山就是金山银山。

【精神文明创建】 2020年，甘城乡各村把星级文明户、文明村镇等创建活动作为新时期农村精神文明建设的重要载体，实现精神文明建设与物质文明建设的有机结合。大力弘扬社会主义核心价值观，持续开展丰富多彩的文化活动，做好数字电影进村服务工作，全年完成电影放映110场、自乐班文化演出18场次。积极发挥各行政村文化室、农家书屋作用，切实加强全乡精神文明建设。

【安全生产】 2020年，甘城乡层层签订安全生产责任书，定期安排部署，经常督促检查。严把道路交通安全关，扎实开展道路交通安全综合整治、“一盔一带”安全守护行动，严厉打击无牌、无证车辆上路行驶，重点整治农用车、摩托车违法载客、驾乘人员不戴头盔、不系安全带行为；加大对非煤矿山、危险化学品、消防安全、食品安全、森林草原防火、人员密集场所的安全隐患排查和整治，通过定期不定期巡查、警示教育，确保安全生产责任到位、工作成效到位。

【社会保障】 2020年，甘城乡不断扩大困难群体救助帮扶覆盖面，全年重点向836户1024名低保户、10户五保户、77名高龄老人、133名残疾人、13名孤儿、25名优抚对象、发放民政救助资金45.89万元（其中救灾款18万元，临时救助27.89万元）。

【信访工作】 2020年，甘城乡建立群众诉求月月清制度，建成集民生服务中心、信访维稳中心、公安派出所、司法所“四位一体”工作格局，每周安排1名领导带领2名干部接访，针对复杂疑难问题，集中接待受理，办理答复，使群众诉求得到合理、有效解决。全年处理群众来信来访215件，办结215件。

（赵成宝）

关桥乡

【概况】 关桥乡位于海原县北部，地处海原、中宁、同心、沙坡头四县区交界。东与高崖乡、李旺镇、贾塘乡为邻，南与史店乡、海城镇接壤，西临西安镇，北靠沙坡头区兴仁镇、中宁县徐套乡、同心县兴隆乡。乡政府驻地关桥村，西南距海原县城30公里。行政区划面积749平方公里，总耕地面积22.8万亩。2020年，全乡辖关桥、张湾、马湾、方堡、贺堡、脱场、八斗、王湾、冯湾、罗山、麻春11个行政村、91个自然村，户籍人口9124户、31623人，其中回族人口20921人，占总人口的66.16%。2020年实现农村居民人均纯收入10200元，同比增长13%。

【疫情防控】 2020年新冠肺炎疫情防控期间，关桥乡抽调138名党员坚守一线，全力投入疫情防控工作。积极推行网格化管理，将全乡划分为91个网格区域，网格员包户包人包责任。组建专人专班加强数据统计汇总、综合对接协调，确保各项工作有序开展。

【脱贫攻坚】 2020年，关桥乡全年改造返乡无房户67户，提升改造户53户；完成自来水补入85户，自来水入户率、通水率、供水保障率、水质安全率100%；全乡7~15周岁义务教育阶段4071名学生全部在校就读，无辍学学生；为607名有劳动能力的贫困户安排了保洁员、护林员等公益性岗位。

【“四查四补”】 2020年，关桥乡把脱贫攻坚“四查四补”工作贯穿始终，结合重点任务落实和反馈问题整改，逐乡逐村逐户逐人开展排查，边查边补、严查严补，累计排查出16项44个具体问题，列出问题清单、责任清单、任务清单，实行台账式销号管理，已全部整改完成。

【问题整改】 2020年，关桥乡把各级各类巡视、考核反馈问题整改落实工作作为一项重要政治任务，主动认领问题，深刻剖析根源，坚持“责任不落实不放过、问题不解决不放过、整改不到位不放过”，从严从实抓好各类问题整改，以问题整改促进脱贫攻坚质量提升。全年共整改各类反馈问题64条，所有问题全部实现清零。

【数据核查】 2020年，关桥乡紧盯贫困村、贫困户、驻村工作队信息，对存在的空项、漏项和逻辑关系不准等数据逐项进行修正，历年数据质量得到显著提升，切实做到账账相符、账实相符、账册相符。

【挂牌督战】 2020年，关桥乡紧盯方堡挂牌督战村，制定督战方案，组建督战分队，完善督战工作机制，压实各级领导包抓责任，逐户查漏补缺，逐人逐项解决问题，排查发现的20条短板弱项，已全部整改完成。挂牌督战村“一村一年一事”、闽宁帮扶等项目实现全覆盖，“两不愁三保障”问题全部清零，村级发展能力显著提升。

【特色产业】 2020年，关桥乡坚持以村集体经济和贫困户增收为目标，以引导支持贫困村及贫困户发展特色种植养殖业为抓手，科学谋划，认真实施特色种植养殖业扶贫项目，不断提升项目产业档次和参与精准度。按照县委、县政府“一主四特”产业发展布局，结合关桥乡区位优势，大力发展硒砂瓜、香水梨、小杂粮、拱棚甜瓜、露地蔬菜等优势特色产业，在全乡形成“一中心、两基地、四产业”产业发展格局。

【硒砂瓜产业】 2020年，关桥乡共种植硒砂瓜3.5万亩，涉及农户2600户（其中建档立卡户1360户），实现总产值8750万元，户均增收2.7万元。发挥砂甜宝硒砂瓜专业合作社作用，带动贫困户累计销售硒砂瓜1.6万吨，销售收入1920万元，其中电商销售170万元；利用引进的硒砂瓜分拣设备，通过科学的硒砂瓜分级标准，与各大超市签订订单，累计销售1600吨，增收64万元。

【小杂粮产业】 2020年，关桥乡在八斗村富硒小杂粮基地全面推广种植适宜当地的张杂谷13、晋谷40品种，以点带面，在全乡种植小杂粮1.3万亩，充分发挥富硒品牌效应，提价销往陕北等地，切实保障农户收入。

【蔬菜产业】 2020年，关桥乡利用贺堡河流域冷凉湿润的环境条件，种植蔬菜 3800 亩，其中西芹 2680 亩。2020 年西芹总产量 670 公斤，创收 1500 余万元，户均增收 3.52 万元。

【香水梨产业】 2020 年，关桥乡种植香水梨 9203 亩，其中挂果香水梨 4200 余亩，年初受霜冻影响，每亩产量约 700 公斤，按每公斤 1.75 元的价格计算，每亩可实现 4200 元的收入。充分利用贺堡梨花谷等自然资源，积极推进文化旅游，成功举办了第三届文化旅游云节庆系列活动暨 2020 年“关桥网络梨花节”，通过网络梨花节直播活动、网络直播特色农产品、农夫市集直播带货等活动，实现增收 100 余万元。

【高端肉牛产业】 2020 年，关桥乡打造贺堡、王湾、脱场 3 个养殖示范村，全乡牛存栏达到 4362 头，养殖户 892 户，其中 2020 年新增养殖 1163 头。

【劳务产业】 2020 年，关桥乡劳务输出 6523 人次，实现劳务创收 2500 余万元。开展烹饪、孕婴、刺绣等培训班，累计培训 196 人次。

【扶贫车间】 2020 年，关桥乡引进宁夏润嘉防护科技有限公司，在华润希望小镇产业帮扶中心建成扶贫车间，103 名农村留守妇女实现就近就业。

【润农专业合作社】 2020 年，关桥乡借力华润集团帮扶优势，充分发挥润农专业合作社作用，开展订单生产方式，吸纳闲散妇女就近务工就业，解决 50 余名妇女就业问题，累计实现订单销售近 30 万元。

【社会保障】 2020 年，关桥乡加大农村合作医疗惠民政策的宣传力度，成立 10 个家庭医生签约服务团队，定期上门为医疗患者提供医疗服务，切实做到无病早预防、小病早发现、大病早治疗。全面完成 2020 年医疗保险缴费任务 30527 人，建档立卡户和边缘户实现全覆盖。

【“一村一年一事”】 2020 年，关桥乡共实施“一村一年一事”11 个项目涉及 11 个行政村。完成脱场村村级社会化服务组织配套，冯湾村卷槽陈堡自然村过水路面修建 2 处 80 米，贺堡村铺设 PVC200 管道 16 公里，麻春村硒砂瓜深加工分拣包装设备，八斗村建设小杂粮示范基地 2000 亩，马湾村、张湾村对水毁严重的河岸进行整治，王湾村老牛沟防洪口维修，关桥村海同高速公路关桥大桥西侧 4 公里河道治理，罗山四村新建砂砾路 3 公里，方堡村香水梨基地建设 5000 亩等。

【社会帮扶】 2020 年，关桥乡争取社会帮扶项目资金 148.76 万元，其中王湾、脱场、八斗三个深度贫困村分别与漳浦县霞美镇相关村和企业进行结对帮扶，累计帮扶物资及资金 17.3 万元；国家能源集团宁夏煤业公司共计帮扶资金 131.46 万元，为王湾、脱场、八斗三个深度贫困村购置农业机械、平整土地、沟坝修筑。

【农田水利建设】 2020 年，关桥乡围绕梨花小镇现有的 2300 亩香水梨园及 5000 亩香水梨基地，完成生产道路整形及沙砾化 7.9 公里，对农田进行机普翻，田间地埂进行整形。新建高标准农田项目 3500 亩、高标准农建示范点 1 个。对水利设施全部进行维修养护，清淤渠道 15.7 公里，完成率 100%；完成田间道路整修 77 公里，完成率 100%；完成畦田建设 0.6 万亩，完成率 100%；增设有机肥 2.6 万亩，完成率 100%；在冯湾村设置 1 个残膜回收点，完成残膜回收 2.4 万亩，完成率 100%；完成秸秆综合利用 0.9 万亩，完成率 100%；机深翻 4.5 万亩，完成率 100%。

【环境整治】 2020 年，关桥乡全年累计发动农民群众 3800 人次，分别清理生活垃圾 9560 吨、畜禽养殖粪污等农业生产废弃物 1100 吨。引导农民积极参与改厕建设，厕所改造任务全部清零，完成率 100%。

【生态建设】 2020 年，关桥乡完成树苗种植 8089 棵，完成率 106%，其中庭院经济完成种植 500 棵，完成率 107%。移除死苗木 601

棵，补植苗木690棵，修整树坑48596个，修剪树木55961棵。

【理论武装】 2020年，关桥乡把学习宣传贯彻习近平总书记重要讲话精神作为首要政治任务和重大政治责任，通过召开乡党委中心组学习、乡村干部集体学习，迅速掀起学习宣传贯彻热潮，更加坚定了决战决胜的强大信心和巨大热情，为打赢打好脱贫攻坚战注入更加强劲的思想动力。

【基层党建】 2020年，关桥乡持续整顿软弱涣散党组织，成立整顿工作组，以“六查六整”为抓手，采取“一支部一方案”的方式，对标摸底排查问题31个，制定整改措施49条，已经整改完成28个。深入开展“双学双强”活动，组织集中学习15次、专题研讨6次。深入开展“三大三强”促脱贫富民行动和“两个带头人”工程，提升农村党组织组织力。摸排35名村级后备干部作为村“两委”换届提名人选，对265份走访摸排情况记录表逐一分析研判，形成后备人选推荐表、村“两委”班子评价表、村发展意见建议簿，为2021年村“两委”换届选举顺利完成奠定坚实基础。

（田玲）

史店乡

【概况】 史店乡位于海原县中部，东临贾塘乡，南靠曹洼乡、南华山自然保护区，西接海城镇，北连关桥乡。乡政府驻地史店村，西北距海原县城7.5公里。行政区划面积271平方公里，辖史店、苍湾、大川、徐坪、田拐、米湾、前川7个行政村、56个自然村，户籍人口6706户23589人，其中回族人口20917人，占总人口的88.67%，常住人口10895人。

【“四查四补”】 2020年，史店乡对全乡4153户常住户进行入户排摸，查出19项101个问题，制定87条针对性措施，已全部完成整改，并形成长效机制。

【“两不愁三保障”】 2020年，史店乡紧扣“两不愁三保障”，精准施策补短板。全乡危房改造111户，其中返乡户67户，抗震房44户。建档立卡户安全饮水全部保障。推进义务教育均衡发展，“空中课堂”参学率100%，形成了“控辍保学”常态化机制。医疗保险参保20861人，参保率98%，建档立卡户和边缘户参保率100%。

【挂牌督战】 2020年，史店乡挂牌督战米湾村从政策落实、义务教育、医疗保障、安全住房、安全饮水、社会兜底、美丽村庄建设七个方面对708户常住户，扎实精准开展“四查四补”工作，对查出的短板弱项等22条问题，制定整改措施，已全部整改完成，实现常态化管理。

【脱贫监测】 2020年，史店乡对全乡所有建档立卡户实行动态管理，2020年拟脱贫退出88户211人，边缘户消除风险42户158人，监测户消除风险3户17人。

【产业扶持】 2020年，史店乡加大产业扶持力度，兑付产业资金1015.24万元，劳务奖补资金1071人301.91万元。小额扶贫贷款贴息216.26万元。完成劳务输出6338人次，创收9876.5万元。

【公益岗位管理】 2020年，史店乡对365个公益性岗位实行划片分区，严格落实考核制度，对履职不当、考核不合格的2名人员按照管理办法解除服务协议，充分发挥公益性岗位兜底线、稳就业、保民生的作用。

【特色产业】 2020年，史店乡围绕“一主四特”优势产业和全乡农业产业化布局，积极调整优化产业结构，突出发展特色优势产业，培育发展了牛产业、小杂粮、红梅杏、红葱、香水梨等主导产业，切实夯实脱贫摘帽基础。全乡种植玉米11300亩，马铃薯5500亩，香水梨1800亩，红葱、蒜等特色经济作物8400亩、禾草11000余亩，小杂粮11000亩。牛存栏

5530头，羊存栏13820只，猪存栏386头，50头以上规模养殖场8家，注册成立村集体经济合作社7家。在苍湾村、大川村发展肉牛养殖，依托“基础母牛银行”模式，肉牛扩量增效明显。

【集体经济】 2020年，史店乡扶持苍湾村高端肉牛养殖基地，继续推行“党支部+合作社+农户”的资产收益和入股分红模式，让农户参与到村集体经济收益中，充分调动广大农户发展产业的积极性，为苍湾村村集体经济合作社注入100万元专项资金，依托苍湾村养殖园区壮大村集体经济。为大川村集体经济合作社注入专项资金100万元，肉牛养殖场已完成建设，待投入使用。

【民生保障】 2020年，史店乡认真开展农村低保专项整治，通过对在册享受低保人员进行核查排查，共清退死亡、移民搬迁、脱贫、分户迁出等不符合享受低保条件人员215人，新纳入享受低保人员158人，确保应保尽保，应退尽退。全乡有城市低保28户41人，农村低保2159户3046人，高龄166人，特困供养人员57户64人(分散33户33人，集中24户31人)，享受残疾生活补贴424人，残疾护理补贴265人。慰问困难退役军人，发放慰问金18000元。

【平安建设】 2020年，史店乡加强和完善社会管理综合治理工作机制，全面深化平安建设，着力完善社会治安防控体系。在各村组织开展各类法治宣讲会20场，以案释法警示教育14场次，累计发放宣传手册25000余份，在全乡营造人人守法、人人懂法的浓厚氛围。配齐配强乡村两级信息员8人，化解各类矛盾纠纷67起、各类信访案件35起，不断深化“平安史店”建设，确保了全乡社会和谐稳定和人民群众安居乐业。

【环境整治】 2020年，史店乡开展“村庄清洁行动”，对居民周边生活垃圾及“五堆”进行彻底清理整治。落实房前屋后、“门前三包”责任制，做到保洁员常态化，保洁责任“双到位”。抓好“厕所革命”，米湾自然村整村改厕110座，全乡改厕670座。

【河长制工作】 2020年，史店乡充分发挥河长制在水域管理中的作用，压实乡村两级河长责任，强化日常巡护，常态化推进辖区内河道流域生态保护和综合治理。完成县级河马营河史店段苍湾河道治理0.7公里，田拐段河道疏通整修2公里，杨坊河治理3公里及三条乡级河道治理。完成史店三留洼、田拐村、米湾谢沟水库等淤地坝除险加固工程6处。完成米湾农田渠道清淤3公里。

【植绿增绿】 2020年，史店乡完成前川“一村一年一事”村庄绿化项目、米湾村500亩香水梨种植任务，做好秋冬明春植绿增绿统计工作。完成李海路、黑海路、中静路树木涂红刷白及抚育管护20公里。

【基础设施】 2020年，史店乡补齐基础设施短板，建设米湾村美丽乡村项目，完成巷道整修5950米、巷道硬化10公里、道路排水沟1500米、护坡整修17440立方米、健身广场1处、垃圾处理站1座、太阳能路灯20盏；完成苍湾村排洪渠道治理1.5公里，乡政府主干道沥青路1.5公里，徐坪村巷道硬化1.8公里，田拐村60平方米护林点。

【禁牧封育】 2020年，史店乡建立“横向到边、纵向到底”的三级禁牧封育网格化监管体系，严厉打击违规放牧、破坏林草资源等行为，确保禁牧封育监管不留死角、不留盲区、不留隐患。

【农田建设】 2020年，史店乡组织大型机械对史店、苍湾红葱基地开展机深翻整修4000亩，同时组织全村农户对田间地头进行杂草清理和扶埂等工作。完成米湾农田渠道清淤3公里。前川、徐坪田间道路整修30公里。完成增施有机肥、机深松1500亩。完成残膜回收1100亩，回收利用秸秆6000亩。

(马海龙)

贾塘乡

【概况】 贾塘乡位于海原县中部，东临郑旗乡、李旺镇，南连曹洼乡，西靠史店乡，北接关桥乡。乡镇府驻地贾塘村，西北距海原县城25公里，东南距海兴开发区26公里。行政区划面积334平方公里，辖贾塘、王塘、后塘、马营、南河、黄坪、双河、堡台、贾塘新村9个行政村、63个自然村，2020年年末，有户籍人口9004户31401人（其中回族人口28644人，占总人口的91.2%），常住人口6987户25266人。有耕地面积18.31万亩，其中退耕还林面积8.76万亩。2020年全乡农民人均纯收入9120元，同比增长6.2%。

【脱贫攻坚】 2020年，贾塘乡按照“持续发力防松紧、严把标准防闯关、巩固成果防返贫”的要求，对标对表坚决打赢脱贫攻坚战目标任务，坚持目标导向、结果导向，抓重点、补短板、强弱项，确保如期完成脱贫目标。全乡建档立卡户1923户7201人，脱贫享受政策1792户6692人，2020年脱贫退出83户264人，按照程序已消除“两类人员”风险户214户832人，其中脱贫不稳定户45户209人，边缘户169户623人，剩余边缘易致贫未消除10户53人。年末，所有建档立卡户全部高质量脱贫，9个贫困村全部出列，3个深度贫困村稳定退出。

【问题整改】 2020年，贾塘乡坚持把各级各类巡视、考核反馈问题整改落实工作作为一项重要政治任务，坚持“责任不落实不放过、问题不解决不放过、整改不到位不放过”，采取“台账式”管理、“清单式”落实、“节点式”问效的方式，从严从实抓好各类问题整改，以问题整改促进脱贫攻坚质量提升。各级各类反馈问题整改共涉及19次。其中，2018年度涉及的3次问题已全部整改完成；2019年度涉及的11次已全部整改完成；2020年度涉及国务院扶贫办督导反馈问题、2019年脱贫攻坚成效考核反馈问题、国务院扶贫开发领导小组2020年脱贫攻坚督查反馈问题、自治区党委第六巡视组对海原县开展脱贫攻坚专项巡视“回头看”反馈问题、自治区党委调研指导组调研指导反馈问题，已全部整改完成。

【“两不愁三保障”】 2020年，贾塘乡全面排查自来水管道、联户井损坏、破裂等问题，并全部完成检修维修，全乡常住户自来水入户率100%。对返乡无房、抗震能力弱等110户住房困难户（长期在外2020年度返乡建房49户，不具备抗震标准的61户）全部进行危窑危房改造。全面落实义务教育保障政策，确保贫困家庭的孩子上好学、能就业。全乡共有7~15周岁适龄儿童（少年）5794人（7~12周岁4062人，13~15周岁1732人），有建档立卡户学生1102人。其中县内就读4423人，县外就读1365人，休学6人，辖区内就读学生2864人（贾塘中心小学、各村完全小学、双河中学就读2167人，贾塘中学就读697人），按照“控辍保学”义务教育保障要求，没有适龄辍学学生；疫情防控期间，“空中课堂”参学率100%。通过光伏收益分红资金对全乡197名新考入贫困大学生资助资金24.7万元。全面落实“先诊疗后付费”和贫困患者大病集中救治机制等综合措施。标准化卫生室9个。有注册执业村医18人，乡卫生院组建医生签约服务团队9个，全部实行包片负责制，医疗保障实现全覆盖。全乡共有高血压、糖尿病等慢性病患者1936人，大病集中救治92人，大病救助555人76.45万元，全部实现签约服务，建档立卡户已全部购买医疗保险、边缘户医疗保险收缴全覆盖。

【“四查四补”】 2020年，贾塘乡在认真整改脱贫攻坚“回头看”排查问题的基础上，全面开展查损补失、查漏补缺、查短补齐、查弱补强四个方面存在的问题，切实把损失、漏洞、短板、弱项找出来。组织乡村两级干部共入户摸排6080户，排查出4个方面19项46条问题，针对存在的各类问题精准施策，制定完善26条整改措施，已全部整改完成。

【金融扶贫】 2020年，贾塘乡金融扶贫贷款户数共1544户，贷款金额6561.91万元。

【劳务技能培训】 2020年，贾塘乡累计输出劳动力8361人，其中建档立卡户2243人，兑付劳务奖补资金297.3921万元；2020年完成各类技能培训50人；全乡安置公益性岗位人员共368人，2020年新增107人。完成建档立卡户学生享受春季“雨露计划”共141人21.15万元。

【社会帮扶】 2020年，贾塘乡积极对接中卫市军分区、市国土局、县财政局、县教体局、中国建设银行海原分行等帮扶单位及企业。落实市军分区帮扶资金105万元，用于村集体经济发展、贫困户房屋回迁、牛养殖饲草料补贴及贫困大学生教育资助；落实宁夏葡萄产业园区管委会帮扶资金30万元，用于南河村发展种养殖产业；针对堡台村常住户养殖数量少、规模小、饲草料短缺及房屋回迁难等问题，对接县交通局帮扶资金7.5万元、漳浦县帮扶7万元、县运管所帮扶3万元、上海海证期货有限公司帮扶10万元，采取以奖代补方式鼓励贫困养殖户增加基础母牛补栏，提升养殖户养殖积极性，扩大养殖规模。

【高端肉牛产业】 2020年，贾塘乡依托海原“基础母牛银行1+N”模式，积极推广“龙头企业1+3”产业支撑模式，不断加强全乡肉牛规模养殖建设，牢牢抓住华润肉牛赊销机遇，全乡累计赊销华润基础母牛3237头，牛存栏1.2万头，累计兑付牛养殖扶贫资金460.2万元；持续打造王塘村、堡台村、南河村、后塘村、贾塘村、双河村6个高端肉牛养殖示范村，以华润贾塘繁育基地为核心，辐射带动全乡7个肉牛养殖专业合作社、44个养殖大户。按照“以草定畜”总体发展思路，引进优质牧草新品种、新技术，加强优质牧草田间管理，提高旱地牧草产量质量，种植饲草3.15万亩，紫花苜蓿留床面积达到7万亩，抓住牛产业发展中的“饲草配送”关键一环，在完善合作社“谷草换牛粪”机制的基础上，深挖饲草配送优势，建成3个饲草配送中心。

【小杂粮产业】 2020年，贾塘乡重点打造后塘村小杂粮集成技术科技成果转化基地及王塘村有机旱作农业科技示范园，完成小杂粮种植23000亩。同时投资建设王塘村小杂粮加工厂，积极与华润集团、老庄稼农业科技有限公司对接合作，开展小杂粮精深加工及销售，形成产、加、销一体化产业链条，运用西海固区域品牌，带动销售，增加收入。

【劳务产业】 2020年，贾塘乡开展城乡劳动力技能培训1期50人，举办创业致富带头人培训1期30人，新增公益性岗位107人，完成劳务输出8361人（其中建档立卡2243人），实现增收8400万元。2020年，收缴“铁杆庄稼保”3115人15.58万元，为全乡1076户1253名建档立卡贫困人口兑付劳务奖补资金323.6746万元，77户81名边缘易致贫人员兑付劳务奖补资金21.12万元。全乡共有公益性岗位456人（扶贫公益性岗位170人，光伏公益性岗位74人，就业创业公益性岗位124人，护林员岗位88人），年末，已完成1—11月份公益性岗位工资兑付390万元。

【美丽集镇建设】 2020年，贾塘乡完成贾塘乡沿街铺装建设硬化项目，街道面包砖铺设10947.5平方米，更换路道牙1482.5米，修缮景观树池375个；完成劳务移民点排水管道修改项目，新修混凝土路面180平方米，新铺设人行道面包砖1860平方米，新修混凝土散水75平方米，全面改善城乡居民生活环境。

【环境整治】 2020年，贾塘乡打造贾塘乡黄坪村环境整治示范村，共完成旱厕改造200

座，与辖区所有常住户签订环境卫生“门前三包责任书”，成立乡级保洁公司，全面负责镇区街道及公共区域环境卫生整治工作。

【农田水利】 2020 年，贾塘乡将农田水利基本作为实施乡村振兴、脱贫攻坚战略的重要举措抓紧抓实，共整修农路 15 公里，沟道整治 18 公里，秸秆利用 0.9 万亩，机深翻 2.5 万亩，畦田建设 0.53 万亩，秋季残膜回收 2.2 万吨。

【植绿增绿】 2020 年，贾塘乡完成乡镇秋季植绿增绿 8036 棵，村部绿化 720 棵，庭院经济林种植 3870 棵，移除死苗木 452 棵，补植树苗 4115 棵，修整树坑 34000 个，修剪树木 34000 株。

【“一村一年一事”】 2020 年，贾塘乡完成马营灌区建设水源坝 1 座，维修铺设砼渠道 6.2 公里，维修排洪槽 2 处；建设贾塘乡南河村饲草加工配送基地；村级道路硬化 8.5 公里，完成砂砾路铺设 5.14 公里；完成坡改梯土壤配肥 13680 亩。

【信访工作】 2020 年，贾塘乡共受理各类信访问题 94 件，办结 91 件，正按时限要求办理 3 件，办结率 96.8%，充分发挥村级调解委员会的职能作用，严格落实信访工作责任追究及信访案件包保制度，妥善解决信访问题。

【安全生产】 2020 年，贾塘乡对全乡辖区内存在安全隐患的重点区域，非煤矿山、河道，道路、校园、商场等进行安全隐患排查 50 余次。持续做好非煤矿山关停后生态恢复工作；拆除非法运营砖厂 1 座。做好冬春草原森林防火，确保安全生产各项任务落到实处。扎实开展了宗教场所安全隐患排查整改工作。

【党的建设】 2020 年，贾塘乡全面落实党委主体责任，强化对党对基层建设、意识形态及党风廉政建设工作的领导，推进全面从严治党。落实“一岗双责”责任，扎实开展“六查六整”工作，认真梳理存在的 6 个方面 25 个问题，按时间节点整改到位，扎实开展软弱涣散党支部整顿工作，由党委书记和纪委书记负责对软弱涣散村村“两委”班子及成员进行了约谈，规范落实“三会一课”“党员主题党日活动”“四议两公开”等制度；扎实开展“三大三强”促脱贫富民行动，筛选出 49 名致富带头人、9 名党组织带头人和 17 名后备干部，开展 1 次致富带头人技能培训；合理使用为民服务资金。全乡 9 个行政村累计安排使用为民服务资金 101.948 万元，用于环境卫生整治、绿化、水毁道路维修和相关设备购买，有效缓解了村党支部“无钱办事”的问题；扎实开展扶贫领域腐败和作风问题“3+X”专项治理、村务公开和民主管理等工作，切实提高了基层组织管理水平。

（贾塘乡）

郑旗乡

【概况】 郑旗乡位于海原县东部，东临三河镇、七营镇，南接九彩乡与固原市原州区黄铎堡镇，西连贾塘乡、曹洼乡，北靠李旺镇。乡政府驻地郑旗村，西北距海原县城 38 公里。行政区划面积 523 平方公里，辖郑旗、撒台、南山、撒堡、中坪、吴湾、西沿 7 个行政村、78 个自然村。2020 年年末，有户籍人口 5890 户 23142 人（其中回族人口 23096 人，占总人口的 99.80%），常住人口 2393 户 10019 人。有耕地面积 18.4 万亩，其中退耕还林面积 2.9 万亩，紫花苜蓿留床面积 4.3 万亩。乡党委下设党支部 9 个，其中农村党支部 7 个，机关党支部 1 个、离退休党支部 1 个。有党员 326 人，其中农村党员 263 人，占 80.7%；妇女党员 46 人，占 14.1%。

【疫情防控】 2020 年，郑旗乡加大疫情防控工作力度，引导群众正确佩戴口罩，严控非必要聚集性活动，严防疫情反弹，统筹疫情防控和经济社会发展，切实保障人民群众生命安全和身体健康。

【“四查四补”】 2020年，郑旗乡扎实开展“四查四补”工作。一是查损补失方面，新增解决公益性岗位100个，完成小额贷款1492户6879万元，为贫困户购买意外伤害险、大病医疗补充险，实现“扶贫保”全覆盖。引导农户购买种植业、养殖业等保险，增强产业风险防控能力。二是查漏补缺方面，人员自然增减111人（增加68人、减少43人）。边缘户新纳入2户9人，取消9户28人。取消脱贫监测户15户84人。对“两类人口”“一户一档、一人一策”细化帮扶措施。三是查短补齐方面，打造郑旗、西沿环境示范村2个。建成文体活动场4处，举办群众文娱活动6场次。建成村集体经济项目3个，带动新建牛场5个，配齐用电设备。四是查弱补强方面，打造蔬菜基地1个、秋杂粮基地1个，新建百头肉牛养殖场7处，有20头牛以上养殖大户28家。完成产业资金兑付991.05万元。“四查四补”工作中，共摸排出问题51个，已全面整改完成。

【挂牌督战】 2020年，郑旗乡制定了督战攻坚方案，包乡市、县领导靠前指挥、督战18次，乡党委书记、乡长实行脱贫攻坚“双组长”制，建立台账，对账销号。

【脱贫监测】 2020年，郑旗乡健全防止返贫监测和帮扶机制，结合人口普查摸清人口底数，调整核实信息数据，有边缘户56户226人，已消除风险9户29人；脱贫监测户29户162人，已消除风险15户83人。强化项目库录入及项目建设工作，完成录入322条。

【问题整改】 2020年，郑旗乡紧盯问题，强化整改，完成脱贫成效考核反馈的29个问题、自治区党委第六巡视组“回头看”反馈的14个问题、国务院扶贫开发领导小组2020年脱贫攻坚督查反馈的9个问题。

【牛产业】 2020年，郑旗乡积极响应县委、县政府号召，进一步整合利用资源，引导牛产业向科学化、标准化、规模化、品牌化发展，成立肉牛产业协会1个，新建村集体经济肉牛养殖场3处，已建成投入运营2处，养殖规模达200余头。带动新建4处，成立肉牛养殖专业合作社5个。全乡有20头以上规模牛场18家（其中50头规模牛场3家、100头规模牛场5家、200头规模牛场1家、1000头以上规模牛场1家），不断做大做强牛产业。

【草畜产业】 2020年，郑旗乡种植一年生禾草2.2万亩，新增紫花苜蓿0.7万亩，连片种植苏丹草12000亩。积极推广实施机械化收割，为养殖业发展提供饲草保障。继续推广“华润母牛银行”模式，不断扩大高端肉牛养殖规模，全乡牛存栏6303头，补栏881头，羊存栏30000只，补栏830只。兑付产业补贴资金994.6万元。

【特色蔬菜产业】 2020年，郑旗乡在郑旗、吴湾川台区打造5000亩特色西芹和韭菜种植示范区，有设施蔬菜拱棚25座。形成集招商引资、土地流转、订单农业、旱作节水、实用技术培训“五位一体”的永久性蔬菜基地。在吴湾村新建蔬菜冷库1座，有效解决341国道沿线蔬菜种植区西芹、韭菜收割短期贮存和滞留问题。

【小杂粮产业】 2020年，郑旗乡结合自然条件和区位优势，在全乡范围内种植以糜、谷、荞为主的秋杂粮1.6万亩。打造郑旗村包家山小杂粮示范基地0.5万亩，完成覆膜玉米6000亩。

【劳务产业】 2020年，郑旗乡全年劳务输出5033人次（建档立卡户1311人），收入6000多万元，其中点对点向福建厦门、江西南昌和广东东莞等地输出113人。为1678名外出务工人员购买农村“铁杆庄稼”保险，为未脱贫户和脱贫不稳定户提供就业增加收入。

【基础设施】 2020年，郑旗乡配合做好国道341升级改造，村道窄路加宽23.9公里、硬化10公里，生产道路沙化10公里，危房改造

105户。完成郑旗乡卫生院迁建项目的前期选址、征地等工作，建成投入使用美丽集镇广场1处。新增农商行营业网点1个，新建加油站1处，极大地方便了群众生产生活。

【农田水利】 2020年，郑旗乡加大中坪、吴湾、撒台等村现有9眼机井管护、营运力度。在郑旗村筹建机井3眼，新建3万立方米、5万立方米、10万立方米水池各1座，为建设2个高标准农田项目夯实基础。完成渠道清淤和培土整修14公里，清障疏通沟道3处，不定时对341国道沿线山洪沟道内垃圾及时进行回填掩埋。整改冻点、老化和新增管道25处，常住户自来水入户70户，改造70户。实施中坪村、撒堡村小流域治理项目“坡改梯”8600亩，完成西沿村土地平整项目11450亩。

【美丽乡村建设】 2020年，郑旗乡建成污水处理场1座，对村庄污水进行入网集中处理。配备垃圾清运车1辆、垃圾箱40个，发动群众2000余人次，出动铲车、拉运车辆150辆次，不定时整治街道两侧铺面脏乱差25处，对黑海、郑曹和李贾公路沿线、河道两侧白色垃圾和各村主巷道集中清理，共清运处理垃圾3500余吨。组织群众投工投劳对主干道路进行补植补造，完成乡、村主干道路林带除草、树木修剪2.9万株、涂红刷白3.4万株。在国道341沿线5个栽植点种植云杉1.2万株。强化郑旗村旅游扶贫示范村建设。全乡村容村貌及人居环境得到明显改善。

【“厕所革命”】 2020年，郑旗乡完成厕所改造155座（其中西沿村120座、撒堡村完成35座），配备吸粪车1辆。

【卫生健康】 2020年，郑旗乡建档立卡户全部纳入城乡居民基本医疗保险、养老保险、大病保险和医疗救助保障范围。为所有建档立卡贫困户购买意外伤害险、大病医疗补充险，实现“扶贫保”全覆盖。完成中坪、撒台和西沿等村卫生室维修工作。

【社会保障】 2020年，郑旗乡清理不符合享受低保612人，新纳入150人。在册享受农村低保1940户2637人，享受城市低保23户33人、五保户24户25人、孤儿45户76人。及时足额发放310名重度残疾人护理费。发放生活困难群众救助金85.77万元。

【文化教育】 2020年，郑旗乡在全乡范围内播放电影56场次，与教育系统实现信息共享，实现年内义务教育阶段零辍学目标。大力倡导移风易俗，教育引导群众尊老孝亲，配合自治区演艺集团、县文工团下基层演出7场次。

【移民工作】 2020年，郑旗乡完善“十三五”巨湾安置点48户后续产业培育和基础设施，每户每年光伏分红300元，引导农户积极种植西芹、秋杂粮，利用劳务奖补政策鼓励引导外出务工，确保移民群众搬得出、稳得住、有就业、逐步能致富。

【扶贫车间】 2020年，郑旗乡引进企业订单投产作业，建成投入使用西沿村扶贫车间1处，订单基本满足海原县校服制作，并争取到中宁和吴忠等校区订单，就地就近解决建档立卡户60余人就业，实现生产生活和劳务收入两促进两不误。

【“一村一年一事”】 2020年，郑旗乡完成连片种植优质紫花苜蓿1500亩、覆膜玉米2500亩、红梅杏6800株。新建500吨蔬菜冷库1座、蔬菜供水低压管道22.6公里，硬化村道3公里。

（魏文）

曹洼乡

【概况】 曹洼乡位于海原县中南部，地处南华山东麓，东接郑旗乡，南连九彩乡、李俊乡、红羊乡，西靠南华山自然保护区，北临贾塘乡、史店乡。乡政府所在地曹洼村，西北距县城23公里。区划面积209平方公里，辖曹洼、脱烈、白崖、冶套、硝沟5个行政村、27个自然村。2020年年末，有户籍人口2765户、9007人（其中回族人口5945人，占总人口的66%），常住人口1481户、5040人。全乡耕地面积16.85万亩，退耕还林地2.2万亩，紫花苜蓿留床面积5.3万亩。

【脱贫攻坚】 2020年，曹洼乡坚持把脱贫攻坚作为全乡各项工作的重中之重，坚定“一号工程”意识，凝聚合力，全力推进脱贫攻坚进程。全乡建档立卡贫困户780户2801人全部脱贫，脱贫不稳定户11户48人已消除风险9户39人，边缘贫困户18户48人已消除风险17户44人。5个贫困村全部实现脱贫摘帽。

【“两不愁三保障”】 2020年，曹洼乡全面落实“两不愁三保障”。贫困户稳定实现了“不愁吃、不愁穿”。全乡义务教育阶段入学率达100%，春季学期“雨露计划”补助68人10.2万元，确保困难家庭学生上得起学、上得好学。全乡建档立卡户共有7895人缴纳基本医疗，建档立卡户参保率分别为100%，边缘户参保率为97.76%；全面落实县域内住院“先诊疗后付费一站式”政策和大病集中救治、慢性病签约服务管理、重病兜底保障“三个一批”机制；落实34种大病集中救治工作，防止小病拖大、大病难治，慢病签约服务全覆盖。督促完成2019年危房改造回迁入住5户，完成危房及抗震宜居农房改造63户，贫困户安全住房实现全覆盖。维修、新建饮水管道7974米，修建闸阀井7座、联户井1座，自来水入户25户。紧扣饮水安全“四项饮水指标”，动态监测，查漏补缺，集中供水率达99%以上，自来水普及率达100%，水质达标率100%，供水保证率达95%以上，实现所有农户饮水安全。

【问题整改】 2020年，曹洼乡抓好各级各类督导、巡视反馈问题整改，以问题促整改，以整改促落实。完成2019年脱贫攻坚成效考核、国务院扶贫开发领导小组督查脱贫攻坚反馈问题、自治区党委第六巡视组等脱贫攻坚督查巡查反馈问题的整改，并建立长效机制。

【“四查四补”】 2020年，曹洼乡入户摸排2371户，针对4类30项排查内容排查出4类18项37个问题，制定51条措施，完成整改37个问题。其中在查损补失中排查出8项18个问题，完成整改18个；在查漏补缺排查出5项11个问题，完成整改11个问题；在查短补齐中排查出5项7个问题，完成整改7个问题；在查弱补强中排查出1项1个问题，完成整改1个问题。同时，积极配合国务院普查组高质量完成5个行政村783户2787人建档立卡户普查工作。

【养殖业】 2020年，曹洼乡规模肉牛养殖场已补栏400余头。华润基础母牛赊销回收资金27.3万元。中国（宁夏）良种牛繁育中心（曹洼村老虎自然村）地块已落实，正在对接建设公司进行开工前准备工作。

【劳务扶贫】 2020年，曹洼乡铁杆庄稼保已完成1333人参保，完成计划任务的106.64%。

【环境整治】 2020年，曹洼乡出动车辆100台次、人员1000人次，拆除农村违章建筑和烂尾房412户，面积1.63万平方米；拆除乱建乱搭45处，清理“五堆”300余处。清理影响集镇容貌、道路两侧环境和农村环境整体形象的各类杂物约500吨，平整乡村绿化地块283亩，涉及4条村道、2个主题公园、休闲广场及2条河道等，影响农村人居环境的不良习惯有了明显改变。

【美丽乡村建设】 2020年，曹洼乡投资2400万元建设了曹洼美丽集镇，脱烈美丽村庄，完成建设日处理200立方米水的曹洼街道污水处理厂，已投入试运行，并在村庄内外广泛种树、种花，实施好“锦上添花”工程，每年在三条主干道路和所有乡村硬化路两侧种植格桑花，营造“村庄在花丛中、花丛在村庄中”的景观效果，彰显群众精气神，提升群众幸福感。

【植绿增绿】 2020年秋季栽植5500株，面积79亩。

【扫黑除恶】 2020年，曹洼乡整合乡派出所、乡司法所力量和乡村组干部41人，对全乡1324户常住户进行"拉网式""地毯式"的线索摸排筛查，全乡立治安案件18起，行政拘留6人，行政处罚18人，抓获吸毒人员1人，逃犯1人，清缴报废车辆15辆。开展白崖村马某某涉恶团伙"以案说法"13场，有效消除流毒影响。

【信访工作】 2020年，曹洼乡抓准纠纷苗头主动化解，将矛盾纠纷的"末端处理"态势转向"前置化解"，有效化解矛盾纠纷、控制新发信访案件发案率，全年共排查化解矛盾纠纷82件，接待来访群众共计98人次，没有一起陈年积案。

【基层党建】 2020年，曹洼乡切实履行管党治党主体责任，不断夯实基层组织根基。一是扎实开展"六查六整"。对标"六查六整"问题清单和"抓乡促村、整乡推进"三个清单，逐村摸底排查突出问题，经集体会诊研究，5个村党支部从责任、班子、队伍、治理、环境、保障6个方面查找出14个问题，制定整改措施81条，已整改10个并长期坚持，剩余4个按时结节点有序推进整改。其间，白崖村总结出"七子工作法"，为全乡"抓乡促村、整乡推进"蹚出了路子，得到自治区市组织部门的肯定。二是强化党建规范化建设。培养村级后备干部30人，为选优配强村党支部班子奠定坚实基础。突出抓好支部规范化、标准化建设，扎实开展星级服务型党组织创建工作，针对各村村情特点，提炼塑造了6个个性化党建品牌，并持续开展创建，集中整顿软弱涣散党组织1个，切实提升基层党建工作水平。规范开展党内组织生活，班子成员年内累计开展常规指导10次。严格按照党员发展程序，接受预备党员3名，转正党员1名，培养积极分子13名。发放流动党员证42个，并要求每半年必须本人到乡党委汇报思想和生产生活情况1次，确保其"离乡不离党、流动不流失"。在2020年新冠肺炎疫情防控期间，全乡成立临时党组织3个，党员自愿捐款32600元，在卡点自愿值班值守48人，涌现出了冯明道等14名捐助医疗物资、雪中送炭的优秀农村党员，使党旗在战疫一线高高飘扬。

【党风廉政】 2020年，曹洼乡强化党风廉政建设，将严肃党内政治生活、严格落实"两个责任""一岗双责"、狠抓作风建设等作为2020年党风廉政建设工作重点，规范运行村级权力监督平台。实施"廉情诊所"监督机制，试用"五诊"联动"三色"警示。开展民生领域侵害群众利益突出问题专项整治，排查整改问题3个。开展违反中央八项规定精神突出问题专项治理"回头看"，落实"五谈二会一报告"工作机制，开展谈心谈话7人，提醒谈话2人。建立"廉情诊所"监督工作机制。村级"廉情诊所"监督工作机制启动后，监督发放各类资金70余万元，为打赢脱贫攻坚战提供强有力的纪律保障。

【精神文明】 2020年，曹洼乡把意识形态工作作为党的建设和政治建设的重要内容，认真组织开展党的十九大、习近平总书记系列重要讲话精神，扶贫有关政策学习传达，开展了宗教场所"三化"治理行动，移风易俗，宣传正能量。

（马既）

九彩乡

【概况】 九彩乡位于海原县东南部，东临固原市原州区黄铎堡镇，南连李俊乡，西接曹洼乡，北邻郑旗乡。乡政府驻地九彩村，西北距海原县城60公里。行政区划面积202平方公里，耕地总面积90897亩，退耕还林25148.4亩，荒山造林28309亩，紫花苜蓿留床51087亩。2020年，全乡辖九彩、马圈、马湾、新庄、元套、马套6个行政村、20个自然村，户籍人口1857户6876人（其中回族人口6862人，占总人口的99.80%），其中常住人口767户3068人。

【脱贫攻坚】 2014—2019年，九彩乡共识别建档立卡户731户3062人，历年搬迁311户1327人，清退“五类”人员58户263人，死亡2户2人。全乡有建档立卡户359户1473人，其中已脱贫338户1407人，2020年脱贫21户66人，贫困发生率为零。全乡贫困户人均收入稳定达到了5000元以上，“不愁吃、不愁穿”全部实现。义务教育阶段学生实现“零辍学”，建档立卡贫困户基本医疗参保率达到100%，贫困户安全住房实现全覆盖。全乡自来水入户率、供水保障率、水质达标率均达100%，生活用电和广播电视入户率达到100%；4个行政村村组通硬化路、通客车、通动力电、通宽带网络信号实现全覆盖，文化活动场所、健身器材、综合服务网点、标准化卫生室等配备齐全。

【草畜产业】 2020年，九彩乡组建九彩乡养殖协会，在九彩、马圈、元套扶持新建3个专业养殖场，提升马湾村七彩养殖合作社，全乡规模养殖场达4家。重点打造元套、新庄高端肉牛养殖示范村2个。培育新庄、九彩、元套、马圈4个万亩优质牧草种植基地，紫花苜蓿留床面积达5.1万亩。全乡年牛存栏达4000头以上，其中规模养殖场达1000头以上，常住农户户均养牛5头以上。坚持“春防，秋补，重点防疫，全面注射，四季防疫”的原则，划片包干，责任到人。年内牛、羊、禽防疫密度达100%，牛、羊耳标配带率达100%。全乡更新紫花苜蓿7000亩，新种紫花苜蓿2000亩；种植玉米、豆类及秋杂粮23428亩，重点在元套、九彩和马湾3个行政村集中连片种植一年生禾草10710亩；紫花苜蓿新种和更新3400亩、青贮玉米6000亩，花椒存活426亩，建档立卡户产业覆盖率为88.6%。全乡对撂荒地、移民搬迁的闲置地，已流转1.2万亩，主要有经营主体实施一年禾草、青贮玉米饲料等种植，为全乡养殖奠定坚实的草料保障。

【生态保护】 2020年，九彩乡实施大泉沟小流域水土流失综合治理项目建设；S204线新庄段补植绿化1200株；对道路两侧树木先扶后育，进行修缮、除草、涂白刷红。计划在马湾、黑林、套子等生态移民迁出区种植树木3000亩。为进一步加强禁牧封育工作，成立禁牧封育督察巡察组，坚决打击偷牧行为。

【污染治理】 2020年，九彩乡在全乡范围内集中开展春夏季农村环境综合整治战役，对选聘的护林员、“40”“50”人员，以行政村为单位实行网格化管理，将公共区域卫生分片到人。定期组织建档立卡户、低保户等有劳动能力人员参加义务劳动，引导贫困群众消除“等靠要”思想，形成环境保洁工作长效机制。积极组织人员开展残膜回收、秸秆回收利用，严禁秸秆焚烧，已完成残膜回收37吨。严格落实河长制，确保乡村河长巡河任务完成。已完成河道垃圾清理18吨。

【植绿增绿】 2020年，九彩乡重点围绕乡村绿化、主干道绿化、经济林建设全面推进植绿增绿大会战。乡村植树10450株，种植红梅杏等经济林类1900株，清除道路沿线杂草8公里，修剪、涂白、刷红树木11230株，补植苗木1160株，修整树坑11325个。

【农田水利】 2020年，九彩乡共出人力520人次，动用铲车等机械150小时，张贴宣传标语等18条，在全乡营造秋冬季农田基本建设氛围。全年整修农路15公里，秸秆综合利用0.6万亩，残膜回收0.57万亩，增施有机肥3.4万亩，机深翻2万亩。

【基础设施】 2020年，九彩乡硬化马圈红井及新庄古城村道1407米，修建砂砾路6.6公里，整修生产路22公里；完成抗震房评估鉴定593户。稳步推进“厕所革命”，全乡全年完成改厕106户。建立了自来水运行长效机制，水费收缴率达95%以上，安全饮水保障率达100%，自来水供水保障率达98%以上，彻底解决全乡农户安全饮水问题。打造马圈农村环境整治示范村，硬化红井川村道路650米，平整中靖公路两侧洼地4处，并在区域内栽植树木2060株；清理主干公路和巷道两侧、公园、文化长廊等处杂草杂物和生活垃圾约240吨；完成公园护坡132米，完成公园围墙220米；修整公园南侧荒山，计划栽植红梅杏400株。

【教育事业】 2020年，九彩乡义务教育均衡发展通过初验，控辍保学工作成效明显，义务教育阶段适龄儿童入学率达到100%以上。

【卫生健康】 2020年，九彩乡6个村卫生室全部实现了标准化，配齐了6名村医，药品种类齐全，运行正常，使得人人享有公共卫生服务均等化、小病不出村、常见病不出乡的目标基本实现。

【社会保障】 2020年，九彩乡对全乡低保、残疾、养老、高龄等，会同县民政局进行了排查，做到了动态管理，应保尽保。2020年对104人纳入农村低保，7名五保老人全部进入县养老中心集中供养；115名重度残疾人护理费、补助及时足额发放。全年共为生活困难的群众解决临时救助金110.29万元，惠及1420人。

【劳动力转移】 2020年，九彩乡安置农村公益性岗位20人；完成驾驶员等各类培训4期352人，年均输出劳动力1857人。

【扫黑除恶】 2020年，九彩乡先后悬挂扫横幅13条、永久性标语86条、大型喷绘18幅，发放宣传单10000余份。在乡政府驻地、6个行政村、23个自然村张贴扫黑除恶专项斗争公告、《宁夏公安机关涉黑涉恶违法犯罪线索举报奖励办法》、《扫黑除恶线索举报公告》，公布举报方式，组织乡派出所、乡司法所到各村开展扫黑除恶普法宣讲活动22次，做到宣传无死角。

【矛盾纠纷化解】 2020年，九彩乡大力开展民法典宣传和学习，通过邀请专业人士宣讲、包村领导宣讲、微信公众号、条幅、宣传标语等大力宣传，营造了良好的社会氛围。大力实施“七五”普法，发挥人民调解、司法调解等作用，建立健全信访各项工作制度，扎实推进矛盾排查调处工作。共排查调处矛盾纠纷13件。其中婚姻纠纷8件，调成7件；邻里纠纷4件，调成4件；其他纠纷1件，调成1件。

【民族宗教】 2020年，九彩乡依法管理民族宗教事务，“四进”宗教场所12所，合坊并寺1所，依法拆除移民迁出区清真寺12所。严格执行宗教场所、人员、活动审核制度，严把宗教场所设立登记关、建设报批关、教职人员备案关、实行每季度对教职人员考核制、大型宗教活动审批关，并定期对全乡宗教活动场所进行监督检查，确保其依法从事宗教活动。

【理论武装】 2020年，九彩乡制定完善了九彩乡党委中心组学习、干部集中学习、村“三委”班子政治业务学习等一系列规章制度。以“不忘初心、牢记使命”主题教育为契机，通过乡党委中心组集中学习、干部集中学习，促使乡村两级干部更加牢固地树立了“四个意识”，更加坚定了“四个自信”，更加自觉地做到了“两个维护”。

【基层党建】 2020年，九彩乡严格落实党委委员党建联系点制度，认真履行党建第一责任人职责，召开党建工作例会4次。结合软弱涣散党组织整治工作，全面落实村干部坐班制度、第一书记和驻村工作队考核制度，为软弱涣散基层党组织全面提升和决战决胜脱贫攻坚战奠定了扎实的基础。按时足额划拨村级办公经费16.5万元、为民服务资金24万元，兑付村干部任职补贴。对6名党支部书记上报县委组织部进行了备案，储备村级后备力量16名，更新致富带头人信息库，有致富带头人10名，其中党员4名。扎实开展村“两委”换届摸排工作，6个村“两委”班子成员中，党支部书记主任全部实现“一肩挑”，新提名4人；除马湾和马套村，其他4个村班子成员实现35岁以下和大专文化的要求。

【党风廉政】 2020年，九彩乡落实党委主体责任和纪委监督责任，提高管党治党能力，强化班子内部监督；完善村级“廉情诊所”和“村廉通”监督工作机制，不断加强基层监督，切实解决发生在群众身边的不正之风和腐败问题，促进基层权力规范运行，推动全面从严治党纵深发展。

（于泽慧）

李俊乡

【概况】 李俊乡位于海原县南部，地处西吉县、海原县、原州区（原固原县）交界地带。东临原州区三营镇，南接西吉县沙沟乡、火石寨乡，西靠红羊乡，北连九彩乡。乡政府驻地李俊村，西北距海原县城76公里。行政区划面积298平方公里，辖李俊、蔡祥、红星、团结、联合、蒿滩6个行政村、27个自然村。有耕地面积3.73万亩（其中水浇地面积5700亩，紫花苜蓿留床面积1.6万亩），退耕还林4.2万亩，生态修复4.1万亩。2020年，辖区有户籍人口2428户8631人（其中回族人口7968人，占总人口的92.32%），常住人口1476户5851人。建档立卡贫困户786户3205人，现行标准下农村贫困人口全部脱贫，贫困村全部退出。有学校5所、教学点4个、幼儿园1所，有义务教育阶段在校学生1481名。牛、羊、鸡饲养量分别为7800头、1.6万只、1.1万羽。

【脱贫攻坚】 2020年，李俊乡继续强化“四个不摘”政策，针对已脱贫户，持续动态监测，对于有脱贫风险的及时纳入脱贫监测户中；针对未脱贫户，按照“两不愁三保障”的总体要求，坚持“五个一批”“六个精准”，因户施策，因人施策，全力通过发展生产、生态补偿、发展教育、社保兜底等措施确保25户93户贫困户如期脱贫。

【“两不愁三保障”】 2020年，李俊乡持续做好685户2797人已脱贫人口巩固提高，完成农村返乡无房户改造32户，在自来水入户率100%基础上，维修管道22处，实现安全饮水全覆盖有保障。将685户2797名建档立卡人员全部纳入城乡居民基本医疗保险、养老保险、大病保险和医疗救助保障范围，常住人口健康签约5288人，实现每月一次健康服务。全面落实学前教育补助、义务教育“三免一补”、中高职“雨露计划”大学生“离土计划”等教育扶贫政策，实现了困难家庭学生资助全覆盖。累计补贴中、高职“雨露计划”资金19.2万元，共资助128人次、大学生“离土计划”43人，补助资金21.5万元。

【产业补贴】 2020年，李俊乡完成各类产业补贴291.98万元。其中基础母牛补栏211头，兑付资金32.7万元；基础母羊补栏1378只，兑付资金41.34万元；秋杂粮1805.61亩，兑付资金26.08万元；饲草4750.25亩，兑付资金71.57万元；饲草（玉米）1117.5亩，兑付资金16.76万元；马铃薯391亩，兑付资金7.82万元；蜜蜂154箱，兑付资金6.16万元；生猪23头，兑付资金1.15万元；“见犊补母”570头，兑付资金57万元；棚圈57座，兑付资金30.4万元。

【“四查四补”】 2020年，李俊乡结合2019年开展的脱贫攻坚“回头看”工作，在排查“三落实”“三精准”“三保障”的基础上，对全乡所有常住人口实行全覆盖，逐村逐户逐人开展了摸排。共走访 2146 户 8167 人。摸排梳理出的 4 个方面 32 个问题全部完成整改。

【公益性岗位管理】 2020 年，李俊乡建立健全《“建档立卡户”公益性岗位安置人员管理制度》，进一步规范管理“建档立卡户”公益性岗位安置人员，强化工作责任，提高工作效率，全乡光伏和扶贫公益性岗位共参岗 105 人，支付公益性岗位工资 52.76 万元。

【移民安置后续发展】 2020 年，李俊乡在 2019 年集中安置基础上，针对富陵点安置农户现状，强化政策宣传，鼓励外出务工 10 户 13 人，发展种植户、牛羊养殖户 10 户，就近务工 3 户 3 人，社会保障兜底 2 户 4 人，确保实现“搬得出、稳得住、逐步能致富”。

【问题整改】 2020 年，李俊乡共整改完成自治区党委第六巡视组脱贫攻坚专项巡视“回头看”反馈问题 16 个。整改完成国务院扶贫开发领导小组 2020 年脱贫攻坚督查反馈问题 11 个。整改完成县委第一督导组督导反馈问题 16 个。

【结对帮扶】 2020 年，李俊乡扎实开展部门帮扶，县扶贫办帮扶 25.46 万元，完成对团结村崖湾安置点农户围墙、大门、道路、排水等基础设施建设，新建篮球场 2 个并配齐了体育活动器材，完成团结村主干道路破损部分的维修；县烟草专卖局向蔡祥村投资 10 万元用于北湾自然村过水路面建设、渠道修缮以及村部维修；县司法局给予红星村剩余 6 户未脱贫户每户 1000 元的慰问金以及为五保户杨有林硬化入户路、维修住房；县应急管理局向蒿滩村 4 户贫困户每户发放 1000 元的慰问金，并开展消费扶贫活动，向贫困户购买食用油（胡麻油）265 公斤，折合人民币 5300 元。

【返贫监测帮扶】 2020 年，李俊乡严格按照《关于印发海原县脱贫不稳定人口与边缘易致贫人口防止返贫监测预警和动态帮扶工作机制的通知》要求，建立两类人口监测预警机制，确保脱贫不稳定人口和边缘易致贫人口不发生返贫致贫，全力做好边缘易致贫人口动态帮扶，消除致贫风险。对剩余 25 户 93 人未脱贫人口和 13 户 58 人边缘户、4 户 23 人脱贫监测户，按照“两不愁三保障”标准，制订“一户一档”“一人一策”脱贫计划，逐户逐人实施脱贫措施，截至 2020 年 10 月 25 户 93 人未脱贫人口全部实现脱贫，6 户边缘户消除返贫风险。

【草畜产业】 2020 年，李俊乡按照“以草定畜”的发展思路，扩大优质牧草种植，完成饲草种植 14800 亩。进一步巩固提升肉牛养殖，深化“华润基础母牛银行 + 金融”模式，不断完善红星、蔡祥高端肉牛养殖示范村建设，通过更换养殖品种，引进西门塔尔高端肉牛，增大户均养殖规模，采用饲草料科学化、精细化配置，不断提高防疫水平，全乡牛饲养量达到 7000 头以上，羊饲养量 18000 只以上，建设饲草种植基地 2 个 4100 亩。培育发展 10 头以上养牛大户 59 户，20 头以上养牛大户 15 户。通过养殖大户的带动，全乡牛养殖产业得到不断发展壮大，在 2020 年海原县肉牛大赛上，李俊乡共取得“牛后”特等奖 1 个、一等奖 3 个、二等奖 3 个、三等奖 1 个。通过调整种植结构，大力推广发展青贮饲料，建设青贮玉米发酵池 90 座，腌制青贮玉米 11043 吨。

【产业保障扶持】 2020 年，李俊乡落实产业保障扶持政策，实现建档立卡户“扶贫保”全覆盖，对投保的农作物，牛、羊因受自然灾害、疫情、病害等受灾或死亡的，给予赔付，帮助种植户养殖户降低风险。

【动物疾病防控】 2020 年，李俊乡强化动物疾病防控工作，春秋季集中免疫期间在全乡范围内对口蹄疫、高致病性禽流感、小反刍兽疫、布鲁氏菌病、狂犬病等重大动物疫病实行强制免疫，应免密度达到 100%，免疫抗体合格率保持在 70%以上。

【集体经济】 2020 年，李俊乡扎实推进村集体经济产权制度改革工作，激发农村发展活力，促进村集体经济不断发展壮大。全面完成全乡6个行政村村集体经济组织成员身份界定和股权量化工作。统筹李俊村、红星村村集体经济发展资金，成立两个村集体经济发展合作社，在李俊村规模化养殖场投入资金200万元，融资建设现代化养殖棚圈2500平方米，草料场600平方米，青贮池500平方米，硬化场地4000平方米，预计养殖规模能达到200头以上，预计2020年分红12万元。

【农田水利建设】 2020年，李俊乡按照“科学规划、分片施策、突破重点、攻坚难点、注重实效”的原则，结合结构调整及节水用水要求，及时研究制定工作方案，加强组织领导，明确任务目标，严格规范标准，加快工作进度，确保建设质量，严控生产用水总量，大力提倡节水灌溉和示范田建设，努力提高农田水利建设成果。2020年，全乡共整修生产路3条9公里，建设畦田300亩，渠道清淤4.1公里，增施有机肥2000亩，机深翻2000亩，秸秆利用1600亩，秋季残膜回收1700亩5.1吨，同时做好树木抚育管护及森林草原防灭火工作。

【环境整治】 2020年，李俊乡充分利用环境整治经费110万元，投入装载机、挖掘机等工程机械80台次、自卸车320辆次、农用车540辆次，累计清理村内沟渠13公里，清理畜禽养殖粪污等农业生产废弃物1150吨，清运生活垃圾、建筑垃圾3500吨，拆除空置院落和危旧房屋40户。拆除残垣断壁、土危墙152米，对联合海子地质灾害点、李俊毛儿沟迁出区危房、棚圈进行拆除平整，完成农村卫生厕所改造30座，整改完善150座。完成团结村金佛大口井防护墙砌护，移民安置点环境整治及绿化，蔡祥村被打造成为县级环境卫生综合整治示范村。

【基础设施】 2020年，李俊乡充分利用扶贫整合资金和为民服务资金，通过实施“一村一年一事”项目，完成联合村张家园安置点围墙、大门等基础设施建设；修建红星村过水路面2处，完成李俊村毛儿沟新安置点路政管网排水建设工程。完成蒿滩村生产路沙化2公里，村道维修3处已完成；完成蔡祥村北湾自然村西沟100米导洪管道维修。

【河长制工作】 2020年，李俊乡多措并举，全面推行河长制工作，有序推进生态文明建设。境内3条河流全面建立河长制工作机构，构建乡、村两级河长制网络体系，明确水资源保护、河道堤防保护、水污染治理、水环境治理、水生态修复和执法监管等任务。乡、村两级做好巡河，及时制止非法采砂、非法排污、垃圾乱倒等破坏河道行为。同时设立乡、村级河长，以河长制促进河水治理，实现河畅、水清、岸绿的目标。

【生态建设】 2020年，李俊乡抓住春季墒情有利时机，大规模开展国土绿化行动，在联合永丰、包堡、双沟，团结李洼、崖湾安置点，蔡祥村公路沿线及南湾自然村沟道两侧种植油松、国槐、金叶榆等树种，完成乡村义务植树2500株。不断加强对62名生态护林员、7名天然林保护员、4名国家公益林保护员的管理，实行网格化监管，划定责任片区，签订管护协议和森林防火协议。持续开展封山禁牧工作，专门成立封山禁牧工作小组，开展常态化巡查及查处。

【民生保障】 2020年，李俊乡按照“应保尽保、动态调整”的原则，全面开展入户核查，全年新增低保167人，取消132人，实际发放城市最低生活保障补贴56人，共计22.344万元；发放高龄老人补贴63人，共计21.352万元；发放农村最低生活保障1039人，共计378.2305万元；发放特困人员供养补贴31人，共计15.2601万元；实施大病救助25人，共计15.8万元；发放各类临时救助资金64.18万元，救助1063人次。

【教育事业】 2020年，李俊乡严格落实

“控辍保学”政策，全乡有义务教育阶段学生906人，其中1~6年级597人，7~9年级309人，全部享受义务教育，无辍学学生。2020年度全乡新考入高等院校一二本大学生共计52人。

【卫生健康】 2020年，李俊乡严格执行新冠肺炎疫情防控各项指令和措施，疫情防控常态化措施进一步明确细化。办理计划生育服务单51例，完成婚前优生优育健康检查35对，完成妇女“两癌”筛查25人，公共卫生服务能力进一步提升。

【社会保险】 2020年，李俊乡新农村合作医疗保险缴纳人数7731人，缴纳率100%；城乡居民基本养老保险缴纳人数1761人，缴纳率60.5%；截至10月全乡实际外出务工2425人，购买“铁杆庄稼保”1200人，实现劳务收入9000万元，审核完成劳务奖补资金139.6584万元，有效提高了农民人均纯收入。

【退役军人事务】 2020年，李俊乡高效完成了民兵训练任务预备役登记及征兵工作。退伍军人权益得到进一步保障，加大对复员退伍军人就业创业的帮扶力度，积极鼓励和支持复员退伍军人参加就业技能培训和创业培训，并纳入职业培训补贴范围；对乡内退役军人家庭悬挂了“光荣之家”挂牌，实现“一人当兵、全家光荣”。在重要节日慰问退役军人、优抚对象及现役军人家属。

【人口普查】 2020年，李俊乡紧锣密鼓安排部署，制定工作方案和工作计划，成立工作领导小组，落实普查经费和物资，开展普查宣传。在完成普查指导员和普查员选聘培训、普查区域划分和制图标注基础上，由6名普查指导员、28名普查员对6个行政村28个普查小区开展逐户摸排工作，阶段性工作已经顺利完成。

【宣传文化】 2020年，李俊乡在6个行政村显著位置建设文化宣传阵地。制作大型广告牌2处、宣传标语3条，更新破损广告牌1处，同时刷写封山禁牧墙面标语11条、环境整治标语12条、脱贫攻坚标语12条，发放《海原县建档立卡户扶贫政策汇编》2500份，发放明白袋600余个。通过村规民约明确彩礼、随礼、宴席桌数等标准；通过身边四德榜展示评选道德模范、身边好人、文明家庭、移风易俗示范户和好婆婆、好媳妇等先进典型；通过红白理事会章程，积极向群众宣传党的方针政策，认真贯彻执行各级政府的政策、法令和规定，进一步引导群众移风易俗。利用2020年扶贫日集中表彰“脱贫致富标兵”等六类先进农户100户。

【扫黑除恶】 2020年，李俊乡多次召开党委会学习和研究部署扫黑除恶专项斗争工作，进一步压实工作责任，乡党委同各站（所）、各村签订工作目标责任书。不断营造浓厚宣传氛围，进行集中宣传5次，制作扫黑除恶专题宣传片1期，发放各类扫黑除恶应知应会知识读本1200余户，在各行政村悬挂横幅共30条、永久性标语20条，制作宣传栏18个，张贴海报600张，散发宣传单2700份，切实做到扫黑除恶家喻户晓、人人皆知。深入开展扫黑除恶线索摸排，通过摸排共收集线索3条，经上级核查都不属于涉黑涉恶线索，全部定性为乱点已整治完成。上级交办的2条线索，全部及时核查完毕。自主摸排整治乱点2处，巩固提升工作效果。

【“雪亮工程”】 2020年，李俊乡实现“雪亮工程”采点及人口信息全覆盖。完成乡村两级视频监控室安装调试，共设采点19处，安装摄像头28个，完成人口信息录入9850人。

【信访工作】 2020年，李俊乡信访维稳形式明显好转。各行政村、各乡属单位承担从源头化解信访矛盾纠纷的责任，加大调处力度，提高调处率，按照“分级负责、归口办理”，“谁主管、谁负责”的原则，全年共接到网上信访件8起，中卫市“12345”市长信箱件17件，已全部高质量办结，化解矛盾纠纷22起。

【禁毒工作】 2020年，李俊乡在全县“大排查、大管控、大宣传”专项行动中，对涉嫌吸毒的人员全面摸排并进行毛发采集检测，未发现复吸人员。经过帮扶教育，使全乡因毒致贫人员顺利脱毒脱贫。

【民族宗教】 2020年，李俊乡红星村成功创建市级民族团结示范村。在做好疫情常态化防控的基础上，宗教场所有序开放，维护了宗教和顺，保持了社会和谐。

【“七五”普法】 2020年，李俊乡集中开展《中华人民共和国宪法》《中华人民共和国民法典》《中华人民共和国道路交通安全法》《中华人民共和国婚姻法》等宣讲10余次，发放各类宣传资料2000余份，成功打造联合村为市级“七五”普法示范村。

【安全生产】 2020年，李俊乡不定期开展企业安全生产大检查，加大安全生产隐患排查整改力度，确保安全生产；认真排查辖区内道路交通安全，与各行政村、农户签订农机作业安全责任书，杜绝农用车非法载人；特别注重节假日期间安全生产，在五一、十一等国家重大节日前夕，专门组织人员对重点场所进行安全监督检查，放假期间，妥善安排值班人员，杜绝安全事故发生。

【党建和党风廉政】 2020年，李俊乡压实靠牢责任，党建和党风廉政建设成效显著。一是压实靠牢党委主体责任。严格落实“一岗双责”和党风廉政建设各项制度。做到“三重一大”集体研究，强化政务及信息公开，全方位接受监督。不断加强党员干部教育管理，严格落实中央八项规定，规范党员干部签到、请销假、重大事项报告制度等制度。二是不断加强基层党组织建设。以“两个带头人”“三大三强”工程为抓手，结合软弱涣散党组织整顿，退伍优秀士兵杨利被任命为团结村新任村党支部书记，乡派出所副所长杨志忠交叉任职，担任李俊村党支部副书记，充分发挥村党组织的战斗堡垒作用。三是党风廉政建设常抓不懈。进一步强化监督检查，定期对“村廉通”使用情况、“廉情诊所”坐诊情况、驻村工作队到岗情况进行通报，经常性开展廉政教育，通过观看警示教育片、学习《中国共产党廉洁自律准则》和各项法律法规、经常性和干部进行谈心谈话，真正做到了严管厚爱。

（海惠贤）

红羊乡

【概况】 红羊乡位于海原县西南部，东临曹洼乡、九彩乡、李俊乡，西接关庄乡、树台乡，南以月亮山与西吉县白城乡分界，北与南华山国家级自然保护区交错。乡政府驻地红羊村，北距海原县城49公里。全乡行政区划面积433平方公里，有耕地面积16.5万亩，林地5万亩。2020年，辖红羊、杨明、张元、安堡、红堡、前进、刘套、石塘、术川9个行政村、43个自然村；有户籍人口4153户、14117人，其中回族人口8355人，占总人口的59.18%。

【脱贫攻坚】 2020年，红羊乡紧盯村出列和贫困户“两不愁三保障”和“3229”目标，以县委“55104”和“四查四补”工作为抓手，全力推进脱贫攻坚任务，各项指标性任务已完成。红羊乡累计脱贫出列9个贫困村，减贫949户3726人，其中2020年完成贫困户脱贫23户74人。通过精准施策，35户165人监测户消除返贫风险，38户156人边缘户消除致贫风险，贫困发生率从2014年年底的29.28%下降到零。其间完成移民448户1918人。

【“两不愁三保障”】 2020年，红羊乡经乡级自查自验、县级初验、市级抽验和脱贫攻坚大普查，949户贫困户稳定实现了“不愁吃、不愁穿”。义务教育全保障方面，全乡对6~16岁义务教育阶段学生2453人落实教育扶贫政策情况排查，确保不落一人将政策落实到位。同时，通过对建档立卡贫困户子女的摸排，中卫“离土”扶贫救助37人次，雨露计划救助23人次。义务教育阶段学生无因贫失学，实现“零辍学”。基本医疗全保障方面，完成术川、前进村卫生室维修和红堡村卫生室建设。建档立卡户医疗保险全部购买，非建档立卡户医疗保险购买达到95%以上，加大村级卫生室改造升级，全乡9个村卫生室全部实现了标准化，配齐了9名村医，药品种类齐全，运行正常。315名慢性病患者全部完成签约服务，累计救治重大病患者6人次。安全住房全保障方面，全面实施危房改造提升项目，全乡2020年完成危房改造50户，房屋回迁入住困难救助13户。所有贫困人口住房安全得到保障。

【公共服务建设】 2020年，红羊乡农户自来水入户率达98%以上，供水保障率达98%，水质达标率达100%。生活用电和广播电视入户率达100%。9个行政村村组通硬化路、通客车、通动力电、通宽带网络信号实现全覆盖。9个行政村村级组织健全且均有稳定可持续增收的支柱产业和村集体经济收入。驻村工作队和第一书记入驻帮扶实现全覆盖。文化活动场所、健身器材、综合服务网点、标准化卫生室等配备齐全，贫困村基本公共服务领域主要指标均已达标。

【产业发展】 2020年，红羊乡把产业发展作为脱贫攻坚第一要务，培育形成了马铃薯、秋杂粮、草畜、劳务四个主导产业，有效增强了贫困群众“造血”能力，带动贫困户增收致富。因户施策定产业。通过加大对贫困户的帮扶，与每一户建档立卡户共商种植、养殖、劳务产业扶持发展计划，做到建档立卡户户户有产业，督促按照计划落实产业，促进增收。2020年建档立卡户种植马铃薯2.6万亩，种植秋杂粮1.2亩，种植饲草1.4万亩，养殖基础母羊14000只，185户建档立卡户参加华润基础母牛托管代养，年均每户分红4000元，32户建档立卡户分红1500元。因村扶持促产业，形成以小红公路、海西公路两侧为主线，辐射南华山南麓（刘套、石塘、红堡）、月亮山北麓（张元、安堡）的马铃薯产业带，种植马铃薯5.8万亩，产马铃薯43.5万吨；围绕坡改梯形成石塘、红堡、术川和红羊、前进、安堡、杨明两条秋杂粮产业带，年均种植荞麦、糜子、油菜等秋杂粮2.6万亩；大力发展草畜产业，种植饲草3万亩，牛存栏2000余头，羊存栏18000余只。同时，鼓励种植油料作物和养殖蜜蜂、兔子、驴等特色种养业发展。购买公益性岗位145个，完成技能培训150人次，年均输出劳动力3652人。

【金融扶贫】 2020年，红羊乡用活金融帮扶政策，通过产业扶贫贷款，帮助建档立卡户发展产业，增强了建档立卡户自我发展动力。托管代养育集体经济。政府投资35万元，通过华润公司托管，购买代养基础母牛。9个村的村集体每年每村分红5.534万元，光伏分红10万元。

【生态扶贫】 2020年，红羊乡全面落实退耕还林、退牧还草等政策，全乡累计完成退耕还林49993.4亩，通过生态奖补优先选聘建档立卡户生态公益林护林员83名，工资为每人每年1万元。同时，积极探索电商扶贫，全乡8个电商服务中心配备齐全，运行正常。积极探索科技扶贫，两次邀请宁夏大学农业专家对种植大户进行中药材、马铃薯种植培训。积极探索土地流转经营模式，引进企业流转贫困群众土地2000亩，带动当地贫困户种植秋杂粮4800亩、饲草7000多亩。构建多点发力、多业增收的产业扶贫新格局。

【“四查四补”】 2020年，红羊乡及时成立了领导小组，制定了工作方案，抽调了乡、村、组干部和驻村工作队人员194人逐村逐户逐人排查，抽调包村领导和精干力量跟进整改，边查边改。共排查9个村3697户13379人，共排查解决弱项问题186个。组织转移劳动力3652人（建档立卡人员1293人），购买“铁杆庄稼保”1688人，完成任务的105%；通过联系货源、协调办理手续等，支持66辆货车、117名司机外出；加快贫困户牛羊猪补栏进度，全年补栏牛105头、羊2200只、生猪203头；动员家长通过回到县城租房、到有网络信号亲戚家等措施，所有学生能够正常上网络课程，无辍学学生；建立了监测户、边缘户监测预警台账，制定脱贫措施台账，及时消除脱贫风险；配齐9个村“两委”班子成员、驻村工作队，多渠道试点盘活村集体经济，完成了村集体股权量化、光伏电站效益分红，鼓励各村集体土地流转土地1000亩；完成种植马铃薯5.8万亩，种植饲草2.1万亩，坚持“稳羊扩牛”，新增牛300头、羊3500只、猪1500头，种植秋杂粮3.1万亩，助力农民增收。

【基础设施】 2020年，红羊乡实施贫困村道路畅通项目，建设村道硬化3.5公里，生产路沙化17公里。实施重点项目建设，完成建国、谢套安置点，安置农户36户，群众产业、基础设施配套全部完成。利用分散安置的办法，将安堡村郑山遗留1户搬迁至马场自然村，在刘套村村部附近安置5户。针对历年移民迁出区郑山、建国、谢套、刘套、后塘、强子沟、湾湾崖、北曲沟、杨家套子、郑脑、老庄进行拆旧复垦，复垦4000亩。扎实推进村级综合文化服务中心建设，全乡9个村级文化服务中心全部安装了健身器材，读书班、广场舞、戏班子等活动正常开展。

【教育事业】 2020年，红羊乡义务教育均衡发展通过初验，控辍保学工作成效明显，义务教育阶段适龄儿童入学率达到100%以上。

【卫生健康】 2020年，红羊乡9个村卫生室全部实现了标准化，配齐了9名村医，药品种类齐全，运行正常。人人享有公共卫生服务均等化、小病不出村、常见病不出乡的目标基本实现。

【社会保障】 2020年，红羊乡对全乡低保、残疾、养老、高龄等人员，会同县民政局进行了排查，做到了动态管理、应保尽保。全年对185人纳入农村低保，30名五保老人全部进入县养老中心集中供养；382名重度残疾人护理费、补助及时足额发放。全年共为生活困难的群众解决临时救助金148.38万元，惠泽1213人。

【扫黑除恶】 2020年，红羊乡认真贯彻落实党中央决策部署，强化组织领导，加大宣传动员，广泛发动群众积极参与，形成震慑。

【普法和矛盾纠纷化解】 2020年，红羊乡通过邀请专业人士宣讲、包村领导进村宣讲、微信公众号、条幅、宣传标语等大力宣传“民法典”，营造了良好的社会氛围。大力实施“七五”普法，发挥人民调解、司法调解等作用，建立健全各项工作制度，扎实推进矛盾排查调处工作。全年有效调解矛盾纠纷32件，乡村两级及时解决办理信访案件38个。

【民族宗教】 2020年，红羊乡依法管理民族宗教事务，教育引导全乡各族干部群众牢固树立正确的民族观、宗教观，民族和宗教事务安全管理、教职人员选聘和民主选举等制度全部实现了规范化和法治化。社会主义核心价值观、国旗、报刊、文化书屋“四进”宗教场所全部有效落实。

【安全生产】 2020年，红羊乡抓牢安全生产，把“党政同责，一岗双责”扛在肩上，扎实开展经常性的隐患大排查工作，全年未发生一起安全责任事故。

【移风易俗】 2020年，红羊乡深入推进移风易俗，各村村规民约均已修订完善并上墙，成立了红白理事会等，充分发挥村民自治组织作用，树立文明乡风。

【宣传思想】 2020年，红羊乡刷写脱贫攻坚、移风易俗宣传标语；组织政策宣传队，在9个行政村多次举办扶贫政策培训班，发放宣传手册1120本，微信群推送政策语音，利用乡村大喇叭循环播放，提高贫困群众政策知晓率。

【基层党建】 2020年，红羊乡深化“三大三强”行动，结合软弱涣散党组织整治工作，全面落实村干部坐班制度、第一书记和驻村工作队考核制度，打通了为民服务“最后一公里”。

（杨爱丽）

树台乡

【概况】 树台乡位于海原县西南部，东与南华山自然保护区、红羊乡接壤，南与关庄乡相连，西邻甘肃白银市平川区种田乡、复兴乡，北与西安镇交界，是两省区（宁夏、甘肃）、三县（海原、平川、会宁）的接合部，是海原西南部的商贸重镇。乡人民政府驻地树台村，东北距县城32公里。全乡总面积578平方公里，耕地19.5万亩，退耕还林5.6万亩。辖树台、大嘴、红井、新庄、相桐、浪塘、龚湾、二百户、韩庄9个行政村、63个自然村，户籍人口7516户27710人。产业主要以肉牛养殖、马铃薯种植、劳务输出为主。乡党委辖党支部11个，有党员420人。2020年，全乡社会生产总值1.8289亿元，增长4.0%，农民人均可支配收入10508.3元，增长10%。

【疫情防控】 2020年，树台乡严防死守，加强新冠疫情防控。一是加强重点人群管理。严格落实属地管理责任，实行网格化、地毯式管理，将全乡9个行政村分为61个网格，发动140名村组干部担任网格员逐村逐户摸排外省返乡人员。二是强化重点场所管控。关闭非生活必需品门店42家，婚嫁事宜暂缓，丧事简办。乡防疫站每日对全乡养殖场、活禽交易点、屠宰场进行全面消毒处理，关闭禽类交易点2处。在村道共设置劝返点10处，严控进出村人员，做到“外防输入、内防扩散”。三是强化舆论宣传和健康引导。悬挂横幅100余条，制作宣传展板15块，发放疫情防控宣传单8000余份、疫情防控知识贴画121张、倡议书124张，发放科普知识读本300余本，发放各类宣传材料，12辆流动宣传车和村部喇叭通俗易懂宣传疫情防控知识，利用微信群、微信公众号等新媒体加强信息推送，提示大家少出门、少聚集，戴口罩、讲文明，做到科学预防，不信谣、不造谣、不传谣。

【脱贫攻坚】 2020年，树台乡脱贫攻坚工作卓有成效，全乡建档立卡户2180户8615人全部脱贫，9个行政村全部脱贫出列，贫困发生率由2014年34%下降到0。

【帮扶措施】 2020年，树台乡以“一收入”“两不愁三保障”为脱贫标准，严格执行建档立卡户脱贫程序，对全乡剩余59户178人的建档立卡户、58户237人的边缘户、41户186人的监测户，主要采取“产业帮扶+转移就业+公益性岗位或护林员岗位安置+社保兜底”等宜养则养、宜种则种、外出务工、兜底保障等相结合的精准帮扶措施，成立“五包一”包保工作组，完善“一户一策”帮扶计划，明确职责，因户因人落实包保责任，引导动员合作组织、致富能手或亲属提供“代耕、代种、代养、代收”服务。

【数据核查】 2020年，树台乡以行政村自查、乡级抽查、帮扶责任人App数据校准为抓手，及时对国务院扶贫办系统数据进行清理修改，同时对2014年以来贫困村贫困户贫困人口各项基础指标进行详细核查，严格落实账账相符、账实相符、账册相符。

【问题整改】 2020年，树台乡以“四查四补”工作为抓手，主动认领各级各类反馈问题，制定翔实的整改方案，明确责任人，认领一个问题，排查整改一类问题，并建立整改台账。“四查四补”排查出4大类20项78个问题，制定完善78条整改措施，已全部整改完成。中央第八巡视组反馈问题认领5个方面10个问题、国务院扶贫开发领导小组2020年脱贫攻坚督查反馈问题认领5个方面13个问题、2019年脱贫成效考核认领7个方面26个问题、自治区党委第一巡视组反馈问题认领5个方面12个问题已全部整改完成；2019年自治区第三方评估考核反馈的12个问题，整改完成9个，自治区党委第六巡视组对海原县开展脱贫攻坚专项巡视“回头看”反馈的2个方面20个问题，整改完成19个问题。

【移民后续发展】 2020年，树台乡全力做好搬迁“后半篇文章”，紧盯政策性移民遗留问题和后续产业发展，在红井刘河移民搬迁村实施广场提升项目，建立垃圾中转站，动员279户易地搬迁移民中的常住户种植马铃薯、饲草、玉米、秋杂粮等作物，大力发展牛产业，动员青壮年外出务工，通过发展种植养殖业和劳务增加收入。

【“两不愁三保障”】 2020年，树台乡持续做好“两不愁三保障”工作。实施危房改造217户，抗震房改造85户，确保常住户安全住房保障动态清零。2180户8615人建档立卡户医疗保险和“扶贫保”实现全覆盖，引导1395名妇女购买“爱妮保”保险，全年发放大病医疗救助157人65.21万元。2020年为新考入二本以上126名大学生捐资助学25.2万元，287名建档立卡户在校中高职学生享受“雨露计划”项目，全乡义务阶段实现零失学辍学。

【安全饮水】 2020年，树台乡全乡补入自来水105户，更换管网7.5公里，解决春季管道冻节段和农户入户冻点60余处，新建联户井4座，自来水普及率达到100%，供水保证率达到100%。实施苦咸水水源替换联通工程，替换已有农村供水工程水源，完善区域城乡供水水资源配置体系，解决树台片区农村供水苦咸水问题。年末，工程建设共完成管沟开挖86公里，安装管道72.59公里，5座蓄水池、4座泵站前池、5座泵站管理房全部完成，泵站输电线路及潜水泵已全部安装，完成工程总量的92%。

【特色产业】 2020年，树台乡打造浪塘、二百户、大嘴、龚湾万亩马铃薯产业带，完成马铃薯种植约4.8万亩，建成大嘴村2000亩马铃薯种植示范基地。调整小杂粮种植结构，完成种植紫花苜蓿1.7万亩、覆膜玉米1.1万亩、禾草3万亩，建成相桐、新庄2个万亩高标准小杂粮种植示范区。

【养殖业】 2020年，树台乡大力发展规模化高端化养殖，全乡50头以上示范户9户540头，2020年新增华润基础母牛补栏500头，新建浪塘、龚湾、新庄3家规模养牛场，巩固发展相桐等5个养牛示范村，全乡基础母牛存栏达5202头，华润高端牛3800头，完成“见犊补母”1379头。引进投放种公羊200只，基础母羊补栏6413只。

【劳务培训】 2020年，树台乡大嘴、二百户、新庄等村完成厨师、小吃烩菜、家政服务等技能培训250人，全年实现劳务输出6700人次，主要集中在交通运输、建筑、餐饮服务等行业，劳务创收约720万元。

【金融扶贫】 2020年，树台乡争取县农商行等几家银行发放金融扶贫小额贷款8602.00万元，发放贴息贷款275.77万元。全乡9个村建档立卡户种植保险、养殖保险全覆盖。

【消费扶贫】 2020年，树台乡发挥11家帮扶单位、9个驻村工作队帮扶驻村优势，自治区通信管理局、市中级人民法院、市人社局、市文广局、市退伍军人事务局和海原县民政局等多家帮扶单位多方协调当地超市、餐饮服务行业等经营实体，全力帮助贫困户销售马铃薯、秋杂粮、红葱、牛羊肉等农产品。

【农民丰收节】 10月17日，树台乡在大嘴村设“中国农民丰收节”宁夏（海原）分会场，自治区、市、县三级新闻媒体、网红主播通过各种方式大力宣传推介树台马铃薯，活动当日种植户与客商签订马铃薯销售协议，有效增加农户收入。

【闽宁协作扶贫】 2020年，福建省漳浦鑫强木业、大佳建设、交通运输物流协会等企业单位为树台乡新庄村、大嘴村、二百户村帮扶资金6万元，绥安镇捐赠棉衣400件，关心关注贫困弱势群体。建设二百户闽宁示范村，项目新建围墙、安装大门、砌护庭院花园、卫生厕房改造30座，新建标准化养殖棚圈21座，项目总投资134.42万元，已完工，贫困村基础设施、产业配套逐步完善。

【部门帮扶】 2020年，宁夏农科院为树台乡扶持缓控释肥10吨，宁夏大学为新庄村帮扶10吨青饲料玉米，帮助农户发展养殖；中卫市委宣传部为二百户村捐赠健身器材1套、图书500册、急救包350个、帆布包350个；市人社局为新庄村捐赠1.6万元用于基础设施建设。

【基础设施】 2020年，树台乡实施小红水安置区附属工程项目，新建21座养殖棚圈，为30户移民家庭建设围墙、大门、卫生厕所和庭院花园；砌护新庄、二百户、树台等村沟道2.2公里；硬化浪塘、龚湾、大嘴、二百户等村22公里村道，村组道路硬化基本全覆盖。

【小城镇建设】 2020年，树台乡投资2180万元，对乡政府驻地小城镇的雨污管网、街道等进行改造升级。改造管网3公里，铺设路面2.65公里，建设污水处理站1座，安装太阳能路灯148盏。建设文化广场1座，建材市场1处。

【植绿增绿】 2020年，树台乡充分发动乡村干部、护林员、公益性岗位人员，全力打造大嘴行政村至石塘行政村主干道路沿线8.5公里绿色通道，全年植树9183棵，种植经果林1100棵；对辖区主干道、村庄树木进行修剪、除草，涂红刷白43500株。

【禁牧封育】 2020年，树台乡建立了9个大片区109个小片区的网格化禁牧封育网，签订禁牧封育责任书5000份，发放禁牧封育宣传册1万余份，宣传与管控相结合，从源头上抓细抓实禁牧封育工作。

【河道治理】 2020年，树台乡组织16名村级巡河员扎实开展河道巡护，及时摸排、清理河道垃圾和堆积物8处310吨。对西河河道树台段两岸砌护1.3公里，新庄村、二百户村沟道砌护硬化2.2公里，治理河道4.5公里，治理水土流失面积22平方公里。

【污染治理】 2020年，树台乡做好农村治污工作，建成村级垃圾中转点2座，设置垃圾箱145座，回收残膜面积0.7万亩，回收利用秸秆0.5万亩，卫生厕所改造269户。新建清洁煤市场1处，街道铺设雨污分流管网约3公里，从源头上治污。

【农田水利建设】 2020年，树台乡坚持高标准严要求，通过机深松、机深翻建设高标准农田9000亩，增施有机肥2.1万亩，建设畦田0.63万亩，整修农村公路11公里。实施苦咸水水源替换联通工程，铺设上下水管道40公里，建泵站5座、蓄水池5座。

【民生保障】 2020年，树台乡通过低保、残疾享受对象核查，全乡核减低保210人，新增674人，享受低保政策3564户4761人；因鉴定不符合残疾人标准取消23人，有残疾740人，其中一二级残疾419人，三四级残疾321人，做到应保尽保，应退尽退。为解决留守老人吃饭难问题，在二百户、相桐等村开设老年饭桌。

【移风易俗】 2020年，树台乡以践行社会主义核心价值观、移风易俗和精准扶贫为主题，制作墙体手工彩色绘画，打造树台乡移风易俗宣传文化长廊墙，引导群众树立喜事新办、丧事简办新风尚。先后组织各自然村下发《关于提倡“喜事新办丧事简办”的倡议书》，全方面推进移风易俗工作，遏制红白喜事大操大办、盲目攀比的风气，使文明新风尚逐渐演变成群众的自觉行动。年底，对87户移风易俗示范户、养殖示范户进行表彰奖励。

【人口普查】 2020年，树台乡选任村级普查员64人、乡级指导员27人，先后开展普查培训5场次，发放宣传材料7500余张，全乡完成上报8579户，登记29563人，人口普查工作有序推进。

【民族宗教】 2020年，树台乡严格贯彻落实自治区、市、县民族宗教工作部署，积极推进“四进”宗教场所和“和谐寺观”创建活动。创建9个民族团结进步示范村，创建自治区级和谐寺观教堂1所、市级和谐寺观教堂4所，县级和谐寺观教堂59所，“四进”宗教活动场所39所。

【综合治理】 2020年，树台乡坚持网格化管理，加强信访登记、矛盾化解，办理完成网上信访平台信访件16件，成功化解“12345”便民服务热线82件。

【安全生产】 2020年，树台乡开展安全大检查12次，组织乡综治办、乡司法所、乡派出所开展联合执法行动3次，对食品药品经营商铺进行联合执法6次，销毁过期或劣质食品药品。对建筑工地、地质灾害点等进行安全隐患排查整治。加强农村道路及客运秩序整治，建立了全乡机动车辆台账和驾驶员台账，与各村委会、农用车驾驶员签订责任书，提高了全乡道路交通安全环境。

【基层党建】 2020年，树台乡组织干部集中理论学习23次、党委中心组学习20场次，召开党委专题会议6次。结合“六查六整”行动，确定1个“软弱涣散”党支部和1个薄弱村，制定整顿方案并开展整顿工作；培育入党积极分子16名，列为发展对象4名，转正党员2名；对辖区党员进行全面摸排，清理转移党组织关系6人。以村“两委”换届为契机，提前谋划，统筹致富带头人、退伍军人、返乡大学生等各方面人力资源，确保每村优秀年轻后备干部达3人。

【党风廉政建设】 2020年，树台乡党委先后4次听取和研究部署党风廉政建设工作，细化7个方面24项内容；对9个行政村驻村第一书记、村党支部书记、村委会主任、村监会主任进行集中约谈，与各站所负责人、驻村第一书记、村“两委”负责人、村监会负责人签订党风廉政建设目标管理责任书；建立11名班子成员、7个站所负责人廉政档案，实行动态管理，及时更新，并将廉政档案作为干部评优选先参考条件。截至年底，提醒谈话58人次，约谈4名乡村干部。

（马娟）

关庄乡

【概况】 关庄乡位于海原县西南部，东临红羊乡，南接西吉县白城乡，西邻甘肃会宁县刘寨乡、新源乡与白银市平川区复兴乡，北连树台乡。乡政府驻地下窑儿村，东北距县城62公里。行政区划面积168平方公里，辖关庄、窑儿、宋庄、高台、庙湾5个行政村，32个自然村。2020年年末，全乡户籍总人口2425户8458人，其中汉族人口8445人，占总人口的99.85%。有建档立卡户715户2832人，已全部脱贫。有耕地面积10万亩，其中退耕还林面积2万亩。2020年共完成固定资产投资1937.8万元，实现社会生产总值10404万元，农村居民人均可支配收入11758元。

【“四查四补”】 2020年，关庄乡紧紧围绕“一收入两不愁三保障”脱贫目标，通过“四查四补”共排查出问题4类15项52条，截至

2020年10月30日，已全部整改到位。

【安全饮水】 2020年，关庄乡在巩固2019年安全饮水的基础上，2020年共完成主、支管道维修更换16.8公里，新建蓄水池2座，新建联户井39座，完成补入户60户，入户改造6户，联户井改造3座，自来水入户率100%，供水保障率100%，全乡农村安全饮水问题得到了彻底解决。

【安全住房保障】 2020年，关庄乡对全乡5个行政村32个自然村安全住房进行了逐户排查评估，共拆除危旧房屋169户，完成危房改造57户，全乡危房存量全面清零，农户安全住房得到有效保障。

【义务教育】 2020年，关庄乡认真贯彻落实学前教育建档立卡户家庭经济困难儿童和残疾儿童"一免一补"政策，对义务教育阶段的学生落实了"三免一补"政策，建档立卡户中高职学生均实施了"雨露计划"，对二本以上大学生实施了"燕宝基金"。全乡共有7~16周岁适龄学生389人，其中建档立卡户269人，全乡义务教育阶段的适龄学生均能够得到保障。

【基本医疗】 2020年，关庄乡认真落实健康扶贫各项惠民政策，全乡716户2855人建档立卡户实现了基本医疗保障全覆盖。同时，为适龄妇女均购买了"爱妮保"保险，落实了大病签约机制，对"先诊疗后付费""一站式结算"等健康扶贫政策进行了广泛宣传，对个人住院自付费用超过5000元的一次性予以全部解决，有效防止了因病致贫因病返贫。

【金融扶贫】 2020年，关庄乡22户79名建档立卡人员已全部完成脱贫处理，并进行了标注。2020年建档立卡户基础信息维护更新已全部入户核实并完成录入。全乡33户边缘户涉及120人，13户49人脱贫监测户已全部入户核实完毕，其中边缘户退出30户104人，剩余3户16人（3户因学未退出），监测户退出12户44人，剩余1户5人（关庄村蔡某某，因病未退出），并进行了标注。全乡2018年以来的112户497人脱贫不享受政策户（包含2020年脱贫退出2户10人，涉及宋庄村曹某某1户7人，庙湾村段某某1户3人），已全部完成入户核实工作，其中81户365人标注稳定脱贫，31户132人直接做清退处理。

【问题整改】 2020年，关庄乡共计接受各级各类巡察督查检查反馈问题12次，共计反馈问题194条，已全部整改完成。

【数据核实】 2020年，关庄乡对历年建档立卡数据的质量进行提升，已完成了2016—2020年建档立卡贫困户、贫困人口数据核实工作的反馈修正。贫困村、自然村数据也已修改完成。

【迁移人口排查】 2020年，关庄乡自主迁徙人口排查，前期入户排查已全部结束，共计排查外来户15户55人（其中建档立卡户0户0人），均无致贫返贫风险。排查外出户963户3124人（其中建档立卡户31户106人），均无致贫返贫风险。

【马铃薯产业】 2020年，关庄乡共争取自治区市县各部门帮扶马铃薯原种及一级种810吨（县农业农村局600吨，自治区科技厅210吨），原原种215万粒（县农牧局200万粒，自治区科技厅15万粒）。全乡共种植马铃薯4.35万亩，其中"四位一体"标准化马铃薯种植8000亩，富硒马铃薯7500亩，新品种示范基地1000亩，青薯9号、青薯168、冀张薯12号等一级种薯推广种植2.6万亩，完成马铃薯覆膜面积11000亩，农户户均种植马铃薯40亩左右。全乡2020年马铃薯总产值约8万吨，创收约6851万元。

【劳务产业】 2020年，关庄乡全年完成劳务输出2325人，先后开展各类培训1600人次，其中技能培训100人次，实用技术培训1500人次，培训完成率120%。全乡劳务输出人员主要从事煤炭掘井、电子、建筑、电焊、工程机械、餐饮等行业。多在山西、内蒙古、灵武、银川、上海、广州、江苏等地务工。全乡有劳务经纪人 8 人，带动农户常年稳定就业 1300 人。2020 年，全乡共完成劳务输出 2325 人，劳务产业创收约 2900 万元。

【养殖业】 2020 年，关庄乡全乡饲养羊 10000 只、生猪 3200 头、牛 355 头、鸡 15000 羽、大家畜 608 头，有土蜂 800 箱。鼓励建档立卡户补栏生猪 2400 余头、基础母羊补栏 8000 余只，养殖业创收 1720 万元，其中羊 800 万元、生猪 800 万元、蜜蜂 120 万元。

【小杂粮】 2020 年，关庄乡种植秋杂粮 17000 亩，其中小麦 2000 亩，豆类 5000 亩，油料 5000 亩，荞麦 5000 亩。秋杂粮产业创收约 1624 万元。

【道路交通】 2020 年，关庄乡完成宋庄村村组道路硬化 4.928 公里，关庄村村组道路硬化 3.584 公里，高台村道路硬化 3.558 公里，庙湾村铺设砂砾路 4.99 公里。

【民生工程】 2020 年，关庄乡按照年初确定的十件民生实事有关内容，加强了关庄乡的基础设施建设。一是完成了关庄乡街道两侧 1.1 公里人行道面包砖铺设。二是对下窑儿防洪渠进行了改造，大力提升了窑儿街道的基础设施建设和人居环境。同时，关庄乡卫生院综合办公大楼建设完成并投入使用，关庄乡九年一贯制学校 1500 平方米教学楼建设完成并投入使用，极大地提升了群众的医疗水平，提升了关庄乡义务教育阶段的教学环境和质量。

【环境整治】 2020 年，关庄乡在全乡范围内深入开展了人居环境卫生整治工作，对危旧房屋、残垣断壁、生活垃圾、“五堆”、水毁道路等进行了地毯式的清理整治。共拆除危旧房屋 169 户，清理生活垃圾 466 吨，清理河道 27.7 公里，残膜回收 85 吨，并对村庄内部的残垣断壁、草堆、粪堆、垃圾堆等杂物进行了彻底的清理整治。

【社会保障】 2020 年，关庄乡全乡共落实转移性收入 2050.39 万元，其中救助资金 80.27 万元，农村低保 1373 人 578.68 万元，高龄津贴 84 人 28.87 万元，五保金 38 人 21.08 万元，残疾人津贴 184 人 31.39 万元，优抚金、孤儿津贴 8 人 8.75 万元，养老金 1277 人 224.36 万元，草原补贴 17 万元，退耕还林补贴 126.9 万元，耕地地力保护补贴 284.3 万元，产业扶贫资金 681.1123 万元。

【马铃薯机械化作业】 关庄乡争取自治区科技厅、宁夏农林科学院和宁夏大学的大力帮扶，不断致力于马铃薯机械化作业水平的钻研和探索，通过三年的技术创新和试验示范，成功示范推广马铃薯“四位一体”“膜上覆土”全程机械化种植技术，将播种、施肥、覆膜、起垄四个作业技术流程一次性完成，既节约了种植成本，又提高了种植效率，使全乡马铃薯全程机械化作业程度得到大力提升，据统计，这一技术节约种植成本 20%，提升种植效率 25~30 倍，亩产提高 30%，为全乡乃至全县马铃薯产业种植机械化、规模化、专业化发展提供了坚强的技术保障。

【马铃薯品牌打造】 2020 年，关庄乡立足海原县西海固区域公用品牌优势，对“南月牌”富硒马铃薯品牌进行了市场优化，充分发挥关庄乡马铃薯产业协会的作用，建设海原县鸿鑫马铃薯专业合作社分级分拣设备和生产线，并委托宁夏硒产业发展有限责任公司就马铃薯品牌打造、市场营销进行策划，制作了 2 部马铃薯营销宣传片，在《宁夏日报》、《光明日报》、宁夏卫视公共频道、《中卫日报》刊登马铃薯宣传稿件 6 篇，提升品牌价值和市场认可度。

【村集体经济】 2020 年，关庄乡窑儿村在发展秋杂粮加工坊、军民油坊两个村集体经济实体的基础上，积极争取帮扶单位和帮扶企业的资金支持，依托 2020 年发展壮大村集体经济项目，建设了3300平方米养殖场1座，购买基础母羊150余只、西门塔尔牛60头（大牛30头、小牛30头），购置各种饲草机械9台，并配套建设了青贮池、黄贮池各一处。年末，窑儿村实现村集体经济收入33.7万元。为进一步做优做强马铃薯主导产业，依托2020年发展壮大村集体经济项目，在关庄村建设完成了马铃薯分级分选分拣包装基地，建立了马铃薯产业“四统一”的营销机制，为促进全乡马铃薯产业持续健康发展，进一步鼓足产业后劲奠定了坚实基础。

【基层党建】 2020年，关庄乡认真履行党委抓基层党建工作责任，全年召开乡党委会会议23次，专题研究部署党建工作会议9次。认真组织开展“双学双强”活动，乡村两级党员干部通过集中学习和自学的方式，进行理论武装，并通过研讨交流、撰写心得体会等方式，进一步提升了学习成效，增强了各党支部的政治功能和组织能力，提升了党员干部的政治素养和党性修养。狠抓了5个行政村和2个协会党支部的学习教育，通过组织集中学习、自学、送学、寄学等方式，对全村267名农村党员进行了全覆盖。全乡各支部共培养入党积极分子26名，组织入党积极分子参加党性教育3场次，举办入党积极分子培训2次，发展预备党员3人。

【干部作风建设】 2020年，关庄乡制定并落实了《关庄乡机关干部职工绩效考核管理办法》《村干部坐班制度》《驻村第一书记及工作队队员暂行管理办法》等规章制度，采取定期检查、定期通报的方式，使村干部坐班制度得到了有效落实。全年对各村干部坐班情况检查17次，抽查6次，共下发督查通报2次，对7名机关干部进行了通报批评，对2名村干部进行了提醒谈话。

（张春海）

海城街道办事处

【概况】 海城街道办事处（简称海城街道办）位于海原县城，辖东城、西湖、南苑、北坪、建设、团结、文联、黎明、幸福9个社区58个住宅小区24个平房区，区域面积14.5平方公里。2020年年末，有户籍人口17409户49165人，常住人口78246人，流动人口27992人，有机关事业单位84家、中小型企业42家，宗教场所20座。街道党工委下辖9个社区党支部，1个机关党支部，4个非公企业党支部，共有党员539人。

【疫情防控】 2020年，海城街道办根据疫情防控常态化和分级分区管控的要求，发动“两委”成员和网格员入户摸排，坚持“早发现、早报告、早隔离、早治疗”，同时小区门口坚持人员“亮码”出行，外流人员测温登记出入，并建立台账、分类管理。58个住宅小区严格落实通行证制度及门岗责任制，坚持专人询问、专人记录、专人测温的原则，逢进必问、逢进必测，重点人群实行日报告制度。平房区建立“四个一”工作模式（一个通道，一张通行卡，一个检测点，一个联防片），构筑起平房区群防群控的严密防线。辖区内平房区共有巷道146条，封堵巷道104条，设置检测点28个，劝返点4个，划定联防片20个，全面构筑起一张街道办疫情防控网。党工委书记、纪委书记定期不定期带队对各社区疫情防控常态化等各项重点工作进行督导检查，及时发现短板弱项，并立行立改。按照疫情防控常态化要求，通过悬挂横幅、电子屏、流动车、微信群、发放倡议书等多形式、多途径宣传疫情防控知识，倡导居民少出门、少聚集，戴口罩、讲文明，做到科学预防，不信谣、不造谣、不传谣。研究制定《街道办流动人口管理办法》，实行动态管理，并逐户摸排登记，并建立一户一档。坚持婚丧嫁娶报备制，并严控参与人员。截至年底报备47户，其中婚事13户，丧事34户。

【脱贫攻坚】 2020年，海城街道办通过实施“四个一批”等措施，带动群众脱贫致富，顺利脱贫806户3538人，剩余9户39人未脱贫，并成功通过脱贫攻坚普查等验收工作，脱贫攻坚工作成效获充分肯定。

【劳务输出】 2020年，海城街道办累计完成贫困人口劳务输出1635人，其中“点对点”赴福建劳务输出10人，劳务输出人员主要从事建筑、餐饮、运输等行业，全年创收215.6万元，已兑付劳务奖补565户742人1403010万元。

【技能培训】 2020年，海城街道办完成美容师、育婴等技能培训146人次，增强群众技术本领。通过与用工企业协商沟通，安排72人县城内就近就业。

【社会保障】 2020年，海城街道办累计纳入低保享受范围38户72人，为892名困难人员解决临时救助75万元。

【公益岗位】 2020年，海城街道办新增公益性岗位100人，公益性岗位累计解决就业228人。

【“四查四补”】 2020年，海城街道办组织入户815户，其中常住户545户、非常住户270户，共排查出4大类11项30个问题，其中查损补失方面3项15个问题、查漏补缺方面6项8个问题、查短补齐方面1项3个问题、查弱补强方面1项4个问题，共制定整改措施30条。30个问题，全部整改完成。

【社区治理】 2020年，海城街道办以网格化治理为抓手，以东城、南苑、幸福、西湖社区为社区治理试点社区，坚持试点先行、一社区一模式，分块分片推进社区治理网格化建设。一是东城社区坚持网格治理助推平安建设。根据实际，成立以党支部书记为组长、“两委”为成员的社区单元化、网格管理化领导小组，创新“海城街道—社区—委员—网格员—区长—楼长—单元长—业主—物业”的九级网络组织管理体系，初步建立了社区网格化管理无缝隙、全覆盖的管理模式。二是南苑社区坚持服务管控全覆盖。围绕“自治、法治、德治”探索建立“三方五步”民主议事流程，实现居民自治，切实解决“谁来干、干什么、怎么干”的问题。针对平房区大、出租房多的实际，建立“以房管人”制度，抓住流动人口管理源头，制定了《出租房屋管理办法（试行）》、《流动人口管理办法（试行）》及网格化管理具体操作流程等，逐步规范社区无缝隙管理服务。三是幸福社区坚持精准治理助推脱贫提速增效。从严从细从实开展“四查四补”，坚持网格化精细管理。社区38名党员划分为8个党小组，推行“党支部+党小组+网格”服务机制，制作网格化服务管理示意图，分层设色地划分网格（楼宇）区域，实现贫困群众精细化管理，形成“安全防护一起守、社会责任一起担、文明创建一起创、脱贫致富一起帮”的脱贫攻坚服务模式，帮助贫困户脱贫致富。四是西湖社区坚持管理服务一体化。建立“社区+物业”服务网格，按照“党建覆盖社区、辖区划分网格、党员进楼包户、物业服务居民”要求，探索形成“社区联合党委—功能性（楼宇）党支部—楼栋党小组—三长微信群—物业全服务”的网格化管理服务体系，划定党员服务楼栋责任区，规范管理服务流程，弥补服务内容单一、服务能力不足的缺陷，基本实现了邻里纠纷自己调、公共事务大家管、人居环境同参与的民主自治格局。

【征地拆迁】 2020年，海城街道办累计完成粮鑫二期、北坪小区、地震文化公园等6个项目1627户房屋征收和84户258.47亩土地征收，确保了重点项目的顺利实施。

【住房安全】 2020年，海城街道办经核查，城区有D级危房202户，其中土坯房157户，砖木结构45户，安全住房未得到充分保障，严重威胁群众生命安全。坚决消除辖区D级危房要求，完成文联社区37户内涝区、37户D级危房征收工作，杨家沟、耙子洼24户D级危房，允许居民原址等面积翻建。已动工建设10户，有效保障了辖区人民群众的生命和财产安全。

【民族宗教】 2020年，海城街道办积极推进“四进”宗教场所和“和谐寺观”创建活动。“四进”宗教场所实现全覆盖。

【基层党建】 2020年，海城街道办中心组学习10次，干部职工政治理论学习34次，党工委班子成员带头讲党课10人次，指导学习教育18次。预备党员转正2名，审批接收预备党员4名。建立“四项清单”，完善了联席会议制度，成立在职党员志愿服务队，定期组织党员开展志愿服务活动，尤其南苑社区先后开展服务活动9次。召开联席会议9场次，71个驻区单位1589名在职党员与社区建立了“双向联系”“双向服务”“双向认领”机制。

（海城街道办）

甘盐池扶贫开发区管委会（甘盐池种羊场）

【概况】 甘盐池扶贫开发区管委会（甘盐池种羊场）位于海原县西安镇西部，东南接树台乡，南、西临甘肃白银市平川区种田、黄桥乡，北靠沙坡头区蒿川乡。场部驻地盐池村，东距县城45公里。海靖公路东西过境。行政区划面积156.7平方公里，耕地面积9.8万亩，天然草原9.4万亩，牧草地1.1万亩，羊存栏13000只。辖盐池1个行政村11个自然村，户籍总人口694户2504人，常住人口436户1769人；羊场农队户籍总人口262户719人，常住户158户479人。场部内设党政办公室、社会事务科、综合治理科、财务科。

【精准扶贫】 2020年，甘盐池种羊场对标“一收入”“两不愁三保障”标准和“六个精准”“五个一批”扶贫措施，扎实开展精准扶贫工作。完成危房改造完成256户，实现危房清零。完成300立方米和100立方米蓄水池2座，累计完成主支管道更换15.7公里，新打机井1座，自来水实现100%入户。

【金融扶贫】 2020年全村累计贷款1217.6万元，前三季度贴息21.6万元。贷款中引导农户贷款用于发展和扩大生产，形成良性循环，滩羊、肉牛、生猪产业稳步推进，10家规模滩羊养殖场、6家规模化养牛场、5家规模化养猪场基本建成，土地全部由管委会无偿提供。产业扶贫。2020年雨水较好，农户种植养殖积极性高，基础母羊补栏、禾草种植、荞麦小杂粮种植、枸杞种植，以及生猪补栏、肉驴养殖、棚圈建设等产业到户项目严格按照户均产业补贴资金不超过12000元标准，已逐项实施完成并予以兑付，兑付274万余元。中低产田改造坡改梯项目。累计完成石沟岘坡改梯4000亩、泉沟3000亩、南山3000亩，完成总量的100%，同步进行了禾草和荞麦种植1600亩。

【环境整治】 制定《甘盐池管委会脱贫攻坚农村环境卫生整治行动方案》，按照方案安排细化目标任务，明确分工，责任到人，各队队长具体抓，广泛宣传，提高认识。深入村组农户，利用村民大会、村干部会议等有利时机，制作横幅、印刷标语，以及黑板报等形式，广泛宣传新农村建设及环境卫生综合整治的意义；突出重点，全面推进。投入70余万元，集中清理建筑垃圾。对县内移民的南山、泉沟、石沟岘和塘坡4个移民迁出区存在“两头跑”现象问题，集中攻坚，下大力气拆除旧危房315户，全部清零并复垦，恢复生态，彻底切断“两头跑”现象；集中整治残垣断壁，投入2辆挖机、2辆铲车，50余名公益性岗位工作人员，近10天时间对邵庄、老城、高岘、唐坡等10个自然村30余公里残垣断壁进行集中整治，全部推倒摊平，利用扶贫日全民动员环境大扫除。联合帮扶单位县自然资源局开展“进农家院、干农家活、查农家情、访农户话脱贫”活动。当日悬挂横幅4条，设立政策宣传台1处，发放扶贫政策、秋季防火、禁牧封育、秸秆禁烧、爱护环境、扫黑除恶等宣传材料1000余份，提升工作的宣传面，使各项政策深入人心。积极组织甘盐池管委会、村队党员干部以及帮扶责任人80余人，充分利用政府购买公益性岗位人员56名（其中清洁工50名），集中清扫盐池房前屋后、河道沟渠、街道巷道、盐池新村的生活垃圾、白色垃圾以及乱堆畜禽养殖粪便、污染排水等。新建垃圾处理场1处，成立了垃圾清理工作队，配备了铲车、叉车、垃圾清运车等大型机械，配置了大型垃圾桶30个、小型垃圾桶200多个，放置于街道和移民新村，收集各类居民生活垃圾，盐池村2600多名常住人口，日均产生生活垃圾约1.5吨，年产生生活垃圾达600余吨，集中处理率达85%，分散处理率达10%，通过整治，整个盐池乡村环境面貌得到了改观，群众生活环境得到了改善。

【植绿增绿】 2020年，沿S305线盐池过境段11公里公路两侧、主干道、村道、巷道、房前屋后、田埂地垄等春秋季植树30000余棵，累计植树50000余棵，成活率达90%以上。

【综合治理】 开展平安创建活动，社会主义核心价值观、国旗、文化书屋、党报党刊进宗教场所得到有效落实。深入开展“七五”普法，加大普法宣传力度，组织干部职工和群众学习宪法等法律法规。以开展扫黑除恶为契机，扎实开展各类矛盾纠纷大排查、大调解活动，全年共排查化解各类矛盾纠纷30余起。积极开展安全生产大排查、大整治活动，严格落实安全生产工作责任制，与企业签订安全生产责任书6份，集中关停非法采砂企业6家，捣毁陶土厂1家。全面做好信访工作，成立自治区成立60周年大庆期间信访工作领导小组，深入排查各类矛盾隐患，接待群众来访30人次，办理“12345”市长信箱、书记、县长信箱转办信访案件11件，群众合理诉求全部得到有效解决。成立禁牧封育工作小组，充分发挥护林员作用，开展全天候巡查，禁牧封育工作取得了一定成效。

【计划生育】 全年孕前健康检查15对，发放计生宣传资料2000份（册）；人口自然增长率达到10‰。

【党建工作】 2020年，甘盐池管委会深入学习贯彻党的十九大和自治区第十二次党代会精神。先后组织开展集体学习20次、主题党日活动6次、民主生活会1次、组织生活会1次；强化党建责任制落实。全面落实党工委主体责任、“三会一课”制度和党员领导干部党建联系点工作制度，建立完善领导包村制度，制定并落实党建工作“四个清单”和党建目标责任书；加大党建工作考核力度。健全完善党建工作督查通报制度，推行半年促评和年底述职评议考核的党建工作考评机制，采取定期检查、平时督查的方式，加大对落实党建工作的经常性检查督办力度，对履职不到位的支部，视情况进行通报批评、诫勉谈话、限期整改。

【党风廉政】 2020年，甘盐池管委会严格落实党风廉政建设责任制，党工委和各党支部认真履行好党风廉政建设主体责任，确保主体责任层层传导力度不减。强化党支部书记管党意识、党风廉政责任意识，严格落实“一岗双责”。加强对领导干部，特别是关键岗位领导干部行使权力的监督。严格执行领导干部个人重大事项报告制度、诫勉谈话制度、和党政领导干部问责制度；强化廉洁从政宣传教育。深入学习十九届中央纪委二次全会、自治区纪委十二届二次全会、市纪委四届三次全会和县纪委十四届三次全会精神，开展理想信念、宗旨教育、廉政法规和警示教育，引导党员干部廉洁从政，筑牢拒腐防变的思想道德防线；建立“廉情诊所”监督工作机制。村级“廉情诊所”监督工作机制启动后，监督发放各类资金70余万元，为盐池村打赢脱贫攻坚战提供强有力的纪律保障。

【精神文明】 2020年，甘盐池管委会把意识形态工作作为党的建设和政权建设的重要内容，认真组织开展党的十九大、习近平总书记系列重要讲话精神，扶贫有关政策学习传达，开展了宗教场所“三化”治理行动，移风易俗宣传正能量；在“三八”“五四”期间分别组织开展了丰富多彩的文化娱乐活动。

（李凯华）

人物

RenWu

先进模范

李进祯

【李进祯】 男，回族，1967年8月出生，宁夏海原县关桥乡人。1988年4月参加工作，1990年9月加入中国共产党。先后在海原县李旺镇、关桥乡、兴隆乡担任财政所会计，2008年5月担任同心县兴隆乡民生保障服务中心主任。2017年10月25日，李进祯在工作岗位上突发心肌梗塞，经抢救无效去世，年仅50岁。他30年如一日，始终坚守基层一线，战斗在脱贫攻坚最前沿。他恪尽职守，无私奉献，在生命的最后时刻，心里牵挂的是还没核算完的扶贫账目。他在当地群众心中留下长久的怀念。他去世后，新华社、人民网、《光明日报》、《经济日报》、《宁夏日报》、宁夏电视台、《吴忠日报》等中央、自治区、市、县媒体相继报道了他的感人事迹，引起了宁夏回族自治区、吴忠市、同心县党委的高度重视，自治区党委书记石泰峰在新华社宁夏分社《新华智库》第87期题为《他让群众看到了怎样才是真正的共产党员！追记倒在扶贫一线的回族干部李进祯》的报道上批示："要结合学习贯彻党的十九大精神，宣传李进祯同志的优秀品质和先进事迹。"2018年1月，他被追授为宁夏回族自治区"脱贫攻坚优秀共产党员"、宁夏回族自治区"爱岗敬业道德模范"。2018年6月，获评中国好人榜敬业奉献好人。2019年9月，获第七届全国道德模范提名奖。2019年9月25日，被授予"最美奋斗者"称号。在2020年开展的"不忘初心、牢记使命"主题教育中，全区各级党组织和广大党员干部掀起向李进祯学习的热潮。

【杨震】 男，回族，2003年1月5日出生，同心县王团镇圆枣村人，同心县王团中学学生。2019年6月8日，在海原县石峡口水库为营救落水同学王锴，不幸溺水身亡。2019年6月8日13时左右，杨震与同学王锴、买志国等13人到海原县石峡口水库游玩。到水库后，王锴下水游泳，不慎溺水，杨震等人发现后，立即下水救人，后王锴被杨震和王强、王佳涛、马玉国等人救上岸。杨震在救人过程中因体力不支出现溺水，在被周围干活的农民闻讯赶到现场救出后，送往同心县人民医院进行抢救，经抢救无效死亡。2020年1月，海原县人民政府根据《宁夏回族自治区见义勇为人员奖励和保护条例》，决定追授杨震为“见义勇为先进个人”。

【李世翔】 男，回族，1976年出生，海原县西安镇白吉村人。民间文物保护志愿者，民间长城保护志愿者，2016年获中国古道保护奖。除了在县城经营装潢小本生意，几乎所有空闲时间都用来做一件事——寻找和整理甘肃、宁夏境内所有和丝绸之路有关的遗迹和史料，为长城甘肃段的保护作出了很大贡献。通过这些年对长城的保护和考证，李世翔详细标出河西走廊汉长城的准确走向，并陆续发现几段没有被认定的长城，十几年来，他的足迹遍布甘肃西部的沟沟壑壑，对甘肃、宁夏历代长城的走向和现状，了如指掌。他的事迹曾在《丝绸之路》杂志、宁夏新闻网等媒体上专题报道过。2020年6月13日，被国家文物局授予2020年度“最美文物安全守护人”称号。

李世翔

新任领导

【张晓华】 男，汉族，宁夏中卫人。1981年3月出生，宁夏党校研究生学历，经济管理学专业。2003年3月加入中国共产党，2004年8月参加工作。历任中卫市沙坡头区柔远镇党委委员、副镇长、人武部部长，中卫市委组织部党员电化教育中心副主任、干部一科副科长、公务员管理科副科长、公务员管理科科长，中卫市纪委（监察局）纪检监察室主任（副处级）、第一纪检监察室主任（副处级），中卫市纪委委员、常委等职务， 2020年9月任海原县委委员、常委，纪委书记、县监委主任（代理）。

【李雪峰】 男，汉族，宁夏中卫人。1971年11月出生，大学学历。1993年7月参加工作，1996年6月加入中国共产党。历任中卫市委组织部副科级组织员、党员电化教育中心副主任、主任、干部教育科科长、市非公有制经济组织党工委专职副书记、挂职海原县委组织部副部长等职务。2020年4月任海原县委委员、常委，县委组织部部长。

【于建涛】 男，汉族，黑龙江鸡西人。1971年7月出生，大学学历汉语言文学专业。1994年7月参加工作，2004年7月加入中国共产党。历任北京市门头沟区纪委副科级纪检员，区计生委办公室副主任、主任，中卫市委宣传部精神文明创建科科长，市国防教育办公室副主任，市精神文明建设指导委员会办公室专职副主任等职务。2020年4月，任海原县委委员、常委，县委宣传部部长。

【赵元学】 男，汉族，青海乐都人。1976年11月出生，毕业于青海师范大学物理学专业。2001年6月加入中国共产党，8月参加工作。历任宁夏银川警备区政治部副团职干事、海原县人民武装部政治委员等职务。2020年9月任海原县委委员、常委，县人民武装部政委。

【米力芳】 女，汉族，宁夏海原人。1966年10月出生，毕业于宁夏农学院食品科学专业。1990年7月参加工作。历任县政协办副主任、县监察局副局长、县政协副主席等职务。2020年4月任海原县人大常委会副主任（候选人）。

【田风梅】 女，回族，宁夏海原人。1967年1月出生，宁夏党校大学学历，法律专业。1988年4月参加工作，1997年7月加入中国共产党。历任海原县高台乡党委副书记，海城镇党委副书记，县计生局副局长、计生站站长（正科级），曹洼乡党委副书记、乡长，县妇女联合会主席，中卫市妇女联合会副主席，市人口和计划生育局党组成员、副局长，市工商业联合会党组成员、副主席，海原县人大常委会党组副书记、副主任，市科学技术局副调研员、四级调研员等职务。2020 年 4 月，任海原县政协副主席（候选人）。

【屈文彬】 男，汉族，宁夏海原人。1963 年 4 月出生，在职大学学历。历任海原县中医院副院长，县卫生局副局长，县爱国卫生运动委员会办公室主任（正科级），县食品药品监督管理局局长，县市场监督管理局党委书记、食品药品稽查专员、局长，县卫生健康局党委书记、局长、一级主任科员等职务。2020 年 4 月任海原县政协副主席（候选人）。

【邢连平】 男，汉族，宁夏海原人。1965 年 3 月出生，宁夏党校在职大学学历，中共党员。历任海原县文联副主席、主席，县委组织部副部长，县审计局局长，县水务局党委副书记、局长、防汛抗旱办公室主任，县政府副县长，中卫市文联副调研员、四级调研员等职务。2020 年 4 月任海原甘盐池扶贫开发区管委会党工委委员、甘盐池种羊场副场长。

【采澎涛】 男，汉族，1979 年 9 月出生，河北安新人。大学本科学历，计算机科学与技术专业。2003 年入伍，2020 年 12 月任海原县人民武装部部长。

先进名录

表 7　　2020 年海原县先进人物一览表

姓名	单位	获奖时间	获奖名称	授奖单位
李小宝	海原县委党校	2020.10	全市优质课评比二等奖	中卫市委党校
孙富惠	海原县委党校	2020.10	全市优质课评比二等奖	中卫市委党校
白山丹	海原县人民检察院	2020.3	三等功	中卫市人民检察院
田　龙	海原县人民检察院	2020.3	全市检察机关先进个人	中卫市人民检察院
邓怀明	海原县人民检察院	2020.3	全市检察机关先进个人	中卫市人民检察院
马　珉	海原县人民检察院	2020.5	全区检察机关“法制进校园”活动先进个人	自治区人民检察院
李　彤	海原县人民检察院	2020.5	全区检察机关战“疫”先进个人	自治区人民检察院
田进梅	海原县人民检察院	2020.9	“两纲”知识竞赛三等奖	中卫市委宣传部
马　楠	海原县人民检察院	2020.8	第二届中卫市检察机关案件管理业务竞赛标兵	中卫市委宣传部
罗忠诚	海原县郑旗乡吴湾村退役军人服务站	2020.12	全国退役军人服务中心（站）“百名优秀主任（站长）”	退役军人事务部

表 8　　2020 年海原县先进集体一览表

单位	获奖时间	获奖名称	授奖单位
海原县扶贫办	2020.1	全区扶贫系统先进单位	自治区扶贫办
海原县非物质文化产业孵化基地	2020.5	自治区级非物质文化产业扶贫就业作坊	自治区文化和旅游厅、自治区扶贫办
海原县人民检察院	2020.5	全区检察机关“法制进校园”活动先进集体	自治区人民检察院
海原县人民检察院	2020.5	全区检察机关战“疫”先进集体	自治区人民检察院
海原县科技局	2020.8	全区科普工作先进单位	自治区科技厅、自治区党委宣传部、自治区科协
海原县委组织部	2020.11	全区“爱心单位”	自治区关心下一代基金会
海原县委党史和地方志研究室	2020.12	全区地方志系统县级优秀奖二等奖	自治区地方志编审委员会

附录

FuLu

重要文献

海原县营运货车交通事故风险救助办法

海政办规发〔2020〕4号
（2020年4月10日发布）

第一章　总　则

第一条　道路货运是我县的支柱产业，也是县委、县政府着力培育发展的四大“离土”产业之一。加快发展道路货运，对巩固全县脱贫攻坚成果、实现群众致富奔小康意义重大。为降低营运货车交通事故损失，减轻货运经营负担，提高货运抗风险能力，推动全县道路货运行业健康发展，根据《海原县交通运输业助推脱贫攻坚的实施意见》（海党办发〔2016〕54号）及《中共海原县委办公室　海原县人民政府办公室关于印发海原县交通运输业助推脱贫攻坚“五定”方案的通知》（海党办发〔2016〕72号），制定本办法。

第二条　县人民政府设立“营运货车交通事故风险救助基金”（以下简称“救助基金”），每年筹集200万元资金，专门用于全县营运货车发生交通事故后的风险救助。

第三条　货运车主采取自愿原则，每车每年缴纳500元注入救助基金账户，并享受交通事故风险救助。

第四条　县交通运输局（县汽车货运产业发展办公室）具体负责救助基金的管理使用，做到专户储存、专款专用。

第五条　县财政、审计部门负责做好救助基金管理使用情况的监督检查和审计监督。

第二章　救助对象

第六条　凡车主为海原户籍并在海原常住，购买货车（含海原户籍货车或外地户籍货车）

并实际经营道路货运，每车每年缴纳500元风险救助基金的，发生交通事故后可申请救助基金。

第七条 申请救助基金的车辆必须同时符合下列条件：

1.车辆在事故年度内购买了全险（不低于100万元）；

2.缴纳了当年度风险救助基金；连续缴纳3年以上，期间没有发生道路交通事故的，不再缴纳；

3.车辆发生重大及以上交通事故且负同等以上责任。

第三章 救助程序

第八条 营运货车发生重大以上交通事故申请救助基金的，向海原县道路货物运输协会提出申请。

第九条 申请救助基金，同时提交下列材料：

1.《海原县营运货车交通事故救助基金申请表》；

2.车辆行驶证、营运证及驾驶员驾驶证、从业资格证原件及复印件；

3.事故年度车辆全险缴纳凭证及货车安全风险救助金缴纳凭证；

4.公安交通管理部门出具的道路交通事故责任认定书；

5.事故损失及保险公司、事故相对方已承担的赔付数额凭据。

第十条 海原县道路运输协会收到申请材料，在3个工作日内完成审核并报海原县汽车货运产业发展办公室。

第十一条 海原县汽车货运产业发展办公室在5个工作日内完成审批并以一卡通的形式支付申请人。

第四章 救助标准

第十二条 救助数额为交通事故发生后保险公司及事故相对方承担赔付后的剩余损失部分。

第十三条 救助金额不足10000元的，按10000元救助。

第五章 附 则

第十四条 本办法由县交通运输局负责解释。

第十五条 本办法自2020年4月10日起施行。

海原县人民政府法律顾问团工作经费管理办法

（海政办规发〔2020〕1号）

（2020年1月28日发布）

第一条 为进一步加强和规范法律顾问工作经费使用，根据《中共中央关于全面推进依法治国若干重大问题的决定》、自治区政府法制办公室、自治区司法厅、自治区财政厅《政府购买法律服务暂行办法》（宁府法〔2016〕12号）、《市人民政府关于印发〈中卫市人民政府法律顾问管理办法〉〈中卫市人民政府法律顾问工作经费管理办法〉的通知》（卫政规发〔2019〕1号）、《中卫市律师业服务收费指导意见》（卫律协发〔2015〕7号），参照《县人民政府办公室关于印发海原县政府法律顾问团工作经费管理办法（试行）的通知》（海政办规发〔2018〕1号），结合海原工作实际，制定本办法。

第二条 本办法所指工作经费，是指纳入本级财政预算，由县财政按年度核拨，用于县人民政府法律顾问开展工作的经费。政府法律顾问专项经费每年按20万元列支。

工作经费专款专用，如有结余按照财务制度转结结余资金，如有不足申请追加经费。

第三条 县司法局负责工作经费的具体使用和管理。

县司法局每年度末向县人民政府汇报工作经费使用情况。

第四条 工作经费支出范围：

（一）购置法律书籍、资料费，购置必要的办案设备费用，培训费用，宣传费用等；

（二）法律顾问提供法律服务的报酬；

（三）组织法律顾问召开研讨会、论证会；

（四）其他用于法律顾问开展工作、办理法律业务的费用。

工作经费不得用于开支奖金和福利支出，不得开支捐赠、赞助、投资等，严禁以任何方式谋取私利。

第五条 法律顾问提供法律服务报酬标准：

（一）审查合同、涉法性文件、其他法律文件，参与法律事务研究出具法律意见、培训讲课等非诉讼法律服务项目，根据耗费的必要工作时间和法律事务的难易程度不同，按照300~1300元每件次计算。

（二）代理民事诉讼案件，参照《中卫市律师业服务收费指导意见》代理民事案件标准下浮30%~50%执行；案情简单，耗费精力少的，或者特邀法律顾问未参与调解撤诉的案件，可以低于60%支付。

（三）代理不涉及财产关系的民事、行政、仲裁诉讼案件按以下标准执行：海原县人民法院管辖审理的案件，裁定1000元每件，判决2000元每件；中卫市中级人民法院管辖审理的案件，裁定3000元每件，判决5000元每件；宁夏高级人民法院管辖审理的案件，裁定3000元每件，判决5000元每件。

（四）代理行政复议案件按800~1300元每件计算；行政复议中涉及财产关系的按照代理民事案件标准付费。

第六条 受县人民政府、县领导委托，或按照职责组织法律顾问召开研讨会、论证会的实行以案定补，每件次按难易程度、耗费时间等定为500~1500元。

第七条 法律援助律师受指派代理行政复议、行政诉讼案件、民事仲裁案件，根据案件难易程度和耗费时间，每件领取500~1000元补助。

第八条 5000元以下工作经费支出由县司法局分管财务副局长签批，5000元以上（含5000元）工作经费支出或重大诉讼案件特邀法律顾问费用支出，应经县司法局党组会议研究讨论。

第九条 本办法第四条第一款第（一）项、第（四）项及差旅费的支出，凭票据经县司法局分管财务副局长审批后支出。

第十条 凡按照民事诉讼案件标准付费的（第五条第二项），必须经县司法局局务会研究讨论，报请司法局分管副局长审核后按程序支付。

第十一条 法律顾问报酬支付流程：

（一）法律顾问提供法律服务，由县司法局出具海原县法律顾问指派函。

（二）审查合同、涉法性文件、其他法律文件，参与法律事务研究出具法律意见、培训讲课等非诉讼法律服务项目，由县司法局提出付费意见后，通知法律顾问开具正式含税发票。

司法局具体负责指派的股室填写法律顾问办理法律事务经费表经县司法局分管财务副局长审批后支付。

（三）代理诉讼、行政复议、仲裁案件的，法律顾问须向县司法局提交应诉（复议、仲裁）通知书、授权委托书、出庭应诉证明材料、答辩状、证据材料、庭审笔录（记录）、代理词、裁决书和办案小结等材料，由县司法局法治股进行整理确认。

1.代理上述案件不涉及财产关系的，由县司法局法治股根据法律顾问办理情况和付费标准提出付费意见，经县司法局通知法律顾问开具正式含税发票，并填写法律顾问办理法律事务经费表。

2.代理上述案件涉及财产关系的，由县司法局集体讨论，形成讨论笔录，经县司法局分管副局长审核通过后，由法治股通知法律顾问（社会律师）开具正式含税发票，并填写法律顾问办理法律事务经费表。

（四）县司法局根据法律顾问指派函、法律顾问办理法律事务经费表和发票进行支付。

第十二条 召开法律研讨会、论证会经费支付流程：

（一）由县司法局法治股填写研讨会（论证会）经费表，经县司法局分管财务副局长审批。

（二）由法治股通知参加会议的法律顾问（社会律师）开具正式含税发票，县司法局根据审批意见和发票支付经费。

参会的法律顾问（社会律师）均应开具正式含税发票并在经费表上签字。

第十三条 领取报酬开具的正式含税发票包括个人劳务费发票和普通税务发票。

发票原件交县司法局财务室，复印件由县司法局法治股存档。

第十四条 工作经费的使用接受同级审计、财政部门监督。

第十五条 本办法由县司法局负责解释。

第十六条 本办法自2020年1月1日起实施，有效期至2021年12月31日。原2018年2月12日印发的《海原县政府法律顾问团工作经费管理办法（试行）》（海政办规发〔2018〕1号）同时废止。

本办法实施前法律顾问提供法律服务未支付的报酬，按本办法支付。

海原县生态环境保护执法记录制度

（海政办规发〔2020〕3号）

（2020年3月30日发布）

第一章 总 则

第一条 为推进行政执法全过程记录制度建设，规范行政 执法程序，促进执法人员严格、规范、公正、文明执法，保障公民、法人和其他社会组织合法权益，根据《中华人民共和国行政许可法》《中华人民共和国行政处罚法》、《国务院办公厅关于全面推行行政执法公示制度执法全过程记录制度重大执法决定法制审核制度的指导意见》（国办发〔2018〕118号）、《生态环境部印发关于在生态环境系统推行行政执法公示制度执法全过程记录制度重大执法决定法制审核制度的指导意见》（环办执法〔2019〕42号）、《自治区人民政府办公厅关于印发的通知》（宁政办发〔2019〕33号）等有关法律法规规定，结合我县实际，制定本制度。

第二条 本制度所称行政执法，是指行政执法人员依据法律、法规和规章实施的行政许可、行政处罚、行政强制、行政征收、行政收费、行政检查等行政行为。

第三条 本办法所称全过程记录，是指行政执法机关及其执法人员通过文字、音像等记录方式，对执法程序启动、调查取证、审查决定、送达执行、归档管理等行政执法整个过程进行跟踪记录的活动。

文字记录方式包括向当事人出具的行政执法文书、调查取证相关文书、鉴定意见、专家论证报告、听证报告、内部程序审批表、送达回证等书面记录。

音像记录方式包括采用照相、录音、录像、视频监控等方式进行的记录。

文字与音像记录方式可同时使用，也可分别使用。

第四条 行政执法全过程记录应坚持合法、客观、公正的原则。

行政执法人员应根据行政执法行为的性质、种类、现场、阶段不同，采取合法、适当、有效的方式和手段对执法全过程实施记录。

第二章 程序启动的记录

第五条 各执法部门对公民、法人或其他组织依法申请办 理的事项，应依照有关法律法规和规章的规定对申请登记、口头申请、受理或不予受理、当场更正申请材料中的错误、出具书面凭证或回执以及一次性告知申请人需补正的全部内容等予以记录。

第六条 启动一般程序行政执法的，由行政执法人员填写程序立案审批表，报本机关负责人批准。情况紧急的，可先启动行政执法程序，并在行政执法程序启动后24小时内补报。

第七条 接到公民、法人或其他组织对违法行为投诉、举报的，需要查处的，及时启动执法程序，并进行相应记录；对实名投诉、举报，经审查不启动行政执法程序的，应依据相关法律、法规和规章的规定告知投诉人、举报人，并将相关情况作书面记录。

第三章 调查与取证的记录

第八条 执法人员应在相关调查笔录中对执法人员数量、姓名、执法证件编号及出示情况进行文字记录，并由当事人或有关在场人员签字或盖章。

第九条 执法人员在执法过程中对告知相对人陈述、申辩、申请回避、听证等权利的方式应进行记录。

第十条 调查、取证可采取以下方式进行文字记录：

（一）询问当事人或证人，应制作询问笔录等文书；

（二）向有关单位和个人调取书证、物证的，应制作调取证据通知书、证据登记保存清单等文书；

（三）现场勘验，应制作现场勘验笔录；

（四）抽样的，应制作抽查取样通知书及物品清单等文书；

（五）听取当事人陈述和申辩的，应制作权利告知书、陈述申辩笔录等文书；

（六）举行听证会的，应依照听证的规定制作听证全过程记录文书；

（七）指定或委托法定的鉴定机构出具鉴定意见的，鉴定机构应出具鉴定意见书等文书；

（八）法律、法规和规章规定的其他调查方式。

上述文书均应由行政执法人员、行政相关人及有关人员签字或盖章。当事人或有关人员拒绝接受调查和提供证据的，行政执法 人员应进行记录。

第十一条 执法人员采取现场检查（勘验）、抽样调查方式的，应同时进行音像记录，不适宜音像记录的除外。采取其他调查取证方式的，可根据执法需要进行音像记录。

第十二条 在证据可能灭失或以后难以取得的情况下，行政执法机关采取证据保全措施的，应记录以下事项：

（一）证据保全的启动理由；

（二）证据保全的形式，包括先行登记保存证据法定文书、复制、音像、鉴定、勘验、制作询问笔录等。

第十三条 查封、扣押污染防治设施的，应制作法定文书 的方式进行文字记录，同时进行音像记录。

第四章 审查与决定的记录

第十四条 调查终结报告应明确法律依据、证据材料、应考虑的有关因素等。

第十五条 法制机构审查文字记录应载明法制机构审查人员、审查意见和建议。

第十六条 组织专家论证的，制作专家论证会议纪要或专家意见书。

第十七条 集体讨论应制作集体讨论记录或会议纪要。

第十八条 负责人审批记录包括负责人签署意见、负责人签名。

第十九条 行政执法决定文书按照自治区统一格式，充分说明执法处理决定的理由，语言要简明准确。

第二十条 适用简易程序的，应记录以下内容：

（一）适用简易程序的事实依据、法律依据的具体条件；

（二）实施简易程序的程序步骤及法定文书；

（三）当事人陈述、申辩的记录；

（四）对当事人陈述、申辩内容的复核及处理，是否采纳的理由；

（五）依法备案的内容；

（六）对符合当场收缴罚款情况的实施过程；

（七）其他依法记录的内容。执法人员应采用适当方式进行音像记录。

第五章 送达与执行的记录

第二十一条 直接送达行政执法文书，由送达人、受送达人或符合法定条件的签收人在送达回证上签名或盖章。

第二十二条 邮寄送达行政执法文书应用挂号信或特快专递，留存邮寄送达的登记、付邮凭证和回执。

第二十三条 留置送达方式应符合法定形式，在送达回证 上记明拒收事由和日期，由送达人、见证人签名或盖章，把执法文书留在受送达人的住所，并采用音像记录等方式记录送达过程。

第二十四条 依法采用委托、转交等方式送达行政执法文书的，应记录委托、转交原因，由送达人、受送达人在送达回证上签名或盖章。

第二十五条 公告送达应重点记录已经采用其他方式均无法送达的情况以及公告送达的方式和载体，留存书面公告，以适当方式进行音像记录，并在案卷中记明原因和经过。

第二十六条 作出行政执法决定后，应对当事人履行行政决定的情况进行后督察，并制作后督察报告。依法应责令改正的，应按期对改正情况进行核查，保存文字记录及相关音像记录。

第二十七条 当事人逾期不履行行政执法决定需要强制执行的，在作出强制执行决定前或申请法院强制执行前，按照法 定形式制作催告书并送达当事人。当事人进行陈述、申辩的，应对当事人在陈述、申辩中提出的事实、理由和证据进行复核，行政执法机关对陈述、申辩内容复核及处理意见进行记录。

第二十八条 经催告，当事人无正当理由逾期仍不履行行政执法决定，具有强制执行权的行政执法机关依法采取以下强制执行方式的，应制作相应文书进行文字记录：

（一）加处罚款或滞纳金；

（二）划拨存款、汇款；

（三）拍卖或依法处理查封、扣押的场所、设施或财物；

（四）排除妨碍、恢复原状；

（五）代履行；

（六）其他强制执行方式。采取排除妨碍、恢复原状强制执行方式的，应同时进行音像记录。

第二十九条 在依法催告后，申请法院强制执行的，对申请法院强制执行的相关文书、强制执行结果等全过程进行记录。

第六章 执法记录的管理与使用

第三十条 建立健全行政执法案卷。行政执法人员在行政 执法行为终结之日起 30 日内（法律、法规、规章有具体要求的，从其规定），应将行政执法过程中形成的文字和音像记录资料形成相应案卷，并按照《中华人民共和国档案法》的规定归档保存。

第三十一条 建立健全执法全过程记录管理与使用制度，执法机构的全过程记录文字和音像资料交由生态环境保护综合执法监察部门归档保存。

第三十二条 当事人根据需要申请复制相关执法全过程记录信息的，经行政机关负责人同意，可复制使用，依法应保密的除外。

第三十三条 涉及国家秘密、商业秘密和个人隐私的执法记录信息，应严格按照保密工作的有关规定和权限进行管理。

第七章 监督与责任

第三十四条 行政执法全过程记录制度的实施情况纳入依法行政及行政执法评议考核。

第三十五条 行政机关实施执法全过程记录中有下列情形之一的，由上级行政机关或有关部门责令限期整改；情节严重或造成严重后果的，对直接负责的主管人员和其他责任人员依法给予行政处分；构成犯罪的，依法追究刑事责任。

（一）不制作或不按要求制作执法全过程记录的；

（二）违反规定泄露执法记录信息造成严重后果的；

（三）故意毁损，随意删除、修改执法全过程中文字或音像记录信息的；

（四）不按规定储存或维护致使执法记录损毁、丢失，造成严重后果的；

（五）其他违反执法全过程记录规定，造成严重后果的。

第三十六条 本办法自印发之日起施行。

海原县财政预算绩效评价结果应用管理暂行办法

（海政办规发〔2020〕7 号）

（2020 年 6 月 2 日发布）

第一条 绩效评价结果应用，是绩效评价工作的核心，是加强财政支出管理、增强资金绩效理念、合理配置公共资源、优化财政支出结构、提高资金使用效益的重要手段。根据自治区党委、自治区人民政府《关于全面实施预算绩效管理的实施意见》、《自治区财政厅关于印发财政预算绩效评价结果应用管理暂行办法的通知》（宁党发〔2019〕9 号）、《关于印发海原县全面实施预 算绩效管理工作方案的通知》（海党办发〔2019〕114 号）等相关规定，制定本办法。

第二条 绩效评价结果应用（以下简称评价结果应用）是指财政部门和预算部门根据绩效评价结果，为项目立项审批、公共资源分配、预算调整调剂、支出结构优化等重大事项的决策提供参考依据、提出修正意见并督促整改落实。

第三条 一般公共预算、政府性基金预算、社保基金预算和国有资本经营预算的绩效评价结果应用均适用本办法。

第四条 评价结果应用分为激励约束、反馈公开上报、追踪问效三种方式。

（一）激励约束机制。是指县财政在预算管理过程中，根据绩效评价结果的优劣，对于评价结果优秀且绩效突出的，优先纳入财政项目库及年度预算编审流程，优先保障并拨付预算资金；对于评价结果不合格、动态监控整改不力或明显达不到预期绩效的，所申报项目不纳入财政项目库，中止预算执行或调整执行中的预算资金拨付，并不予考虑部门下一年度新增预算需求。

（二）反馈公开和上报机制。是指县财政、项目主管部门应及时向被评级单位反馈评价结果，项目实施单位自行开展的绩效评价，也应及时向县财政、项目主管部门反馈评价结果，并在不违反保密法的前提下予以公开，主动接受社会公众监督。同时，县财政将每年选取重大政策、重点项目评价结果上报县人大，主动接受人大监督与指导，增强评价工作透明度。

（三）追踪问效机制。是指被评价单位应根据评价结果提出的具体问题进行整改并向县财政、项目主管单位提交整改方案和整改结果，作为本单位完善支出政策和改进预算管理的重要依据；县财政、项目主管单位应适时追踪被评价单位问题整改落实情况，对整改措施不力、效果不明显的实施问责，问责情况作为部门效能目标管理考核、项目安排顺序、资金安排额度的重要参考因素；对使用财政资金严重低效无效并造成损失的，要按照相关法律法规追责。

第五条 评价结果应用贯穿于财政支出事前、事中、事后全过程。按照效率与效益并重、奖优罚劣的原则，对绩效好的项目原则上优先保障支出需求；对绩效一般的项目督促改进；对低效无效的项目资金一律取消或削减预算，对长期沉淀的资金一律收回，并按照有关规定统筹用于亟须支持的领域。

（一）事前绩效评估的结果应用。各预算单位依据本单位事业发展规划，对于拟出台重大政策、实施重大项目立项（含基本建设项目立项）的，均应开展事前绩效评估。重点论证政策出台和项目立项的必要性、投入经济性、环境可控性、绩效目标合理性、实施方案可行性、筹资合规性、财政可持续性等，评估结果作为申请财政资金的必备条件。县财政审核定级为：100分≥评估得分≥90分的为“可行，同意资金申请”；70分≤评估得分＜90分的为“待完善，修改完善后重新申报”；0分≤评估得分＜70分的为“不可行，资金不予安排”。

（二）绩效目标审核的结果应用。预算绩效目标审核与年初部门预算审核同步进行，审核结果应用于项目可否入库、可否纳入年度预算编审流程，以及预算资金分配额度的确定。

各预算单位预算绩效目标，须经单位自评、审核后，报县财政组织复审。对绩效目标编制不符合要求的，退回预算单位限期整改后再上报，审核通过后方可纳入财政项目库，进入下一阶段的预算编制。县财政审核定级为：100分≥审核得分≥90分的为“优”；80分≤审核得分＜90分的为“良”；60≤审核得分＜80分的为“中”；0分≤审核得分＜60分的为“差”。审核定级为“中”的，按不低于同一项目本年预算10%的比例压减下年度预算；审核定级为“差”的，原则上不再安排同一支出内容下年度预算。

绩效目标同部门预算同步批复、公开和下达。各预算单位在接到县财政批复本部门的项目预算支出绩效目标后十五日内，向所属二级单位批复项目预算支出绩效目标，并将批复文件报县财政部门备案；二十日内，随同本部门预算主动进行“双公开”。

重点项目预算绩效目标应提请县人民代表大会审议。县财政可选取部分重大项目，连同年度预算执行情况和预算草案一并提请县人民代表大会、县政府常务会或县委常委会议审议。

（三）执行跟踪监控的结果应用。部门预算绩效目标随预算资金拨付下达后，由县财政、项目资金主管部门监控绩效目标指标的动态变化，对前期论证不充分、绩效目标不明确、项目预算执行率低、存在风险隐患的项目向项目实施单位提出整改意见，对项目执行与绩效目标发生偏离的，及时纠正、调整或收回。对整改不力或效果不明显的，县财政调减或停止同一项目下一年度预算安排。

（四）事后绩效评价的结果应用

1.部门评价项目。各预算单位负责组织开展本部门及下属单位上年度部门项目支出绩效自评工作，并对自评结果负责。从2020年起，部门所有项目绩效自评要随同部门决算一并上报县财政，并在县财政批复部门决算之日起二十日内，随同部门决算主动进行“双公开”。同时，县财政依据部门绩效自评情况提出部门下一年度分项目预算调整建议。

2.财政评价项目。县财政组织开展重点项目绩效评价，应于预算编制“二上”阶段完成并出具评价报告。预算编制部门根据绩效评价结果提出重点项目下一年度预算调整建议。

3.审计评价项目。根据财政预算执行或专项资金审计调查报告，由审计部门提出部门或项目预算调整建议，报财政部门在预算编制过程中进行应用。

上述三类评价按照县财政最终审核结果进行应用。财政审　核定级为：100分≥审核得分≥90分的为“优”；80分≤审核得分＜90分的为“良”；60分≤审核得分＜80分的为“中”；0分≤审核得分＜60分的为“差”。审核定级为“中”的，按不低于同一项目本年预算10%的比例压减下年度预算；审核定级为“差”的，原则上不再安排同一支出内容下年度预算。

4.部门整体支出绩效评价。部门上一年度整体支出绩效评价结果与下一年度部门预算编制控制数调整紧密结合，按照优、良、中、差四个档位（评价分值定级同项目评价），分别按照0.1%、3%、5%的比例对部门项目预算支出总数进行扣减。

5.县财政进行事前绩效评估、绩效目标审核等，可自行选取专家库或聘请社会第三方中介机构开展。

第六条　评价结果的公开、上报和反馈整改。

各预算单位绩效评价结果（含下属单位，已随预决算同步公开的绩效信息不再重复公开）报县财政备案后，由各预算单位在政府网站主动公开，广泛接受社会公众监督。

对县财政抽查部门绩效自评及开展的重点项目绩效评价中发现的问题，由县财政及时反馈至相关部门，并适时跟踪整改落实情况，强化预算单位的绩效责任主体意识。

第七条　绩效管理工作考核的结果应用。各预算单位绩效管理纳入部门（单位）政府效能目标管理考核体系，县财政负责对各预算单位绩效管理进行考核，将考核结果上报县委、县政府，并在全县范围内进行通报，对工作成效明显的给予表扬，对工作推进不力的责令限期整改。

第八条　各预算单位要严格落实本办法，于每年1月底前　将上年度各项评价结果应用情况上报县财政局，县财政局综合汇总后报自治区财政厅。

第九条　本办法由县财政局负责解释。

第十条　本办法自公布之日起施行。

海原县农村环境卫生保洁及垃圾治理管理暂行办法

（海政规发〔2020〕1号）

（2020年7月22日发布）

第一章 总 则

第一条 为全面贯彻落实科学发展观，推进生态文明建设，促进农村环境卫生保洁及垃圾治理（以下简称农村环境卫生治理）工作步入规范化、制度化、常态化轨道，根据《中华人民共和国固体废弃物污染环境防治法》《宁夏回族自治区市容环境卫生管理条例》及自治区住房和城乡建设厅等十部门《关于推进农村生活垃圾分类治理体系建设的指导意见》等相关法律法规政策，结合海原实际，制定本办法。

第二条 农村环境卫生治理实行“统一规划、统一建设、统一运行、统一管理”模式，建立县、乡（镇）、村三级环境卫生管理体系，落实乡镇（管委会）、村组、保洁员三级网格管理责任。

第三条 加大农村生活垃圾治理，在“户分类、村收集、乡转运（处理）、县处理”的基础上，逐步推行“两次六分、四级联动”垃圾分类治理模式，加快构建以源头分类减量和资源化利用为导向的农村生活垃圾治理体系。

第二章 责任主体

第四条 维护城乡环境卫生，是全社会的责任。任何单位和个人有享受整洁优美环境的权利，并负有维护环境卫生、保护环卫设施的义务。

第五条 农村环境卫生治理工作应坚持政府主导、分级管理、公众参与、社会监督、注重长效的原则，各职能部门要按照各自职责范围，共同做好农村环境卫生治理工作。

县农业农村局是农村人居环境整治的牵头主管部门，负责全县农村环境卫生治理工作的统筹协调、指导和督促检查，做好农业生产废弃物资源化利用治理。

县住建局是城乡生活垃圾治理的监管部门，负责做好农村生活垃圾分类治理体系建设，规划建设垃圾分类收集、运输、处理等环卫设施，指导各乡镇及社会化服务企业做好生活垃圾分类治理工作。

县财政局负责建立全县城乡环境卫生治理经费统筹机制，制定经费拨付计划，监督审查经费的使用管理。

市生态环境局海原分局负责污水和工业废物治理工作，规划建设污水处理站、垃圾填埋场等环境保护设施。

县卫健局负责部署指导全县爱国卫生活动、健康教育、病媒生物防治及传染病防治等工作。

县自然资源局负责组织编制城乡规划、提升村容村貌，保障垃圾治理、污水治理等环卫设施建设用地。

县交通局负责各级主干道路养护及保洁工作。

县水务局负责指导监督河道沟渠及水面垃圾治理工作。

县民政局负责指导村规民约的修订完善工作。

县工信商务局负责指导可再生资源回收体系建设，推广使用清洁能源。

第六条 各乡镇（管委会）人民政府是农村环境卫生治理的责任主体，由各乡（镇）长担任一级网格长，是农村环境卫生治理的第一责任人，具体负责辖区环境卫生保洁及垃圾分类治理工作。乡镇（管委会）主要职责：

（一）建立农村环境卫生治理网格管理机构，明确分管领导，配备专职工作人员，做好辖区内的环境卫生监督管理工作，组织实施生活垃圾分类收集处理，实现辖区生活垃圾日产日清。

（二）负责有关环境卫生治理方面的法律法规和规范性文件的宣传、贯彻和实施。

（三）建立环境卫生保洁机构，配齐保洁人员，完善环卫设施，制定环境卫生管理制度。

（四）负责辖区内环境卫生作业质量的检查考核工作，每月将检查考核结果定期报县农业农村局和住建局。

（五）落实农户房前屋后、“门前三包”（包卫生、包秩序、包绿化）及网格管理责任制。

（六）负责环卫设施的维护管理，做好垃圾填埋场的运行管理，实现生活垃圾“减量化、无害化、资源化”的目标。

（七）负责环境卫生整治费用、环卫专项经费统筹使用和管理，落实专款专用。

（八）承办上级交办的其他事项。

第七条 村委会（社区）具体负责辖区内环境卫生治理工作，由村支书（社区书记）担任二级网格长。村委会（社区）主要职责：

（一）建立村（社区）环境卫生治理网络，明确1名班子成员具体负责环境卫生工作，配备2名以上环境卫生监督巡查员，加强村（社区）域范围内的卫生保洁，全面落实生活垃圾分类收集，实现“减量化、无害化、资源化”处理。

（二）宣传环境卫生有关法律法规和政策，把环境卫生日常监督制度纳入村民公约或卫生公约，增强村（居）民的环境卫生意识，督促村庄内的单位和个人做好生活垃圾源头分类入桶工作。

（三）确定本村（社区）的环境卫生网格保洁责任区，严格落实环境卫生清扫保洁责任制，抓好本村环卫保洁工作及环卫人员的日常监督、管理、考核，督促保洁员做好生活垃圾的二次分类工作。

（四）按需求合理设置垃圾箱（桶）放置点，做好村内垃圾箱（桶）、中转站、清运车辆等环卫设施的使用维护管理；

（五）负责组织群众定期或不定期开展村庄环境卫生大清扫大整治活动，对本村（社区）环境卫生进行监督检查。

（六）承办上级交办的其他事项。

第八条 环卫保洁员（含公益性岗位）为三级网格责任人，负责责任区内环境卫生清扫保洁，切实做好生活垃圾二次分类收集工作。

第九条 巡河保洁员是河道责任区保洁责任人，负责河道垃圾的捡拾保洁工作。

第十条 教育引导农户转变生活方式，做好自家院落、房前屋后的清扫保洁和垃圾源头分类入桶，自觉维护公共环境卫生，积极参与农村环境卫生大清扫活动。

第三章 保洁队伍及设施

第十一条 适应现代环卫事业的发展，坚持管、干分离的原则，因地制宜，积极推进城乡环卫作业市场化；条件基础好的乡镇（管委会）可委托专业运营机构管理辖区环境卫生保洁工作，逐步建立全县专业化的农村环卫保洁队伍。

第十二条 各乡镇（管委会）按照辖区人口350人左右配备1名保洁员的标准，建立一支技能娴熟、爱岗敬业的专业化保洁队伍，将公益性岗位保洁员纳入日常的保洁队伍范畴，统一考核、统一管理，落实网格化管理、常态化保洁。

第十三条 健全保洁员的聘用、培训、考核、辞退等制度，实行“一人一档”的保洁员动态管理，签订《环境卫生保洁工作责任书》，统一着装，全面落实环境卫生网格保洁责任。

第十四条 根据乡镇规划、经济发展状况和环境卫生专项规划，科学建设生活垃圾中转或末端处理设施。

(一) 每个乡镇应建有一座生活垃圾填埋场，距离填埋场较远的行政村，可分区域配建垃圾压缩中转站或小型现代末端处理设施，满足生活垃圾清运、处理的需求。

(二) 在乡镇驻地科学配建垃圾压缩中转站，距生活垃圾填埋场较远的中心镇，至少建有一座压缩式中转站。

(三) 在县城周边乡镇选址建设建筑垃圾处理场，按行政村选址建筑垃圾临时堆放点，有效解决建筑垃圾无处倾倒的问题。

(四) 按照可再生资源回收利用、有机垃圾堆肥或生态循环处理、有害垃圾集中收集处理等方式，全面开展垃圾源头分类减量、就近就地资源化利用，鼓励合理布局设置垃圾堆肥场，建立配套处置体系和机制。

第十五条 科学配备生活垃圾清扫、收集、转运设备。

(一) 探索生活垃圾分类收集方式，优先考虑农户自备垃圾收集器具、定时定人上门方式收集垃圾；按照5~20户的分布合理设置垃圾中转收集箱，逐步取消垃圾池等敞开式收集设施。

(二) 按农村人口每人每天0.5~1公斤生活垃圾量日产日清标准，科学配置农村生活垃圾分类收集保洁车、清运车，原则上至少保证每个行政村（社区）有1辆垃圾转运车、每个村组有1~2辆垃圾保洁收集车，基本满足垃圾收集清运需要。

(三) 具备机械化清扫作业的乡镇，合理配置道路清扫车辆，提高机械化清扫率，有效降低环卫工劳动强度，减少道路扬尘污染。

第十六条 健全完善环卫设施使用维护管理，落实乡镇（管委会）管理主体责任，以村（社区）为单位按照国有资产管理办法对所有环卫车辆、垃圾箱（桶）等环卫设施进行财产登记管理，严防垃圾箱无人管理、丢失损坏、闲置不用、挪作他用等现象发生；如有损坏、遗失的，由乡镇负责及时维修补充；因管理不善造成遗失、损害严重或闲置的，依法依规追究相关责任人的责任；达到报废年限的，按规定程序进行报废注销。

第十七条 凡经城乡总体规划批准设置的环境卫生设施，任何单位和个人不得拒绝和阻挠环卫设施的设立和建设。

第四章 作业服务管理标准

第十八条 不断提高农村环境卫生保洁实效，创新作业模式，积极推行生活垃圾分类袋装投放、收集、运输和处置，提高农村环境卫生治理的管理水平。

第十九条 农村环境卫生管理作业标准：

(一) 乡镇驻地环卫保洁实行8小时“两扫全保”工作制（每天早晨、下午各完成一次普扫，其余时间巡回保洁），农村环卫实行“一扫两保”工作制（每天上午9:00之前完成清扫，中午12:00之前、下午5:00之前各完成一次保洁），偏远村庄根据实际情况落实清扫保洁，确保责任区道路干净整洁。

(二) 村内主次路面及两侧、排水沟等区域，无垃圾杂物、无人畜粪便、无碎砖瓦、无塑料袋等白色污染，无非正规垃圾堆放点，闲置物品和可用建筑材料堆放有序。

(三) 垃圾定时、定点收集清运，严禁焚烧；垃圾箱（桶）及周边干净，无洒落垃圾、无蚊蝇滋生、无污水外溢；清运车辆车容整洁、密闭运输，无洒漏抛现象，生活垃圾基本实现日产日清。

(四) 每周五开展1次环境卫生集中大清扫，“三边三底三线”（村边、路边、田边，河底、沟底、渠底，公路沿线、铁路沿线、河道沿线）无生活垃圾和建筑垃圾；

（五）所有生活垃圾全部运往生活垃圾填埋场进行无害化填埋处理，禁止建筑垃圾进入生活垃圾填埋场。

（六）保持环境卫生设施整洁、完好。

第二十条 “两次六分、四级联动”农村生活垃圾治理管理标准：

“两次”即农户初次对可变卖、可喂牲畜、可生活使用等垃圾自行分类利用，弃用垃圾由保洁员（公益性岗位）收集后在工作阵地二次专业分类。“六分”即把农村生活垃圾分为有机垃圾、可回收垃圾、有毒有害垃圾、沙土灰渣垃圾、大件垃圾和其他垃圾6种类型，其中：

有机垃圾：包括厨余垃圾、过期食品、尾菜烂果、瓜皮果核、植物藤蔓、残枝落叶等易腐烂、可降解生物质垃圾等，分村或分区域建设堆肥设施，或就近统筹畜禽粪污、农业生产废弃物等，建设有机肥加工厂资源化利用；

可回收垃圾：包括废弃纸张、塑料、金属、橡胶、织物、玻璃制品、纸塑铝复合包装物等，依托村内商店、保洁员家庭、回收企业和专业户、流动回收商贩等，分村建立网点回收利用；

有毒有害垃圾：包括废弃电池、灯管、药品及医用器具、农药和油漆及其包装物等，单独收集转运至有资质单位无害化处理；

沙土灰渣垃圾：包括尘土、炉灰、炉渣等，在村内指定低洼地段填坑、垫路，或作为无机材料利用；

大件垃圾：包括废旧家具、农具、灶具、其他日常用具，废弃砖瓦、石块、木头、水泥制品等，分区域设置暂存或拆解分选加工点，能作为乡土材料的在村镇建设中利用，不能利用的转运末端设施处理；

其他垃圾：用转运车辆不落地直收直运，或在乡村垃圾收集点、转运站收存压缩运送到垃圾填埋场或符合环保要求的小型现代末端设施处理。

“四级联动”：从农户—村庄（行政村）—乡（镇）—县城，统筹设置大小远近适中的垃圾回收、存放、分选、加工、处理设施和功能容量匹配的收集、转运设备，形成科学、经济、有机衔接的收运处置设施网络和工作链条流程。

第二十一条 规范废旧物品回收站管理，积极探索建立可再生资源垃圾仓储及交易中心，逐步取消零散的废旧物品回收站点，减轻环境二次污染。

第五章 经费保障

第二十二条 积极争取项目支持，多渠道筹措资金，落实农村生活垃圾分类处理项目建设资金和后期运行管理资金，补齐农村环卫设施短板。

第二十三条 县财政要加大对农村环境卫生基础设施的投入，将农村人居环境整治费用和垃圾治理费用统筹调配使用，将垃圾治理经费纳入年度财政预算，并逐年增加。

第二十四条 对生活垃圾处理实行有偿服务收费制度，具体生活垃圾处理收费标准另行规定。

第二十五条 农村环境卫生治理经费必须专款专用，不得截留挪用，严控预算总额，超支不补；各乡镇（管委会）要积极探索通过企业捐赠、社会赞助等方式吸纳社会资金，补充农村环境卫生治理费用。

第六章 监督考核

第二十六条 健全农村环境卫生治理工作的督查机制，按照“县月检季考核、乡镇周检月考核、村日检周考核”的要求，建立县、乡、村三级环境卫生检查考核体系，不断强化环境卫生保洁工作的监管力度。

第二十七条 县级考核由县农业农村局牵头，住建、自然资源、卫健、生态环境、财政等单位配合，按照单位职能分工共同进行考核，考核内容包括：

1.环卫管理组织机构与制度建设情况；

2.各乡镇实行市场化作业（含保洁服务站）运行情况；

3.保洁队伍（含公益性岗位）配备及考核管理情况；

4.环卫设施的运行及维护管理情况；

5.集镇街道、市场、广场、村庄道路等区域清扫保洁及垃　圾治理情况；

6.“三边三底三线”（村边、路边、田边，河底、沟底、渠底，公路沿线、铁路沿线、河道沿线）垃圾清运管理情况；

7.垃圾分类治理及垃圾填埋场运行管理情况；

8.环境卫生治理经费使用管理情况；

9.村规民约、“门前三包”等制度建立落实情况。

第二十八条　县级考核采取每月一检查、每季一考核、每年一总评的方式，重点对各乡镇集镇、主干道路、村庄、河道等区域环境卫生进行随机抽查（每次抽查村个数不少于乡镇所辖村数的20%），季度考核以月检查情况为依据（每季度第三个月的检查与季度考核合并进行），考核结果在全县范围内通报，并作为兑现本季度环境卫生治理经费的依据。

1.每季度综合检查考核得分在90分（含90分）以上，全额划拨当季度环境卫生治理经费；得分在80~90分（含80分），每降低1分（以90分为基数）扣减当季度环境卫生治理经费的0.5%；得分在70~80分（含70分）在扣减当季度经费5%的基础上，每降低1分（以80分为基数）扣减当季度环境卫生治理经费的1%。

2.每季度综合检查考核得分在70分以下，暂停拨付当季度环境卫生治理经费，责令限期整改；经过整改达到保洁、清运标准要求的，扣减当季度环境卫生治理经费的15%；整改仍未达标时，不予拨付环卫经费。

3.在检查考核中发现非正规垃圾堆放点，在按照考核评分标准扣分的基础上，同时按照每个垃圾点200元的标准从环境卫生治理经费中直接扣减；同一位置的非正规垃圾堆放点如在第二次检查时仍然出现，按照上述标准加倍扣减。

4.实行奖补与扣减相结合的方式，年内所扣减的费用作为补助资金，用于对任务目标明确、管理机制健全、工作成效明显、环境卫生状况持续巩固提升乡镇的补助。

第二十九条　各乡镇（管委会）对保洁服务站（公司）及保洁员的检查考核。

（一）检查考核。各行政村每日对村域内的环境卫生进行检查，并于每周五向乡镇如实上报本村垃圾收集转运、清扫保洁人员到岗及环境卫生保洁情况。乡镇保洁服务站随时进行督查，并详细记录督查、整改情况。乡镇采取定期和不定期、明察和暗访相结合的方式，对保洁服务站运行情况、环境卫生保洁及垃圾分类工作进行检查（每周定期集中检查不少于一次）。各类检查结果与所有人员的绩效工资挂钩。

（二）激励机制。各乡镇要按照管理量化指标每年淘汰10%的聘用人员，建设“10%的人优秀、80%的人努力、10%的人淘汰”的农村环境卫生保洁员和环境监督管理员队伍，形成人人奋进、进出有序的动态管理模式和竞争激励机制。

（三）奖罚措施。分绩效工资、年终总评两项。

1.绩效工资。由各乡镇根据自身实际制定具体的绩效工资考核实施细则，并及时兑现绩效工资，不得搞平均主义。

2.年终总评。经年终综合考核前三名的乡镇各评选出10%的优秀保洁员，其他乡镇各评选出5%的优秀保洁员，由县财政一次性奖励1000元/人。年终考评结束后，根据激励机制中末位淘汰10%的规定，对考核不合格人员解除劳动合同，直接予以辞退。

第三十条 市场化服务企业应当严格执行环境卫生作业标准，遵守作业规范，履行合同约定的清扫、收集、运输和处理废弃物的事项，并接受辖区乡镇及监管部门的监督检查。

第三十一条 建立农村环境卫生治理第一时间发现、第一时间反馈、第一时间联办机制。村两委人员和保洁人员既是环卫保洁监管第一责任人，也是垃圾分类监管第一责任人。发现责任区内有乱堆乱放、乱排乱倒等影响和破坏村容村貌的现象，第一时间应进行制止改正，不能制止改正的，要及时上报乡镇人民政府，由乡镇人民政府予以制止改正。坚决杜绝层层推诿扯皮、不作为慢作为现象。

第三十二条 任何单位和个人不得侵占、毁坏或者擅自拆除、迁移、封闭环境卫生设施，不得随意偷倒垃圾污染环境。

第三十三条 任何单位和个人都有权对环境卫生管理中存在的违法违规行为和不遵守村规民约的行为进行举报。有关乡镇或单位接到举报后，应当及时调查处理。

第三十四条 建立农村环境卫生管理社会监督机制，公开举报电话和网站，将综合执法管理向农村延伸，不定期组织农业农村、住建（城市综合执法）、生态环境、卫生健康、自然资源 和工信商务等职能部门开展农村环境卫生管理联合执法，有效惩治破坏环境卫生和环卫设施等违法行为。

第三十五条 国家机关工作人员在环境卫生管理工作中违反本办法规定，有下列情形之一的，对直接负责的主管人员和其他直接责任人依法给予行政处分；构成犯罪的，依法追究刑事责任：

（一）未依法履行监督管理职责的；

（二）未将环卫设施建设用地纳入相关规划的；

（三）挤占、挪用环境卫生治理经费的；

（四）其他滥用职权、徇私舞弊、玩忽职守的。

第七章 附 则

第三十六条 本办法自 2020 年 7 月 1 日起执行，有效期至 2022 年 6 月 30 日。

海原县公益性岗位开发管理办法

（试行）

（海政规发〔2020〕2 号）

（2020 年 8 月 11 日发布）

第一章 总 则

第一条 为进一步加强全县公益性岗位开发管理，更好地促进困难人员实现就业，根据《自治区人民政府关于做好当前和今后一段时期就业创业工作的实施意见》（宁政发〔2017〕77 号）、《宁夏回族自治区公益性岗位开发管理办法》（宁人社规发〔2020〕4 号）等精神，结合我县实际，制定本办法。

第二条 本办法适用于本县行政区域内，各类用人单位开发使用就业补助资金或其他财政资金并经人力资源和社会保障部门认定的公益性岗位管理工作。

第三条 本办法所称公益性岗位，是指以实现社会公共利益为目的，优先安置就业困难人员，由政府全额出资或者以补贴方式设立的辅助性社会公共管理岗位和非营利性社区公共服务岗位。公益性岗位的具体范围，由县人民政府确定和调整，并向社会公布。

第四条 公益性岗位开发使用应当坚持以人民为中心的开发理念，凸显“托底线、救急难、临时性”属性，按照“按需设岗、以岗聘任、在岗领补、有序退岗”的管理机制，科学控制公益性岗位开发规模，避免福利化安置、变相发钱等问题倾向，为广大困难群众谋福利，促进社会和谐稳定。

第二章 岗位设置

第五条 公益性岗位设置应当遵循服务我县经济社会发展和社会公共利益需要原则，量入为出，总量控制、科学设置、合理安排，充分发挥公益性岗位兜底线、稳就业、保民生的功能。

第六条 公益性岗位主要包括城镇公益性岗位和乡村公益性岗位，一般不包括机关事业单位管理类、专业技术类岗位。

第七条 城镇公益性岗位主要包括社会公共服务岗位、社区公益性服务岗位。

1.社会公共服务岗位，具体包括各行政事业单位的办事员，社区治安联防协管员、劳动力统计调查员以及为城镇和社区居民提供服务的交通协管、市政管理、环境管理、物业管理、托管养老等服务的岗位；市政公共设施设备管理养护和景区、景点、公共场所的保洁、城市绿化维护等岗位。

2.社区公益性岗位，具体包括县（区）、街道（乡镇）、社区开办的非营利性公共卫生服务、医疗服务、养老服务等机构在街道（乡镇）、社区开发的保洁、保养、保安及社会化服务等岗位。

第八条 乡村公益性岗位主要包括村两委后勤保障服务人员、乡村居民公共配送服务人员、各行政事业单位的办事员，乡村护林员、河（渠）道维护员、环境道路保洁员、乡村“老饭桌”服务员、移民社区服务人员、乡村电商综合服务人员、乡村学校安全员等公益性岗位。

第九条 县人力资源和社会保障局根据自治区人力资源和社会保障厅每年下达全区公益性岗位计划和县行业主管部门购买的公益性岗位、用人单位实际需求申请，综合考虑就业困难人员需求、社会公共利益需要和资金承受能力，确定公益性岗位数量和类别，并将公益性岗位名称、人员数量、聘用程序和岗位要求等向社会公告，公告期不得少于5日。

第十条 凡有公益性岗位需求的单位，应当按规定向县人力资源和社会保障局提出公益性岗位设定申请。申请内容包括设定事由、岗位名称、人员数量、工作期限和岗位要求、工作内容、工资待遇、管理细则、资金来源等。县人力资源和社会保障局收 到申请后，应当会同财政局对岗位设定的必要性、可行性进行审核。

第三章 安置对象

第十一条 公益性岗位应当聘用具有本县户籍的人员，坚持公开、公平、公正的原则，不得设置歧视性用人条件。

第十二条 城镇公益性岗位安置对象为法定劳动年龄内持有就业创业证且通过市场化手段难以实现就业的困难人员。就业困难人员是指具有就业意愿和就业能力，未就业的各类失业人员，即城镇长期无业人员、就业困难的高校毕业生、零就业家庭人员，有劳动能力残疾人员、戒毒康复人员、刑满释放和社区服刑人员、部队随军家属、复员退伍军人、失地农民和进城务工6个月以上失业且在城镇办理居住证的农民，每年由县人民政府出台当年公益性岗位具体安置方案。

第十三条 乡村公益性岗位应当优先安置“无法离乡、无业可扶、无力脱贫”且有劳动能力胜任岗位工作的建档立卡贫困劳 动力和边缘户。

第十四条 公益性岗位安置应根据劳动者年龄、家庭困难情况等因素，建立排序机制，优先安排符合条件的距离法定退休年龄不足5年人员、零就业家庭成员和有劳动能力及就业意愿的残疾人。

第四章 安置程序

第十五条 县人力资源和社会保障局应遵循“公开、公平、公正”的原则，严格按照发布公告、个人申请、基层审核、公示审定、培训上岗工作程序，组织实施公益性岗位安置工作。

第十六条 公益性岗位安置程序：

（一）发布公告。根据公益性岗位开发计划，及时向社会公开发布公益性岗位安置公告。明确告知用人单位拟安置岗位名称、补贴待遇、工作内容、工作要求、工作地点、管理要求等信息。

（二）个人申请

1.符合申请城镇公益性岗位安置对象范围的就业困难人员，持本人身份证明及《就业创业证》向属地就业创业服务中心提出申请。

2.符合申请乡村公益性岗位条件的农村建档立卡贫困人员和边缘户人员须持身份证明及户口本向户籍地村委会提出申请。

（三）基层审核。由社区（村委会）就业创业服务中心对申请公益性岗位人员进行初审，乡镇（管委会）复审无异议后，将人员名册及相关资料报县人力资源和社会保障局。

（四）公示审定。县人力资源和社会保障局会同财政、扶贫、民政等部门，依据乡镇（管委会）审核情况，研究确定岗位拟安置人员，并向社会公示。公示期为5个工作日，公示无异议的，予以安置。

（五）培训上岗。用人单位应根据工作岗位要求组织安置人员进行岗前培训，并自用工之日起一个月内与其签订书面劳动合同（城镇公益性岗位）或服务协议（乡村公益性岗位），约定双方权利、义务。在签订劳动合同或服务协议后应及时向县人力资源和社会保障局进行就业登记和劳动用工备案。

第十七条 县人力资源和社会保障局在自治区公益性岗位任务指标下达后3个月内完成安置工作，及时将公益性岗位就业安置实施方案、公益性岗位人员花名册及城镇公益性岗位安置就业困难人员分布表向自治区人力资源和社会保障厅报送，并将城镇公益性岗位人员名单录入“宁夏一卡通公共就业服务信息管理系统”。

第五章 在岗待遇

第十八条 城镇公益性岗位人员在岗待遇按照自治区关于城镇公益性岗位有关文件执行，用人单位可根据公益性岗位人员工作能力和岗位实际，给予适当工作津贴补助，资金自筹。

第十九条 城镇公益性岗位补贴期限不超过3年，距离法定退休年龄不足5年的人员可延长至退休，依法所签订的劳动合同可3年一签订；对工作积极、表现突出人员，补贴期满后仍然难以通过其他渠道实现就业的“4050”大龄就业困难人员、零就业家庭成员、有劳动能力的重度残疾人等特殊困难人员，可再次按程序通过公益性岗位予以安置，岗位补贴和社会保险补贴期限重新计算，并将人员信息报送自治区人力资源社会保障厅和财政厅备案，累计安置次数原则上不超过2次。

第二十条 乡村公益性岗位人员在岗待遇以中卫市上年度农村常住居民人均可支配收入为基数按月发放。可以通过政府采购的方式确定商业保险经办机构，为乡村公益性岗位人员统一购买不高于50万元额度的商业意外伤害保险（中途离职的，其意外伤害保险失效，变更为该岗位承继者并继续享受原商业意外伤害保险)。

第二十一条 乡村公益性岗位所签订的公益性岗位服务协议最长期限不超过1年。

第二十二条 县财政局要做好公益性岗位所需资金及时拨付工作，各行业主管部门和用人单位按规定将岗位补贴及时支付到聘用人员社会保障卡或个人银行账户。

第六章 岗位管理

第二十三条 公益性岗位根据属地管理要求，按照“谁用人、谁管理、谁考核、谁负责”的原则，用人单位是城镇公益性岗位管理第一责任人，乡镇（管委会）是乡村公益性岗位管理第一责任人。

第二十四条 用人单位和乡镇应制定可行的考核细则，做好公益性岗位聘用人员的日常管理和考勤工作。城镇公益性岗位人员事假、病假、婚假、产假、工伤、法定节假日等，按照国家、自治区相关劳动保障法律法规政策规定执行。城镇公益性岗位人员提出辞职的，应提前30日向用人单位提出书面申请，用人单位应及时向县人力资源和社会保障局备案。乡村公益性岗位人员按照《乡村公益性岗位政府购买服务协议》相关条款执行。用人单位在劳动合同或公益性岗位服务协议期内单方解除合同或辞退聘用人员的，应及时向县人力资源和社会保障局报备。

第二十五条 用人单位、乡镇（管委会）可对公益性岗位人员履行岗位职责、遵守相关规定、工作业绩等组织实施考核。对于经考核不胜任工作的，由用人单位终止劳动合同或由乡镇解除服务协议。

第二十六条 公益性岗位就业人员有下列情形之一的，应当予以解聘：

（一）身体健康原因，不能继续胜任工作的；

（二）违反劳动合同或服务协议，考核不合格的；

（三）受到司法机关刑事处罚的；

（四）弄虚作假，顶替上岗的；

（五）因移民搬迁等变更海原县户籍的；

（六）本人提出辞职的；

（七）通过其他途径实现就业的；

（八）公益性岗位服务期满的；

（九）达到法定退休年龄或者依法享受基本养老保险待遇的；

（十）其他情形应当予以解聘的。

第二十七条 用人单位和乡镇（管委会）应当在每月将公益性岗位人员上岗、考勤、待遇发放情况上报行业主管部门。

第七章 监督检查

第二十八条 在县委、县政府领导下，应当加强公益性岗位开发管理的组织领导，县人力资源和社会保障局统筹协调，财政、扶贫、自然资源等相关部门参与形成组织领导和协调推动工作机制，加大对日常管理的监管，不定期对公益性岗位人员管理工作进行监督检查。强化相关补贴资金监管，清理违规顶岗人员，清退违规发放补贴，严肃追究相关责任人的责任。

第二十九条 公益性岗位开发安置和管理的单位，要充分发挥作用，定期不定期督查、检查、抽查，强化管理。用人单位和乡镇（管委会）要履行直接责任人责任，对公益性岗位人员进行设岗立责，考勤考核，巡查检查等日常管理，并于每月底前报送考勤考核情况。

第三十条 县就创、扶贫、自然资源等部门（单位）开发安置单位应当建立公益性岗位实名制登记数据库。加强对自身开发的公益性岗位的日常监管，对公益性岗位制度不健全、管理不善、拒绝检查、伪造虚报、违规违纪的用人单位，一经查实，责令限 期整改。逾期不改的，取消其公益性岗位使用单位资格，依法依规追究相关管理人员的责任。

第八章　处理处罚

第三十一条　县财政局应当建立健全公益性岗位资金管理制度，按规定对公益性岗位财政资金使用情况进行监督检查。有下列情形之一的，县财政局不予拨付相关费用:

（一）未经县政府批准设定公益性岗位的;

（二）未按本办法规定程序聘用人员的;

（三）违反本办法规定聘用不符合条件的人员的;

（四）其他不予拨付相关费用的情形。

第三十二条　有下列情形之一的，取消公益性岗位:

（一）岗位设定所依据的阶段性任务完成的;

（二）岗位设定所依据的客观情况发生重大变化的;

（三）岗位设定期限届满的;

（四）法律、法规、规章规定的其他情形。

第三十三条　乡镇（管委会）和社区、村民委员会工作人员有下列行为之一的，由其所在单位或者上级机关依法予以处理:

（一）故意刁难，拒不受理就业申请的;

（二）出具虚假证明材料的;

（三）对符合安置条件的人员拒不签署同意意见的;

（四）法律、法规、规章规定的其他情形。

第三十四条　用人单位对所拨付的公益性岗位财政资金应当进行专账管理，专款专用，接受财政部门或者审计部门的监督。骗取、截留、挪用财政资金的，由财政部门或者审计部门责令退还违规资金，予以通报，并依法追究相关人员责任。

第九章　附　则

第三十五条　政府购买社会化服务的，可参照本办法。

第三十六条　本办法自印发之日起执行。实施过程中如遇国家公益性岗位政策调整，按新政策执行。

第三十七条　本办法由县人力资源和社会保障局解释。

海原县安全生产举报奖励办法

（海政规发〔2020〕3号）

（2020年8月11日印发）

第一条　为加强安全生产社会监督，鼓励社会各界举报安全生产违法行为和重大事故隐患，及时发现并排除重大事故隐患，制止和惩处违法行为，防止和减少生产安全事故，保障人民群众生命财产安全，根据《中华人民共和国安全生产法》《安全生产领域举报奖励办法》《宁夏回族自治区安全生产条例》等法律法规和文件要求，结合我县实际，制定本办法。

第二条　本办法适用于全县所有重大事故隐患和安全生产违法行为的举报奖励。

其他负有安全生产监督管理职责的部门对所监管行业领域的安全生产举报奖励另有规定的，依照其规定。

第三条　安全生产举报和奖励工作，应当遵循合法举报、适当奖励和“谁受理、谁负责、分级奖励”的原则。

第四条　县应急管理部门和负有安全生产监督管理职责的部门（以下简称受理部门）分

别负责职责范围内的安全生产事故的举报受理工作。县应急管理部门综合管理安全生产举报的受理、奖励工作。负有安全生产监督管理职责的部门（单位）按照各自职责，负责安全生产举报的受理、核实、处理，提出奖励建议。

第五条 公民、法人或者其他组织（以下简称举报人）有权举报在海原县辖区发现的重大事故隐患和安全生产违法行为，并依照本办法获得奖励。县应急管理部门和负有安全监督管理职责的部门应当向社会公开举报电话、通信地址、邮政编码、网站地址、电子邮箱、传真电话等举报联络方式，为举报人提供便利条件。安全生产投诉举报电话：12350。

第六条 负有安全生产监督管理职责的部门应当建立健全安全生产举报管理制度。县应急管理部门和负有安全监督管理职责的部门应当设立专门机构或者配备专门人员负责安全生产举报的受理、协调、分办、督办、答复、奖励、统计和报告等工作。

对涉及查证属实的安全生产举报事项的安全生产违法行为人，负有安全生产监督管理职责的部门应当依照有关安全生产的法律、法规、规章予以处罚。

第七条 举报人可采用电话、传真、信函、网络或者到访等方式，向受理部门进行举报。受理举报的部门（单位）应当按照有关规定采取措施，保护举报人的合法权益。

举报人应当对所举报事项真实性负责。对借举报之名，捏造、歪曲事实，诬告、陷害他人和企业，以及伪造举报材料骗取或者冒领奖励，浪费公共行政资源，干扰正常工作的，依法追究责任。

第八条 举报下列行为之一，经查证属实的，属于奖励范围：

（一）谎报、瞒报生产安全事故的；生产经营单位主要负责人在发生伤亡事故后逃匿的。

（二）重大事故隐患隐瞒不报，或者不按规定期限予以整治的。

（三）公民、法人或者其他组织未依法获得有关安全生产许可证或证照不全、证照过期、证照未变更从事生产经营、建设活动的；未依法取得批准或验收合格，擅自从事生产经营活动的；与安全生产相关的行政许可已经失效，继续从事生产经营建设活动的；技术改造项目、停产整顿未经验收擅自组织生产的；违反建设项目安全设施“三同时”规定的。

（四）未依法对从业人员进行安全生产教育和培训；矿山和危险化学品生产、经营、储存企业（单位），金属冶炼、建筑施工、道路交通运输企业（单位）的主要负责人和安全生产管理人员未依法经安全生产知识和管理能力考核合格；特种作业人员未依法取得特种作业操作资格证书而上岗作业的。

（五）危险化学品生产、经营、储存企业（单位）严重违规操作、违规停（开）车作业的。

（六）承担安全评价、认证、检测、检验工作的机构出具虚假证明文件的。

（七）法律、行政法规、国家标准或行业标准规定的其他安全生产违法行为。

第九条 举报人获得安全生产举报奖励应当符合下列条件：

（一）违法案件发生于海原县行政区域。

（二）举报提供的线索事先未被负有安全生产监督管理职责的部门掌握。

（三）符合法律法规的有关规定，举报的情况经查证属实。

（四）举报的案件有处理结果。

（五）应当具备的其他条件。

第十条 有下列情形之一的，不予奖励：

（一）对已经受理或正在查处的安全生产违法行为的举报。

（二）与安全监管工作有关的工作人员的举报。

（三）举报人提供的线索与负有安全生产监督管理职责的部门查处安全生产违法行为无关的。

（四）发现属于负有安全生产管理或者监督管理职责的工作人员的近亲属或其授意他人举报的。

（五）举报人在举报时没有留下姓名和联系方式，无法取得联系的。

（六）举报的情况无法查证，或举报的线索无法立案查处的。

（七）法律、法规规定不予奖励的其他情形。

第十一条 依据安全生产违法行为查处结果给予举报人奖励。具体奖励标准如下：

（一）举报谎报、瞒报生产安全事故的，按照最终确定的事故等级和查实的谎报、瞒报死亡人数给予奖励。（按照所举报谎报、瞒报生产安全事故死亡人数，每人奖励 1 万元，最高奖励不超过 5 万元。）

（二）举报重大事故隐患或者其他安全生产违法行为的，按照违法行为案件行政罚款额的 5%给予奖励，最高不超过 5 万元。

第十二条 应受奖励的举报人按照以下方式确认：

（一）实名举报安全生产违法行为，经查证属实的。

（二）匿名举报安全生产违法行为，经查证属实并能够确定举报人真实身份的。

（三）同一线索被两个以上举报人分别举报的，以最先举报的为主，如果后举报的线索、资料比较全面，根据所提供线索或者资料等具有的重要性，按比例分别进行奖励；多人多次多处举报同一事项的，由最先受理举报的负有安全监管职责的部门给予最先实名举报人一次性奖励；多人联名举报同一事项的，资金可以平均分配，由第一署名人或者第一署名人书面委托其他署名人领取。

（四）对同一案件的举报奖励不得重复发放。

（五）新闻媒体在公开披露安全生产违法案件前，主动与负有安全生产监督管理职责的部门协作，提供案件线索或者协助调查处理，经查证属实的，视为举报人予以奖励。

第十三条 受理部门收到安全生产举报事项后，应当登记举报人信息和举报事项，能够当场答复是否受理的，应当当场书面或者电子方式答复；不能当场答复的，应当自收到举报事项之日起 15 日内以书面或者电子方式告知举报人，匿名举报或者举报人联系方式不清的除外。

受理部门收到属于本部门职责范围的举报事项后，应当依照有关安全生产的法律、法规、规章予以查处；收到不属于本部门职责范围的举报事项后、应当自收到举报事项之日起 2 个工作日内以书面转交同级应急管理部门或负有安全生产监督管理职责的部门查处。受理部门对不属于安全生产的举报事项，应当告知举报人不予受理；举报人坚持在本部门举报的，应当记录在案，在 5 个工作日内移送有关部门。

第十四条 应急管理部门应当按照有关法律、法规、规章明确的部门安全生产职责分工，确定承办安全生产举报事项的部门，制作安全生产举报事项分办通知，自举报事项受理之日起 5 个工作日内，以书面或者电子方式送达承办安全生产举报事项的部门（单位）。对安全生产违法行为线索不明确的举报事项，不予分办。

应急管理部门分办安全生产举报事项，不得将举报人信息以任何方式传递给核实、处理举报事项的负有安全生产监督管理职责的部门及其人员，举报人同意的除外。

第十五条 负有安全生产监督管理职责的部门接到安全生产举报事项分办通知，应当登记，进行核实；举报事项属实的，应当依照有关法律、法规、规章的规定作出处理。

负有安全生产监督管理职责的部门对不属于本部门管辖的举报事项，应当自收到安全生产举报事项分办通知之日起2个工作日内回复应急管理部门并说明理由。

第十六条 安全生产举报事项不属实的，负有安全生产监督管理职责的部门应当自收到安全生产举报事项分办通知之日起10个工作日内向应急管理部门反馈核实情况。

安全生产举报事项属实的，负有安全生产监督管理职责的部门应当自收到安全生产举报事项分办通知之日起60日内，对举报事项涉及的安全生产违法行为依法作出处理决定。情况复杂的，经本部门负责人批准，可以适当延长办理期限，但延长期限不得超过30日；特殊情况仍需延长办理期限的，报经本级人民政府批准，可以再延长90日；延长期限及理由应当及时报告应急管理部门。

第十七条 负有安全生产监督管理职责的部门办结安全生产举报事项，应当自作出处理决定之日起10个工作日内，向应急管理部门提出奖励额度建议，同时提供查处安全生产违法行为形成的执法决定和主要证据材料。

第十八条 安全生产举报事项属实的，应急管理部门应当根据负有安全生产监督管理职责的部门提出的奖励额度建议和执法决定、证据等情况，会同负有安全生产监督管理职责的相关部门，作出奖励决定，财政部门根据安全生产举报奖励标准和举报情况及时核拨奖励资金，以适当的方式通知举报人领取奖金。

第十九条 举报人应当自接到奖励通知之日起60日内，携带有效证件领取奖金。逾期不申领的，视为自动放弃；能够说明理由的，可以延长领取时间30日。

第二十条 应急管理等部门应当做好举报人领取奖金的确认、登记、保密工作。

举报受理部门及相关人员未经举报人同意，不得以任何方式泄露举报人信息和奖励等情况，违者依法承担相应责任。

第二十一条 安全生产举报奖励所需资金列入海原县财政预算，县财政部门根据安全生产举报案件奖励标准和举报情况及时核拨。

安全生产举报奖金的管理和发放，接受财政、审计部门和纪委监委的监督。

第二十二条 应急管理部门和负有安全生产监督管理职责的部门不履行本办法规定的举报受理、分办、督办、奖励、保密等职责的，依照法律、法规和纪律处分规定问责。

第二十三条 举报人举报的事项应当客观真实，并对举报事项的真实性负责；对个别举报人无中生有、恶意举报，试图利用安全生产举报来达到某种目的，或以安全生产举报名义故意干扰安全生产正常秩序的；举报人别有用心、歪曲事实、诬告陷害他人、造成社会恶劣影响的，应急管理部门将会同公安机关及相关部门依法从严查处。

第二十四条 有关单位或个人对事故隐患、安全生产违法行为的举报人进行打击报复的、应急管理部门会同公安机关等根据有关规定严肃查处、构成犯罪的，移送司法机关追究刑事责任，保护举报人的合法权益。

第二十五条 县应急管理部门应当于每季度第二个工作周结束前，将本部门上季度安全生产举报统计，报市级应急管理部门。

第二十六条 本办法所称负有安全生产监督管理职责的部门是指依照《中华人民共和国安全生产法》和其他有关法律、行政法规的规定，在各自的职责范围内对有关的安全生产工作实施行政许可、行政处罚、行政强制、监督检查等监督管理职责的部门。

第二十七条 本办法自印发之日起施行，有效期至2025年7月31日。

海原县消费扶贫扶持资金奖励办法（修订版）

（海政办发〔2020〕78号）
（2020年11月11日发布）

根据《海原县2020年闽宁对口扶贫协作工作方案》（海扶组发〔2020〕28号）精神，依托“西海固”区域公用品牌及海原农特产品优势，切实解决新冠肺炎疫情给企业带来的各种不利因素，为帮助企业纾困解困，鼓励企业（合作社）通过采购、销售本地农产品，与建档立卡户建立利益联结机制，促进消费扶贫工作。结合我县消费扶贫工作实际。特制定本扶持奖励办法。

一、为激发企业内生动力，充分发挥消费扶贫作用助推脱贫攻坚，凡通过国家认证列入消费扶贫产品目录的企业、合作社，每家企业按4万元、合作社按2万元给予奖励。

二、凡在自治区外或与外地客商合作开设海原农特产品展销馆的，给予每家展销馆5万元补贴；凡在自治区内开设海原农特产品展销馆的，给予每家展销馆3万元补贴；有与外地合作开设展销馆的，按照“谁出资布置展销馆谁受益”的原则，由海原本地企业（合作社）负责对接申报补贴。

三、县内大型超市、加油站等在各自经营场所布设“西海固”海原特色农产品消费扶贫专区、专柜的，给予适当补贴，最高不超过3万元。

四、凡受县人民政府或其他相关职能部门委托在县外、市外、区外举办海原县农特产品推介会，宣传推广海原农特产品品牌，提高海原农特产品知名度，拓宽农产品销售渠道，按照协议以实际产生的费用给予补贴；海原企业、合作社自行在县外、市外、区外举办海原县农特产品推介会的，按照实际产生费用给予适当补贴。

五、凡是采购或销售本县农产品20万以上的海原企业、合作社，且通过利益联结带动5人以上建档立卡户的，按采购或销售额的5%给予补贴，每家企业、合作社补贴累计最高不超过10万元。

六、凡海原的企业、合作社将通过国家消费扶贫“832”平台认证的扶贫产品销往自治区外产生一定数额物流费用的，销售额30万元（含）以上，且物流费用超过5万元的，给予物流总费用20%补贴，每家企业、合作社最高补贴累计不超过10万元。

七、以上办法未尽事宜根据实际情况，可采取“一事一议”方式研究解决。

八、本办法自印发之日起执行，《海原县人民政府办公室关于印发海原县消费扶贫资金奖励办法的通知》（海政办规发〔2020〕9号）同时废止。

海原县扶贫资产管理办法（试行）

（海政规发〔2020〕4号）
（2020年10月30日印发）

第一章 总 则

第一条 依据《宁夏回族自治区关于加强扶贫资产管理的指导意见（试行）的通知》（宁开发〔2020〕30号）精神，为全面加强扶贫资产管理，防止资产闲置和损失浪费，确保扶贫资产持续发挥效益，为构建长效稳定的带贫减贫机制提供物质基础，巩固提升脱贫攻坚成果。结合我县实际，制定本办法。

第二条 本办法所称扶贫资产，是指使用各级各类财政扶贫资金，主要指财政专项扶贫资金、统筹整合用于脱贫攻坚涉农资金、地方政府债券资金（不含置换债券资金）、清理回收财政存量资金、行业扶贫资金、社会扶贫资金投入形成的资产（包括接受捐赠的实物资产）。扶贫资产主要按经营性资产、公益性资产和到户类资产管理。其中，经营性资产主要为具有经营性质的产业就业类固定资产，包括开展资产收益扶贫中形成的权益性资产等；公益性扶贫资产主要为公益性基础设施、公共服务类固定资产；到户类扶贫资产主要为支持贫困户生产发展所购建的生物资产或固定资产等。

第二章 资产登记依据

第三条 财务清单。财政部门拨付到各部门、乡镇（管委会、街道办）及各部门拨付到乡镇（管委会、街道办）和扶贫办拨付到各乡镇（管委会、街道办）、部门的财务清单。

第四条 项目会议纪要、申报文件、设计、建设方案、批复、施工、竣工报告、验收和决算报告。

第三章 原 则

第五条 扶贫资产清查实行“谁实施、谁拨付、谁清查”的方式进行。

第六条 要“逐资金、逐项目、逐类型”科学精准地厘清资金来源、性质、资产名称、类型、数量、价值、受益及建设单位、建设地点、使用年限、使用情况、受益对象等相关内容。

第七条 要严格按照项目的“两公告三公示”要求，坚持公示公告制度，通过政府门户网站、村级公示栏等对扶贫资产运行管理的全过程进行公告公示，充分发挥群众和社会的监督作用，提高资产运营透明度，确保扶贫资产管理工作在阳光下运行。

第八条 在资产运行、管理和处置过程中，要完善民主议事机制，充分尊重群众意愿，实行民主决策、民主管理、民主监督，切实保障群众对扶贫资产的知情权、参与权、管理权、监督权。

第四章 职责分工

第九条 扶贫资产管理工作由县级扶贫开发领导小组统一领导，相关部门、乡镇（管委会、街道办）分工协作。县扶贫办负责统筹协调指导扶贫资产管理及资产的监交工作；县财政局负责指导扶贫资产登记入账及资产的监交工作；县审计局负责扶贫资产审计监督及资产的监交工作；各行业部门负责本单位扶贫资产清查、移交和乡镇（管委会、街道办）行业扶贫资产清查、管理制度制定及收益分配的监督指导工作。

第十条 各乡镇（管委会、街道办）人民政府是本区域内各类扶贫资产管理的责任主体。既负责本单位实施形成的扶贫资产的清查登记和后续经营管理，又负责各行业部门移交的各类扶贫资产的登记入账、后续经营管理和收益分配等方面的工作。

第十一条 各村“两委”负责移交到本村各类扶贫资产的管理工作。对扶贫资产的名称、类型、数量、形成时间、价值等逐一登记造册入账并指定专人管理。公益性固定资产，要进行定期巡检、保养和维护，确保正常运行；经营性固定资产，可通过承包、租赁、入股等形式与经营主体签订协议或合同，参与扶贫资产的经营管理和监督，建立管护、监督及收益分配制度，明确管护责任、监督内容、收益分配的额度、程序和范围，发现问题及时解决。通过村集体自身经营的，要建立管护制度，由村集体负责日常管护。

第五章 产权归属

第十二条 依据扶贫资产项目的资金来源和组织实施单位确定扶贫资产权属。到户项目形成的资产归项目受益户所有，由受益户自主经营，法律、法规有特殊规定的除外；各级组织实施的到村项目形成的资产，产权归属于村集体，由村集体负责运营和管理；跨乡跨村实施的项目原则上将权属量化到村集体，也可归属于国有资产。任何单位和个人不得擅自改变扶贫资产的所有权性质。

第十三条 项目验收合格后，各项目实施单位要正式将项目移交给受益对象，明确产权归受益对象所有，并及时做好资产登记入账，对于符合产权证明办理条件的要及时予以办理，不能办理产权证明的资产要通过合同、协议、村民代表大会决议等形式明确产权归属。

第十四条 扶贫资产管理过程中，发生产权纠纷的，各方当事人应在平等基础上积极协商解决，协商不成的，可通过司法途径解决。

第十五条 在确定权属的基础上，按照“应纳尽纳”原则，对已形成的扶贫资产进行分级造册，明确每项扶贫资产的身份信息。将扶贫资产管理纳入全国扶贫开发信息系统管理，及时采集更新扶贫资产基础信息、变动情况、收益分配等情况。

第六章 经营管理

第十六条 对于经营性资产，要尽快确定经营主体，不得闲置。村集体可依法自主经营或通过租赁、承包、入股等形式确定经营主体，并向各乡镇（管委会、街道办）党委和人民政府做好备案。

第十七条 任何单位和个人不得随意转让和处置扶贫资产，严禁私自利用扶贫资产进行抵押、担保等方式进行融资，确需转让和处置的，由村集体按照民主议事原则提出处置申请，按照乡镇初审、县级主管部门审核、县扶贫开发领导小组批准的程序处置，处置结果及时公开，处置后所得资金归村集体所有，纳入村集体三资账户进行管理，按照财政专项扶贫资金有关要求安排使用。对于处置后所得资金村集体不愿继续使用的，收归县级财政账户，按照财政专项扶贫资金有关要求统筹安排使用，继续支持脱贫攻坚。

第十八条 因自然灾害等不可抗力造成的扶贫资产损毁的，应及时组织修复或责成经营主体恢复原状，尽快投入运营。损毁严重无法修复的，应委托专业技术机构出具评估意见，参照国有资产管理办法的相关处置程序予以核销；因管护不当等人为因素造成资产损毁的，应追究相关人员的法律责任和经济责任。

第七章　资产维护

第十九条　权属确定后，资产管理单位要制定相关规定，明确管理人员对资产开展日常的巡线、巡查和维护，建立巡检维护制度。

第二十条　维护经费低于5万元的公益性资产项目从乡镇每年实施项目的管理费和劳务奖补费中支付；维护经费高于5万元的由乡镇申报，在业务部门审核确认的基础上报请县人民政府专题会议研究后立项解决。

第二十一条　维护经费低于10万元的经营性资产从每年收益额的10%中支付；维护经费高于10万元的由管理人员申报，在监委会确认和业务部门审核属实的基础上报请县人民政府专题会议研究后立项解决。

第八章　收益分配

第二十二条　到户经营性资产收益归受益户所有，到村经营性资产收益归村集体所有。收益分配要坚持劳动致富，“不养懒人”，设置一定的支付条件，严禁直接发钱发物，一分了之、一股了之的做法。

第二十三条　集体经营性资产收益实行“先归集体后分配”方式，脱贫攻坚期内，财政专项扶贫资金投入贫困村产生的经营性资产，其收益在扣除土地租金、运维管理等必要费用后，大部分应用于贫困户受益，主要用于扶贫公益岗位和互助性岗位开发，重病、残疾、“三无”贫困户等特殊困难群体补助等，剩余部分用于贫困村公益事业建设和扩大再生产。财政专项扶贫资金投入非贫困村产生的经营性资产收益，在扣除土地租金、运维管理等必要费用后，剩余部分原则上全部应用于贫困户直接增收。

第二十四条　集体经营性资产收益原则上实行“一年一分配”。村级每年制定扶贫资产收益分配使用计划，提交村民代表大会通过后报乡镇（管委会、街道办）政府审核，并报县扶贫办备案。收益分配使用计划应及时向村民公示公告，作为实施收益分配的依据。村级根据分配使用计划对年度扶贫资产收益进行分配，并在下年初及时公示公告当年收益分配使用结果。

第九章　监督检查

第二十五条　构建扶贫资产动态监督检查体系，扶贫资产管理、收益及分配情况要严格执行公示公告管理制度，主动接受社会各界的监督。县扶贫办、财政局、审计局和行业相关部门通过采取定期和不定期检查方式加强对全县扶贫资产的全面监管，各乡镇（管委会、街道办）要切实加强对扶贫资产运营的日常监管。

第二十六条　县级主管部门、乡镇（管委会、街道办）、村在扶贫资产管理中履职不力、指导监管不到位出现以下情况的，由县纪检监察机关对相关责任单位及责任人依纪依规依法处理，构成犯罪的移交司法机关进行处理。

（一）非法改变扶贫资产所有权的；

（二）不按照规定进行扶贫资产登记或资产评估造成扶贫资产损失的；

（三）未经批准擅自处置或低价处理扶贫资产的；

（四）因不作为或不当作为造成扶贫资产损失的；

（五）其他造成扶贫资产损失的行为。

第十章　附　则

第二十七条　自治区行业扶贫部门对于扶贫资产管理有明确规定的按照自治区文件精神执行。

第二十八条　本办法自印发之日起执行。

第二十九条　本办法由县扶贫办会同有关单位负责解释。

海原县城乡困难群众临时救助实施方案

（海政办发〔2020〕3号）
（2020年1月18日发布）

为认真贯彻落实自治区民政厅、财政厅、扶贫办《关于转发民政部财政部国务院扶贫办〈关于在脱贫攻坚兜底保障中充分发挥临时救助作用的意见〉的通知》（宁民字〔2019〕129号）精神，结合我县实际，特制定本实施方案。

一、临时救助工作的重要意义

临时救助是保障困难群众基本生活权益的兜底性制度安排，承担着筑牢社会救助体系最后一道防线的职责任务，是解决城乡居民遭遇各类突发紧急事件或意外事故，致使基本生活临时性陷入困境，需要政府和社会向这部分人群提供必要的物质、精神帮助的重要举措。全面开展临时救助工作，让突遇不测、因病因灾陷入生存困境的城乡居民得到及时救助，对于有效化解人民群众的生存危机，防止冲击社会道德和心理底线事件发生具有重要作用。

二、临时救助工作的主要任务

（一）整合社会救助资源。充分发挥社会救助联席会议作用，完善法院、人社、教体、住建、卫健、扶贫、退役军人、公安、司法等部门救助资源信息对接机制，统筹使用救助资源。积极引导社会力量参与临时救助工作，形成政府救助与慈善救助及社会帮扶有机结合的运行机制。认真落实好《关于转发民政部财政部国务院扶贫办〈关于在脱贫攻坚兜底保障中充分发挥临时救助作用的意见〉的通知》（宁民字〔2019〕129号）《宁夏回族自治区临时救助办法》（宁政发〔2016〕16号）和《宁夏回族自治区临时救助工作操作规程》（宁民规发〔2018〕14号）等政策，强化临时救助制度在“两不愁”方面的兜底作用、在“三保障”方面的助力作用以及在“防返贫”方面的防范作用，加大临时救助力度，强化规范管理，严格标准确定和救助程序，增强救助时效，发挥临时救助托底线、救急难作用，解决好群众突发性、紧迫性、临时性困难和基本生活燃眉之急。

（二）健全临时救助工作机制。认真落实《宁夏回族自治区社会救助“一门受理、协同办理”实施办法》（宁民办发〔2015〕57号），依托乡镇（管委会）、街道办（社区）现有的办事大厅、综合服务中心等，设置社会救助窗口，明确窗口受理内容、转接转办流程、窗口服务标准、救助流程和办理时限。畅通救助渠道，开通社会救助热线，做到早发现、早干预、早救助。建立流浪乞讨人员主动救助常态化、规范化工作机制。认真落实“先行救助”“一事一议”及“分类分档救助”等政策措施，对属于急难的申请救助事项及时进行登记受理，对主管部门不明确且现有制度无法解决的急难事项，提交县社会救助联席会议协调有关部门合力解决；对城乡居民家庭中遭遇急难情况的，及时启动应急救助程序，简化审批手续，采取先行受理审批、发放，后补办手续的方式，为困难家庭在第一时间提供救助，防止因病、因事故、因急难事件等返贫。

（三）建立临时救助备用金制度。县民政局要以低保审批权限下放乡镇为契机，协商县财政局根据各乡镇辖区内人口基数，按照每万人

3万元的标准核拨临时救助备用金，确保特殊紧急需要。各乡镇（街道办、管委会）要设立临时救助备用金资金专户，保障临时救助备用金规范和安全使用。县民政局、财政局可根据各乡镇（街道办、管委会）临时救助备用金实际支出使用情况，适当给予补充。

三、救助对象、救助权限和救助标准

（一）救助对象

1.一般性困难家庭。一般性困难家庭一年内救助不超过2次，且累计救助金额不超过2000元。

2.急难型困难家庭或个人。因遭遇火灾、矿难、交通事故、溺水等突发意外事件，导致家庭基本生活暂时出现严重困难的；因家庭成员突发重大疾病需要紧急入院治疗，导致家庭基本生活暂时出现严重困难的。

3.支出型困难家庭或个人。因家庭成员患重大疾病，在扣除各类保险、报销及其他社会救助和帮扶资金后，自付医疗费用支出仍然较大的；因家庭子女就读高中（含职业高中）、大中专院校，在扣除教育救助、社会帮扶资金后，自付费用（不含择校费、校外租房费等基本费用）仍然较大的。

4.有下列情形之一的，不予救助：

（1）申请人拒绝配合家庭经济状况调查，致使无法核实相关情况的；

（2）故意隐瞒家庭真实收入、财产、支出和家庭人口变动情况，提供虚假证明资料的；

（3）在法定劳动年龄段内且有劳动能力，无正当理由拒绝就业或者从事生产劳动的；

（4）个人或家庭成员中有从事封建迷信、传销等非法活动造成困难的；

（5）有赌博、吸毒等非法活动尚未改正的；

（6）各类服刑内人员（经司法行政部门认定的社区矫正人员除外）。

（二）救助权限

各乡镇（街道办、管委会）一次性给予临时救助不超过0.3万元（含0.3万元）；一次性给予0.3万元（含0.3万元）以上1万元以下临时救助，经乡镇党委会研究公示后报民政局审核，民政局审核公示后，由乡镇进行救助；一次性给予1万元以上（含1万元）2万元以下临时救助，经乡镇党委会研究公示后报民政局审核，民政局审核公示后，提交县政府会议研究同意后，由乡镇进行救助。

（三）救助标准

1.急难型困难家庭或个人。（1）因遭遇突发意外事件，导致家庭基本生活暂时出现困难的急难型困难家庭一次性给予0.5万元临时救助；（2）因突发意外事件造成家庭其他成员死亡的急难型困难家庭一次性给予1万元临时救助；（3）因突发意外事件造成家庭主要劳动力死亡的急难型困难家庭一次性给予2万元临时救助。（4）因家庭成员突发重大疾病需要紧急入院治疗，导致家庭基本生活暂时出现严重困难的急难型困难家庭一次性给予0.5万元临时救助。

2.支出型困难家庭或个人。（1）因家庭成员患重大疾病，在扣除各类保险、报销及其他社会救助和帮扶资金后，自付费用支出在0.5万元（含0.5万元）以上1万元以下的一次性给予0.3万元临时救助；（2）自负费用支出在1万元（含1万元）以上5万元以下的按自付费用支出的40%给予临时救助；（3）自付费用支出在5万元（含5万元）以上的一次性给予2万元临时救助；（4）因家庭子女就读高中（含职业高中）、大中专院校，在扣除教育救助、社会帮扶资金后，自付费用（不含择校费、校外租房费等基本费用）仍然较大的支出型困难家庭一次性给予0.1万元临时救助；（5）在解决住房问题过程中基本生活遇到困难的建档立卡贫困户、低保对象和分散供养特困人员一次性给予0.2万元临时救助；（6）行政事业单位、国有企业和民营企业有固定收入的困难职工家庭，年度有大额支出超出其固定收入36个月以上的，自负费用支出在3万元（含3万元）以上5万元以下按自付费用30%给予救助；5万元（含5万元）以上的一次性给予2万元临时救助。

（四）申请审核审批程序

1.由户主或本人向户籍所在地乡镇（街道办、管委会）提交下列申请材料：

（1）居民户口簿、本人身份证原件，非本地户籍的申请人应当提供本人居住证原件；

（2）医疗机构出具的诊断证明、住院费用结算单；

（3）城乡居民基本医疗保险、城乡居民大病医疗保险、商业保险结算单；

（4）车辆管理机构的车辆证明材料、社会保障部门的养老保险证明材料、不动产登记部门的房产证明材料、市管部门的营业执照证明材料、学校的贫困学生证明材料。

2.各乡镇（街道办、管委会）应当自收到申请材料之日起10个工作日内进行调查审核，填报《临时救助审核审批表》，由乡镇（街道办、管委会）民生服务大厅民政救助窗口负责建立救助档案，通过民政云救助管理系统录入救助信息并进行核对。对符合救助条件的对象进行公示，公示期5天。经公示无异议的，经乡镇党委会议研究后发放临时救助资金。临时救助在3000元以上的，县民政局在10个工作日内通过民政云救助管理系统完成审批，对符合救助条件的对象进行公示，公示期5天。经公示无异议的经民政局党组会议研究后，根据各乡镇（街道办、管委会）申请临时救助资金报告和民政云救助管理系统信息录入完成情况拨付临时救助资金。各乡镇（街道办、管委会）于每月10日前将上月救助资金通过一卡通兑付；不同意救助的应当在作出决定后10个工作日内告知各乡镇（街道办、管委会）民政助理员通知申请人，并说明理由。

3.临时救助实行一事一救，因同一事由申请临时救助的，一般一年内救助一次；情况特殊的，经县民政部门调查核实，县社会救助联席会议研究同意后，一年内可给予2次救助。

四、资金筹措

临时救助资金由自治区民政厅拨付的困难群众基本生活救助资金中统筹安排。

五、附则

本办法自2020年1月1日起施行。原《县人民政府办公室关于印发海原县城乡困难群众临时救助实施方案的通知》（海政办发〔2019〕1号），自2019年12月31日废止。

本方案由县民政局负责解释。

公 报

海原县2020年国民经济和社会发展统计公报

海原县统计局

2021年5月20日

2020年是“十三五”收官之年和决战脱贫攻坚、决胜全面小康之年，面对宏观经济下行叠加新冠肺炎疫情冲击的严峻考验，海原县委、县政府坚持以习近平新时代中国特色社会主义思想为指导，全县上下认真学习党的十九大和十九届二中、三中、四中、五中全会精神，深入学习贯彻习近平总书记视察宁夏重要讲话精神，全面落实区市各项决策部署，坚持稳中求进工作总基调，坚持新发展理念，统筹推进疫情防控和经济社会发展，扎实做好“六稳”工作，全面落实“六保”任务，全力以赴稳增长、促改革、调结构、惠民生、防风险，全县经济运行保持了“持续向好、稳步回升”的良好态势。

一、综合

初步核算，全年全县实现地区生产总值81.44亿元，以第四次全国经济普查总量为基数，同比增长4.5%（可比价，下同）。其中，第一产业增加值完成16.54亿元，同比增长4.9%；第二产业增加值完成15.11亿元，同比增长9.0%；第三产业增加值完成49.79亿元，同比增长3.0%。从三次产业看，全年三次产业增加值占GDP的比重分别为20.3%、18.6%和61.1%。

年末，全县户籍人口131094户453562人。其中，城镇户籍人口90120人，乡村户籍人口363442人，城镇户籍人口比重为19.87%。男女性别比为106.5（以女孩为100），全年全县户籍出生率14.70‰，户籍死亡率4.47‰，户籍自然增长率10.23‰。

全年全县城镇新增就业1034人，同比减少403人。年末，全县城镇登记失业率为3.68%，同比下降0.02个百分点。全县劳务输出88410人，同比减少727人。

全年居民消费价格总水平（CPI）同比下降1.1%，增幅同比下降3.2个百分点；商品零售价格同比下降1.2%，增幅同比下降2.9个百分点；农业生产资料价格同比下降3.1%，增幅同比下降11.1个百分点。

表9　2020年居民消费价格涨跌幅度一览表

类别	上年价格=100
一、居民消费价格总指数	101.0
食品烟酒	104.0
衣着	96.9
居住	100.0
生活用品及服务	100.4
交通和信息	96.1
教育文化和娱乐	100.6
医疗保健	101.4
其他用品和服务	104.2
二、商品零售价总指数	100.5
三、农业生产资料价格指数	104.7

二、农业

全年全县实现农林牧渔业总产值35.96亿元，同比增长13.6%。其中，农业产值20.63亿元，同比增长4.8%；林业产值0.46亿元，同比增长23.2%；牧业产值13.85亿元，同比增长30.7%；农林牧渔服务业产值1.02亿元，同比增长5.5%。实现农林牧渔业增加值17.18亿元，同比增长4.7%。

全年全县粮食作物播种面积109.73万亩，同比增长1.9%；粮食总产量23.25万吨，同比增长3.0%。其中，小麦播种面积8.83万亩，同比下降14.8%，总产量1.10万吨，同比下降22.0%；玉米播种面积32.00万亩，同比下降3.0%，总产量11.62万吨，同比下降2.1%；其他谷物32.8万亩，同比增长6.7%，总产量3.19万吨，同比增长3.9%；豆类播种面积3.1万亩，同比下降38.0%，总产量0.25万吨，同比下降13.8%；薯类播种面积33.00万亩，同比增长15.8%，总产量35.48万吨，同比增长19.7%。全年全县油料播种面积10.20万亩，同比下降8.9%；油料总产量1.21万吨，同比下降1.7%。全年全县中草药材播种面积7.12万亩，同比增长24.1%；中草药材总产量1.03万吨，同比增长48.0%。全年全县瓜果类播种面积5.50万亩，同比下降8.3%；瓜果类总产量9.58万吨，同比增长 9.8%。全年全县蔬菜及食用菌播种面积 8.70 万亩，同比增长 2.3%；蔬菜及食用菌总产量 18.92 万吨，同比增长 20.5%。

年末，全县生猪存栏 2.77 万头，同比增长 57.5%，出栏 1.88 万头，同比下降 8.7%；牛存栏 9.57 万头，同比增长 21.5%，出栏 5.30 万头，同比增长 10.6%；羊存栏 48.54 万只，同比增加 14.0%，出栏 42.35 万只，同比增长 17.2%；家禽存栏 25.27 万只，同比下降 4.2%，出栏 20.65 万只，同比下降 26.4%。全年肉类总产量达到 1.83 万吨，同比增长 12.3%。

三、工业和建筑业

全年全部工业增加值 7.49 亿元，同比上升 5.7%，占地区生产总值比重 9.2%。其中，规模以上工业增加值同比上升 10.5%。

全年规模以上工业企业实现利润 3.31 亿元，同比增长 29.9%。分登记注册类型看，内资企业实现利润 2.2 亿元；港澳台商独资经营企业实现利润 1.11 亿元。分门类看，制造业实现利润 0.01 亿元，电力、热力、燃气及水生产和供应业实现利润 3.3 亿元。规模以上工业企业营业收入总额 9.38 亿元，利润率 35.29%，同比增长 7.09 个百分点。

全年全县完成建筑业总产值 3.63 亿元，同比增长 14.4%。全县三级资质等级及以上的建筑企业 6 家（其中三级资质等级 5 家、二级资质等级 1 家）。建筑业房屋建筑施工面积 13.97 万平方米，其中房屋新开工面积 8.84 万平方米。房屋建筑竣工面积 5.78 万平方米，竣工价值 0.94 亿元。

四、固定资产投资

全年全县固定资产投资（不含农户）同比增长 24.6%。其中，县属固定资产投资同比增长 24.3%，区属投资同比增长 25.9%。分投资主体看，国有投资同比下降 13.1%，民间投资同比下降 6.9%。

表 10　2020 年分行业县属固定资产投资（不含农户）增长速度一览表

行业	比上年增长
总计	29.7%
农、林、牧、渔业	-32.7%
采矿业	—
制造业	238.1%
电力、热力、燃气及水的生产和供应	83.6%
建筑业	—
批发和零售业	-37.7%
交通运输、仓储、和邮政业	9.6%
住宿和餐饮	—
信息传输、软件和信息技术服务	—
金融业	—
房地产业	—
租赁和商务服务业	—
科学研究和技术服务业	160.5%
水利、环境和公共设施管理业	-31.8%
居民服务和其他业务	—
教育	-52.2%
卫生和社会工作	-48.2%
文化、体育和娱乐业	-69.6%
公共管理和社会组织	—

在县属固定资产投资（不含自治区属和农户）中，第一产业投资同比下降 32.4%；第二产业投资同比增长 88.5%，其中工业投资同比增长 88.5%、新能源投资同比增长 84.0%、高耗能投资同比增长 84.5%、生产性投资同比增长 38.7%；第三产业投资同比下降 11.1%，其中基础设施投资同比下降 13.0%。

全年全县房地产开发企业完成投资 7.60 亿元，同比增长 6.8%。其中，住宅投资 4.20 亿元，同比增长 21.0%；商业营业用房完成投资 2.76 亿元，同比下降 17.1%。年末全县住宅待售面积 7.90 万平方米，同比增加 1.93 万平方米。

表 11　　2020 年房地产开发和销售主要指标及增长速度一览表

指标	单位	绝对值	比上年增长
投资额	亿元	7.6	6.7%
其中：住宅	亿元	4.2	21.0%
房屋施工面积	万平方米	89.58	13.9%
其中：住宅	万平方米	68.22	6.7%
房屋新开工面积	万平方米	23.7	-30.7%
其中：住宅	万平方米	15.41	-43.7%
房屋竣工面积	万平方米	17.77	502.6%
其中：住宅	万平方米	17.47	537.6%
商品房销售面积	万平方米	14.46	-32.7%
其中：住宅	万平方米	13.84	-24.4%
本年到位资金	亿元	6.4	5.3%
其中：国内贷款	亿元	0	-100.0%

五、服务业

全年全县服务业增加值 49.79 亿元，同比增长 3.0%，占地区生产总值的 61.1%，对经济增长的贡献率达到 30.2%。其中，农林牧渔服务业增加值 0.64 亿元，同比增长 4.8%；批发和零售业增加值 6.76 亿元，同比下降 8.6%；交通运输、仓储和邮政业增加值 7.70 亿元，同比增长 7.2%；住宿和餐饮业增加值 1.0 亿元，同比下降 6.1%；金融业增加值 3.36 亿元，同比增加 3.4%；房地产增加值 3.16 亿元，同比增长 0.4%；其他服务业增加值 27.16 亿元，同比增长 6.2%。

全年规模以上服务业企业营业收入 0.36 亿元，同比增长 75.04%，限额以上批发零售企业完成销售额 1.40 亿元，同比下降 2.1%，限额以上批发零售个体完成销售额 0.15 亿元，同比下降 14.85%，限额以上住宿餐饮企业完成营业额 0.2 亿元，同比增长 40.32%。

六、交通和邮电

年末，全县公路通车里程达 3328.15 公里，公路密度为 52.18 公里 / 百平方公里。按行政等级分国道 265.69 公里，省道 480.71 公里，乡道 605.32 公里，村道 1872.42 公里，专用公路 104.01 公里；按技术等级分高速公路 180.99 公里，一级公路 15.30 公里，二级公路 282.85 公里，三级公路 457.34 公里，四级公路 2372.14 公里，等级外公路 19.53 公里。

年末，全县共有客运企业 6 家；全县共有客运车辆 607 辆，其中班车 160 辆、公交车 90 辆、出租车 357 辆；共有二级客运站 2 家，乡镇四级客运站 13 个，农村客运招呼站 173 个；共有客运线路 114 条，其中跨省 2 条、跨市 24 条、跨县 15 条、县内 73 条；共有普通货物运输企业 82 家，其中规模以上货运企业 9 家（50 辆车以上），全县在册货运车 8914 辆（包含挂），不含挂 6007 辆。

全年全县邮政支所 18 处，完成邮政业务总量 1038 万元，同比增长 16.89%。快递包裹 11.5 万件，同比增长 115.79%；国内标准快递 3.17 万件，同比增长 69.08%；国内普通包裹 0.84 万件，同比下降 14.96%；函件 0.31 万件，同比下降 4.12%；报刊累计 262.74 万份，同比下降 0.58%；杂志累计 9.34 万份，同比增长 2.53%。

全年电信业务总量 31.55 亿元，同比增长 25.81%。年末，固定电话用户 1.50 万户，同比下降 4.6%；年末，移动电话用户 31.62 万户，同比增长 3.07%；计算机互联网用户达到 10.27 万户，同比增长 9.26%。

七、财政金融保险

全年全县地方一般公共预算收入完成 2.14 亿元，同比增长 1.9%。其中：税收收入完成 1.17 亿元，同比下降 7.87%；非税收入完成 0.97 亿元，同比增长 16.86%。全县一般公共预算支出完成 63.34 亿元，同比增长 8.07%。八项支出中：一般公共服务支出完成 3.19 亿元，同比增长 4.59%；公共安全支出完成 1.46 亿元，同比持平；教育支出完成 10.96 亿元，同比增长 11.72%；科学技术支出完成 0.19 亿元，同比增长 26.7%；社会保障和就业支出完成 8.19 亿元，同比增长 26.6%；卫生健康支出完成 6.29 亿元，同比增长 0.8%；节能环保支出完成 1.27 亿元，同比下降 3.05%；城乡社区支出完成 3.02 亿元，同比下降 30.57%。

全年全县金融机构各项存款余额 92.01 亿元，同比同期增加 4.7%。其中，住户存款 52.78 亿元，同比增长 15.11%；非金融企业存款 5.74 亿元，同比增长 5.14%；机关团体存款 33.49 亿元，同比下降 8.45%。全年全县金融机构各项贷款余额 69.07 亿元，同比增长 14.79%。其中，住户贷款 56.07 亿元，同比增长 36.28%；非金融企业及机关团体贷款 13.00 亿元，同比下降 31.69%。

全年保险公司保费收入 2.69 亿元，同比增长 14.37%。其中，寿险保费收入 0.84 亿元，同比增长 0.94%；财产险保费收入 1.85 亿元，同比增长 21.74%。各类赔付支出 1.01 亿元，同比增长 1.04%。其中，寿险赔付支出 0.16 亿元，同比下降 7.59%；财产险赔付支出 0.85 亿元，同比增长 2.85%。

八、人民生活和社会保障

全年全县城镇居民人均可支配收入 27488 元，同比增长 5.3%。其中：工资性收入 23886.7 元，同比增长 6.5%；经营净收入 1486 元，同比下降 4.0%；财产净收入 461 元，同比下降 8.6%；转移净收入 1654 元，同比增长 2.1%。全年城镇居民人均消费支出 15240.7 元，同比下降 3.6%。

全年全县农村居民人均可支配收入 10641 元，同比增长 10.5%。其中：工资性收入 4853.4 元，同比增长 0.78%；经营净收入 3758 元，同比增长 17.4%；财产净收入 96.6 元，同比增长 20.3%；转移净收入 1933.3 元，同比增长 26.3%。全年农村居民人均生活消费支出 9230.3 元，同比增长 5.9%。

年末，全县参加基本养老保险人数 25.66 万人，同比增长 31.6%。其中，参加城乡居民养老保险人数 22.25 万人，同比增长 36.5%；企业职工基本养老保险参保人数 2.12 万人，同比增长 9.3%。参加基本医疗保险人数 39.44 万人，同比增长 2.1%。其中，参加职工医疗保险人数 1.85 万人，同比增长 3.9%；参加城乡居民统筹医疗保险人数 37.59 万人，同比增长 2.0%。参加失业保险人数 0.97 万人，同比持平。

九、文教卫生

2019—2020 学年，全县共有学校 309 所。小学 223 所（其中，县城小学 10 所、乡镇中心小学 12 所、村级小学 79 所、教学点 122 个）；中学 22 所（其中，高级中学 2 所、完全中学 1 所、初级中学 12 所、九年一贯制学校 7 所）；职业技术学校 1 所；特殊教育学校 1 所；幼儿园 62 所。

全县共有教学班 2384 个，其中学前 471 个（幼儿园 232 个）、小学 1260 个、初中 395 个、普通高中 177 个、职业高中 74 个、特教学校 7 个。

全县现有教职工 4657 人（在编教师 4498 人、特岗教师 159 人），其中女教职工 2364 人、专任教师 4547 人。按学校类别分幼儿园教职工 98 人、小学教职工 2394 人、初中教职工 1355 人、高中学校教职工 578 人、特殊教育学校教职工 14 人、职业中学教职工 115 人、局机关职工 103 人。

全县共有在校学生 87303 人，其中女生 42868 人（占 49.1%）、少数民族学生 75528 人（占 86.51%）；学前幼儿学生 15399 人（小学学前班 7658 人、在园幼儿 7741 人），其中女生 7499 人、少数民族学生 13334 人；小学阶段在校学生 39510 人，其中女生 19107 人、少数民族学生 34527 人；初中阶段在校学生 19494 人，其中女生 9411 人、少数民族学生 17055 人；普通高中在校学生 9398 人，其中女生 5176 人、少数民族学生 7797 人；中等职业在校生 3444 人（全日制 3319 人、非全日制 125 人），其中女生 1651 人、少数民族学生 2769 人；特教学校在校生 58 人，其中女生 24 人、少数民族学生 46 人。

全县共有寄宿制学校 32 所（其中小学 9 所、一贯制学校 7 所、初级中学 12 所、高级中学 2 所、完全中学 1 所、职业技术学校 1 所）；共有住校生 28541 人（其中小学 2491 人、初中 15107 人、高中 7624 人、职中 3319 人）。

全县共有 4~6 周岁幼儿 18096 人，其中在园幼儿15399人，学前三年毛入园率85.1%；共有7~12周岁适龄儿童50704人，其中缓免入学6人、应入学50698人、实际入学50698人，入学率100%；共有13~15周岁初中适龄人口22080人，其中缓免入学35人、应入学22045人、实际入学21874人，入学率99.22%；共有15~17周岁高中适龄人口21935人，其中在高中阶段学校就读20557人，高中阶段毛入学率为93.72%。

年末，全县共有各级各类卫生健康机构208家（不含宁南医院），其中综合医院1家、中医医院1家、乡镇卫生院17家、社区卫生服务站6家、民营医院1家、标准化村卫生室157家、诊所（卫生所、医务室）22家、专业公共卫生机构3家；实有床位数1640张；卫生技术人员1801人，全县有在册执业（助理）医师总数632人；5岁以下儿童死亡率为6.03‰，婴儿死亡率4.26‰，产妇住院分娩比例为100%。

十、资源、环境和应急管理

全年全县总用水量10866万立方米，同比增长15.1%。其中，生活用水658万立方米，同比下降22.2%；农业用水10164万立方米，同比增长18.7%；生态用水42万立方米，同比增长40%。

全年完成造林面积9.0万亩，其中人工造林面积4.5万亩、未成林补造3.5万亩、封山育林1.0万亩。森林抚育面积2万亩，国家级自然保护区1个。

初步核算，全年全县能源消费量35.44万吨标准煤，同比增长0.86%，万元GDP能耗同比下降3.51%。其中，规模以上工业能源消费总量0.37万吨标准煤，同比增长33.2%，占全社会能源消费量的1%。万元工业增加值能耗同比增长20.54%。

全年全县平均气温为8.2℃，较常年偏高0.5℃；年总降水量为424.6毫米，较常年同期偏多65.6毫米；年平均日照时数为2537.6小时，较常年偏少165小时。全年环境空气质量优良天数343天，同比增加8天，优良天数比例为96.1%。细微颗粒（PM2.5）平均浓度为26微克/立方米，同比持平。

全年共发生生产安全事故5起，死亡5人，亿元GDP生产安全事故死亡率为0.064，在控制指标0.23以内，事故起数同比持平，死亡人数均呈下降趋势。

十一、脱贫攻坚

海原县属六盘山集中连片特殊困难地区国定贫困县，全县总面积6463平方公里，辖17个乡镇、1个管委会、1个街道办事处、1个自然保护区；共有11个社区、150个行政村，其中贫困村125个（其中深度贫困村44个）；共有建档立卡贫困人口28630户112086人。2016年以来，整合各类扶贫资金34.36亿元，精准实施了产业、就业、教育、医疗、住房、饮水安全等8215个扶贫项目，2019年125个贫困村全部脱贫出列，2020年3月退出贫困县序列。

2020年以来，整合各类涉农扶贫资金6.34亿元，投入闽宁帮扶资金6200万元，编制实施产业、就业、义务教育、基本医疗、危房改造、饮水安全、金融扶贫等46类2271个项目，全力补短板强弱项，顺利通过了国家脱贫攻坚普查，现行标准下28630户112086人贫困人口全部脱贫退出。

建立动态监测帮扶机制，严格界定标准和程序，纳入边缘户管理1005户3914人（新增41户177人），脱贫不稳定户管理443户2035人（新增12户55人），逐户精准制定“一户一策”，逐户落实帮扶举措，932户3575人边缘易致贫人口和419户1891人脱贫不稳定人口消除致贫返贫风险。同时，采取“华润托管代养”模式，为全县1000户发展能力弱的贫困家庭实行托管代养，每户每年分红6000元，今年每户已分红1500元。并筹措156.3万元对全县因病、因灾、因突发事件存在致贫返贫风险的2.6万户农村人口购买“防贫保”。

全面落实学前、义务教育、普通高中、中职和大学阶段教育扶贫政策，投入8261.748万元资助学生 19459 人次，落实“雨露计划”7720 人 1083 万元、“燕宝基金”1302 人 391.8 万元、“离土计划”1920 人次 960 万元；办理生源地贷款 9819 人次 6218.748 万元。聚焦大病、慢病、重病等特殊群体，确保健康扶贫政策稳定，大病管理 2042 人、慢病签约服务 9872 人、重病兜底保障 39 人，年均个人自付比例均不超过 10%，或当年住院自付费用不超过 5000 元，建档立卡贫困人口签约服务实现应签尽签，大病、慢病、重病履约率分别为 100%、98.9%、100%，做到“签约一人、履约一人、做实一人”。投入 2 亿元，迁建县人民医院、中医医院、县妇计中心，改扩建乡镇卫生院 4 家，新建标准化村卫生室 6 个。

全面落实自治区支持中小微企业发展政策 18 条、应对疫情影响稳增长政策 21 条，支持帮扶全县 22 家工业企业、8 家涉农企业复工复产，商贸流通经营企业和商户复商复市 13099 家，落实优惠政策措施涉及商户 8823 户次，累计新增减税降费 4251 万元。同时，为疫情发生以来提供贷款担保的企业和新型经营主体，减免商贸服务业 2—4 月相关费用 703 万元，受益小微企业和个体工商户 107 户 4690 人；向 4361 户小微企业和个体工商户发放贷款 17052 万元，免除 9909.5 万元担保费用 124.47 万元，为 199 家企业 6430 人返还或减免保险费 77.05 万元，帮助企业和新型经营主体渡过难关。

“点对点”输送劳动力 2229 人，开展贫困劳动力技能培训 5266 人，创业致富带头人培训 520 人，累计 2160 人；发放创业担保贷款 1470 户 1.54 亿元，累计 2.9 亿元，贴息 1857.04 万元；创业带动就业 3640 人，累计 7720 人；新增公益性岗位 1656 人，累计达到 7329 人。完成贫困劳动力技能培训 2358 人和汽车驾驶员培训持证 2908 人，累计培训 45453 人。新建 7 个驻外劳务服务中心，巩固扩大 26 个劳务基地，运行好 31 个扶贫车间，吸纳就近就业 844 人，全县实现转移就业 8.98 万人（其中贫困劳动力 3.19 万人），创收 14.01 亿元，同比增长 7.5%。

累计向 13275 户次赊销 34781 头牛，其中向 12899 户建档立卡户赊销 32150 头，户均养殖 3 头以上，带动培育 10 头以上养殖大户 2484 户，规模养殖场、专业合作社、家庭牛场 227 家、养殖示范村 57 个，带动全县牛饲养量达到 30 万头。挂牌成立肉牛产业集团，设立肉牛产业担保基金，与黄河农村商业银行签订三年授信 30 亿元牛产业发展协议，发放肉牛养殖贷款 18173 户 20.19 亿元，建成华润五丰 6 万头全产业链精深加工一期屠宰线工程和老城区屠宰厂，注册海原五丰肉类食品有限公司，促进牛产业向规模化、标准化、高端化、市场化方向发展，带动群众人均增收 1500 元以上。

立足全县“一主四特”产业优势，累计培育龙头企业 10 家、专业合作社 315 家、致富带头人 1360 名，种植大户 1224 个，建成万亩小杂粮科技示范基地 1 个、千亩以上标准化示范基地 17 个、1.5 万亩富硒硒砂瓜标准化生产基地 1 个和万亩高效节水种薯繁育基地 2 个，带动全县马铃薯、小杂粮、瓜菜种植、枸杞种植面积分别稳定在 50 万亩、35 万亩、15.5 万亩和 7.8 万亩。

借助“西海固”品牌，拓宽品牌营销渠道，先后在杭州、漳州、银川等地召开海原县硒甜瓜、硒砂瓜、马铃薯、小杂粮、肉牛等特色农产品新闻发布推介会，推动批发市场、电商企业、外埠大型农贸市场与贫困村建立长期稳定的产销关系，签约了中国（宁夏）良种牛繁育中心建设、“五香居”卤味熟食加工等九个项目，签约资金达 5.8 亿元。

注释

1.本公报中的年度数据均为初步统计数据。正式数据以《海原县 2020 年统计年鉴》为准。部分数据因四舍五入的原因，存在着分项与合计不等的情况。

2.地区生产总值、各产业增加值和人均地

区生产总值绝对数按现价计算，增长速度按不变价格计算。

3.脱贫攻坚数据来源于县扶贫办，物价和居民收入数据来源于国家统计局海原调查队，财政数据来源于县财政局，交通数据来源于县交通运输局，金融数据来源于中国人民银行中卫市中心支行，邮政数据来源于市邮政管理局，电信数据来源于电信、移动、联通三家公司，保险数据来源于中卫市保险协会，教育、卫生、就业、社会保障、环境和安全生产等数据来源于相关部门。

4.2020年常住人口数以海原县第七次全国人口普查公报数据为准，本公报中不再单独发布人口相关数据。

5.本公报农业相关数据为2020年四季度快报数据，具体数据以2020年年报反馈数据为准。

海原县第七次全国人口普查公报①（第一号）

海原县统计局

2021年6月15日

根据第七次全国人口普查结果，现将2020年11月1日零时我县人口的基本情况公布如下：

一、常住人口

全县常住人口②为333518人。

二、人口增长

全县常住人口与2010年第六次全国人口普查的389305人相比，减少55787人，下降14.33%，年平均增长率为－1.53%。

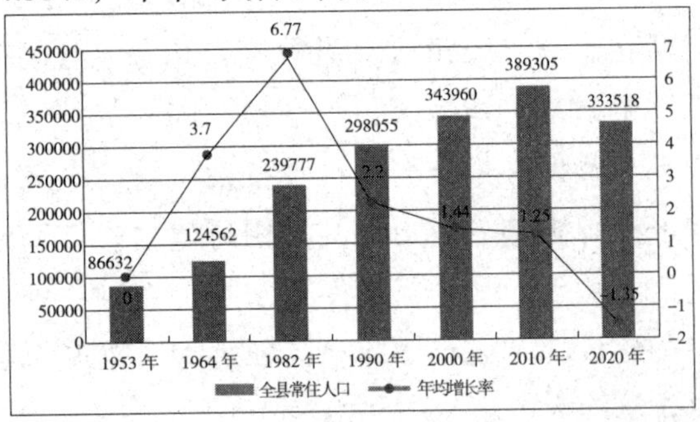

图1　历次人口普查总人口及年均增长率示意图

三、户别人口

全县共有家庭户③102663户，集体户2230户，家庭户人口为322469人，集体户人口为11049人。平均每个家庭户的人口为3.14人，比2010年第六次全国人口普查减少0.81人。

四、民族人口

全县常住人口中，汉族人口为77252人，占23.16%；各少数民族人口为256266人，占76.84%，其中回族人口为255575人，占76.63%。与2010年第六次全国人口普查相比，汉族人口减少37168人，下降32.49%；各少数民族人口减少18601人，下降6.77%，其中回族人口减少18384人，下降6.71%。

注释

①本公报数据均为初步汇总数据。

②常住人口包括：居住在本乡镇街道且户口在本乡镇街道或户口待定的人；居住在本乡镇街道且离开户口登记地所在的乡镇街道半年以上的人；户口在本乡镇街道且外出不满半年或在境外工作学习的人。全县常住人口包括20个乡镇（甘盐池种羊场、南华山管理处、海城街道办）的常住人口。

③家庭户是指以家庭成员关系为主、居住一处共同生活的人组成的户。

海原县第七次全国人口普查公报[①]（第二号）

海原县统计局

2021 年 6 月 15 日

根据第七次全国人口普查结果，现将 2020 年 11 月 1 日零时我县 20 个乡镇（甘盐池种羊场、南华山管理处、海城街道办）的常住人口[②]有关数据公布如下：

一、乡镇人口

分乡镇[③]看，海城镇人口为 19691 人，占全县常住人口的 5.90%；李旺镇人口为 29379 人，占 8.81%；西安镇人口为 15686 人，占 4.70%；三河镇人口为 42784 人，占 12.83%；七营镇人口为 23901 人，占 7.17%；史店乡人口为 10895 人，占 3.27%；树台乡人口为 12870 人，占 3.86%；关桥乡人口为 18436 人，占 5.53%；高崖乡人口为 21770 人，占 6.53%；郑旗乡人口为 10003 人，占 3.00%；贾塘乡人口为 19131 人，占 5.74%；曹洼乡人口为 4081 人，占 1.22%；九彩乡人口为 2800 人，占 0.84%；李俊乡人口为 5322 人，占 1.60%；红羊乡人口为 5852 人，占 1.75%；关庄乡人口为 3865 人，占 1.16%；甘城乡人口为 3106 人，占 0.93%；甘盐池种羊场人口为 1505 人，占 0.45%；南华山管理处人口为 24 人，占 0.01%；海城街道办人口为 82417 人，占 24.71%。

表 12　海原县各乡镇人口情况表

地区	人口数(人)	比重[④]	
		2020 年	2010 年
海原县	333518	100.00%	100.00%
海城镇	19691	5.90%	5.35%
李旺镇	29379	8.81%	8.51%
西安镇	15686	4.70%	5.68%
三河镇	42784	12.83%	9.68%
七营镇	23901	7.17%	6.82%
史店乡	10895	3.27%	4.56%
树台乡	12870	3.86%	6.02%
关桥乡	18436	5.53%	6.42%
高崖乡	21770	6.53%	6.02%
郑旗乡	10003	3.00%	4.48%
贾塘乡	19131	5.74%	5.71%
曹洼乡	4081	1.22%	2.56%
九彩乡	2800	0.84%	2.48%
李俊乡	5322	1.60%	2.86%
红羊乡	5852	1.75%	4.33%
关庄乡	3865	1.16%	2.23%
甘城乡	3106	0.93%	1.98%
甘盐池种羊场	1505	0.45%	0.88%
南华山管理处	24	0.01%	0.08%
海城街道办	82417	24.71%	13.38%

二、乡镇人口变化

全县各乡镇，人口比重与2010年第六次全国人口普查相比，海城镇、李旺镇、三河镇、七营镇、高崖乡、贾塘乡、海城街道办人口所占比重分别上升0.55、0.30、3.15、0.35、0.51、0.03、11.33个百分点，西安镇、史店乡、树台乡、关桥乡、郑旗乡、曹洼乡、九彩乡、李俊乡、红羊乡、关庄乡、甘城乡、甘盐池种羊场、南华山管理处人口所占比重分别下降0.98、1.29、2.16、0.89、1.48、1.34、1.64、1.26、2.58、1.07、1.05、0.43、0.07个百分点。

与2010年第六次全国人口普查相比，20个乡镇（甘盐池种羊场、南华山管理处、海城街道办）中，人口增加的乡镇依次为：三河镇、海城街道办，分别增加5109、30347人。

注释

①本公报数据均为初步汇总数据。部分数据因四舍五入的原因，存在总计与分项合计不等的情况。

②常住人口包括：居住在本乡镇街道且户口在本乡镇街道或户口待定的人；居住在本乡镇街道且离开户口登记地所在的乡镇街道半年以上的人；户口在本乡镇街道且外出不满半年或在境外工作学习的人。

③海原县乡镇包括：海城镇、李旺镇、西安镇、三河镇、七营镇、高崖乡、贾塘乡、树台乡、史店乡、关桥乡、郑旗乡、曹洼乡、九彩乡、李俊乡、红羊乡、关庄乡、甘城乡、甘盐池种羊场、南华山管理处、海城街道办。

④指各乡镇的常住人口占全县常住人口的比重。

海原县第七次全国人口普查公报[1]（第三号）

海原县统计局

2021年6月15日

根据第七次全国人口普查结果，现将2020年11月1日零时我县20个乡镇（甘盐池种羊场、南华山管理处、海城街道办）的人口性别构成情况公布如下：

一、全县人口性别构成

全县常住人口[2]中，男性人口为170578人，占51.15%；女性人口为162940人，占48.85%。总人口性别比（以女性为100，男性对女性的比例）为104.69，与2010年第六次全国人口普查总人口性别比104.46相比，上升0.23个百分点。

二、乡镇人口性别构成

海原县各乡镇中，总人口性别比在103以下的乡镇有1个，在103至107[3]之间的乡镇有5个，在107以上的乡镇有14个。

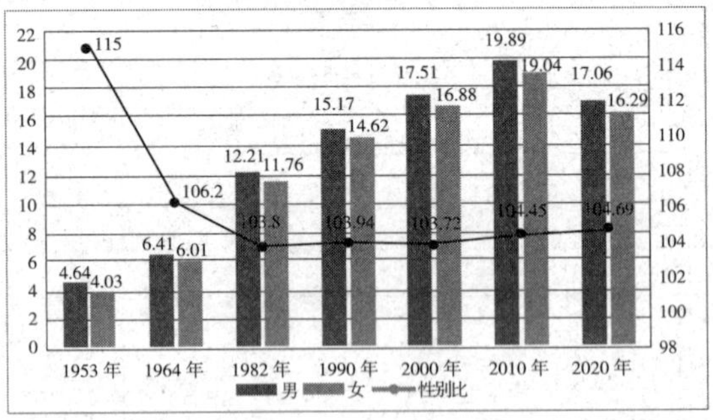

图2 历次人口普查人口性别构成示意图

注释

①本公报数据均为初步汇总数据。

②全县常住人口包括20个乡镇（甘盐池种羊场、南华山管理处、海城街道办）的常住人口。

③（103~107）是国际公认的人口性别比正常水平。

表 13

海原县各乡镇人口性别构成情况表

地区	人口数		性别比
	男	女	
海原县	170578	162940	104.69
海城镇	10200	9491	107.47
李旺镇	15016	14363	104.55
西安镇	8310	7376	112.66
三河镇	22256	20528	108.42
七营镇	12441	11460	108.56
史店乡	5733	5162	111.06
树台乡	6753	6117	110.40
关桥乡	9577	8859	108.10
高崖乡	11129	10641	104.59
郑旗乡	5145	4858	105.91
贾塘乡	9871	9260	106.60
曹洼乡	2149	1932	111.23
九彩乡	1485	1315	112.93
李俊乡	2705	2617	103.36
红羊乡	3115	2737	113.81
关庄乡	2085	1780	117.13
甘城乡	1607	1499	107.20
甘盐池种羊场	828	677	122.30
南华山管理处	21	3	700.00
海城街道办	40152	42265	95.00

海原县第七次全国人口普查公报① (第四号)

海原县统计局

2021 年 6 月 15 日

根据第七次全国人口普查结果，现将 2020 年 11 月 1 日零时我县的人口年龄构成情况公布如下：

一、全县人口年龄构成

全县常住人口②中，0~14 岁③人口为 94606 人，占 28.37%；15~59 岁人口为 200143 人，占 60.01%；60 岁及以上人口为 38769 人，占 11.62%，其中 65 岁及以上人口为 28824 人，占 8.64%。与 2010 年第六次全国人口普查相比，0~14 岁人口的比重下降 0.71 个百分点，15~59 岁人口的比重下降 2.80 个百分点，60 岁及以上人口的比重上升 3.51 个百分点，65 岁及以上人口的比重上升 3.33 个百分点。

表 14　　海原县人口年龄构成情况表

年龄	人口数(人)	比重
总计	333518	100.00%
0~14 岁	94606	28.37%
15~59 岁	200143	60.01%
60 岁及以上	38769	11.62%
其中:65 岁及以上	28824	8.64%

二、乡镇人口年龄构成

各乡镇中，15~59 岁人口比重在 65%以上的乡镇有 2 个，在 60%~65%之间的乡镇有 7 个，在 60%以下的乡镇有 11 个。

各乡镇 65 岁及以上老年人口比重 7%以上的乡镇有 17 个。

表 15　　海原县各乡镇人口年龄构成情况表

地区	占常住人口比重			
	0~14 岁	15~59 岁	60 岁及以上	其中:65 岁及以上
海原县	28.37%	60.01%	11.62%	8.64%
海城镇	28.31%	59.72%	11.97%	8.64%
李旺镇	31.86%	57.04%	11.10%	8.42%
西安镇	19.47%	62.95%	17.58%	12.74%
三河镇	24.25%	63.41%	12.34%	9.05%
七营镇	27.62%	58.81%	13.57%	9.90%
史店乡	23.85%	60.79%	15.36%	11.71%
树台乡	23.42%	61.79%	14.79%	11.27%
关桥乡	26.95%	57.48%	15.57%	11.64%
高崖乡	30.90%	58.74%	10.36%	7.62%
郑旗乡	32.98%	55.73%	11.29%	8.61%
贾塘乡	30.93%	57.09%	11.98%	9.39%
曹洼乡	24.19%	58.86%	16.96%	13.77%
九彩乡	26.39%	58.14%	15.46%	12.00%
李俊乡	28.47%	58.47%	13.06%	10.32%
红羊乡	19.24%	64.39%	16.37%	11.74%
关庄乡	13.74%	68.36%	17.90%	12.96%
甘城乡	20.41%	57.34%	22.25%	16.81%
甘盐池种羊场	18.34%	62.13%	19.53%	13.09%
海城街道办	33.13%	60.45%	6.42%	4.69%

注释

①本公报数据均为初步汇总数据。部分数据因四舍五入的原因，存在总计与分项合计不等的情况。

②全县常住人口包括 20 个乡镇(甘盐池种羊场、南华山管理处、海城街道办)的常住人口。

③0~15 岁人口为 99887 人，16-59 岁人口为 194862 人。

海原县第七次全国人口普查公报①（第五号）

海原县统计局

2021 年 6 月 15 日

根据第七次全国人口普查结果，现将 2020 年 11 月 1 日零时我县的人口受教育基本情况公布如下：

一、受教育程度人口

全县常住人口②中，拥有大学（指大专及以上）文化程度的人口为 23936 人；拥有高中（含中专）文化程度的人口为 28611 人；拥有初中文化程度的人口为 78423 人；拥有小学文化程度的人口为 136820 人（以上各种受教育程度的人包括各类学校的毕业生、肄业生和在校生）。与 2010 年第六次全国人口普查相比，每 10 万人中拥有大学文化程度的由 2203 增至 7177 人；拥有高中文化程度的由 6293 人增至 8579 人；拥有初中文化程度的由 24242 人减少为 23514 人；拥有小学文化程度的由 46360 人减少为 41023 人。

二、平均受教育年限③

与 2010 年第六次全国人口普查相比，全县常住人口中，15 岁及以上人口的平均受教育年限由 6.93 年提高至 7.79 年。

各乡镇中，平均受教育年限在 7.79 年（全县水平）以上的乡镇有 4 个，分别是三河镇、关庄乡、南华山管理处、海城街道办。

表 16　海原县各乡镇、街道人口受教育情况表

单位：人

地区	大学（大专及以上）	高中（含中专）	初中	小学
海原县	23936	28611	78423	136820
海城镇	822	1153	4189	8812
李旺镇	1284	1365	7771	13238
西安镇	1007	1295	4133	5760
三河镇	2777	5695	11108	15564
七营镇	1036	1331	7400	9729
史店乡	551	536	1970	4469
树台乡	616	687	2694	5482
关桥乡	1125	1055	4220	7946
高崖乡	1095	1212	5969	8902
郑旗乡	474	394	1983	4762
贾塘乡	725	804	3806	9994
曹洼乡	197	222	772	2042
九彩乡	175	137	480	1323
李俊乡	353	301	1124	2435
红羊乡	403	324	1420	2580
关庄乡	388	295	1089	1576
甘城乡	209	147	689	1570
甘盐池种羊场	81	115	418	715
南华山管理处	9	6	6	2
海城街道办	10609	11537	17182	29919

表 17　　海原县各乡镇 15 岁及以上人口平均受教育年限情况表

单位：年

地区	2020 年
海原县	7.79
海城镇	6.78
李旺镇	7.45
西安镇	7.34
三河镇	8.05
七营镇	7.54
史店乡	6.11
树台乡	6.45
关桥乡	7.12
高崖乡	7.45
郑旗乡	6.75
贾塘乡	6.95
曹洼乡	6.94
九彩乡	6.70
李俊乡	7.38
红羊乡	7.30
关庄乡	8.04
甘城乡	7.25
甘盐池种羊场	7.76
南华山管理处	11.75
海城街道办	9.43

三、文盲人口

全县常住人口中，文盲人口（15 岁及以上不识字的人）为 22738 人，与 2010 年第六次全国人口普查相比，文盲人口减少 12983 人，文盲率④由 9.18%下降为 6.82%，下降 2.36 个百分点。

注释

①本公报数据均为初步汇总数据。部分数据因四舍五入的原因，存在总计与分项合计不等的情况。

②全县常住人口包括 20 个乡镇（甘盐池种羊场、南华山管理处、海城街道办）的常住人口。

③平均受教育年限是将各种受教育程度折算成受教育年限计算平均数得出的，具体的折算标准是：小学 =6 年，初中 =9 年，高中 =12 年，大专及以上 =16 年。

④文盲率是指全县常住人口中 15 岁及以上不识字人口所占常住人口比例。

海原县第七次全国人口普查公报[①]（第六号）

海原县统计局

2021 年 6 月 15 日

根据第七次全国人口普查结果，现将 2020 年 11 月 1 日零时我县的人口城乡分布及流动情况公布如下：

一、城乡[②]人口

全县常住人口[③]中，居住在城镇的人口为 117462 人，占 35.22%；居住在乡村的人口为 216056 人，占 64.78%。与 2010 年第六次全国人口普查相比，城镇人口增加 65647 人，乡村人口减少 121434 人，城镇人口比重上升 21.91 个百分点。

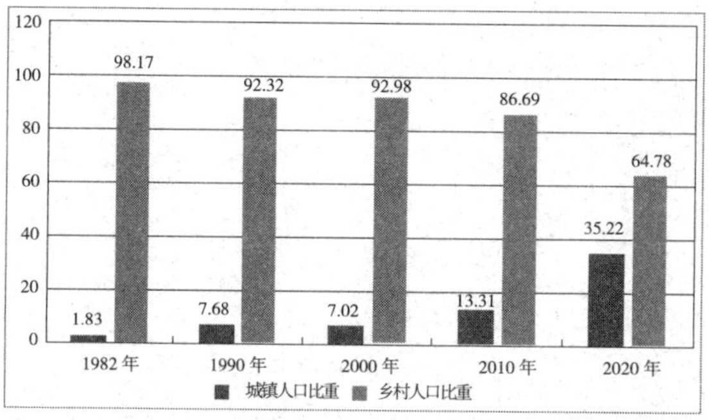

图 3　历次人口普查城乡人口构成示意图

二、流动人口[④]

全县常住人口中，人户分离人口[⑤]、流动人口均为 76010 人。流动人口中，外省流入人口为 3044 人，区内流动人口为 72966 人。

与 2010 年第六次全国人口普查相比，人户分离人口、流动人口均增加 46904 人，增长 161.15%。

注释

①本公报数据均为初步汇总数据。

②城镇、乡村是按国家统计局《统计上划分城乡的规定》划分的。

③全县常住人口包括 20 个乡镇（甘盐池种羊场、南华山管理处、海城街道办）的常住人口。

④流动人口是指人户分离人口中扣除市辖区内人户分离的人口。

⑤人户分离人口是指居住地与户口登记地所在的乡镇街道不一致且离开户口登记地半年以上的人口。